D1751452

Gerd Heinrich · Staatsdienst und Rittergut

Gerd Heinrich

Staatsdienst und Rittergut

Die Geschichte der Familie von Dewitz in Brandenburg, Mecklenburg und Pommern

Mit einem Vorwort
von Fritz-Jürgen von Dewitz

1990

Bouvier Verlag · Bonn

CIP-Titelaufnahme der Deutschen Bibliothek

Heinrich, Gerd:
Staatsdienst und Rittergut: Die Geschichte der Familie von Dewitz in Brandenburg, Mecklenburg und Pommern / Gerd Heinrich. Vorw.: Fritz-Jürgen von Dewitz. – Bonn : Bouvier, 1990
ISBN 3-416-80647-6

Alle Rechte vorbehalten. Ohne ausdrückliche Genehmigung des Verlags ist es nicht gestattet, das Werk oder Teile daraus zu veröffentlichen, zu vervielfältigen, auf Datenträger aufzunehmen oder zu vertreiben. © Bouvier Verlag, Bonn 1990. Printed in Germany. Gesamtherstellung: Verlagsdruckerei E. Rieder, Schrobenhausen.
Umschlag: Arifé Aksoy.
Umschlagabbildung: Ulrich Otto v. Dewitz (1747–1808)
© des Fotos: G. und E. Voithenberg, München

Vorwort

Die Dewitze haben seit den sechziger Jahren des vorigen Jahrhunderts ihre Familiengeschichte aufzuarbeiten begonnen. Die Darstellungen des Superintendenten Wegner und des Stettiner Gymnasialprofessors Gantzer legen davon Zeugnis ab. Daneben entstanden immer wieder genealogische und historische Studien einzelner Familienmitglieder. Inzwischen aber, seit 1918, ist eine »Welt«, die Welt unserer Vorfahren, weitgehend zugrunde gegangen, und eine andere Welt umgibt die heutigen Dewitze aller Linien, weit über zweihundert an der Zahl. Da schien es mir an der Zeit zu sein, nach zwei Weltkriegen und dem Untergang Preußens, nach Enteignung und Vertreibung, erneut Bilanz zu ziehen. Herr Professor Heinrich hat sich nach längeren Vorarbeiten dieser Aufgabe unterzogen, für deren Erfüllung ich ihm herzlich danke. Es sollte keine Familiengeschichte im traditionellen Stil sein, mit dem Vorherrschen der Genealogie und dem Zurücktreten des eigentlichen Innenlebens der Teil-Familien, wie sie im Gesamtverband der Dewitze zusammengeschlossen sind. Vielmehr war der Autor bemüht, mit Realismus und Offenheit die wichtigen historischen Etappen vor dem Hintergrund von Land und Leuten nachzuzeichnen. Daher werden gelegentlich auch Einsichten des Historikers ausgesprochen, die dem einen oder anderen ungewohnt klingen mögen. Aber in der Geschichte liegen Licht und Schatten dicht, oft sehr dicht beieinander. Und die Lektüre der Geschichte der Dewitze, die sich alles in allem respektabel behauptet haben, gibt uns bei aller Belehrung zwar keine Rezepte für die Gegenwart, aber sie läßt uns – vielleicht – nach dem Wort eines großen Schweizer Historikers »weise für immer« werden. Möge denn dieses Werk intern und extern dazu seinen Beitrag leisten.

Mariental/München, im April 1989

Fritz-Jürgen von Dewitz
Vorsitzender des Familienverbandes

Inhalt

ERSTER TEIL

GESCHICHTE

Einleitung

»Ein Fürst wird, wenn er nicht gerade zu zynischer Menschenverachtung neigt, die Zuneigung oder doch die treue Anhänglichkeit seiner Umgebung voraussetzen und, was ja nur menschlich ist, erwarten, so betrachtet zu werden, wie er sich selber sieht. Auch eine sogenannte objektive Schilderung wird er nicht als solche empfinden, sondern sie wird ihn als pietätlos verstimmen, da sie, so wenig wie das Paßbild, das man auf dem Personalausweis mit sich herumträgt, mit dem vorteilhaften Selbstbildnis übereinstimmen kann, welches die meisten Menschen von sich selbst entwerfen.«

Johann Albrecht v. Rantzau, 1961[1]

Die Erforschung des pommerschen Adels, seiner bedeutenderen Familien und der verfassungs- und sozialgeschichtlichen Bezugsfelder gründet sich auf Tradition und Auftragsarbeiten, die bereits im 16. und 17. Jahrhundert im Lande geschaffen worden sind. Die wissenschaftlichen Anfänge sind mit den Namen des Pommern-Reformators Bugenhagen († 1558), des landesfürstlichen Amtsträgers Thomas Kantzow († 1542) und vor allem des Stettiner Rektors Micraelius (1597–1658) verbunden, der in seinen »Sechs Büchern vom alten Pommernlande« (1639) dem Adel einen ausführlicheren Abschnitt gewidmet hat und der u. a. die besondere Rolle der Borcke, Osten, Flemming, Manteuffel, Dewitz und der Grafen von Eberstein erkennt. Der dann im 17. Jahrhundert von dem Anklamer Stadtkämmerer Albrecht Elzow († 1698) im Auftrage der Ritterschaft geschriebene »*Adelsspiegel*« (Speculum Nobilitatis Pomeraniae et principum Rugiae) faßte die Stammtafel aller pommerschen Adelsgeschlechter in alphabetischer Reihenfolge zusammen und gehört, trotz der lediglich handschriftlichen Überlieferung, zu den Ausgangsquellen der meisten jüngeren Familiengeschichten. Ludwig Wilhelm Brüggemann († 1817) und der Kammerherr Friedrich Wilhelm von der Osten(-Plathe), der eine der größten historischen Landessammlungen schuf, stützten sich noch ohne kritische Einwände auf Elzows Sammlung, der freilich viel Authentisches und Apokryphes aus den Familien zugeflossen zu sein scheint. Der Kammerherr von der Osten († 1786) verfaßte einen »*Pommerschen Adelsspiegel*« und ein »*Wappenbuch des pommerschen Adels*« und erhob Plathe überhaupt zu einem, wenn nicht dem einzigen privaten geistigen Mittelpunkt Pommerns: »Er wurde der Schöpfer der berühmten Plather Schloßbibliothek, die mit 25 000 Bänden die größte und wertvollste Sammlung Pommerns gewesen ist. Neben alten Kup-

1 *J. v. Dissow* (= d. i. J. A. v. Rantzau), Adel im Übergang, 1961, S. 81.

ferstichen, Landkarten, Geschlechtertafeln, Kunstwerken der Malerei des Rokoko und des heimischen Kunsthandwerkes beherbergten die Säle und Kammern des Ostenschlosses einmal Urkunden aus der Zeit der alten Pommernherzöge, Pergamente, Handschriften, Siegel und kostbare Schweinslederbände, dazu eine Münzsammlung, die einzig in ihrer Art war«.[2] Dies alles ist 1945 zerstreut worden, jedoch der Forschung, soweit erhalten, meist zugänglich.[3] Im letzten Drittel des 18. Jahrhunderts war die Adelsforschung, teilweise aus materiellen Gründen, zu einem Forschungsgebiet geworden, dem sich Pfarrer, Greifswalder Professoren und Landesbeamte gleichermaßen zuwandten. Auch wetteiferten die einzelnen Familien bereits darin, schöne und möglichst bis in tacitäische Zeiten zurückgeführte Abstammungslinien vorweisen zu können. Im 19. Jahrhundert waren es dann vor allem Robert Klempin und Gustav Kratz,[4] die den wissenschaftlichen Untergrund der Adelsgeschichte wesentlich verbesserten. Etwa gleichzeitig entstanden die ersten modernen, d. h. quellenkritisch gearbeiteten Familiengeschichten nebst Urkundenbüchern, nachdem bereits die Schlieffen um 1780 einen bemerkenswerten Anfang gemacht hatten. Aber erst die Öffnung der Archive und die Edition der großen landesgeschichtlichen Urkundenbücher für Mecklenburg, Brandenburg, Braunschweig und Pommern haben dann die Grundlage für diskutable Genealogien abgegeben.[5] Im übrigen kann man aus der Tatsache einer voluminösen Familiengeschichte auch auf die Interessenlage und die wirtschaftliche Leistungsfähigkeit des jeweiligen Familienverbandes Rückschlüsse ziehen: Schöning (1830ff.), Maltzahn (1842ff.), Eickstedt (1860ff., 1887), Kleist (1862ff.), Bonin (1864ff.), Dewitz (1868ff., 1912ff.), Blücher (1870ff.), Schwerin (1875ff.), Puttkamer (1878ff.), Massow (1878, 1931), Glasenapp (1884ff.), Goltz (1885ff.), Wedel (1885ff., 1894), Borcke (1896ff., 1901), Zitzewitz (1900ff.), Manteuffel (1905ff.), Flemming (1909ff.), Sydow (1910ff.), Osten (1912) und Heydebreck (1924). Dazu treten die großen Familiengeschichten brandenburgischer Geschlechter mit weitreichenden Beziehungen wie die der Arnim (1883, 1914ff.), Holtzendorff

2 Plathe: *H. Bethe,* Die Schlösser in Stargordt und Plathe. In: Pomm. Monbll. 52 (1938), S. 136–140. – *E. Sauer,* Der Adel während der Besiedlung Ost-Pommerns, 1939, Einführung, S. 26ff.

3 Restbestände Plathe im Bundesarchiv Koblenz, Abt. Freiburg, bzw. im Zentralen Staatsarchiv der DDR II, Potsdam. Vgl. auch *L. Biewer,* Quellen zur Geschichte Pommerns im Geheimen Staatsarchiv Preußischer Kulturbesitz, 1986, S. 110–119. – *F. Graf v. Bismarck-Osten,* Die Sammlungen zu Schloß Plathe..., 1976, S. 63–72. – *Ders.,* Friedrich Wilhelm v. d. Osten. 1721–1786. In: Pomm. Lebensbilder Bd. 4 (1966), S. 143–152.

4 *R. Klempin* u. *G. Kratz,* Matrikel und Verzeichnisse der pommerschen Ritterschaft vom 14. bis zum 19. Jahrhundert, 1863.

5 Genealogie: *E. Sauer,* Der Adel, 1939, S. 58ff., 198ff. – *F. Engel,* Genealogische Sammlungen im Staatsarchiv Stettin, 1938, S. 102–107.

(1876), v. d. Borne (1887/89), Bismarck (1897) u. a. m.[6] Die große Zeit in der Herausgabe breit angelegter Familiengeschichten ist die spätwilhelminische Periode gewesen, als »die unentschiedene Generation« (Otto von Stolberg-Wernigerode[7]) mit dem Blick auf die ausgehenden Lichter Alt-Europas einem Endzeit-Bewußtsein verfiel. Man war sich selbst historisch geworden und suchte nun, unmittelbar vor den revolutionären Erschütterungen und großen Ausmordungen der alten Eliten, in mehr oder minder gelungenen Bilanzen einen siebenhundertjährigen erkennbaren Weg aus dem Altsiedelraum in den Osten und Südosten nachzuzeichnen, mitunter in edlem Wettstreit miteinander stehend, nach Volumen und Qualität. Daß uns diese Werke heute nicht mehr so stark ansprechen wie früher, hat sicher mehrere Gründe. Das historische Quellen- und Literaturstudium erfordert hartnäckige Anstrengung. Auch wünscht sich mancher, daß Historie etwas leichtfüßiger einhergeschritten kommt. Aber wesentlich ist etwas anderes. Das sozial- und kulturgeschichtliche Moment, der Mensch in seiner umweltlichen Lebenswirklichkeit, kommt in diesen notwendig stark genealogisch und in der Regel auch quellenkritisch ausgerichteten Werken nicht selten zu kurz. Die historische Forschung wandte sich damals, vor 1914, erst zaghaft diesen Fragenkomplexen zu, und brauchbare Antworten über Grund- und Gutswirtschaft, Ständewesen und Alltag unter dem Absolutismus, über »Sozialdisziplinierung« und Landarbeiter-Armut waren damals kaum zu erhalten. Aber es bleibt ein hohes Verdienst und ein Glücksfall, daß eben noch in der relativen Prosperität vor 1914 die Familienarchive mit ihren Schätzen auch zur allgemeinen Landes- und Staatsgeschichte ausgewertet und ausgebeutet werden konnten, zumindest bei den oben genannten Familien. Die Geschichtsforschung insgesamt hat aus diesen Werken, die halb im verborgenen blühten, viel Nutzen ziehen können, ja sie hat diese Werke eigentlich erst heute richtig entdeckt und wertet sie nunmehr sorgfältig aus.[8]

Während der Jahre der Weimarer Republik, als es dem alten und dem neuen Adel in den Ostprovinzen wirtschaftlich und politisch schlecht ging, war an längerfristige Arbeiten in den Familienarchiven weniger zu denken. Doch ist an der Weiterführung der vorhandenen Werke, jedenfalls bei den größeren Familienverbänden, gearbeitet worden. Der Aufschwung der Genealogie mit Fachverlagen in Deutschland, verstärkt nach dem Jahr 1933, hat hier einigen vorzüglichen Untersuchungen und Sammlungen über dynastische und nieder-

6 Vgl. die Titel bei *H. Spruth,* Landes- und familiengeschichtliche Bibliographie für Pommern, 1962/63, sowie das Literaturverzeichnis im Anhang.

7 *O. Graf zu Stolberg-Wernigerode,* Die unentschiedene Generation, 1968, S. 146ff.

8 Zuerst für Teile Pommerns *E. Sauer,* Der Adel, 1939. – *P.-M. Hahn,* Struktur und Funktion des brandenburgischen Adels im 16. Jahrhundert, 1979. – *R. Benl,* Untersuchungen zur Personen- und Besitzgeschichte, 1985, S. 7–45.

adlige Großfamilien der mittleren und östlichen Gebiete Preußens und der Nachbarländer den Weg geebnet.[9]

Die Verwüstungen, die der Krieg Hitlers und der ihm folgende Einmarsch der russischen Armeen im östlichen Mitteleuropa angerichtet haben, übertreffen alles, was aus der bisherigen Geschichte seit der Steinzeit bekannt ist. Niemals zuvor, seit dem Ausgang der Völkerwanderung, sind ganze Völkerschaften mit Millionen von Menschen ihrer Heimat beraubt und mit voller Absicht der physischen Vernichtung ausgesetzt worden.[10] Dabei ist nicht nur an die Deutschen zu denken. Es hat, wie nach dem Dreißigjährigen Krieg, Jahrzehnte gebraucht, bis die materiellen Grundlagen einiger Familien regeneriert werden konnten. Das Erscheinen mehrerer gelungener Werke zur Geschichte des pommerschen Adels zeigt, daß nunmehr hier eine Stufe gediegener Rückbesinnung erreicht worden ist.[11] Andererseits hat die Tatsache der Flucht und Vertreibung auf das Forschen und Sammeln anregend gewirkt. Auch die Welle des Hasses, mit der der Adel (»Junker«) und die deutschen Führungsschichten des Ostens nach 1945 von den Okkupationsmächten und deutschen Helfern überzogen worden sind, hat qualifizierte Widerstände hervorgerufen, darunter das insgesamt verdienstvolle Werk von Walter Görlitz.[12] Inzwischen hat wohl allenthalben, nicht zuletzt in den Einflußzonen der Sowjetunion, eine ruhigere, um Objektivität bemühte Betrachtungsweise Platz gegriffen. Man beginnt die historische Frage zu stellen, welche personalen Konstanten es in der mittel- und ostdeutschen Landeskulturentwicklung gegeben habe. Vor dem Hintergrund einer teilweise unverändert trübsinnigen, baukulturfeindlichen und ärmlichen Umwelt liegt es nahe, nach den Ursachen vieler erstaunlicher Leistungen seit dem Spätmittelalter zu fragen. Reisebücher für landesunkundig Gewordene nach Art des Grafen Krockow entsprechen ebenso einem nunmehr ständig vorhandenen emotionellen Bedürfnis wie Untersuchungen und Biographien in Sammelwerken.[13] Auch in bibliographischer Hinsicht ist die

9 Hier sind vor allem Arbeiten aus der Schule Adolf Hofmeisters (Greifswald) zu nennen, z. B. *D. Kausche,* Geschichte des Hauses Putbus, 1937. – *Ders.,* Putbuser Regesten, 1940. – *U. Scheil,* Zur Genealogie der einheimischen Fürsten von Rügen, 1962. – Dazu *Hofmeisters* Ausgangs-Studie: Genealogie und Familienforschung als Hilfswissenschaft der Geschichte. In: Histor. Vierteljahrsschrift 15 (1912), S. 457–492.

10 *Th. Schieder* u. a. (Hrsg.), Dokumentation der Vertreibung, 1959/1984. – *E. Bahr,* Ostpommern 1945–1955, 1957, S. 5ff.

11 Nachkriegswerke: z. B. *H. O. v. Rohr,* Qui transtulit, 1963. – *E. v. Puttkamer,* Geschichte des Geschlechts v. Puttkamer, 1984. – *K. F. v. Kameke* (Hrsg.), Die Kamekes. Fundstellen zur Geschichte einer alten Familie, 1982.

12 *W. Görlitz,* Die Junker, Adel und Bauern im deutschen Osten, 1957.

13 *Chr. Graf v. Krockow,* Die Reise nach Pommern. Bericht aus einem verschwiegenen Land, 2. Aufl. 1988 (= dtv 10885).

pommersche und mecklenburgische Sozialgeschichte[14] nunmehr besser erschlossen. Dazu kommt die regelmäßige Berichterstattung in den führenden landesgeschichtlichen Zeitschriften.

Eine Familiengeschichte der Familie von Dewitz kann nicht ohne den Rückgriff auf ältere und jüngere Quellen und Darstellungen bearbeitet werden. Den Ausgangspunkt bilden nach wie vor die beiden Familiengeschichten des Superintendenten *Wegner* (1868)[15] und des Stettiner Gymnasialdirektors *Paul Gantzer* (1912–1918)[16]. Beide Werke stellen nicht nur für ihre Zeit erstaunliche und sehr gediegene Leistungen dar; sie bleiben wegen des Materialreichtums und wegen der Quellennähe grundlegend. Für viele Vorgänge enthalten sie nach den Verlusten von 1945 die einzige oder einzig zugängliche Überlieferung. Sie sind somit sekundäre und primäre Quelle zugleich. Dabei ist bei dem Wegner'schen Werk hervorzuheben, daß es als erstes in die bis dahin nur in großen Zügen bekannte genealogische Abfolge für das Spätmittelalter und die frühe Neuzeit einige Klarheit hineinzubringen versucht hat, und zwar auf der Grundlage nunmehr sorgfältig gesammelter Urkunden und Akten. Paul Gantzer hat diese Ergebnisse geprüft, ergänzt und stellenweise korrigiert. Überdies hat er seine auch in der Gegenwart nicht umständlich oder schwülstig wirkende Darstellung korrekt mit Nachweisen versehen, zumal er und seine Helfer die Bestände der Staatsarchive Stettin und Schwerin sowie anderer Archive weit stärker als Wegner heranziehen konnten. Gleichwohl wird man bei strittigen Fragen die entsprechenden Bemerkungen Wegners zu Rate zu ziehen haben. Die Urkunden-Editionen im Gantzer'schen Werk greifen über die Familiengeschichte hinaus. Durch sie ist ein nicht unerheblicher Bestand pommerscher und mecklenburgischer Geschichtsquellen überhaupt erhalten geblieben. Die Vorstandsmitglieder des Familienverbandes der spätwilhelminischen Zeit, zumal Werner und Kurt von Dewitz,[17] haben sich durch die Förderung und Herausgabe dieses Werkes in besonderer Weise um die Erforschung der pommerschen Geschichte verdient gemacht.

14 Sozialgeschichte Mecklenburgs und Pommerns in Bibliographien: *H. Spruth,* Bibliographie, 1962/63, S. 246–261, 712 ff., 764 ff., 785 ff. – Berichterstattung in den Baltischen Studien, zuletzt Bd. 73 (1987). – Die älteren Titel bei *W. Heeß,* Geschichtliche Bibliographie von Mecklenburg, Bd. 1–3, 1944. – Umfassende Spezialbibliographie: *C. G. Herzog zu Mecklenburg,* Erlebnis der Landschaft und adliges Landleben, 1979, S. 148 ff.

15 *L. Wegner,* Familiengeschichte der von Dewitz, 1868.

16 *P. Gantzer,* Geschichte der Familie von Dewitz. Bd. 1: Urkunden und Quellen bis zum Beginn des dreißigjährigen Krieges, 1912; Bd. 2: ... vom Beginn des dreißigjährigen Krieges bis zur Gegenwart nebst Geschlechtsverzeichnis, 1913; Bd. 3, T. 1: Geschichte; T. 2: Bildnissammlung. Nachträge zu den Urkunden, zum Familienverzeichnis und Stammbaum. Register, 1918. – Nachtrag: Die Opfer der Familie im Kriege 1914–1918. 27 Ahnentafeln, hrsg. v. *G. v. Dewitz,* 1933.

17 Über den Oberpräsidenten Kurt v. Dewitz, der auch die finanziellen Grundlagen des Gantzer'schen Werkes besorgte, siehe unten zu Anm. 251.

Unter den Autoren nach 1945, die den hinterpommerschen Adel oder Zweige des Hauses Dewitz behandelt haben, sind *Franz Engel, Roderich Schmidt* und *Paul Steinmann* hervorzuheben. Franz Engel, Staatsarchivdirektor in Bückeburg, hat in der Nachfolge Fritz Curschmanns die Besitzstandskarten für Pommern bearbeitet, herausgegeben und überhaupt die Weiterarbeit am Historischen Atlas von Pommern in die Wege geleitet. Roderich Schmidt (Marburg), der Vorsitzende der Historischen Kommission für Pommern, setzt diese Arbeiten fort. Ihm verdanken wir auch spezielle Untersuchungen über Jobst von Dewitz, den Kanzler.[18] Paul Steinmann, ein Mecklenburger, konnte nach dem Kriege seine Arbeiten zur Sozial- und Wirtschaftsgeschichte des Landes Stargard abschließen.[19] Sein Hauptwerk u. a. stellt eine aus den Schweriner Quellen gearbeitete Untersuchung des weiteren Umfeldes der Cölpiner und Miltzower Dewitze dar. Trotz zahlreicher älterer Spezialarbeiten fehlt es jedoch bis heute an einer zusammenfassenden sozialgeschichtlichen Darstellung des Adels in Mecklenburg und Pommern für das Mittelalter oder die Neuzeit.[20]

Die Masse der Quellen zur Geschichte der verschiedenen Zweige und Persönlichkeiten des Gesamthauses Dewitz liegt in mittel- und ostdeutschen Staatsarchiven, in erster Linie in Stettin und Greifswald, in Schwerin und in Resten auch im ehemaligen Preußischen Geheimen Staatsarchiv (Berlin-Dahlem und Merseburg).[21] Daneben gibt es zahlreiche Einzelstücke im Familien-

18 *F. Engel* u. *W. v. Schulmann,* Historischer Atlas von Pommern, NF, Karten 1, 2 u. 8 (= Besitzstandskarten 1628, 1780, 1530), 1959–1984. – *R. Schmidt,* Dewitz. In: NDB 3 (1957), S. 629f.

19 *P. Steinmann,* Bauer und Ritter in Mecklenburg, 1960, S. 115ff. – Steinmanns Untersuchungen setzten eine Diskussion fort, die begonnen wurde von *H. J. v. Gadow,* Ritter und Bauer in Mecklenburg, 1935.

20 Aus der umfangreichen Spezialliteratur für Mecklenburg: Allgemeine verfassungsgeschichtliche Grundzüge bietet *M. Hamann,* Das staatliche Werden Mecklenburgs, 1962, S. 12ff. – *Ders.,* Mecklenburgische Geschichte, 1968, S. 124ff. – Sachkundiger Überblick: *K. Pagel,* Mecklenburg, 1969, S. 13ff. – *P. Wick,* Versuche zur Errichtung des Absolutismus in Mecklenburg in der ersten Hälfte des 18. Jahrhunderts, 1964, S. 13ff. – Materialreiche Zusammenfassung: *F. Mager,* Geschichte des Bauerntums und der Bodenkultur im Lande Mecklenburg, 1955. – *F. Engel,* Die Mecklenburgischen Kaiserbederegister von 1496, 1968, S. VIIff.

21 *A. Diestelkamp,* Das Staatsarchiv Stettin seit dem Weltkrieg, 1938, S. 70–82. – *H. Branig,* Die polnische Archivverwaltung in Pommern. In: Balt. Studien NF 70 (1984), S. 143–147. – *J. Wächter,* Die Archive im vorpommerschen Gebiet und ihr historisches Quellengut. In: Greifswald-Stralsunder Jb. 2 (1962), S. 145–164. – *Ders.,* Das Landesarchiv Greifswald. In: Archivmitt. 13 (1963), S. 104–110. – *M. Stelmach,* Katalog planów miast i wsi Pomorza Zachodniego z XVII–XIX w. w. zbiorach Wojewozkiego Archiwum Panstwowego w Szczecinie (= Katalog der Pläne der Städte und Dörfer in Pommern aus dem 17. bis 19. Jahrhundert in den Sammlungen des Staatlichen Woiwodschaftsarchivs zu Stettin), 1980. – Eine Bestandsübersicht für das Staatsarchiv Schwerin fehlt. Die Gutsarchive der Dewitz'schen Orte im Land Stargard sind bis auf Galenbeck, Leppin und Wrechen 1945 zugrunde gegangen, vgl. *P. Steinmann,* Bauer und Ritter, 1960, S. 285, 305, Anm. 230.

besitz, die größerenteils für dieses Werk herangezogen werden konnten. Das Familienarchiv Dewitz enthält in seinem gegenwärtigen Zustande Fragmente geretteter Gutsakten aus dem 20. Jahrhundert[22] sowie Splitter von Personalnachlässen. Dazu treten Fotoserien, die im Zusammenhang mit Besuchen in Mecklenburg und Pommern in den siebziger und achtziger Jahren entstanden sind.

Wo immer Besucher die alten Dewitz-Orte im Umkreis von Miltzow und Cölpin oder von Daber und Meesow aufgesucht haben, stießen sie in den Dorfkirchen auf Epitaphe oder großflächige Ahnentafelbilder mit dem *Dewitz-Wappen.*

Von den ältesten Zeiten (Siegel von 1315) bis zur Gegenwart hat sich die Familie ihr Wappen erhalten. Es sind die drei »goldenen Deckelbecher im roten Feld« wechselnd dargestellt: zuweilen zwei oben und unten ein Gefäß, aber auch umgekehrt. Es gibt Siegel, bei denen beide Anordnungen an derselben Urkunde vorkommen. Die Form der Wappenfigur wechselt im Laufe der Zeiten. Maßgeblich für eine Deutung des Wappens können jedoch nur die Überlieferungen auf Siegeln des 14. Jahrhunderts oder sonstige Abbildungen der ältesten Zeiten sein. Das Siegel von 1315 zeigt gleichmäßig gerundete und glatt dargestellte Gefäße mit einem gegliederten Fuß und einem zweimal gewölbten Aufsatz (»Kopf«), auf dem sich noch eine knopfartige, später auch mit einem Kreuz versehene Verzierung zu befinden scheint. In späteren Zeiten hat sich je nach der Kunst des Siegelschneiders das Bild der Gefäße verfeinert, ist kürzer und breiter oder länger und schlanker geworden. Verzierungen nehmen zu, je weiter man sich den neueren Jahrhunderten nähert. Eine Helmzier findet sich bei den pommerschen Häusern seit dem Ende des 15. Jahrhunderts. Diese ist dann etwa ein Jahrhundert danach von den mecklenburgischen Herren übernommen worden. Das Siegel des Achim von Dewitz († 1519) zeigt erstmals diesen heraldischen Schmuck. Es entsprach dem Zeitgeschmack, das Wappen immer üppiger auszubilden. Bei Jobst II. († 1627) erscheint eine Krone auf dem Helm. Um 1500 wurde das Wappen der Dewitz an zwei alten Kapellentüren in Rostock abweichend in der Weise dargestellt, daß statt der geharnischten Arme der Helm zwei blaue Flügel trägt. Zwischen ihnen steht ein Deckelbecher. Mit der Deutung des Dewitz'schen Wappens haben sich verschiedene Forscher befaßt[23]. Unergiebig ist die offenbar erst im 17. Jahrhundert entstandene Wappensage,[24] wonach einstmals ein Dewitz einen Arnim im Zustande der Volltrunkenheit aus dem Fenster des Schlosses zu Daber

22 Vgl. unten S. 212ff.

23 Wappenquellen: *P. Gantzer,* Bd. 3, 1, S. 8–11. – Ein besonderes Wappen von Dewitz-Krebs (Beschluß 3. 10. 1894) ist 1894 dem Kgl. Heroldsamt eingereicht worden.

24 Wappensage: *P. Gantzer,* Bd. 3, 1, S. 10 (nach *J. D. H. Temme,* Die Volkssagen von Pommern und Rügen, 1840, S. 106). Die Sage ist trivial.

in den Burggraben gestoßen habe. Die Trunksucht hätte ihm mildernde Umstände gewährt, doch die Familie hätte nun ein solches Wappen mit dem zusätzlichen vierten, gleichsam hochgehaltenen Gefäß führen müssen. Es ist sicher unzutreffend, die Figuren im Wappen als Becher oder als Deckelpokale oder als Doppeldeckelbecher zu bezeichnen, worauf Gebhard von Lenthe bereits hingewiesen hat.[25] Das Siegel des Albrecht und Zabel von Dewitz von 1315[26] und das des Otto von Dewitz von 1365[27] lassen eine solche Deutung nicht zu. Gefäße sind in der Heraldik Mitteleuropas zwar nicht ganz selten anzutreffen, wohl aber reine Trinkgefäße. Unter den Wappen des altmärkischen Adels findet sich nichts Vergleichbares, aber auch sonst ist das Dewitz'sche Wappen singulär. Doch ist zu bedenken, daß im 13. und 14. Jahrhundert nicht wenige Adelsfamilien Nordostdeutschlands ausgestorben sind. Die Dreizahl der Figuren hingegen ist durchaus üblich, in der Altmark finden sich drei Schwerter oder drei »Mützen«: in der Dreizahl (Vater, Sohn und Heiliger Geist) ruht die Kraft, oder in der Sprache der Zeit: in trinitate rubor. Das Wappen ist sicherlich während der ersten Hälfte des 13. Jahrhunderts aufgenommen worden und dürfte eher in einem geistlichen Zusammenhange stehen: es zeigt drei Gefäße für das so wichtige Salböl, dessen man im kirchlichen Raume ebenso wie bei Thronerhebungsakten bedurfte. Es entzieht sich unserer Kenntnis, ob die Wahl dieser Wappenfiguren etwas zu tun hat mit der besonderen Stellung des Marschalls Engelke von Dewitz im Umkreis der brandenburgischen Askanier. Die weitere Forschung in dieser Frage müßte sich damit befassen, ob im Zusammenhang mit den späten Kreuzzügen oder, was mir wahrscheinlicher zu sein scheint, mit Italienfahrten zwischen 1170 und 1250 ein solches Gefäß aufgenommen sein könnte, vielleicht anläßlich eines Ritterschlags nach bestandenem Gefecht. Die brandenburgischen Markgrafen und sonstige edelfreie Dynasten haben sich während der Regierungszeit König Friedrichs I., Philipps von Schwaben, König Ottos IV. und Kaiser Friedrichs II. wiederholt in den vom Reich beanspruchten Territorien Nord- und Mittel-Italiens aufgehalten.[28]

Zu den »Quellen« rechnet der Historiker auch die Überreste und die noch immer verbreiteten mündlichen Traditionen, jedenfalls in Mecklenburg, wo

25 *G. v. Lenthe,* Zur Bedeutung des Dewitz'schen Wappens, 1974. – Zusammenstellung mit Mißdeutungen: *L. W. v. Dewitz,* Vom Ursprung und Wappen der Familie von Dewitz, Privatdruck Rostock 1911, S. 5–8.

26 1315: *P. Gantzer,* Bd. 1, Nr. 41; vgl. Nr. 240, 256, 288, 303. Die Nachzeichnungen des 18. Jhdts. sind unbrauchbar.

27 1365: *P. Gantzer,* Bd. 1, Nr. 306.

28 Italienfahrten: *Krabbo-Winter,* Reg. Nr. 527 (Fahrt ins Heilige Land). Dabei ist nicht nur an Fahrten im Gefolge der Markgrafen, sondern auch im Dienstmannengefolge der Erzbischöfe von Magdeburg oder der Bischöfe von Havelberg und Halberstadt oder der Grafen von Arnstein (die zu Friedrich II. zeitweise enge Beziehungen unterhielten) zu denken.

man sich im Umkreis von Schlössern und Kirchen des herausragenden Herrengeschlechtes erinnert. Die Grüfte in den Kirchen, die Gräber an den Kirchmauern mit Schilden und Tafeln erinnern an eine versunkene Welt, aber auch an die Welt von gestern und vorgestern, die die Lebenden noch vor Augen haben.[29] Draußen auf den Dorfstraßen rattern die Traktoren der Produktionsgenossenschaften, und auf den Gutshöfen hat sich nach und nach die moderne Agrartechnik ausgebreitet. Und doch beginnt man auch dort den früheren Zuständen mit mehr Gerechtigkeit nachzusinnen, Relikte zu sammeln und das erhalten Gebliebene besser zu pflegen als in der Bildersturmzeit der späten vierziger Jahre.

»*Geschichte*« will und soll kein Gericht sein, wohl aber gewährt sie Gerechtigkeit für jene, die verstummt sind. Die Geschichte soll uns auch nicht der Gegenwart mit ihren unabweisbaren Forderungen entreißen, doch sie bleibt – nach einem Worte Winston Churchills – »unsere einzige sichere Anleitung für die Zukunft, sie – und die Phantasie«.

29 Vgl. unten S. 263–275 (= Kap. 13).

Großes Reitersiegel des Grafen Otto von Fürstenberg

Kleines Siegel (Sekret) des Grafen Otto von Fürstenberg

Siegel der Stadt Alt-Strelitz (nach dem Herold 1884, Nr. 9)

Erstes Kapitel Ein Schwertträgergeschlecht der Markgrafen von Brandenburg: Herkunft und Siedlungswanderung der Ritter von Dewitz (1261–1320)

»Enkelo marscalcus de Dewitz«
Ersterwähnung, 1261

Adel

»Sobald die Menschen in einem Staatsverband zusammentreten«, heißt es in einer kurzen Geschichte des deutschen Adels aus dem 19. Jahrhundert,[30] »offenbart sich bei ihnen die Ungleichheit ihrer Kräfte und Fähigkeiten, deren größerer oder geringerer Umfang zuerst ihre Stellung in der Gesellschaft und ihre Geltung darin bestimmt.« »*Adel*« ist in erster Linie Grundherrschaft, ist »Herrschaft über Leute«, nicht denkbar ohne den Komplementärstand der Bauern, die bäuerlichen Hintersassen oder »Grundholden«.[31] »Adel« ist überdies seit seiner Entstehung wesentlich mitbestimmt durch militärische Leistung (»Rittertum«) für Staat und Dynastie.[32] Diese Sätze enthalten wesentliche Aussagen über eine alte Sozialschicht, die in der Gegenwart in der gleichförmig erscheinenden bürgerlichen Erwerbsgesellschaft von vielen kaum noch als Realität wahrgenommen wird und deren historisches Gewicht in der deutschen und europäischen Geschichte nicht wenigen aus dem historischen Bewußtsein geraten ist. Doch befaßt sich die ältere wie die jüngere deutsche Verfassungs- und Sozialgeschichte unverändert mit den Metamorphosen

30 Interdisziplinär und zeitübergreifend: *P. U. Hohendahl* u. *P. M. Lützeler,* Legitimationskrisen des deutschen Adels 1200–1900, 1979. – *Rauschnick,* Geschichte des deutschen Adels, 1831, S. 1.

31 *V. Ernst,* Die Entstehung des niederen Adels, 1916 (Neudr. 1965). – *O. Frhr. v. Dungern,* Adelsherrschaft im Mittelalter, 1927. – *Ders.,* Comes, liber, nobilis in Urkunden des 11. bis 13. Jahrhunderts. In: Archiv f. Urkundenforschung 12 (1932), S. 181–205. – *K. F. Werner,* Adel. In: Lexikon des Mittelalters, Bd. 1, 1977, Sp. 117–128. – Vgl. auch die unten Anm. 32–34 zitierten weiterführenden Arbeiten.

32 Mit umfassenden Literatur- und Quellenhinweisen: *H.-W. Goetz,* »Nobilis«. Der Adel im Selbstverständnis der Karolingerzeit. In: VSWG 70 (1983), S. 153–191; S. 159: »Das Monopol des Adels auf Kriegsdienst bildete sich erst allmählich aus und war zur Zeit Karls des Großen noch keineswegs verwirklicht«. – *J. Johrendt,* ›Milites‹ und ›militia‹ im 11. Jahrhundert in Deutschland. In: *A. Borst* (Hrsg.), Das Rittertum im Mittelalter, 1976, S. 419–436. Für die Entwicklung in dem von Markgrafen und Bischöfen gleichermaßen gesicherten und abzuschirmenden Markengebiet ist aufschlußreich, daß Otto III. 992 dem Bischof von Halberstadt bereits »regalem heribannum super milites liberos et servos ejusdem ecclesie« gewährt (MGH DD O III, 104, S. 516, 13).

des Adels, der Adelsherrschaft im hohen Mittelalter[33] und besonders mit den »Freiheiten« oder auch »Privilegien« der Adelsschichten in den mittel- und ostdeutschen Landesherrschaften.[34] Längsschnitte und Querschnitte wechseln in den Studien, die jedoch bisher keine »große« wissenschaftliche Zusammenfassung erfahren haben. Man wird die Entwicklung des Adels einer Landschaft oder die eines größeren Familienverbandes nicht verstehen können, wenn nicht das Mittelalter, die Ursprünge und Aufstiegsphasen, in die Untersuchungen einbezogen werden.

Jedes Staatswesen bedarf einer in Halbjahrhunderten eingeübten Führungsschicht, gleichviel aus welchen sozialen Bereichen die Mitglieder dieser Fürstengefolgschaft und Dienstmannengruppen entstammen und entnommen worden sind. Der vorzügliche Adelskenner Theodor Fontane war sich in dieser Frage ganz sicher, trotz aller Kritik im Einzelfall und an den Zeitgebundenheiten und Irrwegen der Aristokratie: »Die Welt wird noch lange einen Adel haben, und jedenfalls wünsche ich der Welt einen Adel, aber er muß danach sein, er muß eine Bedeutung haben für das ganze, muß Vorbilder stellen, große Beispiele geben und entweder durch geistig-moralische Qualitäten direkt wirken oder diese Qualitäten aus reichen Mitteln unterstützen.»[35] So reichen die Probleme in den Rahmen einer insgesamt bedeutenden, genealogisch und historisch-politisch vielfältig »ausstrahlenden« Großfamilie von den Ursprungs- und Ungleichheitsfragen bis zu den immer wieder zeitgemäß abgewandelten Idealvorstellungen vom Adel als einer »*Elite*« mit besonderen, zeitweise sogar fast als unveräußerlich verstandenen Merkmalen. Idealvorstellungen im Selbstverständnis des Individuums und der Sozialgruppe und die Verfassungswirklichkeiten ergeben zusammen »die Geschichte« des Adels. Beidem ist nachzugehen vor dem Hintergrund einer fast tausendjährigen aristokratisch geprägten oder doch mitgeprägten Landes- und Kulturverfassung in der nordostdeutschen, der brandenburgisch-preußisch geprägten und somit zugleich der mitteleuropäischen Geschichte.

33 Gute Zusammenfassung des Forschungsstandes: *K. Bosl,* Adel und Freiheit ... In: Gebhardt, Hdb. d. dt. Gesch., 9. Aufl. 1970, S. 705–710. – *H. K. Schulze,* Rodungsfreiheit und Königsfreiheit. In: HZ 219 (1974), S. 529–550. – *Ders.,* Reichsaristokratie, Stammesadel und Fränkische Freiheit. In: HZ 227 (1978), S. 353–373. – *J. Fleckenstein,* Friedrich Barbarossa und das Rittertum. In: A. Borst (Hrsg.), Das Rittertum, 1976, S. 392–418. – *Ders.,* Die Entstehung des niederen Adels und das Rittertum. In: Herrschaft und Stand. Untersuchungen zur Sozialgeschichte im 13. Jahrhundert, 1977, S. 17ff. (= Veröff. d. Max-Planck-Instituts f. Geschichte 51).

34 *H. K. Schulze,* Adelsherrschaft und Landesherrschaft, 1963, S. 10ff. – *G. Heinrich,* Nordostdeutscher Adel ..., 1984, S. 104ff., Anm. 3, 4 u. 6.

35 *Th. Fontane,* Briefe an Georg Friedländer, hrsg. v. K. Schreinert, 1954, S. 284. – Zur Adelsproblematik siehe die sonstigen Äußerungen Fontanes bei *K. Attwood,* Fontane und das Preußentum, 1970, S. 200–217, 359–364, mit Verweisen auf die Literatur.

Markgrafschaft und Dienstmannen

Als die Dewitze in das Licht der Überlieferungen traten, vollzog sich im Deutschen Reich eine grundlegende Veränderung: Der *Aufstieg der Landesherrschaften* begann. Der deutsche König, dem eine echte Hauptstadt je länger, desto mehr fehlte, vermochte keine hauptstädtischen Einrichtungen von Dauer auszubilden; der Wechsel der Dynastie behinderte, ja verhinderte den Ausbau des Königsgutes, das zwar von Reichsministerialen verwaltet, aber auch anderen Herrschaftsträgern wie Grafen oder Markgrafen überlassen werden konnte, teils als Entgelt für politische oder finanzielle Leistungen, teils aber auch, weil der deutsche König in dem durch Siedlungsherrschaften, Abschichtungen und Ausbauten sich rasch verdichtenden Reich keine Möglichkeit mehr sah, überall unmittelbar zu regieren, neben und über den in den Landschaften verwurzelten Gewaltträgern, die die verschiedenen Herrschaftsrechte, zumal die Regalien (u.a. Zoll, Münze, Geleit, Marktrechte, Bergrechte, Judenschutz), wirksamer handhaben konnten. Dies galt besonders für die Grenzherrschaften im Osten und Südosten, wo seit der Karolingerzeit »*Mark-Grafen*« eingesetzt waren. Die Dienstmannschaft der jüngeren Markgrafen seit dem 10. Jahrhundert bot denjenigen den Aufstieg in den »niederen Adel«, die bereit und fähig waren, Herrschaftsarbeit und Militärdienst über längere Zeit hin im Dienste eines (oder mehrerer) Landesherrn zu leisten. Dabei war es im Osten unerheblich für den Oberherrn, ob die neuen Amtsträger nach ihrer ursprünglichen Herkunft »unfreie« Dienstleute, Freie, einfache Adlige, Abkömmlinge von Reichsministerialen waren oder – in wenigen Fällen – von Nebenzweigen kleiner dynastischer (edelfreier) Familien abstammten. Die Siedlungsherrschaftsbildung in den »Marken« ließ einen »neuen« und zahlreichen Landes- und Dienstadel entstehen, bei dem sich einerseits Herkunftsunterschiede verwischten, der sich dann aber bereits im 13. Jahrhundert nach »unten« abschloß, während sich im Inneren dieser Sozial-Gruppe der Aufstieg einzelner Großfamilien abzuzeichnen begann.

Wer diesem »Adel« angehören und sich in ihm erfolgreich behaupten wollte, mußte über einen starken Fundus »politisch«-unternehmerischer Beweglichkeit verfügen. Denn die Herrschaft über raumgebundene Menschengruppen ergänzte sich nun durch eine jedenfalls im Ansatz flächenhafte Erfassung des »Landes«, das verstärkt als geschlossenes Herrschaftssubstrat begriffen wurde. Der Amtsträger mußte das Wirtschaftsleben allseitig verstehen, technisch versiert sein, das Kriegshandwerk zu Pferde und von der Burg aus beherrschen; er mußte über Grundkenntnisse des Rechts verfügen, mußte Rang und Macht der Kirche und ihrer Würdenträger richtig bewerten können und sollte wohl auch bei den Burghöfen in Spandau, Salzwedel oder Braunschweig kraftvoll auftreten können.

Herrschaftsbildung und Ostsiedlung

Die Anfänge der Geschichte der *Herren und »Ritter« von Dewitz* verbinden sich also mit der Erweiterung der Markengebiete im Osten.[36] Die Ostbewegung vollzog sich als vielgliedriger Vorgang der Herrschaftsbildung, der Siedlung und der christlichen Mission. Die politische und vor allem auch die nicht zu unterschätzende wirtschaftliche und finanzielle Organisation lag in den Händen der Reichsfürsten und Dynasten an den Ostgrenzen. Sie verfügten über Helfer aus fast allen Schichten des »freien« Adels sowie übriger nicht unfreier Stände. Besonders auf den ostsächsischen (ostfälischen) Adel kamen neue und ungewohnte siedlungsunternehmerische Aufgaben zu, als seit etwa 1130 unter der Königsherrschaft Lothars von Supplinburg politische Marken-Erweiterung in Ostholstein, an der später mecklenburgischen und altmärkischen Elbe, im Vorfeld von Magdeburg, an der Saale und Mulde und andernorts einzusetzen begann. Die geistlichen und weltlichen Herren dieser Grenzgebiete, deren politisches Gewicht während der Stauferzeit rasch wuchs, bedurften also bei ihren Plänen in immer höherem Maße wirtschaftlich starker und herrschaftserfahrener Helfer für Militärdienst und Dorfanlagen, für die Landesorganisation und die Rechtspflege. In erster Linie waren es die Markgrafen der Billunger Mark, der Nordmark, der Lausitz oder der sorbischen Mark Meißen selbst, die die Ostbewegung anführten. Aber auch sonstige Herzöge und Dynasten mit markgrafenähnlichen Aufgaben in den Grenzgebieten waren beteiligt, beispielsweise der Enkel König Lothars, Heinrich der Löwe, von seinem Zentrum Braunschweig und von Lüneburg aus. Neben den Markgrafen und Herzögen, die sich in den jüngeren Reichsfürstenstand emporgearbeitet hatten, wirkten und stritten dynastische Herren und Grafen (»Edelfreie«) wie die Grafen von Arnstein mit den Linien Mühlingen-Barby und Lindau-Ruppin, die Grafen von Dannenberg, die Grafen von Lüchow und die Grafen von Schwerin (u. a. Land Daber), die Herren von Loitz, die Grafen von Eberstein (Weserbergland-Hinterpommern), die Herren von Putbus (Rügen), die seit dem späten 13. Jahrhundert landsässig gewordenen »Edlen Herren Gans zu Putlitz« (Prignitz) und andere seit ca. 1130 aufgestiegene überwiegend ostsächsische Familien, die die Chancen erkannt hatten, welche sich aus

36 *W. Kuhn,* Die Siedlerzahlen der deutschen Ostsiedlung. In: Studium sociale. Festschr. K. V. Müller, 1963, S. 131–154. – *W. Schlesinger* (Hrsg.), Die deutsche Ostsiedlung des Mittelalters als Problem der europäischen Geschichte. Reichenau-Vorträge 1970–1972, 1975 (= Vortr. u. Forsch., Bd. 18). – *H. K. Schulze,* Die deutsche Ostsiedlung des Mittelalters. Bilanz und Aufgaben. In: ZfO Jg. 26 (1977), S. 453–466 (= Rez. des vorhergehenden Buches). Vgl. *W. Schlesinger,* Die geschichtliche Stellung der deutschen Ostbewegung. In: *Ders.,* Mitteldeutsche Beiträge zur Verfassungsgeschichte des Mittelalters, 1961, S. 447–469, 488. – *Ders.,* Zur Problematik der Erforschung der deutschen Ostsiedlung. In: *Ders.* (Hrsg.), Die deutsche Ostsiedlung, 1975, S. 11–30, 16.

einer weiträumigen Herrschaftsbildung zwischen Elbe und Oder ergeben konnten.

Und neben den Herrschern aus welfischem oder askanischem Hause standen Bischöfe, deren überwiegend bereits im 10. Jahrhundert von Otto dem Großen († 973) begründete Diözesen von Deutschen und Slawen bewohnte Gebiete zwischen Elbe und Oder umschlossen (u. a. die Bistümer Magdeburg, Brandenburg, Havelberg, Oldenburg, Schwerin und Ratzeburg). An der Spitze der Siedlungsfürsten geistlichen Standes ist unzweifelhaft Erzbischof Wichmann von Magdeburg († 1194) zu nennen, der in konkurrierendem Zusammenwirken mit Heinrich dem Löwen und Albrecht dem Bären eine bis in die Gegenwart nachweisbare, die Landesstrukturen bestimmende Leistung vollbracht hat.

Dies ist der historisch-geographische Rahmen. Wer Siedlung im großen Stile und im Wettstreit mit anderen betreibt, braucht geeignete Menschen. Das Altsiedelland gab seine Überschüsse unablässig an das Neusiedelland ab. Die Bevölkerung in Sachsen, Franken und am Niederrhein ist in diesen Jahrzehnten des 12. und 13. Jahrhunderts stetig gestiegen. Aber bis zum frühen 14. Jahrhundert ist immer noch aus den westlichen Gebieten der Menschenbedarf abgedeckt worden, wennschon nunmehr die Neustämme der »Brandenburger«, der Mark Meißen-Sachsen oder der Mecklenburger ihrerseits Siedlungswillige aus sämtlichen sozialen Schichten abwandern ließen, die sich dann immer wieder nach Osten hin Existenz und Wirtschaftsräume schufen oder doch in dienendem Stande die Wohnbevölkerung in Städten, Minderstädten, Burgorten, Kietzen und Dörfern vermehrten.

Mark Brandenburg

Auf dem Boden der seit 1134 von dem Askanier Albrecht (von Ballenstedt) begründeten und seit 1157 fest konstituierten Markgrafschaft Brandenburg waren es vor allem ostsächsische Edelfreie und deren Abkömmlinge sowie einfache Freie, die sich im Dienste der Markgrafen an Herrschaftsbildung und Siedlung beteiligten.[37] *Einfache »Freie« und Ministeriale* (Dienstmannen) sind dann während des 13. Jahrhunderts zu einem alsbald äußerlich ziemlich einheitlichen Stand verschmolzen, dem niederen Adel mit ritterlichen Attributen, dem Landadel, der Ritterschaft, wie die Bezeichnung aus späterer landständisch geprägter Zeit lautet. Es handelt sich dabei um einen allgemeinen Vor-

37 *A. H. v. Kröcher,* Die von Olvenstedt. In: Märk. Forsch. 8 (1863), S. 54 ff. – *G. Winter,* Die Ministerialität in Brandenburg, 1922, S. 35 ff. – *H. K. Schulze,* Adelsherrschaft und Landesherrschaft, 1963, S. 113 ff., 141 ff. – *J. M. van Winter,* Ministerialität en Ridderschap in Geldre en Zutphen, 1962. – *Dies.,* Rittertum. Ideal und Wirklichkeit, 1969.

gang im Osten, doch ist er in den askanisch beherrschten Landen besonders gut zu beobachten. Stellenweise sind auch potente spätslawische Edle offenbar ohne größere Schwierigkeiten in diese regionalen Führungsschichten aufgenommen worden, doch ist dies stärker als in Brandenburg in Mecklenburg und dann auch in Pommern zu beobachten. Die Markgrafen von Brandenburg, die ersten und offenbar alleinigen Landesherren der Herren von Dewitz, waren naturgemäß auf ihre Ausgangsgebiete mit reichem Eigengutbesitz und sonstigen Herrschaftsrechten angewiesen. Von dort also, aus dem Harzvorland um Aschersleben und Ballenstedt, aus dem Gebiet der späteren Kreise Jerichow I und Jerichow II und aus der Altmark zwischen Wolmirstedt (Ohre) und Schnackenburg (Elbe) einerseits und zwischen Walbeck-Mariental und Knesebeck-Wittingen andererseits holte man sich Mitarbeiter, Dienstleute und Siedlungswillige.[38] Daneben aber gab es eine Zuwanderung von freien und edlen Familien, aus dem Raum der mittleren und unteren Weser, vom Niederrhein her und aus Flandern. Aber die meisten der ostdeutschen Adelsgeschlechter, die nicht ausstarben und im Spätmittelalter im Nordosten dominant wurden, stammten doch aus den genannten Bereichen zwischen Salzwedel und dem Harz. Insofern ist es richtig oder doch verständlich, wenn man die »Altmark«, in der sich verschiedene politische und kirchenpolitische Einflüsse begegneten, als die Wiege Brandenburg-Preußens bezeichnet.

Man hat schon um 1830 und fernerhin erkannt, daß zahlreiche später im Osten »auftauchende« Familien ihre Wurzeln mit Sicherheit oder Wahrscheinlichkeit in der Altmark haben. Das schließt gewiß nicht aus, daß auch dort wiederum ein Teil der erstmals bezeugten Familien aus anderen Gebieten zugewandert ist. Das kann während des quellenärmeren 12. Jahrhunderts geschehen sein, kann aber auch in den vorhergehenden Jahrhunderten stattgefunden haben. Beweisführungen sind hier nur noch sehr schwer möglich. Deutlich aber läßt sich erkennen, daß der dicht besiedelte Raum zwischen Magdeburg und Halberstadt immer wieder Krieger und Siedler nach Nordosten entsandt hat. In diesem relativierten Sinne stammen mithin aus der Altmark, um nur einige weit bekannte Familien zu nennen, die von Kalben, von Arnim, von Eickstedt, von der Dollen, von Kerkow, von Königsmarck, von Angern, von Grävenitz, von Rundstedt, von der Schulenburg, von Redern, von Lüderitz, von Rossow[39], von Uchtenhagen, von Jagow, von Alvensleben, von

38 *S. W. Wohlbrück,* Geschichte der Altmark ..., 1855, S. 91 ff. – *K. Bischoff,* Sprache und Geschichte an der mittleren Elbe und der unteren Saale, 1967. – *H. K. Schulze,* Die Besiedlung der Altmark. In: Festschr. W. Schlesinger, 1973, S. 138–158. – *W. Podehl,* Burg und Herrschaft in der Mark Brandenburg. Untersuchungen zur mittelalterlichen Verfassungsgeschichte unter besonderer Berücksichtigung von Altmark, Neumark und Havelland, 1975, S. 101 ff.

39 *L. v. Ledebur,* Zur Geschichte des Geschlechts v. Meyendorf. In: Märk. Forsch. 4 (1850), S. 258–273, 265. – *Ders.,* Die in dem Zeitraum von 1740–1840 erloschenen adligen Geschlechter der Mark Brandenburg. In: Märk. Forsch. 2 (1843), S. 381. – *A. v. Mülverstedt,*

Kröcher, von Rochow, von Schenk, (von) Bismarck, von Bellingen[40], von Steglitz, sowie andere mehr, deren altmärkische Wurzeln noch verdeckt sind.

Ursprünge und Anfänge

Der Bearbeiter der Dewitzschen Familiengeschichte, Paul Gantzer, hat die Vermutung ausgesprochen und auch zu belegen versucht, »daß auch die Dewitz aus jenem Teil der Mark links der Elbe stammten, wo das Dorf Dewitz (zwischen Osterburg und Arendsee) leicht einem Vorfahren den Namen gegeben haben könnte.[41] Dabei ist es auch Paul Gantzer durchaus geläufig gewesen, daß die offenbar nicht ganz seltene slawische Siedlungsbezeichnung »Dewitz« auch an anderen Stellen des polabisch-sorbischen Siedlungsgebietes zu finden ist, bis hin zu der gleichnamigen Bezeichnung eines Laufes der Oder bei Stettin. Der Bedeutung dieser Namensform (slawisch: »Mädchen«) ist nicht nachzugehen, weil dies unerheblich für die hier nunmehr genauer zu betrachtende Herkunftsfrage ist. Auch kann man die unhaltbare, weil auf falscher Lesung beruhende Behauptung übergehen, daß ein Dewitz bereits 1212 (März 20) in einer Königsurkunde erscheine. Allein der Vorname (»Günther«), der von den brandenburgisch-mecklenburgischen Dewitz des 13. Jahrhunderts nicht geführt wird, hätte davor warnen müssen, diese eindeutig falsche Überlieferung in die Familiengeschichte mit einzubeziehen. Es handelt sich um den Angehörigen eines Ministerialengeschlechtes der Markgrafen von Meißen

Allgemeines über den altmärkischen Adel zu den ältesten Zeiten. In: 26. Jahresber. d. Altmärk. Vereins ... (1899), S. 3–62, hier S. 21. – Zu beachten sind auch die engen Beziehungen der Rossow-Sippe zu den Klöstern Krevese und Arendsee. Ein »Arnoldus de Rossow« in Rossow stand an der Spitze der weltlichen Zeugen einer Schenkung für Arendsee (Cod. dipl. Brand. ed. A. F. Riedel (= zit. CDB) A 22, S. 29); vgl. ebenda S. 6 (Johannes de R., 1252), S. 7 (dito, 1253), S. 27 (Henninghus et Arnoldus, fratres de Rossowe, 1322). Außerdem erscheinen Nikolaus und Arnold v. R. im Memorienbuch des Klosters Arendsee (ebenda, S. 2).

40 Zahlreiche Belege, vgl. *Krabbo-Winter,* Reg. Nr. 640, 855, 1086, 1114, 1271, 1299, 1311, 1366, 1382, 1412 u. ö.

41 *P. Gantzer,* Bd. 3, S. 6. – Dazu *L. v. Ledebur* in einer ungedruckten Nachlaß-Notitz: »Nichts desto weniger sind wir nicht der Meinung, daß das (sc. Dewitz bei Stargard) der Stammsitz, sondern nur eine Begründung einer aus der Altmark gekommenen Familie ist, die ihren Namen dem 1 1/2 M. nordwestlich von Osterburg gelegenen Dorfe zu verdanken hat.« – Wenig beachtet blieb bis jetzt, daß das Wappen der Dewitz, die drei goldenen Deckelbecher im roten Felde, eine einzige altmärkische Entsprechung in dem Wappen der Herren von Goldbeck findet; sie führen die gleichen drei goldenen Deckelbecher im blauen Felde. Ältere Abbildungen der Wappen der beiden Geheimen Räte Heinrich († 1579) und Andreas († 1609) Goldbeck bei *M. Fr. Seidel,* Bildersammlung ... ed. G. G. Küster, 1751, S. 90ff. – Die von Goldbeck sind früh nach Stendal gezogen: zuerst »Hennricus de goltbeke« sowie Geward und Hermann v. G. 1285, Franke v. G. 1342/65 (CDB A 15, S. 32f., 87; *L. Götze,* Urkundliche Geschichte der Stadt Stendal, 2. Aufl. 1929, S. 94). Zusammenhänge mit den Dewitz sind nicht ausgeschlossen, doch ist von den Indizien lediglich die Stammortnähe gegeben.

namens »Dewin« (identisch mit Devin, Debin, Döben usw.). Günther de Dewin »war mithin ein Angehöriger des Döbener Burgmannengeschlechts«.[42]

Es stellt sich gleichwohl die Frage, in welches genealogische und siedlungsmäßige Umfeld die altmärkische Herkunft der Dewitz zu stellen ist.

1. *Ortsnamenübertragung.* Das vielleicht gewichtigste Argument ergibt sich aus dem Hinweis, daß Siedlungsnamen in dem ersten größeren Siedlungszentrum der Dewitz im Lande Stargard offensichtlich der Altmark entstammen, von Siedlern übertragen worden sind. In der Vogtei Stargard, also im Umkreis der Dörfer Dewitz und Cölpin, liegen zehn solcher Siedlungen: Dewitz, Plath, Leppin, Krummbeck (Krumbke), Schönhausen, Brohm, Rossow, Tornow, Holldorf und Möllenbeck. Weitere Ortsnamen mit dieser Herkunftswurzel sind in der südöstlich angrenzenden Uckermark zu beobachten, insgesamt mindestens 21. Umgekehrt liegen nun im weiteren Umkreis des Ortes Dewitz in der Altmark allein fünf Ortsnamen des Landes Stargard. Im Umkreis von Stendal und Bellingen finden sich zehn der Ortsnamen der Lande Stargard und Uckermark[43]. Daraus folgt mit ziemlicher Sicherheit, daß Siedler und doch wohl auch Siedlungsunternehmer dieser beiden Gebiete vor allem aus den ostaltmärkischen späteren Landreiterkreisen Arendsee, Stendal und Tangermünde gekommen sein müssen. Dies dürfte auf jeden Fall seit 1236 so gewesen sein, nachdem die Markgrafen das Land Stargard erworben hatten.[44] Es kann aber auch schon eher geschehen sein, weil die Stettiner Pommernherzöge aus dem Greifenhause auch in der Uckermark[45] bereits vor den Askaniern mit Siedlern aus der Altmark den Landesausbau betrieben haben.

42 Vgl. *P. Gantzer,* Bd. 1, S. 4, Nr. 12; S. 7f.; ohne Einschränkung auch bei *E.-O. v. Dewitz,* Beitrr. zur Geschichte der Fam. v. Dewitz, 1976, S. 3f. Vgl. *H. Schieckel,* Herrschaftsbereich und Ministerialität der Markgrafen von Meißen im 12. und 13. Jahrhundert, 1956, S. 17ff., 104. – *R. Lehmann,* Die Herrschaften der Niederlausitz, 1966, S. 26f. – *Ders.,* Urkundeninventar zur Geschichte der Niederlausitz bis 1400, 1968, Nr. 63, 121, 393. – *H. Schieckel,* Reg. d. Urk. des Sächs. LHA Dresden, 1960, Nr. 476, 593, 599. Die ministerialischen Burgmannen v. Dewin zu denen ein Burchard v. »Dewin« (1243, *Schieckel,* Nr. 476) zu rechnen ist, waren Dienstleute der Wettiner und erscheinen niemals im Umfeld der Askanier-Linien oder der Erzbischöfe von Magdeburg. Insoweit beruhen alle diesbezüglichen Traditionsbezüge und Datierungen in der Familie von Dewitz und im bisherigen Schrifttum auf einer eindeutigen Fehlinterpretation.

43 Vgl. *P. Steinmann,* Bauer und Ritter, 1960, S. 125, 131, 327 und Karte im Anhang. Ein Ortsname Rossow auch im Kreis Prenzlau, ein Ortsname Belling im Kreis Ückermünde.

44 *Krabbo-Winter,* Reg. Nr. 636.

45 Vgl. *A. Graf v. Schlippenbach,* Die Entstehung und Entwicklung des deutschen Adels mit besonderer Brücksichtigung der in der Uckermark angesessenen Geschlechter, 1900 (= Arbeiten d. Uckermärk. Museums- u. Geschichtsvereins H. 5). – Dazu die sachkundigen Bemerkungen von *G. v. Arnim-Densen* in: Mitt. d. Uckermärk. Museums- u. Geschichtsvereins Bd. 1 (1901), S. 38–40. – *W. Lippert,* Geschichte der 110 Bauerndörfer in der nördlichen Uckermark, 1968, S. 20ff. – *W.-W. Gf. Arnim,* Siedlungswanderung im Mittelalter, Bd. 1, 1969, S. 41ff., 123–131.

2. *Übereinstimmungen bei den Personennamen.* Der erste, sicher bezeugte Dewitz ist jener »*Enkelo marscalcus de Dewitz*«, der 1261 die Zeugenliste der askanischen Gründungsurkunde für Neubrandenburg anführt.[46] Da in seinem Umfeld sonstige genealogische Hinweise fehlen, bleibt als einziges Indiz für seine Herkunft der nicht häufig vorkommende Vorname. Die ostfriesische sowie allgemein in Niederdeutschland seit dem Spätmittelalter verbreitete Kurzform »Engelke« ist gleichzusetzen mit Engelbert (ursprünglich Angilbert). Diese Namensform ist vor allem in Westfalen durch den heiligen Erzbischof Engelbert von Köln († 1225) verbreitet worden.[47] Es ist zu untersuchen, ob und seit wann im askanischen Herrschaftsbereich und besonders in dem Herkunftsland Altmark Familien erscheinen, die sich dieses Namens über mehrere Generationen hin als Leitname bedient haben. Denn ein Leitname von offenbar hoher Wertschätzung ist der Name Engelke bei den älteren Dewitz immer gewesen. Bis 1621 erscheint er in jeder Generation. Mit anderen Worten: Bis in das 17. Jahrhundert hinein (und dann natürlich wiederum im 19. und 20. Jahrhundert) dürfte ein Bewußtsein dafür bestanden haben, daß es einen Stammvater aller späteren Linien in Mecklenburg und Pommern gegeben hat, der im Land Stargard in hochaskanischer Zeit eine beachtliche politische Rolle gespielt, und der vielleicht wie Moses die Seinen in ein neues Land geführt hat.

Im 13. Jahrhundert kommt es häufig vor, daß Herkunftsbezeichnungen gewechselt werden können, zumal wenn sich mehrere (befestigte) Schwerpunkte des Besitzes bei einer Familie gebildet haben. Man muß also in unserem Zusammenhang auch Belege näher betrachten, in denen der seltene Vorname mit einem anderen Geschlechts- oder Herkunftsnamen altmärkischer Provenienz verbunden ist. 1260, mithin ein halbes Jahr vor der Ersterwähnung des »Enkelo«, erscheint in einer Urkunde, mit der ein Tausch zwischen dem Bischof von Cammin (Diözesanbischof der Uckermark) und Markgraf Johann I. von Brandenburg verabredet wird, »Engelkino de Bellinge« an sechster und vorletzter Stelle der weltlichen Zeugen. Es stellt sich die Frage, ob hier etwa eine Identität von Personen oder zumindest Verwandtschaft bestehen könnte. Bellingen (südlich von Stendal gelegen) war Sitz eines Ministerialen-Geschlechtes, das dann am Siedlungsgeschäft in der Uckermark beteiligt war.[48] Auffällig ist es, daß diese Familie die Namen Albert, Otto und Gerhard führt, welche in der zweiten Generation der Herren von Dewitz anzutreffen sind. Auch die Familie von Castell (Engelke von Castell, Ratsherr in Stendal um 1300) gehört

46 *P. Gantzer,* Bd. 1, Nr. 13.

47 Vgl. NDB Bd. 4 (1959), S. 508f. – *E. Wasserzieher,* Hans und Grete, 1939, S. 27.

48 *Krabbo-Winter,* Reg. Nr. 855, 1114; CDB A 13, S. 230f. (1236). Hier hätten weitere Untersuchungen einzusetzen, verbunden mit der Frage, ob zwischen den v. Bellingen und den uckermärkischen v. Holtzendorff, deren Altbesitz ins Land Stargard übergriff, agnatische Verwandtschaft anzunehmen ist.

wohl in diesen Zusammenhang.[49] Jedenfalls ist die Möglichkeit einer näheren Verwandtschaft, die durch Heirat erfolgt sein kann, nicht auszuschließen.

Die Herren von Rossow

Noch ein weiteres Mal findet sich in altmärkischen Urkunden ein Engelbert. Bereits 1215 nehmen »*Eggelbertus et Arnoldus de Rossowe*« als Schöffen (d. h. als »Schöffenbarfreie«) an einem Gericht des Bischofs von Halberstadt in Seehausen zwischen Magdeburg und Schöningen teil. Die beiden Schöffen entstammen offensichtlich einem Geschlecht im magdeburgischen Nordthüringgau oder im westlich anschließenden Derlingau, von dem wohl mehrere Mitglieder in den Dienst der Markgrafen von Brandenburg getreten sind. Sie haben dann, so scheint es, in dem altmärkischen Dorf Rossau unweit von Osterburg Besitz und Rechte erworben. Rossau liegt nur sieben Kilometer südlich von Dewitz. Der Übergang der von Rossow in den markgräflichen Dienst (eine häufiger zu beobachtende Erscheinung) dürfte längere Zeit vor 1215 geschehen sein, weil sich der neue Herkunftsname verfestigen mußte. Siedlungswanderung vom Vorharzland nach Nordosten war nichts Seltenes; die Herren von Loitz in Vorpommern kamen aus dem Umkreis von Halberstadt. Der Eintritt in die Dienstmannschaft der Markgrafen minderte nicht den Stand, wie sich die Rossow auch offensichtlich das Recht bewahrt haben, an den angesehenen Grafengerichten des Nordthüringgaus mit den Gerichtsstätten Billingeshoch und Seehausen teilzunehmen.[50] Alles spricht dafür, daß die Familie in der nördlichen Altmark in wenigen Jahrzehnten erfolgreiche Besitzrechte verschiedener Art mit Zustimmung der Markgrafen oder der Grafen von Osterburg erworben hat, wohl auch später Rechte der Markgrafen im Umkreis von Osterburg aufkaufen konnte.[51] Die Leitnamen der jüngeren Rossow sind nun

49 Herren v. Castell: Nicht bei *S. W. Wohlbrück,* Geschichte der Altmark, 1855. – *L. Götze,* Urkundliche Geschichte, 1929, S. 91–95, 113, 391. »Engelbert, Sohn v. Nicolaus« (S. 89) bereits 1272; danach im Ratsherren- und Schöppenverzeichnis mit aufschlußreich hoher Namen-Konstanz: Engelbert (1306), Engelbert (1321), Betke (1340), Heinrich (1343) u. ö. Weitere Belege in den Beschlüssen der Gewandschneidergilde (CDB A 15, S. 84 u. 87): magister Enggelbertus castil (1321), berth. Kastel (1342); Engelbert (auch: Engelke, 1320) erscheint zwischen 1306 und 1321 in herausgehobener Stellung (CDB A 5, S. 64, 69 f.). Bethekin Kastel ist unter Einschluß des obigen Belegs von 1340 bis 1365 bezeugt (ebenda, S. 108; *Gercken.* Dipl. vet. march. II, S. 23). Im Landbuch von 1375 (ed. *J. Schultze,* 1940) erscheinen Betke, Engel (Angelus), Nicolaus und eine Witwe (wohl Bethekins) mit Besitz und Einkünften in Roskow/Westhavelland, Bellingen, Uenglingen, Dobberkau, Schönwalde in der Altmark. Weitere Belege im Codex von *Riedel.* Mit Joachim v. Castehl auf Bardeleben († 1643/44) erlosch das Geschlecht im Mannesstamm (Notiz aus *Ledeburs* Nachlaß unter Verweis auf *Königs* genealogische Sammlung Bd. 18).

50 UB Hochstift Halberstadt I, Nr. 489.

51 *Krabbo-Winter,* Reg. Nr. 1416.

Engelke, Johann, Betemann und Arnold. In dem zweiten echten Dewitz-Beleg, ebenfalls eine Urkunde Markgraf Ottos III., erscheinen an letzter Stelle die Zeugen »Engelke de Dewicz, Johannes de Dewicz«. Und 1287 findet sich dann ein »Betemann de Dewicz«, 1298 ein Arnold.[52]

Es fällt schwer, in alledem nur genealogische Zufälle zu erblicken. Vielmehr scheint es nicht ausgeschlossen zu sein, daß »Enkelo«, unser Neubrandenburger Marschall von 1261, ein Sohn oder, was vielleicht etwas weniger wahrscheinlich ist, ein Enkel jenes Engelbert von Rossow (1215) gewesen ist. Träfe diese These zu, so stammten die Dewitz von einer im Hinblick auf ihre Wanderung und ihre Aktivitäten geradezu klassischen Sippe von Siedlungsunternehmern in der deutschen Ostbewegung ab. Der Weg dieser Sippe hätte dann von der Magdeburger Börde über die Altmark in die neuen Siedlungsgebiete der brandenburgischen Askanier und in die der Greifenherzöge in Hinterpommern geführt.

Enkelo Dewitz und die Vogtei Stargard

Unsere Betrachtung wendet sich nunmehr dem Siedlungsraum des ersten Dewitz und seiner Verwandtschaft zu, dem brandenburgischen Grenzland *Stargard.* Bei diesem Gebiet handelt es sich um einen der wichtigsten geostrategischen Räume im Norden Brandenburgs. Die Politik der Askanier ist von früh an darauf gerichtet gewesen, neben der Konsolidierung der Kernräume zwischen Elbe und Oder möglichst bald einen Zugang zur Ostsee, zumindest zum Stettiner Haff zu gewinnen. Das Land Stargard stellte den bedeutsamsten Teil dieser immer wieder beabsichtigten, jedoch erst im 18. Jahrhundert endgültig erreichten Landbrücke zum Meer dar.

Die ursprünglich slawisch-redarischen, dann von den Pommernherzögen beherrschten Landschaften Stargard und Beseritz konnten 1236 von den beiden aktiven und überaus erfolgreichen Markgrafen durch einen Vertrag mit Herzog Wartislaw von Pommern erworben werden. Die Gebiete sind dann infolge der Landesteilungen und im Zusammenhang mit dem großen Krieg von 1315–1317 zwischen 1299 und 1317 in den Besitz Fürst Heinrichs II. (genannt »der Löwe«) gelangt.[53] Stargard hat mit seinem Hauptteil nur etwa 65 Jahre, mit den südlichen umstrittenen Nebenländern Arensberg-Strelitz und Fürstenberg rund 85 Jahre zu Brandenburg gehört. Gleichwohl ist in dieser

52 *P. Gantzer,* Bd. 1, Nr. 14. Die Form der Nennung spricht vielleicht dafür, daß es sich nicht um Brüder handelt. Vgl. Nr. 17, 20, 33, aber 34.

53 *G. Heinrich,* Die Grafen von Arnstein, 1961, S. 498–503. – *Ders.,* Die Mark Brandenburg 1257–1319. Maßstab 1 : 650 000, 1977 (= Histor. Handatlas von Brandenburg u. Berlin, Lief. 59). – *P. Steinmann,* Bauer und Ritter, 1960, S. 117 ff.

Zeit das gesamte Gebiet entscheidend geformt worden. Die gesamte Landeskultur und -verfassung wurde damals begründet. Das Siedlungsbild hat sich in beträchtlichen Teilen bis heute erhalten, da es in Mecklenburg-Strelitz bekanntlich keine stärkere Industrialisierung gegeben hat. Die Städte mit ihrem Stadtrecht, die Orts- und Flurnamen, die Kirchen und Klöster, Brauchtum und Sozialbezeichnungen, die Mundart und überhaupt das gesamte bäuerliche Siedlungswesen mit Einrichtungen, Abgaben und Diensten, das alles ist gleichsam auf brandenburgischem Fuße eingerichtet worden. Und einer der maßgeblichen Amtsträger, wenn nicht sogar der unter dem Markgrafen Otto III. für einige Zeit entscheidende Mann auf Burg Stargard ist offensichtlich Enkelo von Dewitz mit seinen Knechten, mit seiner Verwandtschaft und sonstigen Klientel gewesen. Freilich nicht sogleich. In den Gründungsurkunden noch für Friedland (1244), der ersten Urkunde für Neubrandenburg (1248), für Woldegk (um 1248) und für Stargard (1259) erscheint er nicht, vielmehr erst herausragend 1261[54]. Dieses Nichterscheinen in den Zeugenlisten muß nicht Befremden erregen. Gemessen an der Zahl der Siedlungsunternehmer und der überhaupt in markgräflichen Diensten Stehenden ist es immer nur ein sehr kleiner Teil, der in den Zeugenlisten herausgestellt wird. Es sind die unmittelbar Zuständigen am Orte oder die Begleiter des Markgrafen mit Ratsfunktionen. Es ließe sich annehmen, daß Enkelo in der Zeit zuvor im Auftrag des Markgrafen und auf dessen Rechnung in größerem Stil Dörfer nach deutscher Hufenordnung angelegt hat (etwa 1240 bis 1260). Daneben sind in dieser Phase wie anderswo auch einige slawische Dörfer, zum Beispiel Sabel bei Stargard, auf die deutsche Hufen- und Wirtschaftsordnung umgestellt worden.[55]

Im Hinblick auf die Größe ihrer in ständiger Erweiterung begriffenen Territorien waren die Markgrafen darauf angewiesen, die Siedlungsarbeiten verläßlichen Beauftragten zu überlassen. Es scheint ein Kennzeichen des Stargarder Gebietes zu sein, daß die Markgrafen dort bis in das frühe 14. Jahrhundert hinein die Durchführung der Siedlung den *Lokatoren* (d. h. den Gründungsunternehmern adliger, bürgerlicher oder bäuerlicher Herkunft) übertragen haben. Diese wurden dann, waren sie einfacheren Standes, als Lehnschulzen im jeweiligen Ort eingesetzt. Sie unterstanden unmittelbar dem Markgrafen, wie es die Cölpiner Lehnschulzenurkunde von 1306 beweist.[56] Der Adel in der Vogtei Stargard hatte also in der Gründungsphase, wie anderswo auch, nur kleinere

54 *P. Gantzer,* Bd. 1, Nr. 13. Daß er vor 1267 Mai 16 starb (Nr. 14), ist recht wahrscheinlich. – Ein »Nicolaus de Divitz miles« (1283: *G. C. F. Lisch,* Urkundensammlung zur Geschichte des Geschlechts von Maltzahn, Bd. 1, 1842, S. 43) dürfte dem vorpommerschen Geschlecht (*P. Gantzer,* Bd. 3, S. 11) zuzurechnen sein.

55 *P. Steinmann,* Bauer und Ritter, 1960, S. 124 f.

56 *P. Gantzer,* Bd. 1, Nr. 34. – *P. Steinmann,* Bauer und Ritter, 1961, S. 128. – Druck: Mecklenburg. UB 5, Nr. 3120. – Vgl. auch *W. Blank,* Die Freischulzen im Lande Stargard. In: Mecklenburg-Strelitzer Geschbll. 5 (1922), S. 1–38.

Höfe mit einer Ausstattung von 4–8 Hufen. Die Markgrafen waren darauf bedacht, ihre Einkünfte und Rechte nicht schmälern zu lassen, zumal sie mit den später erworbenen und besiedelten Gebieten Einnahmeausfälle abdecken wollten, die sie durch mehr oder minder zwangsläufige Veräußerungen oder Verluste in den älteren Landesteilen erlitten hatten. Im Gebiet der Herrschaft Stargard sind noch in der Zeit um 1500 106 Lehnschulzenhöfe nachweisbar, ein geradezu klassischer Beleg für die askanische Siedlungstätigkeit und Herrschaftsbildung. Denn die Lehnschulzen und die seltener erscheinenden Lehnmänner waren aufgebotspflichtig und ergänzten den Heerhaufen der Ritter und Dienstmannen. Auch der erste und die folgenden Dewitz werden wie andere ihresgleichen nur kleinere Anteile an den Dörfern als Lehen erhalten haben. Ausnahmen zugunsten einzelner Adliger wurden vor 1319 nur in der Nähe und zur Ausstattung landesweit bedeutsamer Grenzburgen gemacht. Die Stellung der Herren von Wedel in der hinteren Neumark oder die Burg Wolfshagen an der Straße zwischen Prenzlau und Woldegk bieten dafür anschauliche Beispiele.[57]

Von allen diesen durch Analogien gestützten Überlegungen her ist es also wenig wahrscheinlich, daß der erste Enkelo Dewitz, seine Brüder, Söhne und vielleicht auch Vettern, nach Gutdünken und auf eigene Rechnung Rodungssiedlungen angelegt haben. Wohl aber ist es denkbar, daß sie bereits gleichzeitig in mehreren Dörfern, entsprechend der allgemeinen Sozialverfassung, Höfe besessen haben. Die Landesherren in Pommern und in der Mark Brandenburg beharrten in aller Regel auf dem Bodenregal, andernfalls hätte sich ihre Herrschaft alsbald zersetzt.[58] Eher also wird man vermuten können, daß die Vögte und sonstigen Dienstleute der Markgrafen auf Burg Stargard und auf anderen Burgen eine ihrer wichtigsten dienstlichen Obliegenheiten darin zu erblicken hatten, Bodenentfremdungen und Rechtsmißbrauch durch weltliche und geistliche Herren zu unterbinden und für einen regelmäßigen Steuerzufluß an den jeweiligen Markgrafen tätig zu sein. Freilich ist es nicht ausgeschlossen, daß dann in der Regierungszeit des wegen seiner waghalsigen Politik zu Verpfändungen genötigten Markgrafen Woldemar auch mehr als bisher und Zug um Zug verlehnbarer Teilbesitz oder landesherrliche Einkünfte auch aus Stargarder und uckermärkischen Dörfern veräußert worden sind. Vielleicht erweiterte sich dadurch erstmals die wirtschaftliche Macht derjenigen

57 *H. Cramer,* Die Herren von Wedel im Lande über der Oder. Besitz- und Herrschaftsbildung bis 1402, 1969, S. 63–129. – Wolfshagen: *G. Heinrich* (Hrsg.), Berlin und Brandenburg, 1985, S. 386 (Lit.). – *P. Steinmann,* Bauer und Ritter, 1961, S. 308 (= Hans v. Blankenburg-Wolfshagen noch 1628 größter Grundbesitzer im Lande Stargard).

58 *J. Schultze,* Proprietas und hereditas östlich Elbe und Oder. In: BlldtLG 104 (1968), S. 32–41. – *Ders.,* Landstandschaft und Vasallität in der Mark Brandenburg. In: BlldtLG 106 (1970), S. 68–75. – Jetzt jedoch: *R. Benl,* Bodenrechtsverhältnisse in Pommern, 1986, S. 96ff., 117.

Adelsfamilien, die bereits erfolgreich gewirtschaftet und überhaupt »Kapital« ererbt oder anderweitig erworben hatten. Sie konnten nun mit Bargeldern oder sonstigen Leistungen dem in Geldnot befindlichen Landesfürsten und seinen Nachfolgern behilflich sein.

Die Landeskulturarbeit im Land Stargard, deren Früchte die Familie von Dewitz bis 1945 hat ernten dürfen, verweist aber noch auf eine andere Tatsache. Die großflächige Siedlung stellt eine überdurchschnittliche unternehmerische Leistung eines gleichsam »jungen« Geschlechtes dar. Es bedurfte hierzu großer körperlicher Kraft, wenn man an Entfernungen und an die ungesicherten Zustände auf Verkehrswegen zu Lande und zu Wasser denkt, die zwischen der Alt- und Mittelmark und dem Land Stargard zu Pferde immer wieder zu überwinden waren. Der Aufstieg des Enkelo von Dewitz auf den ersten Platz an der Zeugenliste einer Markgrafenurkunde wie der von 1261 war nicht mit der Teilnahme an einigen Scharmützeln oder durch Hofdienst zu erreichen. Der Markgraf drückte damit vielmehr Rang und Grad seiner Wertschätzung aus. Mithin bedeutete die Amtsträgerarbeit in einer Landesburg mit Markgrafennähe den Anspruch auf Fürstenhuld.

Auch wenn man nicht über die Einzelheiten der ersten Besitzpolitik in der Vogtei Stargard unterrichtet ist, so kann doch an dem Aufbau einer wesentlich von den Dewitz geprägten Landschaft kein Zweifel bestehen. Aus den Urkunden des 14. Jahrhunderts ist erkennbar, daß Hufen und Höfe in Dewitz, Cölpin, Ballin, Käbelich, Holzendorf, Miltzow, Herbordshagen, Petersdorf und Kanzow bestanden. Darüber hinaus gehörten den Dewitz Einzelhöfe und Grundstücke in Stargard und Neubrandenburg. Cölpin (Landkreis Neubrandenburg) ist wohl von früh an ein fester Ort nah der strategisch wesentlichen Straße von Neubrandenburg nach Woldegk gewesen.[59] Aber der Besitz war nicht auf das engere Land Stargard beschränkt. Die zunehmende Mobilität der Rententitel (= Einkünfte aus der Grundherrschaft) führte dazu, daß dann Streubesitz auch in der Uckermark bei Lychen, bei der Anklamer Nebenlinie, am Nordrand der Prignitz (Burg Wredenhagen) sowie, im Zusammenhang mit dem Aufbau der Fürstenberger Machtgrundlage seit 1327, Grundherrschaftsrechte in Priepert und Steinförde westlich von Fürstenberg/Havel erworben werden konnten.[60]

59 Hierzu die sorgfältige Untersuchung von *W.-H. Deus,* Die Straßen des Landes Stargard. In: Mecklenburg-Strelitzer Geschichtsblätter 9 (1933), S. 161–222, bes. S. 211ff.

60 Vgl. unten S. 28–30. – Zum Gesamtkomplex von Siedlung und Grundherrschaft ist jetzt auch heranzuziehen: *L. Enders,* Hochmittelalterliche Herrschaftsbildung im Norden der Mark Brandenburg. In: Jb. f. Gesch. d. Feudalismus 9 (1985), S. 19–52. – *Dies.,* Siedlung u. Herrschaft in Grenzgebieten der Mark und Pommerns seit der 2. H. d. 12. bis zum Beginn des 14. Jhs. am Beispiel der Uckermark. In: Jb. f. Wirtschaftsgesch. 1987/2, S. 73–128. – *Dies.,* Die spätmittelalterl. Grundherrschaft in der Uckermark. In: Jb. f. Regionalgesch. 15/1 (1988), S. 56–74.

Zweites Kapitel Schloßgesessene im Spätmittelalter: Die neue Grafschaft Fürstenberg und die Burgherrschaft Daber (1320–1520)

»Ulrich von Dewitz, ein feiner, geschickter Kriegsmann ... dem haben die Fursten von Mecklenburg Furstenberg mit der zubelegenen Landschaft gegeben. Und nachdem er auch von seinem Vatererbe sehr reich gewesen, haben die Fursten angehalten, daß er einen ehrlichen Stand annehme, und demnach bei Kaiser Karln so viele beschaffte, daß er ihne zu einem Grafen von Furstenberg gemacht...«.
Thomas Kantzow (1550)

Mit den Brüdern (oder Vettern) *Otto* (I.) und *Ulrich (I.) von Dewitz* treten zwei Persönlichkeiten in das Licht der Überlieferung, wie sie die ostdeutschen Adelsgeschlechter nur in größeren Abständen aufzuweisen haben.[61] Die erste Hälfte des 14. Jahrhunderts mit dem nun langsameren, aber stetig betriebenen Ausbau der Landesherrschaften und Siedlungslandschaften in Brandenburg, Mecklenburg und Pommern bot einem überdurchschnittlich begabten und tatkräftigen »Ritter« mit bereits angesehenem Namen und dem wirtschaftlichen Hintergrund eigener grundherrlicher Einkünfte außerordentliche Chancen für den weiteren Aufstieg und die Verdichtung der Besitzungen in diesen Landschaften.

Die »Grafschaft« Fürstenberg

Die herausragende Gestalt unter den Herren von Dewitz der vierten Generation ist unzweifelhaft Otto (I.) gewesen, wohl der Sohn Eckards, welcher wahrscheinlich 1322 gestorben ist. Dieser hatte sich offenbar bereits in jungen Jahren im Anschluß an seinen Vater und seinen Oheim Albrecht eine bedeutende Stellung unter den Räten des Herzogs Heinrich II. von Mecklenburg erwerben können. Wahrscheinlich ist ihm auch zugute gekommen, daß die Dewitze in der schweren Krise des dänisch-brandenburgischen Krieges zwischen 1314 und 1317 treu zu ihrem neuen Landesherrn gehalten haben. Jedenfalls wird Otto seit 1325 »*advocatus noster*« und 1326 »*vogeht*« genannt.[62] Es ist die Gerichts-Vogtei von (Alt-)Strelitz, die Otto übertragen war, der dann auch 1328 die Burg innehat. Das ausgedehnte Gebiet der Vogtei Strelitz bildete bereits eine ansehnliche Ausstattung, zugleich aber eine schwierige Aufgabe. Denn

61 *P. Gantzer,* Bd. 3, S. 29ff., 43ff., 52ff.
62 *P. Gantzer,* Bd. 1, Nr. 69, 80, 84 (1327).

der Vogt und Burghauptmann hatte hier in den unübersichtlichen endlosen Grenzwäldern zur Mark Brandenburg hin Schutz und Schirm zu organisieren, mußte Bewaffnete unterhalten und war überhaupt in allen Dingen einer der starken Männer und Statthalter des Landesfürsten. Es gelang Otto dann noch, das Ländchen Ahrensberg südlich von Mirow als Pfand von den Markgrafen oder den Grafen von Ruppin zu übernehmen. Dazu kam 1333 das an Strelitz südlich anschließende Land Fürstenberg an der Oberhavel, welches ebenfalls erst einmal im Pfandbesitz der Mecklenburger verblieb. Grundlegend wurde es nun, daß sich Otto von Dewitz für seine Herrschaft Lehen von drei Lehnsherren zu verschaffen verstand: den Herzögen von Mecklenburg, den Markgrafen und der Kirche in Gestalt des Bischofs von Havelberg und anderer geistlicher Institute. Daß er diese Politik, die in gefährdeten Grenzgebieten auch sonst immer wieder einmal zu beobachten ist (zum Beispiel von Wedel, von Alvensleben, von der Schulenburg u. a. m.) durchhalten konnte, verweist auf seine starke Stellung bei Heinrich II., der ihn denn auch kurz vor seinem Tode (1328) mit 16 anderen Adligen zum Vormund der unmündigen Söhne und zum Verweser der Landesregierung bestellte.[63]

Otto hat dann auch den Herzog Albrecht II. so für sich einnehmen können, daß ihn dieser über längere Zeit hin als die stärkste Potenz im südöstlichen Mecklenburg anerkennen mußte. Mecklenburg geriet seit den frühen vierziger Jahren in die Konfliktzone des brandenburgischen Raumes, um den sich Wittelsbacher und Luxemburger wiederholt gestritten haben. Die Schweriner Fürsten wünschten sich zudem aller Lehnsherrschaft zu entledigen, die sie mit Brandenburg noch verbanden. Sie wünschten unmittelbare Reichsfürsten zu sein, und Otto von Dewitz hat ihnen hier offensichtlich entscheidenden Beistand geleistet. 1348 erhob Karl IV. das Land Stargard zu einem unmittelbaren Reichslehen. Auch der Grenzort Fürstenberg wurde nun endgültig ein Teil von Mecklenburg. Für die ihm geleisteten Dienste verlieh Karl IV. den Vettern Otto und Ulrich von Dewitz den Grafenstand, und die Herzöge Albrecht II. und Johann I. gaben ihre Zustimmung, daß das Land Fürstenberg, das Otto ohnehin besaß, nunmehr als Grafschaft bezeichnet werden durfte. In der Urkunde vom 25. Januar 1349 (Neubrandenburg) wird dem edlen Manne Herrn Otto, dem Grafen zu Fürstenberg, »unserm lieben getreuen« und seinen rechten Lehnserben Fürstenberg überlassen, das Haus und die Stadt, das Land mit der Mannschaft, dazu Haus und Stadt Strelitz, das Land Arensberg mit Haus und Stadt und Mannschaft, dazu eine ganze Reihe von Dörfern, in denen die Dewitze die Bede als landesherrliche Steuer zugewiesen erhielten. Das alles erlangten sie zum ewigen Besitz und zu gesamter Hand. Die Zeugen dieser feierlichen Urkunde und Lehnsübertragung waren der Fürst Rudolf von Sachsen-Wittenberg, der Graf Albrecht von Anhalt, die Adligen Albrecht War-

63 *P. Gantzer*, Bd. 3, S. 37.

berg, Henning von Gudenswege, Albrecht von Peckatel und viele andere mehr.[64] Verfassungsgeschichtlich gesehen stellt dieser Akt fast ein Unicum dar. Grafschaften sind in aller Regel zu dieser Zeit und in dieser Form nicht mehr begründet worden. Die vorhandenen »Grafschaften« befanden sich als kleinere Landesherrschaften in den Händen von Abkömmlingen altdynastischer Familien, wie beispielsweise bei den Grafen von Anhalt, die Nachfahren Albrechts des Bären von Brandenburg bzw. des Grafen Otto des Reichen von Ballenstedt waren. Die neue »Grafschaft« entbehrte freilich der Reichsunmittelbarkeit. Trotz aller Sonderrechte, die sich aus der Entstehung und Grenzlage erklären lassen, waren die beiden Grafen den Herzögen pflichtig, jederzeit Heerfolge zu leisten und mußten das Öffnungsrecht der Herzöge für ihre großen und kleinen Burgen bestätigen. Zu diesem Zeitpunkt dürfte in Fürstenberg längst eine Burg bestanden haben, die in der Zeit nach 1236 erbaut worden sein könnte. Graf Otto wird diese Burg ausgebaut haben. Die Fundamente sind stellenweise unter der Burg des 16. Jahrhunderts noch erkennbar. Grabungen im Burghof und in dem die Burg nach Süden hin umgebenden Schulhof haben noch nicht stattgefunden, versprechen jedoch interessante Aufschlüsse. Die Herrschaft der neuen Grafen war so ausgedehnt, daß sie sich ständig zwischen Wesenberg-Mirow und den Siedlungskammern des Landes Strelitz bewegt haben dürfte. Graf Ulrich hatte zu dieser Zeit längst in Pommern die Herrschaft Daber in Besitz, so daß sein Vetter Otto nur auf die Unterstützung von fünf oder sechs ihm nah verwandter Dewitz rechnen konnte. Kurz nach seiner Erhebung hat Otto von der Burg Strelitz aus, wo er sich wohl am häufigsten aufgehalten hat, dem kleinen längst bestehenden Orte Strelitz das Stadtrecht verliehen. Demgemäß hat Strelitz noch lange in seinem Wappen die Erinnerung an die Gründerfamilie bewahrt. Wir finden den Grafen Otto in der Folgezeit an der Seite der Herzöge in Lübeck (1350), in Kyritz (1351), in Brandenburg (1353) und an vielen anderen Orten, an denen die Herzöge mit ihrem Gefolge geurkundet haben. In Neubrandenburg erhielt der alte Graf, am Hofe der Herzöge, die Stelle des einstigen Markgrafenhofes in der Beguinenstraße zugewiesen, wo er sich ein Haus erbauen ließ. Dort hat er sich mit zunehmendem Alter immer häufiger aufgehalten, zumal in der kälteren Jahreszeit. Bis 1362 erscheint er noch in den Urkunden, nachdem er noch 1357 mit seinem Fürsten eine Reise nach Prag zum Kaiser unternommen hatte. Um diese Zeit dürfte er das 60. Lebensjahr überschritten haben, wenn es richtig ist, daß er 1311 in Rostock (mit vielleicht 14 Jahren) zum Ritter geschlagen worden ist. Die pommersche Linie schickte nun dem alten Manne als Gehilfen den Ulrich-Sohn Jakob, der auch die Rechte der anderen Linie beim Ableben des ersten Grafen wahren sollte. Spätestens im Frühjahr 1362 starb Otto, nachdem er zuletzt am 26. Januar 1362 für die Kalandsbrüder in Neubran-

64 *P. Gantzer,* Bd. 1, Nr. 189.

denburg die Verschreibung einer jährlichen Geldhebung aus dem Dorfe Käbelich hatte ausfertigen lassen. Man wird anzunehmen haben, daß er entweder in Neubrandenburg an geweihtem Orte oder in der Kapelle der Burg Strelitz beigesetzt worden ist. Seine Frau scheint schon längere Zeit zuvor verstorben zu sein. Nach einer apokryphen Notiz soll es Sophia, die Tochter Arnolds von Wokenstedt gewesen sein. Aus der Ehe scheinen mindestens zwei Söhne (Albrecht und Eckard) und drei Töchter hervorgegangen zu sein. Albrecht starb noch vor dem Vater (um 1358), während Eckard anscheinend der Stammvater des Zweiges in Wredenhagen, Prillwitz und Priepert geworden ist. Dieser Eckard ist offenbar bereits 1363 gestorben, und nunmehr beanspruchten die pommerschen Dewitze, d. h. Ulrich von Dewitz und seine zahlreichen Söhne, die Nachfolge in der mecklenburgischen Grenzgrafschaft. Dem standen jedoch nunmehr die Schwiegersöhne des alten Grafen Otto entgegen, denn die Töchter Anna, Ilse und Sophia sollen mit Joachim Gans zu Putlitz, mit Johann von Moltke und mit Bernhard von Maltzan verheiratet gewesen sein. Wie zu erwarten, gerieten die junkerlichen Hitzköpfe schwer aneinander und ruinierten damit das gesamte Fürstenberger Erbe. Trotz mehrerer Schlichtungsversuche Herzog Albrechts II. befehdeten sich die beiden Gruppen erbittert und verschuldeten sich wegen der Kriegskosten wohl erheblich. Das Recht war wohl größerenteils auf seiten der pommerschen Ulrich-Gruppe, während die Schwiegersöhne des Grafen Otto nur Abfindungsansprüche geltend machen konnten. Andere Mißhelligkeiten taten ein übriges, so daß die Grafen Jakob und Gerold von Dewitz vor 1371 die verwertbaren Teile der Grafschaft Fürstenberg veräußerten, um ihren geschwächten pommerschen Besitz zu stärken und um Lösegelder für Familienangehörige an Polen entrichten zu können. Haus, Stadt und Vogtei Fürstenberg, also der Kern der kurzlebigen Grafschaft, fielen zurück an den Mecklenburger. Den letzten Nenngrafen war es nicht verwehrt, den stolzen Titel noch zu führen und mit dem Grafensiegel Urkunden zu beglaubigen. Letztmalig 1410 urkundet dann Gerhard, ein Sohn des Grafen Jakob II., als »Graf von Dewitz«.[65] Aber die Beziehungen der Dewitze zu Fürstenberg waren damit noch lange nicht erloschen; denn die Angehörigen der Nebenlinien in Priepert und Umgebung behaupteten sich dort noch mehr als eineinhalb Jahrhunderte. 1396 ist Hans von Dewitz als »wonhafftig thu Vorstenberge« bezeugt. Ein anderer, Gerhard (Gerd) von Dewitz übernahm sogar 1397 noch einmal für einige Zeit von den Herzögen Schloß, Stadt und Land Fürstenberg als Pfandbesitz, weil er diesen den nicht ganz geringen Betrag von 1000 Mark Finkenaugen vorzustrecken in der Lage gewesen war. Man sieht an diesem Beispiel, daß aus der Zeit des alten Grafen Otto doch einiges an Besitz und Rechten den Erben überkommen war, jedenfalls zu diesem Zeitpunkt. Die Nähe des Besitzes um Ahrensberg zur oberen Havel ge-

65 *P. Gantzer,* Bd. 1, Nr. 415.

stattete es den dortigen Grundherren, Getreide auf dem Wasserwege in die brandenburgische Mittelmark zu verschiffen. Erst die bald darauf stärker einsetzende »Wirtschaftskrise des Spätmittelalters« mit Bevölkerungsrückgang und Kaufkraftverfall dürfte auch im südlichen Mecklenburg zur Verarmung des Landadels mit allen Folgen geführt haben.

Herrschaftsbildung im Lande Daber

Der umfängliche und zerstreute Besitz der Herren von Dewitz im Lande Stargard und in der brandenburgischen Uckermark brachte sie zwangsläufig auch in politische Berührung mit den Herzögen von Pommern, in deren Dienste sie in der Zeit des Aussterbens der askanischen Markgrafen wohl getreten sein dürften. Bereits am 29. September 1319, als Wartislaw IV. von Pommern sich im Lande Lebus als eine Art Landesherr aufführt, indem er vorgibt, als Vormund des unmündigen Markgrafen Heinrich († 1320) zu handeln, erscheint Eckhard von Dewitz unter den Zeugen. Es dürfte sich bei ihm um den Vater der Grafen Otto und Ulrich handeln (oder um dessen Sohn).[66] Die führenden Dewitze waren mithin mit fliegenden Fahnen in das Lager der Pommernherzöge übergegangen und unterstützten diese, wie viele Urkunden aus der Zeit von 1320 bis 1325 zeigen, bei ihren Versuchen, sich großer Teile der nördlichen und östlichen Mark Brandenburg zu bemächtigen.

Der Dank blieb nicht aus. In den noch nicht vollständig durchsiedelten wald- und wasserreichen Gebieten im Südosten des Camminer Bistumslandes und im Grenzbereich zur Neumark ist dann den beiden Brüdern Eckard und Ulrich von Dewitz ein größeres Herrschaftsgebiet überlassen worden, das Land Daber. Eine Besitzübertragungsurkunde gibt es nicht. Aber man wird wohl weiterhin anzunehmen haben, daß sich spätestens um 1330 die Dewitze hier mit der Herrschaftsbildung befaßt haben.

Das Land Daber[67] war kein unbesiedelter, etwa überwiegend aus Wildwaldungen und Ödland bestehender Bezirk. Der Burgort Daber ist bereits in spätslawischer Zeit Mittelpunkt gewesen, und auch ein Teil der Siedlungen

66 *P. Gantzer,* Bd. 1, Nr. 49.

67 Land Daber: *F. Curschmann,* Die Landeseinteilung Pommerns, 1911, S. 289. – Zum Teil überholt durch die Untersuchung von *F. Engel,* Mannhagen als Landesgrenzen im nordostdeutschen Kolonialgebiet. In: *Ders.,* Beiträge zur Siedlungsgeschichte und Historischen Landeskunde, hrsg. v. R. Schmidt, Köln/Wien 1970, S. 300–311. – Zuletzt: *R. Benl,* Die Gestaltung der Bodenrechtsverhältnisse in Pommern vom 12. bis zum 14. Jahrhundert, 1986, S. 225 f. – *Ders.,* Untersuchungen zur Personen- und Besitzgeschichte des hoch- und spätmittelalterlichen Pommern. In: Balt. Stud. NF 71 (1985), S. 31–36. – Als anregungsreiche Zusammenfassung nicht überholt: *H. v. Diest,* Zur Geschichte und Urzeit des Landes Daber, 1904, S. 27 ff.

verweist mit seinen slawischen Namen auf eine ältere Siedlungsschicht. Die deutschen Namen der Kolonisationszeit zwischen 1200 und 1350 sind eingeschoben zwischen die slawisch benannten Siedlungsorte, in denen üblicherweise ebenfalls Siedler zu deutschem Recht angesetzt wurden, vermischt oder getrennt mit Alteingesessenen. Die Anfänge deutsch-rechtlicher Siedlung im Lande Daber sind wesentlich vom Adel und vom Kloster Dünamünde bestimmt worden. Von den Herrengeschlechtern der Siedlungszeit sind vermutlich nur die Borckes (Klein Borkow = Wolf) slawischen Ursprunges, während die Grafen von Eberstein, die Wedel, Osten und andere ebenso wie die Dewitz aus verschiedenen Gebieten Norddeutschlands zugezogen sind. Sie übernahmen alsbald führende Positionen im Umkreis der Pommernherzöge. Die Äbte des Klosters Dünamünde, dessen Zisterzienser-Mönche zwischen dem Niederrhein, der Niederlassung Dünamünde in den Nordruppiner Wäldern und der neuen Filia in der Nähe von Riga emsig hin- und herreisten, gehört zu den größten und wagemutigsten Siedlungsunternehmern im Zeitalter der nordostdeutschen Kolonisation.

Vor den Mönchen waren »Landesherren« die Grafen Helmold III. und Gunzelin IV. von Schwerin (1257—1277), deren Besitzrecht auch die benachbarten Markgrafen Otto IV. und Konrad von Brandenburg als Lehnsherren »Novum Zwerin cum terra Doberen et earum terminis« zugestimmt hatten. Das ausgedehnte Siedlungsgebiet westlich von der Drage (ca. 240000 Morgen) hatte Gunzelin von Schwerin um 1257 von Herzog Barnim I. zu freiem Eigentum erhalten, vermutlich auf Grund einer engen verwandtschaftlichen Beziehung; denn der Graf bezeichnet den Herzog Wartislaw als seinen Blutsverwandten (consanguineus). Freilich war es ein Gebiet mit sehr leichten Böden und die 4000 Hufen landwirtschaftlicher Nutzfläche von 1255 dürften als eine pauschale Zusammenfassung, vielleicht sogar als Übertreibung zu verstehen sein. Jedenfalls setzt sich das Gebiet aus größeren Teilstücken zusammen, deren Besitzer unter anderem ein Ritter Brunward und ein Ritter Raven von Brüsewitz gewesen sind. Die Schweriner Grafen setzten die Rodungsarbeit fort, und aus ihrer Herrschaftszeit dürften die Kolonistendörfer Horst, Alten-Fließ, Teschendorf, Vehlingsdorf, Marienhagen, Braunsberg, Braunsfoeth, Elmershagen (1346: Helmigeshagen), Silligsdorf (»Czillikesdorp«) stammen. Städte wie Nörenberg sind erst bald vor 1312, Freienwalde vor 1338 begründet worden. Der engere Schweriner Siedlungsraum verwuchs herrschaftspolitisch mit dem Lande Daber, in dem nur Namen wie Schöneu und Schmelzdorf unmittelbar an deutsche Siedler erinnern. Neben den Schweriner Grafen, aber wohl unter deren Oberleitung, haben dann der Templerorden, die vorpommersche Familie von Behr, das Kloster Dünamünde und andere an dem Aufbau einer neuen Kulturlandschaft gearbeitet. 1307 wird Heinrich von Heydebreck als Burgherr auf Daber erwähnt. So weit es die Grenzbeschreibungen erkennen lassen, entsprach das Land Daber des späten 13. Jahrhunderts trotz seiner Saumgrenzen im wesentlichen dem Dewitz-Kreis, wie er bis 1724 Bestand gehabt hat. Es spricht vieles dafür, daß die Dewitze durch Vereinbarungen mit dem vorpommerschen Kloster Stolp, welches 1314 den Dünamünder Besitz übernommen hatte, ein Kernstück des Landes Daber übernehmen konnten, denn in etwas späterer Zeit (1366 und 1384) haben Jakob (V.) von Dewitz bzw. Ulrich (III.) von Dewitz Anteile an dem Dorfe Sallmow in ihrem Besitz, und dies eben war zu Beginn des Jahrhunderts der wirtschaftliche Mittelpunkt der Dünamünder und Stolper Besitzungen. Diese Besitzergreifung und Herrschaftsbildung um 1320 vollzog sich vermutlich in einer gewissen Konkurrenz zu den Herren von Wedel, die sich zur gleichen Zeit im Ländchen »Schwerin«, also dem südlichsten Teil der Dünamünder Klostergüter, festgesetzt haben. Kein Zeitpunkt konnte für diese relativ späte umfangreiche Herrschaftsbildung günstiger sein als die Jahre um 1320 mit den schweren Turbulenzen nach dem Aussterben der Askanier und vor der Stabilisierung der Mark Brandenburg seit der Mitte der zwanziger Jahre. Da sahen sich die Pommernherzöge durch die Macht König Ludwigs von Bayern und der Vormünder seiner Söhne auf jene brandenburgischen Gebiete beschränkt, die sie im ersten Ansturm 1319/20 an sich gerissen hatten. 1354 schließen dann die Ritter Eckard und Ulrich von Dewitz mit anderen Ritterbürtigen und Städtevertretern zu Naugard ein großes Landfriedensbündnis ab, bei dem »Olrick van Vorstenberghe« an zweiter Stelle und »her Eghard van Dewytz en rydder, myne brůder, unse vedderen und use waren erfnamen« an sechster Stelle erscheinen.[68] Diese Rangfolge verweist auf die hohe Bedeutung des pommerschen Familienzweiges zu diesem Zeitpunkt, zumal auch das Bündnis in der Nähe der Burg Daber abgeschlossen wurde, in der Jakob (II.) von Dewitz freilich erst 1366 als Anteilhaber bezeugt ist. Die vorherrschende Gestalt in diesem verhältnismäßig langen Zeitraum der Herrschaftsbildung von 1320 bis in die sechziger Jahre ist Ulrich gewesen, der dann als Mitbelehnter mit Fürstenberg seit 1349 wiederholt auch den Grafentitel geführt hat. Er begleitete die pommerschen Herzöge auf ihren Kriegszügen und politischen Reisen und unterstützte sie mit Waffengewalt, so weit es mit seinen Lehnspflichten gegenüber den Landesherren in Brandenburg und Mecklenburg zu vereinbaren war. Überhaupt wird man sich die Beziehungen zwischen Daber und Neubrandenburg bzw. Fürstenberg in diesen Jahrzehnten als eng vorzustellen haben. Für den Siedlungsadel bedeuteten die ungefestigten Territorialgrenzen des Spätmittelalters kein Hindernis, Dienste zu nehmen oder sich ansässig zu machen, wo es sich günstig anbot. Das moderne territoriale Bewußtsein hat sich erst seit dem 18. Jahrhundert stärker herausgebildet. So hat der zweite Sohn des Grafen Ulrich, der viel erwähnte Graf Jakob auch in den Diensten Herzog Johanns I. von Mecklenburg-Stargard gestanden. Graf Ulrich, der noch 1359 mit

68 *P. Gantzer,* Bd. 1, Nr. 222.

vierzig Gewappneten (Aftervasallen) Barnim III. gegen Markgraf Ludwig den Römer Heerfolge leistete, scheint in der ersten Hälfte des Jahres 1363 gestorben zu sein. Er zählt zu den bedeutenden Gründervätern der Gesamtfamilie. Vor seinem Tode konnte er auf ein reiches Lebenswerk zurückblicken; denn neben den sonstigen Streubesitzungen in den Kreisen Pyritz und Naugard und neben der Vogtei über die Insassen des Klosters Belbuk bei Treptow a. R. war das Land Daber mit fast 300 Quadratkilometern und mit der Mehrzahl seiner Dörfer und sonstigen Erträge im Besitz der Dewitze, auch wenn in einzelnen Orten die Borcke, Wedel und die Troye ebenfalls grundherrschaftliche Rechte ausgeübt haben. Wenig später freilich geriet die Dewitz-Herrschaft wegen des Nachfolgestreites um Fürstenberg und wegen des polnischen Lösegeldes (1368) in eine schwere Krise, die nur durch Besitzveräußerungen überwunden werden konnte.

Die pommerschen Besitzungen gingen zu Lehn bei den Herzögen. Es ist zwar immer wieder einmal versucht worden, das Bodenregal der Herzöge in Frage zu stellen und ein freieres Eigentum zu postulieren, zumal die Herren von Borcke als Ureingesessene offenbar ein besonderes Grundrecht beansprucht haben.[69] Da die jeweiligen Herzöge auf diese großen Geschlechter in den ständig gefährdeten Grenzräumen im Süden Hinterpommerns angewiesen waren, beließen sie ihnen eine besondere, im Spätmittelalter kaum eingeschränkte oder angefochtene Herrenstellung. So nahmen auch die Wedel, Dewitz und die anderen »Schloßgesessenen« oder »Beschlossenen« vom Adel das Vorrecht der Herren von Borcke in Anspruch, lediglich dem jeweils neuen Landesherren zu huldigen, jedoch keinen besonderen Lehnseid zu leisten und nicht der Lehnskanzlei des Fürsten bei allen Grundstücksgeschäften unterworfen zu sein. Denn die Dewitze hatten wie die anderen Schloßgesessenen ihre eigenen Vasallen, denen sie nach ihrem Gutdünken in eigenem Namen Urkunden ausstellten. Als 1473 drei Dewitze mit den ihnen verwandtschaftlich verbundenen altdynastischen Grafen von Eberstein eine Erbverbrüderung schlossen, wurde des Landesherrn und seiner Lehnsherrschaft in der Urkunde mit keinem Worte gedacht. Und stolz lebte man »auf unserm Schlosse Daber«. Jeder erwachsene männliche Angehörige verfügte in der Regel über einen Anteil an der zentralen Festungsanlage. Die Dewitze saßen »uf einem Slosse ungesundirt«, so bekundet es mißmutig 1410 ein Schreiber des Deutschen Ritterordens.[70] Und so lange die Burg fest und unversehrt auf ihrem Hügel stand, durch Sumpf und See gesichert, mit dem von Wäldern weithin umgeben und mit den durch eine Ringmauer befestigten Städten eng verbunden. Der viereckige Turm, der Donjon, war der Mittelpunkt der Anlage, die wohl von früh an mit starken Mauern gesichert war. 1377 verkündete Kaiser Karl IV. vor der

69 Vgl. *R. Benl* (wie Anm. 67), S. 273 ff.
70 *P. Gantzer*, Bd. 1, Nr. 413.

Burg Daber einen Landfrieden, aber wenig später war von Frieden in Hinterpommern keine Rede mehr. Ein Teil des pommerschen Adels, darunter die Dewitz, bereicherte sich, indem die Etappenstraßen des Deutschen Ordens behindert und belagert wurden, um Gewinne zu machen. Die Gefangennahme des Herzogs von Geldern 1388 durch 40 pommersche Ritter und der anschließende Vorstoß des Hochmeisters gegen die pommerschen »Krähennester« ist nur ein Glied in einer langen Kette von Übergriffen, gerichtet auch gegen die Politik des eigenen Herzogs, gegen den Orden und veranstaltet nicht selten im Bunde mit Polen, das danach trachtete, die Macht des Ordens zurückzudrängen. Die Dewitz, Borcke, Manteuffel und Wedel waren zu Söldnerführern geworden, die sich verdingten, wo das Geld geboten wurde. Aber nur die Wedel bluteten auf Seiten des Ordens in der Schlacht bei Tannenberg 1410.

Der »Sinn« eines solchen Lebens im 15. Jahrhundert in Kriegs- und Hofdiensten, aber auch in der lokalen Rechtspflege und Grundherrschaft ist nicht leicht zu enthüllen. Bekenntnisse fehlen. Auffällig bleibt, wie wenig und wie selten in diesen Zeiten etwas für das ewige Heil gestiftet wurde, jedenfalls nach Ausweis der Quellen und im Gegensatz noch zum 14. Jahrhundert, wo das Land in Mecklenburg und Pommern noch besser gedieh, das Geld und die Nahrung leichter gewonnen wurden, weil die Wirtschafts- und Bevölkerungskrise des Spätmittelalters sich erst seit 1360 stärker ausgebreitet hat.

Burgen und »feste Häuser«

Über das »*Innenleben*« der Adelsfamilien in Mecklenburg-Stargard und Pommern im 14. und 15. Jahrhundert wissen wir nur wenig; es fehlen größere Chroniken, wie sie aus etwas späterer Zeit andernorts für die Herren von Schweinichen oder die Grafen von Zimmern erhalten geblieben sind. Das Ritterbewußtsein der späten Stauferzeit, so idealisiert es in geschichtlichen und literarischen Quellen entgegentreten mag, hat sicherlich nach und nach während der rauheren Jahrzehnte des Spätmittelalters an Maß und Form und Tiefe verloren.[71] Andererseits ist nicht zu bezweifeln, daß sich die ritterliche Ausdruckswelt erhielt. Sie wurde selbst unter ärmlichen Umständen möglichst bewahrt oder auch erneuert. An Beispielen fehlte es nicht, seien es nun die Fürsten- und Grafenhöfe oder auch das, was von Reisen in den Westen und Süden als Anregung mitgebracht werden konnte. Zur ritterlichen Ausdruckswelt ge-

71 Quellenhinweise und Abb. bei *O. Henne am Rhyn,* Geschichte des Rittertums, S. 50ff. – Stark zeitgeistverhaftet: *H. Naumann,* Deutsche Kultur im Zeitalter des Rittertums. In: Handbuch der Kulturgeschichte, Abt. 1, Potsdam 1938, bes. S. 153ff. – *H. Gumbel,* Deutsche Kultur vom Zeitalter der Mystik bis zur Gegenreformation, ebenda, 1936, S. 20ff.: Adlige Welt und Ritterschaft. – *A. Borst,* Rittertum, 1976, S. 12ff., 378ff. (I. M. von Winter!). – *G. Heinrich,* Nordostdeutscher Adel im Übergang vom Spätmittelalter zur Neuzeit, 1984, S. 104–125.

hört vieles, was wir selbst heute noch an den alten Dewitz-Orten und überhaupt in der mittel- und ostdeutschen Ritterlandschaft beobachten können. An der Spitze steht immer ein geschichtlicher Sinn, der sich äußert in dem Bewußtsein, einer wohlgefügten alten edlen und ehrbaren Familie anzugehören. Die Lebenden und die Toten befinden sich in einer religiös gegründeten Bewußtseinsgemeinschaft, wie sie heute bei der weitgehenden Säkularisierung kaum noch verständlich ist. Äußerer Ausdruck dieses Familiensinnes und Familienstolzes sind die besonderen Grablegen in Kapellen und Kirchen, auch in Klöstern mit breit ausgeführten Familienwappen; in der älteren Zeit in weichen Stein geschlagen, seit dem 16. Jahrhundert in der Regel mit Ölfarben auf Holzplatten gemalt. Aber noch ist man im Spätmittelalter von dem fast arrogant wirkenden Ahnenkult der Hochrenaissance und der Barockzeit mit ihren üppigen, ja als unzulässig verschwenderisch empfundenen Epitaphien oder Tumben weit entfernt. Die finanziellen Verhältnisse ließen jedoch bei den meisten Familien in Pommern und Mecklenburg nur schlichte Steinplatten zu, in die der Umriß des Verstorbenen oder allenfalls seine Gestalt als flaches Relief eingearbeitet worden ist. Die gemeinsamen Grablegen der Dewitze in der Schloßkirche von Daber und in den anderen Hauptkirchorten[72] haben das Bewußtsein einer größeren verwandtschaftlichen Gruppe gefördert oder wiederbelebt. Aber immer wechselten Phasen der engen familiären Zusammengehörigkeit mit solchen, in denen sich Nachgeborene mit ihren neugebildeten Familien abschichteten und eigene Wege gingen. Freilich ist es das Heiratsbedürfnis, das dann über wirtschaftliche und erbrechtliche Beziehungen hinaus die Verwandtschaft zueinander führte. Die Heiratskreise der Dewitze im Spätmittelalter umfaßten zwar den größten Teil der Familien im vorderen Hinterpommern; im engeren Sinne jedoch blieben es sechs bis acht Familien, die sich von Generation zu Generation miteinander verbanden.

Äußerer Ausdruck des Standes und der Macht der Familien waren in erster Linie die älteren Burgen und jüngeren Schlösser.[73] Seit der Mitte des 15. Jahrhunderts, als sich in Mitteleuropa langsam die wirtschaftlichen Verhältnisse zu festigen und dann zu bessern begannen, sind die Burgen ausgebaut, erweitert oder auch mit ersten zierlichen Gartenanlagen ausgestattet worden. Diese Entwicklung verläuft entsprechend dem Kulturgefälle in Europa von Westen nach Osten und von Süden nach Norden. In den Gebieten der Ostsiedlung, in den Landesherrschaften Brandenburg, Mecklenburg und Pommern ist dieser

72 Kirche Daber: *W. v. Dewitz,* Stadt und Land Daber, 1905, S. 25: »Unter dem hohen Chor und unter der Kapelle hatten die Dewitze je ein Erbbegräbnis«. – *H. Lemcke* (Hrsg.), Die Bau- u. Kunstdenkmäler von Pommern, T. 2, H. 9, 1910.

73 Burgen und Herrenhäuser: *W. Podehl,* Burg und Herrschaft in der Mark Brandenburg, 1975, S. 29ff. – Eine größere Untersuchung der spätmittelalterlichen Burgen in Mittelpommern fehlt. Zuletzt mit Lit.-Verweisen: *H. Hinz,* Burgwälle und andere Befestigungen. Eine Nachlese aus den Kreisen Saatzig und Regenwalde. In: Balt. Studien NF 74 (1988), S. 9–18.

Bau neuer, unverändert kräftig bewehrter Häuser zuerst an der mittleren Elbe zwischen Magdeburg und Lenzen zu beobachten. Die Burg Stargard ist damals erweitert worden und auch Daber wurde wohl bereits vergrößert.

Kleine Grundherrschaften in Mecklenburg

Während des gesamten 15. Jahrhunderts saßen die Dewitz in Mecklenburg auf ihren väterlichen Lehen, ohne daß es zu einer erneuten Zusammenfassung von Herrschaftsrechten in größerem Umfange kam. Die Stammhäuser und Höfe (mit einer Ausstattung von drei bis fünf Hufen nebst Beiland im Ort und Nebenrechten) in Golm und Holzendorf, in Groß Miltzow (seit 1471) und Cölpin, in Priepert-Ahrensberg und Umgebung wurden bewahrt, jedoch kaum erweitert. Einzelne Grundherren verpachteten oder verpfändeten wohl auch Besitzungen und hielten sich, zumal im Alter, in Neubrandenburg oder Burg Stargard auf, wie es schon die Vorfahren taten. Die Kinderzahl dürfte nicht hoch gewesen sein. Auch in den geistlichen Instituten der Umgebung finden sich nur wenige weibliche und keine männlichen Dewitze. Allerdings scheint man in Cölpin zur Vermeidung von Erbteilungen den Weg gewählt zu haben, einen nachgeborenen Sohn als Ortspfarrer lebenslang anzustellen. Keiner dieser vier bis fünf Familienzweige, die sich infolge der Gesamtbelehnung beerben konnten und beerbt haben, überragte sozial den anderen. Die verwandtschaftlichen Beziehungen sind nur in Umrissen bekannt. Eine exakte Genealogie ist wegen des spröden Quellenmaterials nicht aufstellbar, Verbesserungen der älteren Tafeln werden jedoch möglich sein. Das Bewußtsein gemeinsamer Abkunft erhielt sich nachweisbar ungeschwächt. Man unterstützte sich mit Bürgschaften. Bei wichtigen Rechtsakten werden mitunter alle lebenden männlichen Familienoberhäupter benannt. Einige wenige lassen sich, offenbar gerufen von den pommerschen Verwandten, zu Kriegsdiensten im Osten verwenden, sei es nun für den Deutschen Orden in Preußen (Tannenberg, 1410) oder auch gegen ihn in den Grenzkämpfen zur Neumark hin. An den kleinen Höfen der mecklenburgischen Fürsten lassen sich diese Strelitzer Dewitze nicht als Räte, doch immer wieder einmal als Zeugen und als Teilnehmer an kleineren Heerzügen im Rahmen des militärischen Aufgebots nachweisen. Der uckermärkische Zweig der Dewitz, der vielleicht auf den uckermärkischen Landvogt Arnold (1298) zurückgeführt werden kann, verlor seine grenznah am Rand der späteren Waldgrafschaft Boitzenburg gelegenen Güter infolge der dort stärker verbreiteten Wüstungen nebst Landflucht der Bauern. Seit 1390 oder 1419 finden sich dort die Namen Hartmann und Claus (Nikolaus) nicht mehr. Vielleicht sind die letzten Nachkommen in den unruhigen Zeiten in nahe Städte wie Woldegk oder Prenzlau gezogen oder wurden Geistliche (Pfarrer Nikolaus von Dewitz in Warlin, 1417). Aber auch an Neubrandenburg ist zu denken, wo sich seit 1287 (»Betemann de Dewitz«) Angehörige des Landadels vornehmlich des Stargarder Landes als Ratsherren und Mitglieder der Gewandschneidergilde finden. Stadtbrände haben das Stadtarchiv fast vernichtet. Gleichwohl spricht vieles dafür, daß Dewitze dort als Ratsbürger über längere Zeit hin ansässig waren. Bezeugt ist »Achim Dewytze« (1437; 1427–1440), dessen Vorname familientypisch ist und dessen mutmaßlicher Nachkomme (Sohn oder Enkel: »Eggerdus Dewytsche de Novobrandenburich«) sich 1480 in Greifswald einschreiben ließ. Es muß offen bleiben, bis wann sich dieser Familienzweig in der Bürgerschaft von Neubrandenburg behauptet hat.

Ein eigenes Hauskloster haben sich die Dewitze auch in dieser Zeit weder in Mecklenburg noch in Pommern schaffen können. Wollten sie es nicht? Um 1350 hätten sie es vermocht, und Fürstenberg wäre der geeignete Ort gewesen. Nun dienten wie bei allen anderen »Zaunjunkern« die Patronatskirchen als Grablege. Daneben pflegte man die Beziehungen zu den Zisterziensernonnenklöstern Wanzka (seit 1290) und Lindow (um 1240), beide in der Diözese Havelberg gelegen. Auffällig bleibt es, daß im Mittelalter und auch in der frühen Neuzeit kein Dewitz den Weg in ein Domkapitel fand oder, vor der Reformation, im Johanniterorden tätig geworden ist.

Spätmittelalter

Walter Görlitz hat in seinem Werk über die »*Junker*« bemerkt, im Spätmittelalter habe es im Nordosten Deutschlands »keinerlei fest umrissene Standessitte« unter dem Adel gegeben; dieser hätte sich noch nicht von der »Ursprünglichkeit des Koloniallandes« gelöst gehabt. Und: »Die ›mâze‹, der Tugendbegriff des alten Rittertums im Reich und in Europa, das edle Gleichmaß in Zucht, Sitte und Kampf, ist ganz unbekannt«.[74] Ist das zutreffend? Bestanden nicht vielleicht nach Ort und Zeit erhebliche Unterschiede? Dagegen spricht in gewisser Weise auch, daß sich bis in den Nordosten hin und darüber hinaus ein Austausch innerhalb der »Adelswelt« vollzogen hat. Die Reiselust der ritterlichen Jugend, der Zuzug aus dem Westen in die Herrschaftsgebiete des Deutschen Ordens sorgten dafür, daß sich Verhaltensformen und ein Grundwissen vom »Rittertum« wohl überall erhalten und auch erneuern konnten. Leicht ist man geneigt, von der schwer überwindbaren Stimmung eines »finsteren Mittelalters« her den deutschen Nordosten und überhaupt *das östliche Mitteleuropa* als eine ziemlich kulturlose und unwirtliche Gegend zu begreifen, in der es in der »wüsten« und wirtschaftlich elenden Zeit des Spätmittelalters nur wenige kulturelle Oasen gegeben haben könne. Gewiß ist das 15. Jahrhundert auch im Nordosten von den Folgen der »Wirtschaftskrise des Spätmittelal-

74 *W. Görlitz,* Die Junker, 1957, S. 100.

ters«[75] bestimmt gewesen. Dort gab es wie überall den Abgang von Siedlungen (Wüstungsprozeß), und es wurde immer wieder einmal durch Seuchen die Volkszahl in Stadt und Land verringert. Aber dies alles sind ebensosehr überregional nachweisbare Zustände. Die These von einem überaus rauhen, gewissermaßen sarmatischen Erscheinungsbild des Adels in Pommern will sich nicht zusammenfügen lassen mit anderen, unzweifelhaft positiven, ja glänzenden Nachrichten über das Baugeschehen in den großen Städten, in Greifswald, Stettin, Stargard, Stralsund, Cammin und Kolberg, um nur einige Stätten bedeutender nordostdeutscher Backsteinarchitektur an der Ostsee zu nennen. Dem wurde in kleineren Orten nachgeeifert. Man bedenke die Gelehrsamkeit und durch Reformen vertiefte Religiosität in Klöstern, Stiften und Domkapiteln der Städte, man bedenke weiter das langsam zunehmende Rechtsbewußtsein, das sich nun auch in Pommern bei Hofe und in den Städten ausweitet, weil Ratsfamilien und Adel die geeigneten Söhne auch in Bologna und anderen Universitäten des Südens und Westens studieren lassen. In Pommern beginnen nun die vorandrängenden Kräfte an den Rechtsordnungen und an besserer Rechtspflege im Einzelfall zu arbeiten. Man stemmte sich besonders seit der Regierungszeit Bogislaws X. gegen jene atavistischen Kräfte in den Grenzzonen, denen die Schwächen in der locker über das Land gespannten Rechts- und Herrschaftsordnung der Landesherrschaft immer wieder Gelegenheiten gaben, mit eigener Faust und eigener Mannschaft Land und Leute zu schrecken und zu schädigen.

Raubritterzeit

Der weitgefaßte Begriff des Raubrittertums umfaßt auch Vorgänge der rechtlich begründeten Interessenwahrung im Spätmittelalter. Denn die Grenzen zwischen »Fehden« und einfachen Raubzügen sind nicht immer klar zu erkennen. Die Ereignisse der brandenburgischen Quitzow-Zeit oder vergleichbare Vorgänge im hinterpommerschen Schlawe dürfen nicht darüber hinwegtäuschen, daß es insgesamt in der Landesherrschaft Pommern eine Rechtsordnung gegeben hat, die aufs Ganze gesehen Rechtsschutz zu sichern vermochte, im Umkreis der Städte jedoch stärker als auf dem platten Lande.[76] In den waldreichen Grenzgebieten zur Neumark, unmittelbar südlich von den Herrschaften der Dewitz und Borcke, gab es weit eher Unruhe und Überfall als im Landesinneren. Neben den Grenzstreitigkeiten in Sachen Landeshoheit und

75 »Wirtschaftskrise«: *W. Abel,* Landwirtschaft 1350–1500. In: Handbuch der deutschen Wirtschafts- und Sozialgeschichte, Bd. 1, 1971, S. 300–333.

76 Rechtsordnung: *M. Spahn,* Verfassungs- und Wirtschaftsgeschichte des Herzogtums Pommern 1478–1625, 1986, S. 12ff.

Grenzverlauf sahen sich Einzelne immer wieder einmal versucht, im anderen Territorium mit raschen Vorstößen Beute zu machen, wie es gleichzeitig von neumärkischer und polnischer Seite aus geschehen ist.

Auch ist man abhängig von der Überlieferung. Der einzelne Raubfall setzt viele Federn in Bewegung. Interessanter als der einfache Straßenraub oder räuberische Streit zwischen Nachbarn sind die von den Schloßgesessenen in Pommern und Brandenburg angeführten Fehden oder Grenzkriege des 15. Jahrhunderts. Sie haben unterhalb der Schwelle eines allgemeineren Krieges zwischen Territorien den Charakter von »Kleinkriegen« besessen, nicht selten sanktioniert von dem weit entfernt lebenden Landesherrn, der seine Streitmacht nicht aufbieten wollte. Druck und Gegendruck in Grenzgebieten konnten sich so entladen. Die selbständige Rolle der großen schloßgesessenen Adelsgeschlechter des Nordostens wie der Dewitz, Borcke und Wedel zeigt sich auch darin, daß sie bei solchen Gelegenheiten gleichsam kraft eigenen Rechts Kriegserklärungen in ein benachbartes Territorium verschickten. Die Dewitz haben sich an alledem bald tatkräftig und übermütig, bald notgedrungen und defensiv beteiligt. Fast immer konnten sie auf die Hilfe der blutsverwandten Borcke und ihrer eigenen Aftervasallen rechnen. Wer sich mit den Herren auf Burg Daber grob anlegte, der mußte dessen gewärtig sein, nach einer Woche von 25 ritterlichen Mannen, Spieß- und Pferdeknechten bedrängt zu werden. Fast immer aber waren es Rechtsfragen, die die »ultima ratio« herausforderten. Wenige Belege gibt es, wo große Armut einen kleinen Junker dazu verführte, den Lebensunterhalt mit harter Faust beizutreiben.[77]

Das ritterliche Handwerk erneuerte sich seit der Mitte des 15. Jahrhunderts auch im Nordosten. Das Standesbewußtsein, das Wissen um die Zugehörigkeit zu einer in Europa verbreiteten Herrenschicht, nahm zu. Die äußeren Formen des Standes wurden kunstvoller betont, bis hin zu den um 1500 allmählich aufkommenden Epitaphien, den nun sorgfältiger ausgearbeiteten Porträts auf den Grabplatten in den Kirchen. Dieser Prozeß der verfeinerten, der allegorisch verspielten Formen mit seinen Höhepunkten im Barockzeitalter, der Kultivierung insgesamt setzt unmerklich ein und ist immer begleitet von höchst trivialen Phänomenen, an denen sich scharfe Adelskritik entzündet. Aber selbst die schärfste Kritik zeigt eben doch auch, daß bestimmte Standesideale vorhanden waren und gleichsam eingeklagt werden konnten. Die Moralpredigten des Geistlichen Geiler von Keisersberg (um 1478) stehen für ähnliche aufmunternd-zornige Worte: »Nur der Name des Adels ist geblieben, nichts von der Sache bei denen, die edel heißen. Es ist eine Nußschale ohne Kern, aber voller

77 *W. Rösener,* Zur Problematik des spätmittelalterlichen Raubrittertums. In: Festschrift für Berent Schwineköper, hrsg. v. H. Maurer u. H. Patze, Sigmaringen 1982, S. 469–488. – Zahlreiche Belege, u. a. *P. Gantzer,* Bd. 1, Nr. 343, 431, 509, 523 (Fehde), 579–581 (Raubfehde), 729f. (Raub, Mecklenburg), 732, 741, 786 (Raub, 1532). Sonstige Überfälle: Nr. 384, 402, 412f., 442, 444f., 447, 453.

Würmer, ein Ei ohne Dotter, keine Tugend, keine Klugheit, keine Frömmigkeit, keine Liebe zum Staate, keine Leutseligkeit, ... sie sind voll Lüderlichkeit, Übermut, Zorn, den übrigen Lastern mehr ergeben als alle anderen.«[78] Gewiß hat die Ritterrenaissance auch etwas mit dem Lebensgefühl des frühen Humanismus zu tun, aber stärker wohl noch mit den Prestigebedürfnissen der Landesherren. Es gehörte zu ihrer fürstlichen Selbstdarstellung, wenn der Landadel in »reisigem Zuge« bei Hofe einritt, in seinen bekanntesten (und vermögendsten) Vertretern am Turnierspiel teilnahm oder bei Fürstenbegräbnissen gesenkten Hauptes einherging.

Reformversuche: Bogislaw X.

Die Regierung Bogislaws X. (1480–1523) ist für Pommern eine Zeit des Überganges mit Reformversuchen im Hinblick auf eine stärkere Landesherrschaft gewesen.[79] Der junge und in den drei ersten Regierungsjahrzehnten tatkräftige Landesfürst mußte versuchen, in Pommern die Grundlagen für eine neue »staatliche« Organisation zu schaffen. In der Reichspolitik war er ebenso auf Unabhängigkeit gegenüber Brandenburg bedacht, wie er im Innern den Einfluß der Stände zu begrenzen suchte. Er war bemüht, sich Einnahmequellen zu verschaffen, die nicht einer jährlichen oder unregelmäßigen Zustimmung der Stände bedurften. In erster Linie ging er gegen die Städte vor, aber auch der Adel sah sich in seinen Interessen geschmälert, weil der Herzog das sogenannte Heimfallrecht benutzte, um die landesherrlichen Ämter zu erweitern. Lehnbriefe wurden auch für die »alten« Lehen nunmehr ausgestellt, eine regelmäßige Registerführung begann. Freilich eröffneten sich im Zuge der langsamen Intensivierung der Verwaltung auch Möglichkeiten für jene vom Adel, die studiert hatten oder sonst verwaltungserfahren waren. Die Anfänge einer Zentralverwaltung mit Sitz im Stettiner Schloß fielen ebenso in seine Regierungszeit wie die Bildung eines kollegial arbeitenden Rates, zusammengesetzt aus Geistlichen und Adligen. Die fürstliche Kanzlei wurde vom Kanzler geleitet, und in den Kassen des Landrentmeisters flossen die Einkünfte aus den Ämtern zusammen. Hufenkataster dienten der Grundsteuererhebung. Die bisherigen Vögte draußen im Lande mit ihrer großen Selbständigkeit wurden nach und nach abgeschafft. An ihre Stelle trat als Vertreter des Landesherrn in den Ämtern ein Amtshauptmann, dem gekündigt werden konnte und der zu genauer Abrechnung gegenüber dem Landrentmeister verpflichtet war. Im allgemeinen wurden die Landeshauptleute in den regionalen Bezirken, aus

78 Moralische Ermahnungen: *H. Gumbel* (wie Anm. 71), S. 38ff.

79 Zuletzt: *K.-O. Konow,* Der Maltzansche Rechtsfäll. Zur Rechtspraxis Bogislaws X. In: Balt. Stud. NF 62 (1976), S. 36–52. – Vgl. auch *P. Gantzer,* Bd. 1, Nr. 657–662.

denen sich nach und nach die jüngeren Kreise entwickelten, mit Angehörigen der dort angesessenen Geschlechter (Indigenat) besetzt. Aber der Herzog verfügte nun grundsätzlich über die Möglichkeit, Männer seines Vertrauens einzusetzen. Die ständischen Landtage bestanden zwar weiter, aber die eigentliche Arbeit der Steuerverteilung und der Erörterung der Beschwerden des Landes geschah in einem Landratskollegium, das der Herzog einberief, in dem aber nur Adel und Geistlichkeit vertreten waren. Hier verhandelte das »Land« mit dem Fürsten, entweder im Streite oder in einem gewissen Einvernehmen. Auch wurde die Landesverteidigung damals reorganisiert, indem neben den althergebrachten Lehnpferden der Ritterschaft nunmehr auch »Reisige« auf Soldbasis und das Fußvolk der Städte aufgeboten werden konnten. Ebenso stabilisierte sich unter Bogislaw X., wohl auf Grund des Einflusses des Römischen Rechts, die Gerichtsorganisation, und es gab seit 1486 ein Hofgericht, das in erster Instanz über Schloßgesessene (die großen Adelsfamilien) und in zweiter Instanz über den sonstigen Adel der Landvogteien bzw. Ämter zu entscheiden hatte. Lehnsachen kamen jedoch unmittelbar vor das Stettiner oder Wolgaster Hofgericht. Sie konnten dann, bei unbefriedigendem Ausgang, von den Parteien, was immer wieder einmal geschah, an das Reichskammergericht verschickt werden, wodurch sich auch hier langwierige Prozesse bildeten. Erst 1544 erlangten die Greifenherzöge ein »klein privilegium de non appellando«, so daß fortan nur noch Verfahren mit hohem Streitwert an das Reichskammergericht gegeben werden durften.

Reformen in der Rechtspflege waren deshalb nötig, weil auch im späten 15. Jahrhundert die Bevölkerung in Hinterpommern durch Raubwesen und Fehden belastet wurde. Die Dewitz und die Borcke waren zusammen so mächtig und durften so sehr auf ihre Waffengewandtheit vertrauen, daß sie wie öffentliche Gewaltträger eigenen Rechts schalten und walten konnten. Fehden wurden mit lockerer Faust angesagt und »angezettelt«, als gäbe es keinen Herzog, vom Kaiser zu schweigen. 1477 beispielsweise erschienen die vielfach verschwägerten beiden Geschlechter im Bündnis gegen den Grafen von Eberstein und dessen Bruder, den Bischof von Cammin.[80] Häufig begann es wie ritterliches Spiel und edler Wettstreit und schlug dann doch rasch in blutigen Ernst um. Bogislaw X. hatte 1479/80 alle Mühe, zwischen den Grafen von Eberstein und den von der Osten nebst den Dewitz und Borcke zu vermitteln. Ungeachtet aller Zeitnöte schickten auch die Dewitz seit dem späten 15. Jahrhundert einzelne Familienangehörige auf die Hohen Schulen, vor allem nach Greifswald, wo sich zu den Jahren 1480, 1515 und 1520 erste Immatrikulationen finden.[81]

80 *P. Gantzer,* Bd. 1, Nr. 580.

81 *P. Gantzer,* Bd. 1, Nr. 582. – *Friedländer,* Matrikeln der Universität Greifswald, Bd. 1, S. 75, 176, 189, 238, 300, 375b, 560b; Bd. 2, S. 127, 154.

Das Leben der Dewitz gegen Ausgang des Mittelalters wurde bestimmt von den alltäglichen Sorgen und Bedrängnissen der Landesherrschaft, der eigenen Herrschaft und der eigenen Familie, die auszusterben drohte. Denn um 1491, nach dem Tode der Väter und Brüder Züls († 1476) und Hans († 1490), gab es nur noch als lehnsfähige Familienväter die Vettern Georg († 1534) und Joachim († ca. 1519) auf Daber und erst einen männlichen Nachfahren (Henning, † 1563). Leicht hätte einer der Vettern bei den Kämpfen um Daber 1476/78, als Kurfürst Johann Cicero aus der Neumark nach Pommern vorgedrungen war, ums Leben kommen können. Als 1496/97 Bogislaw X., nach Mode der Zeit, einen großen politischen Pilgerzug über die Alpen und durch Italien ins Heilige Land unternahm, begleitete ihn Joachim von Dewitz mit fünf Pferden. Er gehörte dann auch zum engsten Kreis der zwölf Edelleute, die neben ihrem Fürsten in Jerusalem den Ehrentitel eines Ritters vom Heiligen Grabe empfangen haben. Auf dieser Fahrt hatte der Herzog Zeit genug, Joachim zu bereden, ihm die Herrschaft Daber tauschweise abzutreten (1497).

Die Mecklenburger Familienzweige hatten sich ebenfalls zahlenmäßig verringert. Vier Grundherren hielten das Wappen noch aufrecht: Tideke (= Dietrich) auf Warlin, Engelke auf Priepert, Vicke auf Holzendorf und Albrecht auf Cölpin. Im Aufgebot von 1506 sollten sie mit acht Pferden erscheinen. Aber sie waren arm. 1498 sahen sie sich nicht in der Lage, ihren Landesherrn Herzog Magnus auf der Reise nach Franken zu begleiten: sie seien krank, alt, gebrechlich oder unvermögend, Kredit sei nicht zu bekommen. Dies waren sicher keine bequemen Ausflüchte. Die Lage in diesen Jahrzehnten war dort ziemlich verzweifelt, zumal wenn man auf schlechten Böden mit schwachem Gerät und Vieh wirtschaften mußte. Es verging noch viel Zeit, ehe man durch bessere Ökonomie und die steigenden Erlöse auf einen grünen Zweig kam. Aber es wirft auch Licht auf die wirtschaftlichen Bedrängnisse und engen Gesinnungen, wenn Engelke auf Holzendorf alle Energie auf die Beitreibung eines hohen Abzugsgeldes (100 Gulden) verwendet, das ein ihm entlaufener Bauer und nunmehriger Bürger von Friedland zu entrichten hatte (1520–1527). Auch war er sich nicht zu schade, Stettiner Kaufleute auf offener Landstraße mit einigen Spießgesellen auszuplündern, und das noch im Jahre des Herrn (und des Doktors Martin Luther) 1525. Kein Einzelfall in den armen Waldlandschaften des Nordostens. Freilich, es war die Kohlhaas-Zeit und die Zeit der Minckwitz-Fehde im nahen Brandenburg. Und es war die Zeit, wo die Landesfürsten allenthalben längst ein Auge auf das liegende und das bewegliche Vermögen der Kirchen und Klöster geworfen hatten: »Wie der Herr, so's Gescherr!«

Vorreformation

Die allgemeinen Schwächen der alten Kirche waren auch in Vorpommern zu beobachten. Daneben aber gibt es nicht wenige Belege für Bemühungen des Bischofs von Cammin, das Leben und Treiben der Geistlichkeit in Stadt und Land zu verbessern oder den Klöstern Ermahnungen zuteil werden zu lassen. In die Klöster brachte der landsässige Adel wie eh und je diejenigen seiner Töchter ein, die aus welchen Gründen auch immer nicht angemessen verheiratet werden konnten. Noch 1509 erhielten die Klöster in Stolp und Kolberg neue Ordnungen. Sie sollten »Zuchtschulen« werden, zumal dort auch in kleinem Umfange Schulunterricht für die Jugend erteilt wurde. Die Nonnen, denen gestattet war, im Falle des Wunsches nach einer Ehe das Kloster zu verlassen, waren angehalten, in geistlichen Schriften zu studieren und nicht »als wilde Affen auf den Klosterhofe aus einer Zelle in die andere, vor allen Pforten, des Tages etliche Mal ohne dringende Not und endliche Ursach wild, flüchtig und unverschämt umherlaufen, hier und da wild aussehen. Item (ferner) sollen keine jungen Gesellen zu sich lassen, aus- und eingehen, weil Syrach spricht: ›Wer Pech angreift, besudelt sich‹.« Bogislaw X. überließ noch trotz der anhebenden Reformation bis zu seinem Tode das Kirchenwesen der Geistlichkeit. Lediglich die Erweiterung der Ämter durch einzuziehendes Kirchengut erweckte sein Interesse. 1522 ist dann das verlassene Kloster Belbuck bereits eingezogen worden, aber zu dieser Zeit und früher schon hat auch der landsässige Adel Besitz und Einkünfte den Kirchen entzogen und die Schwäche der Geistlichkeit immer wieder auszunutzen versucht. Gegen Ende der Regierungszeit Bogislaws X. gewannen infolge der Schwäche des Herzogs regionale und destruktive Kräfte vielerorts die Oberhand. Nicht nur die Kirchenverfassung verlangte nach Neuordnung und Aufsicht durch die Landesherrschaft; sie selbst bedurfte einer »Reformation«, sollte Pommern nicht unter den deutschen Territorien wegen seiner Rückständigkeiten zum Gespött werden.

Drittes Kapitel Räte der Herzöge, Förderer der Reformation: Georg I. und seine Verwandten und Nachfahren (1520–1618)

> *»Herr Jost von Dewitz [hat] zu unsern Zeiten unter dem pommerschen Adel seiner Lehre, Geschicklichkeit und frombheit halben billig den Furtritt. Denn was in der religion, in den studiis und andern sachen des gemeinen nutzens zum besten befurdert wird, mag man ihme alleine pillig zum furnehmblichsten wohl zuschreiben...«*
>
> *Nicolaus von Klempcen, Pomerania*[82]

Staatsdienst und Reformation

Luthers »Reformation« wäre vielleicht eine kursächsische Episode geblieben, wenn er nicht in den Territorien recht bald unter der Führungsschicht, bei den Amtsträgern des geistlichen und des weltlichen Standes, tatkräftige Helfer und Mitdenker gefunden hätte. Neben den berühmten geistlichen Mitstreitern Melanchthon, Johannes Bugenhagen oder dem Nürnberger Andreas Osiander standen alle jene Geheimen Räte und Kanzler, die die Landesherrschaften mehr diplomatisch-behutsam als stürmisch-leidenschaftlich auf die Wege zur Reformation geführt haben. Zu ihnen zählte etwa in Kursachsen der Kanzler Gregor Brück (Luther: »Atlas nostri ducatus«), in der Mark Brandenburg der Vizekanzler Weinleben nebst späterhin dem Kanzler Lampert Diestelmeier und in Pommern Georg I. und der bedeutende Jobst von Dewitz. Doch diese nicht allein. Die Dewitz entwickelten im 16. Jahrhundert für vier Generationen die Talente einer klassischen Amtsträgerfamilie, wie sie die ebenso frommen wie lebensfrohen »Betefürsten« der Reformationszeit so dringend brauchten, da doch die Politik schlagartig vielschichtiger geworden war. Gefragt war der gelehrte Landespolitiker, der mehrsprachig ausgebildete Diplomat, der Finanz- und Währungs-Fachmann, der bedachtsam-energische Ständepolitiker. Dies alles sollte möglichst in einer Person vereinigt und ständig verfügbar sein. Keine Frage, daß es auch in Pommern um 1530 nur wenige solcher gefestigter »Amtsträger zwischen Krongewalt und Ständen« gegeben hat, bedurfte es doch dazu einer gediegenen Vorbildung und eines Talents und eines einigermaßen krisenfesten wirtschaftlichen Hintergrundes.

82 *G. Gaebel* (Hg.), Pomerania, Bd. 2, Stettin 1908, S. 187.

Georg I., Landvogt von Greifenberg

Am Ende des Spätmittelalters steht Georg I., eine Gestalt des Überganges in das Jahrhundert der Reformation und der sich entwickelnden Landesstaaten. Es spricht für das hohe Ansehen dieses Zweiges, daß Georg (der wohl Sohn einer Gräfin von Hohenstein war) um 1490 eine Ehe schließen konnte, die den Dewitz überhaupt einen beträchtlichen Prestigegewinn einbrachte. Er gewann ein Fräulein von Borcke, mit dem zeittypischen Vornamen Hippolita, in deren Adern u.a. das Blut der altdynastischen Edlen Herren von Putbus auf Rügen floß. Dies wiederum bedeutete, wie leicht zu erkennen ist, den Anschluß an das Ahnenerbe der älteren Könige von Dänemark, darüber hinaus aber an die Fürsten- und Dynastengeschlechter der Welfen, Piasten, Ottonen und letztlich der Karolinger.[83] Ist es nur ein Zufall, daß der erstgeborene Sohn eben dieser Ehe, Jobst, als eine der bedeutendsten und bei Hofe angesehensten Gestalten Pommerns zu bewerten ist? Die Dewitz verstärkten damit ihre zäh und geduldig bewahrte Position in der ersten Reihe der hinterpommerschen Geschlechter gleichsam über Nacht. Die Durchbrechung der engeren Heiratskreise mit den Wussow, Wedel, Borcke und Flemming erbrachte einen Mobilisationseffekt, wie man ihn bei der Kreuzung entfernten genetischen Gutes häufiger beobachten kann.

Wer war dieser Georg I.? Ihm verdankt die Hauptlinie mehr, als die ältere Literatur erahnen läßt. Er schlug sich mit tausend Schwierigkeiten herum, hatte Streit schwerster Art in Haus und Hof durchzukämpfen, und bewährte sich doch als ein Bewahrer und Gründer für Söhne und Enkel, erhielt Daber und stützte noch seinen berühmteren Sohn. Seine Anfänge nach dem Tode seines Vaters Züls († 1476) ereigneten sich in einem Jammertal des Unfriedens und der engen Gesichtspunkte. Georg hatte die Vormundschaft seines Onkels Hans († nach 1490) für einige Jahre zu ertragen, da er erst um 1470 geboren sein dürfte. Beide, Onkel und Neffe, befanden sich noch in den neunziger Jahren in finanziellen Schwierigkeiten. Sie mußten bei größeren Ausgaben, wie üblich, Zwischenfinanzierungen über Verpfändungen vornehmen. Bis in die Reformationszeit hinein waren Dewitze bei der sehr reichen Stargarder Kirche, der »Landesbank« im vorderen Hinterpommern, verschuldet oder als Bürgen eingeschrieben. Die Ehe mit der Borcke-Tochter, die vermutlich eine gute Ausstattung erhalten hatte, brachte jedoch, wie es scheint, in Georgs wirtschaftliche Lage Grund hinein. Auch die Getreide-Konjunkturen wurden besser, Vorwerke für die erweiterte Viehzucht konnten angelegt werden. Aber es dauerte noch längere Zeit, bis sich die beiden neuen Linien aus dem Stamme des Daber'schen Ulrich über die Realteilung der gesamten Herrschaft Daber samt Nebeneinkünften verständigt hatten. Mehrfach mußten die Landesher-

83 Borcke-Heirat: Vgl. 1528: *P. Gantzer,* Bd. 1, Nr. 748.

ren eingreifen. Die Verträge zwischen Hans und Georg (30. April 1487 und 18. Oktober 1490)[84] zeigten die Probleme einer unfriedfertigen Zeit: Geld war teilbar, Wehrkraft nicht. Graf Ludwig von Eberstein und Werner von der Schulenburg (Löcknitz), die damals mächtigsten Vasallen im Pommernlande, waren nach Daber geeilt, um den offenen Krieg im Hause Dewitz-Daber zu verhindern. Sie ließen in den vorläufigen Vergleich aufnehmen, »dat de bussen (Geschütz), pulver, pile, olde segelle unde brive, de en samptliken toluden, de schalen up Hanses unde Jurghens van Dewitz unde erer twyer erven unde des slates bohuff, nutte unde beste liggen, alzo dat ze unde ere erven der gebruken unde besighen (= benutzen) moghen na erer not, bohuff unde wolgevallen«.[85] Daber war damals also noch ebenso gut gerüstet wie 1476, als der Brandenburger Kurfürst Albrecht Achilles zu den Zinnen der Dewitz-Feste mißmutig aufschaute. Auch mit Joachim, Hansens unruhigem, gleichwohl ebenfalls weltläufigen Sohn, gab es gefährliche Irrungen. Denn dieser verfiel 1497/99 auf die Idee, dem Herzog Bogislaw X. seine Hälfte von Daber im Tausch gegen das Amt Saatzig zu überlassen. Höchste Gefahr war im Verzug. Der Fürst hatte es auf die gesamte Herrschaft abgesehen, um in die dichte Adelslandschaft nahe der brandenburgischen Grenze einen eigenen Pflock einzurammen. Doch Georg setzte dem Herzog sein »Nein« entgegen; das Projekt mußte rückgängig gemacht werden. Der Friede des Hauses aber war nun empfindlich gestört. 1508 kam es zu einer familiären Explosion, die ihresgleichen sucht. In den Wohnräumen Joachims auf Daber brach infolge von »Verwahrlosungen« ein Feuer aus, welches auch die Wohnräume des Vetters Georg zuschanden brannte. Als dieser Schadenersatz verlangte, wurde er auf dem »Vorwerk« Wussow vom Vetter ohne Fehdeansage mit Hilfe von allerlei Bauern und sonstigen Genossen überfallen, schwer verletzt (»in denn thodt vorwundt«) und nach allen Regeln der (»Raubritter«-)Kunst ausgeplündert. Seine drei Söhne, darunter Jobst und ein wohl danach früh verstorbener Sohn, wurden für lange Monate ohne Rechtsgründe in eine gleichsam patrimoniale Gefangenschaft verbracht. Joachims heißes Blut ist dann aber (1508–1515) durch Erkenntnisse des Hofgerichts gekühlt worden. Am Ende des Streites mußte er mangels flüssiger Mittel seinem klügeren Vetter 33 Bauernhöfe in fünf Dörfern der Herrschaft Daber im Werte von etwa 1200 Goldgulden abtreten.[86] Das erwies sich als ein herber Verlust für Joachim, mit dessen ebenso querulatorischem Enkel Franz diese Linie denn auch 1605 ausgestorben ist.

Georg (I.) aber rückte seit 1500 in die führende Position unter den Dewitz bei Hofe auf. Er findet sich bei bedeutenden Landesverträgen als gut plazierter Zeuge, er wurde in den Kreis der Räte aufgenommen (1523), und er erhielt

84 *P. Gantzer,* Bd. 1, Nr. 667–672.
85 *P. Gantzer,* Bd. 1, Nr. 596.
86 *P. Gantzer,* Bd. 1, Nr. 567f.; Bd. 3, 1, S. 134f.

1524 die Bestallung als Landvogt des landesherrlichen Burgbezirks Greifenberg (zwischen Daber und der Ostsee). Georg (»Jürgen«) gehörte nunmehr zu den engeren Beratern der Herzöge. Um 1526 hatte er sich als Sachwalter der Landesherrschaft bereits so unbeliebt gemacht, daß er Anschläge seiner Standesgenossen befürchten mußte.[87] 1529 erscheint er als 19. von 76 Mitbesieglern des folgenreichen Erbvergleichs zwischen Brandenburg und Pommern, der im neuen Jagdhaus von Grimmnitz (Kr. Angermünde) zwischen den Herzögen und Brüdern Georg I. (1493–1531) und Barnim IX. (1501–1573) und Kurfürst Joachim I. abgeschlossen wurde. Bald darauf dürfte er sich mehr und mehr aus der allgemeinen Landespolitik zurückgezogen haben, nahm aber noch 1530 mit Graf Georg von Eberstein auf Naugard die Statthalterschaft wahr, als die Herzöge mit seinem Sohn nach Augsburg zum Reichstag zogen. Auch an den Vorarbeiten für die Landesteilung von 1531 war er noch beteiligt. Um diese Zeit setzte Georg, der wohl schon seit längerer Zeit für Luthers Lehre gewonnen war, in Daber kraft seines Patronatsrechtes einen Pastor der neuen Konfession, Caspar Ziegler, ein. Das geschah im Vorgriff auf die landesfürstliche Reformation, die jedoch bislang am Widerstand Herzog Georgs I. scheiterte. Als ruchbar wurde, was der alte Dewitz im Schilde führte, erschien zu Roß der Bischof von Cammin (ein Manteuffel) mit angeblich hundert Berittenen, um ihm solches Beginnen drohend zu verweisen. Georg ließ sich nicht einschüchtern. Er stimmte sogleich, umgeben von Pastoren und Anhängern der neuen Lehre, ein lutherisches Kampflied an und setzte den neuen Pastor ein. Der Bischof zog von dannen. Es schien ihm denn doch nicht ratsam, sich mit den mächtigen Dewitzen, Vater und Sohn, zu sehr anzulegen.[88]

Georg I. und seine Gemahlin Hippolita, deren Ehe mit mindestens sechs Kindern gesegnet war, dürften in der Kirche in Daber beigesetzt worden sein, betrauert und hochgeachtet. Es war so etwas wie ein junkerliches Heldenleben, das da um 1533/34 geendet hatte: ein Kampf mit dem Schicksal, ein sich Hineinkämpfen in eine neue gesellschaftliche und geistige Welt. In der »Pomerania« des mit der Familie befreundeten Bugenhagen findet sich ein eigentümlicher Nachruf auf den bedeutenden Mann: »Georg (von Dewitz) ist landvoigt zu Greifenberg gewest und, wenn man desselben mennlichkeit und gemuete und sine historien, wie er von seinen feinden ist verfolget worden, wie sie ihme bis in den tod geschlagen, unter die füsse zerkerbet und mit salze vullgestrichen, damit sie wollen versuchen, ob er noch lebte, und er alles auslag, und wie sie ihm darnach fingen, und er doch noch vor sie alle pleib (= sie überlebte) und sich an ihnen rechente, schrieben solte, wurde es viel sein«.[89]

87 *P. Gantzer,* Bd. 1, Nr. 737.
88 *P. Gantzer,* Bd. 3, 1, S. 136; Bd. 1, Nr. 772; Monatsbll. f. pomm. Gesch. 1910, S. 40.
89 *P. Gantzer,* Bd. 1, Nr. 792.

Jobst I.

Jobst (Jodocus, Heiliger im Umkreis von Trier), mit dem eigenartigen, an die Luxemburger erinnernden Namen, dürfte um 1491 in Daber geboren sein,[90] 1542, zu früh für Pommern, starb er. So ist er nicht alt geworden, nur einundfünfzig Jahre, denn er hat sich im Dienste Pommerns und des Herzoghauses verzehrt und aufgerieben. Man wußte schon zu seinen Lebzeiten und mehr noch, als er verschieden war, was das Land an diesem einen Mann gehabt hatte. Der Chronist und Landrentmeister Nicolaus von Klempcen († 1552) beendete seine Laudatio mit dem Bemerken: »Von diesem Herrn Jost von Dewitzen were viel Lobs zu schreiben, wan es unvordachter Schmeichelei geschehen mochte. Aber nach seinem Tote wirds unvorgessen pleiben.« Und Doktor Jacob Runge (1527–1595), der zweite lutherische Generalsuperintendent im Teilherzogtum (West-)Pommern-Wolgast, hat ihn in einem ersten kirchengeschichtlichen Rückblick als »vir excellens doctrina virtute et consilio« gerühmt. In der Tat wird man einer herausragenden Gelehrsamkeit, Tugendhaftigkeit und Geisteskraft auf den Stationen seines Lebensweges begegnen. Aber er war nicht nur ein trocken argumentierender Jurist, ein bedächtiger Ratgeber, er war auch ein fröhlicher Mann, der durch seine Zeit schritt mit heiteren und klaren Sinnen. Und er konnte überzeugend formulieren. Als 1538 die Herzöge der Ritter-Kurie ihrer Stände eine Antwort auf dem Landtag zu geben hatten, mit der zugleich zu weit gehende Wünsche abgewiesen werden mußten, schrieb Jobst der Kanzler seinen Standesgenossen ins Stammbuch: »*Adlig (Leben) ist: im Lichte wandeln, mit Mühe und Arbeit Ehr, Ruhm und Gut zu erwerben.*« So überliefert es Thomas Kantzow.[91] Was bedeutet das? Es heißt für Jobst, im Lichte des Herrn, mit Gott vor allem zu wandeln, in trüben und fröhlichen Tagen in dieser rauhen Welt; dem Herrn treu zu sein in vorbildhafter Weise und im irdischen Leben weder Mühe noch Arbeit zu scheuen, um Ehre vor Gott, Ruhm über die eigenen Tage hinaus und Gut als Erbe und Aufgabe, als den festen Grund fürsorglicher Herrschaft zu gewinnen und zu verwalten.

1509 erscheint Jobst als »leiblicher Sohn« wohl erstmals in einer Urkunde seines Vaters als Zeuge.[92] Er war, wie üblich, mit sechzehn Jahren handlungsfähig und mündig geworden. Die bösen Machenschaften seines Onkels Joachim gegen seinen Vater haben ihn entscheidende Ausbildungsjahre seines Lebens gekostet, aber wohl auch fortwirkende Lehren vermittelt. Die wichtigste Lehre dürfte die gewesen sein, daß gegenüber Willkür und Gewalt, gegenüber einer als Fehde verbrämten Selbstjustiz nur eine neugeordnete territo-

90 Jobst von Dewitz: Eine moderne Biographie fehlt. – *R. Schmidt,* Jobst von Dewitz. In: NDB 3 (1957), S. 629f. – *P. Gantzer,* Bd. 3, 1, S. 145ff.

91 Vgl. Anm. 82. – *P. Gantzer,* Bd. 1, Nr. 799; Bd. 3, 1, S. 155.

92 *P. Gantzer,* Bd. 1, Nr. 653.

riale Rechtspflege auf der Grundlage einer starken Landesherrschaft Abhilfe schaffen könne. Eine durchgreifende Verbesserung der Rechtspflege war nur zu erreichen, wenn man sich selbst zusammen mit ebenfalls für die Landespolitik aufgeschlossenen Freunden der Mühe aussetzte, das Römische Recht zu studieren, am besten in Bologna selbst, der Hochburg der neuen Jurisprudenz. Mit achtundzwanzig Jahren zog Jobst 1519, als Luther eben seine ersten Fackeln in die Landschaft geschleudert hatte, über die Alpen. An der Universität verschaffte er sich bald einen herausragenden Ruf und erwarb dort die Würde eines Doktors beider Rechte. Er lernte die sonstigen Wissenschaften, die Künste und den Humanismus in Italien kennen und bemerkte mit Schrekken das nordsüdliche Kulturgefälle. Fortan trat er in Pommern wiederholt dem verderblichen und verkehrten Wahnglauben seiner Landsleute, zumal der Standesgenossen, entgegen, daß es etwas Schimpfliches sei, sich mit den Wissenschaften zu beschäftigen und die Sprachen der Alten zu lernen. Jobst sprach und schrieb fließend und elegant Latein, auch dürfte er des Italienischen mächtig gewesen sein. Als er Bologna verließ (1502?), durfte er sich dem Bunde der deutschen Humanisten in Städten und an den Höfen zurechnen.

Jobst scheint erst im Laufe des Jahres 1523 an den Hof des Landesherrn zurückgekehrt zu sein, doch ist es denkbar, daß er zwischen 1521 und 1523 noch weitere Reisen unternommen hat. Nach dem Tode des problematischen und zuletzt zügellosen Herzogs Bogislaw X. zeichnete sich in Pommern die Wende zum Besseren ab. Das war am 30. September 1523, und das ganze Land befand sich erneut in schlechtem Zustande. Dazu traten die Gärungen dieser Zeit, mit Schwarmgeistern, häufigem Straßenraub und Aufrührern am Vorabend des Bauernkrieges.[93]

Im Spätherbst 1523 zog Jobst dann mit einer großen Gesandtschaft pommerscher Edelleute nach Speyer. An der Huldigung für die neuen Herzöge Georg I. und Barnim XI. hat er wohl deswegen nicht teilgenommen.[94] Auf dem Rückweg von Speyer scheint der Dreiunddreißigjährige dann in Wittenberg seine erste wegweisende Begegnung mit dem Reformator herbeigeführt zu haben.[95] Er habe in einem Wirtshaus, so lautet die von Nicolaus von Klempcen überlieferte Erzählung Jobsts, den Wirt gefragt, ob es wahr sei, daß in der Stadt ein Mönch lebe, »welcher, wie er in der fremde vernommen, hefftig auf das pabsttum schelte, und grosse veränderung in der religion anrichte. Worauf der wirth geantwortet, ja es sey wahr, und der münch ein doctor theologiae und professor der universität, ein vortrefflicher gelahrter mann, der seine lehre mit h. schrifft bestätige und offenbahre viel aus der propheten, apostel schrifften, da man zuvor nichts von gewust. Worauf Dewitz sagt: ›Wenn er ein solcher

93 Unruhe im Land: *M. Wehrmann,* Geschichte von Pommern, Bd. 2, 1921, S. 2ff.
94 *P. Gantzer,* Bd. 1, Nr. 699.
95 *P. Gantzer,* Bd. 1, Nr. 718.

herlicher mann ist, so wird er hoffarth seyn, der sich nicht vor jedermann sprechen lasse.‹ Darauf der wirth: ›O nein, er ist ein schlechter [einfacher] mann, der mit kindern redet und gegen jedermann freundlich und lustiges gemüthes ist.‹ Da spricht Dewitz: ›O, mein lieber wirth, ich wolte gern mit dem manne reden, darumb wollt ihr ihn nebst einigen andern professoren auf den folgenden tag zur mittagsmahlzeit meinentwegen einladen, so sollen meyne beiden diener mitgehen und ihnen anzeigen, dass ich sie bitten lasse.‹ Also sind die professores am andern tage nebst Luthero des Dewitzen gäste gewesen, da der gedachter Dewitz viel mit Luther wegen der religion geredet und letztlich gesaget, ›Mein lieber h. doctor, wenn wir in Pommern nach Stettin einen gelahrten mann begehren, so würde ich wahrlich e. ehrwürden schreiben.‹ Darauf Lutherus geantwortet, was an ihm wäre, das wolle er gern thun. Auf diese beyderseits abrede machet sich auf ein protobaccalaureus Johannes Tietz, ein wohlbelesener mann und kommet nach Stettin.«[96]

Offensichtlich war Jobst bereits innerlich für die Gedanken Luthers aufgeschlossen. Er dürfte längst zu Hause oder auf Reisen dessen Flugschriften gelesen haben, stellte sich aber in Wittenberg ahungslos, um sich im Gespräch mit dem Reformator sein Urteil abschließend zu bilden. Als Luther und Jobst sich trennten, hatte der »Doktor Martinus« einen bedeutenden und überaus wortgewandten Mitstreiter für die Sache des Evangeliums an den Küsten des Baltischen Meeres gewonnen.

Jobst stieg nun in kurzer Zeit in den Kreis der vertrauten Ratgeber der beiden Herzöge auf. Man wird davon sprechen können, daß zwischen 1523 und 1542 die »Dewitz-Partei« Pommerns Geschicke maßgeblich beeinflußt hat. In diesen zwanzig Jahren sind auf vielen Gebieten die Grundlagen für eine langanhaltende, im Grunde bis 1618 währende relativ glückliche Phase in der Landesentwicklung gelegt worden. Neben Jobst erscheinen in den Urkunden um 1530 noch sein Freund Graf Georg von Eberstein-Naugarten als standeshöherer Repräsentant, dann Vivigenz von Eickstedt als Erbkämmerer (= Finanzminister), der bürgerliche Jurist und Rat Balthasar Seckel, der Vitzthum von Cammin und der persönliche Sekretär der Herzöge, Nicolaus von Klempcen.[97] Aber Jobst beherrschte sie wohl alle kraft seiner Hellsichtigkeit und Beredsamkeit, seines Fleißes und Sachverstandes, seiner im Humanismus wurzelnden Antriebskräfte, letztlich aber seiner starken Persönlichkeit. Bei ihm findet sich, so möchte es scheinen, wenn wir seine Briefe lesen, etwas von dem Ideal der autonomen Persönlichkeit, von der Ergriffenheit eines in der römischen und griechischen Antike wurzelnden Denkens, findet sich erkennbar der Wille, die mittelalterlichen Bindungen zurückzudrängen und das Bild dieser

96 *P. Gantzer,* Bd. 1, Nr. 718.

97 Führungsschicht: *P. Gantzer,* Bd. 1, Nr. 769 f., 804, 808 ff., 854, 857, 865, 867 (!), 870, 897 (»unser furnembste rath«), 899.

Welt aus dem eigenen Erleben und Urteilen neu zu gestalten, geleitet auch von Grammatik, Logik und Rhetorik, von der Moralphilosophie und vom »Justinianischen« Recht.[98] Aber diese frühe »Rezeption« erweist sich noch ganz als eine schöpferische Rezeption des Römischen Rechts, hatte noch nichts vom Formalismus späterer Rechtsmaschinerien in landesfürstlichen Verwaltungen und Gerichten an sich. Jobst diente nicht als gefügiges Werkzeug der landesfürstlichen Verwaltung, er wurde vielmehr ihr Gestalter, ihr Reformer. Er bestimmte, je länger, desto mehr die Verhältnisse, nicht die Verhältnisse ihn, obwohl die Last der in einem Zuge zu tragenden auswärtigen und inneren Angelegenheiten ihn mehr als nur einmal zu Boden zu drücken schien.

Jobst, dem schon die Zeitgenossen scherzhaft-respektvoll nachsagten, er sei der Mann des alles »thund und laßend im regiment«,[99] trägt noch in anderer Hinsicht exemplarische Züge. Um 1520 befand sich die Adelsherrschaft in den deutschen Territorien in einer schweren Krise. Immer wieder auflebendes Raubrittertum, bäuerliche Unruhen und Protest-Landtage sind Anzeichen für eine schwere Existenzkrise der Aristokratie, deren politische und ökonomische Lebensräume sich einzuengen schienen, je sichtbarer der latente Verstaatungsprozeß im Reich und in den Territorien wurde. Jobst von Dewitz und einige fünfzig andere mit ihm, außerhalb Pommerns, hatten wohl erkannt, daß das Studium überhaupt und das zu übernehmende Römische Recht für die ins Wanken geratene althergekommene Adelsherrschaft ein Stabilisator sein könne. Wer das neue Recht, die neuen Rechtsformen in Verwaltung und Rechtspflege beherrschte, konnte sich dem Fürsten unentbehrlich machen, gewann auch den Vortritt vor bürgerlichen Legisten des »französischen Stils«; wer das geschriebene und je Land neu anzuwendende Recht beherrschte, konnte in der Rechtspflege (Patrimonialgerichtsbarkeit), im Abgabenwesen und in der lokalen Kirchenherrschaft Festschreibungen veranlassen, durch die bestimmte Sonderstellungen einerseits erhalten und andererseits die Verstaatungsprozesse in der Landesherrschaft verzögert, ja behindert werden konnten. So gesehen bot Jobst, der tatkräftig einer anderen Zeit den Weg zu ebnen half, ein großes Beispiel für seine Standesgenossen, für die eigene Familie, obwohl nur wenige ihm volles Verständnis entgegengebracht zu haben scheinen. Insbesondere die Stände, mit denen er wiederholt auf den Landtagen zu ringen hatte, mußten in ihm den Exponenten fürstlichen Strebens nach Omnipotenz erblicken. Aber das Überraschende bestand dann darin, daß Jobstens Verhandlungskunst, seine große Verläßlichkeit und Landestreue, seine bereitwillige Zusammenarbeit mit den Bürgervertretern in den Städten immer wieder geeignet waren, seine Verhandlungsgegner zu überzeugen und Kompromisse zu finden.

98 Bildung: *P. Gantzer,* Bd. 3, 1, S. 146f.; Bd. 1, Nr. 895.
99 Regiment: *P. Gantzer,* Bd. 1, Nr. 903.

Das zeigte sich in Stolp (1525),[100] wo das lutherische Evangelium die Gemüter erhitzt hatte, in Danzig (1526)[101] und bei den schwierigen Verhandlungen über die brandenburgische Lehnshoheit (1527–1529)[102] oder auf den Reichstagen zu Regensburg (1528)[103] und Speyer (1529).[104] Die Herzöge lohnten seinen unermüdlichen Dienst mit Lehnsanwartschaften[105] und mit Geldsummen, zuletzt noch (1541) mit 5000 Goldgulden,[106] die tatsächlich zur Auszahlung und dem Schloßbau in Daber zugute gekommen sind. Das war immerhin ein Betrag, der dem Handelswert von mehr als 1000 Tonnen Roggen entsprach (in heutigen Preisen: rd. 450000–500000 DM). Eine solche bedeutende Position konnte also das ökonomische Schicksal einer Familie auf Jahrhunderte hinaus mitbestimmen, ja fundieren, sofern vernünftige Investitionen getätigt wurden.

Bugenhagen, Jobst und Luther[107]

In den Herrschaften der Greifenherzöge, zu denen in loser Abhängigkeit das Bistum Cammin und die Herrschaft Naugard der Grafen von Eberstein gehörten, brauchte es etwa vierzehn Jahre (1520–1534), bis nach reformatorischen Einzelereignissen (H. Heyden: »Von Zeit zu Zeit vulkanartig aufbrechende Vorstöße«) die Landesherren dazu bewegt werden konnten, sich für eine grundlegende kirchliche Neuordnung im Sinne Luthers, Melanchthons und Bugenhagens zu entscheiden. Seit 1520 wirkten Luthers Schriften auch in Pommern. Es bekannten sich erstmals Prediger und Laien öffentlich zu ihm. Um die Mitte der zwanziger Jahre gab es in den meisten der den Herzögen unmittelbar unterstehenden Städten stärkere evangelische Bevölkerungsgruppen. Dort vor allem nahmen die Revisionen, Inventarisationen, Säkularisationen und auch Unterschlagungen des Kirchengutes und der Kalandsvermögen von Jahr zu Jahr zu. Die beiden Nachfolger Bogislaws X. († 5. 10. 1523), die Herzöge Georg I. († 1531) und Barnim IX. († 1573), hatten bereits 1525 (im Jahr der Reformation im Herzogtum Preußen) eine Art Vor-Visitation der Klöster und Stifte (mit Ausnahme von Cammin) durch eine Kommission durchführen lassen, zu der die bewährten herzoglichen Hauptleute und Rent-

100 *P. Gantzer,* Bd. 1, Nr. 725f.
101 *P. Gantzer,* Bd. 1, Nr. 734f.
102 *P. Gantzer,* Bd. 1, Nr. 762.
103 *P. Gantzer,* Bd. 1, Nr. 750.
104 *P. Gantzer,* Bd. 1, Nr. 754. – Augsburg: Nr. 768.
105 *P. Gantzer,* Bd. 1, Nr. 753, 767, 848, 881.
106 *P. Gantzer,* Bd. 1, Nr. 889.
107 Reformation: *H. Heyden,* Kirchengeschichte Pommerns, Bd. 1, 1957, S. 199ff., 228, 238–242. – *Ders.,* Zur Geschichte der Reformation in Pommern. In: Ders., Neue Aufsätze zur Kirchengeschichte Pommerns, 1965, S. 1ff., 6ff.

meister gehörten, nämlich u. a. Jobst, Gotke von der Osten, Wilken von Platen, Vivigenz von Eickstedt, Otto von Wedel, Moritz von Damnitz, Jacob von Flemming und Jacob von Wobeser. Der größte Teil der »Kunstschätze« wurde, soweit es sich um Edelmetalle handelte, zu Gunsten der herzoglichen Silberkammern »sichergestellt«.[108] Einiges konnten die Städte jedoch in Sicherheit bringen. Die Herzöge haben dann 1532 nach dem Vorbild anderer Territorialfürsten den »Kirchenraub« unter sich aufgeteilt, nach Mark und Lot, und diese Form des Kirchenschutzes auch fernerhin praktiziert. Wir wissen nicht, was die beiden Dewitze dazu sagten. Denn 1532 war der altkirchlich gesonnene Herzog Georg I., der Schwiegersohn Joachims I. von Brandenburg, mit Tod abgegangen. Diese Vorgänge dürften Luther, der die Pommernherzöge von den Reichstagen her kannte, nicht entgangen sein, da nicht nur Bugenhagen, sondern auch Jobst von Dewitz und mehrere andere »evangelische« Pommern Luther mündlich und schriftlich über die wesentlichen Vorgänge unterrichteten. Überhaupt bildet der Tod Georgs I. einen Einschnitt. Wenige Wochen später, am 21. Mai 1531, ließ Barnim IX. bereits auf dem Landtag zu Stettin grundsätzlich die freie Predigt des Evangeliums zu, sofern sich daraus nicht Unruhen ergäben. Die Sorge der Landesherrschaft vor konfessionell-revolutionären Exzessen, wie sie in Stettin, Stralsund oder Stendal vorgekommen waren, wird hier erkennbar. Sie war in Pommern durchaus begründet, weil Ordnungslosigkeit und Gesetzlosigkeit immer noch im Ansteigen begriffen waren. Es war wesentlich Jobstens Verdienst, daß diese Flut in Grenzen gehalten wurde und sich schließlich verlief. Trotz Widerstrebender auch in der Ratsschicht einiger Städte verlor aber die Front der an der Papst-Kirche Festhaltenden mehr und mehr ihre Widerstandskraft, weil die Masse der mittleren und unteren Schichten vor allem der Stadtbevölkerung von der religiösen Bewegung ergriffen war.

In dieser Lage also war es vor allen anderen Jobst gewesen, der den schon lange von ihm in lutherischem Sinne beeinflußten Herzog Philipp I. (geb. 1515) in vielen Gesprächen von der Unhaltbarkeit der Lage überzeugen und dazu bewegen konnte, den außenpolitisch nicht risikofreien Schritt in das Lager der evangelisch gewordenen Territorien zu vollziehen. Der Landtag zu Treptow an der Rega (13./14. 12. 1534), zu dem als Theologe Bugenhagen gebeten worden war, verschaffte dann beiden Herzögen und ihren Kanzlern den Erfolg, daß Kirchenordnung und »Reformation« beschlossen wurden, und zwar ohne sonderliche Rücksicht auf Kaiser und Reich. Der Zeitpunkt war gut gewählt, weil Karl V. sich seit Herbst 1532 den Problemen im Mittelmeerraum hatte zuwenden müssen. Es verwundert nicht, daß der Camminer Bischof Erasmus, der in seinem eigenen Stiftsbezirk der Evangelischen nicht mehr

108 *M. Wehrmann* (wie Anm. 93), S. 21. – *H. Heyden,* Kirchengeschichte Pommerns, Bd. 1, S. 222. – Vgl. *P. Gantzer,* Bd. 1, Nr. 795.

Herr wurde, sowie Teile des Adels und auch die Städte aus ihrer großenteils eigennützigen Interessenlage heraus keine durchgreifenden Landes-Visitationen wünschten. Aber erstaunlicherweise setzten sich die von Jobst dirigierten Herzöge gegenüber dem nun soweit verärgerten Adel auch mit ihrer Absicht durch, sämtliche Klöster einzuziehen und ihr Dominium dadurch überhaupt erst auf den Stand von etwa einem Drittel der nutzbaren Flächen im Lande zu bringen. Die Klöster erhielten alsbald eine »*Ordnung*«, die 1535 in Wittenberg gedruckt worden ist. Im Frühjahr 1535 erschien auch die »*Kirchenordnung*«, aus der Feder Bugenhagens, im Druck. An alledem hat Jobst maßgeblich mitgewirkt. Nach dem Landtag visitierten Bugenhagen, Dewitz und einige andere Räte, teilweise im Beisein der Herzöge, bis August 1535 jene Teile des Landes, die sich der Reformation nicht verschließen konnten. Der Anfang zu »gesetzmäßigen Zuständen in der pommerschen Kirche« war damit eingeleitet worden (H. Heyden). Als Bugenhagen dann Ende August 1535 seinen Freunden in Wittenberg Bericht geben konnte, dürfte Luther den »Doktor Pommer« dankbar umarmt haben. Der brandenburgische Kurfürst, den am 11. Juli der Tod ereilte, hatte noch erleben müssen, daß seine pommerschen Verwandten, vor allem sein Enkel Philipp, mit dem Übertritt seinen eigenen Söhnen Joachim (II.) und Johann gleichsam das Beispiel gaben, wie man Reformation und Kirchenordnung politisch dahin wenden konnte, daß am Ende die Landesherrschaft »durch Jesum Christum unsern Herrn« als christlich-weltliche Obrigkeit aus der großen Konfessions- und Sozial-Krise gestärkt hervorgehen konnte. Das Torgauer Hochzeitsbündnis von 1536 zwischen Philipp I. und Maria von Sachsen, durch das Pommern sich an die Ernestiner anschloß, war 1534/35 durch den unermüdlichen, mit hohem Weitblick ausgezeichneten Jobst und Bugenhagen einerseits und den sächsichen Kanzler Dr. Gregor Brück andererseits vorbereitet und ausgehandelt worden. Luther selbst und Bugenhagen haben im Beisein Jobsts und Hennings von Dewitz das Paar zusammengegeben. Man wird unterstellen dürfen, daß die Beteiligten sich dessen bewußt gewesen sind, daß nunmehr der Durchbruch zu einer in Nord- und Nordostdeutschland fast geschlossenen »evangelischen« Territorien-Landschaft erreicht worden war. Im folgenden Jahr 1535 sollte dann auch in Brandenburg[109] mit dem Regierungswechsel die Wende zur schließlich lutherisch bestimmten Landesherrschaft eingeleitet werden. Auch insofern bedeutete die »Torgauer Hochzeit« ein Politikum ersten Ranges, bei dem der vielleicht bedeutendste Dewitz, den die Gesamtfamilie hervorgebracht hat, einen hohen Anteil für sich in Anspruch nehmen konnte.

109 *G. Heinrich,* »Mit Harpffen, Paucken, Zimbeln und Schellen«. Martin Luther und die Kirchenreform und Landeskirchen-Herrschaft in der Mark Brandenburg, den Herzogtümern Pommern und in Preußen. In: H.-D. Loock (Hrsg.), »Gott kumm mir zu hilf«. Martin Luther in der Zeitenwende, 1984, S. 27–57. – Torgauer Hochzeit: *R. Schmidt,* Die Torgauer Hochzeit 1536, 1957, S. 234–250.

Jobst hat für seine Landesherren geschafft und erhielt sich bis zuletzt das Zutrauen seiner Fürsten, obschon diese nicht selten uneinigen Sinnes waren. Aber Jobst war und blieb, zusammen mit dem Grafen Georg von Eberstein-Naugard, ein glänzender Unterhändler, der das Spiel mit fünf Bällen und die notwendigen Formen des Gesprächs exzellent beherrschte. Die Überlast der Geschäfte, die die Herzöge wohl nicht ohne eigene Bequemlichkeit auf seine Schultern häuften, griff nach der schweren Arbeit der Visitationsverhandlungen seine Gesundheit an. Aus dem Frühjahr 1536 ist ein erster Schwächeanfall bezeugt.[110] Er hatte zuvor mit dem Reformator Bugenhagen die Kirchen im Lande visitiert und viele Kirchenämter mit geeigneteren Personen besetzt. Stralsund widerstrebte der neuen Kirchenordnung noch 1535, aber die Stettiner suchten sich nun mit den beiden pommerschen Herzögen zu vertragen und bedienten sich der Vermittlung von Bugenhagen und Dewitz. Auf den Tag Reminiscere wurde die Visitation in der größten Stadt Pommerns angesetzt, und Dewitz und Bugenhagen ließen sich begleiten von Jacob Wobeser, Rüdiger von Massow, Nikolaus Brune und Bartholomäus Schwave. Thomas Kantzow, der Zeitgenosse, traf den Punkt mit seiner Bemerkung zur Stettiner Visitationsarbeit: »Da sahe man aber erst, welch ein schweres Ding es sei, die Visitation recht zu halten. Doch ehe man das irdische Gut verläßt, verließe man lieber den ganzen Himmel.« Die Ratsherren der Oderstadt hatten sich nämlich vehement geweigert, das Gold und Silber der Kirchen den Visitatoren und damit den Landesherren zu überlassen. Sie wollten es als Rücklage für Notfälle in der Stadt behalten und verweigerten sogar die Inventarisation. An dem Vergleich der Stadt mit den Fürsten (25. April 1535) hatte Jobst wesentlichen Anteil: Die Stettiner verweigerten nicht mehr die Erbhuldigung, entrichteten eine Geldbuße, bezahlten vom Zoll in Wolgast die Hälfte, und unterwarfen sich generell dem Gericht der Herzöge. Auch Pasewalk gehörte zu den der Fürstengewalt widerstrebenden Städten. Zu Ostern des gleichen Jahres ritt der junge Herzog in die Stadt, wo er zehn Aufrührer festnehmen und nach Ückermünde zur Aburteilung bringen ließ. Die Visitatoren waren bei ihm. Ohne viel Federlesen ließ der junge Herzog Philipp einen Scharfrichter die Hinrichtung der Gefangenen vorbereiten. Er glaubte berechtigt zu sein, bei Aufruhr allein den Tod der Schuldigen bestimmen zu können. Da aber beschwor ihn der Hauptmann von Ückermünde und das fürstliche Hofgesinde mit vielen Jungfrauen unter Tränen, Gnade vor Recht ergehen zu lassen. Schließlich ließ sich der Landesherr dazu bewegen, lediglich drei Verurteilte hinzurichten, dies aber unweigerlich. Da soll nach dem Bericht des Chronisten Bugenhagen mit tränenerstickter Stimme Philipp in längerer Rede daran erinnert haben, daß wir Menschen allemal Sünder seien und keiner Gnade würdig, doch sei Gott »dennoch so barmherzig, daß er seine Strafe fallen läßt oder doch mildert, wenn wir

110 *P. Gantzer,* Bd. 1, Nr. 829.

uns bekehren. Dieses Exempels, bitte ich, wolle Eure Fürstliche Gnaden eingedenk sein, und so Eure Fürstlichen Gnaden dafür hielte, daß diese armen Leute, wozu sie sich hoch und theuer erbieten, sich bessern werden, so wolle Eure Fürstliche Gnaden sich ihnen gnädig beweisen und ihnen das Leben lassen.« Der sichtlich gerührte Fürst ließ sich sodann von Jobst von Dewitz und den anderen befragten Räten dazu bewegen, die Todesstrafe in eine Geldstrafe umzuwandeln. Nach diesem Schrecken unterwarfen sich auch die Pasewalker im Sommer der Visitation.

Kämpfe mit dem Landadel

Härteste Kämpfe aber hatten Jobst von Dewitz und die anderen herzoglichen Räte und Visitatoren mit ihren eigenen Standesgenossen vom Landadel auszufechten, die sich der Einziehung der Feldklöster widersetzten und glaubten, in jedem Einzelfalle befragt werden zu müssen. Sie richteten Schreiben an Jobst, beriefen Versammlungen ein und ergingen sich in aufgeregten Drohungen. Die Antwort Jobsts bestand in dem Hinweis, daß eigenmächtige Tage des Adels unstatthaft seien. Der Adel verwies darauf, wie sehr die Einziehung der Klöster ihm Schaden bringen würde, das »adlige Herkommen« würde in Pommern in kurzer Zeit »ausgerottet« sein. Auch wäre es der Adel gewesen, der in dunkler Vorzeit die Klöster überwiegend fundiert hätte. An dem scharfen Geist des ersten Landespolitikers scheiterten alle diese Einreden; denn Jobst hat dann im September 1535 in zwei gleichlautenden Bescheiden mit Hilfe des Thomas Kantzow dem Adel seine Meinung gesagt und das Landesinteresse formuliert: Wo man die Sachen, wie sie an sich selbst sind, ermessen wird, sind das Stift, Dom-Kirchen, Feldklöster für die von Adel, wie Ihr anzeigt, nicht fundiert. Denn das Christentum hat den Unterschied zwischen den Personen nicht, nach dem alle Christen durch den Glauben Glieder Gottes, ein Leib und Reich werden, mag obberührter Unterschied zwischen ihnen nicht bestehen … Ueber das thut die ganze deutsche Nation in Künsten und aller Geschicklichkeit sich nähren, dadurch wir denn auch gedrungen werden, Vorsehung zu thun, damit die Unsern von der Ritterschaft auch dermaßen erzogen und abgerichtet werden, daß wir durch dieselben in uns außerhalb unserer Landschaft unser Fürstlich Anliegen und Amt treiben mögen, und hierunt haben wir die beiden Stift und Güter dazu vereint, nämlich Marien und St. Otten Kirch, (in) der Hoffnung, daraus werde sich alle Gut und Tugend mehren und adlige Handlung zunehmen … wann wir frei, was uns dünket, ausreden möchten, sind wir der Meinung, wo die Ritterschaft oder diejenigen, so von dem Herkommen der Klöster Freiheit oder Erhaltung in denselben sich trösteten, oder darauf verließen, daß dadurch ewiglicher Abfall von adligem Wesen würde eingeführt.« Und nun folgt seine klassische Ermahnung an den Adel überhaupt: »Adlig ist am Lichte zu wandeln mit Mühe und Arbeit, Ehr, Ruhm und Gut zu erwerben, nicht in die Winkel (die Klöster und Pfründen!) zu verkriechen, und wissen (wir) nicht, ob diejenigen, so Arbeit oder dasjenige, was adliger Handlung zuständig, zu vermeiden, in Klöster sich begeben, verdienen, daß sie adliges Herkommens oder Förderung sich rühmen oder genießen mögen.«[111] Die Masse des Adels ließ sich jedoch von dieser Philippika nicht sonderlich beeindrucken und suchte weiterhin die Säkularisation der Domkirche in Cammin, der Klöster und der Kollegiatstifte in Stettin zu verhindern. Doch wie in Brandenburg behielt auch in Pommern die Landesherrschaft die Oberhand und der Adel mußte sich mit einigen Nonnenklöstern begnügen, die auch fortan als Zufluchtsstätten für adlige Jungfrauen vor den Unbilden der Welt zu dienen hatten. An allen diesen Arbeiten war Jobst unablässig beteiligt und verstand es immer wieder, die Widersacher der beiden Herzöge mit geschickter Hand zurückzubringen. Seine Bildungsinteressen mußten ihn notwendigerweise veranlassen, auch der Universität Greifswald, die sehr heruntergekommen war, eine neue Grundlage zu geben. Das eingezogene Kirchengut ist hier in zeittypischer Weise sinnvoll angelegt worden. Erst im November 1539 war es aber so weit, daß eine Wiedereröffnung der hohen Schule mit neuen Professoren und neu gewählten Dekanen vorgenommen werden konnte. Herzog Philipp und Jobst fuhren nach Greifswald und wurden vor ihrer Herberge von dem Rektor Nikolaus Glossenius und allen Professoren und Studenten empfangen und begrüßt und mit Danksagungen geehrt. Anstelle des Fürsten antwortete Jobst, der auch sonst geübte Orator, in einer ebenso zierlichen wie herrschaftsgemäßen lateinischen Rede, in der die Universität unter anderem der bleibenden Fürsorge des Herzogs versichert wurde.

Außenpolitik und Lebensende

In der allgemeinen Politik hatte Jobst neben den unaufhörlichen Ständeverhandlungen die gesamte Außenpolitik im Blick zu behalten. Er vertrat das Interesse Pommerns in Schmalkalden (1537), er arbeitete an der Beilegung der Streitfragen mit Dänemark (1537/38) und hatte immer wieder im Rahmen von Gesandtschaften (Kopenhagen 1538) unmittelbar das Gewicht seiner Persönlichkeit in die Waagschale zu legen. Ganz nebenbei vollzog sich der Ausbau des Schlosses in Daber seit 1538. Er legte Streitfälle in der eigenen Herrschaft bei[112] und einigte sich mit seinem ebenfalls landespolitisch tätigen Vetter Henning.[113] Sein Herzog bekundete ihm wiederholt die Dankbarkeit für die im wahren Sinne des Wortes aufreibende Arbeit für das Land. Jobst erhielt die

111 Visitationsreisen: *P. Gantzer,* Bd. 1, Nr. 805–810.
112 *P. Gantzer,* Bd. 1, Nr. 867.
113 *P. Gantzer,* Bd. 1, Nr. 882.

Zusage einer hohen Dotation.[114] Obschon sichtlich in körperlichem Verfall begriffen, nahm er die Reise zum Regensburger Reichstag auf sich (1541), reiste zurück durch die schlesischen Lande über Schweidnitz und ahnte den herannahenden Tod.[115] Mitten im Winter 1541/42 hatte er noch zusammen mit dem Ebersteiner Grafen in Prenzlau einen Vergleich mit den Räten Kurfürst Joachims II. von Brandenburg zustande gebracht.[116] Auch war es ihm gelungen, nach endlos schwierigen Verhandlungen die Erbteilung zwischen den beiden Herzögen durchzusetzen und beide durch Losentscheid in ihren bisherigen Besitz einzuweisen (8. Februar 1541). In diesem Jahre 1541 hatten der Einfluß der Dewitze und der Glanz ihres Namens über Pommern hinaus den höchsten Stand erreicht. Sie galten als reich und begütert, und Jobst war mit Fug und Recht in die erste Reihe der bedeutenden landesherrlichen Kanzler des Reformationsjahrhunderts aufgerückt. Nach den Verhandlungen in Prenzlau fuhr er zurück über Pasewalk nach Wolgast. Dort lag er bald so darnieder, daß ihm auch die Ärzte des Herzogs nicht mehr helfen konnten. In seinem dortigen Hause starb er am 20. (22.?) Februar 1542.[117] Angst ging wohl durch das Land. Man war sich bewußt, daß es für ihn keinen ähnlich leistungsfähigen Nachfolger geben würde. Herzog Philipp ließ ihm ein ansehnliches Leichenbegängnis ausrichten und die höchste Ehre zuteil werden, eine Sargstelle in der Fürstengruft der Schloßkirche. Von dem gelehrten Poeten Bartholomäus Amantius stammen die aus Anlaß des Todes[118] gefaßten Verse, die in älterer Übersetzung lauten:

Zierde des Adels, Bewahrer der altehrwürdigen Sitten,
Vorwärts strebend und doch treu des Vergangnen gedenk,
Wahrhaft war er und ernst, im Recht, im Gesetze erfahren,
Und durch scharfen Verstand war er im Rate berühmt.

Jobst hatte sich mit seiner Frau von dem älteren Lucas Cranach um 1540 vermutlich in Wittenberg malen lassen. Im Stil der Zeit zeigt das Porträt einen ernsten und scharf blickenden Mann, den klassischen Ratgeber eines protestantischen »Betefürsten«, wohlgekleidet wie ein süddeutscher Patrizier. Die Bilder befanden sich in Cölpin, wohin sie im 18. Jahrhundert auf dem Erbwege gekommen waren. Sie sind vermutlich in der Wirtschaftskrise zu Anfang der dreißiger Jahre nach Holland veräußert worden.[119] Ihr weiteres Schicksal ist

114 *P. Gantzer,* Bd. 1, Nr. 889.
115 *P. Gantzer,* Bd. 1, Nr. 897.
116 *P. Gantzer,* Bd. 1, Nr. 899.
117 Tod in Wolgast: *P. Gantzer,* Bd. 1, Nr. 901.
118 Amantius: *L. Wegner,* Jobst von Dewitz, 1864, S. 37f.
119 Cranach-Bilder 1540: Noch *L. Wegner* (wie Anm. 118, S. 40) spricht von Holbein-Bildern. – Nicht bei *D. Koeplin* u. *T. Falt,* Lukas Cranach, Bd. 1, 2, Stuttgart 1974. – Vermutlich ließ sich Jobst 1536 in Torgau malen, »wo Cranach mit seinen beiden Söhnen um 1534/37 viele Arbeiten ausführt« (Bd. 1, S. 26).

unbekannt, doch kann wohl angenommen werden, daß sie sich in einer europäischen oder nordamerikanischen Privatsammlung befinden.

Ottilie von Arnim, Jobsts Witwe, starb erst 1576 auf Schloß Daber. Sie war die Tochter von Bernd dem Alten von Arnim, gesessen auf Gerswalde, Biesenthal, Cummerow und Janickow, Landvogt und Rat Kurfürst Joachims I. von Brandenburg, und der Anna von Bredow. Die Ehe mit Jobst kann bereits um 1531, aber auch erst um 1537/38 geschlossen worden sein.[120] Die beiden Großmütter der Ottilie entstammen den Familien Plessen und Sparr. Durch diese Ehe ergaben sich bis in die achtziger Jahre recht enge Beziehungen zwischen der Jobst-Familie einerseits und den vier Söhnen Bernds des Alten andererseits. Eine Gegen-Ehe ist nicht bekannt, aber 1540 war Jobst tätig als Einweiser des Leibgedinges seiner Arnim-Schwägerin Barbara.[121] Ottilie war die Mutter der offenbar zwischen 1538 und 1542 geborenen, beim Tode des Vaters noch unmündigen vier Kinder Bernd, Isabella, Hippolita und Ursula. Sie erzog ihre Kinder im Sinne ihres Mannes und erfreute sich über viele Jahre hin der Hilfe und des Zuspruchs ihres Bruders Georg (Jürgen) von Arnim auf Gerswalde in der Uckermark. In einem Brief aus dem Jahre 1544 bedauert Georg, daß Ottilie nicht mit ihren Kindern wegen der Krankheiten der Töchter nach Gerswalde gekommen sei, und wiederholt die Einladung; auch schickte er seiner Schwester zwei Rehkeulen und fügte für seinen minderjährigen Neffen den Nachsatz an: »Auch lieber Ohme Bernd, es hat mich Dein Diener von Deinetwegen um einen Hund gebeten, den ich Dir denn hiermit überschicke, bitte, willst ihn zu freundlichem Willen annehmen und will mich versehen, er wird Dir gefallen.« Als dann die Mutter 1576 gestorben war, ließen die Kinder in der Kirche zu Daber einen Grabstein setzen, der den längst verstorbenen Vater als Ritter mit dem Cranach-Gesicht zeigt, die Mutter aber bekleidet mit einem sehr einfachen und lediglich randverzierten nonnenartigen Gewand, die Hände auf der Brust gefaltet und nur mit einem Kreuze als Zierrat.[122]

Henning von Dewitz als Landespolitiker

Mit dem Tode Jobsts 1542 war der Einfluß der pommerschen Dewitze auf die Landesangelegenheiten zwar erheblich gemindert, jedoch nicht völlig erloschen. Freilich bestand zu diesem Zeitpunkt die Gefahr, daß die Jobst-Linie bzw. die Nachfahren des Ulrich von Dewitz (1421–1461) aussterben könnten.

120 Ottilie von Arnim: *P. Gantzer,* Bd. 1, Nr. 905 (Inschriften). – *R. Schmidt,* Zur Familiengeschichte des pommerschen Rats Jobst v. Dewitz (1958), S. 218–220.

121 1540 (29. Februar): Staatsarchiv Schwerin, vgl. *G. v. Arnim-Criewen,* Beiträge zur Geschichte des von Arnim'schen Geschlechtes, Berlin 1883, S. 86 (= Nachdruck 1958).

122 1544: *L. Wegner* (wie Anm. 118), S. 38f. – Die Abbildung bei *P. Gantzer,* Bd. 3, 1, nach S. 392.

Es lebten nämlich außer Jobsts Sohn Bernd nur noch Henning, ein Vetter zweiten Grades, der ebenfalls nur einen Sohn, Franz, gezeugt hatte. Die sonstigen männlichen Nachkommen dieser beiden Linien waren frühzeitig gestorben. Um 1542 stand also das Haus in Hinterpommern wiederum nur auf sechs männlichen Augen.[123] Henning freilich, von annähernd gleichem Geburtsalter wie Jobst, hatte sich in den dreißiger Jahren in der politischen Arbeit der Stände einen Namen gemacht. 1544 wählten die Stände ihn zu einem der fünf Einnehmer und Verwalter der Türkensteuer, und gleichzeitig war er so etwas wie der Finanz-Vorsteher der Stände, indem er den Landkasten unter sich hatte. In dieser Funktion war er einerseits ein mächtiger Mann, andererseits zahlreichen Anfechtungen ausgesetzt. Er mußte bei Defiziten in der Kasse infolge zu langsamen Einganges von Steuern die Differenzen mit Krediten decken, nicht selten auch eigenes Kapital zuschießen. Der Landesherr in seinen Geldnöten ließ sich aus dem Landkasten Geld kreditieren, ohne daß die Stände befragt worden wären. Auch sah sich Henning in der nicht immer glücklichen Lage, für Herzog Philipp Bürgschaften abzeichnen zu müssen. So konnten die Ehre und die Einflußmöglichkeit der Fürstennähe auch damals schon recht kostspielig werden. Aber dafür genoß er den Vorzug, mit Jobst 1536 zur Fürstenhochzeit nach Torgau fahren zu dürfen, er wirkte mit bei der Besetzung des Camminer Bischofsstuhles nach dem Tode des Erasmus von Manteuffel und verhandelte 1547 mit geringem Erfolge wegen einer Versöhnung zwischen dem damals triumphierenden Kaiser und seinen fürstlichen Herren. Aber die Pommern hatten sich nach dem Tode des vorsichtigen Jobst sehr weit vorgewagt und standen nun in voller Ungnade des Kaisers, während die klügeren Brandenburger sich als Vermittler betätigen durften. Henning hat dann bei fast allen wesentlichen Beratungen der folgenden Jahre eine herausragende Stimme geführt und in mancherlei Hinsicht die Politik seines Vetters fortsetzen können. 1561 nahm er als Vertreter des Herzogs an einer Synode teil. Hier wurde die Pfarrerschaft auf das Corpus Doctrinae Misnicae verpflichtet, damit in Predigt und Lehre die reine lutherische Schrift angewendet würde. Auch in Kriegsangelegenheiten mußte er tätig werden. Pommern verfügte über keine Rüstung und keine Söldner und war 1563 den durchziehenden Heerhaufen des Herzogs Erich von Braunschweig ausgeliefert. Henning schaffte auf Grund einer Landtagsbewilligung mit anderen das nötige Kriegsmaterial an und arbeitete als Oberaufseher dieser Kriegssteuer. Man fühlt sich an manche späteren Dewitze erinnert, die ebenfalls Pommerns Grenzen mit aller Kraft zu schützen suchten. Schließlich wird er noch als Landvogt von Greifenberg erwähnt, in welchem Amte bereits sein Onkel Georg dem Herzog gedient hatte. Als er

123 In Pommern: Henning († 1563), Franz († 1605), Bernd († 1584). In Mecklenburg: Engelke († 1574), Vicke († 1543), Achim († vor 1571), Christoph († 1561), Achim († 1563), Hans (Nr. 154).

1564 starb, erlosch der Einfluß der Dewitze bei Hof und in der Regierung für lange Zeit. Denn sein Sohn Franz auf Hoffelde scheiterte an den ökonomischen Problemen der folgenden Jahrzehnte und konnte deshalb keinen nennenswerten Einfluß über Ämter erlangen.

Besitzstand der Gesamtfamilie um 1550

I. Mecklenburg-Stargard

Cölpin: Größerer Teilbesitz. Patronat.
Holzendorf: Teilbesitz.
Leppin: Teilbesitz.
Warlin: Teilbesitz.
Dewitz: Restbesitz.
Miltzow: Größerer Teilbesitz.
Kublank: Teilbesitz.
Golm: Teilbesitz.
Petersdorf: Teilbesitz.
»Wüstenei« (= WF »Rodenkerken«): Restbesitz.
Priepert: Vollbesitz (seit 1529). Patronat.
Karve: Ein Drittel.

Zubehör der Herrschaft Priepert: Steinförde, Natebusch, Radense, Globsow, WF Menow (seit 1538), Forst-, Wasser- und Fischereirechte zwischen Priepert und Fürstenberg.

II. Hinterpommern

Herrschaft Daber: Stadt, Haus Georgs I. in der Stadt, Burg, Ackerhof. Dazu Wussow, Farbezin, Schloissin, Meesow, Groß- und Klein Benz, Schmelzdorf, Voigtshagen, Schönwalde, Bernhagen, Breitenfelde, Kültz, Jarchlin, Roggow (Voll- und Teilbesitz nebst Patronat, Gerichtsrechten, Wald- und Teichrechten u. a. m.).

Herrschaft Daber: Aftervasallen (v. Hanow, v. Lebbin, v. Süring, v. Prechel, v. Klemptzow und v. Weiher) in Daber, Weitenhagen, Jarchlin, Daberkow, Kniephof, Schmelzdorf, Lasbeck, Plantikow, Cramonsdorf.

III. Sonstiger Besitz

Pansin (Rügen): Teilbesitz (seit 1530).
Darz (Rügen): Teilbesitz (seit 1530).
Rosenow (Rügen): Teilbesitz (seit 1530).

Der Besitz in Mecklenburg verhielt sich schätzungsweise zum Besitz in Pommern wie 1:15. Die Herrschaft Priepert, der letzte Rest der Herrschaftsrechte und Eigengüter in der »Grafschaft« Fürstenberg, war nicht zu halten, nachdem der einzige Sohn Joachims (Nr. 147), Kuno (Nr. 164), noch vor seinem Vater um 1568 gestorben war. Der Unterschied zwischen den beiden Dewitz-Landschaften konnte nicht größer ausfallen: Während in Brandenburg und Pommern in der Phase exzessiver Kreditschöpfung mit Hilfe von Kettenbürgschaften ein bis dahin unbekannter Luxus in der Lebenshaltung der oberen Schicht finanziert und durch höhere Produktivität auf guten Böden und in den großen Gewerbestädten noch gesteigert wurde, zugleich demzufolge die Brautschatzverzeichnisse immer umfangreicher wurden, kämpfte der alte und selbstbewußte Joachim von Dewitz (1503 – vor 21. 3. 1571) auf der Sand-Herrschaft Priepert in allem Starrsinn seinen letzten verzweifelten Kampf mit den herzoglichen Amtleuten im Fürstenberger (Dewitz-)Schloß. Sie bestritten ihm die alleinige Nutzung der für die Hütung wichtigen bewachsenen Feldmarken Steinförde und Rodensee sowie sonstige Gerechtigkeiten, die der mit acht Töchtern gesegnete Familienvater schwerlich entbehren konnte. 1563 meinte er nicht ohne Humor als Zeuge vor einer herzoglichen Kommission, „er sei einen Gulden oder viertausend reich, doch habe ers so eigentlich nicht berechnet«. Freilich vermochte Dewitz, wie der Fürstenberger Küchenmeister 1569 seinem Herzog Johann Albrecht I. berichtete, die Beweise für seine alten Rechte nicht beizubringen, obschon er, wie man aus späteren Vergleichen (1576) erfährt, sein Familienarchiv in der nötigen Ordnung gehalten zu haben scheint. Als der Herzog dem renitenten Landsassen eine Feldscheune sperren, eine für den Viehaustrieb unumgängliche Brücke abwerfen, die Fischwehre stören, die Untertanen aufwiegeln und eine Amtsschäferei anlegen ließ, wandte sich Joachim mit drei Standesgenossen (seinen Schwiegersöhnen) furchtlos an Kaiser Maximilian II., der ihm überraschend schnell einen Schutzbrief des Reiches ausstellen ließ (Wien, 21. Nov. 1569). Aber von diesen Aufregungen wurde Joachim dann dahingerafft. Der Streit um die Herrschaft Priepert, die die Töchter an die Vettern in Cölpin und Miltzow verkauft hatten (um zu ihren Hochzeitsgeldern zu kommen), währte noch bis 1607; dann übernahm Wedige von Walsleben, der Mann der Priepert-Tochter Ursula, den Besitz eigentümlich und auf Dauer. Aber auch der sonstige Besitz in der Dewitz-Ecke um Cölpin war im ausgehenden 16. Jahrhundert stark zersplittert und in keiner günstigen Verfassung. Nach dem Aussterben der älteren Cölpiner Linie (um 1528) hatte die dortige »Erbjungfer« Ursula den Besitz an die Vettern in Priepert und Miltzow verkauft. Nach einem Austausch bestanden um 1570 in Cölpin zwei Gutshöfe mit jeweils fünf Bauernstellen und einem Kossäten; Besitzer waren die Gutsherren von Miltzow (Christoph II.) und Holzendorf (Georg III.). Die Holzendorfer Linie setzte sich in Cölpin nach endlosem Streit, der bis vor das Reichskammergericht getragen wurde, durch

(1616). Die Güter im Umkreis der Herrschaftsmittelpunkte Miltzow und Holzendorf konnten trotz zahlreicher Krisen gehalten werden. Lediglich der Restbesitz in Golm ging im 17. Jahrhundert verloren. Unzweifelhaft behaupteten sich hier auf den besseren Böden zwischen Neubrandenburg und Feldberg die Besitzer leichter und konnten aufgegebene Bauernhöfe, für deren Abgaben sie hafteten, rascher wieder besetzen. Schließlich ist daran zu erinnern, daß die mecklenburgischen Teil-Linien durch eine höhere Kinderzahl als bei den pommerschen Vettern den Grund dafür gelegt haben, daß ihr gesamter Besitz klein, zersplittert und ständig belastet blieb. Ein leichtes Leben war es nicht auf diesen Gütern: Arbeit und Not von Ernte zu Ernte und wenig stolze »Junker-Herrlichkeit«.

Der Zusammenbruch des Stettiner Handelshauses der Loitz

Das Großhandelshaus der Loitz in Stettin, Danzig und Lüneburg[124] erlebte im 16. Jahrhundert einen für Nordostdeutschland beispiellosen Aufstieg, wie er sonst nur bei den oberdeutschen Familiengesellschaften zu beobachten ist. Die ursprünglich wohl aus Greifswald stammende Familie hatte sich seit der Mitte des 15. Jahrhunderts von Stettin aus eine angesehene Stellung erarbeitet. Seit dem frühen 16. Jahrhundert (Hans II.) vollzog sich dann der Einstieg in Finanzgeschäfte großen Stils mit Bergwerks- und Salzgewinnungsprivilegien und monopolistischen Handelsstrategien im späthansischen Ostseeraum. Das Zentrum befand sich in Stettin, andere Familienangehörige arbeiteten in Lüneburg und in Danzig. Die Loitz waren am südpolnischen und galizischen Steinsalzbergbau ebenso beteiligt wie an dem Handel mit Seesalz zwischen Frankreich und Rußland. Daneben liefen der Getreideexport, der Heringshandel und das Bankgeschäft. Von dem Bankhaus in Stettin aus wurden die Kriege in Nordostdeutschland mitfinanziert. Die Loitz standen in enger Verbindung zu Söldnerführern und Kriegsparteien, denen sie mit Anleihen Rüstung und Nachschub finanzierten. So war der bekannte Condottiere Reinhold von Krockow mit einer Tochter des Michael Loitz verheiratet. Mit dem Obristen Ernst Weiher (Danzig) standen sie ebenso in verwandtschaftlich-finanziellen Beziehungen wie mit den Grafen von Mansfeld. Die Summen gingen zum Teil ins Gigantische: Ein Mann wie Krockow berechnete 1570 seine Forderungen gegenüber der Krone Frankreichs in aller Bescheidenheit auf über 500 000 Gulden. Man hat in diesem Zusammenhang für die Zeit von ca. 1530 bis 1610 von einem kapitalistischen Zeitalter des Adels der Ostsee-Getreideländer gesprochen mit den Loitzen als Voraussetzung und Motor eines solchen Aufschwungs. Später-

124 *J. Papritz,* Das Handelshaus der Loitz zu Stettin, Danzig und Lüneburg (1957), S. 73–94. – *P. Gantzer,* Bd. 3, 1, S. 218–223.

hin hat Stephan Loitz die unglücklich gewordenen hinterpommerschen Adligen immerhin darauf verwiesen, daß erst durch die Handelsgeschäfte des Hauses Loitz Geld unter die Familien gebracht worden sei. Daran ist sicher viel richtig. Denn um 1520 sieht man auf Schlössern und Gütern vielfach noch die ärmlichen Verhältnisse des Spätmittelalters, aber zwanzig Jahre später schmücken sich die Edelfräulein mit Augsburger Juwelen und umhüllen ihre Glieder mit Samt und Seide. Die Enkel gar beziehen ferne Universitäten, reisen mit Hofmeistern in Kulturlande des Westens und Südens und bauen sich – heimgekehrt – die stillen Häuser der Vorväter nach dem Geschmacke der Zeit fast fürstlich aus. Und wem es an barem Gelde gebrach, wer aber trotzdem mithalten wollte und Hochzeit und Aussteuer standesgemäß zu geben hatte, der reiste kurzerhand nach Stettin oder nach Stolp, wo die Loitz eine Geld-Börse größten Stiles eingerichtet hatten (Stolper Umschläge). Dort sollen mitunter an den Wechseltagen fast 100000 Taler umgesetzt worden sein, ein Geldmarkt, der seinesgleichen im niederdeutschen Wirtschaftsraum suchte. Dort u. a. refinanzierten sich die Loitz für ihre großen Staatsanleihen und überregionalen Monopolgeschäfte. Die pommerschen und westpreußischen Adelsfamilien lieferten Getreide und verfügten über Bargeld, das sie dem Hause Loitz zu treuen Händen mit den üblichen Bürgschaften überließen. Doch dies nicht allein. Auch untereinander wurde im großen Stile Geldschöpfung mit obligationsähnlichen Papieren betrieben. An alledem haben sich die Dewitz schließlich in rasch steigendem Umfange beteiligt. Auch gegenüber dem Grafen Ludwig von Eberstein gingen sie mittelbar und unmittelbar Verpflichtungen ein. Es war ein Kreditrausch, der die gesamte primäre und sekundäre Führungsschicht an der Ostseeküste und auch weit im Hinterland erfaßt hatte. Der Stern der Loitz begann seit den späten sechziger Jahren zu sinken. Wesentlich war, daß mehrere Fürsten den Zinsendienst und die Tilgung nicht mehr zu leisten vermochten und demzufolge den Loitz vorwarfen, daß sie von ihnen betrogen oder doch übervorteilt worden seien. Die üblichen Unregelmäßigkeiten im Geschäftsleben sind, wie auch bei den Berliner Vorgängen, rasch aufgebauscht worden. Beim dänischen König war Loitz-Kapital notleidend geworden. 198000 Taler schuldete Herzog Albrecht von Preußen bereits 1566 auf Grund von Geschäften, die mehr als ein Jahrzehnt zurücklagen. Dies alles wäre zu verkraften gewesen, wenn nicht die katastrophalen und durch und durch unseriösen Wirtschafts- und Finanzverhältnisse in Polen den Herren in Stettin ein Loch in den Beutel gerissen hätten, das schlechterdings nicht zu stopfen war. Eine Kriegsanleihe des Königs Sigismund August (300000 Taler) wurde von seinem Nachfolger Stefan Batory nicht bedient, vielmehr als persönliche Anleihe des Vorgängers bezeichnet, für die die Krone nicht haftete.[125] Um 1571 waren die Loitz weitgehend illiquide, die ersten Selbstmorde

125 *J. Papritz*, a. a. O., S. 89. – Beginn der Finanzkatastrophe beim Grafen Ludwig von Eber-

(Jakob von Zitzewitz) signalisierten die ganze Schwere der Krise, die freilich nicht ohne den Hintergrund der gleichzeitigen westeuropäischen Finanzkrise zu verstehen ist. Als am 21. März 1572 Hans Loitz d. Ä. mit Weib und Kind nach Polen flüchtete, entbrannte der Finanz- und Justizkrieg aller gegen alle. Die größten Kapitalgeber, die Krockow und Ramel, die Zitzewitz und Manteuffel, die Weiler und Osten und eben auch die Dewitze, mußten ihre Zahlungen einstellen, weil sich die Passiva der Loitz bereits auf zwei Millionen Taler beliefen. Bei dieser Höhe der Verluste war an eine Sanierung des Haupthauses der Loitz oder an erträgliche Vergleiche nicht zu denken.

Die beiden Linien der pommerschen Dewitze waren in die Finanzkatastrophe sowohl durch Barzahlungen an das Bankhaus als auch durch Bürgschaften verstrickt. Franz von Dewitz hatte die enorme Summe von 20000 Talern nach Stettin gegeben, verlockt durch hohe Zinszusagen. Die anderen Geschädigten hielten sich auch an Franz und nötigten ihn auf viele Jahre hin, schwerste Opfer zu bringen und sogar »Einlager« auf sich zu nehmen, die damalige Form der Schuldhaft. So zwangen ihn die Bredow und Sparr nach Berlin, nachdem er vom Hofgericht zu Zahlungen an zahlreiche Adelsfamilien Pommerns und Brandenburgs verurteilt worden war. In seiner Not reiste er bis ins Herzogtum Preußen, um Kredit zur Ablösung seiner nunmehrigen Schulden zu finden. Christoph von Sack aus der Neumark erzwang die Anerkennung einer Schuld von 11000 Talern auf Grund der Bürgschaften, die Franz leichtsinnigerweise den Loitz gewährt hatte. 1583, also ein Jahrzehnt nach dem Beginn des Stettiner Konkurses, errechnete Franz seinen Gesamtschaden auf 77830 Taler; außerdem habe er an dem Bankrott des Grafen Ludwig von Eberstein 14854 Taler verloren. Rechnet man diese Beträge um in Reichsmark der Zeit vor 1914, so handelt es sich um fast 2,8 Millionen Mark.[126] Aber auch Bernd I., der einzige Jobst-Sohn, hat mit den Loitzen etliche tausend Gulden verloren, vor allem aber beim Grafen von Eberstein hohe, in den Einzelheiten nicht genau bestimmbare Summen eingebüßt. Die Schuldverhandlungen wegen der Ebersteinschen Schuld haben sich bis in das 18. Jahrhundert hingezogen. Erst Friedrich der Große hat 1753, als sich die Dewitz mit der sagenhaften Forderung von 604000 Talern bei ihm um eine Regulierung bemühten, die Sache für verjährt erklärt.[127] Doch ist das Finanzdebakel der Dewitze bei weitem nicht allein auf die Bankrotte anderer zurückzuführen. Bernd hatte schon 1568 erhebliche Kredite aufgenommen und sah sich, wie sein Vetter Franz, dann genötigt, eine Besitzung nach der anderen zu verkaufen oder zu verpfänden. 1583 soll Franz nur noch Hoffelde und Bernd nur noch das unzulänglich aus-

stein: *P. Gantzer,* Bd. 1, Nr. 1034f., 1037, 1044, 1060; ein Warnzeichen ging bereits von dem Berliner Grieben-Zusammenbruch aus, vgl. *H. Rachel, J. Papritz* u. *P. Wallich,* Berliner Großkaufleute und Kapitalisten, Bd. 1, 1967, S. 156ff.

126 *P. Gantzer,* Bd. 1, Nr. 1119.

127 *P. Gantzer,* Bd. 3, 1, S. 222.

gebaute Vorwerk Sallmow besessen haben. Um 1589 sind die »Ungelegenheiten« der beiden Bernd-Söhne Jobst und Kurt, die sich als hinterpommersche »Erbschenken« bezeichnen, noch längst nicht ausgestanden. Beide sind nur mit Mühe in der Lage, ihrer Schwester Margarete die Aussteuer für die Ehe mit dem brandenburgischen Geheimen Rat Ludwig von Moerner zu beschaffen und ihrer Mutter Leibgedinge durch Abfindung zu sichern.[128] Dörfer und Einkünfte wurden bis zur Jahrhundertwende wiederholt verpfändet.[129] In der Wirtschaft auf den Ackerhöfen mußten in diesen Jahren alle Kräfte und Möglichkeiten scharf ausgenutzt werden.

Erst die glückliche Heirat Kurts mit Ida von Blankenburg (10000 Gulden Hochzeitsgeld und 10000 Gulden Erbe) sowie Kapitalrückflüsse[130] leiteten eine Phase wirtschaftlicher Sicherheit auf niedrigerem Niveau ein. Die Stiftung der Kanzel für die Kirche zu Daber (1596) durch Kurt I. verweist auf die beginnende Gesundung der Finanzen, die sich auch durch Zuflüsse aus den grund- und gerichtsherrschaftlichen Gerechtsamen in Stadt und Herrschaft Daber verbesserten.

Auch die Ehe des jüngeren Jobst (1554–1628) mit Anna von Wedel-Blumberg (1578–1639) im Herbst 1597 gehörte zu den für die Regeneration der Herrschaft förderlichen Ereignissen nach der finanzpolitischen Depression,[131] so daß Jobst schon im folgenden Frühjahr das Gut Daber, welches Franz von Dewitz verpfänden mußte, für seine Linie zurückkaufen konnte. Der Vater der Wedel-Tochter, Joachim, notiert mit gedämpftem Stolz die Verlöbnis-Nachricht nicht ohne den Hinweis, daß sein Schwiegersohn ein Enkel »des berühmten, hochverständigen, gelehrten, aufrichtigen Mannes, der sich bei der Herrschaft und Vaterlande sehr wohl bedient gemacht«, sei. Aus diesem Bunde entsproß also die jüngere »Jobst-Linie«, mit zahlreichen bis heute blühenden Zweigen, während alle Dewitze in der Gegenwart (zum Teil mehrfach) Nachfahren des Bugenhagen-Freundes Jobst († 1542) sind.

Die Tilgung der Schulden aus dem Loitz-Konkurs zog sich gleichwohl noch lange hin.[132] Die Güter blieben belastet. Durch die fortdauernden und eher noch vermehrten Streitfälle zwischen Jobst, den Kurt-Erben und den Franz-Erben erfährt man vieles über die Zustände in den Häusern um die Jahrhundertwende.

128 *P. Gantzer,* Bd. 1, Nr. 1131, 1136, 1143. – Kreditgewinnung mit Hilfe des Kirchen-Kastens zu Treptow a. d. R.: *H. Heyden* (Hrsg.), Protokolle der Pommerschen Kirchenvisitationen 1540–1555, H. 2, 1963, S. 200f., 206, 210.

129 *P. Gantzer,* Bd. 1, Nr. 1141, 1145.

130 *P. Gantzer,* Bd. 1, Nr. 1150, 1158.

131 *P. Gantzer,* Bd. 1, Nr. 1174.

132 Vgl. die Notiz im Hausbuch der v. Wedel: *P. Gantzer,* Bd. 1, Nr. 1212.

Alltagsleben

Das Prestige bedeutender Familien, wie es die Dewitze oder die Borcke nun unzweifelhaft waren, wurde regelmäßig durch Familienfeierlichkeiten unterstrichen. Hochzeiten bildeten hier den Höhepunkt der inneren Hauspolitik. Stand eine Heirat an, so waren die Eltern gefordert, das Kalkül genauestens zu bedenken. Dem Aufwand für die Hochzeit und die Aussteuer mußte eine angemessene Zusage für den Lebensunterhalt und gegebenenfalls für die Witwenausstattung gegenüberstehen. Die Verträge (»Morgengabe«) wurden zwischen den Familienvätern ausgehandelt, ohne daß wohl die Brautleute viel zu sagen hatten. Die Kinder wurden überall mehr oder minder erfolgreich verheiratet. So konnte sich rasch ein Konflikt ergeben oder eine krisenhafte Situation, wenn man sich durch unangemessenen Aufwand oder nicht erfüllbare Verpflichtungen ruiniert hatte oder wenn man aus Sorge vor dem wirtschaftlichen Ruin die Kosten nachträglich und entgegen den Zusagen zu verringern trachtete. Wie in den Städten schon im früheren Spätmittelalter mit Luxusordnungen dem Aufwand gesteuert wurde oder doch werden sollte, so hat auch der pommersche Adel gelegentlich Hochzeitsverträge geschlossen mit festgesetzter Teilnehmerzahl. Wo es etwas Delikates gab, fanden sich alsbald Zaungäste ein. Auch die Borcke und die Dewitz haben, offensichtlich eingedenk manchen Ärgers, solche Hochzeitsverträge geschlossen. Die Zahl der Gäste wurde 1569 auf jeder Seite auf schlicht 20 Personen (haussaten) beschränkt. Der Schwiegervater sah sich genötigt, dem Schwiegersohn 300 Gulden, 2 Fuder Wein, 4 Ochsen, 30 Hammel und 200 Hühner als Beisteuer zu dem Festessen zu geben. Aber offensichtlich hat dies keine Dauerwirkung entfalten können. Im Verlauf des 16. Jahrhunderts nahm die Verschwendung auf Familienfeiern vielerorts fast unermeßlich zu. Erneut wurde über die Hochzeitskosten verhandelt.[133]. Nun hörte man bereits von 400 Personen als Gästen und der riesenhaften Kostensumme von 2155 Gulden. Bei diesen Festivitäten der frühen Neuzeit ist zu bedenken, daß die Hausfeiern neben den kirchlichen Jahresfeiern fast die einzigen Farbtupfer waren, die in den stillen und weltabgelegenen mecklenburgischen oder pommerschen Landschaften die eintönigen Tage der Landadligen und ihrer Leute verschönen konnten. So wurde in Daber und anderswo unmäßig gegessen und pokuliert: Nicht weniger als 4 Ochsen (kleineren Wuchses), 4 Kühe, 75 Hammel, 50 Schafe, 10 fette Schweine, 20 Kälber, 200 Hühner, 100 fette Gänse und 40 Bratferkel sind laut Klageschrift auf einer einzigen Hochzeit weggeputzt worden; und das war nicht alles, denn der Mensch lebt nicht vom Fleisch allein. Es mußten auch Hechte und Brassen, Neunaugen und frischer Lachs, Pökelstör und Südfrüchte auf den Tisch; auch

133 Hochzeiten: *P. Gantzer,* Bd. 1, Nr. 1013 (1569), 1131 (1587), 1150 (1589), 1179 (1599); Bd. 2, Nr. 1300 (1624), 1329 (1631), 1393 (1644), 1417 (1652).

wußte man süßes Konfekt und Königsberger Marzipan zu schätzen, von Brotsorten und anderem zu schweigen. Offenbar aber ist die Masse des Geldes in flüssiger Form abgegangen. Neben dem Wein aus Franken und Ungarn haben 34350 Liter Bier den Weg allen Bieres genommen. Ganze Wagenladungen kamen aus Stettin und Kolberg, während das einfache Gebräu wohl aus der eigenen Braustätte in Daber und vom Ort der Braut oder des Bräutigams stammte. Statistisch gerechnet müßte auf dieser Hochzeit jeder der Gäste etwa fünf Tage lang täglich 17 Liter Bier aufgenommen haben. Kein Wunder, möchte man meinen, daß die Lebenslänge trotz verbesserter medizinischer Versorgung durch reisende Apotheker nicht sonderlich hoch gewesen ist. Die Dewitze bildeten hier keine Ausnahme, zumal sie offenbar schon in älteren Zeiten die Salbölgefäße im Wappen als Trinkpokale handgreiflich ausgedeutet haben.

Aber die Kosten stiegen noch aus einem anderen Grunde. Es hatte sich die Sitte eingebürgert, daß die Brauteltern den Gästen des Schwiegersohnes wertvolle Geschenke überreichten, vor allem Kränze und kleine goldene Ringe. Dem schlossen sich Gegengaben für die Gäste der Braut an. Braut und Bräutigam beschenkten sich ebenfalls mit hochkarätigen Juwelen, die dann immerhin in der engeren oder weiteren Familie blieben und als Kapitalrücklage begriffen werden konnten.

Die Folgen der Wirtschaftskatastrophe nach dem Zusammenbruch der Loitze ließen denn doch den Aufwand in den pommerschen Häusern der Dewitze zwangsläufig sinken. 1599 sahen sich die Brüder Jobst und Kurt von Dewitz nicht in der Lage, ihrer Schwester Ilse 1000 Gulden Hochzeitsgeld zu erstatten. Erst seit der Zeit der Jahrhundertwende, die eine Zeitenwende auf vielen Gebieten war, gestatteten die Einkünfte es langsam wieder, die Familienfeste im pommerschen Herrenstil zu feiern. 1624 setzte Kunigunde Gräfin von Eberstein für die Hochzeit ihrer Tochter immerhin 500 Gulden aus. Das entsprach dem Gegenwert eines mittleren Bauernhofes, sofern es sich nicht um inflationiertes Geld der Klipper- und Wipper-Zeit gehandelt hat. Als dann Stephan von Dewitz (1607–1668) in Hohenfinow zum Hochzeitsmahl einlud, waren zwölf Herren gebeten, so daß an der Tafel nicht mehr als 26 Personen gesessen haben dürften. Das blieb dann für längere Zeit der Normalfall. Der Unterschied zum allseits verbreiteten Hochzeits-Luxus der Zeit vor allem zwischen 1555 und 1575 ist offenkundig.

Die Höhe der Mitgift und der Aussteuer in der zweiten Hälfte des 16. und zu Anfang des 17. Jahrhunderts konnten für das Leben des Brautpaares entscheidend sein. Häufig wurden die Brautgelder für die Entschuldung der Güter oder sogar zur Abwendung eines Konkurses verwendet. Kuno I. erhielt von Katharina von Bülow nur 500 Gulden, Vicke V. hingegen erwarb sich von seiner Eheliebsten an Geld und Schmuck rund 2100 Gulden, doch war diese Katharina eben eine vermögende von Platen. Und auch Vickes Bruder Albrecht führte Barbara von Below mit 2000 Gulden in sein Golmer Haus. Weit unterhalb der Grenze des üblichen lag die Mitgift von Anna von Hahn mit 600 Gulden, die der auch sonst wenig glückliche Franz von Dewitz entgegenzunehmen hatte. Im Durchschnitt wurden unter den guten »mittleren« Familien rund 2000 Taler oder Gulden aufgebracht, so auch für Ursula, die Frau Bernds I., aus dem Hause Rohr. Im 17. Jahrhundert sind, wie wir noch hören werden, einige Male erheblich höhere Summen in Anrechnung gebracht worden, doch muß man bei alledem Kaufkraft und eventuelle Entwertung im Blick behalten. Auch sind nicht immer die gesamten, in den Eheverträgen genannten Summen sogleich oder vollständig gezahlt worden. Mitunter entwickelten sich langwierige Rechtsstreitigkeiten im Zusammenhang mit Konkursen wie im Falle Georgs V. Die sonstige materielle Aussteuer der ein- oder ausheiratenden Töchter entzieht sich einer genauen Berechnung, aber die Inventare berichten davon. Bis zur Wirtschaftskrise und teilweise noch später ist unter den unmittelbaren Nachkommen Jobsts I. ein fast atemberaubender Aufwand betrieben worden. Man fragt sich, wann die Damen in ihrer ländlichen Umgebung jemals alle jene Gewänder aus Seide, Samt und Atlas mit Silberborten und Edelsteinstickerei getragen haben, wo doch schon der Weg über den Hof ein derbes Gewand verlangte. Ottilie I. († 1576) nannte vier verschiedenfarbige Samtkleider ihr eigen, dazu einen mit Hermelin ausstaffierten Rock und sieben weitere Roben von Seide. In einem anderen Falle gaben die Eltern ihrer Tochter Kunigunde drei stattliche Kleider aus schwarzem Sammet, fünf Kleider aus gemustertem Taft und Atlas, verschiedene auf Seide gearbeitete Samtmäntel sowie Röcke aus Samt und Taft, dazu Hauben und Mützen, seidene Strümpfe und natürlich und letztendlich feine Spitzenwäsche mit. Die Liste ließe sich wohl verlängern. Sie bleibt auch dann überraschend, wenn man die ganz andersartigen Hygieneverhältnisse und Waschgewohnheiten bedenkt, bei denen das Wasser in geradezu ökologisch vortrefflicher Weise geschont wurde. Im übrigen aber sind natürlich alle wertvollen Kleidungsstücke als ein Teil des Familienschatzes lange bewahrt und immer wieder weiter vererbt worden. Zu einer guten Aussteuer gehörte eine große Ladung wappenbestickter Bettwäsche, gehörten Leuchter und Löffel, Schüsseln und Becher, Betten und feinbestickte Decken, zu schweigen vom Gold- und Silberschmuck, dessen Wert in die Tausende gehen konnte. Ein einzelnes »Diadem« mit Perlen und Gold kostete 200 Gulden, das ist eben gerade der Einrichtungswert eines Daberschen Bauernhofes. Die Rohrsche Ursula besaß Schmuck für über 1000 Gulden, und Stephan III. hat in einer Notlage ein Schmuckstück seiner Frau für 550 Gulden ohne weiteres verpfänden können. Hier also war der eigentliche »Notgroschen« der pommerschen Dewitze, und von daher erklärt sich wohl auch, daß selbst in schwersten Liquiditätskrisen ihre Bonität nie grundsätzlich in Zweifel gezogen worden ist.

Die Wirtschaftsverhandlungen vor und während der Ehe wurden in der Regel von den Brüdern oder Vätern geführt. Die Töchter mußten schon eine ganz ungewöhnlich starke Position in der Familie errungen haben, wenn sie mitsprechen wollten. Nachdem der Bräutigam in aller Stille seine Wahl getroffen hatte, ließ er durch Freunde bei den Eltern oder Geschwistern um die Hand des Mädchens anhalten. Widersetzlichkeiten kamen wohl nur selten vor und konnten unter Umständen mit dem Weg in ein Damenkloster enden. Waren die Töchter glücklich versorgt und verheiratet, so sah sich die Familie in der Regel von einer gefährlichen Erblast befreit, zumindest aber war die Belastung des Besitzes überschaubar geworden. Die Ausbildung der adligen Mädchen vollzog sich auch um 1600 noch ganz im traditionellen Rahmen des Hauses, in dem Mütter und Tanten den Töchtern alle hausfraulichen Fertigkeiten beibrachten. Dazu gehörte nicht unbedingt Gewandtheit im Lesen und Schreiben; zufällig ist überliefert, daß Ursula von Rohr auch im hohen Alter nicht ihren Namen zu schreiben vermochte. Aber dies ändert sich nun doch um 1600 allenthalben, mindestens bei den schloßgesessenen Familien, die sich Hauslehrer hielten, bei denen wohl auch die Mädchen so viel lernten, daß sie ihre Liebesbriefe selbst schreiben und das Gesangbuch lesen konnten. Blieb einem Mädchen die Möglichkeit der Heirat verschlossen, so mußte es von den Brüdern oder anderen nahen Verwandten in einem der Häuser lebenslang angemessen versorgt werden. Mit Gewalt konnte in diesen Zeiten kein Mädchen mehr zum Eintritt in ein adliges Fräuleinstift gedrängt werden. Unter den Dewitz-Mädchen scheint die Neigung zu einem gottesfürchtigen Leben zwischen kühlen Backsteinmauern recht gering gewesen zu sein; es mußte schon bittere Armut oder anderes dabei sein, daß man sich für immer ins Kloster Lindow im Ruppiner Land einschließen ließ.

Hochzeitsgespräche waren auch bei den Dewitz dieser Jahrzehnte immer und überall Ebenbürtigkeits-Gespräche. Die Schloßgesessenen heirateten untereinander. Wer sich daran nicht hielt, ob Sohn oder Tochter, hatte nicht nur das Mißfallen der eigenen Familie sondern auch wirtschaftliche Sanktionen zu ertragen. Der einfache Landadel galt nicht als ebenbürtig. Jobst II. hat interessanterweise dekretiert, daß alle diejenigen seiner Töchter auf halbes Ehegeld und halbe Erbschaft gesetzt werden würden, die sich unterfingen, unter dem Stande zu heiraten. Aber diese Einschränkungen möchten nicht so verstanden sein, daß die Frau ein mehr oder weniger rechtloses Objekt in der Adelsgesellschaft gewesen ist. Die Zeit der Unselbständigkeit war mit der Heirat zu Ende. Nunmehr war sie eingebunden in ein vertraglich und gewohnheitsrechtlich gesichertes Haus- und Erbverhältnis, das es ihr gestattete, jederzeit und notfalls ihr Recht zu wahren. Überlebte sie ihren Mann, so trat sie in seine Rechte und Pflichten ein und erfreute sich als Witwe des besonderen Schutzes des Landesherrn. Ein Ausfluß der landesherrlichen Fürsorge für Witwen und weibliche Waisen ist in Mecklenburg das Erbjungfernrecht gewesen, welches einem Mädchen, dessen Vater ohne männliche Nachkommen gestorben war, das lebenslängliche Nutzungsrecht an dem Lehngut sicherte, sofern nicht durch die anderweitigen Lehnserben eine Auslösung erfolgt war.

Kirche, Frömmigkeit und Zauberwahn

Unverändert spielten Aberglaube und Hexenwahn eine nicht geringe Rolle auf dem Lande, auch wenn an den geistigen Horizonten die Silberstreifen der europäischen Frühaufklärung zu erkennen waren. Der unerklärliche Tod seines Bruders Kurt bewog Jobst (1554–1628) zu der Annahme einer unnatürlichen Todesursache. In seinem Burggericht ließ er 1610 einer Frau (»die Andres Albrechtische genant«) den Prozeß machen und sie vom Henker ins Jenseits befördern. Die Form der Rechtspflege wurde jedoch beim Stargarder Hofgericht ruchbar. Jobst, der Landrat, mußte sich gegenüber Herzog Philipp II. rechtfertigen: Er habe die Frau »auf urgicht und bekäntnüs eines andern weibsbildes... zu Silligsdorf... allhie gefenglich eingezogen, welche meinen seligen bruder, Curt von Dewitzen, und wol (!) andere vier personen mehr durch beigebrachte gift vergeben und vom leben zum tode gebracht, welche auch nicht allein durch uberzeugung, sondern auch ihrer selbsteigenen bekenntnus sich an dem schuldig ercleret.«[134] Man erfährt nicht, ob Jobst, der zu mancherlei Sonderbarkeiten und Bösartigkeiten neigte, eine Rüge für seinen Hexenprozeß im Geltungsbereich eigener Patrimonialgerichtsbarkeit erhielt. Doch zeigt der Vorgang, wie auch in Hinterpommern der traditionelle Aberglaube nun schon etwas stärker auf Kritik und die Gegenwirkung »aufgeklärter« und humaner Juristen zu stoßen begann. Solche Juristen gab es wohl zu allen zivilisierten Zeiten, wennschon, wie auch die Geschichte der Dewitz lehrt, nicht immer dann und dort, wenn und wo sie besonders vonnöten waren. Freilich, an »Hexen« fehlte es auch fernerhin nicht, und noch sieben Jahrzehnte später hielten es die Burgherren von Daber mit dem alttestamentlichen Gebot (2. Mose 22, 18): »Die Zauberin solltu nicht leben lassen.«

Ständewesen

Die Machtstellung der Dewitze und ihrer Standesgenossen in Hinterpommern vor wie nach 1637 beruhte auf den Einrichtungen und den Interventionsmöglichkeiten, die auch dort, wie in anderen mitteleuropäischen Territorien, das Ständewesen bot.

Um die Mitte des 16. Jahrhunderts umfaßten die Stände in Pommern Prälaten, Ritterschaft und Städte. Innerhalb der Ritterschaft wurde unterschieden

134 Hexen-Verbrennung: *P. Gantzer,* Bd. 1, Nr. 1243. – Vgl. unten zu Anm. 177.

zwischen »Schloßgesessenen« und Grafen beziehungsweise den Landräten als adligen Amtsträgern. Wie im späten Mittelalter stellte das Camminer Domkapitel fast ausschließlich die Prälaten. »Direktor« der Landschaft in Hinterpommern (Stettin) ist der jeweils repräsentierende Prälat gewesen.

Wer ein Lehnsgut besaß und adlig war, gehörte zum Ritterstand. Achtzehn Immediatstädte wurden zu den Landtagen einberufen, Mediatstädte wurden durch ihre Herren vertreten. Ein Recht auf Landstandschaft bestand für Bauern nicht. Über die Einberufung des Landtages oder Ausschußtages (kleiner Landtag) entschied der Herzog, der die Zehrkosten zu tragen hatte. Diese Rechtslage ist in Brandenburgisch-Pommern 1654 noch zu Gunsten der Stände insofern erweitert worden, als auch der Landtagsmarschall den Landtag oder Ausschuß einberufen konnte, allerdings mit Konsens der Regierung, der die Verhandlungspunkte vorzulegen waren. Landtagsabschiede wurden rechtswirksam, nachdem der Landesherr zugestimmt hatte, in der Regel durch den Kanzler oder nach 1634 durch den Statthalter, die den Beratungen beiwohnten. Steuerverhandlungen machten nur einen Teil der Beratungsarbeit aus; der gesamte Sektor der kostenwirksamen inneren und äußeren Aktionen blieb ihnen in herzoglicher Zeit zugewiesen. Sie hatten bei Erbteilungen und Uneinigkeiten im herzoglichen Hause mitzuwirken und den Landkasten, die zentrale Hauptsteuer- und Landesschulden-Verwaltung zu besorgen. Waren dies alles noch traditionelle Aufgaben, so gingen die Visitationen der Gerichte, der geistlichen Institute, der Domänen, des Hofaufwandes bereits über das Bekannte hinaus. Von hier bis zum vollständigen ständischen Landesregiment war es kein weiter Schritt mehr. In Notzeiten blieben die Stände die verläßlichsten Nothelfer, Hilfsregenten und Verhandlungsmedien der im Krieg befindlichen Mächte. Sie »waren« dann das »Land«, wenn die Herrschaft am Boden lag. Die Herrscher waren sich dessen wohl bewußt. Dies, neben der Rechtszustandswahrung und dem speziellen Adels-Interesse, ist einer der Gründe dafür, daß die Stände mit wechselndem Gewicht bis in das 19. Jahrhundert hinein eine fruchtbare Tätigkeit ausgeübt haben.

Berndt Jochim von Dewitz

Stephan von Dewitz

Berndt v. Dewitz

Joachim Baltzer von Dewitz

[illegible] Dewitz [illegible]

Gustav Georg von Dewitz

Viertes Kapitel »Pommernland ist abgebrannt«: Kriegszeit, Armut und Konkurse (1618–1650)

»Die Jagten auf dem Felde gehören mich allein und müssen meine Vettern durchaus nicht darauf jagen, hetzen oder schießen; imgleichen auch mein Bruder nicht.«

Joachim Balthasar v. Dewitz, 1688[135]

Pommern im Kriege

Am Vorabend des Dreißigjährigen Krieges befand sich das Herzogtum Pommern mit den Landesteilen Wolgast und Stettin in zunehmend desolatem Zustand. In dem vorpommerschen Gebiet regierte Herzog Philipp Julius (1584–1625), dessen Finanzwesen nunmehr so verwahrlost war, daß er seine eigenen Bauern »legte«, d. h. auskaufte, um deren Äcker zu seinen Domänen zu schlagen. Demzufolge wurden die Dienste der anderen Bauern, die auf herzoglichen Vorwerken pflichtig waren, verdoppelt. Die Vorwerke verpachtete man, und die Pächter forderten »ungemessene« (d. h. jederzeit abrufbare) Dienste. Diesem schlechten Beispiel schloß sich der Adel mancherorts an, jedoch nicht überall. Die ungeschickte Finanzpolitik der Herzöge belastete mit Spannungen und zahllosen Streitigkeiten die Sozialverfassung. Reformansätze auch gegenüber dem Adel waren bald wieder aufgegeben worden. Dies alles hat erst in brandenburgischer Zeit nach und nach eine Wende zum besseren erfahren, als auch der Schutz der grundhörigen Bauern allgemein konsequenter betrieben wurde. Relativer Bauernschutz lag nicht nur im Interesse des Landesherrn, sondern auch des Adels und der Städte. Denn dem Landadel ist es wohl immer dann gut oder erträglich gegangen, wenn die Bauern auskömmlich leben konnten. Verelendete Landleute lassen schließlich auch den Adel mit seinen noch kleinen Hofwirtschaften zugrunde gehen. Viele Dewitze des 17. Jahrhunderts haben das gewußt. Sie haben keine Gutswirtschaftsbildung mit Hilfe exzessiver Auskäufe betrieben.

In Pommern jedenfalls, auch in Hinterpommern, ging es in fast jeder Hinsicht bergab. Die letzten der Greifenherzöge verdämmerten in Trunksucht und Krankheit, in allerlei Leichtsinn und in Zeugungsunfähigkeit. Philipp Julius starb 1625 im Wolgaster Schloß ebenso kinderlos wie vordem seine Vettern Philipp II. 1618 und Herzog Franz 1620 im Schloß von Stettin. Nun wurde das ganze Pommern noch einmal unter einem Herzogshut vereinigt. Bogislaw XIV. (1580–1637), in Stettin mit seinen Räten regierend und seit 1623 auch das Bistum Cammin beherrschend, blieb jedoch ein kranker und ebenfalls mit

135 *P. Gantzer,* Bd. 2, Nr. 1562.

Kinderlosigkeit geschlagener Mann, dem die Kraft fehlte, Pommerns Regierung zu reformieren und einer gefährlicher werdenden Gegenwart anzupassen, vor allem für die militärische Sicherheit der Landschaften zu sorgen. Dazu wäre es nötig gewesen, dem Egoismus der Stände auch durch eine Politik der Zentralisation eine Schranke zu setzen. So bestanden die Regierungen in beiden Landesteilen fort mit einträglichen Bedienungen und Versorgungen. Für den Adel war die wichtigste obere Landesbehörde das Hofgericht, bei dem die Berufungen von Adel und Untertanen eingereicht werden mußten. Lediglich ein »Geheimer Rat« wurde 1627 geschaffen. Erst 1628 entstand wegen der bedrohlichen Zeitläufte ein »Kriegs- und Staatsrat«. Die eigentliche Landesregierung lag in den Händen von Paul von Damitz, der durch den Wolgaster Statthalter Volkmar Wolf zu Putbus unterstützt wurde. Bei Hofe ging weiter alles drunter und drüber, ein schlechtes Beispiel für Hohe und Niedrige in Städten und Dörfern. Schon 1626 meinte man, wenn es so weiterginge, würde der Herzog persönlich bald nichts mehr zu leben haben. Der Unterschied zu den Zeiten, da Jobst (I.) von Dewitz den Herzögen als erster Rat zur Hand ging, ist offenkundig.

Wenig später nahte der Krieg dem Lande, dessen Wetterleuchten zu bemerken gewesen war. 1625 wurden beispielsweise bei Tempelburg, im Dreiländereck zwischen Polen, Brandenburg und Pommern, die lutherischen Pastoren vom polnischen dort ansässigen Adel vertrieben und katholische Gottesdienste eingerichtet. Das erinnerte die wenigen aufmerksameren Zeitgenossen daran, daß der allgemeine Krieg für Pommern auch ein Konfessionskrieg werden würde. Die Wehrverfassung des Landes war schlechter als in Brandenburg. Immer häufiger suchte sich der Adel den öffentlichen Lasten zu entziehen; doch auf die Dauer, so ist formuliert worden, muß jedes Land ein Heer unterhalten, entweder das eigene oder ein fremdes Heer. Schwedens Großmachtpolitik warf ihre Schatten auf das Land. Seit 1628 hatten kaiserliche Truppen in Vorpommern Quartier genommen, scheiterten jedoch an Stralsund. Dann zog Gustav Adolf von Schweden über das Meer und landete am 26. Juni 1630 bei Peenemünde, um Pommern nach und nach für Schweden zu erobern. Die Stände leisteten nun hinhaltend Widerstand. Das Land blieb bis zum Ende des Krieges weitgehend schwedisches Besatzungs- und Werbegebiet. Viele Pommern fochten unter dem blaugelben Löwenbanner, der Not oder dem Abenteurertrieb gehorchend. Schweden beherrschte alles und war fest entschlossen, Pommern sich anzugliedern. Erst nach 1648 änderte sich langsam die Lage. Die Brandenburger, denen 1648 in Münster und Osnabrück auf Grund der Erbverträge der größte Teil von Hinterpommern zugesprochen worden war, drängten nunmehr mit Hilfe auch des einheimischen Adels Schritt um Schritt die Schweden aus dem Land.[136]

136 *M. Wehrmann* (wie Anm. 93), S. 164 ff.

Vor diesem Hintergrund von Herrschaftsschwäche und Okkupation, von Kriegslust und Kriegsleid spielte sich, in Pommern wie letztlich auch in Mecklenburg, das Leben der Dewitz-Sippe und der Einzelfamilien ab.

Gutshäuser und Höfe

An dem alten Wohnhof (Gutshaus) zu Cölpin, das in den guten Jahren um 1600 errichtet worden war, stand der Spruch:

Bewahr, Herr, diesen hof und haus,
Und alles, was geht ein und aus,
Das der teyfel und böse leut
Thu schaden uns zu keiner Zeit.
Henning von Dewitz MDCI (1601)[137]

Die Häuser aller Zweige der Familie in schlechten Zeiten zu erhalten, erforderte viel Mühe. Der Zahn der Zeit nagte mit Sturm und Feuer an Stein- und Fachwerkhäusern. Die Wohnhäuser in Meesow, Daber und Wussow boten sich um 1624 als strohgedeckte Fachwerkhäuser mit wenigen Räumen dar. Die Tuschzeichnung von Meesow (1624), in der Familiengeschichte gedruckt, gibt bereits einen guten Eindruck von einem solchen Rittersitz. In Sallmow waren für den Neubau vier Stuben und Kammern und zwei gewölbte Keller vorgesehen. Mitunter wurden auch die zweite Etage und der Dachboden als Kornschütte genutzt. In Wussow lagen die Kuhställe mit dem Wohnhaus nach Niedersachsenhausart unter einem Dach. Ein Bretterzaun, an den man Dornen pflanzte, umschloß Haus, Wirtschaftsgebäude und den Obst- und Krautgarten. Der Zaun sollte gegen die von Osten einrennenden Wölfe Schutz bieten. Sie hatten im Kriege überhandgenommen und rissen mitunter am hellen Tage die Schweine auf der Weide.

Im übrigen war ein kleines Wohnhaus »ganz aus Holz«, auf dem Dorfe vom Zimmermeister zu errichten, nicht teuer: 33 Taler, 3 Tonnen Bier und 3 Scheffel Roggen.[138]

Das neue Burg-Schloß Daber[139] erforderte hohe Kosten und erfreute sich seit dem Kriege nur noch geringer Beliebtheit bei den Familienangehörigen, die deshalb wiederholt gerügt wurden. So verfiel das Schloß, in dem nach dem Tode Bernd Joachims niemand mehr wohnen wollte. Soldaten der Brandenburger hatten in den besten Räumen (z.B. dem Goldenen Gemach, holzgetäfelt) gehaust und Fenster und Türen demoliert, obwohl es 1645 an Öfen und

137 *P. Gantzer,* Bd. 1, Nr. 1189.
138 *P. Gantzer,* Bd. 3, 2, Nr. 2532.
139 *P. Gantzer,* Bd. 2, Nr. 1433, 1444.

Möbeln für Heizzwecke nicht fehlte. Die alte Burg dagegen lag nun ohne Dach da und zerbrach langsam von oben; nur die Küche und die festen Keller wurden noch benutzt.

Personen-Bestand der Gesamtfamilie 1618–1648

Im Jahre 1618 lebten 23 geborene Mitglieder der Familie von Dewitz beider Hauptlinien in Pommern und Mecklenburg. Bis 1650 ist nicht eine Abnahme (infolge des Krieges), vielmehr eine deutliche Zunahme zu beobachten (1650: 32). Dabei wurden nur Personen gezählt, die bereits über die Kinderjahre hinausgekommen waren. Die Zahl der weiblichen Geburten scheint während der Kriegsjahre stark zugenommen zu haben. Auch die beiden Besitz-Regionen weisen Unterschiede auf. In Mecklenburg waren gebürtig 1618: 16; 1650 dagegen nur noch 8 Personen. Das Aussterben des älteren Cölpiner Hauses kündigte sich an. In Pommern ergab sich während der drei Kriegsjahrzehnte eine rasche Vermehrung, nämlich von 7 auf 24 beiderlei Geschlechts. Da sich Einheirat und Ausheirat annähernd decken, wird man mithin für 1650 schwerlich mit mehr als 50 Angehörigen des Gesamthauses Dewitz (aller Altersstufen) zu rechnen haben. Das ist gegenüber dem Stand um 1500 (ca. 20 geborene und eingeheiratete Familienangehörige) eine Steigerung um rd. 150 Prozent.

Der Besitz in Mecklenburg und Pommern um 1618

Der gesamte Besitz der Häuser ist trotz einiger Güterlisten[140] nicht leicht zu berechnen, da die Besitzrechte zersplittert waren und ein ziemlicher Wechsel stattgefunden hat. Andererseits hat sich die Zersplitterung des Besitzes im Kriege auch günstig ausgewirkt. Verluste an einem Orte konnten durch Erträgnisse aus einem besser davongekommenen Orte ausgeglichen werden. In Cölpin beispielsweise war um 1618 Henning XIII. Hauptbesitzer neben seinen Miltzower Vettern. Ihm gehörten jedoch außerdem in Dewitz, Warlin, Leppin und Golm einige ausgetane Hufen Landes. Sein Vetter Vicke V. hatte Anteile an Miltzow und Golm, Untertanen saßen aber auch in Holzendorf, Lindow und Kublank. In der Herrschaft Daber war es nicht anders. Bernd Joachim (1599–1645) wohnte auf seinem Hof in Bernhagen, unterhielt eine Schäferei in Plantikow und stand erbuntertänigen Bauern in Daber, Cramonsdorf, Weitenhagen, Daberkow, Braunsberg und Marienhagen vor. Ähnlich war es bei den anderen Brüdern und Vettern bzw. den verwitweten Müttern, die ihren eigenen Besitz hatten und zuweilen auch bewohnten.

140 *P. Gantzer,* Bd. 2, Nr. 1336.

Allgemein läßt sich sagen, daß der grundherrschaftliche Landbesitz während des Krieges und danach noch langsam zurückgegangen ist. Kriegslasten und Steuern sowie die sonstigen Verluste ließen sich nur durch Verkäufe oder Verpfändungen ausgleichen. In Pommern sank die Zahl der Hufen von 507¼ (1628) auf 428⅞ (1668), mithin um etwa 15 Prozent.[141] Auch danach scheint noch ein gewisser Abgang zumindest bei den steuerbaren Hufen stattgefunden zu haben. Doch bleibt es bis zu genaueren Studien unklar, ob dies mit einem Landverlust gleichzusetzen ist.[142] Während bei den »armen Vettern« in Mecklenburg in der ersten Hälfte des 17. Jahrhunderts Golm und Priepert endgültig verloren gingen und die wirtschaftliche Lage unverändert heikel, ja notdürftig war, hielt sich die Aufteilung der Herrschaft Daber noch in erträglichen Grenzen. Nach dem Tode von Franz (auf Hoffelde, † 1605) fielen dessen Restgüter an Jobst »den Alten« (156), so daß fortan die Jobst-Linie etwa drei Viertel des Besitzes innehatte, während bei der Kurt-Linie ein Viertel lag, wozu dann jedoch Meesow und Maldewin kamen. Die Anteile der Brüder Bernd (185), Georg (187) und Heinrich (186) wurden etwas später auf je 21350 Gulden berechnet.[143] Der Besitz der Mecklenburger Linie machte mitunter nur ein Zehntel dieses Betrages aus. Beim mecklenburgischen Besitz gewinnt man den Eindruck der Stagnation; in Pommern hingegen ist ein Ausbau der Gutshöfe und Vorwerke zu belegen. Auch nahm bereits vor dem Kriege die Viehwirtschaft stetig zu, indem man Flächen der Wüstungen für die Hütung nutzte. Etwa zwölf Prozent der Ackerhufen in der Herrschaft Daber (Kreis) werden um 1632 von Bernd Joachim von Dewitz als verödet bezeichnet.[144]

Herrschaftsraum und Besitzstand: 1618 – 1630 – 1650

I. Mecklenburg-Stargard

Cölpin:	1570 zwei Gutshöfe. Vollbesitz (seit 1616).
Groß Miltzow:	Vollbesitz. Gutshaus.
Holzendorf:	Vollbesitz. Gutshaus.
Balwitz:	Wohl Teilbesitz, zu Cölpin.
Dewitz:	Kleinbesitz (Heidenholz) zu Cölpin gehörig (1596).
Neukirchen:	Kleinbesitz (ein Hof, 1596).
Golm:	Teilbesitz bis 1634, Kleinbesitz bis 1638.
Jatzke:	Teilbesitz.
Lindow:	Teilbesitz.

141 *P. Gantzer,* Bd. 2, Nr. 1488.
142 *P. Gantzer,* Bd. 2, Nr. 1631.
143 *P. Gantzer,* Bd. 3, 1, S. 218.
144 *P. Gantzer,* Bd. 2, Nr. 1331.

Kublank:	Teilbesitz.
Priepert:	Nebst 10 Bauernhöfen in Radense und Natebusch, wüsten Feldmarken, Fischereigerechtigkeiten und einer Schäferei in Fürstenberg: Endgültiger Verlust durch Verkauf 1607.
Leppin:	Aufgabe grundherrlicher Rechte in Leppin, Kublank, Golm und Dewitz durch die Herrschaft Cölpin 1616.

II. Pommern (1628–1632)
(nach Güteranschlägen und Hufensteuerregistern)

Plantikow:	Vollbesitz. Patronat und Gericht.
Bernhagen:	Vollbesitz. Patronat und Gericht.
Farbezin:	Vollbesitz. Patronat und Gericht.
Külz:	Ein Drittel. Patronat und Gericht.
Radem:	Vollbesitz. Patronat und Gericht.
Schöneu:	Vollbesitz. Patronat und Gericht.
Schloissin:	Vollbesitz. Patronat und Gericht.
Maldewin:	Hälfte. Patronat und Gericht.
Höckenberg:	Afterlehnsbesitz. Patronat und Gericht.
Wolkow:	Teilbesitz. Patronat und Gericht.
Sallmow:	Teilbesitz. Patronat und Gericht.
Haseleu:	Teilbesitz. Gutshof. Patronat und Gericht.
Roggow:	Vollbesitz. Patronat und Gericht.
Meesow:	Vollbesitz. Patronat und Gericht. Rittersitz.
Braunsberg:	Mehr als zwei Drittel. Patronat und Gericht.
Breitenfelde:	Fast Vollbesitz. Gutshof. Patronat und Gericht.
Weitenhagen:	Etwa zwei Drittel. Patronat und Gericht.
Krammonsdorf:	Etwa zwei Drittel. Patronat und Gericht.
Bernhagen:	Mehr als die Hälfte. Patronat und Gericht. Rittersitz.
Jarchlin:	Vollbesitz. Patronat und Gericht. Gutshof.
Justemin:	Ein Drittel. Patronat und Gericht.
Schmelzdorf:	Ein Drittel. Patronat und Gericht. Afterlehnsbesitz.
Schönwalde:	Etwa drei Viertel. Patronat und Gericht.
Groß Benz:	Vollbesitz. Patronat und Gericht.
Klein Benzin:	Mehr als die Hälfte. Patronat und Gericht.
Voigtshagen:	Vollbesitz. Patronat und Gericht. Rittersitz.
Daber:	Altes und Neues Haus nebst etwa der Hälfte der Hufen. Patronat und Kriminalgerichtsbarkeit.
Daberkow:	Ein Drittel. Patronat und Gericht.
Marienhagen	(im Wedelschen Kreis:) Ein Achtel. Patronat und Straßengericht.
Hoffelde:	Vollbesitz. Patronat und Gericht.

Lasbeck: Patronat und Gericht. Afterlehnsbesitz.
Wussow: Patronat und Gericht.

Afterlehnsleute in Lebbin (bei Rügenwalde), Lasbeck, Jarchlin, Külz, Schmelzdorf, Schloissin.

III. Sonstige und spätere Erwerbungen

Daberkow (1662, 1670); Gentzkow (1695, 1701); Neverin (1712); Schönhagen in Schleswig-Holstein (1712); Hindsgavl auf Fünen/Dänemark (1701) und Frederiksgave (1707); Loitmark und Dorf Ellingen in Schleswig (1719).

Alltagsleben: Liebe, Tod und Kirchlichkeit

Wenig wüßten wir über die Liebe, die Leidenschaften, die verlöbniszeitlichen Empfindungen der Dewitze in der Barockzeit, hätten sich nicht einige wenige unmittelbare Zeugnisse erhalten. 1630, als die Schweden bereits Pommern ausbeutend durchzogen und an den Grenzen der Mark Brandenburg standen, als sich die Lage gewissermaßen von Tag zu Tag verschärfte, hatte Stephan von Dewitz (183), der Zweitgeborene aus der nunmehrigen Jobst-Linie, ein Auge auf die Pfuel'sche Halbwaise Eva (Essa) aus dem Hause Hohenfinow (Oberbarnim) geworfen. Das war sicher nur eine mittlere Partie, denn der Barnim war nun schon ein bevorzugtes Durchzugsgebiet kaiserlicher Truppen und anderer Völker mit schwersten Kontributionslasten. Doch Kriegszeiten tun der Liebe keinen Abbruch, und Stephan hatte sich im Januar 1630 verlobt (»in christliche Ehegelüpte eingelassen«) und antwortete nun seiner »herzallerliebsten auserwelten Herzigen« zu deren »discretem Brieflein« etliches von den Ursachen »der grossen Liebesflam, so mihr stündlich in meinem Herzen quälen tuht; denn dises Feur hat auch solcher Massen gewachsen und bei mir zugenommen, dass ich an nichts anderes als an mein herzallerliebestes Herz gedenken kan, welche Libe mihr dise Zeit so grossen Dranck und Leid getan, dass ich auch vermeinet zu sterben wegen dises Verzuges...« Er hätte bei alledem gehofft, aus seinen melancholischen Gedanken zu kommen, müsse aber nun fast befürchten, wie ein Schiffmann im Unwetter den rettenden Hafen nicht mehr zu erreichen. Dann wendet er seine Sorgen der künftigen Köchin zu, die man in Daber einstellen müsse, und fährt fort: »... auch tuhe ich mich zum erendinst fleissigsten bedanken kegen mein herzallerlibestes, schönstes Bildechen vor das uberschicktes libes Krenzlin, welches mihr den warlich so angenem gewesen, dass ich auch zu demselben in meinen Herzen also gesprochen, als ich es aus der Schachtel genommen: 'O du gluckseliges Geschenk der allertreusten und schönsten unter allen, selig bistu; den(n) mein Herzallerlibeste dich mit ihren allerlibesten Händlein gemacht hat. Ich aber noch geluckseliger, der es entfangen als derjenige, so ihr geneigter zu dienen ist als allen andern auf diser Welt...« Er wolle bei nächster Zusammenkunft das Geschenk »mit vil liplichen Küsschen« kompensieren, im übrigen aber werde das Bild der kleinen Eva niemals aus seinem Herzen weichen, »solange ein einziges Geberde des Lebens an mihr zu spuren«. Nach geziemenden Grüßen an die künftige Verwandtschaft aber erfährt die seligsüße Epistel die letztmögliche Steigerung, indem er ihr »sovil hunderttausend mal million(en)-tausent Guter noch als (= soviel wie) Sterne am Firmament des Himmels« seien, wünscht, – verbleibend der getreue Ehrendiener »bis in den Thot«: Stephan von Dewitz.[145]

Die im folgenden Wonnemonat Mai geschlossene Ehe war trotz der tristen Zeiten glücklich und, wie nach der Epistel fast zu erwarten, mit zehn Kindern gesegnet. Wer denkt bei diesen gewandt-kraftvollen Liebesgrüßen nicht auch an die Brautbriefe, die Briefe überhaupt eines Otto von Bismarck, dessen Ahnherr Stephan der Briefschreiber in sechster Generation gewesen ist?[146]

Und der Tod, der damals Pommern, Brandenburg und auch Mecklenburg ausgeräumt hat? Nur fünf Dewitze scheinen im Zusammenhang mit unmittelbaren Kriegsereignissen umgekommen zu sein. Auf dem Lande konnte man zumindest der Pest leichter entgehen als in den mit Flüchtlingen überfüllten Städten. Aber überall blieb der Tod der ständige Begleiter der Menschen des 17. Jahrhunderts, – sie suchten ihn mit Bildern und Gedanken, wollten ihn leibhaftig sehen. Das begann mit den Geburten. Die Kinder kamen und gingen, Glück und trauriges Geschick lagen dicht beieinander. Berndt auf Meesow (1623–1667) hatte zehn Söhne, von denen sechs jung starben, dazu eine Tochter, deren Blut in die Jobst-Linie überging. Von den vier anderen Söhnen gründete keiner eine Familie: zwei Söhne fielen für Brandenburg-Preußen vor Wollin (1675) und vor Bonn (1689),[147] die beiden anderen starben ehelos. Das Beispiel zeigt, wie rasch ganze blühende Äste entlaubt werden konnten, wie gefährdet auch die größeren Familien blieben und wie die Männer sich sputen mußten, in einem möglicherweise kurzen Leben, wenn nötig mit mehreren Frauen, dem alten Stamme Halt zu geben.

Aber wenn die Welt verlassen werden mußte, dann tat man es ganz im Sinne und nach Anweisung der lutherisch-christlichen *Sterbekunst:* gefaßt und gottesfürchtig. Die Leichenpredigten, die sonstige Sterbeliteratur berichten davon. Die Cölpinerin Anna Maria (1653–1673) stirbt »sanft« und »geduldig«. Wo es angeht, bereitet man sich auf das »Sterbestündlein fein vor«.[148] Und die

145 *P. Gantzer,* Bd. 2, Nr. 1327.

146 Vgl. unten S. 158ff.

147 Wollin: Joachim Heinrich, als Fähnrich (292); Bonn: Christoph Caspar, als Hauptmann (290).

148 *P. Gantzer,* Bd. 2, Nr. 1467.

Mutter, die ihren dritten Sohn zur Erde bringen muß, schreibt in ihr Hausbuch: »Gott erfreue seine Seele im ewigen Leben und gebe mir Gedult«.[149]

Als Kurt (I.) auf Daber 1603 von »grosser schwachheit« befallen war, ließ er den Breitenfelder Pastor kommen, der die letzten Stunden getreulich überliefert hat, mit allen Bitten und Weisungen des Sterbenden. Da heißt es: »Derowegen, weil ehr sich kegen Gott fur einen armen sundigen menschen erkennen thete, where ehr, mit gottlicher hulfe sich mit Gott zu versönen, gemeinet und dieser Ursachen halben hette ehr mich zu sich erpitten lassen, seine bicht zu horende, mit Gotts wort zu unterrichten und zu trosten und vorgebungen seiner sunden zusprechen umb Gotts willen.« Nach der Absolution trug Kurt dem Geistlichen auf, den Bruder Jobst zu bitten, sich seiner Kinder anzunehmen, in herzlicher und brüderlicher Liebe, was Jobst dann auf eine sehr sparsame und dirigistische Art zu tun versucht hat, indem er das Rest-Erbe des Onkels Franz (Hoffelde) ausschließlich seinen Nachkommen durch Sprüche der Stettiner Juristen zuerkennen ließ. Auch befahl Kurt noch seinem »Schreiber« (= Gutsverwalter), für das nächste Wirtschaftsjahr umgehend eine große neue Scheune zu bauen. Wenige Tage später starb er in der Hoffnung, seine drei unmündigen Kinder wohlversorgt hinterlassen zu haben.

Die *Beerdigungsfeiern* wurden in der Regel mehrere Monate vorbereitet.[150] In dieser Zeit durfte in der Kirche zu Daber die Orgel nicht gespielt werden – ein ständiger Streitpunkt. Der weniger puritanischen Stadtgemeinde mit den Geistlichen mißfiel dieser Eingriff in den Gottesdienst mit Recht. Das Patronatsrecht gestattete ihnen eine »stille Kirche« auf ein Jahr, so ließen die sämtlichen Dewitz noch 1667 das Stettiner Konsistorium ungerührt wissen. Es mag dahingestellt bleiben, wie weit hierbei reformierte Vorstellungen oder lediglich die seit langem verhärteten Fronten zwischen Herrschaft und Bürgern eine Rolle gespielt haben mögen. Der erzwungenen Stille in der Kirche schien das lange Sterbegeläut zu widersprechen, das allemal vom Turm der Kirche in Daber täglich zwei Stunden lang angehört werden mußte, wenn wieder ein Dewitz auf dem Schloß oder in einem nahen Haus in die Ewigkeit abberufen und von aller Last in diesem Jammertal befreit worden war. Mit sorglicher Hand trugen die Pfarr-Herren zwischen 1610 und 1645 mißmutig ins Hauptbuch ein, daß »der kirchen nichtes vor das geleute gegeben«.[151]

Diese Notizen, überwiegend aus der Kriegszeit stammend, dürfen nicht dahin mißverstanden werden, daß die pommerschen Dewitze im frühen 17. Jahrhundert stets und ständig in einem gespannten Verhältnis zu ihren Geistlichen und Kirchleuten gestanden hätten. War Geld vorhanden, wurden auch Patronatspflichten erfüllt, zumal im Hinblick auf die Baulast. Gleichwohl enthalten

149 *P. Gantzer,* Bd. 2, Nr. 1545.
150 *P. Gantzer,* Bd. 3, 1, Nr. 2534.
151 *P. Gantzer,* Bd. 1, Nr. 1244.

in dieser Zeit nur wenige Testamente und Erbteilungsverträge Dotationen oder besondere Verpflichtungen zu Gunsten der Kirchen mit ihren Grablegen. Das ändert sich erst mit dem Einzug neuer, beseelterer Frömmigkeit nach dem Kriege, die freilich in dem orthodox-lutherischen Lande nur langsam und dann wohl vor allem über von Frauen geführten Konventikel vordrang. Für viele Pfarrer war der auf das Leben und nicht so sehr auf die Lehre zielende Pietismus ein theologisches Ärgernis und ein weltliches zumal; denn die derb-ungeistliche Haltung der Geistlichen geriet nun ins Kreuzfeuer einer Kritik, die nicht ohne Folgen blieb. So brauchte es seine Zeit, bis sich die überaus nüchternen und vitalen Pommern an neue Geistliche gewöhnten, die Kartenspiel und Tanz, Tabakrauchen und manche andere Lust mit den Strafen der Hölle und des Himmels bedrohten. Aber schon vor den achtziger Jahren, bevor sich die Pietisten einen gleichsam offiziellen Status erstritten hatten, waren die Mahnrufe der Geistlichen manchen vom Adel so lästig geworden, daß 1679 auf dem Landtag zu Cammin zu Händen des Kurfürsten Friedrich Wilhelm eine »Beschwerde der Stände über die Pastoren« eingereicht wurde. Darin wird geklagt, daß die Geistlichen nach eigenem Gutdünken Kirchenstrafen verhängten und es auf die Kanzel brächten, wenn die Patrone und die Kirchspielskinder bei der Zahlung von Unterhaltskosten und Abgaben rückständig seien, daß sie sogar Säumige vom Abendmahl ausschlössen. Sie forderten auf Hochzeiten und Kindtaufen zuviel an Naturalentgelt und scheuten sich nicht, bei Begräbnis armer Adliger noch Gebühren anzumahnen. Alle diese Spannungen, in denen Allzumenschliches mitschwingt, beruhten wesentlich auf der unzulänglichen Besoldung der Geistlichen, die von Ort zu Ort, von Herrschaft zu Herrschaft verschieden war. Zentrale Kirchenkassen gab es noch nicht. Der Kurfürst hat denn auch Geistliche und Patrone auf den Rechtsweg beim Konsistorium in Kolberg verwiesen und behutsam zur Eintracht und Mäßigung ermahnt. Seit 1654 nahmen die neuen lutherischen Generalsuperintendenten Visitationen in Hinterpommern vor, so u.a. auch 1664 und 1697 in den Dörfern der Herrschaft Daber.[152]

152 Umlage der Dewitz zu Daber zum Glockenguß: *P. Gantzer,* Bd. 2, Nr. 1419 (1652). – Eine ältere fromme 25-Gulden-Stiftung anläßlich einer Hochzeit: Bd. 1, Nr. 1022 (1569). – Ansätze einer neuen Frömmigkeit: Bd. 2, Nr. 1453 (1659–1669). – Die Söhne Bernd (Nr. 226) und Georg Heinrich (Nr. 229) des Landrats Bernd (II.) auf Meesow hintertrieben 1661/62 eine ziemlich hohe Stiftung ihrer Mutter für Kirche und Pfarre in Meesow und ließen deren Leiche über ein Jahr unbeerdigt stehen (Bd. 2, Nr. 1464). Beide Linien starben bereits in der folgenden Generation aus. – Eine sehr hohe Summe (500 Gulden) bestimmt Barbara v. Schlichting, die Witwe Heinrichs v. Dewitz (Nr. 186), zum »Baue und Besserung« der Kirche zu Daber 1667: Bd. 2, Nr. 1483, vgl. Nr. 1561. – Die »neue Frömmigkeit« setzte sich fort bei der Schwiegertochter der Barbara v. Schlichting, die ein merkwürdiges, mit astrologischen Aspekten durchsetztes Hausbuch hinterlassen hat: Bd. 2, Nr. 1545. – Seit den neunziger Jahren, der klassischen Zeit des Pietismus, gibt es dann Belege für Lebensführung und Lektüre: Bd. 2, Nr. 1649 (1697), 1695 (1704). Sechs Dewitze haben zwischen 1734 und 1806 das

In den Kreis der Patronatspflichten einer schloßgesessenen Herrschaft gehörte seit der Reformation auch die Fürsorge für das Schulwesen. Die Visitatoren des 16. Jahrhunderts hatten nach und nach das Schulwesen vor allem in den Städten beispielhaft reorganisiert oder neu begründet und Geld- und Naturalbesoldung für die Schulpersonen festgesetzt. In einem Mediatstädtchen wie Daber oblag die Besoldung des Schulmeisters der Herrschaft, die sich im Rahmen ihrer Patronats- und Herrschaftsrechte auch als mediate Kirchenherrschaft verstand und bei Visitationen neben dem Konsistorium mitwirkte. 1598 war eine neue Schulordnung (ungedruckt) erlassen worden. Nachrichten aus den Jahren 1622, 1649 und 1665 bezeugen, daß die Schule in Daber im wesentlichen im 17. Jahrhundert von der Herrschaft unterhalten wurde, und zwar mit steigenden Kosten und gegen vielerlei Widerstände aus einer ebenso beschränkten wie widersetzlichen, freilich auch in der Mehrzahl ärmlich dahinlebenden »Bürgerschaft«. 1665 war man jedenfalls so weit gekommen, daß bereits zwei oder mehr Personen unterrichteten. Man wird anzunehmen haben, daß diese Lehrer auch als Hauslehrer bei den Dewitzen rundum auf den Dörfern tätig gewesen sind. Es ist ein Stück unmittelbarer und stetiger Kulturarbeit, das man hier erblickt. Die Dewitze sprechen nach einer Visitation zusammen mit dem Superintendenten den dringlichen Wunsch aus, daß die Jugend »in grammaticis, phrasibus et exercitiis latinis und dergleichen, auch in guten Sitten und Erudition etwas zunemen möge«.

Georg IV. auf Daber und Braunsberg

Das alles soll nun mit zwei Beispielen erläutert werden, mit dem Lebensschicksal der gleichnamigen Georg IV. (1597–1664) auf Daber und Braunsberg und Georg V. auf Miltzow (1591–1650), deren unmittelbare Verwandtschaft kaum zu bestimmen ist; lediglich eine Nichte Georgs IV. aus der Jobst-Linie verknüpft genealogisch den Miltzower mit den Geschicken der Pommern. Politisch-militärisch sah es freilich anders aus. Doch davon etwas später. Zuerst wenden wir uns dem friedlichen Gutsherrn auf Daber zu, der fürsorglich den Tod bedenkend eine Lebensbeschreibung hinterlassen hat.[153]

Nachdem er mit sechs Jahren den Vater hatte sterben sehen, empfing er Privatunterricht, wohl durch einen gelehrten Pfarrer, im nahen Stargard. Danach kam er mit seinem Bruder Bernd nach Stettin zum weiteren Unterricht bis 1609. Ein Vetter Borcke nahm den Zwölfjährigen sodann mit auf eine erste

Franckesche Pädagogium in Halle besucht (Bd. 2, Nr. 1810). – Allgemein und zum Landtag von Cammin: *H. Heyden,* Kirchengeschichte Pommerns, Bd. 2, 1957, S. 94ff. – Lutherische Frömmigkeit in allen Familienzweigen: *P. Gantzer,* Bd. 3, S. 281–283.

153 *P. Gantzer,* Bd. 2, Nr. 1465.

»Kavalierstour« in die Oberpfalz nach Amberg und weiter nach Altdorf, die kleine Universität bei Nürnberg. Von dort aus zog man in die Stadt des Kaiserlichen Kammergerichts – Speyer – zum Studium der Jurisprudenz. Dies setzte sich Semester um Semester in Straßburg, Heidelberg und Tübingen bis 1620 fort. Der junge Dewitz empfing also über einen Zeitraum von zwölf Jahren eine ziemlich kostspielige und gute Ausbildung, die erst mit dem 23. Lebensjahr abgeschlossen war. Seine erste Ehe mit einer Ramin trennte bald der Tod.

Mit dem alten Onkel Jobst (156), dem knurrigen Rechner, standen sich die Söhne der Kurt-Linie nicht sonderlich gut, weil die Jüngeren 1625 durch Besitztausch die Rechte des Gesamthauses Daber verringert hatten.[154] Man stichelte oft aneinander herum. Das war, nach vielen Beispielen, offenbar eine Art Familienkrankheit: »Im engen Kreis verengert sich der Sinn.« Jobst der Alte ließ Georg damals wissen, er solle gefälligst in der Daberschen Kirche nicht soviel Platz für die neue Grabstelle seiner Ramin-Frau einnehmen. Ein kleinerer Platz täte es auch. Er habe für seine Mutter und Tochter lediglich Sargstätten mauern lassen, und so genüge es doch wohl. Das war der Ton damals. Rauh und mitunter wenig herzlich.

Dann folgte die zweite Ehe mit dem gräflichen Fräulein von Eberstein. Der Bund wirkte fast wie eine Wiedergutmachung vor dem Hintergrund der Finanzschäden, die die Dewitze der Hauptlinie durch die Ebersteiner im Zusammenhang mit dem Loitz-Bankrott erlitten hatten. Es war überhaupt eine der wenigen Ehen der Dewitze mit einer altdynastischen (= edelfreien) Familie. Doch ist das Eberstein-Blut auf diesem Wege nicht in die jüngeren Äste der Dewitze geflossen.

Jedenfalls brachte die Eberstein-Verbindung nicht nur noch einmal einen späten gräflichen Abglanz in das Haus, sie war auch vergoldet mit dem stattlichen Ehegeld von 7500 Gulden; das war eine Zuwendung, die diesen Ast für die kommenden mageren Jahre einigermaßen kräftigte. Aber doch nur einigermaßen, denn »großes Kreuz und Herzeleyd« traf Georg, wie er sagt, in dieser Ehezeit, weil ihm drei Töchterchen gestorben sind. Dazu kamen »Krieg, Raub, Brand, Plünderung und große Verfolgung, Verödung und Verwüstung meiner Güter« sowie eine elfjährige Flucht nach Polen, um den schwedischen Raub-Banden zu entgehen. Als er zurückkam, waren »meine Leuthe alle verzogen, an der Pest gestorben, mein Vieh und Fahrnisse von den Soldaten weggerissen, Haus, Hof, Akkerhof und Schefereyen abgebrant, daß ich nicht eine Klage (= Klaue) Vieh erhalten, schwere und hohe Contributiones dabey abtragen müssen, gefangen von den Kayserlichen weggeführet, mit 800 Rthlr. rantionieren (wohl = freikaufen) müssen, dabey auch mit schweren Unkosten Leuthe wieder in meine Gueter herbeybringen, bewehren und besetzen, ja

154 *P. Gantzer,* Bd. 2, Nr. 1305. Jobst wandte sich wegen der verlorenen Afterlehen hilfesuchend an Herzog Bogislaw XIV.

durch den grossen Sturmwind anno 1660 zwanzig Paurzimmer und zwey grosse Schafsställe niedergeworfen«. Das durch den Krieg freigewordene Bauernland ist hier also nicht zum Junker-Hof gezogen worden. Im übrigen sei der Familienfrieden, so behauptet Georg jedenfalls mißmutig, immer wieder gestört gewesen, ja sein leiblicher Bruder Bernd hätte ihm nach dem Leben getrachtet, sein Neffe hätte Ehre und guten Namen antasten wollen. Alle diese Angaben dürften sich vornehmlich auf die dreißiger Jahre beziehen, wo tatsächlich die größte Not geherrscht hat. Überdies ist Georgs Anteil mit einem Drittel von der Gesamtherrschaft Daber und ganz Braunsberg (71 Hufen) nicht übermäßig groß gewesen. Aber man ist dann doch überrascht, nach allen den Klagen aus anderen Quellen zu erfahren, welche Eheausstattung Georg 1644 (also noch während des Krieges und der Schweden-Okkupation) seiner nunmehr einzigen Tochter Kunigunde mitgeben konnte, als diese sich mit Andreas von der Osten-Plathe vermählte: 8500 Gulden bar und 3000 Reichstaler Wert des Schmuckes, der Kleidung, der Tisch- und Bettwäsche; dazu sonstiger nicht bewerteter, jedoch spezifizierter Schmuck, diverse Silbergeräte, Mobiliar und 94 verschiedene Bettstücke, – eine fast schon fürstliche Ausstattung, die besser in der Familie geblieben wäre, – so mag mancher in Daber gedacht haben, als die Möbel verladen wurden: »2 grosse ruszkasten Instrument, grün und mit vier Wapen gemahlet; 3 Laden, vergüldet und mit Wapen grün abgemahlet; 1 kleine ganz übergüldete Lade; 1 grossen Schreibtisch, mit Leder überzogen, inwendig schön ausgemahlet und der Beschlag übersilbert; 1 schönen grossen Spiegel, so mit Erz begossen und vergoldet«.[155]

Man wird bei diesem Vermögensstande den Anteil des Ebersteiner Erbes[156] recht hoch zu veranschlagen haben, das Georg und Anna Catharina erst einmal zu wahren und zu mehren verstanden hatten. Krieg und Pest hatten zwar das platte Land weithin ausgefegt, nicht aber alle die Wohnungen und Gewölbe auf Schloß Daber und in dem Gutshaus zu Braunsberg. Auch gab es weiterhin Kreditmöglichkeiten, da das im und am Kriege verdiente Geld wieder nach Anlage drängte. Die Eheleute lebten in der Regel im gesetzlichen Güterstand der Gütertrennung. Es wurde aufgerechnet mit Hilfe von Pfandschaften, wenn etwa Einheiratsgut für die gemeinsamen Kinder verwendet wurde.

Georg IV. überraschte die Familie durch ein hohes Alter: 68 Jahre. Überhaupt lag das Durchschnittsalter der zu ihren Jahren gekommenen Männer im Verhältnis hoch. Von 25 Dewitz-Männern, deren Lebensdaten zwischen 1600 und 1700 bekannt sind, errechnet sich ein Durchschnittsalter von 54 Jahren. Dabei sind die kürzeren Lebenszeiten während des Dreißigjährigen Krieges einbezogen. Im Frieden konnte nun – in dieser Sozialschicht – häufiger mit dem Erreichen des 60. Lebensjahres gerechnet werden. Das höchste Alter

155 *P. Gantzer,* Bd. 2, Nr. 1393.
156 *P. Gantzer,* Bd. 2, Nr. 1395.

erlebte in diesem Jahrhundert der streitlustige Christan Heinrich I. (1629–1708),[157] viermal verheirateter Rittmeister, wie sein Bruder Gustav Georg ein Mitkämpfer der Schlacht bei Fehrbellin, nach 1679 Landrat auf Daber, ein rüstiger Kriegsmann also, dessen kräftiges Blut in vielen Häusern bis heute pulsiert. Sein »Ehrenschild« mit brandenburgischen Kriegsemblemen befand sich zuletzt in Wussow (Kirche). Nach Georgs IV. Tod 1664 mußte jedoch bald der Konkurs wegen Überschuldung seiner Güter eröffnet werden, der sich über Jahre hinzog. Die Quellen lassen den Schluß zu, daß das söhnelose Ehepaar zu lange auf quasi gräflichem Fuße gewirtschaftet hat.

Waffenträger: Der Landadel in der Defensive

Die Pflicht des Adels zum Kriegsdienst für die Landesherrschaft, Grundlage der Belehnung mit Boden und grundherrschaftlichen Rechten, war mehr und mehr in Vergessenheit geraten. Die Verpflichtungen wurden ungern geleistet oder blieben unbeachtet. Feinde waren lange nicht im Lande gewesen. Zu den Pferde- und Waffen-Musterungen pflegte nur noch ein Teil des Adels zu erscheinen. Man schickte angeworbene Stellvertreter oder wünschte diese Last mit Geld abzulösen. Die Schulenburg auf Beetzendorf in der Altmark haben damals ihr altes Geschütz verkauft, und auf einer Berliner Musterung trabte sogar ein taubstummer Knecht auf einer elenden Schindermähre an, ein Scherz, den sich die Herren von Burgsdorff erlaubten. Die pommerschen Dewitze hatten zwölf Reisige sowie vier Pferde für einen Rüstwagen (Daber) zu stellen, die Mecklenburger zu Cölpin, Holzendorf und Miltzow waren auf 1½ Lehnpferde veranschlagt. Gegen die modernen Heere etwa eines Wallenstein (20000 bis 30000 Mann) waren die alten Landesaufgebote machtlos. Wer vom Adel im Kriegsdienst sein Glück machen wollte, der mußte in einem solchen Heere eines Wallenstein, Tilly, Gustav Adolf oder Turenne die Sporen verdienen. Das galt auch für jene Dewitze, die nicht hinter dem Ofen sitzen wollten, wenn andere sich die Köpfe einschlugen und – die Taschen füllten. Kriegsuntüchtig war die erwachsene Generation um 1630 nicht, Waffen führte man reichlich. Im Hause des ziemlich aus der Art geschlagenen Franz von Dewitz auf Hoffelde, der vieles mit »unordentlicher zehrung (= Trunksucht?), vielem gesinde, hunden und pferden herdurch gebracht«, wurde offenbar seit alters eine Rüstkammer unterhalten mit 3 Harnischen samt Sturmhauben, dazu »6 lange röhr, 3 kurtze röhr, 1 sabel mit einem beschlagenen silbern gehenge, 1 rappier«. Von alledem pflegte besagter Herr Franz auch Gebrauch zu machen, und sei es auch nur im blutigen Kampfe mit den Borcke um das Heu

157 *P. Gantzer,* Bd. 2, Nr. 1571 (»Spezification der Güter«); Bd. 3, S. 269f.

einer Grenzwiese im Jahre des Herrn 1600.[158] Doch auch sonst waren Scharmützel und kleine »Fehden« mit den polnischen von der Goltz noch an der Tagesordnung, zumal die polnische Grenze bei Märkisch Friedland oder Falkenburg in einem Ritt von vier bis fünf Stunden zu erreichen war.[159] Auch in den anderen Inventaren ist ein gewisser Bestand an leichten Waffen aller Art zu bemerken. Der Adel, so ließ schon Bernd I. 1581 in der Stettiner Gerichtsverhandlung verlauten, hielte immer sein Gesinde bewaffnet. Die Diener trügen Spieß und Gewehr, so wie es auch an den großen Höfen der Fürsten üblich sei, – ein stolzes Wort.

Doch was nutzte dies alles, wenn moderne Heere ins Land einfielen. 1629 raubten erstmals die kaiserlichen Truppen, unter ihnen rabiate Spanier, Pfarr- und Wohnhäuser in Justemin und sodann in der ganzen Herrschaft Daber aus. Der Bericht über die Austreibung des Pfarrers bei Nacht und Nebel erinnert an die Jahre 1945/46 in Pommern.

Söldner und Heerführer: Die Dewitz im Dienst der »Großen Mächte«

Seit dem frühen 17. Jahrhundert nahm die Zahl der Dewitze zu, die in fremde Kriegsdienste gingen. Existenznöte Nachgeborener und eine oft unbändige Reise- und Abenteuerlust verbanden sich in einem solchen Entschlusse. Die Türkenkriege oder die Kämpfe zwischen den nordischen Mächten boten reiche und blutige Betätigungsfelder, vom Krieg in Deutschland abgesehen. Dabei kämpfte man auf beiden Seiten und glaubte so oder so dem Vaterlande zu dienen. Stephan III. stritt in Preußen mit seinem Freunde Arnim gegen Gustav Adolf; andere wiederum ließen sich von den Schweden anwerben. Ehrgeizige sprangen gewissermaßen von einem Heer in das andere und erreichten so immer höhere Ränge und – Einkünfte.

Ein Beispiel: Mit dem Miltzower Georg V. stellte die Gesamtfamilie einen Offizier, der die Gunst der Stunde erkannt hatte. Gegen Wallenstein als Major im Dienste seines Landesherrn tätig, ging er bald in schwedische Dienste über, war aber offensichtlich nie ganz glücklich in diesen Positionen, wegen der »Affektation, so ich zum gelibten Vaterlande teutscher Nation trage«.[160] Er kämpfte fast alle Schwedenschlachten mit. Bekannt wurde er, als es ihm 1639 gelang, Bernau und dann Berlin im Handstreich mit vier Regimentern zu erobern. Er auferlegte der Residenz eine Kontribution in Höhe von 11700 Rtlr. (= rd. 350000 Reichsmark nach dem Stande von 1914), die kaum noch aufgebracht werden konnten. Der Obrist erklärte sich bereit, an Geldes statt auch

158 *P. Gantzer,* Bd. 1, Nr. 1180.
159 *P. Gantzer,* Bd. 1, Nr. 1182.
160 *P. Gantzer,* Bd. 2, Nr. 1377.

silberne Gerätschaften zum Edelmetall-Kurs, für 1000 Tlr. Tuche und, wenn nötig, noch andere Kaufmannswaren in Zahlung zu nehmen. Dann zog er sich zurück; die beiden Spreestädte haben seiner noch lange in Bitternis gedacht. 1643 schied er wegen einer Schlappe, an der man ihm die Schuld gab, aus schwedischen Diensten aus. Es scheint so, als seien seine Tätigkeiten und Verbindungen wenigstens zeitweise seinen pommerschen Verwandten zugute gekommen. Über seine Frau Anna (212) war er mit der Jobst-Linie verschwägert und erscheint bis zu seinem Tode auch in pommerschen Angelegenheiten.[161]

Teilung von Daber 1636[162]

Mitten im Kriege und kurz vor dem Tode des dahinsiechenden letzten pommerschen Herzogs Bogislaw XIV. (10. 3. 1637) gingen die Brüder Bernd, Heinrich und Georg von Dewitz daran, ihren bis dahin gemeinsam gehandhabten Besitz am alten und neuen Haus Daber so weit wie möglich aufzuteilen. Daber war kurz zuvor von den Brederlow, denen die Pertinenzien teilweise verpfändet waren, wieder eingelöst worden. Nun deuchte es sie der richtige Zeitpunkt, drei Portionen zu bilden, die dann ausgelost werden sollten. Allein durch diese Beschreibung der ersten bis dritten »Cavel« ist bekannt, wie sich das Stammschloß zu diesem Zeitpunkt ausnahm. 1. Die Rede ist von dem Gewölbe, dem Flur vor dem Gewölbe, dem Platz von Bernds Küche bis durch den alten Turm, der Knechtekammer und dem dritten Teil der Keller unter diesem halben Hause. 2. Hier wird gesprochen von der mittelsten Stube mit der Kammer, dem Platz davor nebst der kleinen Mägdekammer, dem wohl halbvergüldeten Gemach, dem dritten Teil vom Keller unter diesem neuen halben Hause. 3. Dieses Los umfaßt die Mittelkammer, den »Platz«, die Stube vom güldenen Gemach, den dritten Teil vom Keller unter diesem neuen halben Hause sowie die ganze »Schule«. Das übrige betraf Bau- und Erhaltungslasten. Wie man sieht, ging die Teilung mehr oder minder senkrecht durch das neue Haus, und es ist nicht schwer vorauszusagen, daß hier bei minderer Eintracht unter den Blutsverwandten erhebliche Konflikte entstehen konnten. Natürlich ist dieser Gedanke auch von den Vertragschließenden am 3. Mai 1636 bedacht worden, und so findet sich unverändert der Grundgedanke, daß man einander so weit wie möglich helfen wolle und helfen solle: »Es soll in Freuden- und Trauerzeiten einer dem andern seine Gemächer zu leyhen verbunden stehen, jedoch mit dem Reservat, daß davon nichts verwahrloset oder verbracht werde, oder soll deswegen allen Schaden erstatten«. Hinsichtlich aller Lehn-, Fron- und Burgdienste sollte es bei der bisherigen Gemeinsamkeit bleiben. Dann ließ man

161 *P. Gantzer,* Bd. 3, 2, Nr. 2525.
162 *P. Gantzer,* Bd. 2, Nr. 1362.

durch einen kleinen Knaben das Los werfen. Zwei Brüder tauschten dann noch, und alles geschah zum Glück »getreulich und ohne Gefehrde«. Der Vorgang zeigt, mit wieviel Mühe und Arbeit, mit wieviel Geld und Zeitaufwand damals die auf Daber ansässigen Geschlechtsvettern das Stammhaus zu erhalten suchten, obschon die Zeit solcher aus dem 15. und 16. Jahrhundert stammenden Burgschlösser abgelaufen war. Jedenfalls wäre wohl ein gründlicher Um- und Neubau am Platze gewesen. Dazu konnte sich offensichtlich niemand entschließen. Später, als die Zeiten sich gebessert hatten, baute jeder eigensinnig für sich. So ist es im Mittelpunkt der Dewitz-Herrschaft nicht zum Bau einer neuen, das Alte umfangenden repräsentativen frühbarocken Schloßanlage gekommen, wie sie die Dohna und andere in Ostpreußen, die Arnim in Boitzenburg oder die Alvensleben in Erxleben nach und nach errichtet haben. Der Ausbau von Schloß und Herrschaft Hoffelde aber hat sich nicht als dauerhaft erwiesen.

Notzeit und Kriegsfolgen

Vorerst aber war an Schloßbau weder in Mecklenburg noch in Pommern zu denken. Der Krieg trieb im Nordosten seinem Höhepunkt zu. Zwischen 1637 und 1640 erreichte die Todesrate einen Stand, der zu der Furcht Anlaß gab, daß sich das ganze Land entvölkern würde und daß niemand mehr in diesen Wüsteneien leben könne. Am härtesten wurden große Teile der Mark Brandenburg getroffen. Schon 1633 sah sich Albrecht von Dewitz auf Golm gezwungen, das dortige Lehngut dem Herzog von Mecklenburg zum Kauf anzubieten. Er und seine Hausfrau hätten durch Plünderung und Raub, durch Quartierlast und Kontribution so gut wie alles verloren; die Wohnung in der Stadt Waren (wohin sie offenbar alsbald flüchteten) hätten sie räumen und leerstehen lassen müssen; ein Teil ihrer Briefschaften sei ihnen bei der Einnahme und Plünderung von Neubrandenburg (durch die Kaiserlichen) abhanden gekommen, »welchs mir in meinem hohen Alter .... sehr beschwerlich.« Der Brief erreichte den Herzog von der dänischen Insel Moen, wohin sich das Golmer Ehepaar vor der Kriegsfurie gerettet hatte, gleich vielen anderen, die in die Küstenstädte oder eben nach Dänemark und Holland ausgewichen sind. Die Landesherrschaft hat dann das Dorf Golm übernommen und nicht gezahlt. 1637 wußten die beiden Eheleute, die nun hinter die Mauern von Güstrow geflüchtet waren, überhaupt nicht mehr, »wovon ferner des Leibes Unterhalt in dieser hochbetrubten Zeit nehmen soll«.[163] Herzog Adolf Friedrich I. von Mecklenburg-Schwerin wird das wohl selbst nicht gewußt haben, wo ihm eben in diesen Monaten Kaiserliche und Schweden erneut das Land ausplünderten

163 *P. Gantzer,* Bd. 2, Nr. 1369.

und insbesondere marodierende Truppen unter dem kaiserlichen General Gallas eine breite Blut- und Brandspur in Mecklenburg und Pommern hinterlassen haben.

In Hinterpommern saß 1638 auf dem Hofgut Daber der Verwalter des Stephan von Dewitz und berichtete seinem nach Polen ausgewichenen Herrn über die Zustände, die man »mit Menschenzungen fast nicht aussprechen kan«. Hoffelde sei ausgeplündert, die Schafe weggetrieben. Die »große Pfanne«, offenbar eine Braupfanne, die man versteckt hatte, sei durch ehrlose Verräter den Schweden bekannt geworden, die ihr Wissen nun zu Erpressungen genutzt. Sie würden davon absehen, das gesamte Braugerät fortzuschaffen, wenn man dem Rittmeister ein gutes Pferd beschaffen würde. Überhaupt seien rundum die Schafherden fortgetrieben worden, während das Rindvieh bereits »mehrenteils tot« sei. Betrug und Kriegsgefahren nähmen überhand und die Leute auf den Gütern hätten kaum noch »ein Bisslein Brod«.[164] Trotzdem scheint das Gebiet von Daber auch in dieser Kriegsphase noch glimpflich davongekommen zu sein, da nichts von Ausmordungen, Brandschatzungen und gemeinen Brutalitäten verlautet. Daß die Schweden ihre Reitpferde in den Wohnstuben der Dewitze unterbrachten, wie der betrübte Verwalter seinem Junker berichtet, spricht für die Tierliebe im Heere des Feldmarschalls Torstenson. Aber vielleicht war es auch der Name Dewitz, der Name des schwedischen Generals, der mildernd gewirkt hat. Um 1640 ging man daran, das Land wieder aufzubauen und neue Viehbestände heranzuziehen, wie die Berichte der ständischen Kommissare verraten.[165] Die Dewitze und ihre Leute auf Vorwerken und Höfen hatten überlebt. Geflüchtete kehrten zurück, Geld und Schmuck wurde wieder ausgegraben, und sicher kamen die mehrgliedrigen Gutsherrschaften besser durch die schwersten Kriegsjahre als die kleinen Höfe mancher »Zaunjunker« mit sechs Hufen Eigenland und vier abhängigen Bauern. Land und Herrschaft Daber zogen daraus Vorteil, daß die großen Heer- und Handelsstraßen nach Danzig und Königsberg das Gebiet nicht durchzogen.[166] »Pommernland war abgebrannt«, – aber die Dewitze konnten mit ihrem Los noch zufrieden sein. Nichts war verloren, wenn man nur einigermaßen in Eintracht miteinander blieb, sich vor ererbtem junkerlichen Jähzorn und Eigensinn hütete und das Erbe der Vorväter hütete und ausbaute.

Die Folgen des Krieges für die weitere Geschichte der nordostdeutschen Adelslandschaften und der Territorien überhaupt sind so weitreichend gewesen, daß ein ganzes Jahrhundert davon betroffen war. Das beste Beispiel bietet Daber selbst. Der Krieg hatte das Städtchen fast entvölkert. In den 128 Wohn-

164 *P. Gantzer,* Bd. 2, Nr. 1372.
165 *P. Gantzer,* Bd. 2, Nr. 1385.
166 Straßen: *F. Curschmann* in: *B. Schulze,* Brandenburgische Kreiskarte, Blatt 2, Berlin 1933. Die Straßen liefen von Stargard/Pommern über Freienwalde bzw. Nörenberg nach Preußen.

häusern lebten um 1618 rd. 650 Menschen, deren Zahl seit 1630 rasch zurückging. 1642 waren es noch 48, während 78 seit etwa 1638 gestorben waren. Mehr als 90 Prozent der Bevölkerung waren verstorben (Krieg, Epidemien) oder fortgelaufen, vornehmlich nach Polen. 1696 waren erst 50 Prozent (= 312 Einwohner) des Altbestandes erreicht. Um 1740, ein Jahrhundert später, zählte Daber wieder 670 Einwohner. In den Dörfern um Daber lagen ein bis zwei Drittel der Stellen wüst. Insgesamt hat die ländliche Bevölkerung Pommerns zwei Drittel ihres Bestandes verloren.[167] Je größer die Städte waren, desto besser kamen sie durch den Krieg. Sie füllten sich immer wieder durch die Flüchtlinge auf und hatten im Endergebnis nur ca. 25 Prozent eingebüßt (Stettin, Stralsund).

Länger als Vor- und Hinterpommern ist das von Wallenstein beanspruchte Mecklenburg Kriegsschauplatz gewesen. Gallas und der schwedische General Banér stritten hier 1638/39 erbittert und beuteten das Land bis auf den Grund aus. Im Hunger- und Pestjahr 1638 berichtete Banér an Oxenstierna, er sehe in Mecklenburg nur noch »Sand und Luft«, alles sei »bis auf den Erdboden verheert«. Später schrieb er, Felder und Dörfer seien mit krepiertem Vieh besät, die Häuser lägen voller toter Menschen, der Jammer sei nicht zu beschreiben. Im Amte Stargard, in nächster Nähe also von Cölpin und Dewitz, betrug um 1640 der Rückgang der Landbevölkerung 93 Prozent, 1647 waren es immer noch an die 75 Prozent. Im Amt Mirow waren um 1660 wieder 30 Prozent besetzt.[168] Drei Viertel aller Bauernstellen blieben in Mecklenburg erst einmal dauernd wüst oder mußten zum Herrenland geschlagen werden. Der Bauernstand ging allgemein um die Hälfte seines Altbestandes zurück. Vor diesem strukturellen Hintergrund muß man die Umbrüche im Sozial- und Besitzgefüge des nordostdeutschen Adels sehen, Umbrüche, die auch tief in das Denken und Fühlen eingriffen, mit Wirkungen erst nach Jahrzehnten. Die europäische Zeitenwende, die endgültige Überwindung des Reformationsjahrhunderts war in den ländlichen Regionen mit einer beträchtlichen Phasenverschiebung erst um 1650 abgeschlossen. Dieser Prozeß, der dem Individuum neue Freiheiten schenkte und neue Pflichten auferlegte, hatte um 1590 eingesetzt mit Vordenkern und toleranteren Strömungen, aber auch mit der Hinwendung zum »frühmodernen Staat« der Steuern und Soldaten, der Verwaltung und der Aufsicht. Die Mobilität der Bevölkerung nahm zu, auch in den hinterpommerschen Grundherrschaften. Der Krieg hatte vieles zerstört, doch die, die ihn überlebt hatten, blickten danach auf ihre Umwelt mit anderen, gewissermaßen mit ausgeweinten, aber klareren Augen.

167 Vgl. *G. Franz,* Der Dreißigjährige Krieg und das deutsche Volk, 3. Aufl. Stuttgart 1961, S. 22.

168 *P. Steinmann,* Bauer und Ritter in Mecklenburg, 1960, S. 154–158. – *G. Franz,* a. a. O., S. 23.

Adel und Bauern hatten mit Sicherheit am schwersten zu leiden gehabt. Eine kompakte Grundherrschaft wie die der Dewitz-Dörfer konnte sich immer noch etwas besser behaupten als einzelne Rittergüter mit Bauern im Land Stargard. Die Nähe zu den großen Handels- und Heerstraßen spielte eine erhebliche Rolle, auch wenn die Landesfeinde klug genug waren, sich auch in abgelegene Siedlungen von Verrätern führen zu lassen. Insgesamt wird man das Urteil vertreten können, daß die Dewitze geschädigt, aber nicht im Kern ihrer Substanzen getroffen worden sind. Doch mit dem Überleben und Retten mancher Werte war es nicht getan. Die Zeiten blieben widrig. Die Folgen des Krieges, auch auf den Agrarmärkten, traten nach und nach zutage und erforderten eine immer intelligentere Wirtschaftsführung. In den Landesstaaten entwickelten sich die Theorien und Praktiken der absoluten Monarchien. Die »alte Adelswelt« begann sich aufzulösen. Das Ständewesen reichte als Rückhalt gegenüber den Staatspotenzen nicht aus. Wer sich nicht rechtzeitig den Forderungen der unweigerlich heraufziehenden neuen Zeiten öffnete, war schließlich verloren, als Person wie in der sozialen Gruppe. Alles hing also um 1650 davon ab, ob künftig die Dewitze und ihre hinterpommerschen und auch mecklenburgischen Geschlechtsgenossen die Chancen nutzen würden, die sich ihnen überraschend bald eröffnen sollten: im Staate Brandenburg-Preußen. Aber nicht nur Chancen eröffneten sich. Dieser Staat forderte den einzelnen Grundbesitzer auch mehr und härter als andere Landesstaaten. Schritt um Schritt wurden die Freiräume der alten Herrschaften und Familien eingeengt: durch Aufsicht und Ordnung, durch modernere Rechtspflege und einen Fiskalismus, dem althergebrachte Vorrechte je länger desto mehr zum Opfer fielen.

Fünftes Kapitel Junker, Offiziere, Staatsminister: Teilhabe an den europäischen Führungsschichten (1650–1800)

Es kommt nicht darauf an, daß die Sonne in eines Monarchen Staaten nicht untergeht, wie sich Spanien ehedem rühmte, sondern was sie während ihres Laufes in diesen Staaten zu sehen bekommt.
J. Chr. Lichtenberg (um 1790)

Preußisch-Hinterpommern

Das Ende des Dreißigjährigen Krieges bedeutet für die Geschichte Brandenburg-Preußens ebenso wenig eine Zäsur wie für die Geschichte der ostdeutschen Junker oder der Gesamtfamilie von Dewitz. Viel eher noch ist es der Regierungsantritt eines tatkräftigen und überdurchschnittlich klugen, eines außenpolitisch hochbegabten Fürsten, des Großen Kurfürsten Friedrich Wilhelm, gewesen, der gleichsam den Weg in ein neues geschichtliches Zeitalter freigab. Mit dem nun von Jahrzehnt zu Jahrzehnt deutlicher erkennbaren Aufstieg Brandenburg-Preußens ist die Geschichte Pommerns auf das engste verbunden. Das pommersche Herzoghaus war 1637 ausgestorben, und Schweden machte sich als europäische Großmacht alle Hoffnungen, hier am Südrande der mittleren Ostsee ein für allemal Fuß fassen zu können. Es ist das Verdienst des Kurfüsten, aber auch der pommerschen Stände,[169] daß sich die schwedischen Ansprüche auf die Dauer nur für einen kleinen Teil erfüllen lassen konnten. Im Frieden von Münster und Osnabrück 1648 erlangte der Kurfürst nach zäh geführten Verhandlungen nicht nur mit Magdeburg und Halberstadt die Herrschaft über die mittlere Elbe und das agrarisch wertvolle Bördeland, sondern auch den größten Teil von Hinterpommern, ein riesiges Areal von Stargard bis Stolp. Freilich fehlte bei dieser Erwerbung, die durch die Erbvertragspolitik der Hohenzollern und ihrer Vorgänger seit 200 Jahren vorbereitet worden war, die untere Oder mit Stettin und Swinemünde. Die Politik des Großen Kurfürsten und seiner Nachfolger bis 1815 war mithin ohne Unterbrechung darauf gerichtet, die Restteile Pommerns so oder so zu erwerben und vor allem die Landeshauptstadt Stettin, den eigentlichen Hafen der Residenzstadt Berlin, in die Hand zu bekommen. Es sind die besten Köpfe des hinter- und vorpommerschen Adels gewesen, die den Kurfürsten Friedrich Wilhelm und seine Nachfolger bei dieser letztlich erfolgreichen Politik mit Leib und

169 *G. Heinrich,* Ständische Korporationen und absolutistische Landesherrschaft in Preußisch-Hinterpommern und Schwedisch-Vorpommern (1637–1816). In: P. Baumgart (Hrsg.), Ständetum und Staatsbildung in Brandenburg-Preußen, 1983, S. 155ff.

Leben unterstützt haben: die Schwerin und Grumbkow, die Dewitz und Borcke.[170]

Die Sozialstrukturen und die agrarwirtschaftlichen Verhältnisse haben mit dem Ende des Dreißigjährigen Krieges und dem Regierungsantritt des Großen Kurfürsten zwar keine abrupte Änderung erfahren; sie sind aber doch langsam und stetig reformiert und verändert worden. Die Position der Stände in Hinterpommern blieb stärker als in der Mark Brandenburg, zumal die Herrscher hier in höherem Maße als in anderen Territorien auf die Interessen des landsässigen Adels Rücksicht zu nehmen hatten. Auch nötigte die machtpolitische Konkurrenz mit dem schwedischen Nachbarn zu Rücksichtnahmen in der Innenpolitik. Denn in Stockholm verzichtete man darauf, in die agrarsozialen Verhältnisse in Vorpommern reformierend einzugreifen. Deshalb war es kein Zufall, daß sich die Adelskritik eines Ernst Moritz Arndt um 1800 an elenden Zuständen auf Rügen oder im Umfeld von Greifswald entzündete.

Für die Dewitz auf ihren Gütern im Umkreis von Daber bedeutete dies alles freilich nicht so sehr viel. Schulden blieben Schulden, und Subventionen vermochte der neue Landesherr an seine adligen Vasallen weder hier noch anderswo zu zahlen. Es gehört zu den allgemeinen Erscheinungen und zu den Spätfolgen des Dreißigjährigen Krieges, daß gefährdeter, weil wirtschaftlich stark geschwächter Besitz mitunter erst Jahrzehnte nach dem Ende des Krieges hochverschuldet aufgegeben werden mußte.

Vor dem Hintergrund dieser Gesamtsituation stellt sich die Dewitz-Geschichte als ein Nebeneinander verschiedenartiger Erscheinungen des Abstiegs, der Stagnation, aber auch des Aufstiegs einzelner Persönlichkeiten dar. Problematisch wurde es immer dann, wenn Erbstreitfälle[171] zu scharfen, geradezu lebensgefährlichen Auseinandersetzungen führten. Ebenso bedenklich war es, wenn die Baulust und die Lust des Nachahmens potenterer Herren einen Einzelnen zu jenem Aufwand verlockte, der unter den regulären Bedingungen agrarischer Erträge im Daber-Kreis nicht zu vertreten war. Das auffälligste Beispiel unter den Bauten des Hochbarock (1690–1730) stellt der große Schloßbau von *Hoffelde* dar.[172] Hier sollte offensichtlich in Konkurrenz mit den Borcke und anderen Staatsfamilien wie den Schwerin oder Dohna ein auch künstlerisch herausragendes Herrschaftszentrum erster Ordnung geschaffen werden. In der gleichen Zeit seit 1690 entstanden in Ostpreußen die einzigartigen Bauten in Finckenstein, Dönhoffstedt, Schlobitten oder Friedrichstein. Hier wurde Königen und Kurfürsten nachgeeifert, und nicht nur jenen, die an Spree und Havel regierten. Doch will bedacht sein, daß bei den Borcke und

170 *P. Gantzer,* Bd. 2, Nr. 1405 (1650). – Das »herzogliche Hofgericht« in Stettin bearbeitete weiterhin Rechtsfälle aus ganz Hinterpommern, obwohl seit ca. 1652 in Kolberg das kurbrandenburgische Hofgericht bestand.

171 *P. Gantzer,* Bd. 2, Nr. 1417f., 1426, 1435f., 1442 u.ö.

172 Hoffelde: *P. Gantzer,* Bd. 3, 1, S. 341f.

Finckenstein und vergleichbaren Geschlechtern in den Einkommensverhältnissen andere Größenordnungen bestanden, weniger Erbteilungen wohl auch stattgefunden hatten. Ein entscheidender Punkt bei der Besitzstandsgeschichte für das 17. und 18. Jahrhundert war die Zugangsmöglichkeit zu Staatseinkünften in Form hoher Gehälter, wie sie Generäle und Minister erhielten. Dies war jedermann bekannt. Die Dewitz hatten in ihrer Familie das Beispiel des Kanzlers Jobst († 1542). Aber hochbegabte Regierungsmänner oder Kriegsleute vermochte keine Familie gleichsam mit Gewalt heranzubilden. Hier war immer neben allen genealogisch-genetischem Zufall eine sorgfältige Heiratspolitik, eine gediegene Erziehung und eine vom Elternhaus angeregte Mobilität gefragt und gefordert. Seit der Zeit des Kanzlers Jobst hatte von den pommerschen Dewitz kaum noch einer lukrative Positionen erreichen wollen oder können. Die Stellung als Landrat, als Obrist, als Major, Landschaftsrat oder Vizepräsident wirft noch keine fürstlichen Dotationen, keine respekterheischenden Beutegelder, keine Gewinnanteile an Rüstungsgeschäften ab. Der gelegentliche Montierungsgewinn der Chefs von Kompanien oder Regimentern in der altpreußischen Armee wirkt demgegenüber wie ein Handgeld.

Es ist vornehmlich die ältere und jüngere Cölpiner Linie gewesen, die zu großen Positionen mehrmals begabte Bewerber erfolgreich und folgenreich aufzustellen vermochte. In erster Linie ist zu erinnern an Franz Joachim († 1719) und an zwei Präsidenten des Geheimen Rats in Mecklenburg-Strelitz, an Ulrich Otto von Dewitz († 1808) und an Stephan Werner von Dewitz († 1800).

Bevor wir uns mit einzelnen Persönlichkeiten näher befassen und die Kulturgeschichte der Zeit im Spiegel vor allem Dewitz'scher Quellen betrachten, bleibt noch die Frage zu beantworten, warum eine so zahlreiche und kontinuierlich begabte, teilweise sogar hochbegabte Personen hervorbringende Familie in der Summe nur wenige Persönlichkeiten für die primäre Führungsschicht im Umkreis des Herrschers zu stellen vermocht hat. Als Antwort ist auf zwei Erscheinungen hinzuweisen: 1. Es ist allgemein wohl zu wenig studiert worden, zu wenig Kapital für die »großen Reisen« (Cavalierstour) je Generation aufgewendet worden. Offenbar hat man die Bedeutung des Studiums in den Niederlanden und in Frankreich für die Erlangung einer hohen Position in Berlin nicht erkannt. Dabei bleibt zu beachten, daß eine nicht ganz geringe Zahl von Familienangehörigen inländische Universitäten, wie Frankfurt a. d. Oder,[173] aufgesucht haben. 2. Es ist biologisch und ökonomisch nicht erfolgreich genug geheiratet (oder besser: verheiratet) worden. Der ziemlich geschlossene Heiratskreis im vorderen Hinterpommern hätte wohl häufiger durchbrochen werden müssen, um vielleicht einen beweglicheren »Phänotyp«

173 Universitäten: *P. Gantzer,* Bd. 1, Nr. 676; vgl. Bd. 2, Nr. 1381.

entstehen zu lassen. In diesem Zusammenhang ist es auffällig, daß bei den Dewitz dieses Zeitabschnittes kaum hugenottisches Blut über Einheiraten aufgenommen wurde.

Diese Feststellungen, die sich auch für andere Familien Pommerns, Brandenburgs oder Ostpreußens treffen ließen, besagen wenig über die Leistungsfähigkeit in den einzelnen Generationen. Die Hauptlinie mit den beiden Jobst-Stammvätern und Stephan von Dewitz († 1668) sowie der offenbar in ihrer Vitalität überquellenden Eva Essa (sc. Else Barbara) von Pfuel († 1667) bis zu dem späteren Gouverneur von Kolberg Joachim Balthasar von Dewitz auf Schloß Hoffelde († 1699) und weiter bis zu dessen Kindern (die in Heiratsgemeinschaft mit den Marwitz, Osten, Podewils, Borcke und Wachholtz standen) zeigt schon eine überdurchschnittlich hohe Konzentration an eigentümlichen Begabungen und an Leistungswillen. Das hat sich dann über Stephan († 1723) in den folgenden Generationen in weiblicher und männlicher Linie weit ausgefächert.[174] Im übrigen lehren Biographien aus hinterpommerschen Heiratskreisen, daß die getreuliche Einhaltung der protestantischen und sonstigen Adelstugenden, altruistische Ehrbarkeit und bescheidene Fürstenfolgsamkeit also, in einem reziproken Verhältnis zum politischen Aufstieg und Erfolg stehen konnten und gestanden haben.

Bildungszustände

Das Bildungswesen in Hinterpommern, aber auch in Mecklenburg-Stargard, ist während des 17. und frühen 18. Jahrhunderts stetig verbessert worden. Ersten Unterricht erhielten die Knaben, wie Leichenpredigten und andere Lebensabrisse berichten, im Hause der Eltern oder Großeltern. Dort wurde von besonders ausgewählten Hauslehrern, in der Regel aber von den Ortsgeistlichen das Lesen, Schreiben, das Erlernen von Sprüchen der Psalmisten und die Lektüre der Bibel gepflegt. Danach kam der kleine Junker oft schon mit zwölf Jahren auf eine weiter entfernt gelegene höhere Schule, wo er von ehrbaren Leuten aufgenommen und besorgt wurde. Christian Ludwig von Dewitz erlernte auf der »Akademie« in Kolberg die klassischen Sprachen, Französisch und Mathematik, aber auch Fechten und Tanzen, wie sie einem jungen Mann von Stande zukamen. Andere Dewitze besuchten das königliche Gymnasium im noch schwedischen Stettin; wieder andere saugten aus der brandenburgischen Mittelmark den Honig edler Wissenschaften, auf dem altehrwürdigen Neuruppiner Gymnasium etwa (bezeugt 1365) oder auf dem Joachimsthalschen Gymnasium inmitten der Schorfheide. Wer sich an diesen Schulen be-

174 Hier hätten weitere Untersuchungen einzusetzen. Auffällig ist die »Auffrischung« durch das »brandenburgische« Erbgut der Pfuel-Tochter.

hauptet hatte, bezog sodann Frankfurt an der Oder (neun Dewitze) und später, seit 1694, die »preußische« Staatsuniversität Halle. Aber Lernbegierige finden sich auch in den Matrikeln von Greifswald, Leipzig, Wittenberg oder Jena. Einzelne haben den Weg nach Leiden in den Niederlanden nicht gescheut. Wer eine solche Ausbildung erfahren hatte, vermochte in zierlicher Rede dem toten Freund das Gedenken zu stiften und sammelte wohl auch historische, philosophische, juristische, naturgeschichtliche und literarische Bücher und las in ihnen dann und wann.

Alle Bildung, alle Frühaufklärung drang aber doch in die abgelegenen Orte mecklenburgischer und pommerscher Gutsherrschaften nur langsam vor. Es fehlte an Rekapitulation, an dem regelmäßig anregenden Fluidum einer Residenz oder wenigstens einer Neben- oder Witwenresidenz. Auffällig bleibt auch beim Adel Ostdeutschlands, wie gering entwickelt das Bedürfnis war, die eigene Zeit mit Ereignissen und Zuständen schriftlich festzuhalten. Man führte »Hausbücher« als Familienchroniken oder verfaßte, wie Curts Sohn Georg, eine »Nachricht von meines Lebens Lauf und Wandel« auf fünf Seiten als Grundlage für eine in der Regel zuverlässige Leichenpredigt. Doch sind aus der Dewitz-Familie für die Zeit vor 1740 keine größeren Tagebücher oder Reisebeschreibungen überkommen, wie bei den Wedel und anderen, die den Weg nach Süddeutschland, über die Alpen oder gar ins Heilige Land nicht gescheut hatten.[175]

Der Mensch in seiner schon fast unvorstellbar bedrohten Existenz war damals immer noch ein Geschöpf des »Nachmittelalters«, abhängig von Wundergläubigkeiten bis hin zu archaischer Zauberei. Nach dem Hexenprozeß von 1610, von dem wir hörten, bleibt es ein erstaunliches Vorkommnis, wenn man erfährt, daß Georg IV. um 1663 den lange zurückliegenden Tod eines Töchterchens von Zauberhexen verursacht sieht.[176] Noch 1682 wird eine arme Frau aus Maldewin wegen bösartiger Hexerei von den Grundherren Jobst Ludwig und Joachim Balthasar von Dewitz zum Tode verurteilt und mit Zustimmung des Stargarder Schöffenstuhls hingerichtet; in der Bestätigung des Urteils heißt es: »... sprechen wir, Jobst Ludewig und Joachim Baltzer, Gebrüder von Dewitzen, respective Churfürstl. Hinterpommerscher Landrath wie auch Sr. Churfürstl. Durchl. ... wolbestalter Oberster, auf Daber, Wussow, Hoffelde Erbherren, nach eingeholten Rath der Rechtsgelahrten vor Recht: Dass inquisita wegen bekanter Zauberey mit dem Feuer vom Leben zum Tode zu strafen sey, wie wir denn solches also erkennen und sie dahin urtheilen«. Offenbar hat es wegen dieser »Rechtsprechung« gegen eine verheiratete Frau in Daber Pro-

175 Vgl. *P. Gantzer,* Bd. 2, Nr. 1453 (1659), 1465 (Georg), 1329. – Leichenpredigten: *a. a. O.,* Bd. 2, Nr. 1297, 1355, 1359 (1699), 1371, 1425, 1431, 1450f., 1462, 1466, 1467, 1495, 1508, 1542. – Tagebuch des Henning Otto v. Dewitz: *a. a. O.,* Bd. 2, Nr. 1821; Bd. 3, 2, Nr. 2522 (1696).

176 *P. Gantzer,* Bd. 2, Nr. 1465.

teste gegeben, so daß sich die an Gerichtseinkünften in aller Regel nicht uninteressierte Gerichtsherrschaft veranlaßt sah, drei unbotmäßige Ratsherren abzusetzen und neue wählen zu lassen.[177] In dieses Bild einer dem Zeitgeist der Hexenverfolgungen immer noch verfallenen Obrigkeit paßt es, daß der Gerichtsherr Joachim Balthasar, seit 1681 Obrist und durch viel Weltläufigkeit ausgezeichnet, sich ohne Ironie beim kurfürstlichen Konsistorium über einen Pastor in Schönwalde beschwert, der Magie treibe. Der Pastor, so wird dem hohen Konsistorium beigebracht, habe die »Täter abgerissener Weintrauben« in seiner Kirche gebannt und deren Leib und Seele qualvollerweise »dem Teufel« überantwortet. Wenig später hätte dann der Dorfbulle von den Trauben gefressen und sei wegen eben dieses Kirchenbannes schwer erkrankt und sei dann unter schlimmem Gestöhne verendet. Offenbar sollte wegen der hohen Bedeutung eines Dorfbullen für das Wirtschaftsleben der Herrschaft Daber das Konsistorium alles tun, damit sich dergleichen nicht wiederhole. Die Quellen verraten nicht, wie die Sache ausging und was der teuflisch versierte Pfarrer sonst noch für Opfer gefunden hat. Überhaupt gab es in diesen Jahren viel Unruhe in der Herrschaft Daber. Klagen der Leute und schließlich auch der Pfarrer finden sich in den Akten der Patronats- und Gerichtsherren, denen beim Hinterpommerschen Konsistorium Bösartigkeiten und Rechtsverdrehungen durch den Oberpfarrer in Daber nachgesagt wurden.[178] In der Summe verweisen die Spannungen auf eine ungeschickte Herrschaftsführung der beiden Brüder. Die Konflikte dürften vor allem durch den zwar tatkräftigen, aber undifferenzierten und autoritären Kriegsmann Joachim Balthasar hervorgerufen worden sein.

Die Dewitz in Polen

Wie bei nicht wenigen Anderen der großen Geschlechter Ostdeutschlands und insbesondere Pommerns und Ostpreußens haben auch die Dewitz im 17. und 18. Jahrhundert einen Familienzweig ausgebildet, der sich im Königreich Polen ausgebreitet hat und dessen letzte Ausläufer sich infolge unzulänglicher Überlieferungen nicht genau nachweisen lassen.[179] Der Grund für das Ausweichen nach Polen ist unzweifelhaft in der Bedrohung durch die Schweden während des großen Krieges zu erblicken. Die Brüder Heinrich IV. und Georg V. hielten sich wiederholt in Polen auf, ohne daß sich von ihnen oder einem anderen Dewitz aus Hinterpommern bisher eine genealogisch gesicherte Ver-

177 *P. Gantzer,* Bd. 2, Nr. 1543.
178 *P. Gantzer,* Bd. 2, Nr. 1549. Vgl. Nr. 1562–1565.
179 *L. v. Dewitz,* Die Dewitz in Polen, 1917. – Russische Dienste: *P. Gantzer,* Bd. 2, Nr. 1780. – Kontaktaufnahme 1799: *a. a. O.,* Bd. 2, Nr. 2173, 2176.

bindung zu den beiden ältesten polnischen Dewitz hätte knüpfen lassen. Konrad von Dewitz (gleich Curt III., 235) ist 1648 in Breitenfelde gestorben. 1655 erscheint in Bromberg ein Major Jacob Dewicz, der im Regiment des Fürsten Boguslaw Radziwil stand. Stephan Werner von Dewitz hat dann in den Jahren zwischen 1772 und 1799 über diese Fragen mit einem in Galizien wohnenden Franz Dewicz und mit dessen Neffen Ignaz (s. Stammtafel) korrespondiert. Aus dem Briefwechsel geht hervor, daß die Einwanderung nach Polen schon längere Zeit vor 1667 geschehen sein muß. Schließlich gelang es dem Generalmajor a. D. Max von Dewitz 1916/17, insoweit Klarheit zu schaffen, daß das Wappen der polnischen Dewicz im wesentlichen identisch ist mit dem der deutschen Linie. Der Stammvater in Polen war Georg Kasper Dewicz (ca. 1670 bis 24. 9. 1733), der im Dienste des Fürsten Menschikov stand und aus Estland stammte. Die bisher nicht widerlegte Annahme geht dahin, daß Georg Kasper und die russischen Generale Andrej und Peter aus einer in Reval ansässig gewordenen Familie stammen, deren Stammvater wohl während des Krieges aus Mecklenburg nach Reval ausgewandert ist. Die Vornamen der polnischen Dewicz wie Georg, Joachim und Jacob könnten eine Erinnerung an die Herkunft enthalten. Unter den Nachfahren des Georg Kasper finden sich Gutsbesitzer, ein »Jägermeister« von Plock, ein »Schwertträger« von Pinsk, mehrere russisch-polnische Generale und sonstige Offiziere. In der siebenten Generation ist bei der offensichtlich überwiegend in Galizien und Lemberg ansässig gewesenen Familie ein Abstieg in den Kleinadel und in bürgerliche Verhältnisse zu beobachten. Um 1916 waren noch fünf Nachfahren in achter Generation feststellbar.

Der russische General Andrej Dewicz († 1745) war einer der großen Haudegen des Zaren Peter I. und seiner Nachfolger. Er hat 1716 im Zweiten Nordischen Krieg den Übergang russischer Truppenkontingente von Mecklenburg nach Seeland kommandiert und müßte damals auf dänischer Seite den General Franz Joachim und Ulrich Otto von Dewitz begegnet sein.

Rittergutswirtschaft

Auf den Gütern in Mecklenburg und Pommern hat sich seit 1650 nur sehr langsam ein Wandel vollzogen. Die Dewitze hatten erst einmal wie alle im Lande mit den vielfältigen Kriegsfolgen zu ringen. Unverändert brachten Viehzucht und Getreideanbau die meisten Einkünfte. Auf den Feldern baute man Roggen und Gerste, Hafer und Buchweizen, Erbsen und Leinsamen an. Neben Rindern und Schweinen bestanden nun fast überall größere Schafherden, zumal man auf diese Weise den Bewuchs verödeter Ländereien kurz halten konnte. 1667 wurde auf dem großen Gut Hoffelde (mit Sallmow, Justemin und Radem) nur 96 Rinder (nebst Zugochsen), 2 Pferde und an die 300 Schafe gezählt. Zugvieh konnte über die Spanndienste der Bauern genutzt werden. Auch in Wussow standen noch um 1703 lediglich 16 Milchkühe, 8 Färsen sowie ein Bulle, dazu 189 Schafe, 20 Schweine, 11 Gänse, 96 Hühner und 8 Enten. Das war nicht mehr als späterhin in jedem größeren Bauernhof zu finden war. Der Ertrag an Ackerfrüchten belief sich dort 1703 auf 207 Scheffel Roggen, 72 Scheffel Gerste, 96 Scheffel Hafer und nur 2 Scheffel Erbsen (ein Scheffel enthielt etwa 80 bis 90 Pfund). Dazu kamen freilich noch die sonstigen Abgaben der Pächter und Bauern.[180] Doch bemaß sich der Wert der Güter eben nicht allein nach dem Viehbesatz und dem Ertrag der Äcker. Zu den Gütern gehörten, wie die exakten Dewitzschen Inventare lehren, Abgaben und Dienste von den grundherrschaftlich an das jeweilige Gut gebundenen Bauernhöfen, Kossätenstellen, Krügern und Setz-Schulzen. Die für den Landesherrn bestimmten Abgaben von allen diesen Hintersassen mußten von der Grundherrschaft aufgebracht oder auch vorgestreckt werden, gleichviel, ob nun diese Stellen und Höfe besetzt waren oder lange Zeit nicht besetzt werden konnten und deshalb verödeten.

Hier lag also alle Zeit ein erhebliches unternehmerisches Risiko, dessen Bedeutung selbst in der Fachliteratur häufig nicht erkannt und angesprochen wird. Bestimmten Vorrechten standen bestimmte Verpflichtungen gegenüber. Der Wert eines Gutes war (wie auch die Schätzungen zeigen) um so höher, je besser die Qualität und die Verweildauer der Bauern und sonstigen Gutsleute waren. Wer als Gutsherr bei Abgaben und Diensten etwa einen zu starken, landesunüblichen oder ökonomisch unangemessenen Druck ausübte, erfuhr bald Widerstand, der sich in letzter Konsequenz zur Flucht bei Nacht und Nebel unter Mitnahme beweglicher Habe ausweiten konnte. Einen wüst gewordenen Hof nach dem Kriege in der Herrschaft Daber wieder einzurichten, kostete rund 200 Gulden; davon entfielen auf das schlichte Haus nebst Stallungen 60, auf die Hofwehr (Ackergeräte etc.) 100, und auf den Bauern rund 33 Gulden (1646). War nun kein Geld für die Neueinrichtung der verlassenen Höfe vorhanden oder waren – was häufig vorkam – keine geeigneten Bewerber vorhanden, so mußte der Acker nebst Hof nolens volens zum Gut bzw. zu einem seiner Vorwerke gezogen werden. So geschah es in Groß- und Klein Benz oder in Farbezin. Als ein bewußtes „Bauernlegen" wird man dies nicht bezeichnen können. Andere Dewitz suchten sich nach 1650 in der Weise zu helfen, daß sie geeignete Leute aus Polen „kauften", d. h. mit Geldern anwarben, wobei es durchaus denkbar ist, daß anderwärts entlaufene Bauern deutscher oder polnischer Zunge ihre Rechts- und Soziallage verbesserten. Denn Angebot und Nachfrage bestimmten auch damals den Markt der Fachkräfte; in den langen Jahrzehnten des Menschenmangels mußten denn auch die pommerschen und auch die mecklenburgischen Dewitze für diese neuen Hüfner

180 Wussow 1703: *P. Gantzer,* Bd. 2, Nr. 1694.

(»Freibauern«) Steuer und Dienstfreijahre einräumen, so daß sich die Sozialstruktur differenzierte und sich eine ziemlich problematische Ungleichheit bei den Belastungen in den Dörfern ergab (1654). In den Gutsdörfern der Herrschaft Daber haben die Dewitz die Bauern mit Sonderkonditionen nur als Zeitpächter eingesetzt, in der Hoffnung, den alten Zustand durchgehender Erbuntertänigkeit doch noch wiederherstellen zu können. Dies ist ihnen jedoch nicht mehr vollständig gelungen. So kann man für dieses Gebiet insgesamt kaum von einer Verschärfung der mißverständlich als »Leibeigenschaft« bezeichneten »Hörigkeit« oder »Erbuntertänigkeit« sprechen. Wo Abgaben etwa mit Zustimmung der Betroffenen in Dienste umgewandelt wurden, konnte unter Umständen das Realeinkommen steigen. Entgegen der landläufigen Meinung gab es auch im vorderen Hinterpommern einen Rechtsschutz für Bauern und Ackerbürger, zumal nach Beginn der brandenburgischen Herrschaft. Allgemein läßt sich für die Dewitzschen Güter beobachten, daß die Belastungen durch Dienste in Cölpin und Umgebung offenbar stärker waren als in der Herrschaft Daber, wo die insgesamt geringeren Hofdienste – pro Wirtschaftsjahr und Erntezeit – mit besonderen, besser kalkulierbaren Stückleistungen verbunden waren. Den relativ geringen Gesamtbelastungen dieser Bauernhöfe stand freilich der Tatbestand der ärmlichen Verfassung der Dörfer und Höfe um Daber gegenüber, was noch bis weit in das 18. Jahrhundert hinein zu beobachten war.

Vom Leben in Gutshäusern und Schlössern

Um 1650 war Armut und Ärmlichkeit auch auf zahlreichen Gutshöfen deutlich spürbar. Es fehlte das Geld für durchgreifende Verbesserungen. Die alte Stammburg in Daber verfiel weiter. Offenbar mangelte es auch in den Dörfern an geschickten Handwerkern. Noch waren die Gutshöfe mit ihren Gebäuden von leichten Zäunen und Wildrosenhecken umgeben. Das sollte Raubwild, zweibeiniges oder vierbeiniges, abhalten. Die Torwege der größeren Anlagen konnten zwar bewacht und geschlossen werden, aber einem ernstlichen Angriffe waren sie nicht gewachsen. In der Mitte des Hofes stand das »Haus«. Von Schlössern kann hier noch nicht die Rede sein. Noch immer waren es die Fachwerkbauten aus dem 16. oder frühen 17. Jahrhundert, mit guten Eichenbalken aus eigener Forst, aber feuergefährlich gedeckt mit Strohschütten oder Holzschindeln. Die Wände bestanden aus einer Mixtur von Häcksel-Lehm und Steinschutt; erst allmählich kam die Ziegelproduktion (Hoffelde) auch auf dem platten Lande auf. Tapeten kannte man noch nicht. Mit weißer oder mit Ochsenblut gefärbter Kalkbrühe wurden die Wände gestrichen. Die Türen hingen in geschmiedeten Haspen. Man bewegte sie mit hölzernen Klinken. Aus Lehm oder Kalkmörtelschutt waren die Fußböden gestampft, und an den

Rändern mit Kalkmörtel glatt gestrichen. Noch wurden glatte Dielen als ungewohnter Luxus empfunden. Mit einem Kachelofen heizte man häufig mehrere Räume.

Das Tageslicht fiel durch runde bleigefaßte Scheiben auf Bänke und Tische, Truhen, Kisten, Schränke und Spinde. Für Groß Miltzow sind für 1649 nur eine Wohnstube, ein Erker, vier Kammern und offenbar sehr kleine Obergemächer überliefert. Lediglich in Hoffelde waren mehr Räume vorhanden. Man war anspruchslos im Wohnen in den Jahrzehnten nach dem großen Kriege. Die Verschwendungslust des Barockzeitalters hat den deutschen Nordosten mit einer Verspätung von mehr als drei Jahrzehnten erreicht und hielt sich auch dann noch in engen Grenzen. Wesentlich waren immer funktionstüchtige Wirtschaftsgebäude, große Kornhäuser, große und kleine Scheunen und vor allem auch für das tägliche Brot ein Backhaus (Groß Miltzow 1649).

In Hoffelde hingegen gab es bereits ein Wagenhaus, die spätere Remise, baute man ein Torhäuschen, schuf dem Gutsgärtner ein kleines Wohnhaus, hatte ein großes Ackerhaus errichtet, das unter seinem Dache die Viehdiele, die Scheune, den Schafstall und die Wohnung des Vogtes, also des Inspektors, vereinigte. Daß es überall und längst Gemüse- und Obstgärten gab, ist selbstverständlich. 1671, als Georg Heinrich von Dewitz in Konkurs gerät, wurden *Maldewin, Salmow* und *Plantikow* geschätzt und beschrieben.[181] Nun war, freilich auch infolge aufwendigerer Lebensweise, bereits ein langer Reitstall vorhanden, aus bestem Fichtenholz gebaut. Dazu eine Scheune (18 Gebinde), ein Kuhstall (13 Gebinde), ein Sack- und Brauhaus nebst Vogtwohnung (acht Gebinde), mit gemauertem Schornstein und einer gemauerten Darre (für die Getreidetrocknung). Maldewin wurde damals auf 19147 Gulden (zu 5 %) geschätzt. Darin eingeschlossen waren die Erträgnisse aus sechs Karpfenteichen (300 Gulden), aus der Patrimonialgerichtsbarkeit (rund 100 Gulden), offenbar ein Überschuß aus dem ius patronatus, dem grundherrlichen Patronatsrecht (50 Gulden), eine Abgabe für die Mastung im Gutswald (200 Gulden), Abgaben für die Nutzung des Waldes durch die sonstigen Gemeindemitglieder (1016 Gulden) sowie verschiedene Fischereirechte (ca. 591 Gulden). Aus den Schloß-, Afterlehn- und Stadtgerechtigkeiten in Daber entfielen auf Maldewin rund 233 Gulden. Wie man sieht, bestanden nicht unerhebliche Nebeneinnahmen. Offenbar hat sich der Gutsherr von Maldewin »verbaut«.

Drei Jahrzehnte später wird Wussow beschrieben, vielleicht die kulturgeschichtlich interessanteste Inventarisierung.[182] Noch immer ist das Gutshaus aus Fachwerk gebaut. Der Zustand ist schlecht. Teile der Bedachung sind verfault. Den Eingang bildete ein Vestibulum, ein verandaartiger Vorbau mit

181 *P. Gantzer,* Bd. 2, Nr. 1511. Gerechnet wurde jeweils das Zwanzigfache der Jahreseinnahmen.

182 *P. Gantzer,* Bd. 2, Nr. 1694.

zwei Fenstern, von dem aus eine in durchbrochenen Rauten geschnitzte Tür den Weg zu den Wohnräumen freigab. Der eigentliche Hausflur war mit Ziegelsteinen ausgelegt. Eine Tür neben dem voll ausgemauerten Schornstein öffnete sich zum Vorratskeller hin, der aus drei Räumen bestand. Das übrige Haus war nicht unterkellert. Über fünf Stufen stieg man in die große Wohnstube, wo der Ofen nun das Auge mit Bilderkacheln erheiterte. Die Fensterrahmen hatte der Schreiner aus Eichenholz gearbeitet, immer noch hielt Blei das Glas in den Kanten. In der großen und der kleinen Wohnstube lagen nun schwere Dielen, unverfugt. Von der kleinen Stube konnte man ebenfalls auf den Flur gehen, eine andere Tür führte zum »Kabinett« (offensichtlich der Toilette). Daneben bestand auf der anderen Seite eine »lange Kammer«, ebenfalls mit Ziegeln ausgelegt und geweißt. Andererseits ging man vom Hausflur aus in die weiträumige Küche mit dem holzverkleideten, aber innen ausgemauerten Rauchfang. Neben der Küche lag die Gesindestube und eine Kammer. Die Decken der Räume bestanden aus festen Fichtenholzbrettern, die mit einer Lehmmörtelmasse verstrichen waren. In der oberen Etage war ein Schlafboden, die Speisekammer und eine Art Veranda (»Sommergesäß«). Gegenüber der großen Wohnstube in der Hauptetage befand sich die Tür zu einem großen Saal mit zwei großen und vier kleinen Fenstern, mit Holzdielen und einem mit schwarzen Bildkacheln geschmückten Ofen. Die sogenannte »Schule« konnte man nur vom Hofplatz aus betreten. In diesem beheizten Raum wurde offenbar im Auftrage des Gutsherrn für alle Kinder des Ortes Elementarunterricht erteilt. Sonstige Nebenräume befanden sich teilweise in desolatem Zustande, weil sie nicht oder nur selten benutzt wurden. Dies läßt sich auch im 20. Jahrhundert noch beobachten. Vom Wohnhaus konnte man sogleich zum Pferde- und Viehstall gehen und zum Kornboden. Im Umkreis des Herrenhauses lagen außerdem das Brauhaus, ein Schafstall, das Hühnerhaus, ein Schweinestall, der Brunnen, dazu das Schäfer- und Hirtenhaus. Der große Torweg als Eingang war mit einer Pforte gesichert. In dessen Nähe befand sich der Edelobstgarten der Gutsherrin. In diesem wiederum hatte man ein kleines Haus errichtet, um »Briefschaften« aufzubewahren. Das »Familienarchiv« sollte nicht durch Feuersbrünste vernichtet werden können, die immer wieder einmal Wohnhäuser in Stunden zusammensinken ließen.

An den Obstgarten schloß sich ein Gemüsegarten an, in dem auch die Bienenkörbe standen. Unter den Nutzbäumen des Gutshofes werden Bergamotte-Birnen und Walnüsse hervorgehoben.

Das stattlichste Haus während des 17. Jahrhunderts hatte sich der preußische Generalleutnant der Kavallerie und Gouverneur von Kolberg *Joachim Balthasar von Dewitz* (1636–1699) geschaffen. Seine drei Ehen mit Hedwig von Mörner († 1672), mit Margaretha von Dewitz († 1692) und, 1694, mit Louise von Derfflinger, der Feldmarschall-Tochter, hatten ihn so vermögend werden lassen, daß er einen erheblichen Teil Dewitz'scher Güter erwerben und Hoffelde[183] angemessen ausbauen konnte. Das Haupthaus blieb zwar im Fachwerk erhalten, war jedoch mit Ziegeln gedeckt und zeigte erstmals vor der Bodenkammer eine große Uhr. In einem Türmchen hing eine Glocke. Die Längsfront des Schlosses gliederte man mit 47, die beiden Flügel (»Erker«) mit 17 und 18 Fenstern. Auch hier bestand ein Windfang in Gestalt eines Sommerhäuschens mit Sitzbänken. Vom Hausflur aus schritt man nach rechts hin in die Küche und Speisekammer, in die »Lakaienstube« und von dort aus mittels eines Durchganges zum brandgefährdeten Brauhaus, zur Backstube und zur Brotkammer. Die »Tafelstube«, in der der Gouverneur seine Gäste empfing, war an den Wänden mit Tapeten aus vergoldetem Leder bespannt. Auf den Fußböden erfreute sich das Auge an Delfter Kacheln. Man wird an das verwunschene Schlößchen Caputh am Schwielowsee erinnert. Die Hausfrau verfügte nun neben der Tafelstube über ein eigenes großes Gemach mit angeschlossenem Kinderstübchen für Niederkünfte und einer kleinen »Apotheke«. Man wird anzunehmen haben, daß sich hierin etwas von dem patriarchalischen Sinn der Gutsherrschaft ausdrückte. Gehörte doch die Fürsorge oder zumindest Aufsicht über die Kranken und Siechen zu den christlichen Pflichten der Gutsfrau. Nunmehr gab es bereits die breite, von westeuropäisch beeinflußten Architekten geschaffene Treppe ins obere Stockwerk und in das Dachgeschoß. Gittertüren trennten die Absätze und Schnitzbildwerke zierten alle Geländer. Im ersten Stockwerk war für die Herren ein Billardsaal eingerichtet, es gab eine Möbelkammer und eine »blaue Stube«, zur Linken weiterhin für die heranwachsenden Töchter das Fräuleinzimmer sowie Nebengelaß. Im Dachgeschoß hatte sich der Hausherr sein Refugium vorbehalten, nebst Bibliothek sowie einer Schulstube, wo offenbar der Erzieher den Kindern Joachim Balthasars Grundwissen und höfische Manieren beizubringen suchte. Nun gab es kaum noch Zimmer im Schloß, die nicht mit Stoffen und Gardinen, mit gemalten Tapeten ausgestattet waren. Die Inneneinrichtung kam von den besten Möbeltischlern im Westen. Man zählte später ovale, drei- und viereckige Tische, dann »guéridons« und Teetische, Sessel und Lehnstühle, einfache und lederbezogene Stühle, ein Canapee mit einem Bezug von Wachsleinwand, sowie sonstige Ruhebetten, ferner einfache Himmelbetten, aber auch bereits »französische Bettstellen« mit »Pavillons«. Ein solches Instrument hatte Stephan Bernd von Dewitz erstaunlicherweise von Peter dem Großen verehrt erhalten. Keine Spur mehr von kalkigen Wänden. Überall hingen Bilder: Landschaften, Jagdszenen, Bildnisse der Hohenzollern und anderer Fürsten, Porträts der Offiziere aus Stephan Bernds Regiment, wie man sie sich gegenseitig in diesen Zeiten des ersten preußischen Königs oder Friedrich Wilhelms I. zugeeignet hat. Aber die alten Dinge waren nicht vergessen oder gar schnöde in

183 Hoffelde und Joachim Balthasar: *P. Gantzer,* Bd. 2, Nr. 1562–1565, 1669, 1902f.; Bd. 3, 2, Nr. 2575 (1728); älterer Zustand: Bd. 3, 2, Nr. 2535.

irgendeine »wüste Stube« verbracht worden. Die Bilder der Ahnen, acht an der Zahl, nahmen einen Ehrenplatz ein, und unter ihnen fiel das Auge sogleich auf die Porträts Jobsts I. und seiner Hausfrau Ottilie von Arnim, von Lucas Cranachs Meisterhand geschaffen.

Joachim Balthasar hat in brandenburgischen Diensten die »Welt« kennengelernt, hatte gedient am Hofe Herzog Christians von Sachsen-Merseburg, hatte in Holland gekämpft (1672), hatte die Schweden 1675 bei Fehrbellin attackiert und war in vielen Schlössern Norddeutschlands zu Gast gewesen. Er hatte vielen vom hohen Adel abschauen können, wie die Schlösser der Angehörigen der primären Führungsschicht einzurichten waren. Die Tafelkultur hielt nun auch in Brandenburg-Preußen ihren Einzug, nicht nur in Schlobitten und Finckenstein. Zum Silberschatz in Hoffelde gehörten neben schwersilbernen Gabeln und Löffeln bereits vergoldete Stücke, darunter ein großer Tafelaufsatz aus neun Bestandteilen und eine hohe humpenartige Deckelkanne, wie sie Friedrich III. im Berliner Schlosse in freilich ganz anderem Umfange tesaurierte. Dem täglichen Gebrauche dienten Schüsseln und Teller aus Zinn. Ungeachtet aller klimatischen Erfahrungen war man daran gewöhnt, ein heizbares Gewächshaus und sogar eine Orangerie einzurichten. Das Inventar verzeichnet als luxuriöse Importgewächse 14 Zitronen- und Pomeranzenbäume, sechs Lorbeer-, vier Myrthen- und zwei Granatbäume, ferner zwei Yuckas, zwei Passionsblumen, zwei Feigenbäume und eine Aloë. Keine Frage, daß nun für Wagen und Reitpferde besondere Ställe geschaffen wurden. Auch ließen die tatkräftigen Herren von Hoffelde den gesamten Gutshof von einer steinernen Mauer umfangen. Am Tor grüßten das Dewitz'sche und das Ziethen'sche Wappen; denn Stephan Bernd von Dewitz (1672–1728) hatte ja 1697 das brandenburgische Edelfräulein Luise Emilie von Zieten geheiratet. Beide sind die Ururgroßeltern des Fürsten Bismarck in doppelter Linie geworden.

1728 war Hoffelde weit mehr als nur ein hinterpommersches klassisches Rittergut – es war ausgebaut worden zu einem ländlichen Wirtschaftsunternehmen des Manufakturzeitalters. Das Hauptgut wurde in Eigenwirtschaft betrieben, unter Zuhilfenahme der Dienste von 12 Bauern, 3 Kossäten und 3 Freileuten des Dorfes Roggow. Die anderen Güter hatte er, was vielleicht ein Fehler gewesen ist, an Verwalter gegeben, die ihrerseits auf zahlreiche Dienste von Bauern, Freileuten und Kossäten zurückgreifen konnten. Allein an Pacht kamen 3730 Gulden ein. Das sind in Goldmark der spätwilhelminischen Zeit annähernd 25000 Mark. Doch sind solche Berechnungen stets problematisch. Zu diesen Einkünften kamen sonstige Abgaben der Untertanen in Geld und in Naturalien. Zur Gutswirtschaft zählten eine Walkmühle, eine Ziegelei mit einer Jahresproduktion von 90000 Steinen und Brauereibetriebe. Der gesamte Wert der hoffeldischen Güter belief sich auf 123811 Reichstaler, denen freilich 10228 Reichstaler Allodialschulden und 72173 Reichstaler Lehnsschulden gegenüberstanden, eingeschlossen die Guthaben der Witwe Stephan

Bernds. Der Besitz war stark überschuldet und verfiel im Laufe der folgenden beiden Jahrzehnte einer erheblichen Reduktion. Doch davon später.

Als Stephan Bernd 1728 gestorben war, ist auch sein persönlicher Nachlaß aufgelistet worden, so daß man sein Aussehen und seinen Alltag damit rekonstruieren kann. Es fanden sich bei ihm mehrere Degen älterer und jüngerer Produktion, ein polnischer Säbel, drei Paar Pistolen, zwei Flinten mit gelbem Beschlag, vier Kugelbüchsen und drei »Canons« aus Metall. In den Kleiderschränken fand sich ein »braun-gelblich Sommerkleid als Rock, Camisol und 2 Paar Beinkleider, ein altgrün Rock mit Camisol und gelben Knöpfen, ein stahlgrauer Rock mit Silber bordiret, mit Camisol und Beinkleidern, ein brauner Rock mit rothem Sammet gefüttert, wozu Camisol und Beinkleider, 1 perpetuellen Rock mit silbernen Knöpfen, wozu ein Paar Beinkleider, 1 blauer Sommer-Rock nebst Pallie-West und Beinkleidern, so mit Gold bordiret, 1 roth mit Silber bordirter Camisol und Beinkleider, 1 schwartz Camisol von gros de tour, 1 schwartz damasten Camisol, 1 drap d'or camisol, 1 alt schwartz Camisol und Beinkleid, 1 Paar ledern Beinkleider, 1 rother Pelz, 1 blaue damastne cartouche, 1 calemanque do., 1 Kittel, 1 weisze Rocquelor (= Reisemantel), 1 rother Reisehuth, 1 graue seidene Mütze, 1 rothe samtene Mütze mit grauem Prehm., 4 Paar Stiebeletten, worunter auch 1 Paar lederne, 2 Degengehenke, 3 Paar weisze Handschue, 3 Paar castorne do., ... 2 blonde Allonge-Peruquen, 4 schlechte Prenegarden« sowie vieles andere mehr, darunter zu guterletzt 6 weiße Schlafmützen. Das war nun ein recht ansehnlicher »Kleiderspind«. Doch darf man sich nicht dem Mißverständnis hingeben, daß der Lebensstandard in Hoffelde auch nur annähernd in der großen Mehrzahl der nordostdeutschen Gutshäuser erreicht worden wäre.[184]

Beim Tode Stephan Bernds waren also, so hört man, die hoffeldischen Güter überschuldet. Im Laufe des 18. Jahrhunderts ist der Besitz aus diesen wirtschaftlichen Schwierigkeiten nicht herausgekommen. Stephan Bernd hatte bereits erhebliche Schulden gegenüber seiner Stiefmutter und seinen zahlreichen Schwestern übernehmen müssen. Diese wären wohl trotz einiger ungünstiger Erntejahre zu Anfang des 18. Jahrhunderts zu erbringen gewesen, wenn er selber brandenburgisch-sparsam gelebt hätte. Aber er hat sich aus »Prachtliebe und Prunksucht« (Paul Gantzer) in große Schulden gestürzt.[185] Als dann ebenfalls vorzeitig 1751 sein Sohn Karl Joseph verstorben war und die Lehnserben die Güter übernehmen wollten, ergab sich nach und nach ein klassischer Erbenstreit vor den Gerichten mit mehrfacher Anrufung Friedrichs des Großen. Dabei hat es sicher eine verhängnisvolle Rolle gespielt, daß der hoch-

184 *H. J. Helmigk,* Märkische Herrenhäuser aus alter Zeit, Berlin 1929, S. 29ff., 147ff. – Eine sozialhistorische Aufarbeitung der pommerschen Schlösser fehlt. – *H. Bethe,* Die Schlösser in Stargordt und Plathe. In: Pomm. Monbll. 52 (1938), S. 136–140.

185 *P. Gantzer,* Bd. 3, 1, S. 341.

reizbare Stephan Gottlieb schon bei geringen Anlässen die Gerichte inkommodierte und sich als kompromißunfähig erwies.

Während des Siebenjährigen Krieges sind weitere Güter aus der Herrschaft Hoffelde veräußert und verpfändet worden, damit die Brüder von Dewitz überhaupt in den Besitz des Restbestandes kommen konnten. Die Lage verschlimmerte sich , nachdem seit 1758 immer häufiger russische Truppen und Kosaken-Patrouillen pommersche Güter und auch Hoffelde plünderten. 1760 erbrachen Kosaken im Herrenhaus von Wussow alle Kisten und Schränke, zerfetzten die Tapeten und verprügelten nach Siegerart den Verwalter, der ihnen nicht genug zu essen geben konne; daß sie die Bier- und Branntweinvorräte bis auf den Grund leerten, versteht sich von selbst. Ähnlich trieben sie es rundum auf Dörfern und Vorwerken, wo die Leute einfach verjagt und die Kirchen geschändet wurden. Die Schäden beliefen sich in Meesow auf 3160 Reichstaler, in Schönwalde auf 3030 Reichstaler und bei den anderen Gütern auf 5113 Reichstaler. Das sind sehr erhebliche, um nicht zu sagen: riesige Schadenssummen am Rande von »Moskaus Weg nach Europa«. Und diese Brandschatzungen blieben nicht die einzigen. 1761 kam es neben Plünderungen auch zu Kämpfen in der Herrschaft Daber zwischen Preußen unter dem Prinzen Eugen von Württemberg und dem russischen General Berg. Farbezin brannte ab, und das gesamte Vieh der Gutsorte, mehr als 4000 Stück, wurde von den Russen nach Osten abgetrieben. Die Bauern flohen, und ein Teil der Höfe war noch nach 1763 unbesetzt. Es ist leicht einzusehen, daß nun auch der engere Kreis der zu Hoffelde gehörenden Güter (Louisenhof, Roggow, Meesow, Haseleu, Sallmow, Schöneu und Schönwalde) kaum noch zu retten war. Erneut mußte verkauft werden. Immerhin hat dann Stephan Gottlieb von Dewitz seit 1767, nach dem Tode seines erbenlosen Bruders, den Rest von Hoffelde einigermaßen stabilisieren können. Er hat sich auch zuletzt 1784 an den von König Friedrich dem pommerschen Adel nahegelegten Landeskulturarbeiten beteiligt. Als er 1787 starb, fielen die Güter als erledigte Lehen an seine Vettern, die Brüder Stephan Werner, Karl Heinrich Friedrich und Botho Christoph Balthasar.

Ständewesen und Landesverwaltung

Kurfürst Friedrich Wilhelm hat in Hinterpommern auf eine rasche Reformpolitik (Beseitigung der Ungleichheiten in der Steuerverteilung, Münzwesen, Bauernlegen, »Leibeigenschaft«, Gesindezwang, Kolonisation, Ämterverpachtung, Katastrierung der Ämter-Pertinenzien etc.) weitgehend verzichtet. Auch aus außenpolitischen Erwägungen war auf die Stände Rücksicht zu nehmen. Diese, die ihre Ausschuß-Landtage fortsetzten, verhandelten 1661 über eine Visitation der Hufen, setzten 1673 die Lustrationsmatrikel durch und erreichten 1680/84 Visitationen durch kurfürstliche und ständische Kommissare, mit dem nicht unerfreulichen Ergebnis, daß fortan statt 21550 nur noch 16318 Hufen als kontribuable geführt wurden. Das bedeutete eine Reduktion um fast ein Viertel (75, 72 v. H.). Auch wenn man die tristen Wirtschaftsverhältnisse des Landes würdigt, bleibt doch der Eindruck einer geistlosen Amtsstubenverwaltung und einer realitätsnäheren, wenngleich auf das stärkste mit ökonomischen Interessen verflochteten ständischen Mitverwaltung bestehen. Der »Absolutismus« drang nicht durch; die Mobilität der Stände war eine höhere als die der zentralen Staatsverwaltungen. Gegen den Willen der adligen Ständepolitiker und der Vertreter der Städte war nichts Erhebliches durchsetzbar. Rechtstraditionsbewußtsein, Herrschaftsinteresse und ökonomische Zwänge sind die wichtigsten Antriebskräfte bei der Perpetuierung ständischen Wirkens.

Es stellt sich die Frage, wie sich nach der relativ konfliktfreien Eingliederung Pommerns dessen Schicksal unter dem Verwaltungsabsolutismus Friedrich Wilhelms I. gestaltet hat. Tatsächlich hat dieser König dem Adel und den Ständen häufiger partiell nachgegeben, als es seine spektakulären Konflikte vermuten lassen. Dies läßt sich von zwei Vorgängen her erläutern. Ende Mai 1714 beantragten die hinterpommerschen Stände einen Ausschuß-Landtag. Die Zehrkosten, die verfassungsgemäß der Landesherr zu tragen hatte, sollten etwa 1000 Tlr. betragen. Die Tagesordnung enthielt Problempunkte, etwa die noch ausstehende Confirmation der Landesprivilegien durch den König, wie die Ritterschaft sich am ehesten in den Städten possessioniert machen und das Commercium mitgebrauchen könnte, sodann über die Hebung der Manufakturen, über die Mitwirkung bei der Ordnung des Hufenwesens, die Einführung der Berliner Maße und Gewichte, Jurisdiktionsfragen, Bedenken über die Lebenskonstitution und die Rekrutenaushebung. Das war ein normales, an Realien orientiertes ständisches Arbeitsprogramm. Der König läßt verlauten, daß man »solcher Zusammenkunft wohl endlich Unsere Einwilligung geben« könne, sofern nur die »Renunciation auf die Appelationes an die Reichs-Judicia« positiv aufgenommen werden würde, ein Punkt, dessentwegen der König auch in Magdeburg im scharfen Konflikt mit den Ständen stand.[186] Interessant ist, daß die Stände diesen Punkt als so erheblich ansahen, daß sie auf den Convent verzichteten. Mit Zähigkeit wurden also alte, nicht nur ökonomische Rechtspositionen gegen den sehr langsam vordringenden »modernen« Staat verteidigt, mit einer Vielzahl von Aktionen.

Es ist Friedrich Wilhelm I. gewesen, der in die Landesprobleme, die individuellen Zustände überhaupt erst einmal vorgedrungen ist, während man sich vordem mit pauschalen Rechnungen und Besitzstandseinheiten zufrieden geben mußte. Auch das sich langsam entwickelnde Provinzialkommissariat

186 *G. Heinrich,* Ständische Korporationen... (1983), S. 162.

(1699/1703), mit der besonderen Aufgabe der Aufsicht über die Mediat- und Immediatstädte betraut, ist erst nach 1713 unter Wahrung ständischer Mitwirkungsrechte in Tätigkeit gesetzt worden. Die 1717 geplante Allodifikation der Lehngüter der Ritterschaft unterblieb auf Grund der Remonstrationen von Landräten und Offizieren. Dabei standen die Dewitze in vorderster Linie. Der Obrist Friedrich Wilhelm von Dewitz erklärte (13. Februar 1717) eine Allodifikation der Lehngüter für schädlich, weil dadurch die Familien infolge von Erbteilungen und Abfindungen bald verarmen würden, in bürgerliche Berufe gehen müßten, die Kinder nicht mehr standesgemäß erziehen und auch dem König nicht mehr dienen könnten; auch würde die Güterspekulation blühen. Die Zusagen der älteren Landesgesetze würden verletzt, und im Heer könnte dann der Adel die Offiziersstellen nicht mehr allein besetzen und standesgemäß bekleiden. Diese Zusammensetzung des preußischen Offizierskorps sei jedoch bislang von allen Feinden mit Bewunderung als Grund für die Überlegenheit des brandenburgisch-preußischen Heeres anerkannt worden.[187] Die anderen Dewitze beriefen sich gleichzeitig ebenso kühn wie unzutreffend darauf, daß die Lehngüter ursprünglich freier Besitz gewesen seien, die man erst später den Fürsten als Lehen aufgelassen habe.[188] Im Grunde wollte man den Sonderstatus so oder so bewahren, weil man bereits ahnte, daß am Ende dieses gegen die alteuropäische »Hausherrschaft« gerichteten Weges die »bürgerliche« Gleichbesteuerung stehen würde. Ein erstaunliches Faktum, das blitzartig die Machtverteilung zwischen König und Adel beleuchtet.

Voraussetzung für einen größeren Effekt in der Landesverwaltung und eine wirkliche Kontrolle der ständischen Eingaben und Einwände waren eine kartographische Landesaufnahme sowie erstmals Städtekataster. Nach Fertigstellung der Karten wurde 1723 den Ständen von Berlin aus der Entwurf einer neuen Kreiseinteilung (größere Gebietseinheiten, die Städte, Ämter und Adelsbesitz überwölben) mit zunächst sieben Kreisen vorgelegt. Nach Verhandlungen einigte sich der König mit den Ständen (das heißt den schloßgesessenen Familien) auf zwölf Kreise neuer Ordnung, unter Ausschluß der geistlichen Besitz-Komplexe. Die von Wedel, von Dewitz, von Borcke, von Flemming (Wollin), von der Osten und von Blücher und die von Glasenapp bewahrten in diesem Konflikt ihre alten gebietsherrschaftlichen Ansprüche, die sich vor allem in der Erblichkeit des Landratsamtes innerhalb des jeweiligen Familienverbandes ausdrückten. Die Landstände präsentierten die Landräte. 1696 wurde auf diese Weise Christian Heinrich von Dewitz (1629–1708) dem Kurfürsten vorgeschlagen, weil die »von Dewitz unter sich beliebet, dass wegen der Landraths-Charge zwischen beyden, der Daberschen und Hoffeldischen

187 *P. Gantzer,* Bd. 2, Nr. 1756.
188 *P. Gantzer,* Bd. 2, Nr. 1757.

SCHMELZDORF
LASBECK
MALDEWIN
HÖCKENBERG
JARCHELIN
WOLKOW
RADEM
JUSTEMIN
KÜLZ
SCHLOISSIN
FARBEZIN
SCHÖNEU
SALLMOW
KL. BENZ
HASELEU
ROGGOW
HOFFELDE
BERNHAGEN
GR. BENZ
PLANTIKOW
MESOW
DABER
CRAMONSDORF
DABERFREIHEIT
VOIGTSHAGEN
WEITENHAGEN
BRAUNSBERG
SCHÖNWALDE
BREITENFELDE
MARIENHAGEN
BRAUNSFORTH
KANNENBERG
DEWITZ'scher KREIS /HINTERPOMMERN
STAND ANFANG 18. JAHRHUNDERT
DORFSTELLE
STADT
10 km

Linie alterieret werde«.[189] Vor diesen Bastionen des Adels, die in einem flächigen, verfassungsmäßigen und ideellen Zusammenhang standen, machte der in die Provinzen eindringende und von zentralistischen Tendenzen bestimmte Königs-Staat erst einmal halt. Eine Quantifizierung unterstreicht die Machtverhältnisse: Fast zwei Drittel (63,67 v. H.) der Dörfer standen unter der Jurisdiktion des Adels oder sonstiger Eigentümer von Rittergütern; der König verfügte unmittelbar (Ämter: 28, 83 v. H.) oder mittelbar (Städte: 7,50 v. H.) über den Rest (36,33 v. H.). Der König mochte sich über die Stände und den Adel echauffieren, an den Minister- und Generalsfamilien Pommerns kam er nicht vorbei. Sie hinderten ihn aber auch mit Erfolg daran, einen Teil seiner in die Zukunft weisenden Verwaltungs- und Sozial-Maximen in die Tat umzusetzen. So blieben in Pommern während des 18. Jahrhunderts die Quartals-Kontributionsrepartitionen im Beisein ständischer Amtsträger erhalten. In Kompetenzkonflikten wird unverändert auf die Regimentsverfassung und den Landtagsabschied von 1654 rekurriert: Das »Land« ist existent und blieb es auch unter Friedrich dem Großen.

Kriegsdienst und Besitzpolitik: Joachim Balthasar von Dewitz

Joachim Balthasar (1636–1699), der uns bereits als Gerichts- und Stadtherr begegnete, ist gleichwohl zu jenen Nachfahren des Kanzlers Jobst zu rechnen, die ihresgleichen weit überragt haben. Das waren nicht viele. Leben und Leistung sind ein Teil der langen Regierungszeit des Großen Kurfürsten Friedrich Wilhelm. Seine Eltern waren Stephan III. und Eva Essa von Pfuel. Er konnte mithin als halber Brandenburger und als halber Pommer gelten und genoß auch deshalb von früh an das besondere Vertrauen des Kurfürsten. Aber erst einmal mußten seine Eltern, die mit ihm vor den Schweden nach Polen geflüchtet waren, das Kind in Hoffelde durch Hauslehrer ausbilden lassen. An den Besuch einer Universität ist offenbar nicht gedacht worden. Der weitblikkende Vater wollte ihn in einer der kleineren sächsischen Residenzen höfisch ausbilden lassen. Doch mußte er das Schloß des Herzogs von Sachsen-Merseburg verlassen, nachdem er einen Jäger im Streit so schwer verwundet hatte, daß dieser verstarb. Das war eine Lehre für ihn. Der vielfach bezeugte, rasch aufsteigende und ebenso rasch vergehende Jähzorn der Dewitze wurde fortan

189 *P. Gantzer,* Bd. 2, Nr. 1636f. – Zur Neueinteilung der Hinterpommerschen Kreise vgl. *F. Curschmann,* Die Landeseinteilung Pommerns, S. 14–23. – Dazu Acta Borussica, Behördenorganisation, Bd. 4, 1, Nr. 73, S. 176f. u. 181, wo als Verantwortlicher neben dem Landrat Stephan Bernd v. D. († 1728) der Einnehmer (Rezeptor) in Daber Hinrich Dewitz erscheint. Als Vater dieses Seitentriebes kommt Gustav Georg I. (Nr. 242) oder dessen älterer Bruder, der Rittmeister Christian Heinrich I. (Nr. 241) in Frage. Die Form der Versorgung ist typisch für die Zeit.

wohl von ihm einigermaßen gebändigt. So nahm er brandenburgische Kriegsdienste im Regiment des Generalmajors von Quast (auf Radensleben) und war schon mit dreiundzwanzig Jahren Kapitän-Lieutenant. Nach Kämpfen in Westfalen, nach der gewaltsamen Erzwingung des Gehorsams der Bürger von Magdeburg gegenüber dem sächsischen Administrator, nach Grenzschutzdiensten an der pommersch-polnischen Grenze focht er am Rhein und erhielt nach dem Sturm auf Neuwied die Stelle eines Oberstwachtmeisters. Aber seinem Landesherrn Friedrich Wilhelm trat er als Heerführer recht eigentlich erst unter die Augen, als dieser 1675 den Einfall der Schweden in der Mark zu parieren hatte. Joachim Balthasar war mit dabei, als der Kurfürst den Gewaltmarsch von Franken bis nach Magdeburg (21. Juni 1675) unternahm. An dem Handstreich gegen das wassergeschützte havelländische Rathenow war er beteiligt. Musketiere und abgesessene Kavallerie stürmten unter der Führung von Derfflinger (seinem späteren Schwiegervater) und ihm in die Stadt und machten in wilden Kämpfen Mann gegen Mann die Masse der berühmten und angeblich stichfesten schwedischen Dragoner nieder. Mit Knütteln und Äxten erschlug man schließlich jene, die sich trotz vielfacher Wunden nicht ergeben hatten. Und drei Tage später im Treffen bei Fehrbellin griff er in einer entscheidenden Phase an der Spitze des Regiments ein, riß die Truppen mit und ritt zwei schwedische Infanterieregimenter und drei Schwadronen Finnen-Reiter über den Haufen. Der Kurfürst wurde aus dem Handgemenge herausgezogen, die gefährdeten Geschütze gerettet, das Schlachtglück lachte an diesem Junimorgen den Brandenburgern. Inmitten der Gefallenen und Verwundeten beförderte ihn Friedrich Wilhelm zum Oberstleutnant. Damit hatte er sein Glück gemacht. Fortan befehligte er bei den Kämpfen in Hinterpommern und Preußen die Avantgarde und erhielt 1679 zum Dank für alle seine bravourösen Taten das Leibregiment zu Pferde (Kürassier-Regiment Nr. 3), welches vorher sein Schwager von Sydow inne gehabt hatte. Der französische Gesandte Rébenac bezeichnete ihn als »homme brave et entendu«. In den Jahren von 1688 bis 1699 kämpfte er nun immer wieder am Rhein gegen französische Truppen, unterstützte die Eroberung von Bonn und erreichte schließlich als Generalmajor die Dienststellung eines Stellvertreters des brandenburgischen Generalfeldmarschalls von Sparr. Er war zuständig für die Quartiere der brandenburgischen Regimenter im Territorium von Kurköln, was mit vielerlei Ärgernissen verbunden war, da die kölnischen Rheinländer die Brandenburger zwar benutzen wollten, um vor den Franzosen bewahrt zu werden, doch zahlen und Quartierlast tragen wollte man am liebsten nicht; konfessionelle und enge ökonomische Motive verschränkten sich auch damals. Bis zum Frieden von Rijswijk 1697 blieb Joachim Balthasar in seinem Heereskommando. Zwischendurch aber fuhr er viele Male mit der Kutsche durch ganz Deutschland, um in ruhigeren Tagen oder in Winterszeiten nach der Familie zu schauen und seinen Gouverneursposten in der Festung Kolberg zu besorgen, den ihm sein dankbarer Landesherr bereits 1692 übertragen hatte. Dort oblag ihm der Ausbau der Festungswerke, der Befehl über die Garnisontruppen, die gesamte Ausrüstung der Festung und überdies das Direktorat über die neue Ritterakademie. Wie man sieht, ist dieser Dewitz nicht nur ein Haudegen und schließlich eine alte erfahrene Kriegsgurgel gewesen, vielmehr war er auch ein Mann mit Durchsetzungskraft in allen Dingen des zivilen Lebens und verfügte über Organisationstalent.

Sein Besitz an Grund und Boden war ursprünglich nicht umfangreich und infolge der Nachwirkungen des großen Krieges in denkbar schlechtem Zustande. Aber zäh und beharrlich vermehrte er Hufenbauern und Abgaben, beglich die nicht geringen väterlichen Schulden und legte alle seine im Kriegsdienst gewonnenen Dotationen und Einkünfte alsbald auf den Gütern an. 1688 verfügte er über 28 »leibeigene« Bauern in Voigtshagen und Schönwalde. Seine Wohnung hatte er in Roggow, und in den neunziger Jahren kaufte er noch Plantikow, Meesow, Jarchlin, Kniephof, große Teile von Daber und Weitenhagen. Es war eine komplette Herrschaft, die er im Dewitz-Kreis in 15 Jahren zusammengebracht hatte. Bei seinem Tode war alles schuldenfrei. Sein Familienbewußtsein zeigt sich daran, daß auch die neuen Besitzungen nicht als Allode, sondern mit dem Rechtsstatus der alten Stammlehen eingetragen wurden, damit die Güter nicht in fremde Familien abgleiten konnten.

Aus seinen drei Ehen ergab sich neben den eigenen Einkünften nicht geringer Zugewinn: Anna Hedwig von Mörner brachte ihm rund 4000 Reichstaler ein, Margaretha von Dewitz verfügte schließlich über ein Vermögen von 12000 Gulden, und Louise von Derfflinger, mit der er keine leiblichen Kinder mehr hatte, beglückte ihn mit der geradezu riesenhaften Summe von 55410 Reichstalern. Von diesen Vermögenswerten ist immerhin bis auf die Aussteuersummen für die Töchter ein Teil in der Familie geblieben, im wesentlichen bei seinem Sohn Stephan Bernd und dessen Nachfahren in weiblicher Linie.[190] Als frommer Kriegsmann hat er sein Ende und das Jenseits bedacht und die Kirche zu Roggow erneuert und ausstatten lassen. Auch die alte Burg Daber sucht er zu erhalten, wieder auszubauen, doch geriet er hier als Hauptanteilhaber in lästige Konflikte mit zwei Vettern, die für seinen familiären Weitblick aus ihrer Ackerhofperspektive kein Verständnis aufzubringen vermochten. Der Streit um die Burg, zu dessen Schlichtung sogar kurfürstliche Kommissare herbeigeholt werden mußten, ging ergebnislos aus, und damit war das Schicksal der ohnehin teilweise schon stark baufälligen Anlage besiegelt. Nachdem er sein Haus und den Besitz wohlgeordnet hatte, verstarb er am 9. April 1699 nach einem Schlaganfall mit den Worten: »Herr Jesu, Herr Jesu.«

190 *P. Gantzer,* Bd. 2, Nr. 1652, 1655, 1663, 1667, 1699, 1714, 1721, 1725f., 1759, 1784.

Auf den Schlachtfeldern Europas

Je höher die Kinderzahl in den Adelsfamilien Mittel- und Ostdeutschlands seit dem Dreißigjährigen Kriege war, desto häufiger mußten die Nachgeborenen Kriegsdiente annehmen, um sich den Lebensunterhalt, seltener Wohlstand, ja Reichtum zu erwerben. Nur so konnte die Geschlossenheit der alten Herrschaften bewahrt bleiben. Die überzähligen, nicht durch Heiraten zu versorgenden Töchter nahmen in der Regel Stellen in den Fräuleinstiften ein. Kaum eine andere Familie hat im 17. und frühen 18. Jahrhundert so viele Söhne auf die Schlachtfelder Europas geschickt wie die Dewitz. Es muß aber auch neben allen wirtschaftlichen Zwängen eine unbändige Lust am Kriegsdienst, am reisigen Abenteuer in fernen Landen, ein Hang zum Ruhm und Glanz der Waffen bei der Jugend bestanden haben. Sicher waren es auch die räumlich beengten Verhältnisse auf pommerschen und mecklenburgischen Adelshöfen, die manch einen »Junker« auf fremde Fahnen schwören ließ. Manch einer, wie Christian Heinrich I. von Dewitz, kam aus den Kriegen im Westen zwar »wider gesund zu Hause« an, vom hinfällig gewordenen Vater sehnsüchtig begrüßt, aber so abgerissen, daß erst einmal alles für ihn, nämlich Anzug, Rock, Hut, Handschuhe, Strümpfe, Schuhe, Sattelzeug, Waffen, Pferd und Bursche neu beschafft werden mußten, damit man den Heimgekehrten den Töchtern des Landes standesgemäß vorzeigen konnte.[191] Zu den glücklicheren Soldaten aber zählte Ulrich Otto II. von Dewitz,[192] der in Brabant und Dänemark in Diensten war, bei Höchstedt mitkämpfte, in Holstein 1710 Regimenter aufstellte, bei Gadebusch 1712 gegen die Schweden focht, Stralsund belagern half, nach Rügen übersetzte und schließlich mit dem Rang eines Generalleutnants 1719 aus dänischen Diensten ausschied, wobei er umfangreiche rückständige Soldgelder ausgezahlt erhielt. Ihm ist die Rückerwerbung von Miltzow und Holzendorf zu danken. Er, der gelehrte und gleichwohl im scharfen Feuer bewährte Kavalier, hat noch 1720 mit Christina Sophia von Lehsten spät eine Ehe begonnen, der alsbald eine Tochter und ein Sohn entsprossen sind, obschon ihn allerlei Bein- und Brustkrankheiten zu Brunnenkuren in Eger und Wiesbaden nötigten. Bei seinem Tode 1723 war sein Haus gesichert und das Vermögen gut angelegt.

Im brandenburgischen Heer dienten vor allem die Brüder Joachim Balthasar, von dem wir gehört haben, und Friedrich Wilhelm II., dem wir uns zuwenden werden. Christian Heinrich I. aus der Kurt-Linie und dessen Bruder Gustav Georg hielten treulich zu ihrem neuen Landesherrn, dem Großen Kurfürsten Friedrich Wilhelm, zogen 1674 im brandenburgischen Heer ins Elsaß und fochten dann 1675 gegen die Schweden. Gustav Georg schlug mit Derfflinger

191 *P. Gantzer,* Bd. 2, Nr. 1424.
192 *P. Gantzer,* Bd. 2, Nr. 1705, 1720; Bd. 3, 2, Nr. 2574.

zusammen an der Spitze der brandenburgischen Dragoner-Vorhut den Schweden in Rathenow im wilden Nahkampf die harten Schädel ein, stritt bei Fehrbellin und belagerte Anklam. Sein Bruder kämpfte vor Stralsund. Andere Dewitze stürmten 1677 Stettin und schlugen sich in den achtziger Jahren mit den Türken vor Ofen und Wien. Nicht jeden ihrer Söhne konnten damals die Dewitz-Mütter wieder in ihre Arme schließen. Ein Sohn fiel schon beim Sturm auf die Insel Wollin 1675. Ein zweiter starb für das größere Brandenburg und seinen Kurfürsten als Hauptmann der »Grands Musquetiers« vor den Festungsgräben von Bonn 1689. Ein dritter Dewitz kämpfte im Heer des »Türken-Louis« 1691 in der Schlacht bei Szlankamen, erhielt vier tiefe Blessuren an Kopf und Rücken und sah sich durch einen flinken türkischen Säbelhieb unseligerweise von einem Teil seiner Nase getrennt. Darauf hat ihm sein Fürst die dem angemessene Invalidenversorgung als Kommandant von Kolberg bis zu seinem Tode 1702 gewährt.

Stephan IV.

Unter den »Kriegsgurgeln« dieser Jahrzehnte ragen die Brüder Stephan und Friedrich Wilhelm heraus. In ihrem Leben spiegeln sich Militärwesen und soziale Prozesse des Jahrhunderts. Stephan von Dewitz[193] lernte den Soldatenberuf von der Pike auf. Er zog mit sechzehn Jahren mit seinem Kurfüsten gegen die Franzosen, marschierte mit seinen Vettern über Fehrbellin bis nach Ostpreußen, schlug im tiefen Winter mit der Vorhut des kurfürstlichen Heeres die flüchtenden Schweden. 1681 war er bereits Rittmeister, 1690 Oberstwachtmeister. Er nahm an fast allen Schlachten im Spanischen Erbfolgekrieg, in den Niederlanden und in Flandern teil. Kugeln trafen, aber töteten ihn nicht. Er zeichnete sich bei Malplaquet besonders aus und erhielt noch von König Friedrich Wilhelm I. 1716 das Regiment »Bayreuth«. Man nannte es wegen der großen militärischen Verdienste dann das Regiment »von Dewitz«. Stephan IV. starb im Besitz des ungetrübten Wohlwollens seines Königs 1723 in Berlin. Er wurde in der dortigen Garnisonkirche mit einer feierlichen Trauerandacht, wohl im Beisein des Königs, eingesegnet und alsdann im Leichenwagen zur Cölpiner Kirche geschafft, weil er mit einer Tochter Ottos von Dewitz aus Cölpin verheiratet war.

193 *P. Gantzer,* Bd. 3, 1, S. 271, 362.

Friedrich Wilhelm II.: Von Ofen nach Potsdam

Dem älteren Friedrich Wilhelm (1668–1736)[194] war in mancher Hinsicht ein ähnliches Lebensschicksal beschieden wie seinem Bruder Stephan. Geboren ebenfalls in Wussow als Sohn des Landrates Jobst Ludwig, kämpfte er seit 1682 in den Türkenkriegen. Über den Sturm auf Ofen (2. September 1686) verfaßte er »zwei Stunden nach der Eroberung« einen einzigartigen Bericht, der das Kriegshandwerk der kurbrandenburgischen Truppen gebührend darstellt. Nachdem einige Brandenburger Bresche geschossen und geschlagen hatten, sei man unter Führung des Generalleutnants von Schöning (Tamsel) in die Stadt eingedrungen, gefolgt von den ziemlich ängstlichen Kaiserlichen. Nachdem Schöning die Seinigen »zum Fechten zurückgewiesen und animieret« hatte, sei »alles drunter und drüber gangen. Kein Kind ist von der Fourie geschonet worden, sondern alles hat durch das Schwert sein Ende beschlossen, außer einige, die von denen Generals-Personen pardonniret. Der Herr Gen.-Leuten. v. Schöning hat zwei vornehme Juden auf dero anhaltendes Bitten das Leben gegen Ausstellung der gethanen Offerten von 25000 Thaler Wechsel auf Leipzig geschencket und in einem Keller gefänglich eingeschlossen, wie auch zwei der schönsten Frauenpersonen, die ein Mahler nicht schöner bilden kan, hat er sich jammern lassen, dass er ihnen gleichfalls in Ansehung ihres grossen Wehklagens und Fussfallens Quartier gegeben und zu sich genommen... in der Fourie hat der gemeine Mann mit dem Feinde grausam tyrannisiret, und was er erhaschet, erschlagen und halb lebendig aufgeschnitten, in Meinung, das verschlungene Geld aus dem Gedärme zu beuten.« Die kurbayerischen Truppen hätten »mit Verdruß« vom Schloß aus der Eroberung zusehen müssen, offenbar weil ihnen die Beute der Brandenburger entging. Und der Kurfürst in Berlin erlebe es nun noch, »dass Kayser und Könige Sie für den grossen Augustum declariren müssen.« Der Gefechtsbericht stellt eine sehr gute Leistung des achtzehnjährigen Junkers dar. Die Tatze des künftigen Löwen war bereits spürbar.[195]

Später stand er in den Niederlanden und wurde schließlich im Zweiten Nordischen Krieg im Kampf gegen König Karl XII. von Schweden 1714 zum Obristen und zum Kommandeur des »Leibregiments zu Pferde« vor den Wällen von Stralsund befördert. 1725 erreichte er den Rang eines Generalmajors. Seit 1726 war er Chef des Leibregiments (Kürassierregiment Nr. 3) und ist erst 1729 vom aktiven Dienst wegen hohen Alters entbunden worden. Er starb als Generalleutnant der Kavallerie am 25. Oktober 1736 in Schönebeck a. d. Elbe, betrauert von Anna Eleonore von Krafft, der der König unter dem Datum vom 29. Oktober aus (Königs) Wusterhausen trotz eigener körperlicher

194 *P. Gantzer,* Bd. 3, 1, S. 272.
195 *P. Gantzer,* Bd. 3, 1, S. 270; Bd. 2, Nr. 1558.

Hinfälligkeit mit folgenden Worten wohlerwogen kondolierte: »Besonders Liebe. Ich habe aus Eurem Schreiben vom 26. dieses nicht sonder Betrübnis ersehen, daß Ihr Mir das Absterben Meines General-Lieutenant von Dewitz, Eures Eheliebsten, melden wollen. Ich nehme an diesem Eurem Verlust um so mehr Antheil, als Ich dadurch einen rechtschaffenen General und treuen Diener verlohren. Inzwischen da es des Höchsten Wille gewesen, so wünsche Euch dessen Trost und eine christliche Gelassenheit, werde auch gerne Euch und den Eurigen in allen Gelegenheiten Meine Gnade zu erzeigen suchen. Den zur Transportirung des verblichenen Körpers gebethenen Paß erhaltet Ihr hierbey. Das Parade-Pferdt aber soll nach Potsdam geschicket werden.«[196]

Das Bild des Generals befand sich bis zum Kriegsende 1918 oder 1945 in der vom König eingerichteten Galerie der Regiments-Chefs im Potsdamer Stadtschloß. Es schmückt heute eine Wohnung in Bonn.

Friedrich Wilhelm von Dewitz verkörperte in klassischer Form die Generalität des Soldatenkönigs, die sich in ihren Dienstauffassungen auf den neuen Stil des Herrschers und sein in besonders intensiven Formen diszipliniertes Heer eingerichtet hat. Gegen Deserteure ging man wie in anderen Heeren mit aller Schärfe vor. Der Kommandeur in Schönebeck galt als scharf und unnachsichtig. Als sich 1731 herausstellte, daß sich auf einem Gut in der Grafschaft Mansfeld ein Deserteur verborgen gehalten hatte, ließ sich Dewitz vom König in der folgenden Weise einweisen: »An Gen. Maj. von Dewitz. Mein p. Ich wil, daß Ihr auff das Guth des Querfurthschen Schloß-Hauptmanns von Kienitz zu Schrapelau in der Graffschafft Mansfeld, Magdeburgischer Hoheit, zur Execution 1 Unterofficier und 4 Gemeinen einlegen sollet, weilen er dem Bericht (des Generalmajors) nach zu Querfurth einen eschapirten Recruten im Schloß Auffenthalt verstattet und (da) durch geholffen; der Unterofficier soll täglich 16 gr. und ein jeder Reuther nebst Eßen und Trincken und Fütterung vor das Pferd Täglich 8 gr. haben. Wenn sich der Kienitz erkläret einen andern Kerl von gleicher Größe oder auch den entloffenen Recruten wieder zu schaffen, oder was er sonsten vorbringen wird, davon habt Ihr sofort zu berichten. Potsdam, den 15. Martii 1731. Fridrich Wilhelm.« So war das damals, wenn sich einer dem Wehrdienst durch Flucht ins Ausland entzog.

Auch die Söhne Friedrich Wilhelms gingen als Soldaten den Weg ihres Vaters: Einer starb als Kornett schon 1738, ein zweiter kämpfte in allen Schlachten der Schlesischen Kriege und ging dann nach Polen, ein dritter nahm 1754 als Leutnant den Abschied; der vierte aber, Stephan Gottlieb (1723–1787), erhielt im Siebenjährigen Krieg von Friedrich dem Großen den Orden Pour le mérite. Er wird noch 1781 als Obrist geführt. Seine Frau Renata Margarethe von Pennavaire war eine Generalstochter hugenottischer Abkunft, deren Blut in dem gesamten Hause Maldewin anregend fortlebt. Und ein Schwiegersohn

196 *K. v. Priesdorff,* Soldatisches Führertum, 1937, Bd. 1, Nr. 222, S. 149 f.

schließlich des Generalleutnants Friedrich Wilhelm fiel 1745 für seinen König und das Land in der blutigen Schlacht von Hohenfriedberg.

Franz Joachim I.: Gegen Schweden und Rußland

Das Lebensschicksal des dänischen Generals der Kavallerie und Geheimen Rates Franz Joachim von Dewitz, der 1666 als Sohn Hennings XV. und der Dorothea von Levetzow vermutlich in Groß Daberkow in der Nähe von Groß Miltzow geboren wurde,[197] ist von allgemeinem historischen Interesse. Als fünfter Sohn seiner Eltern ging er den damals üblichen Weg vieler Mecklenburger von Stande: Er wurde als Page an den Hof König Christians V. gegeben und fiel dort durch eine Vitalität auf, die es den Hofleuten geraten sein ließ, ihm den Weg in ferne Kriegsheere zu empfehlen. Er nahm am Sturm auf Ofen (Budapest) 1686 teil, erhielt dann jedoch ein Patent als Offizier beim Dänischen Leibkavallerie-Regiment. 1701, mit 35 Jahren, war er Obrist des Holsteinischen Kürassier-Regiments, schlug sich in Artois und Brabant erfolgreich und wurde vor der Reihe Generalmajor. Seine hohe Begabung als General und Diplomat trat zutage, als im Nordischen Krieg in Krisen die Dispositionen von Franz Joachim im Angriff wie im Rückzug hohe Anerkennung beim König und bei Untergebenen gefunden hatten. Seit 1711 war er Generalleutnant und führte das dänische Heer nach Deutschland, um mit Russen und Sachsen die Schweden zu verdrängen. Die Niederlage bei Gadebusch 1712 hat er nicht verhindern können, nachdem der Generalissimus Scholten und der sächsische General Graf Flemming unglücklich disponiert hatten. Demgemäß hat ihm dann das dänische Generalstabswerk in aller Objektivität den Lorbeerkranz geflochten: »Der einzige Führer, der wirklich etwas ausrichtete, und neuen Glanz über den traurigen Tag breitete, war der Deutsche Franz Joachim von Dewitz.«[198] In der Folgezeit hat er die russische Politik durchkreuzt, indem er den Zaren Peter I. nach und nach dazu zu bewegen vermochte, an der Seite der verbündeten Dänen und Sachsen den Kampf gegen die Schweden aktiver zu unterstützen. Auch an der Einbeziehung Preußens in die antischwedische Koalition hatte er erheblichen Anteil, indem er 1713 im Auftrage seines Königs in Schwedt/Oder mit Friedrich Wilhelm I. verhandelte. Andererseits war er darauf bedacht, daß sich die russische Anwesenheit an der mecklenburgischen Küste nicht zu einem lästigen Dauerzustand ausweitete. Er verkörperte, einem Scharnhorst ähnlich, im Bündnis das aktive, alle Bedenken überwindende Element und hat dann selbst im November 1715 den Sturmangriff auf Rügen und Stralsund dänischerseits geleitet. Damit aber waren für Branden-

197 *P. Gantzer,* Bd. 3, 1, S. 306–323.
198 Bidrag til den Store Nordiske Krigs Historie, udgivne af Generalstaben, Bd. 4, S. 204.

burg-Preußen, das Vaterland seiner pommerschen, an seiner Seite kämpfenden Vettern, die Weichen gestellt für den Erwerb von Stettin und Neu-Vorpommern mit Anklam und Demmin (1720). 1716 nötigte er den schwedischen Befehlshaber von Wismar zur Kapitulation. Er kam damit dem russischen Fürsten Repnin mit seinen Truppen zuvor, die sich dort einen Stützpunkt weit im Westen mit einem eisfreien Hafen und einer deutlichen Spitze gegen England zu sichern versuchten. Neben dem allgemeinen Interesse des Hauses Hannover und seines Königs, den Vormarsch der Russen zu beenden, stand noch das speziellere Interesse der mecklenburgischen Ritterschaft und überhaupt der dortigen Stände, den Zaren mit seinen ebenso urwüchsigen wie zugriffsbereiten Truppen alsbald abmarschieren zu sehen. Denn der Zar als Schwiegervater des Schweriner Herzogs unterstützte dessen Ansätze zu einem autokratisch-absolutistischen Regiment. Der Versuch der Russen, mit Gewalt die Tore von Wismar für sich zu öffnen, scheiterte an der Härte des dänischen »Generalgouverneurs«, der im Bündnis mit Hannover tatsächlich allem wütenden Druck der Moskowiter widerstand. Fortan sah sich Franz Joachim von den Russen mißtrauisch verfolgt; aber er hatte sich in Kopenhagen mit seiner »westlichen« Politik durchgesetzt. 1719 zog er sich in der äußerst komplizierten außenpolitischen Situation Dänemarks noch die Ungnade König Friedrichs IV. zu, so daß er, kränklich geworden, dem Hofleben entsagte und wenig später (9. September) in seinem Schloß Frederiksgave gestorben ist.[199]

Das erfochtene und erheiratete Vermögen legte der General a. D. in Grundherrschaften auf der Insel Fünen an. Dieser umfängliche Besitz ging nach seinem Tode auf seinen Bruder Joachim Dietrich und auf Henning und Ulrich Otto von Dewitz über, weil Franz Joachim seine Kinder überlebt hatte. Er besaß am Ende seines Lebens die Güter und Schlösser Hinsgavl und Frederiksgave bei Assens. Letzteres Schloß war Mittelpunkt einer gut ausgestatteten Herrschaft, deren Wert Franz Joachim 1711 auf nicht weniger als 75000 Reichstaler schätzte, während er Hinsgavl mit 25000 Reichstalern ansetzte. Mit letztwilliger Bestimmung sorgte er für seine Witwe in allen Einzelheiten und vermachte ihr einen Diamanten, den er wohl nicht grundlos von König Friedrich Wilhelm I. geschenkt bekommen hatte. Das Ehepaar liegt in Sönderby Kirke begraben, wo in der Sakristei noch heute der barocke Marmorsarkophag des berühmten Heerführers besichtigt wird. Durch milde Stiftungen im pietistischen Geiste erwarb er sich den Ruf des Wohlwollens bei den Untertanen seiner Herrschaften. Das Glück seines unerhörten Aufstieges hat in allen Schichten Aufsehen erregt. Vom mittellosen Pagen ausländischer Herkunft zum zeitweiligen ersten Ratgeber des Königs und Oberkommandierenden des Heeres, vom einfachen Reiter zum General und Schloßherrn, – da war es nur ein Schritt bis hin zu der Vermutung, er habe wohl seit seinen Jugendjahren ge-

199 Sein Testament: *P. Gantzer,* Bd. 2, Nr. 1767; Sarkophag: *a. a. O.,* Nr. 1781.

spielt und das Glück sei ihm fast nie untreu geworden. Man nannte ihn »ein Küchlein der weißen Henne«, vergaß aber, mit welcher unbändigen Energie und Leistungskraft dies alles erreicht worden war. Und nur wenige wußten, daß in alles Glück des Besitzens und des Ruhmes mehrmals der heimtückische Tod eingetreten war und ihm die Kinder Haupt für Haupt geraubt hat.

Im Dienste Friedrichs des Großen

Fast alle Linien und Häuser der Dewitze haben Offiziere in die Regimenter Friedrichs des Großen entsandt. Nicht wenige sind auf den Schlachtfeldern geblieben. August Albrecht von Dewitz wurde bereits erwähnt.[200] *Karl Ludwig von Dewitz* (1734–1815) tat sich im November 1759 in Oberschlesien besonders hervor und blieb bis 1781 im Dienst, erhielt dann aber auf sein Ersuchen den ehrenvollen Abschied als Major, um sich zur Gänze seiner neuen Dewitz-Frau, einer Tochter Stephan Gottliebs, zu widmen. *Otto von Dewitz* aus dem Hause Cölpin erlitt in dem Gefecht bei Friedberg 1758 schwerste Verletzungen, denen er dann erlegen ist.

Henning Otto (1707–1772), ein Sohn des dänischen Generalleutnants Ulrich Otto von Dewitz und Erbe von Neverin, ging 1740, Zeichen der Zeit, erneut zu den Preußen und wurde schon 1742 wegen seiner Husarentaten in der Schlacht bei Chotusitz zum Oberstleutnant befördert und mit dem Orden Pour le mérite ausgezeichnet. Eine schwere Verwundung am Oberschenkel machte ihn »krumm«, und er erhielt 1750 als Generalmajor und Chef des Husarenregiments Nr. 1 gnädigen Abschied nebst Pension. Er ist einer der wenigen unter den Geschlechtsgenossen, der in Kriegszeiten Tagebuch geführt hat. Sein Testament nötigte 1772 die Seinen zu einem ungewöhnlichen Begräbnis: Er ließ seinen Leichnam gestiefelt und gespornt in Husarenuniform, mit Federhut auf dem Kopf, in den Sarg legen und von sechs Soldaten zur Gruft in der alten Berliner Garnisonskirche tragen. Es verwundert nicht, daß er auf den Grabstein den nicht ganz seltenen Spruch setzen ließ: »Ich habe einen guten Kampf gekämpft«.

Nach dem Siebenjährigen Krieg bestand wieder die Möglichkeit, Europa auf Reisen kennenzulernen und die Universitäten zu besuchen. *Bodo Balthasar von Dewitz* (1734–1792),[201] der Stammvater des heutigen Hauses Meesow, hatte das Glück, über den Hofdienst zu mehreren Auslandsreisen zu kommen. Als Begleiter und Berater des Prinzen Georg von Mecklenburg-Strelitz wurde er 1762 in Leiden eingeschrieben, besuchte anschließend London, Paris, Madrid und segelte 1766 schließlich inmitten der prinzlichen Reisegesellschaft

200 *P. Gantzer,* Bd. 3, 1, S. 363.
201 *P. Gantzer,* Bd. 3, 1, S. 368 ff.

nach Italien, wo ihn Winckelmann in die Schönheiten der Antike einführte. Über Wien nach Neustrelitz zurückgekehrt, avancierte er alsbald zum Hofmarschall und schließlich zum Chef des gesamten herzoglichen Hof- und Haushaltes. Bis zu seinem Tode blieben für ihn und seine Frau Christiane von Brauchitsch der Hof in Neustrelitz die Glücksstätte, der Mittelpunkt ihres Lebens, während die ererbten hoffeldischen Güter im rauheren Pommernland der Versorgung zu dienen hatten.

Zu den Auffälligkeiten bei den Dewitzen des 18. Jahrhunderts gehört, daß fast keiner von ihnen im Zivildienst der beiden großen Könige Karriere gemacht hat. Unverändert besetzten die Geeigneten mit Justizkenntnissen das Landratsamt des Daber-Naugardschen Kreises, welches 1753 jedoch nur mit dem geradezu lächerlich geringen Gehalt von 110 Reichstalern ausgestattet war. Am längsten hat hier Christian Heinrich (III.) für den Kreis, für die Eingesessenen und für das Land gearbeitet, nämlich von 1728 bis 1774. Er hatte das Unglück, zwei für den Verwaltungsdienst bestimmte Söhne vor sich sterben zu sehen. Große Hoffnungen verbanden sich mit Karl Josef von Dewitz, der schon 1743 die Position eines Vizekanzlers der pommerschen (Justiz-)Regierung erklommen hatte. Der König hatte seine Begabung erkannt, vielleicht mit einer gewissen Nachhilfe seines Außenministers Podewils, der mit den Dewitz verwandt war. Denn im Februar des Jahres 1751 schickte ihn Friedrich in bedeutender Mission als außerordentlichen Gesandten nach Wien. Karl Josef, nunmehr 33 Jahre alt, verhandelte neben dem ständigen Vertreter Preußens in handelspolitischen Sachen und in schlesischen Schuldenangelegenheiten. Die Österreicher hatten es nicht eilig, und unter diesen Umständen waren für Karl Josef keine Lorbeeren zu gewinnen. Vielleicht hat es ihm auch an Härte und an diplomatischer Routine gefehlt. Mitten in den Verhandlungen über eine Ausdehnung des schlesisch-böhmischen Handelsvertrages auf alle preußischen Provinzen starb er im Alter von 36 Jahren erbenlos an der noch unheilbaren Blatternkrankheit.[202]

Bevor die Kriege Friedrichs des Großen die Neumark und das angrenzende Pommern schwer trafen, war die Wirtschaftslage auf den pommerschen Besitzungen schon im Durchschnitt so schlecht geworden, daß weitere Verpfändungen und Verkäufe vorgenommen werden mußten. Es fehlte das Kapital aus Einkünften, die außerhalb von der Landwirtschaft gewonnen wurden. Das Verbot der Veräußerung von Adels-Besitz an Bürgerliche ist von Friedrich dem Großen zwar wiederholt in Erinnerung gebracht worden, konnte jedoch leicht umgangen werden. Die ökonomischen Zwänge waren stärker als der Wunsch des Königs, auf einen wirtschaftlich einigermaßen sichergestellten Adel zählen zu können. Die Aufkäufer in der Herrschaft Daber waren die neuen Amtsträger des »absolutistischen« Staatswesens, die teilweise frisch

202 *P. Gantzer,* Bd. 2, Nr. 1854 f., 1857, 1861–1875.

nobilitierten Geheimen Räte von Baer, von Bessel, von Schaper, von Laurens, der Justiz- und Senatspräsident Loeper, der Oberstleutnant von Bismarck, die Witwe des Kreiseinnehmers Kühl, der Kriegsrat von Platen, der Kapitän von Rüchel, bürgerliche Adels-Bastarde (Holzendorf) oder sonstige, aber eben sparsam wirtschaftende Bürger.

Die Einfälle der russischen Truppen in Pommern und der Neumark zwischen 1759 und 1762 haben auch die Dewitz-Dörfer teilweise stark beschädigt. Ein erheblicher Teil des Großviehs ist abgetrieben oder geschlachtet worden. Die gesamten Verluste wurden noch 1770 auf 127 500 Taler geschätzt. Einen »Lastenausgleich« gab es nur in der Form einiger Zuweisungen an Korn und Pferden nach Kriegsende. Erst mit den sogenannten Meliorationsgeldern von 1783/84, die später mit einem Prozent zu tilgen waren, kam Friedrich den hinterpommerschen Vasallen zu Hilfe. An den grundsätzlichen Schwierigkeiten, nämlich der aufwendigen standesgemäßen Ausbildung und Aussteuerung der Kinder, der hohen Last an Altschulden und den nicht besonders günstigen Vermarktungsmöglichkeiten für die Produkte des Ackerbaus und der Viehwirtschaft änderten diese Subventionen kaum etwas. Es waren Langzeit-Investitionen, die sich nur bei einer konsequenten pächterfreien Wirtschaftsführung auswirken konnten.

Heiratspolitik und Geburten

Auch im 18. Jahrhundert vollzog sich die Heiratspolitik der Dewitze im wesentlichen in den gleichen sozialen und regionalen Bahnen wie zuvor. Eine Zunahme der Verinzuchtungsvorgänge ist nicht zu beobachten. Verwandtenheiraten kamen selten vor, zumal die Dewitz der drei Hauptlinien nur noch verhältnismäßig weitläufig miteinander verwandt waren. So kann man von halboffenen Heiratskreisen sprechen, die in Mecklenburg und Pommern bestanden. Genealogisch gesehen blieben die Dewitz auch im 18. Jahrhundert eine mecklenburgisch-pommersch-brandenburgische Familie mit lediglich zwei »westlichen Einschüben« (von Huyssen, von Pennavaire). Man verband sich also (in der Generations-Reihenfolge) mit den Levetzow, Lehsten, den vielen Wedel-Linien, den Raven, anderen Dewitz, den Bardeleben, Bülow, Huyssen, Brauchitsch, Waldow, Maltzahn, dann den Engel, Krebs, Bornstedt, Struensee, Wedel, Oertzen und auch den ostpreußischen von der Groeben. Anregungen für die Partnerwahl ergaben sich vielleicht durch die höhere Mobilität in einigen Familienzweigen. Der Hofdienst, die Teilnahme an Kriegszügen und die nun gewöhnlichen Ausbildungsreisen zu den überwiegend inländischen Universitäten ließen den jungen Dewitz erkennen, daß auch hinter den Stargarder und Naugarder Höhenzügen noch liebreizende Geschöpfe zu finden waren. Die Töchter freilich blieben auf das mit Tagesfahrten erreichbare

Umfeld angewiesen, sofern es nicht gelang, ihnen in Neustrelitz oder in Potsdam die Stellung einer Hofdame zu verschaffen. Das kam selten genug vor. Wer von ihnen nach dem Brauch der Zeit die Mitte der zwanziger Jahre überschritten hatte, mußte noch immer befürchten oder erwarten, in einem der »Fräulein-Klöster« der beiden Lande Aufnahme zu finden, in Dobbertin vor allem, in Uetersen, in Ribnitz oder auch in städtischen Einrichtungen für Angehörige höherer Stände ohne Anhang. Insgesamt heiratete man im 18. Jahrhundert bereits stärker aus der eigenen Landschaft heraus. Das Heer Brandenburg-Preußens bewegte auch die Töchter der Landesteile. Anderes und erstmals auch »bürgerliches« Blut wird in Pommern seit 1846/47 aufgenommen, als sich die sozialen Heiratszwänge unter dem Druck der Verarmung zu lockern beginnen.

Bald nach dem Dreißigjährigen Krieg und rascher noch im 18. Jahrhundert mit seinen medizinischen Fortschritten nehmen die Kinderzahlen zu. *Henning von Dewitz* (1626–1698) aus dem stillen Groß Daberkow brachte es in einer Ehe auf fünfzehn Kinder; ihm stand *Jobst Ludwig* (1631–1696) mit vierzehn lebend Geborenen, freilich von zwei Frauen, kaum nach. *Joachim Balthasar* (1632–1699) hatte trotz vieler Kriegszüge Zeit genug, mit drei Frauen elf Kinder zu zeugen, und *Christian Heinrich* aus der Curt-Linie (1671–1738) er schuf sich mit zwei »Eheliebsten« ebenfalls elf Nachkommen, welches zeitweise fast eine Norm gewesen zu sein scheint. Als unverändert reproduktionsstark erwies sich dann auch *Otto Balthasar* (1688–1749), der mit seinen elf Kindern der Stammvater der jüngeren Linien, mit Ausnahme der Miltzower und der Curt-Linie, geworden ist. Die Müttersterblichkeit nahm im 18. Jahrhundert deutlich ab. *Karl Heinrich* (1731–1802), der Sohn des eben Genannten, übertrifft den Vater noch mit sechzehn Kindern von einer einzigen Frau, und ähnlich hohe Zahlen finden sich bei dem Oberhofmarschall *Bodo Balthasar* oder bei dem Rittmeister *Karl Friedrich Ludwig von Dewitz* (1787–1853), der mit Luise von Waldow den bis zur Gegenwart nicht mehr überbotenen Höhepunkt der Kinderzahl zu erreichen vermochte. Freilich ergaben sich aus alledem nunmehr erhebliche Versorgungsprobleme mit Erbteilungen, geringer gewordenen Mitgiften und entsprechend anspruchsloseren Hochzeiten. Der Abstieg eines Teils der Familie in die Schicht der mit einem oder höchstens zwei Betrieben ausgestatteten Rittergutsbesitzer ist ursächlich auf die eben umrissene Familienpolitik der zweiten Hälfte des 18. Jahrhunderts zurückzuführen.

Dorf und Rittergut Cölpin im 18. Jahrhundert (1758)

Die Feldmark nach der Direktorialvermessung. Maßstab ca. 1:30000

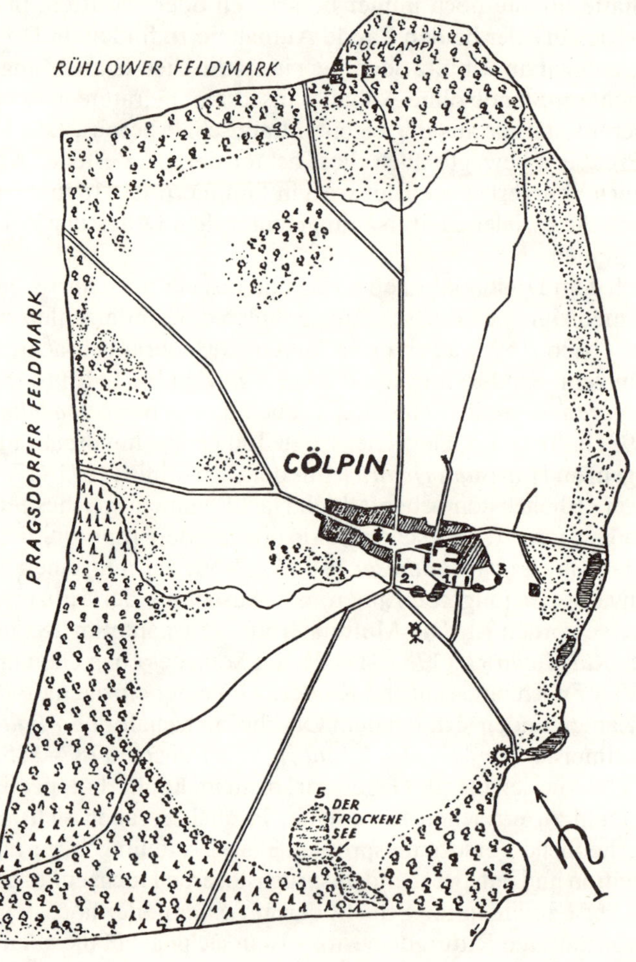

1.: Erster Gutshof (1. Rittersitz). 2.: Zweiter Gutshof (2. Rittersitz). 3.: »Der Wallteich« (auf einer wallartigen Erhöhung der in einem Teich gelegenen Insel stand vermutlich in früheren Zeiten ein kleiner Wohnturm). 4.: Platz neben dem Kirchhof, er war in früheren Zeiten Huldigungs-, Landtags- und Musterungsstätte des Landes (d. h. der Herrschaft) Stargard. 5.: »Der Trockene See«, d. h. der ehemalige Cölpiner See, an dem wahrscheinlich das wendische Dorf *Kolpin lag, das nach dem See seine Bezeichnung erhielt (= Schwanensee). Diese Bezeichnung wurde im Zeitalter der Neubesiedlung (bald nach 1236) auf das etwa 1,8 km nordöstlich von dem See neu angelegte, weiträumige deutschrechtliche Großanger- und Hufendorf Culpin (Cölpin) übertragen. Quelle: P. Steinmann, Bauer und Ritter in Mecklenburg, Schwerin 1960, S. 323.

Die Herrschaft Cölpin

Cölpin hat sich im 18. Jahrhundert zu einem landwirtschaftlichen Großbetrieb entwickelt.[203] Die günstigen Bodenverhältnisse haben hier dazu geführt, daß im Vergleich mit den pommerschen Gütern höhere Erträge aus dem Ackerbau und der Viehwirtschaft erzielt werden konnten. Die versteuerte Aussaat belief sich 1706 dort auf 630 Scheffel Korn. Auf den beiden Gutshöfen war zu diesem Zeitpunkt ein Viehbesatz von 69 Rindern, 633 Schafen, 143 Schweinen und 7 Ziegen zu verzeichnen. Als eigenes Zugvieh hielt man 16 Pferde. Der Bestand an Arbeitsleuten war nicht sehr hoch (ein Wirtschafter, zwei ledige Knechte, ein Hütejunge, vier Hausmädchen). Im Dorf lebten auf den Höfen sieben Bauern und drei Kossäten, dazu ein Leineweber, der die Schule mitbesorgte, der Schmied, Schneider, Müller, Kuhhirte und Schäfer. Außerdem gab es 12 Arbeiterfamilien, die dem Gute dienstbar waren. Aus den Inventaren der Zeit zwischen 1710 und 1723 läßt sich ersehen, daß nun die gesamte Gutswirtschaft eine Intensivierung erfuhr, wobei die Neuvermessung und Bonitierung der Flächen ebenso eine Rolle spielten wie die Erweiterung der landwirtschaftlichen Nutzflächen durch das Aufbrechen wüst liegender Hufen oder sonstiger Randflächen. Die Getreideanbaufläche scheint sich fast verdreifacht zu haben. Wirtschaftliches Denken hielt seinen Einzug. Die billigeren Ochsen verdrängten die Pferde als Zugvieh. Der Gutsherr erweiterte in dieser Zeit seine Ackerflächen nicht auf Kosten der Bauern: »Bauern sind bey Menschen-Gedenken keine geleget, vielmehr aber welche aufgebauet«.[204] Die Dienste auswärtiger Bauern wurden mit Geld abgegolten, die der Ortsansässigen aber in natura entrichtet. Für die sechs untertänigen Bauern waren auf dem Dewitz-Gut mit Hilfe von Knechten zu leisten: »Die Woche täglich durch mit (je) 4 Häuptern Vieh, und (zwar) von Johannis bis Michaelis mit (je) 2 Personen täglich, von dar an aber wieder bis Johannis mit (je) 1 Knecht alle Tage und mit der Magd zwei Tage in der Woche.« Von den Kossätenfamilien mußten vier mit einer Person wöchentlich vier Tage und drei mit einer Person wöchentlich drei Tage ganzjährig dienen. Die übrigen Dorfbewohner entrichteten kleinere Geldbeträge oder Nebendienste. Die Gutsherrschaft hatte in einem Verhältnis von etwa 1:2 das Übergewicht gegenüber dem bäuerlich bewirtschafteten Acker. Zwischen 1723 und 1751 erweiterte sich die Gutswirtschaft erneut. Bauern- und Kossätenstellen wurden jetzt nicht mehr durch Wiederbesetzung vermehrt, sondern durch Auskauf verringert (»gelegt«).

Stephan Werner hat 1755 den Zustand seines Besitzes genau beschrieben. Noch vor 1769 hat er sechs Kossätenstellen aufgekauft und dem Gut zugeschlagen. In Mecklenburg-Strelitz war dies – anders als in Brandenburg-Preu-

203 *P. Gantzer,* Bd. 3, 2, Nr. 2573. – *P. Steinmann,* Bauer und Ritter, 1960, S. 161 ff.
204 *P. Steinmann,* Bauer und Ritter, 1960, S. 162.

ßen – durch den landesgrundgesetzlichen Erbvergleich (1755) gestattet. Auch bei dem sogenannten Meßkorn, das der Pastor im nahen Dewitz aus Cölpin seit alters zu bekommen hatte, läßt sich ein Defizit errechnen. Von den wüst gewordenen Hufen, die dem Gut zugeschlagen waren, wurde die Kirchenabgabe nicht mehr geleistet. Auch Stephan Werner hat an dieser Entfremdung von Kirchenrechten nichts geändert.

Stephan Werner von Dewitz (1726–1800)

Der Cölpiner Gutsherr hat höchste Staatsstellen erreichen können. Nach einem juristischen Studium begann er als Rat in der Justizkanzlei in Neustrelitz, wurde Direktor der Staatskanzlei, Geheimer Legationsrat, Wirklicher Geheimer Rat, Kammerdirektor, Hofmarschall; zuletzt, aber doch für längere Zeit, übernahm er die Chefposition eines Präsidenten des Geheimen Rates. Mit anderen Worten: Er regierte als »Premierminister« Mecklenburg-Strelitz und war damit enger Vertrauter Herzog Adolf Friedrichs IV., dem Fritz Reuter späterhin mit seinem »Dörchleuchting« ein Denkmal gesetzt hat. Stephan Werner hat dann 1784 die gleiche Stellung bei den Herzögen in Schwerin übernommen, weil er ein hochgebildeter diplomatischer Staatsmann von großer Arbeitskraft gewesen ist, dazu »ein wahrer Verehrer der Religion ohne Bigotterie und Vorurteile«.[205] Ihn zeichnete eine »preußische« Tugendhaftigkeit aus, indem er sparsam zu leben vermochte, ohne jedoch etwa in abstoßender Weise kleinlich zu sein. Mit diesem Charakter war er besonders befähigt, der Schuldenmacherei, Verschwendungssucht und leichtsinnigen Spielleidenschaft am Schweriner Hofe entgegenzutreten, so weit das möglich war. Er verstand sich als ein Vertreter des aufklärerisch eingestimmten Reformabsolutismus, beflügelt sicher auch durch das Beispiel des größeren Regenten in Potsdam. Eines seiner Verdienste besteht darin, früh erkannt zu haben, daß das agrarische Mecklenburg dringend zeitgemäßer gewerblicher Fabrikationen bedurfte. So setzte er sich für den Aufbau von Leder-, Tuch- und Strumpffabriken ein, begünstigte die Papier- und Wollproduktion, suchte die Handelsstraßen und die Wasserwege in einen besseren Stand zu bringen. Wie in Preußen wurde begonnen, Sumpfland trocken zu legen und die landwirtschaftliche Nutzfläche zu erweitern. Die Viehzucht wurde gefördert, indem man sich Rassetiere aus Westeuropa zum Einkreuzen verschaffte.

Was er im Lande betrieb, hatte er vorher teilweise in der Herrschaft Cölpin ausprobieren können. Die Heuernten steigerte er durch Entwässerungsarbeiten, die Ackerfläche wurde auf Kosten der Gutswälder erweitert. Mit einheimischen und fremden Baumarten experimentierte er erfolgreich. Eine Was-

205 *P. Gantzer,* Bd. 2, Nr. 1964, S. 393.

sermühle, eine Ziegel- und Kalkbrennerei sowie eine Dorfbäckerei wurden errichtet, um den überhand nehmenden Holzeinschlag in den Wäldern zu verringern und um die Dorfbewohner regelmäßig mit gutem Brot zu versorgen. Wie in Preußen ließ er 1777 als Ortsobrigkeit den Bauernsöhnen auferlegen, das Spinnrad zu treten, damit sie nicht an den langen dunklen Wintertagen im Müßiggang auf der Ofenbank lägen oder im Krug das Geld verschwendeten. Der Religions- und Schulunterricht für die Kinder im Dorf wurde neu geordnet. Der Geistliche sollte nicht nur die Schule beaufsichtigen, sondern auch aus der Kirchenkasse jährlich für zwei Reichstaler neue Schulbücher anschaffen. Der Lehrer erhielt ein Entgelt dafür, daß er den Kindern der armen Freileute schulgeldfreien Unterricht erteilte. Zu seinen Patronatspflichten gehörte es, in der Kirche ein »Amphitheater« oben im Orgelchor einzurichten, wo sich Tagelöhner, Knechte und Jungen niederlassen konnten. 1792 errichtete er dann zusammen mit seiner Schwester in Cölpin eine Stiftung für bedürftige und kranke Einwohner, für den Bau eines Alten- und Armenhauses und für die Anstellung einer qualifizierten Hebamme.

Stephan Werner war ein Mann der Feder und gehört zu den wenigen der Gesamtfamilie, die eine Art Lebenschronik führten und sich selbst dabei zu beschreiben versucht haben. Von keiner Dewitz-Frau des 18. Jahrhunderts besitzen wir ein derartiges Psychogramm, wie überhaupt die Frauen verschiedenster Sozialschichten des 17. und 18. Jahrhunderts nur selten verwertbare autobiographische Überlieferungen hervorgebracht haben. Mit 46 Jahren, als ein älterer Herr schon, hat er sein Leben, den Besitz, seine Familien- und Wirtschaftsgedanken beschrieben, bis hin zu den Problemen und Syndromen seines Körpers, des gesundheitsförderlichen Tagesablaufs. Er habe, berichtet er den Nachkommen, nie mehr als sieben Stunden geschlafen, sei im Winter bald nach fünf Uhr, im Sommer häufig um vier Uhr aufgestanden. Bei allen Getränken habe er sich maßvoll verhalten: »Des Mittags zuweilen 2–3 Gläser Mittelbier, um alvum laxam zu haben«. Sonst kaltes Wasser und gelegentlich etwas Wein, aber keine Liköre oder Branntweine. Weiterhin: viermal die Woche reiten oder lange gehen, ohne Rücksicht auf Wind und Wetter, Schnee oder Regen, Hitze oder Kälte. Gegen Kopf- und Gichtschmerzen, schwachen Magen und »Ingestition« helfe kaltes Wasser, nur die Knochen seien nicht sobald zusammengeheilt, als er mit fünfzig Jahren noch mit dem Pferd gestürzt wäre. Unmäßigkeit im Essen sei aller Übel Anfang: »Für Austern und andere Leckerbissen habe ich nicht viel ausgegeben und dadurch manchen Thaler gespart. Des Morgens 2–3 Tassen Café mit Milch und dazu drei Eierkuchen, dann eine Stunde nachero kaltes Wasser oder Obst. In Gesellschaften, wo Thee, Limonade, Punsch, Kuchen, Confect herumgegeben wird, habe ich selten etwas genommen, außer wenn Obst presentirt ward, ein paar Äpfel, Birnen, Pflaumen, Kirschen. Ich danke es meinen würdigen seeligen Eltern, daß sie mich nicht verzärtelt, noch zum Leckermaul gemacht, sondern bei Hausmannskost, bei

Kohl und Rüben, Klümpfen und Backbirnen, Biersuppen und Grütze erzogen und dadurch zu einem gesunden handfesten Manne geformt haben.«

Was Stephan Werner schuf, baute und ordnete, sollte der ganzen Familie dienen. Als er daranging, das neue Gutshaus zu errichten, ließ er in den Grundstein einen Text einlegen, in dem es u. a. heißt: »Auch wolle der allgütige Gott und himmlische Vater, daß dies zu erbauende Wohnhaus ein Erbsitz meines Geschlechts, so wie das altväterl. Lehnguth Colpin, nachdem es ... an 700 Jahren und drüber ein Erbtheil der Dewitzschen Familie gewesen, bis an das Ende der Welt bei den Nachkommen meiner würdigen Voreltern seyn und bleiben möge.« Er dachte und handelte mit dem Blick auf die Gesamtfamilie wie nur wenige vor ihm. Damals, 1778, war er noch ohne Nachkommen, was ihn offensichtlich schwer bedrückte. Als dann im folgenden Jahr sein einziger Sohn (aus zweiter, 1768 geschlossener Ehe) geboren war und das zu große Haus im Rohbau stand, vertraute er dem Hausbuch erneut seine Sorgen an, mit dem geschärften Blick des weitgereisten und wohlinformierten Landesministers, der manchen Standesgenossen hatte fallen und manches Besitztum den Eigentümer hatte wechseln sehen: »Behüte doch der Allerhöchste, daß weder mein Sohn, falls ihn Gott erhält, noch ein anderer meiner Nachkommen dies Haus zum Fress-, Sauf-, Spiel- und Tanzhause machen und dabei ihr wolerworbenes altväterl. Erbguth und Vermögen ... verprassen, verschlemmen und mit Sünden durchbringen möge.« Aus alledem spricht eine eigentümlich, in den europäischen achtziger Jahren fast schon anachronistisch wirkende Tugendhaftigkeit und eine gottvertraute Religiosität, die sich dann auch in Stiftungen (1792, 1799) für die Bedürftigen in Cölpin, Roggenhagen und Brunn bezeugte. Die beiden letztgenannten Güter hatte er noch 1795 für 36000 Reichstaler in Gold gekauft. Seine Jahreseinkünfte beliefen sich um 1790 auf 8800 Taler (davon 3000 Taler Gehalt in Schwerin), ungeachtet der Minister-Deputate und der Cölpinschen Naturaleinkünfte. So ließen sich Rücklagen bilden. Als 1788 die Güter um Hoffelde und Wussow nach dem Tode des »tollen Obristen« Stephan Gottlieb von Dewitz († 1787) dessen drei Neffen aus der neuen Cölpiner Linie zufielen, brachte Stephan Werner eine rasche und dauerhafte Erbeinigung mit seinen beiden ökonomisch weniger versierten Brüdern Karl Heinrich Friedrich und Botho Christoph Balthasar zustande, indem er – im Gegensatz zu manchem Vorfahren – klug, gerecht und großzügig verfuhr. Die drei »Mecklenburger« (als Enkel der Cölpiner Erbtochter Ilsabe) teilten die Gutsherrschaften, mit Ausnahme der unteilbaren Daberschen Lehn- und Burgrechte, »in Güte«. Stephan Werner begnügte sich mit einer Geldentschädigung (4000 Reichstaler »alt Gold«) und verlangte allerdings die sämtlichen Familienporträts der Jobst-Linie aus Hoffelde, worunter sich die beiden Cranach-Bilder von Jobst und Ottilie von Dewitz-Daber befunden haben dürften. Als dann schließlich sein Bruder Karl im Begriff war, in unbegreiflicher Schwäche die Wussower Güter einem der damals besonders agilen Güter-

Aufkäufer zu überlassen, las er ihm »in biederer Offenherzigkeit und brüderlichem Wohlmeinen« die Leviten, – mit dem Tenor, wer anständig wirtschafte, brauche auch nicht zu verkaufen.

Stephan Werner, den zuletzt (1960) der Schweriner Archivar Paul Steinmann »zu den bedeutendsten Staatsmännern des alten Regimes in Mecklenburg« gezählt hat, starb im Januar 1800 »in den Sielen« der täglichen Arbeit, weniger für die nicht eben besonders leistungsfähige Schweriner Dynastie, sondern für das ganze Mecklenburg, dessen Bestand er verteidigt und dessen Gedeihen er unablässig befördert hatte. Sein großes Prestige gab dem Namen der Dewitz in Mecklenburg nun wieder einen hellen Klang, was den eigenen und den vetterlichen Nachfahren vielfältig zugute gekommen ist.

Landbesitz: Gewinne und Verluste

Während in Mecklenburg gut gewirtschaftet, hinzugekauft, auch teilweise mit Erfolg spekuliert wurde, ist in Pommern eine stetige Verminderung der Güter und Vorwerke zu beobachten. Um 1790 waren von den ursprünglichen 32 Grund- und Gutsherrschaften nur noch 19 im Besitz der Dewitze. Um 1795 besaßen drei Dewitze den gesamten hinterpommerschen Besitz, aber es kam nicht zu einer koordinierten Wiedergewinnungspolitik, wie sie Stephan Werner von Cölpin aus wiederholt, aber vergeblich gefordert hat.

Besitzstand der Gesamtfamilie um 1790

I. Mecklenburg-Stargard

Cölpin	Vollbesitz mit sämtlichen Rechten
Gr. Miltzow	Vollbesitz mit sämtlichen Rechten
Holzendorf	Vollbesitz mit sämtlichen Rechten
Roggenhagen	Vollbesitz (seit 1795/98)
Kl. Miltzow	Vollbesitz (seit 1789)
Krumbeck (Preußen)	Vollbesitz (seit 1797)
Neverin	Vollbesitz (1783, Verpachtung bis 1797, Verkauf 1812)
Helpt	Vollbesitz (1782–1911)

II. Preußisch-Pommern

Daber	Vollbesitz mit sämtlichen Rechten
Daberkow	Vollbesitz
Gr. Bentz	Vollbesitz

Bernhagen	Vollbesitz
Weitenhagen	Vollbesitz (verpfändet)
Schönwalde	Kleiner Teilbesitz
Maldewin	Vollbesitz (mit Vorwerken Sophienhof, Hökenberg und Wolkow)
Wussow	Vollbesitz (mit Farbezin, Kl. Bentz und einer Hälfte von Schlössin)
Hoffelde	Vollbesitz (mit Roggow, Louisenhof, Sallmow, Margaretenhof, Schöneu)
Meesow	Vollbesitz

Verloren gegangen sind: Lasbeck (1791), Schmeltzdorf, Kniephof, Jarchlin, Kültz, Justemin, Radem, Plantikow, Cramonsdorf, Voigsthagen, Haseleu, Breitenfelde, Braunsberg.

Tägliches Leben um 1800

Friedrich von Dewitz (1765–1831), der Begründer der Nebenlinie Goltz, ging einen anderen Lebensweg als die meisten seiner Vettern und Brüder. Als einem Nachgeborenen unter zahlreichen Geschwistern wurde ihm von den nicht unvermögenden Eltern eine Tätigkeit in der allgemeinen Staatsverwaltung empfohlen. Auf den Spuren eines Vorfahren hat er zusammen mit seinem Bruder Adolf die berühmte württembergische »Karlsschule« in Stuttgart von 1774 bis 1785 besucht. Die beiden Dewitze dürften dort den Schiller der »Räuber« als Mitschüler erlebt haben. Friedrich erhielt dann eine Stellung bei Hofe, arbeitete als Hofforstmeister in der württembergischen Forstwirtschaft, die damals wie überall in Deutschland im Umbruch begriffen war. Die rationelle Forstwirtschaft hielt ihren Einzug. Als man ihm dann jedoch aus der kleinstaatlichen Landeskinder-Mentalität heraus den Eintritt in den Staatsdienst abschlug (Brandenburg-Preußen war auch in dieser Hinsicht zu seinem Nutzen großzügiger eingestellt), da kehrte er, wie vorher bereits sein Bruder, in die pommersche Heimat zurück (1799). Dort suchte er sich rasch ein soeben verwitwetes Fräulein von Wedel aus der Nachbarschaft, die ihm alsbald sechs Kinder schenkte und mit der er für 13000 Taler das Gut Goltz im Kreise Dramburg (nördliche Neumark) erwarb. Der (Stief-)Bruder seiner Frau war Otto von Wedel (1769–1813). Dieser hat die Stimmungen und das Verhalten um die Jahrhundertwende in seinen Brautbriefen überliefert.[206] Aus der fernen ostpreußischen Garnison Oletzko schrieb er seiner Verlobten, einer tüchtigen Goltzentochter, wie ihm ums Herz war. Es ist dies die gleiche Zeit, in der

206 *A. Köhler,* Otto v. Wedell und Clementine v. d. Goltz, 1911, S. 275.

ein Heinrich von Kleist seiner schüchternen Braut Wilhelmine von Zenge einen hochgemuten Brief nach dem anderen zur Veredelung von Geist und Sitte sandte. Premierleutnant von Wedel, obschon fünfzehn Jahre älter als die Braut, wünschte diese sich so sanftmütig wie nur möglich: »Da du weißt, meine Tiene, wie liebenswürdig ein Mädchen dadurch wird, wenn sie die Tugend der Sanftmuth – die ihrem Geschlechte doch so natürlich sein sollte, – auszuüben gelernt hat: so kann es mir nicht schwer werden, sie dich anzueignen«, zumal »alle übrigen Gefühle des Herzens durch Sanftmut veredelt werden«. Daneben stehen aber die ökonomischen Realien von Silligsdorf und Goltz: »Mit der gestrigen Post hat mir der Onkel (Landrat v. Wedel) 500 Taler (nach Goldap) geschickt. Wenn du also Geld brauchst, liebes Weib, so schreib mir nur gleich. Er schreibt mir auch, daß wir aus unserem Garten schon für 50 Taler grünes Obst verkauft haben, er hat uns auch einige Scheffel (Getreide zu Brot) backen lassen, und läßt uns durch meine Schwester die Dewitzen 12 Gänse fett machen, um sie nachher für uns räuchern zu lassen.« Der Onkel sah für den an der russischen Grenze Wache haltenden Neffen auf dessen Gut nach dem Rechten, wünschte aber klüglich dessen Abschied aus dem Militär, da sonst – wie allgemein bekannt – »die andern Verhältnisse gar nicht gut« gingen. Landwirtschaft nur nebenher hatte schon so manches Gut in Pommern und anderswo ruiniert. Denn nur das regelmäßig wachsame Auge des Herrn macht bekanntlich das Vieh fett.

Die Adelskrise[207]

Blickt man vom Ende des 18. Jahrhunderts mit dem Paradigma der Dewitze und ihrer Heiratskreise, ihrer Herrschafts- und Lebensformen in den Landen Stargard und Daber, die sich so sehr nicht voneinander unterschieden, zurück auf eineinhalb Jahrhunderte seit dem Großen Kriege, so scheinen die aufsteigenden Linien in der politischen Kulturgeschichte zu überwiegen. Es ist für den Osten von einem Landadel gesprochen worden, der in einen großen historischen Prozeß gezogen und eingebunden werden mußte. Der Armut des Ostens konnte das Signal eines bedeutenden staatlichen Aufbruchs entgegengesetzt werden, in dem Überwinden angeborener, ausgebreiteter Lethargien in den impulsärmeren Landschaften des östlichen Mitteleuropa. Die scheinbare und tatsächliche Unproduktivität der Ostprovinzen ist nach und nach

207 Adelskrise: *G. Heinrich,* Der Adel in Brandenburg-Preußen, 1965, S. 306 ff. – *R. Vierhaus,* Vom aufgeklärten Absolutismus zum monarchischen Konstitutionalismus. Der deutsche Adel im Spannungsfeld von Revolution, Reform und Restauration (1789–1848). In: P. N. Hohendahl u. P. M. Lützeler, Legitimationskrisen des deutschen Adels 1200–1900, 1979, S. 119–135.

überwunden worden. Die fruchtbaren Teile der Agrarlandschaften verhießen weithin ungehobene Schätze. Die kontinuierliche Anstrengung in der Modernisierung der Kulturlandschaft konnte nur vollbracht werden als ein Gemeinschaftswerk des preußischen Staates und seiner noch wenig differenzierten Bevölkerungsgruppen. Ohne den Adel, der verglichen mit den Aristokratien des Westens nur ein »halber Adel« war, wäre die gleichzeitige Anhebung und Verfeinerung der Zivilisation auf vielen Gebieten nicht gelungen. Der Adel, zumal die als besonders getreu gerühmten Vasallen Pommerns, war Ansprechpartner, Gehilfe und Mitstreiter der Landesherren mit Kurhut oder Königskrone. Zugleich kann man an seinen herausragenden Vertretern das Maß der Staatsgesinnung und der Königstreue ablesen. Die häufig beschworene oder als Tatsache behauptete »Indienstnahme« des Adels ist in Wahrheit ein vielschichtiger und uneinheitlicher Vorgang gewesen. Denn trotz allen Wandels unter dem »Absolutismus« blieb das Bewußtsein der alten »Freiheiten« individueller wie korporativer Natur erhalten. Es wurde besonders in den größeren Familien des Ostens kultiviert, nicht lautstark, aber vernehmlich, in Worten wie in Taten. Und dazu die Selbstverständlichkeit: Je vermögender man war, desto unabhängiger und abwartender konnte man sich verhalten. Preußens Grenzen waren damals nicht mit Stacheldraht versperrt.

Nach dem Tod Friedrichs des Großen und mit dem Beginn der ideellen Auswirkungen der Französischen Revolution, mit dem freieren Denken der preußischen »Vorreformzeit« entwickelte sich die Diskussion in den Aufklärungszeitschriften um die Sonderrechte des Adels: die »Adelsfrage« blieb auf der Tagesordnung.

Neben dem genealogischen und besitzmäßigen Wandel, neben dem Rückgang der Anteile an der Staatsverwaltung bestand das Hauptproblem im 18. Jahrhundert darin, daß in den Gutsdörfern Pommerns und Brandenburgs besonders seit der Mitte des Jahrhunderts eine nach und nach selbstbewußter werdende Bauernschaft den Ortsobrigkeiten gegenüberstand. Die soziale Gliederung der Bevölkerung verfeinerte sich. Es gab nun Freihüfner und Domänenbauern, Kleinbauern mit Kolonistenrechten, Büdner und Häusler, Hintersassen des Staates, der Immediatstädte, der Kirchen und Orden und des Adels. Die Grundgedanken der Aufklärungszeit und des Reformabsolutismus waren in Preußen, aber in abgeschwächter Form auch im nahen Mecklenburg darauf gerichtet, die Sozialstruktur des platten Landes neu zu ordnen, eine stärkere Einheitlichkeit der individuellen und ökonomischen Rechtsgrundlagen zu schaffen. Die Staatsjuristen begannen, sich regelmäßig mit den Zuständen des Landes zu befassen. Der preußische König selbst gab das Vorbild und den Ansporn. Das »*Allgemeine Landrecht für die preußischen Staaten*« (1794) stand seit den frühen achtziger Jahren auf der Tagesordnung. An diese Konstellation mag auch Fontane gedacht haben, als er den alten Dubslaw von Stechlin über Friedrich den Großen meditieren ließ: »Er war für sich und für das Land, oder, wie er zu sagen liebte, ›für den Staat‹. Aber daß wir als Stand und Kaste so recht etwas von ihm gehabt hätten, das ist eine Einbildung«.[208]

Der »Zusammenbruch der Adelswelt« (Otto Brunner)[209] hatte eingesetzt. Er war grundsätzlich von niemandem und nirgends mehr aufzuhalten. Höchstens konnte der Prozeß regional verzögert werden. Der Ausbruch und Verlauf der Französischen Revolution legitimierte gleichsam eine Reformdiskussion, die die Verhältnisse und Disproportionen, die krassen Klassenunterschiede auf dem Lande einschloß. Der Kern der Vorwürfe blieb der gleiche: delegierte Obrigkeitsrechte seien im Wandel der Jahrhunderte zugunsten letztlich privater Interessen eingesetzt worden. Die mitunter aufreizenden Beispiele für Mißstände, für Exzesse in Latifundienwirtschaften kamen in der Regel aus Schwedisch-Vorpommern, aus Schlesien, vereinzelt aus Ostpreußen oder den polnischen oder vormals polnischen Randlandschaften. Die bürgerlich-spätaufklärerische Sozialkritik bereitete der Reformzeit den Boden. Der agrarische Fortschritt[210] dieser Jahrzehnte hat sich dabei längst nicht so stark im Bewußtsein ausgeprägt wie die »Bauernfrage« oder die Auseinandersetzungen um die verschiedenen Formen von Patrimonialgerichtsbarkeit. Jedenfalls ist der Prestigeverlust des Landadels, wie er sich damals als europäischer Vorgang ergab, fortan nie mehr ausgeglichen worden. Leise, aber vernehmlich genug klopften die Sendboten einer neuen Zeit der Allgewalt des Staates, der frühen Industrialisierung und der sozialen Deklassierung auch an die Tore der Gutshöfe, an die Portale der mit Park und Stutgärten aus der flachbebauten Landschaft aufragenden Schlösser.

208 *Th. Fontane,* Der Stechlin, Berlin (Ost) 1954, S. 414.

209 *O. Brunner,* Das »Ganze Haus« und die alteuropäische »Ökonomik«. In: Ders., Neue Wege der Sozialgeschichte, Göttingen 1956, S. 49.

210 Zusammenfassend: *W. Abel,* Geschichte der deutschen Landwirtschaft vom frühen Mittelalter bis zum 19. Jahrhundert, Stuttgart 1962, S. 254 ff. – *H.-H. Müller,* Märkische Landwirtschaft vor den Agrarreformen von 1807, Potsdam 1967.

456. Friedrich auf Golz

457. Adolph auf Neverin

460. Auguste v. Jagow-Voigtshagen

452. Karl auf Weitenhagen

463. Henriette v. Bornstedt-Gr. Ehrenberg

462. Ludwig auf Wussow

453. Wilhelm Oberstleutnant

466. Wilhelmine v. Wedel-Fürstensee

465. Sophie v. Kathen-Breitenfelde

461. Stephan Werner auf Farbezin

459. Bernhard Hauptmann

464. Charlotte v. Wedel-Ruhnow

Der Wussower Geschwisterkreis um 1808

Sechstes Kapitel Krieg, Reform und Wirtschaftskrisen: Die Dewitz als Steuerobjekte und Stützen des Staates (1800–1860)

»Zu guter letzt noch der väterliche und herzliche Wunsch, dass der gütige Gott nicht allein mein altväterliches ... Stamm-Guth Cölpin, sondern auch die von mir aquirirten Güther Roggenhagen und Brunn ein Erbteil meiner Nachkommen und derjenigen meiner frommen Eltern und Voreltern wolle seyn und bleiben lassen bis an der Welt Ende und dass wir allesamt in ihre Fuss-Stapfen gehen und uns alle samt ihnen dereinst in ewiger Freude und Seeligkeit treffen und sehen mögen.«

Stephan Werner von Dewitz[211]
(Schwerin, 24. Sept. 1796)

Allgemeine Zustände

Mit der napoleonischen Zeit und dem Zusammenbruch Preußens brach für den Adel in allen Provinzen Mittel- und Ostdeutschlands eine Zeit schwerer Krisen an. Die Kriegssteuern und Besatzungslasten wurden auf das platte Land, auf die Stände abgewälzt, denn der Staatskredit war auf Null abgesunken. Handel und Wandel lagen auch nach dem Abzug der französischen Besatzungstruppen darnieder; Kredit war nicht einmal für zehn oder zwölf Prozent Zinsen zu bekommen. Die Preise stiegen, Vorräte in der Landwirtschaft waren verbraucht oder beschlagnahmt; erstaunlicherweise fehlte es auch an Landarbeitern. Räuberbanden durchzogen die nord- und nordostdeutschen Wälder und verbreiteten besonders in Mecklenburg noch bis in die zwanziger Jahre hinein Schrecken, Leid und Unsicherheit.

In Preußen, dem Mecklenburg-Strelitz dynastisch und politisch eng verbunden war, wurde seit 1807 mit den Reformen der Minister Stein und Hardenberg der Weg in eine bessere Zukunft vorbereitet. Die Stellung des Adels mit seinen überkommenen Vorrechten wurde nunmehr Zug um Zug eingeschränkt; das »bürgerliche« Zeitalter kündigte sich an, obschon Mecklenburg hinter diesen preußischen Entwicklungen erheblich zurückblieb. Freilich hat auch in Pommern die Ablösung der Reallasten, die Regulierung der gutsherrlich-bäuerlichen Verhältnisse noch Jahrzehnte in Anspruch genommen, wie überhaupt an der Umsetzung vieler Ideen der Reformzeit bis in die Zeit nach 1871 gearbeitet worden ist. In Mecklenburg mit seiner auf dem Erbgrundvergleich beruhenden ständischen Volksvertretung war für eine freiheitlichere Landesverfassung kein Raum vorhanden. Das Verfassungssystem in beiden

211 *P. Gantzer,* Bd. 2, Nr. 2156.

Mecklenburg war durch und durch unzeitgemäß geworden und behinderte auf vielen Gebieten Ordnung, Sicherheit und Wohlfahrt des Landes. Reformschriften fanden den behutsam ausgesprochenen Beifall der Minister Stephan Werner und Ulrich Otto von Dewitz in Neustrelitz. Aber an der Unbeweglichkeit des Großherzogs Georg (des Bruders der Königin Luise) und der Mehrheit der Ständevertreter scheiterten die meisten Reformen. Erst unter dem Druck der zahlreicher werdenden bürgerlichen Gutsbesitzer und der Volkserhebungen von 1848 entwickelte sich auch in beiden Mecklenburg eine Verfassungs-Debatte, freilich noch ohne Ergebnis, weil die »Ritterschaft« jeden Fortschritt verhinderte. Das schlechte Ansehen des mecklenburgischen Adels in der Folgezeit beruht auf diesen Vorgängen. Mit seiner fast absoluten Reformfeindlichkeit und Reformunfähigkeit hat der Adel Mecklenburgs vor dem Hintergrund der weiteren Entwicklungen eine schwere Schuld auf sich geladen. Demgegenüber zeigt das Bild des »preußischen« Adels der Mittel- und Ostprovinzen differenziertere Züge. Dessen Angehörige – und demgemäß auch die Dewitze – finden sich mehr oder minder stark in den verschiedenen sich nun herausbildenden politischen Hauptgruppen, von den Spielarten der Konservativen über die Liberalen bis zu Demokraten und extravaganten politischen Einzelgängern.

Generationswechsel

Zu Anfang des 19. Jahrhunderts ließ die Reproduktionskraft in einigen Zweigen des Gesamthauses ersichtlich nach. Das ist auch bei anderen Familien zu beobachten. Die Ursachen sind nicht geklärt, vielleicht unerklärbar. Das Haus Miltzow stand mit Ulrich Otto nur noch auf zwei, danach auf vier Augen. In Cölpin blickte auch Stephan Werner nur auf einen Sohn (Friedrich, 1837), während seine wieder in Pommern ansässig gewordenen Brüder (sämtlich Enkel der Cölpiner Erbjungfer Ilsabe) Kinder über Kinder in die Welt setzten, fast schon mehr, als standesgemäß versorgt werden konnten. Die Söhne Karl von Dewitz' (1759–1817) begründeten sodann die Häuser Weitenhagen (Karl, 1806–1867; erbt 1853 Veltheim), das Offiziershaus Goltz (Friedrich, 1765–1831), Farbezin (Stephan Werner, 1771–1851) und Wussow (Christian Ludwig, 1772–1857). Auf den dritten Bruder Stephan Werners, den in Cölpin geborenen mecklenburg-strelitzschen Hofmarschall Bodo Christoph Balthasar (1734–1792) führen sich die Häuser Daber und Meesow zurück. Das heute so zahlreich vertretene Haupthaus Meesow des Stammvaters Karl von Dewitz (1785–1815) hat einen zusätzlichen »mecklenburgischen« Einschlag durch dessen Frau Elisabeth von Oertzen (1791–1839) erhalten. Schließlich ist an den damaligen Zustand der Kurt-Linie (»Ast Maldewin«) zu erinnern, der erst mit der glücklichen Waldow-Ehe des Rittmeisters Karl Friedrich Ludwig von

Dewitz (1787–1853) mit sieben zu ihren Jahren gekommenen Söhnen vital aufzublühen begann.

Die Mehrzahl der nachgeborenen männlichen Dewitze wandte sich noch immer dem Soldatenstand zu, überwiegend in preußischen Diensten, ohne jedoch höhere Ränge zu erreichen. Die Einkünfte der unteren Offiziere vor 1807 waren recht gering, so daß sie häufig erst spät heiraten konnten. Der früheste Zeitpunkt war dann gegeben, wenn der Heiratsinteressierte eine Kompanie bekam, mit deren Unterhaltskosten er mehr oder minder geschickt wirtschaften konnte. Ersparnisse ergaben sich in Friedenszeiten durch häufige Beurlaubungen oder durch Verringerung der Marschtage während der Manöver, so daß am Schuhzeug gespart werden konnte. Aber die Hauptleute und Stabsoffiziere mußten sich auf eigene Kosten beritten machen, Pferde und Reitknechte halten und waren auch genötigt, an dem gesellschaftlichen Leben der Garnison teilzunehmen oder auf Gütern zu verkehren. Friedrich von Dewitz aus dem Hause Hoffelde hat mit Hilfe einer solchen persönlichen Mobilität seine Frau kennengelernt, so wie sein Bruder Leopold Ludwig schließlich das Glück hatte, mit der schönen Karoline die nicht unvermögende Tochter des ostpreußischen Bankdirektors Struensee zu gewinnen, freilich um einen nicht geringen Preis: Als er im tiefsten Winter zu einer Gesellschaft ritt, wo er Karoline erwarten durfte, erfroren ihm die Hände. Sechs Finger mußten abgenommen werden, der Offiziersberuf war dahin, aber der Beweis glühendster Liebe in eisiger Nacht erbracht. Karoline nahm ihn an, und Leopold Ludwig hat dann als Gutsherr eine ebenso glückliche wie fruchtbare Ehe geführt.

Über die geistigen Interessen der Dewitze in diesen ersten beiden Jahrzehnten nach dem europäischen Umbruch durch die Französische Revolution wissen wir wenig. Aber sie traten doch gern wissenschaftlichen Gesellschaften bei, die sich damals auch in kleineren Städten zu bilden begannen. Karl von Dewitz arbeitete in der »Literarischen Gesellschaft« in Halberstadt mit. Unverändert gehörte es zu den Ehrenpflichten, daß ein Dewitz im Daber-Naugardschen Kreis das Landratsamt führte, auch wenn das Gehalt mit nunmehr 400 Reichstalern im Jahr nebst Beihilfen nicht gerade als einträglich bezeichnet werden kann. Alle diese hinterpommerschen Landräte im Umkreis von Naugard, Regenwalde und Plathe sahen sich bis in das späte 19. Jahrhundert hinein vielfach Schwierigkeiten gegenüber, die mit der noch relativ unvollkommenen Kulturlandschaft, den witterungsabhängigen Verkehrsverhältnissen und dem geringen Grad an Dezentralisierung in der Verwaltung zusammenhingen. Noch Bismarck klagt beredt über seine insulare Lage, wenn das Frühjahrshochwasser den stellvertretenden Landrat irgendwo im Umkreis von Kniephof tagelang abgeschnitten hatte. Eine Landpolizeiverwaltung in Form von Gendarmerie ist erst nach 1815 in Preußen allmählich aufgebaut worden, während in Mecklenburg noch über die Jahrhundertmitte hinaus teilweise groteske Zustände in der Verbrechensbekämpfung herrschten.

Aus dem Miltzower Haus ist Ulrich Otto (III.) in Neustrelitz bald zu höchsten Ehren (Präsident des Geheimen Rates) aufgestiegen, nachdem er 1792/93 in Potsdam die Interessen seines Fürsten in der Vorbereitung der Heirat der Prinzessinnen Luise und Friederike geschickt und umsichtig vertreten und sich auch sonst als Verhandlungsführer von hohen Graden erwiesen hatte. In der kurzen Zeit seiner Chefregierung konnte er in den weitgehend desolaten, petrefakten und preußischerseits mit Spott oder Mitleid betrachteten Regierungsverhältnissen keine Wunder vollbringen, immerhin jedoch den Bankrott der Kammerverwaltung verhindern und die notwendigsten landeskulturellen und landespolizeilichen Reformmaßnahmen beginnen. Einige Stichworte mögen das andeuten: sorgfältige Rechnungsführung im Finanzwesen nach preußischem Muster, Domänenverpachtung entsprechend der tatsächlichen Rentabilität, Schiffbarmachung der Elbe als Beginn kontinuierlicher Arbeit am gesamtmecklenburgischen Wasserstraßensystem, Einrichtung eines Katasters für die Feldmark von Neustrelitz und Begründung des Gymnasiums Carolinum in der Residenz, wo er sogleich seine eigenen Söhne einschulen ließ. In der preußischen Traditionslinie einschließlich ständischer Forderungen lag es auch, Arbeits- und Korrigendenanstalten sowie »Zucht-Häuser« zu schaffen, wo man Verbrecher, Landstreicher und sonstige problematische Gestalten unterbringen konnte. Daß dem Zuchthausbau in Altstrelitz damals die Reste der Dewitzburg des Grafen Otto von Fürstenberg zum Opfer fielen, ist eine besondere Pointe der Geschichte. Ulrich Otto von Dewitz verkörperte mit seinem Fleiß, seiner Staats-Lust, seinen als angenehm gerühmten Formen und seiner sensitiven Unterhaltungsgabe den Typ des nachfriderizianischen Reformministers. Kein Wunder, daß man sich in Berlin mehrmals für ihn interessiert zeigte. Aber er blieb im Lande, auch nachdem ihm Herzog Karl in einer Anwandlung spätabsolutistischen Selbstherrschertums »in Gnaden« den Stuhl vor die Tür gesetzt hatte (1800).

Der Herr von Groß Miltzow und Helpt ist ein bedeutender Ökonom und hervorragender Geschäftsmann gewesen. An der allgemeinen Güterspekulation in Mitteleuropa vor den von Napoleon verursachten Katastrophen hat er sich mit nicht unbeträchtlichen Gewinnen beteiligt. 1789 erwarb er das Domanialgut Klein Miltzow (10000 Reichstaler); im neumärkischen Kreis Schivelbein spekulierte er »vorteilhaft«. Seine glücklichste Unternehmung bestand in dem Kauf des Gutes Boeck mit Zubehör für rd. 60000 Reichstaler (1796); 1804 veräußerte er den rechtlich verbesserten und arrondierten Besitz für 194000 Reichstaler. Offenbar ist ein Teil dieses erfreulichen Kapitalzuwachses dann sogleich in anderen Gütern angelegt worden. Ulrich Otto ist es auch gewesen, der 1797 Krumbeck, eine preußische Exklave im Amt Strelitz, für 103000 Reichstaler erworben hat. Dabei war es für seine Güterspekulationen von erheblichem Wert, daß er nunmehr mit Zustimmung Friedrich Wilhelms III. preußischer Untertan geworden war und demzufolge in allen preußischen

Provinzen als Käufer auftreten konnte. Diese Käufe und Spekulationen wären nicht möglich gewesen ohne die Agrarkonjunktur seit 1795 und ohne die mit zahlreichen neuen Methoden intensivierte Bewirtschaftung der Güter. Er verschmähte es nicht, von fürstlichen Personen größere Kredite zu nehmen. Für den Kauf von Krumbeck überließ ihm der Herzog 60000 Reichstaler; davon hatte er als Schuldner mit hoher Bonität nach wenigen Jahren den vierten Teil zurückgezahlt. Der Rest wurde langfristig als Hypothek eingetragen. Sogar der Kurfürst von Hessen-Kassel legte sein Geld bei dem flexiblen Minister in Neustrelitz mit Zins und Zinseszinsen an.[212] Bei seinem Tode 1808 hatte die Miltzower Linie trotz der nun gleichsam über Nacht höchst ungünstig gewordenen Zeiten ein stattliches Vermögen, dessen Spuren sich bis in das späte 19. Jahrhundert hinein verfolgen lassen, zumal einige nicht ungünstige Heiraten der allgemeinen Liquidität förderlich gewesen sein dürften.

Der Cölpiner Besitz hielt sich hingegen annähernd auf jenem Stande, den Stephan Werner von Dewitz bis 1800 erreicht hatte. Erst in der vierten Generation, mit den Brüdern Friedrich von Dewitz (1843–1928), Stephan Werner von Dewitz (1846–1916) und Otto Balthasar von Dewitz (1853–1919), ergab sich eine Aufspaltung des Besitzes mit den Gütern Cölpin und Roggenhagen und dem Verlust von Helpt, während nennenswerte Zukäufe nicht mehr vorgenommen werden konnten. An eine Zusammenfassung des gesamten mecklenburg-strelitzschen Besitzes in fideikommißartiger Form mit entsprechenden interfamiliären Allianzen ist offenbar nicht gedacht worden. Allenfalls wünschte oder erwartete die eine Linie, die andere nach deren Aussterben im Mannesstamm zu beerben.

Auch in Pommern vollzog sich um 1800 eine Neuordnung in den Besitzverhältnissen. Das Ergebnis bestand in einer gefährlich starken Zersplitterung, weil es auch hier zu keiner Fideikommißbildung kam. Der mittlere der drei Brüder, Karl Heinrich Friedrich von Dewitz (1731–1802), hatte seinen mecklenburgischen Besitz aufgeben können, nachdem ihm 1787 die Reste der sogenannten hoffeldischen und Wussower Güter auf dem Erbwege zugefallen waren. Davon mußte weiteres abgegeben werden, doch gelang es 1791, Weitenhagen zurückzuerwerben. Immerhin gehörten dieser Linie der Häuser Goltz, Farbezin und Wussow fortan die Güter Wussow, Klein Benz, Farbezin, Schloissin, Weitenhagen und das hinzugekaufte Goltz in der nördlichen Neumark. Durch Losentscheid wurden die Güter bald nach 1802 auf drei Söhne verteilt.

Der andere Bruder, Bodo Christoph Balthasar von Dewitz (1734–1792), hatte die Güter und Restgüter Hoffelde, Sallmow, Roggow, Sandschönau,

212 *P. Gantzer,* Bd. 2, Nr. 2166, 2180 (!), 2193, 2198, 2207 (Testament), 2208, 2223, 2226; Bd. 3, 1, S. 413–415.

Schönwalde und Meesow übernehmen können, konnte Ansprüche der Kurt-Linie gerichtlich zurückweisen lassen und war damit in der Lage, seine ebenfalls drei Landwirts-Söhne einigermaßen angemessen auszustatten.

Die Kurt-Linie schließlich (Maldewin) verfügte nun noch unter der Herrschaft des Karl Friedrich Ludwig von Dewitz (1787–1853) über Maldewin, Höckenberg, Daberkow, das Schloßgut und das zweite Gut nebst Mühle zu Daber, sodann über Groß Benz und Bernhagen. Freilich waren alle diese Besitzungen noch mit Altlasten belegt und durchaus krisenanfällig, so daß bereits 1808 unter der Last der Kriegsabgaben Daber, Groß Benz und Daberkow veräußert wurden, Güter, die zu den ältesten Lehen der Familie gehörten. Überhaupt hat sich die exzessive Besteuerung des pommerschen und sonstigen preußischen Adels östlich der Elbe sehr ungünstig ausgewirkt. Im Grunde haben sich die pommerschen Zweige der Familie von diesem Aderlaß und den Folgen der Allodifikation nicht mehr erholen können. Der relativ frühe Einstieg von Mitgliedern der nun rasch wieder zahlreicher werdenden Familie in bürgerliche Berufe, die Übersiedlung in Städte vor allem Mittel- und Ostdeutschlands und auch die Auswanderung in die deutschen Kolonien hängen damit zusammen.

Das in dieser Hinsicht einschneidendste Ereignis vor dem Hintergrund der Preußischen Reformen ist freilich die Auflösung des alten Lehensverbandes durch Familienbeschluß gewesen (23. Januar 1809). Die Notlage Vieler hat damals den Landrat Friedrich von Dewitz auf Goltz (1765–1831) veranlaßt, seinen Vettern einen solchen Vertrag, mit der Folge unvermeidlicher Besitzzersplitterung, zu empfehlen. Entsprechend dem Reformgesetz vom 9. Oktober 1807, das jedoch nicht zwingend angewendet werden mußte, wurde nun die Lehensbindung für alle Dewitz-Güter im Kreise Daber aufgehoben. Lediglich die Gerechtigkeiten und Verpflichtungen an der Stadt Daber mit Patrimonialgericht und Patronat blieben gemeinsame Aufgabe aller in Hinterpommern ansässigen Dewitze. Nunmehr konnte jeder ohne Einschränkung über Grundstücke und Güter zugunsten der männlichen und weiblichen Nachkommenschaft frei verfügen. Noch verpfändete Familienlehen sollten mit Konsens eingelöst, verteilt und sogleich ebenfalls in Erb- und Allodialbesitz umgewandelt werden. Schwierig war jedoch, das lehen- und erbrechtliche Abhängigkeitsverhältnis mit den mecklenburgischen Linien zu regeln, denn dort blieb der Landesherr noch lange, im Grunde bis 1918, der Obereigentümer der Lehen. Man fand einen Kompromiß: Die pommerschen Dewitze verzichteten auf Lehensfolge und Erbansprüche gegenüber ihren Vettern und deren Erben, nicht jedoch gegenüber dem Landesherrn, der sich seinerseits dahingehend erklärte (2. Februar 1810), daß die pommerschen Dewitze ihre Anwartschaften für den Fall behalten sollten, daß die Besitzer von Cölpin, Roggenhagen und Brunn ohne Lehnserben ausgestorben sein sollten. Für Brunn und Roggenhagen galt weiterhin die Bestimmung, daß diese Güter auch an weibliche

Nachkommenschaft vererbt werden durften, wie es auch geschehen ist.[213] Trotz dieser lehnrechtlichen Restbestimmungen infolge der unterschiedlichen Verfassungsentwicklung in Preußen und Mecklenburg bestand das Ergebnis dieses Allodifikationsvertrages letztlich denn doch darin, daß der Zusammenhalt der Familienzweige gelockert, Verluste der alten Güter erheblich erleichtert wurden, und die Krisenanfälligkeit des verbliebenen Besitzes vor allem deshalb rasch zunahm, weil nunmehr größere Besitzkomplexe infolge der raschen Veräußerungsmöglichkeit sehr viel weniger leicht zu bilden waren. Die großen Familien Ostpreußens, Schlesiens, der Niederlausitz oder der Altmark haben trotz der Krise von 1810 mit Hilfe eines anderen Erbrechtes (Fideikommisse, etc.) eine sehr viel stringentere Besitzpolitik getrieben, die sich dann natürlich auch auf hohe Positionen im Zivildienst des Staates, in ständischen und parlamentarischen Vertretungen und ganz allgemein in der politischen Einflußnahme ausgewirkt hat.

Die verwandtschaftliche Verbundenheit innerhalb der mecklenburgischen und pommerschen Zweige der Familie und ihr freundschaftlicher, teilweise liebevoll-inniger Verkehr sind in diesen ersten Jahrzehnten des 19. Jahrhunderts vielfältig bezeugt. Der von Stephan Werner von Dewitz geprägte Stil hat darin ebenso fortgewirkt wie die friedfertigen und menschenfreundlichen Grundstimmungen der Romantik. Mit den scharfen Konflikten der zurückliegenden Jahrhunderte, die vor Gericht und notfalls mit der Waffe ausgetragen wurden, hatte es nun ein Ende. Sicher spielte dabei auch eine Rolle, daß mit dem höheren Bildungsgrad und mit den in der Residenz Neustrelitz geprägten Umgangsformen ein Kultivierungsvorgang einsetzte, der zumindest alle jene Familien rascher erreicht hat, die wie die Dewitze hohe Hofämter wiederholt besetzen konnten. Auch gewinnt man den Eindruck, daß die »Mecklenburger« mehr Politesse besaßen als die »Pommern« in ihrer rauheren, baltischen Landschaft, wo noch der Brautwerber Bismarck die kaschubischen Wölfe heulen hörte.

Wo Krankheit oder Tod eine Familie in Angst und Trübsal versetzt hatte, da blieben der Trost und die Genesungswünsche der wohlwollenden Vettern nicht aus. Stephan Werner kümmerte sich sogleich nach dem Tod seines Bruders Bodo um die Erziehung der Töchter, und der Miltzower Ratspräsident Ulrich Otto ließ seinen Neffen Otto mit seinen eigenen Söhnen aufwachsen. Auch sorgte man für die Verwaisten, indem man ihnen Anwartschaften auf Stellen des brandenburgisch-pommerschen Johanniter-Ordens verschaffte.

213 *P. Gantzer,* Bd. 2, Nr. 2213, 2218.

Franzosenzeit

Für die mecklenburgischen wie die pommerschen Familien bedeutete der Zusammenbruch Preußens im Herbst 1806 in jeder Hinsicht eine Katastrophe. Langfristig hat der Stoß, den Napoleon als Vollstrecker der Revolution gegen die Traditionsstrukturen in Mitteleuropa geführt hat, den Pommern-Adel weit härter getroffen, als dies in den beiden Mecklenburg der Fall gewesen ist. Die konservativen Widerstandskräfte in Mecklenburg waren ungebrochener und konnten sich vor wie nach 1815 unangefochten entfalten. Das Haus Miltzow geriet freilich erst einmal in eine schwere Krise. Dessen Oberhaupt Ulrich Otto hatte, wie wir sahen, seine Güterkäufe stark fremdfinanziert. Als er plötzlich im März 1808 mit 61 Jahren starb, fehlte es an Rücklagen für die Notzeit. Aber an solchen Rücklagen hat es früher und später in den meisten Familien gefehlt, weil die meisten Güter in der Regel verschuldet waren und keine gesunde und konjunkturunabhängige Basis besaßen, wie sie sich etwa aus einer forcierten, arbeitsaufwendigen Viehwirtschaft hätte ergeben können. Die minderjährigen Söhne Ulrich Ottos beziehungsweise die Vormünder gerieten in Schwierigkeiten, mußten dem Kaiser von Frankreich 52900 Reichstaler Hessen-Gelder auszahlen, behaupteten schließlich doch den Besitz von Miltzow und Helpt (Adolf) beziehungsweise von Krumbeck und den hinterpommerschen Gütern im Kreis Cammin (Otto). Für die mecklenburgischen Güter wirkte es sich ungünstig aus, daß durch die Kontinentalsperre von 1806 der Export von Hartholz für den Schiffbau weitgehend unterbunden worden ist.

Am Krieg von 1813 wirkten die Mecklenburger Dewitze, die damals durchaus preußisch-deutsch zu empfinden vermochten, mehr ideell mit, weil es ihnen an körperlichen Kräften gebrach. Die Vettern in Pommern hatten weit mehr Kriegskosten zu übernehmen und Besatzungstruppen zu ernähren als die Mecklenburger. Der Kreis Daber blieb verschont von Kriegszerstörungen, diente jedoch den Franzosen als Ausbeutungsgebiet während ihrer erfolglosen Belagerung von Kolberg. Unaufhörlich war von den Gütern und Bauern Vorspann zu stellen, belasteten Truppendurchzüge und mußten Einquartierungen hingenommen werden. Auch hatte Hinterpommern Nachschub für die französischen Brigaden zu liefern, die noch in Ost- und Westpreußen kämpften. Der Dabersche Kreis blutete buchstäblich aus, und im Mai 1807 konnte sich der Landrat Friedrich von Dewitz nicht der Klage enthalten, daß er nunmehr über die Leistungen des Kreises keine Übersicht mehr geben könne, weil eine Requisition auf die andere folge.[214] Dies alles änderte sich auch nicht nach dem Frieden von Tilsit im Juli 1807, denn wie nach 1945 blieben die ehemaligen Feinde ohne zeitliche Begrenzung einfach im Land und ließen sich aushalten. Im Februar 1808 mußten 4000 Pferde als Vorspann für die französische Artil-

214 *P. Gantzer*, Bd. 2, Nr. 2643.

lerie bereitgestellt werden, mit entsprechenden Verlusten, und in die französischen Magazine und Lazarette wurden allein von den Daberschen Gutsdörfern Unmengen an Futter und Brotgetreide, an Brot und Branntwein, an Essig und Fleisch und an Kolonialwaren geliefert. Dazu kamen die üblichen Ausschreitungen und Gewalttätigkeiten, wie sie Besatzungstruppen mit mehr oder minder ausgeprägtem Siegerbewußtsein an sich zu haben pflegen. Im Frühjahr 1808 schreibt der Major Karl von Dewitz seiner zweiten Frau Luise (geb. von Krebs), er habe seinen gewöhnlichen Aufenthaltsort Wussow mit Farbezin vertauscht, weil sein Bruder nicht die Schwestern habe allein lassen wollen mit den einquartierten französischen Offizieren (9. Februar), und etwas später schreibt er wiederum nach Groß Schönebeck über seine Tätigkeit als kommissarischer Landrat: »Ich muß den Einwohnern das Geld mit Gewalt aus der Tasche holen, um es den Franzosen zu übergeben; Das ärgert mich. Man muß alles menschliche Gefühl verleugnen, denn hier hat kein Bauer mehr (als) auf vier Wochen zu leben und soll zwei bis drei Franzosen nähren, die außer ihrer Beköstigung soviel Sachen an Kosten und Geld machen, daß es kein Mensch aufbringen kann. Klagen und Vorstellungen helfen zu nichts, denn alles steckt unter einer Decke; Es scheint ganz Vorsatz zu sein, das Land aufs äußerste zu ruinieren und hierin ist der Endzweck erreicht. Das Saatkorn ist alles vernichtet, die Pferde sind zu Schanden getrieben, die Ochsen soweit geliefert und geschlachtet, daß wir noch einen Ochsen haben, so daß der Acker nicht bestellt werden kann … Die Franzosen sind wahre Blutigels«. Schließlich verweigerten die Bauern den Gehorsam, so daß ein bäuerlicher Gerichtsmann, der sein drittes Pferd in Weitenhagen nicht hergeben wollte, mit Peitschenhieben öffentlich bestraft wurde.[215]

Diese Berichte aus der Notzeit ließen sich aus den verschiedensten Quellen heraus erweitern. Für die Geschichte der Dewitze, wie für die hinterpommersche Landbevölkerung überhaupt bleibt historisch wesentlich, daß die exzessive Ausbeutung des Landes zwischen 1806 und 1813 nach 1815 nicht ausgeglichen worden ist mit Staatseinkünften aus weniger betroffenen Provinzen. Die Schulden aus dieser Zeit sind nicht selten erst nach der Mitte des Jahrhunderts abgezahlt gewesen. Wo die Erträgnisse nicht ausreichten, da konnten nur Teile des Grundbesitzes kapitalisiert werden. Nie zuvor hat es einen solchen Einbruch im Grundbesitz der Dewitz-Familie gegeben wie zwischen 1808 und 1818. Ein Gut nach dem anderen mußte verkauft werden: Daber, Groß Benz und Daberkow 1808 durch die verschuldete und kinderreiche Maldewiner Familie; Roggow und Hoffelde nebst Luisenhof (1808); Sallmow (1809); im gleichen Jahr trennte man sich auch von vier neumärkischen Gütern. Dann folgten Wolkow (1811), Braunsberg (1811), Brunn (1812), Schöneu (1815) und Bernhagen (1818). Das sind insgesamt fünfzehn Güter und Vorwerke, die

215 *P. Gantzer,* Bd. 3, 2, Nr. 2654, 2640.

für immer verloren waren. Freilich sieht man an den Kapitalbewegungen in Pommern oder Berlin, daß es durchaus Interessenten in allen Ständen gab, die über Kapitalien verfügten, weil sie in Notzeiten hohe Zins- oder Handelsgewinne zu erreichen vermochten. Aber der Landadel und die Landbevölkerung, sie bluteten für den König (und seine politischen Fehler) und für den Staat, der sich infolge der Opferbereitschaft und der erzwungenen Belastungen der Bevölkerung aus einer lebensgefährlichen Krise gestärkt erheben konnte.

In der Verwaltungstätigkeit dieser Jahre haben sich der schon genannte Karl von Dewitz als Landrat im Daberschen Kreis, vor allem aber Friedrich Christian August von Dewitz in Stettin als Vertreter der unverändert tätigen Stände hervorgetan. An allen Verhandlungen in Finanz- und Reformfragen mit Hardenberg und seinen Mitarbeitern war dieser Dewitz ein sachkundiger, wennschon nicht immer erfolgreicher Vertreter der Interessen des »Landes«. Noch 1813 arbeitete er in der Kriegsschuldenkommission für Pommern mit, erlebte jedoch nicht einen befriedigenden Abschluß. Des Staatskanzlers Mitarbeiter Scharnweber stellt ihm das Zeugnis aus, er sei »entschieden brav und klug, wenn auch nicht ohne Standesvorurteile, nicht ganz unbefangen und mit einer gewissen Neigung zum Kriteln behaftet«. Immerhin hat die sonst an ministrablen Persönlichkeiten recht arm gewordene Gesamtfamilie mit diesem Manne für Pommern und den Staat einen Verhandlungsführer gestellt, der sich redlich und opferbereit in schwierigster Gesamtlage der öffentlichen Angelegenheiten angenommen hat, umgeben vielfach von Standesgenossen, die sich fast blind im Umbruch der Zeiten bewegten.[216]

Biedermeier

In einer tiefen Erschöpfung waren das Land und seine Bewohner gleichsam versunken, als 1815 der endgültige Frieden von allen Kanzeln und Kirchtürmen verkündet worden war. Unendlich langsam vollzog sich der Wiederaufbau auf dem Land, weil das Preisniveau niedrig blieb. Aber etwas Neues und Hilfreiches war dann der Aufstieg der modernen Landwirtschaftswissenschaft, der bereits 1810 mit der Gründung der »Pommerschen Ökonomischen Gesellschaft« begonnen hatte. Vier Dewitze waren sogleich Mitglieder der Vereinsdirektion. In der Folgezeit haben dann immer wieder die Landwirte der Familie in den sich bildenden einzelnen Agrargesellschaften erfolgreich mitgewirkt, insbesondere auch bei der Entwicklung der Zuckerindustrie.

216 *P. Gantzer,* Bd. 3, 1, S. 441–462. – *O. Eggert,* Die Maßnahmen der preußischen Regierung zur Bauernbefreiung in Pommern, 1965, S. 122ff., 150, 152. – *Ders.,* Stände und Staat in Pommern im Anfang des 19. Jahrhunderts, 1964, S. 41ff. – *P. Gantzer,* Bd. 2, Nr. 2688.

In der kleinen Welt der Daberschen Dörfer ging es um Patronatsstreitigkeiten mit dem Gutsbesitzer von Daber, um verlorengegangene Jagdrechte, was wesentlich damit zusammenhängt, daß die einstmals geschlossene Herrschaft im Daber-Kreis nun zerfressen und durchlöchert war wie ein alter Rock, den niemand mehr mit rechtem Vergnügen getragen hatte.

Die Zeugnisse über das Familienleben und die Erfüllung von Verwandtschaftspflichten verraten viel Gefühlsinnigkeit und christlich begründete Fürsorge. So half die Familie in Wussow den Weitenhagener Vettern und Kusinen nach dem Tod von deren Vater Karl auf vielen Gebieten. Bei Geburtstagsfeiern und sonstigen Anlässen war das Wussower Haus ein Mittelpunkt für die ganze Verwandtschaft. Die erhalten gebliebenen Briefe aus dem Weitenhagener Archiv führen uns in der 1834 gestorbenen Witwe Luise von Dewitz eine Frau vor, die mit ziemlichem Durchblick auf die Wege ihrer Kinder bis zuletzt Einfluß genommen hat.[217]

Ihr ältester Sohn Karl offenbarte in seinem Lebensweg ebenfalls ein sensibles und intelligentes Verständnis für die Forderungen und Strömungen der Zeit. Er bezog die Berliner Universität 1826, mit dem Ziel des Juristen, geriet aber dann beglückt in die Fänge und Verstrickungen von Philosophie und Literatur, von Hegel und Jean Paul, der Berliner Theologen der Erweckungsbewegung und des Gerlach-Kreises. In Pommern hat er seit 1835 im Kreis der dortigen Spät-Pietisten gearbeitet und gepredigt in dem Wissen, der »Wahrheit« nähergekommen zu sein. Da lebten in seinem Umfeld neben seinem Bruder August der Prediger Nagel, Graf Schlieffen auf Sandow, die Thaddens auf Trieglaff, die Senfft-Pilsachs und ein von der Brincken.[218] Dieser hat 1840 im Stil dieses Kreises der »Erweckten« Karl seinen »theuren lieben Freund, Gevatter und Bruder in Jesu Christo, der unsere Gerechtigkeit und Stärke ist und in dem wir überwinden« genannt. Aber dieser verlor sich nicht in romantischen Bibelkränzchen. Er widmete sich vielmehr der inneren wie äußeren Mission, nachdem er schon 1837 in Stargard einen Verein zur Verbesserung des sittlichen und leiblichen Zustandes der dortigen Armen gegründet hatte. Die sozialen Verhältnisse in der wachsenden Landschaft waren alles andere als erbaulich, so daß die sogenannten »Missionsfeste« als karitative Dorfereignisse und überhaupt Seelsorge und Liebestätigkeit dringend nötig waren. Vielerorts fehlte es daran, mit den bekannten Folgen der Radikalisierung in späteren Jahrzehnten.

217 *P. Gantzer,* Bd. 2, Nr. 2721, 2736, 2744 u.ö.
218 *P. Gantzer,* Bd. 3, 1, S. 469ff.

Erweckungsbewegung

Mehr oder weniger drang der Geist der Erweckungsbewegung in alle Familien in den dreißiger und vierziger Jahren ein. Nur der Milzower Ulrich blieb ein ausgemachter Skeptiker, und wir werden noch davon hören, wie er seinem Freunde Bismarck die sogenannte Bekehrung fast verdacht hat und sich nur oberflächlich beruhigen ließ. Jedenfalls war das gute Einvernehmen zwischen den Häusern Wussow und Weitenhagen in den gemeinsamen christlichen Überzeugungen begründet. Aber auch in den bleibenden Erinnerungen ihrer Berliner oder Bonner Studienjahre. Zum Freundeskreis gehörten Hermann aus Wussow, August aus Daber und Otto und Bernhard aus dem entfernteren Maldewin. Man labte sich auf den vetterlichen Treffen an Schweinewurst und Spickgans aus eigener Schlachtung, so berichtet der Weitenhagener Karl, oder man traf sich bei den anderen zu einem Umtrunk mit schlichtem Biere oder auch einfach nur zum Tee. Und auch in Bonn, dessen rheinische Gefilde für viele aus dem preußischen Osten nunmehr an Anziehungskraft gewannen, lehnte man sich während des Studiums aneinander an: die Vettern Karl (ein Sohn des Staatsministers Otto), Eduard aus Daber und Rudolf aus Meesow. Vor dem Studium besuchte man in der Regel die Gymnasien in Stargard oder Neustrelitz, einige Söhne wurden auch auf die Ritterakademie in Brandenburg a. d. Havel oder auf das Joachimsthalsche Gymnasium in Berlin geschickt. Die preiswerteste Ausbildung aber vermittelte immer noch das Kadettencorps, und so hat die Linie Weitenhagen ihre nachgeborenen Söhne August, Heinrich Franz und Constantin hier ebenso erziehen lassen wie Hermann aus Wussow, Hermann aus Meesow und die Brüder Bernhard, Otto und Jobst aus Maldewin. Der eben erwähnte Meesower Hermann (1813–1849), der Stammvater der heutigen Meesower Hauptlinie mit ihren mehr als 35 Nachfahren, hatte sich im Kadettencorps eine ungewöhnlich breite und zugleich tiefe Bildung anzueignen vermocht, durch die er dann Anfang der vierziger Jahre die Aufmerksamkeit eines Junggesellen erregte, der das pointierte und präzise Gespräch über Gott und die Welt ebenso schätzte wie die Freuden des pommerschen Landlebens nach getaner Arbeit. Es war Bismarck, der den mit einer Cousine ersten Grades frisch verheirateten Meesower oftmals zu gemeinsamen Fahrten auf die Nachbargüter oder auch nach Kniephof abholte, wo er ihm seine Landwirtschaft mit ebenso viel Stolz wie Realismus vorführte. Zur Meesower Hochzeit von 1840 ließ sich der Kniephofer nicht lumpen: Er überraschte das junge Paar mit zwölf wuchtigen Kristallgläsern in Stiefelform, von denen einige noch in den zwanziger Jahren dort zu sehen waren. Er hatte nämlich das geringe Fassungsvermögen der normalen Trinkgefäße gelegentlich getadelt und hatte nun selbst für das angemessene Volumen im Hause seiner beiden Blutsverwandten gesorgt. Karoline widmete seinen seelischen Problemen viel liebevolles Verständnis. Weniger Verständnis vermochte sie aufzubringen, wenn Otto und Hermann davonzogen und sie bestenfalls ahnte, wo die Reise enden würde. Denn sie wußte von dem damals und auch später noch fast unbezwingbaren Hang des »tollen Junkers«, nach Gesellschaften aufzubleiben bis in den frühen Morgen, umgeben lediglich von ihrem geliebten Mann und einer langen Batterie geleerter Rheinweinflaschen. Während sich Bismarck am Morgen nach diesen Gelagen nur bärbrummig schüttelte und mit einem Ritt über die Felder den Schädel auslüftete, waren dem Meesower wohl Leib und Seele verwüstet. Und Karoline war später fest in ihrem Urteil, daß die Zechgelage den Grund zu jenem Leiden gebildet hätten, dem Hermann bereits 1849 in Halle erlegen ist.[219]

Staatsdienst und März-Revolution

Es bleibt eine nachdenkenswerte Tatsache, daß sich in den Jahrzehnten bis zur Reichsgründung kaum ein Dewitz im öffentlichen Leben und vor allem im Staatsdienst besonders hervorgetan hat. An Begabungen hat es in den einzelnen Häusern grundsätzlich nicht gefehlt. Einige Namen wurden genannt. Es müssen andere Ursachen gewesen sein, die den einzelnen daran hinderten, voller Vitalität á la Bismarck in Berlin Karriere zu machen. Mehrere Gründe kommen zusammen. Keines der Häuser war nach den schweren Verlusten der Jahre 1806 bis 1815 in glänzenden Vermögensverhältnissen, die es gestattet hätten, einem der Söhne eine internationale Ausbildung oder auch nur lange Studienzeiten in Berlin und anderswo zu ermöglichen. Keines der Elternhäuser verfügte wohl auch über jenes Fluidum, durch das ein begabtes Kind von früh an aus der Sphäre des Alltäglichen und Ökonomischen herausgeführt werden konnte. Weiterhin fehlte es an erstrangigen Verbindungen verwandtschaftlicher und freundschaftlicher Art zu den Hof- und Staatskreisen in Berlin-Potsdam. Der weite Weg dorthin war, zumal vor der Mitte des Jahrhunderts, ein starkes Hindernis. Wer in der Hauptstadt etwas werden will, muß fast ständig anwesend sein. Das alles erklärt aber letztlich doch nicht das Desinteresse am juristischen Studium bei den Nachwachsenden dieser Jahre. Es fehlte offenbar ein Mann mit Überblick von der Art des Cölpiner Stephan Werner, der hier mit weitsichtigen Hinweisen Wege geglättet hätte.

Eine Ausnahme gab es freilich. Unter den Söhnen des Oberhofmarschalls Bodo von Dewitz ist *Otto* (1780–1864), seit 1804 verheiratet mit Henriette von Wedel, trotz seines Meesower Besitzanteiles zurück nach Neustrelitz gegangen (1811) und hat dort in der Nachfolge nun schon mehrerer Dewitze sein Glück an der Seite des Großherzogs gemacht, mochte dies auch alles im engen und mitunter ridikülen Rahmen eines Duodezfürstentums geschehen.[220] Beim

219 *P. Gantzer,* Bd. 3, 1, S. 473.
220 *P. Gantzer,* Bd. 3, 1, S. 475–477.

Tode des alten Großherzogs Karl, des Vaters der Königin Luise, übernahm er es klüglich, dem Nachfolger Georg fern von der Heimat die ebenso schmerzliche wie verständlicherweise ersehnte Botschaft mit jenem Zartgefühl auszurichten, welches den geborenen Hofmann auszeichnet. Schon 1827 gewann er den Rang eines Geheimen Regierungsrates, und 1836 bekundete der stockreaktionäre Großherzog ihm seine vollste Zufriedenheit, indem er ihm die gesamte Leitung des Staates zwischen Fürstenberg und Hohenzieritz übertrug. Otto war ein überzeugter Vertreter des aufgeklärt-spätabsolutistischen Ständestaates und hielt wenig von einer breiter angelegten Repräsentation des Volkes. Friedrich Wilhelm IV., den Großherzog und Minister immer wieder besuchten, hat dann auch den Chefminister mit großem Wohlwollen empfangen und ihn ausgezeichnet. Die Weltgeschichte war aus dem Ministerpalais der Neustrelitzer Tiergarten-Straße heraus nicht wesentlich zu beeinflussen. Aber einiges hat die Regierung in sorglicher Nachahmung des preußischen Vorbilds und in Absprache mit Schwerin doch auf die Beine stellen können: Verbesserungen im Schulwesen, Armenfürsorge, eine neue Synodalordnung 1839 (und Instruktionen über die Sonntagsheiligung); von grundlegender Bedeutung war dann die Neugestaltung des Medizinalwesens im Lande. Militär und Rüstung spielten keine nennenswerte Rolle. Für den Notfall hatte man Preußen.

Die Größenordnungen werden sichtbar, wenn man erfährt, daß dem kleinen Premierminister 1840 eine Gehaltszulage in Höhe von 650 Talern (Gold) gewährt worden ist. Wesentlich waren vielmehr die gemeinsamen legitimistischen Anschauungen, die den Herrscher und Otto von Dewitz in einer geradezu innigen Freundschaft verbanden. Es fehlte dem Minister an jedem Verständnis dafür, daß sich der Adel in Preußen und in Mecklenburg und anderswo in jedem Falle mit den politischen Repräsentanten des aufsteigenden Bürgertums arrangieren müsse, wenn er nur einen Teil seiner eigenen Sozialverfassung in eine andere Zeit hinüberretten wolle. Schon 1838 verlangte die bürgerliche Ritterschaft Gleichstellung mit den adligen Vertretern in den Einrichtungen der landständischen Verfassung. Die Schweriner Regierung war reformbereit, während man in Neustrelitz weitergehende Forderungen mit dem Ziel einer völligen Gleichstellung befürchtete. Hier wird deutlich, wie wenig der Minister in der Lage war, die Schriften an den Wänden Europas zu lesen. Als dann 1848 drei Tage vor dem Aufstand in Berlin eine Abordnung aus Neubrandenburg den Großherzog bitten wollte, eine Volksvertretung zuzugestehen, sah sich der Minister in Vertretung seines Herrn, dem die Courage fehlte, nicht in der Lage, dieses Phänomen der Delegation zu begreifen. Er bezeichnete den Vorgang »als eine befremdende Erscheinung« und warf den Neubrandenburgern beiläufig vor, sie seien »vom Typhus der Zeitkrankheit« ergriffen. Dann aber wuchs der Druck der Liberalen rasch an und auch die Zusage einer freiheitlichen Verfassung (25. März 1848) konnte auf die Dauer die Bevölkerung selbst in Neustrelitz nicht davon abhalten, diese Regierung zum

Rücktritt zu zwingen. Während er geschwächt und krisenkrank darniederlag, warf man ihm am 7. September die Fenster ein, so daß er sich schweren Herzens zum Rücktritt aus allen seinen Ämtern bewogen fühlte, doch unbeschadet seiner freundschaftlichen Beziehungen zum Großherzog Georg. In seinem Entlassungsgesuch schreibt er, wer er sei: »physisch und moralisch krank, 68 Jahre alt, ohne Muth und Hoffnungen fühle ich die Unfähigkeit, eine Stelle länger zu bekleiden, die ich bisher nach Kräften auszufüllen mich bestrebte. Stattdessen bin ich ein Hindernis geworden, das beseitigt werden muß. Die Steine in mein Fenster und das Volck vor meinem Hause verlangten gestern Abend, daß ich es im Kranckenbett hören konnte, meine Entlassung.«[221] Die Dankbarkeit des Großherzogs drückte sich darin aus, daß er seinem langjährigen Minister eine Jahrespension von 2500 Reichstalern, mit unverändertem Empfang aller Naturaleinkünfte, gewährte. Überdies erhielt der Sohn des Ministers, Georg (1817–1893), auf fünf Jahre einen jährlichen Zuschuß in Höhe von 250 Reichstalern, was mit der Patenschaft zusammenhing, die der Großherzog bei seinem Minister übernommen hatte.

Überblickt man des Ministers Leben, so ist von einer ungenutzten Chance zu sprechen. Gewiß hat sich der Großherzog den zu ihm passenden Mann ausgesucht. Es hätte wohl auch andere gegeben, die Gleiches leisten konnten. Aber auch im Rahmen der engen Verhältnisse im Strelitzer Land wäre mehr zu erreichen gewesen, wenn er sich über Standesvorurteile erhoben hätte. Die Zeit des Spätabsolutismus war, so schien es, abgelaufen. Großherzog Georg war verzweifelt ob seines treulosen Volkes. Die einzige Zeitung der kleinen Residenz, der »Wendische Bote«, sprach Bürgertum und Adel aus der Seele: »Gott schütze Neustrelitz vor Verderben!« Das geschah denn auch. Neuer Chefminister wurde der bisherige Regierungsrat von Bernstorff, der Schwiegersohn des Vorgängers. Dieser erwies sich als geschmeidiger in den Tagesgeschäften der Restaurationszeit. So erhielten sich in Mecklenburg-Strelitz länger als in den Nachbarlanden ständisch und obrigkeitlich geprägte Zustände. Die wenig entwickelten besitzenden bürgerlichen Schichten, die Gebildeten und die Mehrzahl der ländlichen Bevölkerung verhielt sich gegenüber demokratischen und liberalen Gedanken eher gleichgültig oder ablehnend. Demzufolge vermochte sich der landsässige und durch Nobilitierungen kaum erweiterte »Adel« in Mecklenburg-Strelitz (und Schwerin) in der Verwaltungsmonarchie einen auf dem ungeschriebenen Herkommen und der individuellen Leistung beruhenden standesmäßigen Vorrang nebst politisch-ökonomischen Einflußmöglichkeiten zu erhalten. Die besonderen mecklen-

221 *P. Gantzer,* Bd. 2, Nr. 2305. – Die Einzelheiten bei *H. Grobbecker,* Mecklenburg-Strelitz in den Jahren 1848–1851. In: Mecklenburg-Strelitzer Geschichtsbll. 2 (1926), S. 120 ff.; dort auch zahlreiche Hinweise auf die gleichzeitigen altständisch-konservativen Aktivitäten vor allem Ulrich Ottos v. D.-Miltzow, der bemüht war, die Neustrelitzer und Schweriner Politik innen- und außenpolitisch zu koordinieren.

burgischen »Rückständigkeiten«, mit ihren freilich weit zurückreichenden historischen Wurzeln, nahmen nunmehr vergleichsweise noch zu. Denn es fehlten auch fernerhin die Modernisierungskräfte der modernen Geschichte: eine juristisch-technisch hochgeschulte Verwaltung, differenzierte Industrie, ein zeitgemäßes Heer und ein weitausstrahlendes Kulturzentrum. Bismarck war es, der aus eigener Kenntnis den Mecklenburgern sarkastisch prophezeite: ein Weltuntergang würde dort erst drei Jahrzehnte später stattfinden.

Auguste von Dewitz: »Unwiederbringlich«

Aus der Ehe des Staats- und Haus-Ministers Otto von Dewitz mit Henriette von Wedel-Silligsdorf waren sieben Kinder hervorgegangen. Fünf erreichten das Erwachsenenalter. Von ihnen gewann Auguste (1812–1886)[222], nachdem sie um 1841 während der »Regierungszeit« ihres Vaters im Mittelpunkt einer Ehe-Affaire gestanden hatte, einen Hintergrundplatz in der deutschen Literaturgeschichte. Als sich Karl Freiherr von Maltzahn (aus der gut ausgestatteten Ivenacker Linie) 1841 in Neustrelitz während der Hochzeit der Strelitzer Prinzessin Karoline mit dem eheproblematischen Thronfolger von Dänemark (Frederik VII.) aufhielt, lernte er Auguste als Hofdame der Großherzogin kennen und verfiel ihrer kühlen Anmut sogleich und gewiß nicht ohne Grund und Anlaß. Maltzahn stand auf aussichtsreicher Position in allerdings preußischen Diensten, galt als vorzüglicher Herrenreiter und Pferdezüchter und war bereits vierundvierzig Jahre alt. Zwei Söhne entstammten der Ehe mit Caroline von Bilfinger, der Tochter eines preußisch-pommerschen Gutsbesitzers. Den etwas delikaten Ehevertrag für das Prinzenpaar hatte Augustes Vater in Kopenhagen ausgehandelt. Mit dem Großkreuz des Danebrogordens bedankte sich der dänische Hof angemessen. Maltzahn aber ließ sich bald nach dem Hoffest von seiner Frau scheiden (was einiges Aufsehen erregte) und wünschte nunmehr so rasch wie möglich Hand und Herz der vielleicht zu »Piquanterien« (Fontane) und gewissen Leidenschaftlichkeiten neigenden Auguste zu erlangen. Im übrigen verfügte sie als Nachfahrin selbstbewußter Dewitz-Frauen von Eva Essa von Pfuel über die Erbtochter Ilsabe von Dewitz-Cölpin bis zu ihrer Großmutter Christiane von Brauchitsch († 1820) und ihrer Wedel-Mutter über ein Erbe schwer zu bändigender Vitalität und kühlen Ehrgeizes. Kurzum: Auguste vermied es, sich zu binden, obschon das eigentliche Heiratsalter verstrichen war. Maltzahn nahm Urlaub und ging etwas deran-

222 *Th. Fontane,* Unwiederbringlich (= Nymphenburger Ausgabe, Bd. 5), Berlin 1959 (Nachwort). – *G. Pistor* (Rostock), Auf den Spuren von Holk und Ebba: »...die Geschichte nach Schleswig-Holstein und Kopenhagen hin transponiert...«. In: Fontane-Blätter, Bd. 5, 1 (1982), S. 54–58. – Gotha, Uradel 1910, S. 58. – Genealogisches Handbuch des Adels, A II (1956), S. 283. – *P. Gantzer,* Bd. 2, S. 684 (Nr. 542).

giert außer Landes. Er durchreiste 1845 für längere Zeit Europa und die Neue Welt.

Den Historiker bewegt die Frage, warum die offenbar gefährlich stolze Hofdame den Antrag eines Mannes aus einer Familie zurückgewiesen hat, mit deren Angehörigen die mecklenburgischen Dewitze vielfach verwandt und verbunden waren. Ist Auguste – wofür manches spricht – von ihrem Vater kühl und bestimmt beraten und schließlich mit dem Blick auf die Enge des Strelitzer Hofes dazu bewegt worden, den unerwarteten Bewerber abzuweisen? Bestand um 1841/42 schon der Plan, sie mit dem Mitarbeiter ihres Vaters Wilhelm von Bernstorff zu verheiraten, zumal dieser darauf hoffen durfte, ebenfalls ein Ministeramt zu erlangen? Es ist nicht abwegig, dem Staatsminister zu unterstellen, daß er sich in freundschaftlichem Einvernehmen mit dem Großherzog nach einem Fortsetzer seiner politischen Lebensarbeit umgeschaut hat. Der moralische Status Maltzahns könnte ein zusätzliches Hindernis für einen Konsens am Hofe gewesen sein. Auguste reichte jedenfalls nach einer Anstandspause in der Neustrelitzer Hofkirche 1844, am 1. Sonntag nach Ostern, in auffällig verkürzter Zeremonie dem Großherzoglichen Kammerherrn und Regierungsdirektor Wilhelm von Bernstorff ihre Hand. Seit 1848 verstand sie sich dann, Frau des Staatsministers (Ministerpräsidenten), als eine der ersten Damen der Hofgesellschaft, wennschon von leiser Düsternis umwittert. Sie führte eine Ehe, über deren Qualität nichts verlautet. Doch im Mai 1861 verlor sie ihren Mann durch einen überraschenden Tod, dessen Ursache in dem von streng lutherischen Geistlichen geführten Beerdigungsregister der Schloßkirche gegen allen Brauch nicht angegeben worden ist. Sie starb in Neustrelitz erst am 23. August 1886 fern von ihrer einzigen Tochter Margarethe, die 1880 mit Karl Frhrn. Müller von Gnadenegg vermählt worden war. Alle anderen Mitwisser und Beteiligten lagen nun schon auf den Gottesäckern, ihr Vater, der Großherzog und – Maltzahn. Dessen 1851 nach dem Tod eines Kindes öffentlich wiederhergestellte Ehe brach 1855 ab, als Caroline, wie im Roman, dennoch aus dem Leben schied, dessen Last sie so oder so nicht zu ertragen vermochte. Maltzahn selbst starb 1868, als Auguste bereits Witwe war. Kein Brief überliefert ihre Gedanken, ihre Gefühlswelt. Von einem Nachlaß ist nichts bekannt.

Theodor Fontane schrieb dann, nachdem er noch vor Augustens Tod 1885 den Kern des geschichtlichen Stoffes empfangen hatte, den Roman »Unwiederbringlich« (Juli 1887 bis September 1890). Man hat ihn als das »makelloseste Kunstwerk« unter seinen epischen Werken bezeichnet. Als er etwas später auf das Mißverhältnis von Schuld und Sühne in der Tragödie zwischen dem Grafen Holk und der zungengewandten Ebba von Rosenberg angesprochen wurde, meinte er: »Die Kunst hat eben ihre eigenen Gesetze.«

Fontane gibt denn auch seiner Ebba einen anspruchsvollen Charakter, der wahrscheinlich nicht annähernd eine Gleichung mit dem Charakter der Auguste von Dewitz verträgt. Ebba verkörpert die ganze Spannweite zwischen den Abgründen weiblicher Leichtigkeit, Emotionalität und einer Einsichtsfähigkeit in Grundelemente des Daseins, und er läßt in einem zentralen Dialog die Ebba zum Grafen Holk in fast hemmungsloser, aber wohl nicht einmal anachronistischer Offenheit sagen: »›Großer Stil! Baa, ich weiß wohl, die Menschen sollen tugendhaft sein, aber sie sind es nicht, und da, wo man sich drein ergibt, sieht es im ganzen genommen besser aus als da, wo man die Moral bloß zur Schau stellt. Leichtes Leben verdirbt die Sitten, aber die Tugendkomödie verdirbt den ganzen Menschen.‹ Und als sie so sprach, fiel aus einem der die Tafel umstehenden Tannenbäumchen ein Wachsengel nieder, just da, wo Pentz saß. Der nahm ihn auf und sagte: ›Ein gefallener Engel; es geschehen Zeichen und Wunder. Wer es wohl sein mag?‹ ›Ich nicht‹, lachte Ebba.«[223]

Konservatismus und Reaktionszeit

In Pommern waren mit der Verwaltungsreform 1815–1818 neue Kreise gebildet worden. Die Vorrechte einzelner Familien in den alten Kreisen hatte Hardenberg damit abgeschafft oder doch erheblich geschwächt. Friedrich Wilhelm I. war 1723/24 behutsamer vorgegangen. Der Dewitz-Dabersche (Daber-Naugardsche) Kreis wurde ohne Rücksicht auf das historisch Gewordene teils zum Kreis Naugard und anderenteils zum Kreis Regenwalde geschlagen. Die Dewitze haben sich auch über die Zäsur von 1848/49 hinaus in der Kreisverwaltung nur noch gelegentlich betätigt, jedoch keine Landräte in kaum unterbrochener Folge, wie vergleichbare Familien in anderen Kreisen, zu stellen vermocht.

Doch unter den Mitgliedern des »Junker-Parlaments« (August 1848) findet sich auch Otto von Dewitz aus dem Hause Wussow, später der Gründer des Familienverbandes. Einen größeren Widerhall in diesem ersten Jahrzehnt aufschäumenden parteipolitischen Lebens hat nur der Krumbecker Otto erzielt. Er rief schon im Revolutionsjahr in Schwerin auf dem außerordentlichen Landtag seinen Gegnern zu: »Eine Verfassung ist kein Ding, das man auf eine Tafel schreiben und mit dem Schwamme wieder abwischen kann ... was im ganzen Leben eines Volkes wurzelt, läßt sich nicht so mit einem Male wegtun ... Wir haben die Mängel des Alten eingesehen, und ich wünsche es nicht zu behalten, aber wir müssen erst wissen, wie das Neue aussieht.« Das war eine wesentlich kraftvollere Sprache, als sie sonst von Verwandten und anderen Standesgenossen zu hören war. Aber den Weg in die eigentliche Politik und den hohen Staatsdienst hat auch dieser Dewitz nicht gefunden.

223 *Th. Fontane,* Unwiederbringlich, München 1959 (= Sämtliche Werke, Bd. 5), S. 150f.

Sein Neffe Ulrich Otto (1814–1871)[224] lebte im Revolutionsjahr 1848 ebenfalls in Schwerin und vertrat mit unerschütterlicher Eloquenz die alten Freiheiten der Grundbesitzenden mit der Kraft einer starken, auch in der Handschrift erkennbaren Persönlichkeit. Er war ein Mann, der mit durchdachten Gesichtspunkten sein »Nein« in die Menge oder im Parlament den Fortschrittsfreunden zuschleuderte.

Wir nähern uns der »Bismarck-Zeit«. Nach der Revolution und nach den ersten Jahren der »Reaktion« begann sich Preußen Jahr um Jahr stärker zu regenerieren und zu modernisieren. Endlich war auch die lang anhaltende Wirtschaftsdepression umgeschlagen in die Konjunktur der beginnenden Hochindustrialisierung. In Berlin arbeitete unter dem Vorsitz des Prinzen von Preußen die Militärreorganisations-Kommission mit dem Ziel der Anpassung des Heeres an die Bevölkerungszahlen und die Rüstungen der anderen Mächte. Für die Söhne der Dewitze bestand nun wieder stärker als vordem die Möglichkeit, im Heere Meriten zu sammeln. Nur wenige dienten in der Kavallerie, die Mehrzahl trat in die Infanterie ein, weil der von Haus aus zu leistende Aufwand hier geringer war. Aber noch immer und unverändert verstanden sich in den fünfziger und sechziger Jahren die meisten Dewitze als Angehörige einer Familie von Landwirten, von Rittergutsbesitzern, wohl auch von Pferdezüchtern wie im Falle des Miltzowers, der bis zu seinem Tode eine international bekannte Erscheinung im Pferdesport gewesen ist und in seinen besten Jahren selbst die schweren Hindernis-Rennen zu Pardubitz an der Elbe (Böhmen) geritten ist. Eine Familie von Landwirten noch immer, und wir wenden uns nun den Besitzverhältnissen und einigen Problemen der Landwirtschaft zu, die noch immer für die meisten Familien von schicksalhaft entscheidender Bedeutung waren.

Besitzverhältnisse um 1850

Betrachtet man die Besitzverhältnisse für die Mitte des 19. Jahrhunderts, so ist zwar ein deutlicher Verlust gegenüber dem 16. Jahrhundert zu verzeichnen, doch immer noch ist es ein ansehnlicher Bestand an Gütern in Mecklenburg und Pommern, auf denen die Dewitze wirtschaften und in nunmehr begrenzterem Maße auch »herrschen«. In Mecklenburg: Cölpin, Roggenhagen (Verkaufswert 1,5 Millionen Reichsmark), Groß Miltzow (bis 1905), Helpt mit zwei Vorwerken (bis 1911), Krumbeck (seit 1797). Das sind mithin fünf Wirtschafts- und Herrschaftsmittelpunkte. In Pommern: Weitenhagen, Farbezin, Wussow, Meesow, Maldewin mit Sophienhof (seit 1853) sowie seit 1847 Wals-

224 *P. Gantzer*, Bd. 3, 1, S. 472 f. – Seine Briefe an Bismarck (die Gegenbriefe in Gr. Miltzow offenbar vernichtet) in Bd. 3, 1, Nr. 2757, vgl. Nr. 2758.

leben.[225] Dazu kommt das Rittergut Veltheim (bei Halberstadt) seit 1853. Der größte Teil des Besitzkomplexes um Hoffelde war mithin abgegangen.

Die Gründe für den Rückgang seit dem 18. Jahrhundert sind mit wenigen Sätzen zu umschreiben. Immer noch wirkten die schweren Kapitalverluste des späten 16. und 17. Jahrhunderts nach. Die beiden großen Kriege im 17. und 18. Jahrhundert haben auch den Dewitz-Besitz ohne ausreichende Entschädigungen verdörren lassen. Die Verluste in der napoleonischen Zeit an Einkünften und Betriebsmitteln verhinderten jene Kapitalbildung, die nötig gewesen wäre, um in der ersten Hälfte des 19. Jahrhunderts eine vorsichtige Rekuperationspolitik zu betreiben. Mehrfach hat Erbstreit zu Verlusten geführt, wiederum stärker in Pommern als in den mecklenburgischen Häusern. Die Neigung zu unangemessenem Aufwand hat zwar insgesamt im 18. und 19. Jahrhundert nicht das durchschnittliche Maß des mittel- und ostdeutschen Adels überstiegen, gleichwohl in einem Falle in der Kombination mit Erbstreit ziemlich verheerende Folgen gezeitigt (Herrschaft Hoffelde). Vergleicht man den mecklenburgischen Besitzkomplex mit dem pommerschen, so ist festzuhalten, daß in Pommern vergleichsweise rauhere Winde wehten und daß die mecklenburgischen Herren sich unter den konservierenden Bedingungen des patriarchalischen Ständestaates weit besser behaupten, ja rekriieren und in hohe Staatsstellungen in allen drei Jahrhunderten aufsteigen konnten. Während in Preußen Friedrich Wilhelm I. schon seit 1717 die Allodifizierung der Rittergüter durchzusetzen suchte und schließlich weitgehend erreicht hat, legten die Nachfahren der siedlungszeitlichen Rittergeschlechter Mecklenburg-Strelitz' noch 1913 in allen Förmlichkeiten den Lehnseid gegenüber ihren Landesherren ab.

Doch alle diese Kleinherrschaften des mittel- und ostdeutschen Adels, von den Schulenburg über die Bredow, die Dewitze bis zu den von der Groeben in Ostpreußen wirken ernüchternd klein, vergleicht man sie mit den Latifundien in Teilen Schlesiens oder im benachbarten Polen. Ein Karol Radziwill besaß sechzehn Städte und 600 Dörfer, ein Feliks Potocki soll 130000 Bauern aller Sozialstufen sein eigen genannt haben, der Fürst Lubomirski besaß 1739 1010 Dörfer, sonstige Siedlungen und Städte mit 213 Vorwerken, und der Fürst Chatoryski, dessen Name in der Krakauer Bibliothek fortlebt, verfügte über 1000 Quadratkilometer Grundfläche, auf der 162 Dörfer und Städte lagen, die an die Schlachta, seine Aftervasallen, verpachtet und verliehen waren. Noch bis zum Zweiten Weltkriege haben in Polen die Magnatenherrschaften ein ziemlich unangefochtenes Dasein geführt. Über Aufwand und Lebensstile, über die teilweise exzellenten Bauten berichtet der Kunsthistoriker Udo von

225 Besitzstand im 19. Jahrhundert: *P. Gantzer,* Bd. 3, 1, S. 490f. – Vgl. die Besitzveränderungen seit 1815: Bd. 2, Nr. 2244, 2250, 2252f., 2255, 2265 (Regulierungs-Gewinn), 2276, 2280, 2289, 2294, 2302 (Daber-Verkauf), 2339 (Helpt), 2351 (1869).

Alvensleben aus der Zeit kurz vor dem Untergange dieser Traditionsinseln eines aristokratisch geprägten ostmitteleuropäischen Nachmittelalters.[226] Und die Kirche, in Brandenburg-Preußen seit der Reformation nur noch mit bescheidenen Besitzungen versehen, hat in Polen-Litauen grandiose Begüterungen besessen. Allein das Erzbistum Gnesen verfügte über Flächen 27000 Quadratkilometer, das waren 0,4 Prozent der Gesamtfläche des alten Staatsgebietes.

Als Heiratspartner für die großen Geschlechter Polens schieden die Landadligen in Pommern, Mecklenburg oder Brandenburg schlechterdings aus. Hier waren entweder Nebenlinien der Hohenzollern oder mediatisierte Fürsten Süddeutschlands oder überhaupt aus dem katholischen West- und Südeuropa gefragt. Staatsgrenzen bildeten für die Herrenschichten insoweit auch Begrenzungen des Konnubiums. Nur die Offiziere, zumal die der preußischen und der russischen Armee, trafen sich über lange Jahrzehnte hin gleichsam auf demselben gesellschaftlich-politischen Parkett. Und die kleinen Leute, die von »Levins Mühle« und anderswo, nahmen als Wald- und Grenzgänger ohnehin die Freizügigkeit der Ungebundenen in Anspruch.

Landwirtschaft und Rittergüter

Nach dem vorläufigen Abschluß der gesetzgeberischen Maßnahmen der preußischen Reformzeit ergaben sich auf dem platten Lande über Jahrzehnte hin zahlreiche unmittelbare Veränderungen oder zu Veränderungen führende Prozesse. Denn die Ablösung der Dienste und sonstigen Lasten, die Regulierung der Rechtsbeziehungen zwischen Gutsherrschaft und Bauern, die Nachvermessung der Ländereien war nicht in wenigen Jahren zu bewältigen. Konjunkturell gesehen waren die Jahre bis 1850 nicht besonders günstig. Das Preisniveau für Agrarprodukte erzwang Rationalisierungen und den Übergang zu neuen kostensparenden Wirtschaftsformen. Die landwirtschaftliche Nutzfläche im Umkreis der Dewitz-Güter stieg an, die Zahl der Landarbeiter nahm – mit steigender Tendenz – relativ ab, die Zahl der Bauern und besonders der kleineren Bauern verringerte sich im ganzen Osten erheblich. Die großen Wanderungen nach Westen begannen. Aus dem freigesetzten Landvolk bildete sich in den Industrie-Landschaften gleichsam der Grundstock der neuen Arbeiterschaft. So gesehen fing die Industrialisierung die in ihrer Existenz bedrohten Landarbeiterschichten auf. Berlin und das Ruhrgebiet vor allem, aber auch Schlesien und die Niederlausitz boten den Abwandernden eine

226 Magnaten: *U. v. Alvensleben,* Lauter Abschiede, Frankfurt a.M. 1968, S. 142ff., 385ff. – Zusammenfassend über die Zustände in Schlesien und in der Provinz Posen: *W. Görlitz,* Die Junker, 1956, S. 223–228. – *G. Heinrich,* Geschichte Preußens, 1984, S. 481–483.

neue, wenn schon karge Heimat. Infolge der hohen Reproduktionsrate bei den Landarbeitern war jedoch das Problem der »Entwurzelung« und der Ab- bzw. Auswanderung noch längst nicht überwunden. Für Hinterpommern ergab sich das zusätzliche Problem auf lange Zeit, daß es mit Ausnahme von Stettin kaum Orte gab, in denen durch eine nennenswerte industrielle Entwicklung das neue Proletariat von den Rittergütern und überhaupt aus der weiten Landschaft aufgenommen werden konnte. Aber die Wanderung zu den Städten und die Wanderung nach Westen vollzog sich unaufhaltsam. Die Geschichte der Dewitze wird von diesen Vorgängen wiederholt berührt, reisten doch in etwas späterer Zeit einige Familienmitglieder, denen die Heimat keine angemessene Existenz zu bieten vermochte, nach Westen, schließlich nach Afrika und nach Mittel- und Südamerika. Das Ausmaß der Wanderung wird daran deutlich, daß um 1800 noch sechzig Prozent der Deutschen in einem wie immer beschaffenen eigenen Hause wohnten; um 1910 nach einer alle Landschaften in Ost und West, in Nord und Süd erfassenden Wanderung – der größten Wanderung der deutschen Volksstämme seit der germanischen Völkerwanderung – waren nur noch neun Prozent auf eigenem Grund und Boden wohnhaft. Entsprechend diesen Wanderungsbewegungen stagnierte also die Bevölkerungszahl im agrarisch geprägten Landkreis Greifenberg-Regenwalde:

Bevölkerungszunahme 1815–1925

1815	1875	1925	1815–1875	1875–1925	
84 000	94 000	103 000	10,3 %	12 %	Einwohner

Otto von Bismarck und seine Dewitz-Verwandtschaft

Über die Zustände im Umkreis des Landes Daber in den schwieriger werdenden vierziger Jahren unterrichtet uns in einzigartiger Weise der Gutsherr von Kniephof, dem vormals hoffeldischen Gute, welches der Familie von Bismarck überlassen werden mußte. Der noch unverheiratete »wilde Junker« Otto von Bismarck bewirtschaftete um 1845 nicht nur den Betrieb in Kniephof nördlich von Jarchlin, sondern er war auch stellvertretender Landrat mit ziemlich viel Zeit für Besuche auf den Nachbargütern, auf denen seinem scharf-ironischen Auge nichts entging. So berichtet er seiner Schwester (22. Februar 1845) von den Vorbereitungen zu einem großen Maskenfest und Ball auf dem Ostenschen Schlosse Plathe: »Sogar Mütter von acht Kindern, wie Frau von K., und Schönheiten, die meine Wiege umstanden, wie Frau von V., zuckt es unwiderstehlich im Sprunggelenk; sie können der Versuchung nicht Herr werden, ihren Reihen durch bunte Mieder und gezwickelte Strümpfe noch für einen Abend aufzuhelfen, fahren im tollsten Schneegestöber nach Naugard (offensichtlich zu einem Tanzmeister), um die graziösen Touren einer altdeutschen Quadrille einzustudieren...«.[227] Der nächste Brief an seine Schwester ist dann weniger heiter. Das mißgeratene Frühjahr macht dem Gutsherrn zu schaffen, er klagt über »Nachtfröste, krankes Vieh, schlechten Raps und schlechte Wege, todte Lämmer, hungrige Schafe, Mangel an Stroh, Futter, Geld, Kartoffeln und Dünger ... Als ich von Angermünde kam ... waren (wegen Dauerregen) die Brücken auf der Zampel, Ukley und Rega fortgerissen, so daß Knobelsdorf und ich, die Regenten zweier großer Kreise, hier auf einen kleinen Fleck von Wasser eingeschlossen waren und ein anarchisches Interregnum von Schivelbein bis Damm herrschte. Noch am ersten wurde einer meiner Wagen mit drei Faß Spiritus von den Fluthen fortgerissen, und ich bin stolz darauf, sagen zu können, daß in meinem Nebenfluß der Zampel ein Theerfahrer mit seinem Pferde ertrank. Außerdem sind in Gollnow mehrere Häuser eingestürzt, ein Sträfling im Zuchthause hat sich wegen Prügel aufgehängt, und mein Nachbar, der Gutsbesitzer K.... in Klein-L(eistikow) hat sich wegen Futtermangel erschossen...«.

Es sei eine ereignisvolle Zeit, meint der Landrat-Stellvertreter mit seinen intimen Einblicken in die Verhältnisse des Daber'schen und Naugard'schen Kreises: »Es steht zu erwarten daß noch einige unserer Bekannten von der Bühne abtreten werden, da dieses Jahr mit seiner schlechten Ernte, den niedrigen Preisen und dem langen Winter für den verschuldeten Besitzer schwer durchzuhalten ist. D(ewitz) in H(öckenberg) hat so gut wie fallirt, und das alte Unthier, sein Schwiegervater, der General K(racht), der sehr viel Geld hat und nichts ausgibt, ist weder durch die Bitten seines Sohnes noch seiner eigenen Tochter zu bewegen, einen Schilling zu geben oder zu borgen, um das Gut für letztre zu erhalten. Was sollen die armen Leute nachher angeben? sage selbst. Aehnlich wird es vermuthlich noch mit andern kommen, ohne daß sie geizige Schwiegerväter hätten.«[228] In diesen Monaten bis zum November 1846 hatte Bismarck Gelegenheit, die meisten Dewitze in Daber, Wussow und Meesow und auf den anderen Gütern mehr als nur flüchtig kennenzulernen, zumal wenn es sich um Angehörige der jüngeren Generation handelte, die wie er kein Tanzvergnügen ausließen und »viel Monte bello« tranken und dem hinterpommerschen Spätpietismus noch nicht anheimgefallen waren. Bismarck wußte während seiner Kniephofer Tage, daß er das Land seiner Väter und Vorväter durchritt.

227 *H. Kohl* (Hrsg.), Bismarckbriefe 1836–1872, 6. Aufl., Bielefeld u. Leipzig 1897, S. 21.
228 Ebenda, S. 22–24.

Ahnengemeinschaft Dewitz – Derfflinger – Bismarck[229]

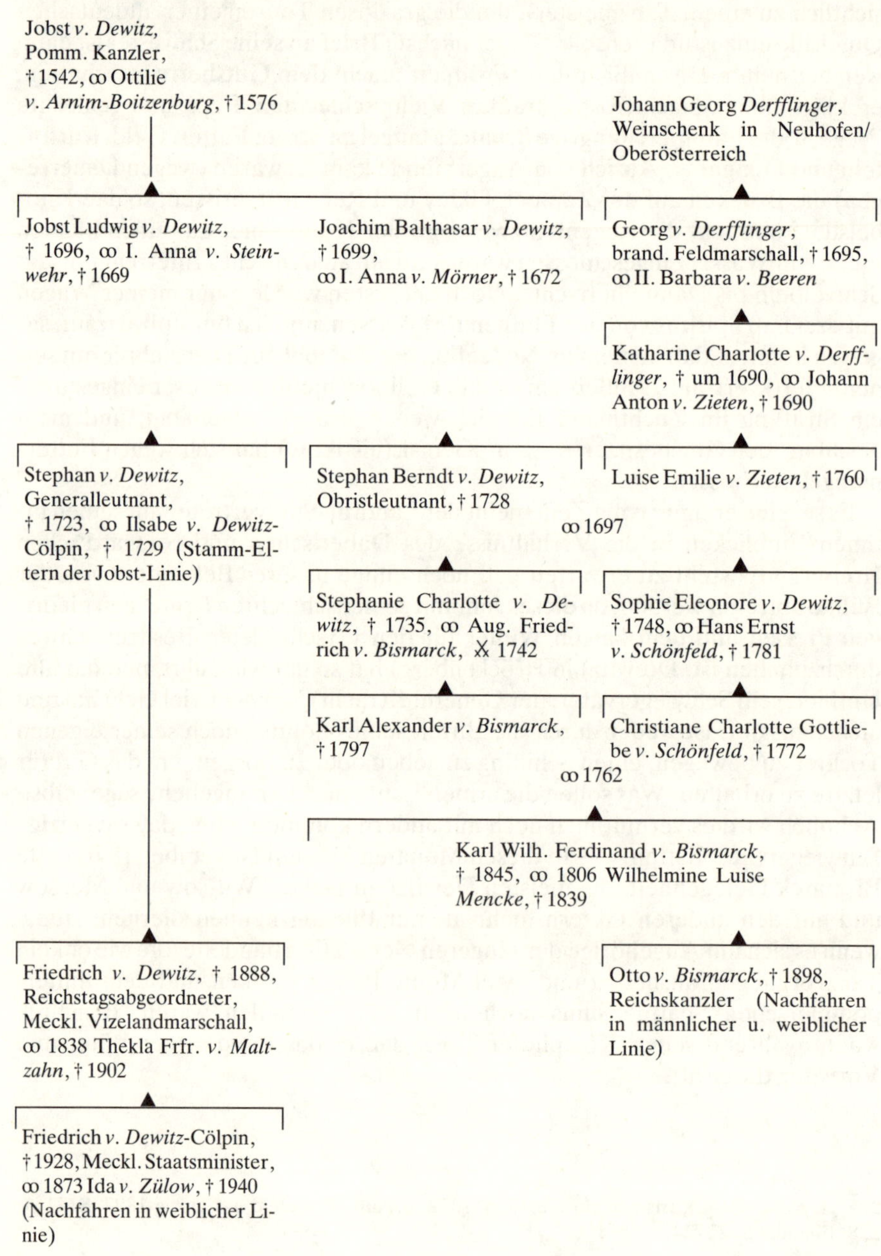
Jobst v. *Dewitz,* Pomm. Kanzler, † 1542, ∞ Ottilie v. *Arnim-Boitzenburg*, † 1576
Johann Georg *Derfflinger*, Weinschenk in Neuhofen/Oberösterreich
Jobst Ludwig v. *Dewitz*, † 1696, ∞ I. Anna v. *Steinwehr*, † 1669
Joachim Balthasar v. *Dewitz*, † 1699, ∞ I. Anna v. *Mörner*, † 1672
Georg v. *Derfflinger*, brand. Feldmarschall, † 1695, ∞ II. Barbara v. *Beeren*
Katharine Charlotte v. *Derfflinger*, † um 1690, ∞ Johann Anton v. *Zieten*, † 1690
Stephan v. *Dewitz*, Generalleutnant, † 1723, ∞ Ilsabe v. *Dewitz-Cölpin*, † 1729 (Stamm-Eltern der Jobst-Linie)
Stephan Berndt v. *Dewitz*, Obristleutnant, † 1728
Luise Emilie v. *Zieten*, † 1760
∞ 1697
Stephanie Charlotte v. *Dewitz*, † 1735, ∞ Aug. Friedrich v. *Bismarck*, ⚔ 1742
Sophie Eleonore v. *Dewitz*, † 1748, ∞ Hans Ernst v. *Schönfeld*, † 1781
Karl Alexander v. *Bismarck*, † 1797
Christiane Charlotte Gottliebe v. *Schönfeld*, † 1772
∞ 1762
Karl Wilh. Ferdinand v. *Bismarck*, † 1845, ∞ 1806 Wilhelmine Luise *Mencke*, † 1839
Friedrich v. *Dewitz*, † 1888, Reichstagsabgeordneter, Meckl. Vizelandmarschall, ∞ 1838 Thekla Frfr. v. *Maltzahn*, † 1902
Otto v. *Bismarck*, † 1898, Reichskanzler (Nachfahren in männlicher u. weiblicher Linie)
Friedrich v. *Dewitz*-Cölpin, † 1928, Meckl. Staatsminister, ∞ 1873 Ida v. *Zülow*, † 1940 (Nachfahren in weiblicher Linie)

In Bismarcks Vater, Karl Wilhelm Ferdinand (1771–1845), erscheint in doppelter Linie ein Dewitz-Abkömmling. Sein Vater, also der Großvater des Reichskanzlers, hatte Stephanie Charlotte von Dewitz (1706–1735) zur Mutter, und seine Frau Christiane, geb. von Schönfeld (1741–1772), ist ihrerseits Tochter der Sophie Eleonore von Dewitz (1719–1748) gewesen. Diese beiden Dewitz-Töchter waren Geschwister und stammten aus der Ehe Stephan Bernd von Dewitz' (1672-1728) mit Luise Emilie von Zieten. Die Zieten-Tochter (aus dem Ruppiner Land) war wiederum eine Enkelin des berühmten Feldmarschalls Georg von Derfflinger. Bismarcks Ahnentafel zeigt ihn also, vermittelt durch die beiden Dewitz-Töchter, in 6. Generation zweimal als Abkömmling Derfflingers und zahlreicher anderer altbrandenburgischer Amtsträger und Offiziersfamilien. Mit anderen Worten: Seine väterlichen Großeltern waren Vetter und Cousine; unter seinen Urgroßeltern erscheint demgemäß zu 25 v. H. Dewitz-Blut. Bismarck, der sich bereits im Abiturientenalter dieser seiner Vorfahren bewußt war und von Kniephof aus Besuche bei den Dewitz-Vettern unternommen hatte, suchte während der Universitätszeit in Göttingen die Nähe gleichaltriger, politisch interessierter Dewitze. Friedrich aus der Cölpiner Linie (1813–1888) wurde mit ihm in der Corpsstudentenzeit bekannt und lud ihn zu den Ferien auf das mecklenburgische Gut seines Vaters ein. Beide waren Abkömmlinge der Jobst-Linie. Ulrich aus dem Hause Miltzow (1814–1871), Göttinger »Vandale«, unterhielt wohl die engsten Beziehungen zu Bismarck, wie sich aus dem nur teilweise veröffentlichten Briefwechsel ergibt. Bis zu der Zeit seiner Tätigkeit als preußischer Gesandter beim Bundestag in Frankfurt am Main reicht die regelmäßige Korrespondenz der beiden sehr entfernt miteinander verwandte Vettern. Als Bismarck sich verlobt hatte, empfing er von Ulrich ein Schreiben, in dem es bezeichnenderweise

229 Die Derfflinger-Verwandtschaft großenteils bei *H. Banniza v. Bazan* u. *R. Müller,* Deutsche Geschichte in Ahnentafeln, Bd. 1, 3. Aufl. 1943, S. 182f. – *H. Saring,* Derfflinger. In: NDB, Bd. 3 (1957), S. 605f. – Zu den Nachfahren Derfflingers über die Verbindung Stephan Berndt v. Dewitz gehören General d. Kav. Bernhard v. Brauchitsch bzw. dessen Sohn Generalfeldmarschall Walther v. Brauchitsch, über die Verbindung Johanna v. Zieten mit Christian Friedrich v. Burgsdorff(-Hohenziethen) der Oberpräsident von Pommern Wilhelm v. Bonin († 1852), der preußische Kriegsminister Eduard v. Bonin († 1865), der General d. Inf. und Generaladjutant Adolf v. Bonin († 1872) und der preußische Finanzminister und Oberpräsident Gustav v. Bonin († 1878); ein Enkel Derfflingers (über die Tochter aus erster Ehe Beate, vermählt mit Generalleutnant Kurt Hildebrandt v. d. Marwitz) war Heinrich Karl v. d. Marwitz, General d. Inf. und Gouverneur von Breslau. Zu seinen Nachfahren gehört die Hauptlinie der Fürsten Stolberg-Wernigerode, darunter der Fürst Otto, Stellvertreter Bismarcks und Präsident des Preußischen Herrenhauses. Bismarck war gleichsam von Derfflinger-Abkömmlingen umgeben. – Die Kombination Dewitz-Bismarck verästelt sich über den Vaterbruder Bismarcks (Haus Bismarck-Bohlen) zu den Häusern Arnim-Muskau, v. d. Schulenburg, Stolberg-Wernigerode, Fürsten zu Innhausen und Knyphausen, Grafen v. Kanitz u. a. m.

heißt: »Wenn dir der Brautstand, der eigentlich nicht leicht eine Zeit der Musze zu sein pflegt, und andere Geschäfte einmal eine freie Stunde lassen, so sage mir in zwey Worten etwas Näheres über deine Verlobung, namentlich ob deine Braut dieselbe Fräulein Puttkamer ist, von der du mir vor einigen Jahren in Berlin erzähltest – und wie für diesen Fall es sich ereignet hat, daß ihr wieder vereinigt seid.« Er klagt dann in diesem Brief aus dem Februar 1847 über die schlechter werdende wirtschaftliche Lage, über die »Kränklichkeit meiner armen Frau, die nach der Geburt zweier toter Kinder sehr angegriffen ist«, und kommt dann ahnungsvoll auf die große Politik zu sprechen, auf den von Friedrich Wilhelm IV. gleichsam als Verfassungsersatz einberufenen »Vereinigten Landtag«, zu dem er ironisch mit der weltabgewandten Distanz des glücklichen Mecklenburgers bemerkt: »Ich gratuliere zu der feinen und so höchst groszartig concipirten constitutio purpurea, die Euch Euer dicker König octroyirt hat. Mir scheint für einen Menschen von Deiner Fähigkeit und Deinem Ehrgeiz (sic!) ein glänzendes Feld parlamentarischer Thätigkeit sich zu öffnen. Die Gegenwart hat überhaupt in allen ihren Bewegungen so etwas groszartig erfrischendes und erstarkendes, dasz ich mich wirklich darüber wundere, dasz noch aus keinem von uns ein groszer Mann geworden ist. Wer weiss, was noch kommt. Das eine hat mir, um ernstlich zu sprechen, meine Erfahrung gelehrt, dasz wir beide schon zu gebrauchen wären, wenn sich nur einer fände, der das Gebrauchen versteht. Nun adieu mein Herzensaffe...«[230] Und wenig später (16. Februar 1847) schreibt der Miltzower Schloßherr dem nunmehr familiär gezähmten wilden Junker auf Kniephof, von dessen paulinischer Wandlung er etwas erfahren haben muß, sein eigenstes christlich-skeptisches Bekenntnis, das sich so gar nicht mit den offenherzigen Laienpredigten der hinterpommerschen Erweckungsbewegung vertragen will: »Mir persönlich erscheint der christliche Glaube etwas so individuelles, so heilig in der innersten und geheimsten Persönlichkeit einer jeden einzelnen und eigentümlichen Menschenbrust sich Entfaltendes; die Wahrheit, die Milde, die Unbefangenheit, die Reinheit, die Liebe und die Thatkraft, die mir wesentliche Elemente des Christenthums sind, erscheinen mir so gefährdet durch die Form, die Strenge und die äuszerliche Sichtbarkeit der in der Gegenwart so häufig uns entgegentretenden Orthodoxie, dasz ich mich zu nichts weniger gedrängt fühle als auf den Boden des christlichen ›Bekenntnisses‹, wie der Kunstausdruck ja heutzutag einmal ist, und magst du mir es denn auch nicht verargen, dasz ich deine Sinnesänderung mit einiger Wehmuth und nicht geringer Sorge erfahre. Ich habe so manchen guten Jungen diesen Weg gehen sehen und noch keinen zurückkehren. Denn aus den Händen unserer Pfaffen ist gewisz kein Entrinnen. Doch du wirst ja selbst wissen, wohin du gehen willst. Jedenfalls, vorausgesetzt, dasz

230 *P. Gantzer*, Bd. 3, 2, S. 147f.

du keine grosze Carrière vermittelst dieser Karre machst, bitte ich dich, deinen alten in Sodom noch lebenden Freunden die alte freundliche Gesinnung nicht zu entziehen und auf ihre vielleicht etwas heidnischen, dennoch aber treuen Gefühle für dich auch ferner noch ein bischen Werth zu legen.« Dann geht es um ziemlich marktorientierte Pferdegeschäfte, die der nicht unwitzige Miltzower mit dem Bemerken schließt, nebenbei sei es eine Torheit, »für junge Frauen bey der Verheyrathung theure Pferde zu kaufen, da das Reiten doch erfahrungsmäszig bald ein Ende zu haben pflegt«.[231] Bismarck hat dann auch gleich in dem noch 1958 mit Dynamit eingeebneten Schönhauser Gutshaus[232] seiner Braut von dem Brief aus Miltzow mitgeteilt; das Schreiben sei von einem »Verwandten von Frau von Thadden, ein tiefgemüthlicher, ehrenwerther Freund aus den frühesten Kinderjahren (in Kniephof), den ich in späterer Zeit wenig gesehen«.[233] Die Beziehungen verdichteten sich dann, als der Miltzower, der 1849/50 zu den konservativsten Kräften der mecklenburgischen Ritterschaft gehörte,[234] zeitweilig die Vertretung Mecklenburgs beim Bundestage übernommen hatte. Ulrich hatte in der Frankfurter Oper eine reservierte Loge, die Bismarck gelegentlich benutzte. Eines Abends wurden die »Hugenotten« gegeben: »Das berühmte Duett im 4. Akte zieht sich in die Länge, Raoul kommt nicht auf den Gedanken, von Valentine geliebt zu sein. Bismarck aber ward ungeduldig: ›Das muß ein Bundestagsabgeordneter sein‹, flüstert er, ›der merkt ja gar nichts.‹« Es ist nicht erkennbar, aber wenig wahrscheinlich, daß er seinen Vetter gemeint haben könnte. Vielmehr dauerte der halbpolitische Verkehr mit mancherlei Korrespondenzen an, wobei Ulrich mit seiner politischen Meinung durchaus nicht hinter dem Berge hielt und die Preußenperspektive kritisch-wohlwollend zu betrachten verstand: »Hoffentlich hältst du die Ohren steif und dich selbst frei von der Nervosität, die deine (preußischen) Landsleute biszweilen oder eigentlich immer beschleicht, wenn sie eine recht gute Sache zu vertreten haben.« Und dann folgt die zeitlose Sentenz: »Wenn man doch endlich in Berlin lernen könnte, ganz ruhig und anständig den Hut unter den Baum zu halten, wenn die Pflaumen fallen.«[235] 1863 verhandelten die beiden nun schon alt gewordenen Briefpartner über preußisch-mecklenburgische Verkehrsprobleme, und 1864 wurde es dann gleichsam auf beiden Seiten hochpolitisch. Der Streit um die Rechte der Augusten-

231 *P. Gantzer,* Bd. 3, 2, S. 148f. – Vgl. auch *E. Marcks,* Bismarcks Jugend 1815–1848, Stuttgart u. Berlin 1909, S. 352f.

232 Vgl. *B. Schwineköper* (Hrsg.), Provinz Sachsen/Anhalt, 2. Aufl., Stuttgart 1987, S. 424–426 (= Hdb. d. Histor. Stätten Deutschlands, Bd. 11).

233 *P. Gantzer,* Bd. 3, 2, Nr. 2758, S. 150.

234 *P. Gantzer,* Bd. 3, 1, S. 485–487. – *L. v. Hirschfeld,* Friedrich Franz II., Großherzog von Mecklenburg-Schwerin, und seine Vorfahren, Bd. 1, Leipzig 1891, S. 202ff. – *A. Werner,* Die politische Bewegung in Mecklenburg und der außerordentliche Landtag von 1848, 1907.

235 *P. Gantzer,* Bd. 3, 2, Nr. 2771, S. 157.

burger in Schleswig-Holstein stand vor der kriegerischen Lösung, und Bismarck mußte seinem Vetter einige Andeutungen über das von ihm geplante politisch-militärische Annexionsverfahren gemacht haben. Umgehend meldet sich unser Miltzower Schloßherr mit einem massiv »politischen Brief«, den er sich »ausnahmsweise« zu schreiben erlaube. Dem mecklenburgischen Konservativen ist offensichtlich höchst unwohl geworden beim Bedenken dessen, was der »weiße Revolutionär« nunmehr im Schilde führte, und er liest ihm auf seine Weise die Leviten. Man könne das Land dem Augustenburger lassen, er sei ja von preußischen Kanonen und Bajonetten »gestützt« und obendrein »eingewickelt in 25 Millionen preußische (Taler-)Banknoten; solcherart meeres- und preußenumschlungen könne er doch niemand gefährlich werden, Bismarcks Ansehen aber würde sich geradezu unermeßlich heben. Dann folgt die Vermahnung: »Dasz du dem Rausche nicht erliegen wirst, wenn das profanum vulgus dich bewundernd umgaukeln wird, dasz du verstehen wirst, aus deinem Vaterunser die sechs andern Bitten zu streichen und dafür sieben Mal hintereinander zu beten ›führe mich nicht in Versuchung‹, dafür ist mir bei deiner Eigenthümlichkeit nicht bange.« Im übrigen solle Bismarck dem neuen schleswig-holsteinischen Staat natürlich nicht die Verfassung eines »parlamentarischen coburgischen liberalen Schwätzerregiments« geben. Mecklenburg sei das zeitlose Vorbild: »Die Rückkehr zum alten ständischen Verfassungsleben ist die einzige Verfassungsform, unter der ein kleines deutsches Land gedeihet, das kannst du mir sicher glauben und kannst mir nebenher den zweiten Satz glauben, dasz, wenn man doch einmal reagiert, so ist es ganz gleich, wie weit; das ist alles eine Arbeit, und es ist unglaublich, wie leicht und gesund alles geht, wenn man gleich über 1848 hinaus in die wirklich geschichtlichen ständischen Gliederungen hineingreift. Du machst also aus Holstein ein kleines politisches Musterland in Deutschland nach dem Vorbilde von Mecklenburg, dann haben wir deren schon zwei.«[236] Wenn das so leicht wäre. Es mag sein, daß Bismarck auch in Erinnerung an diesen seinen lieben vetterlichen hochpolitischen Berater zu dem Satze gefunden hat, daß bei einem Weltuntergange Mecklenburg zumindest um 30 Jahre überleben würde; denn dort vollzöge sich alles mit der Verspätung von drei Jahrzehnten. Und das war noch höflich-diplomatisch formuliert.

Je übermächtiger und überlebensgroß Bismarck erschien, desto weiter wurde die Distanz zwischen dem Reichskanzler und seinen brandenburgischen oder pommerschen Freunden aus früheren Jahren. Aber anders als die ebenfalls mit Bismarck nah verwandten Grafen und Herren von Arnim (Arnim-Kröchelndorf), die in ihrer Mehrheit Bismarck nicht die scharfe, von wenig »Klassensolidarität« zeugende Behandlung des Grafen Harry Arnim vergaben

236 *P. Gantzer,* Bd. 3, 2, S. 159.

und vergeben haben, hielten sich die Dewitze aus dem tagespolitischen Geschehen heraus, als mit dem Kulturkampf der Bruch mit den Konservativen einsetzte und Sensation machte. Zumindest äußerten sie, so weit wir wissen, keine öffentliche Kritik. Noch war nicht erkennbar, ob Bismarck den preußischen Staat gleichsam in die Obhut des Reiches gegeben hatte, vielleicht auch geben mußte, um dessen wesentliche Bestandteile zu erhalten. Oder ob er die inneren Kräfte dieses Staatswesens sich selbst und damit einem schleichenden Verfall überlassen wollte. Noch war für kaum jemand in den Schlössern und Gutshäusern Mittel- und Ostdeutschlands erkennbar, daß in nicht zu ferner Zeit die Mehrzahl der unmittelbar entscheidenden Führungspositionen in Preußen-Deutschland nicht mehr mit Persönlichkeiten besetzt sein würden, die sich den besten ideellen Positionen und Reformansätzen des alten Preußen verpflichtet gefühlt hätten. Gewiß sind die Familien Eulenburg und Puttkamer im Regiment Bismarcks wie einige andere Sippen auch vertreten gewesen. Aber insgesamt wurde, zumal nach 1890, mit einem System von Aushilfen und Landesproporzen gearbeitet. Spitzenkräfte konnten in dem immer unselbständiger werdenden Preußen nur noch im Heer und in der Verwaltung herangezogen werden. Es fehlten originär preußische Minister und hochrangige Diplomaten mit Weltoffenheit, mit gründlicher Welterfahrung nebst politischen Talenten. Es gab keine Eliteschulen, kein Staatsinstitut und keine Großfamilie, von denen aus diese schweren Mängel hätten behoben werden können. Von den fragilen Parteien mit ihrem eigentümlichen Gemisch von Idealisten, Interessenten und Ignoranten zu schweigen. Auch die Dynastie gab in alledem kein Vorbild ab. Am Ende dieser in ein langes nationales Unglück einmündenden Periode stand ein befähigter und kulturell sensibler Oberpräsident aus Hohenfinow-Mark, dem der zwischen Emotionalitäten, Resignationen und Einsichten schwankende Kaiser das Reichskanzleramt überantwortet hatte. Was immer man gegen Bismarcks interne und externe Machtpolitik einwenden mag – der Unterschied zwischen Bethmann Hollweg oder dessen Vorgängern und dem ersten Reichskanzler ist erschreckend. Bismarck, in dem ein weitgefächertes Ahnenerbe mit ebenso starkem pommersch-dewitzschen und brandenburgisch-altmärkischem Einschlag sich zu einer singulären Individualität herausgebildet hatte, hat nach Zeiten des junkerhaften Auftrumpfens, ja der Hybris, immer wieder und sogleich zu Maß und Besonnenheit zurückgefunden und daran Entscheidungen gemessen. Seine lange Erfahrung im Umgang mit den vielfach verschlungenen Positionen und den Mentalitäten der europäischen Kabinette lehrte ihn, wie sehr auch ein herausragender Politiker »der Zeiten ohnmächtiger Sohn« sei. Aber nie ließ er sich treiben im skeptischen, bequemen Verzicht. Der Baronin Spitzemberg sagte er einmal, nach dem er der Eitelkeit der Welt gedacht hatte, in tiefem Ernste: »Aber Hegachen, deswegen muß man *doch* auf dem Platze, wohin uns Gott gestellt hat, seine volle Schuldigkeit tun!« Und die Tagebuchschreiberin kommentiert am

Vorabend des Ersten Weltkrieges diesen Satz mit den Worten: »Das ist der Unterschied zwischen uns und der nächsten Generation, die die Flinte ins Korn wirft, wenn sie philosophisch unsere menschliche Ohnmacht erkennt.«[237]

237 Vgl. *R. Vierhaus* (Hrsg.), Das Tagebuch der Baronin Spitzemberg…, 1960, S. 524.

Siebentes Kapitel Für König und Vaterland: Wirtschaftlicher Aufstieg in Preußen und im Kaiserreich (1861–1914)

»Da bemerkte man, daß sich unter einer Brücke ein feindlicher Offizier und sieben Mann versteckt hatten. In dem Augenblick, als Sekondeleutnant (Wilhelm) von Dewitz den feindlichen Offizier aufforderte, ihm seinen Säbel zu übergeben, ergriff einer der Österreicher ein Gewehr und drückte es auf ihn ab. Von der Kugel durch den Unterleib getroffen, sank er sofort nieder.«

(bei Gitschin, 29. Juni 1866)[238]

»Blut und Eisen«

Seit dem 22. September 1862 war Otto von Bismarck preußischer Ministerpräsident. Inmitten der Krise wegen der Reorganisation und Vermehrung des Heeres erreichte ihn der seit langem ersehnte Ruf aus Berlin. Sein pommerscher Freund Roon hatte letztlich den König davon zu überzeugen verstanden, daß in dem Rittergutsbesitzer aus Kniephof und Schönhausen ein Staatsmann von hohem Range verborgen sei. Bismarcks Politik, fest, hart und geschmeidig, leitete den Prozeß der Selbstauflösung Preußens ein und beschleunigte ihn dort, wo er bereits begonnen hatte. Zu den erstaunlichen Erscheinungen der an Überraschungen nicht armen Politik des neuen Chefministers gehörte es, daß sich fast alle Mitglieder der Dynastie der Macht der von ihm geschaffenen Tatsachen immer wieder gebeugt haben, sei es aus Einsicht, aus Schwäche, aus Desinteresse, oder einfach, weil sie diesem Manne nicht gewachsen waren. Nicht gebeugt hat sich einzig die Königin und Kaiserin Augusta, die nur über indirekte politische Rechte verfügte und deren scharfzüngigen und hellsinnigen Einfluß Bismarck immer wieder fürchtete und – verfluchte. Nicht viel anders verhielt sich der hohe Hofadel und der Land- und Beamtenadel der preußischen Mittel- und Ostprovinzen. Die Fronde blieb letztlich klein. Das königliche Haus und die staatstragenden Schichten folgten ihm, dem Mann des Erfolges. Nach dem Sturz 1890 meinte er rückblickend: »Die geschichtliche Prädestination lag aber darin, daß meine höfischen Talente ausreichten, um den König und damit schließlich sein Heer der deutschen Sache zu gewinnen.« Nicht nur die höfischen Talente, auch die gewichteten Argumente und das Durchsetzungsvermögen bis ins hohe Alter. Die »Kanzlerautokratie« war ein Faktum, auch für König Wilhelm I.: »Es ist nicht leicht, unter einem solchen Kanzler Kaiser zu sein«.

238 *P. Gantzer,* Bd. 2, Nr. 2345.

Das Heer rückte nun wieder stärker in den Vordergrund. Das Offizierskorps mußte erweitert werden. Scharnhorsts Militärreform hatte die Offiziersstellen endgültig für alle Staatsbürger frei werden lassen. Obwohl der Anteil des Adels an der Gesamtbevölkerung von Jahrzehnt zu Jahrzehnt mehr zurückging, blieben die Zahlen der »adligen« Offiziere gleich hoch. Das Heer von 1817 zählte 4138 adlige und 3387 bürgerliche Offiziere. Um 1860 verfügten 49 Prozent der jungen Offiziersbewerber über einen Adelstitel. Doch dies besagt wenig ohne den Hinweis auf die sozialen Verschiebungen innerhalb des Standes: Nur 20 Prozent der Bewerber waren noch Söhne von Rittergutsbesitzern oder vergleichbaren Berufen; Söhne hoher Beamter waren bereits 26 Prozent, und der Rest, 33 Prozent, stammte aus preußischen und nichtpreußischen Offiziersfamilien. Entscheidend blieb noch für längere Zeit, daß die Ehr- und Standesauffassung des vom Adel geprägten Offizierskorps den »Geist der Armee« in den Grundzügen bestimmte. Man trug den »Rock des Königs«, auch wenn und weil man »arm« war. Je stärker sich die alten Boden-Bindungen des Adels mit allen sekundärherrschaftlichen Sonderrechten unter dem Druck der Industrialisierung und der allgemeinen Verbürgerlichung der Besitzverhältnisse auflösten, desto hartnäckiger wurde das Recht verfochten, im Offiziersdienst eine zugleich standesgemäße und zeitgemäße Aufgabe zu erfüllen, auch und gerade im Massenheer der Zukunft, von deren Kriegs-Exzessen noch niemand etwas ahnte. Aber Bismarcks Politik nunmehr beruhte auch auf der »ultima ratio« eines gut ausgebildeten und unerhört belastungsfähigen Heeres.

Auf den Schlachtfeldern der drei Kriege unter politischer Leitung ihres Blutsverwandten Bismarck fielen die Dewitze, Borcke und Massow und viele andere Mann für Mann. In den Kämpfen bei Gitschin (Schlacht von Königgrätz) war es der Leutnant Willy von Dewitz (aus Wussow, geb. 1845), der einen Soldatentod von eigener Tragik starb. Das 2. Bataillon des 2. (Pommerschen) Grenadierregiments hatte im Kampf mit fünf österreichischen Bataillonen die Reihen der Feinde durchbrochen (»Vater hilf! Keine Schande, Sieg oder Tod«), aber die hohe Zahl von elf Offizieren und 131 Mann verloren. Dewitz hatte mitten im Gefecht einem österreichischen Offizier Pardon gegeben und forderte ihm den Degen ab. Ein Österreicher jedoch schoß plötzlich noch mit der Pistole. Da stieß Dewitz im Zusammensinken dem Gegner den Degen durch die Brust. Er wurde gleichen Tages mit seinen Regimentskameraden Massow und Borcke in einem Grabe auf blutgetränkter Walstatt bestattet. Der Gefallene hatte seinen Tod auf Tag und Stunde genau vorhergesagt. Andere Dewitz taten sich in diesen Kämpfen bei der Artillerie hervor. Und im August 1870, als die Armeen in Frankreich kämpften, blieben wiederum drei Dewitze auf den Schlachtfeldern: Karl von Dewitz-Krebs im Range eines Portepéefähnrichs wurde bei St. Privat am 18. August tödlich verwundet. Ihm widmete Georg Hesekiel, Fontanes Kollege in der Berliner Redaktion der Kreuzzeitung, ein Nachruf-Gedicht,[239] in dem es im Ton der Zeit heißt:

»Es trägt die ältste Fahne der jüngste Offizier
Vom Kaiser Alexander Garde-Grenadier.
Ein Dewitz ist der Träger, ein treu Soldatenblut,
Aus einer alten Sippe im Pommerlande gut.
Hoch trägt er seine Fahne und auf der Brust ein Blatt,
Das ihm die liebe Mutter ins Feld gegeben hat.
Sie hat darauf geschrieben den alten frommen Sang,
Der auch im Schlachtendonner ihm noch zu Herzen drang.
Die Todeslose fallen, ins Blut sinkt Mann auf Mann,
Der Dewitz mit der Fahne, er geht als Held voran.
Da traf auch ihn zu Tode das feindliche Geschoß,
Der Fähnrich seine Fahne mit seinem Blut begoß,
Die Schlachtendonner brausen darüber dumpf und hohl,
Der Dewitz liegt erschlagen; wer so stirbt, der stirbt wohl.
Und in die Mutterhände kam wiederum das Blatt,
Was bis zum Tod am Herzen der Sohn getragen hat.
So hatten sie's beredet, das teure Blatt allein,
das soll der stille Träger der Trauerbotschaft sein!«

Der zweite Gefallene war der Hauptmann und Batteriechef Richard von Dewitz (geb. 1837), der am gleichen Tag und am gleichen Schlachtort wie sein jüngerer Vetter fiel. Sein Untergebener, der Leutnant von Voigts-Rehts, berichtete der Familie: Zu Pferde hätte er Bügel an Bügel mit dem Hauptmann von Dewitz gestanden, neben der unablässig feuernden 1. Garde-Batterie. »Wir sprachen darüber, daß wir tüchtiges Feuer erhielten, als er mit den Worten: ›Ich bin getroffen‹ zwischen unsere Pferde fiel. Ich sprang sofort ab, nahm ihn in meinen linken Arm, so daß mein Rock ganz blutig wurde und sprach noch einige Worte mit ihm. Die Augen brachen ihm. Ich ließ ihn auf eine Krankentrage legen und ... zurückbringen. Er starb auf der Bahre und ist am nächsten Tage beerdigt worden. Ein Sprengstück, welches die Zügelfaust durchbohrt hatte, war ihm in den Unterleib gedrungen.« Der dritte Dewitz (Karl a. d. H. Goltz) schließlich erlitt den Soldatentod als Ulan am 27. Januar 1871 in Mittelfrankreich im Kampf mit Freischärlern (Franktireurs). Ein französischer Major übermittelte schriftlich der Mutter die Todesnachricht. Schließlich ist noch an Otto von Dewitz-Krebs (1847–1918) zu erinnern, der bei Sedan im Nahkampf so schwer verwundet worden war, daß ihm der linke Arm abgenommen werden mußte. Später, so berichtet die Regiments-Geschichte, habe er humorvoll erzählt, wie immer wieder einmal ein ihn wütend

239 *P. Gantzer*, Bd. 2, Nr. 2355.

angreifender Franzose oben, er, von Dewitz, unten gelegen habe, bis er jenen mit seiner kräftigen rechten Hand gepackt habe, und daß er ihn erst losgelassen habe, als die Füsiliere ihn aus dieser nicht sonderlich angenehmen Lage befreit hätten. Dewitz-Krebs blieb aktiver Offizier in der preußischen Armee, trug stolz den Spitznamen »der Einscherige«, heiratete die Generalstochter von Hirschfeld, schied erst im Rang eines Oberstleutnants 1897 als Kommandeur des Kadettencorps in Karlsruhe aus dem Dienst, erwarb das Gut Breitenfelde und begründete den noch heute blühenden Familienzweig der Roggenhagener Jobst-Linie.[240]

Gründung und Leistungen des Familienverbandes

Bis zum Jahr 1863 hatten sich die Senioren der einzelnen Linien mehr oder weniger zwanglos aus Anlaß von Rechtsstreitigkeiten oder von Familienfesten zu Beratungen getroffen. Zu Beginn der sechziger Jahre jedoch wurde immer deutlicher, wie sehr die Familie wuchs und in welchem Maße die Nachgeborenen die mecklenburgischen und pommerschen Stammsitze verlassen mußten, um in anderen Gebieten des Deutschen Reiches und später auch im Ausland Beruf und Arbeit zu finden. Der Gedanke lag nahe, einen Familienverband zu gründen, um die verwandtschaftlichen Beziehungen zu fördern, auch um bei kritischen wirtschaftlichen Situationen gemeinsam beraten und helfen zu können.

Die seit Jugendtagen eng befreundeten Gutsherren von Wussow und Weitenhagen entwarfen im Winter 1862/63 die ersten Satzungen. Der erste Familientag neuen Stils fand am 23. November 1863 im »Hotel de Prusse« in Stettin statt. Es waren zwölf Herren, die der ersten Satzung zustimmten, in der als Arbeitsprogramm die Herstellung eines »Geschichtsbuchs des Geschlechts«, weiterhin Stiftungen für geistliche und milde Zwecke und Stiftungen »im Interesse des Geschlechts« genannt werden. An den Familientagen dürfe nur teilnehmen, wer über einen makellosen Ruf verfüge und die bestehende Ordnung anerkenne.[241] Nacheinander haben sich bis zur Gegenwart hin die an der Geschichte der Gesamtfamilie interessierten Senioren bereit gefunden, den Familientag, die Arbeiten des späteren Familienverbandes und die Finanzverwaltung zu leiten. Unter den älteren Vorsitzenden sind der Staatsminister Friedrich von Dewitz auf Cölpin, Oskar von Dewitz auf Meesow und der preußische Oberpräsident Kurt von Dewitz(-Naumburg) hervorzuheben. Ein we-

240 *P. Gantzer,* Bd. 2, Nr. 2356f.

241 *P. Gantzer,* Bd. 2, Nr. 2332; Bd. 3, 1, S. 500–516. – *Ulrich v. Dewitz-Krebs,* Statistik über den Besuch der von Dewitz'schen Familientage sowie über den Eintritt in den Familien-Rath 1683–1893, Weitenhagen 1884 (hektographiert, FA).

sentlicher Punkt war die Sammlung der historischen Quellen. Otto von Dewitz-Wussow hatte hier bereits einen erheblichen Bestand an Abschriften und Originalen beschaffen können, die der Familiengeschichte des Superintendenten Wegner (1868) zugute gekommen sind. Leider ist durch den minder interessierten Sohn Gerhard von Dewitz-Wussow 1888 ein großer Teil des von seinem Vater gesammelten und von Wegner nicht vollständig ausgewerteten Materials in Wussow zusammen mit minderwertigem Papier den Flammen übergeben worden.[242] Dieser Verlust war auch durch die vorzügliche Sammelarbeit von Paul Gantzer für die Urkundenbücher der Familiengeschichte nicht wettzumachen. An der Familiengeschichte ist seit 1868 kontinuierlich weitergearbeitet worden bis hin zu dem Werk von Gantzer, welches seit 1904 vorbereitet worden war. Daneben erschien eine Reihe von Spezialarbeiten. Andere Initiativen der Gesamtfamilie richteten sich auf die Erhaltung der Burgruine Daber, deren Konservierung 1911 abgeschlossen wurde. Die Patronatsrechte über Kirche und Hospital in Daber wurden trotz des Verlustes des dortigen Gutes 1862 in eine juristisch verbindliche Form gebracht. 1864/65 kam es zur Gründung einer Familienstiftung zum Besten der Familie, in der im Laufe der Zeit erhebliche Vermögenswerte zusammengefaßt wurden.[243] Die Erträgnisse dienten der Unterstützung unvermögender Familienmitglieder, insbesondere für Ausbildungszwecke. Mit der Stiftung wurden nach und nach Nebenstiftungen verbunden (1898: Generalin Emma v. Dewitz-Stiftung).

Während es 1898 nur hieß, es sollten aus den Einnahmen dieser Nebenstiftung alleinstehende Töchter und Witwen der Familie sowie Bedienstete auf den Gütern unterstützt werden, wurde 1912 die Zweckbestimmung dahin erweitert, daß Beihilfen für die Ausbildung als Lehrerin, Gemeindeschwester, Krankenpflegerin, Gärtnerin, Bibliothekarin und für ähnliche Berufe, außerdem auch zur Förderung des Besuches landwirtschaftlicher Frauenfachschulen, Kolonialschulen und ähnlicher Anstalten gegeben werden sollten. Wie man bemerken kann, hat sich das Bewußtsein für die Notwendigkeit eines Berufes um 1912 erweitert und differenziert. Die Berufsarten verraten bei aller Modernität aber auch, daß man sich ziemlich eng an die Berufsvorstellungen der bürgerlichen Gesellschaft anlehnte und extravagantere Erwerbsmöglichkeiten beispielsweise im Kunst- und Kulturleben nicht bemerkte.

Bis zur kriegsbedingten Geldentwertung 1918/19 haben sich die Einrichtungen des Familienvereins vielfältig bewährt. 1909 wurde dann der Zusammenschluß der getrennten, jedoch von den gleichen Persönlichkeiten geleite-

242 Vernichtung der Familienarchivalien: *P. Gantzer,* Bd. 3, 1, S. 501, Anm. 1. – Auch das Weitenhagener Teilarchiv ist frühzeitig als Depositum in das Staatsarchiv Stettin gegeben worden, wo es sich vermutlich noch befindet. Ungeklärt ist der Verbleib des Nachlasses von Paul Gantzer, zuletzt Direktor in Schweidnitz, und der Hinterlassenschaft des kinderlos verstorbenen Oberpräsidenten Kurt v. Dewitz.

243 *P. Gantzer,* Bd. 2, Nr. 2344. – Patronatsrechte in Daber: Nr. 2327.

ten Stiftungen in der Weise vorgenommen, daß beim Amtsgericht in Naugard der Verein »Familie von Dewitz« eingetragen wurde; dies geschah auf der Grundlage einer hieb- und stichfesten und recht umfänglichen Satzung, die die Handschrift mehrerer exzellenter Juristen verrät. Die Gründungsprotokolle tragen die Unterschriften des Staatsministers a. D. Friedrich von Dewitz (Cölpin) als des hochangesehenen Ersten Vorsitzenden, des Landschaftsdirektors Oskar von Dewitz (Meesow), des die Geschäfte des nunmehrigen Vereins führenden Oberpräsidenten a. D. Kurt von Dewitz (Naumburg), des Oberstleutnant a. D. Werner von Dewitz gen. von Krebs (Breitenfelde), Viktors von Dewitz (Farbezin), Heinrichs von Dewitz (Cramonsdorf) und Hermanns von Dewitz (Schönhagen).[244] Um 1910 umfaßte der Familienverein, der auch Beiträge in nicht ganz geringer Höhe erhob, bereits 94 Mitglieder, während die Zahl der damals lebenden männlichen Dewitze hundert erreichte (1911).

Insgesamt hatte sich der Gedanke des engeren Zusammenschlusses und der Schaffung einer zentralen Dewitz-Kasse vorzüglich bewährt. Die Großfamilie schuf sich damit einen ideellen und auch materiellen Mittelpunkt, gleichsam anstelle der an die von Diest's verlorenen Burg Daber, der man nachtrauerte, weil mit ihr so viele erhebende und schicksalhafte Ereignisse verbunden waren.

Die großen Familienfeiern neben den Familientagen in Stettin gewannen im Geschmack des wilhelminischen Zeitalters an Glanz, an Aufwand und verständlicherweise auch an Umfang, wo doch auch infolge der medizinischen und ökonomischen Fortschritte die Kinderzahlen erneut im Ansteigen begriffen waren. Anläßlich der Goldenen Hochzeit des Vize-Landmarschalls Friedrich von Dewitz und seiner Frau Thekla von Maltzahn (auf Cölpin) vor nunmehr genau hundert Jahren überbrachte eine Vertretung der Gesamtfamilie die Glückwünsche und als besondere Ehrung die Stiftung dreier Fenster für die Cölpiner Granitquader-Kirche. Die vielfarbigen Fenster waren in Berlin von einem Heraldiker entworfen und in einem Spezialbetrieb gefertigt worden. Obwohl der Jubilar und seine Frau den Tag nur mit dem Empfang des Heiligen Abendmahls begehen wollten, war der Kreis der Gratulanten dann doch so groß, daß eine kirchliche Feier alle vereinte. Die Fenster zeigen noch heute Moses mit den Gesetzestafeln in enger Verbindung mit dem Dewitz'schen Wappen (»das göttliche Gesetz«), auf dem zweiten Bild Christus mit Petrus auf dem Meer begleitet von dem Cölpiner Allianzwappen (»Glaube und Liebe«) und auf dem dritten Bilde den Evangelisten Johannes mit dem Reitersiegel des Grafen Otto von Dewitz zu Fürstenberg (»die Hoffnung«). An dieser dauerhaften Gabe waren 85, darunter, wie betont wird, weibliche Angehörige der Familie beteiligt. Sie drückte die Wertschätzung aus, die das in den Tugen-

244 Verein »Familie von Dewitz«: *P. Gantzer,* Bd. 2, Nr. 2432.

den des Maßhaltens, der Sparsamkeit und der Beständigkeit lebende Haus Cölpin über die mecklenburgischen Grenzen hinaus genoß.

Im Jahre 1912 dann fand ein Familienfest[245] mit Jubiläumscharakter erstmals in der Reichshauptstadt statt, während man sonst betont an Stettin festgehalten hatte. Als Ort des Ereignisses war das Hotel »Prinz Albrecht« ausersehen, in der Nähe des Anhalter Bahnhofs gelegen. Vor mehr als hundert Mitgliedern des Familienvereins und Gästen wurde mit allen Staffagen ein heiteres Festspiel über Familiensinn und Dienstbereitschaft von Familienangehörigen aufgeführt. Der pädagogische Text war dem poetisch gewandten Johann Georg (Jürgen) von Dewitz aus Meesow zu verdanken.[246] Die Feier mit Sitzung des »Familienrates« und dann des Vereins zeigte die Dewitz auf dem Höhepunkt ihrer Geltung im »Wilhelminischen Zeitalter«. Unverkennbar war nun der soziale Aufstieg nicht weniger Offiziere und Juristen in hohe Ämter und militärische Ränge, so schwierig andererseits doch auch die Lage jener blieb, die auf zu klein gewordenen Gütern den Fährnissen agrarischer Preisbewegungen ohne den Rückhalt von Staatsbesoldungen oder industriellen Vermögenswerten ausgesetzt blieben. Während der Sitzung wurde die Berufung des Oberpräsidenten von Dewitz zum Mitglied des Preußischen Herrenhauses auf Lebenszeit bekannt gegeben. Das galt als ebenso begehrte wie hochansehnliche Gnade von seiten des Landesfürsten, obschon hier ein Hauch von Wiedergutmachung spürbar war. Dem Kaiser in seiner Eigenschaft als preußischer König wurde denn auch wie üblich telegraphisch ein Treuegelöbnis dankbar dargebracht und von diesem postwendend beantwortet, wie es dem Stil der Zeit entsprach. Weitere Grußworte »Allerhöchster Herrschaften« erreichten den Familientag vom Großherzog und vom Kaisersohn Eitel-Friedrich als Statthalter von Pommern; es fehlten nicht der Reichskanzler von Bethmann Hollweg, der Staatsminister in Neustrelitz und der Oberpräsident in Stettin.

Aber Glückwünsche gingen auch aus dem fernen Deutsch-Südwest-Afrika ein, wo sich Max von Dewitz (1876–1918) aus der Linie Sophienhof nach schweren Anfangsjahren eine Farm von bedeutender Größe aufgebaut hatte.[247] Die Festrede in Berlin war dem Regierungspräsidenten von Schmeling aus Stettin übertragen worden. Er betonte in seinem historischen Streifzug, wie sehr das »ideale Band der Einigung im Familienverbande die Gewähr für einträchtiges Zusammenhalten« böte, auch wenn »die echt deutsche Neigung zum Hader« auch bei den Dewitz in früheren Zeiten immer wieder einmal her-

245 Familienfest 1912: *P. Gantzer,* Bd. 3, 1, S. 514f. – Die Berufung des Oberpräsidenten Kurt v. Dewitz in das Herrenhaus: Bd. 2, Nr. 2450f. Die gedruckte Sitzliste im FA.

246 *J. G. v. Dewitz,* Festdichtung zur Feier des 700jährigen Jubiläums der Familie von Dewitz, Berlin 1912. Im Prolog findet sich der Satz: »Wem je im Leben Freud' und Frohsinn sind verdorrt, / der wird des laun'schen Schicksals allzu leichte Beute.«

247 Vgl. unten zu Anm. 300.

vorgetreten sei. Er schloß seine Rede mit einem sicher zutreffenden Gedanken zur Stellung des Adels im Kaiserreich, daß dieser nämlich Rang und Ansehen nur dann erhalten und wieder erweitern könne, wenn er in ideeller Hinsicht leistungsfähig bleibe und zumindest eine Art von Teilhaberschaft an der geistigen Führung des deutschen Volkes erringe. Goldene Worte. Die materiellen Güter, so rief er vielen Nachfahren von Chefministern, Fürsten-Räten und Generälen zu, seien damgegenüber etwas Sekundäres. Er verwies zum Schluß auf den vom ersten Jobst überlieferten Satz: »Adlig ist im Lichte wandeln, mit Mühe und Arbeit Ehre, Ruhm und Gut erwerben.«

Das Haus Weitenhagen

Das Haus Weitenhagen hat sich aus dem älteren Hause Wussow entwickelt. Karl Günther Theodor von Dewitz (1759–1817) hatte, wie wir hörten, in zweiter Ehe in Halberstadt 1805 Luise von Krebs aus dem Hause Veltheim geheiratet. Die Kinder dieser Ehe begründeten die Linien Weitenhagen, Niesky und Gienow. Der älteste Sohn Karl (Nr. 504) lebte auf Weitenhagen und erbte 1853 das Gut Veltheim am Fallstein. Seine Frau Elisabeth von Rüchel-Kleist (1820–1899) schenkte ihm fünf Söhne, von denen vier bis zur Gegenwart männliche und weibliche Nachkommen aufzuweisen haben. Insgesamt sind aus der Ehe zehn Kinder hervorgegangen. In ihrer Witwenzeit seit 1867 hat Elisabeth unter dem Pseudonym Elise von Fernhain unterhaltsame, für weitere Volkskreise bestimmte Romane und historische Erzählungen veröffentlicht. Noch 1886 erschien die Erzählung »Zwischen Elbe und Weichsel«, in der die Reformationszeit von 1548 bis 1578 behandelt wird. Von ihren Töchtern hat Elise den späteren Landesökonomierat Dr. Ernst Raban Freiherrn von Canstein geheiratet, während Albertine sich 1879 mit Dr. Oskar Ritter Edlen von Gruber verband. Von dieser Ehe führt eine Verbindung zur Linie Weitenhagen-Biesendalshof (Nr. 820). Unter ihren Söhnen ragt der spätere Oberstleutnant Otto von Dewitz (Nr. 588) hervor, der im Zusammenhang mit dem französischen Krieg 1870/71 erwähnt wurde.[248] Er hat nach dem Abschied in Weitenhagen später in Breitenfelde gelebt. Dort war er nicht nur in zahlreichen öffentlichen Ämtern tätig, sondern hat auch noch mit 67 Jahren bei Kriegsbeginn in Berlin die Militärüberwachungsstelle des Haupttelegraphenamtes geleitet, als Beisitzer des Kriegsgerichts in der Hauptstadt gewirkt, bis er am 20. Januar 1918 zusammenbrach und einem Schlaganfall erlag. Sein Sohn Werner auf Breitenfelde, verheiratet seit 1905 mit Friederike von Dewitz-Cölpin, widmete sich intensiv und qualifiziert den Sammlungsarbeiten und Forschungen an der Familiengeschichte.

248 Vgl. Anm. 240. – *P. Gantzer,* Bd. 3, 1, S. 538.

Zum Gesamthaus Weitenhagen gehört die *Linie Niesky* (Oberlausitz). Hier wurde zum ersten Mal der Kreis der traditionellen und standesgemäßen Berufe der Gesamtfamilie überschritten. August von Dewitz (1836–1887), Sohn des gleichnamigen Generalmajors, war von seinem Vaterhause her im Geiste der pommerschen Erweckungsbewegung erzogen worden.[249] Er wurde auf das Pädagogium der Herrnhuter Brüdergemeine in Niesky gegeben und stieg dann bis zum Missionsdirektor auf. Sein besonderes Arbeitsgebiet war die Heidenmission, und er beschrieb in mehreren Büchern die Anfänge der Brüdermission in Westindien im 18. Jahrhundert. Alle seine Söhne folgten seinen Spuren und arbeiteten in in- und ausländischen Missionsanstalten. Der Sohn Otto (1879–1944) richtete in Bad Kreuznach eine orthopädische Spezialklinik für behinderte Kinder ein. Der dritte Sohn Walther fiel im Ersten Weltkrieg. Das Haus Niesky ist in männlicher Linie ausgestorben.

Das Haus Wussow

Unter den Söhnen des Wussower Hauses in der Zeit nach 1871 ist besonders auf *Otto von Dewitz* (1805–1881) zu verweisen, der sich als Begründer des Familienverbandes, als Schöpfer der ersten Satzung und der Stiftung sowie als Förderer der ersten Familiengeschichte besondere Verdienste erworben hat. Er war in zweiter Ehe mit seiner Cousine (1. Grades) Ottilie (Nr. 522) Dewitz verheiratet, hatte in Berlin Rechtswissenschaft studiert und 1842 nach längerer Tätigkeit als Richter die Bewirtschaftung des väterlichen Betriebes in Wussow übernommen. In der Arbeit der evangelischen Kirche war der betont konservative Mann (Fr. J. Stahl: »Autorität, nicht Majorität«) ebenso selbstverständlich zu Hause wie er sich 1860 bei der Einführung einer neuen Gemeindekirchenordnung gegen die Reduktion seiner Patronatsrechte wehrte, wennschon erfolglos. Eine seiner Töchter aus erster Ehe, Anna, machte sich als Schriftstellerin (Pseudonym: *Annette Weditz)* einen Namen.[250] Von seinen fünfzehn Kindern überhaupt kamen sieben zu ihren Jahren. Sein Sohn Gerhard ist Stammvater der noch heute blühenden Wussower Linie.

Sein Neffe *Kurt von Dewitz* (1847–1925) ist der bekannteste Vertreter der Gesamtfamilie im Staatsdienst der wilhelminischen Zeit geworden.[251] Als Of-

249 *P. Gantzer,* Bd. 3, 1, S. 540f. – August war auch literarisch tätig, s. das Literaturverzeichnis.

250 *P. Gantzer,* Bd. 3, 1, S. 546–548. »Annette Weditz« (= Dewitz, 1836–2. 10. 1920) war durch ihre Mutter eine Urenkelin des berühmten vielschreibenden Berliner Geographen Friedrich August Büsching.

251 Kurt v. Dewitz (Nr. 644, nicht in: *G. v. Dewitz,* Stammtafeln der Familie von Dewitz, 1950, 1971, 1981; nicht in: Genealogisches Handb. des Adels, Adelige Häuser, A, Bd. 17, Limburg 1983) war ein Sohn des Wussower Generalmajors Hermann v. D. und der Emma v. Arnim. *P. Gantzer,* Bd. 3, 1, S. 551–556. Er starb in Naumburg/Saale am 2. 3. 1925.

fizierssohn mußte er die Schulen häufig wechseln und besuchte deshalb sowohl die Brandenburger Ritterakademie wie die Gymnasien in Frankfurt/Oder und Danzig, studierte sodann Jura in Bonn und Berlin und erarbeitete sich mit ausgedehnten Wanderungen (zu Fuß) Kenntnisse des europäischen In- und Auslandes. Seit 1875 stieg er in der Verwaltungshierarchie Preußens rasch auf: Er wurde Kreisrichter im pommerschen Rummelsburg, arbeitete in den Landdrosteien in Hannover und Aurich, übernahm schon 1877 das Landratsamt in Dramburg und setzte sich hier mit Nachdruck für die Verbesserung der gesamten Infrastruktur in dem ebenso vernachlässigten wie ärmlichen Kreis im pommersch-neumärkischen Grenzgebiet ein. Es entsprach der Verwaltungspraxis in Preußen, daß man hochbefähigte Verwaltungsjuristen zwischen den einzelnen Provinzen gleichsam hin- und herscheuchte, um ihnen umfassende Verwaltungskenntnisse und die Erfahrungen im Umgang mit Land und Leuten zwischen Rhein und Memel zu verschaffen.

So beförderte man ihn 1884 zum Landrat des Rheingaukreises, 1898 zum Regierungspräsidenten in Erfurt und 1903 zum Regierungspräsidenten in Frankfurt a. d. Oder. Dort sollte er vor allem die gelockerte Beamtendisziplin festigen und Landeskulturarbeiten an Flüssen und Kanälen beaufsichtigen. Sein Interesse für die Geschichte Preußens und seiner Provinzen empfing in dieser Stellung mannigfache Anregungen; so unterstützte er die neumärkischen Geschichtsvereine und die Gedenkfeier anläßlich des vierhundertsten Jahrestages der Gründung der Universität Frankfurt, an der nicht wenige Dewitze bis 1811 studiert hatten. Den Höhepunkt seiner Laufbahn erreichte er 1906 mit der Berufung zum Oberpräsidenten von Schleswig-Holstein. Hier freilich fehlte es ihm an Vorkenntnis und »diplomatischem« Geschick, zumal der alte Streit um die Minderheitengesetze aufgeflammt war. Er sah sich nicht in der Lage, die Politik der preußischen Regierung, die 1907 einen relativ liberalen Staatsvertrag mit Dänemark geschlossen hatte, gegen die eigene Einsicht mitzutragen und nahm noch im gleichen Jahr den Abschied. Aus Anlaß seines siebzigsten Geburtstages 1917 stiftete er ein Hochschulstipendium für die Studierenden. 1912 berief ihn der Kaiser »auf Lebenszeit« zum Mitglied des Preußischen Herrenhauses. Die Jahre seit 1907 widmete er der Politik im Preußischen Herrenhaus, der Familiengeschichte und der Förderung seiner Nichten und Neffen. Seine Villa (»Feierabendhütte«) in der Pensionopolis Naumburg a. d. Saale, der Heimatstadt seiner Frau Lina Sutor, war bekannt als eine Stätte großzügiger und zeremonieller Gastlichkeit. Ein Dienerehepaar besorgte weitgehend den Haushalt. Zum Abschluß eines jeden Tages wurde ein Psalm gelesen. Dieser Stil konnte bis in die Kriegszeit fortgesetzt werden. Dann verlor der inzwischen fast erblindete Oberpräsident durch die Grippe-Epidemie von 1920 die Frau, durch die Inflation Teile des in Kriegsanleihen angelegten Vermögens und durch den Sturz der Monarchie den wesentlichen Orientierungspunkt. Die Freundin der Verstorbenen führte nun den eng gewordenen Haushalt. Einer Nichte bot sich um 1922 eine gespenstische Szene: »Der große Raum lag fast im Dunkeln. Onkel Kurt wegen Heizungsersparnis im Havelock, mit dunkler Brille, im Liegestuhl, neben ihm Fräulein Engelbrecht mit einem Paket alter Briefe, die sie einen nach dem anderen vorlas. Jeden Brief nahm Onkel Kurt dann in die Hand, zerriß ihn langsam und feierlich und ließ die Fetzen neben sich in den Papierkorb fallen.« Auch so lassen sich Nachlaß-Probleme regeln, freilich nicht zur Freude der Historiker.

Kurt von Dewitz starb am 2. März 1925 in seinem Hause. Mit seinem Lebensweg hat er das Beispiel einer außerordentlichen Leistung für Staat und Familie gegeben. Denn es waren vornehmlich die Staatsbeamten, die Parlamentarier und die hohen Offiziere, die in den Jahrzehnten zwischen 1890 und 1920 dem Namen aller Dewitze einen höheren Klang in der Öffentlichkeit des Reiches verliehen haben.

Das Haus Meesow

Im politischen Leben Preußens vor 1914 trat außer Hermann und Kurt von Dewitz auch einer der Enkel des Landschaftsdirektors Leopold von Dewitz (Nr. 472) hervor: der Landrat *Otto von Dewitz* (1850–1926), ursprünglich auf dem Wege zum Berufsoffizier, dann aber den Staatsdienst und die Parteipolitik wählend.[252] Sein Familienzweig war unvermögend. Aber mit stärkster Energie überwand er die Schwierigkeiten. Nach der Heirat (1877) mit Wilhelmine von Zaborowski studierte er in Bonn, arbeitete als Bürgermeister und Kassenleiter oder auf dem Landratsamt an Vormittagen, während er nachmittags die Vorlesungen besuchte. Später fuhr er täglich von Bonn nach Köln zur Regierung und arbeitete abends zu Hause weiter – eine ganz moderne Existenz. Der Lohn des Fleißes blieb nicht aus. Bereits 1881 wurde ihm kommissarisch der Kreis Saarlouis übergeben, einige Zeit später übernahm er das Landratsamt in Prüm. Seine enorme Leistungsfähigkeit ergab sich daraus, daß der Minister von Puttkamer ihn alsbald von jeder weiteren Prüfung befreite, weil er sich in der Praxis exzellent bewährt hatte. Die Bevölkerung in der Eifel, offenbar bis dahin verwaltungsmäßig nicht verwöhnt, brachte ihm in hohem Maße Vertrauen und Dankbarkeit entgegen. Nach sechs erfolgreichen Jahren in Prüm übernahm er den Kreis Oldenburg in Holstein, wo er ebenfalls mit überzeugender Energie Mißtrauen gegenüber Preußen abbauen konnte. Die Kreisinsassen waren ihm so stark verbunden, daß sie ihn noch elf Jahre nach dem Ausscheiden aus diesem Amt in den preußischen Landtag wählten und

252 *P. Gantzer*, Bd. 3, 1, S. 558 f. (= Nr. 660). – Fehlt im Genealogischen Handbuch ebenfalls. – Brief an Kurt v. D. – Naumburg auszugsweise im Bericht über den 52. Familientag, S. 10 (FA). Der Verbleib des Nachlasses ist unbekannt.

dies wiederholt bestätigten. 1890 verließ er den Staatsdienst, erwarb das Gut Zankenzin bei Danzig und schuf hier in kurzer Zeit eine Musterwirtschaft. Aber der Tod seines einzigen Sohnes vergällte ihm dort den Aufenthalt. Er ging auf seine zweite Besitzung Alten-Plehn bei Stralsund, wo er ebenfalls verwahrloste Böden in hochproduktive Zuckerrübenböden verwandelte. Es drängte ihn dann wieder nach öffentlicher Tätigkeit und differenzierten geistigen Anregungen. Er verkaufte den Besitz, zog nach Berlin, studierte noch Nationalökonomie und wurde 1902 für die Freikonservative Partei (»Konservativer Forschritt«) in den Preußischen Landtag gewählt. In der Polenfrage war er Berichterstatter, vertrat eine eigene, von der Mehrheit abweichende Ansicht über die Ansiedlungs- und Ostmarkenpolitik, deren bisherige Erfolglosigkeit er erkannt hatte. Nicht die Politik, sondern die Wirtschaft sei das Schicksal, hat einmal Walther Rathenau formuliert. Der »Abgeordnete Dewitz« wirkte wesentlich mit an den großen Fragen der Reichsfinanzreform, der Besitzsteuern (Vorschlag einer Erbzuwachssteuer); er kümmerte sich um die Organisation der Parteipresse und die Werbearbeit sowie zuletzt um die Reform des preußischen Wahlrechts.

Bis zum November 1918 arbeitete er im Landtag. In mancher Hinsicht ist seine Arbeit auf Reichsebene durch Jürgen von Dewitz-Meesow fortgeführt worden. Der Zusammenbruch der Monarchie und die Zustände der ersten Nachkriegszeit trafen ihn schwer. 1919 wollte er schon »alle Brücken« zu politischen Freunden und Gegnern abbrechen. Aber dem erfahrenen Politiker und leidenschaftlichen Preußen ließen die »Verschrobenheiten dieser Zeit und der Regierung« keine Ruhe. Einem der wenigen kompetenten Gesprächspartner in der Familie, dem Oberpräsidenten, schreibt er am 15. 10. 1920 »...so griff ich – wenn auch nur mit geringem Ergebnis – hinter den Kulissen ein. Eine Reihe jüngerer Leute baten um Unterstützung mit meiner Erfahrung. Insbesondere habe ich in der Öffentlichkeit nachzuweisen gesucht, daß nicht öffentliche, sondern nur private Sozialisierung in der Werkgemeinschaft seelisch und wirtschaftlich die Arbeiter beruhigen und den Klassenhaß beseitigen könne. Nachdem vorgestern in der Reichsregierung beschlossen ist, die Sozialisierung des Kohlenbergbaus abzulehnen, schickte der Reichskanzler eine halbe Stunde später einen Beauftragten zu mir [W 15, Düsseldorfer Str. 8], der sich genau über meine Vorschläge erkundigen sollte. In den Preußischen Jahrbüchern und in der Wochenschrift ›Christliche Politik‹ erscheinen in nächster Zeit neue Aufsätze von mir. Das Bürgertum kennt in seiner materialistischen Denkweise die seelischen Bedürfnisse der Arbeiter überhaupt nicht, die Sozialdemokratie kennt sie zwar, hütet sich aber, sie zu befriedigen. Es wäre mir lieb und heilig, wenn ich für das arme Vaterland vor meinem letzten Gang noch etwas, das ich für das Wesentlichste halte, zu seiner Gesundung beitragen könnte.« Otto von Dewitz war zu diesem Zeitpunkt siebzig Jahre. Er vertrat bis zuletzt die Grundsätze einer progressiven konservativen Politik. Gewiß zählte er zu jenen insgesamt wenigen Beamten und Politikern mit altaristokratischer Herkunft, die einer modernen Innenpolitik in Preußen mit dem Schwergewicht auf Parteien und Parlamenten nicht verständnislos gegenüberstanden, die vielmehr anders als manche lautstarke und wortgewandte »Ostelbier« (wie z. B. Oldenburg-Januschau) in dem im Ausbau begriffenen Verfassungsstaat den Kern eines umfassenden rechtsstaatlichen Systems mit hohen Zukunftschancen erblickten. Staatsdienst war hier längst und erneut aus der Sphäre des konventionellen »Dienstes am Herrscher« herausgewachsen. Jenen, die in der Kaiserzeit noch immer in erster Linie als Vertreter einer feudal-monarchischen Gesellschaft tätig waren, begegneten und entgegneten nun andere und wohl auch jüngere, denen die Standesbindungen als sekundär oder sogar als obsolet erschienen; die Arbeit am »Staat« als unaufhörliche Reformarbeit stand bei ihnen im Mittelpunkt des Denkens. Der Bruch mit den hierarchischen Sozial- und Standesvorstellungen konnte, wie auch sonst in der Gesellschaft, verschieden stark ausfallen. Aber wohl immer bemerkten die bequem Verharrenden und den »alten Zeiten« Nachtrauernden den Ausbruch. Die Reaktion reichte, je nach Temperament und Bildung, von freundlicher Toleranz bis zu gehässiger Nachrede (»der rote X.«). Wilhelm II., der mit seiner eigentümlichen neurotischen Sensibilität diese Gewichtsverschiebungen vornehmlich in der Staatsbeamtenschaft nicht selten bemerkte, bezeichnete Persönlichkeiten der Reformbürokratie im Affekt des Marginalstils wohl als »konstitutionell angekränkelt«. Mit zunehmendem Alter gewann er, von Fall zu Fall, eine Ahnung davon, wer in Preußen stabilisierend und wer letztlich destabilisierend gewirkt hatte.

Alte und neue landwirtschaftliche Betriebe

Das mittlere und hintere Pommern hat sich auch um die Mitte des 19. Jahrhunderts vieles von seiner archaischen und von der Industrialisierung kaum berührten Landschaft und Stimmung bewahren können. Besucher jener Jahre in Pommern, da in Oberschlesien, in Berlin oder im Ruhrgebiet der Weg in die Hochindustrialisierung beschritten wurde, rühmen den Zauber der Landschaft mit dem reizvollen Wechsel von Seen und Hügeln, von Wäldern und stillen Siedlungen – eine nordostdeutsche eiszeitgeformte, bislang nur behutsam durchsiedelte und meliorierte Agrarlandschaft. Und daran änderte sich vorerst nur wenig. Es blieb eine Randlandschaft Preußens auch nach der Erschließung des Landes durch Staats- und Kreiseisenbahnen oder nach der Durchdringung und Vervollständigung der Kreise mit Chausseen, deren Bau um 1820 begonnen hatte. Noch lange blieb das gesellschaftliche Leben und damit eben auch der Horizont der begüterten und weniger begüterten Landsässigen auf die jeweils nächsten Kreis- und Garnisonstädte beschränkt. Ein Besuch in Stettin war auch für die Gutsfrauen aus den Häusern der Dewitz, Wedel und Borcke und aller anderen meistenteils etwas Besonderes und Seltenes. Und wie in Ostpreußen gab es auch in Pommern bei der großen Flucht von 1945 Menschen vom Lande, die nun zum ersten Mal über einen Zehn-Kilometer-Radius hinausgelangten. Diese eigenartige abgeschlossene Atmosphäre (J. A. von Rantzau) scheint Pommern mit Mecklenburg und auch mit größeren Teilen Niedersachsens damals und bis in die frühwilhelminische Zeit hinein gemeinsam gehabt zu haben.[253] Dagegen war man in Schlesien, in Sachsen oder in Schleswig-Holstein beweglicher, freilich ab- und auswanderungswilliger. Die allgemeine stetige Abwanderung von Landarbeitern und Landarbeiterkindern als allgemeines Phänomen des deutschen Ostens hat freilich auch Pommern ergriffen. Die Kinderzahlen in den Insthäusern waren hoch, und die Kindersterblichkeit nahm langsam ab, zumal nach der Entdeckung von Medikamenten gegen Diphtherie, Scharlach und Masern.

Je mehr in den Ostgebieten des Deutschen Reiches die Folgen der Industrialisierung und des Freihandels durchdrangen, desto prekärer wurde die Lage der großen Gutsbetriebe, gleichviel, in wessen Eigentum sie sich befanden. Die Fluktuation der Betriebe nahm zu, je mehr auch das Berliner Kapital nach Anlage in den näher gelegenen Provinzen drängte. Nur wer hart und klar wirtschaften konnte, behauptete sich in der Gründerkrise der siebziger Jahre oder der ebenso schweren und folgenreichen Agrardepression um 1890. Im Umkreis der pommerschen Dewitz-Betriebe konnte man in dieser Zeit beides beobachten: Das patriarchalische Idyll, das Sichausruhen auf dem Erbe der Väter mit dem in aller Regel schließlichen Verlust der Besitzungen, die meist hoch verschuldet aufgegeben werden mußten. Dieses Schicksal traf beispielsweise den riesigen Besitz der Herren von Glasenapp mit dem Mittelpunkt Gramenz im Kreise Neustettin, wo nach und nach 20000 Morgen aus dem Mittelalter überkommenen Besitzes vollständig aufgegeben werden mußten; auch die Senfft von Pilsach erlitten Schiffbruch, denn man konnte sich an Musterwirtschaften und Parade-Meliorationen zugrunde richten. Die Dewitze haben sich in diesen beiden Krisen erstaunlich gut behauptet, vergleicht man die Zahl der bodenständigen Familienmitglieder mit der Zahl der Betriebe und der Zu- und Abgänge. Kapital aus Verkäufen ist offensichtlich in aller Regel rasch reinvestiert worden. Lediglich das aus dem Bestand von Maldewin ausgegliederte Gut Sophienhof mußte infolge familiären Unglücks 1906 nach einem Konkurs aufgegeben werden, doch konnte es von dem Chef der Farbeziner Linie (Viktor) seinen Besitzungen zugeschlagen werden. Das gleiche gilt für die Güter Cramonsdorf und Klein-Benz, die 1849 erheiratet wurden.

Zwei Beispiele mögen erläutern, welche Erfolge mit zäher Tüchtigkeit zu

253 Ähnliche Regionalismen und Xenophobien beobachtet J. A. v. Rantzau für den Adel der südlichen Lüneburger Heide: *J. v. Dissow,* Adel im Übergang, 1961, S. 36ff., vgl. S. 139.

erzielen waren. Hermann von Dewitz (Wussow), der auch Mitglied des Deutschen Reichstages war, kaufte im Kreise Naugard 1884 das Rittergut *Schönhagen* für 510000 Mark, brachte es wirtschaftlich auf die Höhe der Zeit und verkaufte es, da er keine Söhne hatte, 1912 für 710000 Mark. Sein Bruder Hugo hat 1874 ein sog. Freischulzengut verwahrlost erworben und nach und nach in einen modernen Betrieb verwandelt. Er entwässerte die guten Böden, ließ schlechten Grund aufforsten, errichtete Neubauten und erweiterte die Nutzfläche durch Zukäufe. Das Besitztum (600 Morgen) hatte etwa 120000 Mark gekostet.

Der tüchtige Gutsherr übernahm den Vorstand in der Brennereigenossenschaft Walsleben und in der Molkereigenossenschaft; obendrein diente er dem Staat seit 1892 als Vorsteher eines Amtsbezirks mit neun Orten. Als er 1905 sein Lebenswerk erbenlos und alt geworden veräußerte, erhielt er die stattliche Summe von 210000 Mark. Und das dritte Beispiel: Die energischen Brüder der Linie Sophienhof schufen sich fast alle nach dem Verlust des Elternhauses mit harter Arbeit und dem Vermögen ihrer Frauen neuen Besitz oder erwarben höhere Militärränge. Wilhelm von Dewitz kaufte 1905 in Klein Sabow ein Restgut für 250000 Mark und veräußerte es 1907 an seinen Bruder Ulrich. Dieser meliorierte dann die Areale und kaufte noch 1913 von dem Landrat von Bismarck das Rittergut Viergutz hinzu. Auf seinen Gütern unterhielt er im Zusammenwirken mit der Landwirtschaftskammer in Stettin einen Versuchsbetrieb für Saatzucht und zur Erforschung des Einflusses von Düngemitteln auf die Kartoffel- und Getreideproduktion. Er galt als erfolgreicher Ökonom. Kein Wunder, daß er 1945 den Verlust seines Lebenswerkes nicht zu verwinden vermochte.[254]

Zu den für die Gesamtfamilie schmerzlichen und schwer verständlichen Ereignissen aber gehörte es, daß Ulrich Otto von Dewitz auf Groß Miltzow 1905 das sehr ansehnliche Barockschloß nebst Rittergut und den Vorwerken Ulrichshof und Klein Miltzow an Dr. Hans Bodo von Bodenhausen für zweieinhalb Millionen veräußert hat; ein potenter Interessent aus der sonstigen Familie hatte sich nicht finden lassen. Wirtschaftliche Gründe dürften für diesen Verkauf nicht allein maßgebend gewesen sein. Auf den guten, wenngleich feuchten Böden dort war relativ spät in den achtziger Jahren der Zuckerrübenbau begonnen worden; außerdem bestand eine von Zeit zu Zeit ertragreiche Remontenzucht. Andererseits betrieb man unverändert Rennpferdezucht und Pferdesport mit hohem Aufwand. Die beiden letzten Nachfahren der älteren Cölpiner Linie zogen sich nach Krumbeck zurück.[255] Auch das nahegele-

254 *P. Gantzer,* Bd. 3, 1, S. 526f.

255 *P. Gantzer,* Bd. 2, Nr. 2421 z, 2441 (Helpt). Güter im südlichen Mecklenburg waren wesentlich teurer als entsprechender Besitz in Hinterpommern oder Westpreußen. Der Einfluß des Berliner und des mitteldeutschen Industrie- und Bankkapitals ist erkennbar.

gene Helpt, ältester Besitz, mußte 1911 von dem Staatsrat und Strelitzer Hausmarschall Otto Balthasar von Dewitz († 1919) für brutto 1500000 Mark an den neuen Eigentümer von Groß Miltzow verkauft werden.

Landschaftsdirektor Oskar von Dewitz

Zu den bedeutenden und typbildenden Gestalten Pommerns in der zweiten Hälfte des 19. Jahrhunderts und der Zeit bis zum Ende der Weimarer Republik gehörte unzweifelhaft Oskar von Dewitz (1845–1932).[256] Er war ein Sohn des 1849 verstorbenen Meesowers Hermann, des Bismarck-Freundes aus den Kniephofer Tagen; er mußte es zusammen mit seiner Mutter erleben, daß er alle seine Schwestern durch Tod oder Krankheit verlor. Die Mutter Karoline, eine Cousine 1. Grades ihres Mannes, zeichnete sich durch die Tugenden der Einfachheit und Sparsamkeit, der Pflichttreue und rastlosen Tätigkeit besonders aus. Sie starb erst 1904 siebenundachtzigjährig im Meesower Haus. Oskar hat in den Kriegen der sechziger Jahre mitgekämpft, widmete sich nach dem Friedensschluß 1871 dann aber der Arbeit auf dem Meesower Gut. Er nahm immer wieder öffentliche Ämter an, zumal nach der Einführung der Kreisordnung von 1875, und bewährte sich in unverdrossener Arbeit als Amtsvorsteher, Kreisdeputierter, Mitglied des Kreisausschusses, des Provinziallandtages, der evangelischen Provinzialsynode und sonstiger Kommissionen. Er verstand es als eine Ehrenpflicht, in der pommerschen »Landschaft«, der Nachfolgeeinrichtung der Stände, mitzuarbeiten. 1908 ist er schließlich zum Direktor des Landschaftsdepartements Stargard gewählt worden. Aus seiner 1870 geschlossenen Ehe mit Lisbeth von Loeper, einer ebenfalls originären Persönlichkeit, gingen vierzehn Kinder hervor, zehn Söhne und vier Töchter. Alle neun Söhne nahmen am Ersten Weltkrieg als Offiziere teil. Zwei von ihnen fielen 1914, wovon noch zu berichten sein wird. Der Lebensweg der Kinder bis zum Ende des Krieges ist ebenso typisch wie erstaunlich im Hinblick auf die Vielfalt der Möglichkeiten, aber auch für die ungewöhnlichen Vitalitäten und Begabungsreserven in diesem Familienzweig. Der Sohn Eberhard beispielsweise studierte, diente dann in der Schutztruppe in Deutsch-Südwestafrika, kämpfte wiederum vier Jahre, starb jedoch bereits 1929. Er hatte 1899 den Militärdienst verlassen, um nach Transvaal zu gehen, wo er für die Buren gegen die Engländer stritt. Als Artillerie-Leutnant des Oranjefreistaates geriet er in Gefangenschaft, arbeitete als Kaufmann und avancierte nach 1914 zum Hauptmann im Generalstab. Lothar und Joachim, die späteren Besitzer von Roman und Wangerin B, gingen 1914 an die Front. Jürgen, der spätere Orga-

256 Oskar v. Dewitz: *P. Gantzer,* Bd. 3, 1, S. 560–562. – Nachruf: Mitt. der Familie v. Dewitz 1933.

nisator des Landbundes, kehrte als Hauptmann aus dem Krieg zurück. Wilhelm übernahm als Hauptmann a. D. eine Landwirtschaft in Meesow. Sein jüngerer Bruder Albrecht war 1918 Kommandant eines U-Bootes. Er ging dann in die Wirtschaft und ist auch durch originelle Erfindungen bekannt geworden. Seine erste Frau Christa von Below war eine Ururenkelin Johann Gottfried Herders und eine Urenkelin des Stuttgarter Ministers der Bismarck-Zeit, Freiherr Varnbüler von und zu Hemmingen (1809–1889). Die jüngste Tochter schließlich, Lottelene (1895–1950), schloß 1929 die zweite Ehe mit Generalkonsul Dr. Konstantin Freiherrn von Neurath, dem Sohn des späteren Reichsaußenministers (1932–1936) und »Reichsprotektors von Böhmen und Mähren«. Das Schicksal der Meesower Kinder und Schwiegerkinder haben die Eltern noch lange beobachten können. Als sie 1920 die Goldene Hochzeit feierten (Abb. Nr. 20), sahen sie sich von siebzehn Enkeln umgeben. Lisbeth von Loeper ist erst 1940 im Alter von achtundachtzig Jahren in Meesow gestorben. Sie war bis zuletzt eine Bewahrerin der Familientraditionen und eine »Königin-Witwe« mit recht festen konservativen Vorstellungen über Besitz, Erbfolge und Erziehung in den bewährten Bahnen. Mit zahllosen anderen Müttern und Mädchen aller Stände hatte sie noch ganz und gar dem alten christlichen Grundsatz nachgelebt, daß – unabhängig vom Hab und Gut – die Hände einer Frau niemals müßig ruhen sollten.

Lebensformen: Seitenwege

Für den jungen Offizier bürgerlichen oder adligen Standes aus den preußischen Ostprovinzen oder auch aus Berlin-Potsdam selbst erwies sich die Reichshauptstadt Wilhelms II. als ein gefährliches Pflaster. In der Literatur von den Gesellschaftsromanen Theodor Fontanes bis zu den Adelsromanen der Brüder Skowronek wird davon berichtet. Das Mißverhältnis zwischen Sold und Aufwand, zwischen notwendigen und unverantwortlich übertriebenen Ausgaben war die Hauptursache für das Unglück des Einzelnen, das sich zum Unglück der Familie ausweiten konnte, Unfrieden und Verkäufe stiftend, so daß Eltern bis ins hohe Alter hinein zu einem bescheidenen Pensionärsleben gezwungen waren. Denn Spielschulden waren bekanntermaßen »Ehrenschulden« und mußten von Vätern und Brüdern postwendend beglichen werden. Erhebliche Bestände an Wald- und Ackerfluren haben auf diese Weise rings um Berlin den Besitzer gewechselt. Wer sich als Offizier in dieser oder anderer Weise verspekuliert hatte, mußte den Abschied nehmen und sich anderweitig, meist im Ausland, eine Existenz zu schaffen suchen. Auch der Zweig Dewitz-Krebs blieb, beispielsweise, von solchen Erfahrungen nicht verschont. Hans Joachim von Dewitz (1888–1915), aus dem Zweig Groß-Jauth, ging 1911 nach New York. 1914 aber, nach Kriegsausbruch, trieb es den Nachfahren des

Bruders Heinrich von Kleists in das Vaterland zurück. Er zog den Rock der Preußen-Offiziere wieder an und fiel 1915 im Russenland. Seine Brüder blieben Offiziere; wir werden von ihnen hören. Deren Schwester Dorothea (Nr. 721), ebenfalls sehr sensitiv und eigenwillig, folgte 1912 mit zweiundzwanzig Jahren einem evangelischen Pastor in das Sehnsuchtsland Italien; dort blieb sie für immer. Die Toskana hielt sie gefangen. Später wechselte sie, auf den Spuren so vieler Italien-Deutscher, die Konfession, ernährte sich, unverheiratet bleibend, als Malerin und Graphikerin und starb in der klaren Stille eines florentinischen Klosters erst 1965. Mehrfach unruhiges, doch den Künsten und der Literatur zugewandtes Kleist- und Dewitz-Erbe führte die Nachgeborene in ein Christinen-Schicksal.[257]

Landleben nach Pommernart

Aus den Berichten über das Leben in Wangerin B und Meesow und anderen Quellen erfährt man vieles über den Alltag, das Essen und Trinken in der Zeit vor dem Ersten Weltkrieg.[258] Sparsamkeit und deftiges Mahl bestimmten die Hauswirtschaft. Dies beruhte auf alten Traditionen. Nach Möglichkeit wurde vieles selbst gemacht. Das feste Roggenbrot buk man im Hause. Knechte und Mägde erhielten ihre Mahlzeit in einem Nebenraum der Küche des Gutshauses, sofern sie – was die Regel war – unverheiratet waren. Unverändert konnte viel Getreide sogleich in der Küche verarbeitet werden; an den Abenden kamen für das Gesinde und für die Kinder Milchsuppen aus Grütze oder Haferflocken auf den Tisch. Fleischgerichte gab es in der Regel nur an Sonntagen; in der Woche reichten Würstchen, Steckrüben (»Wruken«), Durchgekochtes und Eiergerichte aus. Im Hause hielt man keine Katzen, trotz der fetten Vor-

257 Dorothea v. Dewitz (gen. v. Krebs): Sie war eine Urenkelin des Bruders von Heinrich v. Kleist und des Generals v. Rüchel sonst v. Kleist (1778–1848) sowie Nachfahrin in 4. Generation des Generals E. Fr. v. Rüchel (1754–1823); dessen Ahnentafel bei *H. Banniza v. Bazan* u. *R. Müller,* Deutsche Geschichte in Ahnentafeln, Bd. 2, 1942, S. 51; seine Biographie bei K. v. Priesdorff, Soldatisches Führertum, Nr. 1340, S. 334–336. Zu den unmittelbaren Rüchel-Kleist-Nachfahren gehören die drei im 2. Krieg gefallenen Generäle (Nr. 722, 725, 726), der Oberstleutnant der Bundeswehr a. D. Hans Joachim (Nr. 866) sowie die zahlreichen Nachkommen von Albrecht (Nr. 727) und Werner v. D. (Nr. 714). Interessant ist, daß die Brüder Johannes (Nr. 590) und Ernst (Nr. 591) v. Dewitz-Krebs den dreifachen Kleist-Anschluß aufweisen (siehe unter Ahnentafel 4 u. 5). Unter den Puttkamer-Vorfahren erscheinen der Generalleutnant Georg Henning v. P. (1728–1814) als Nr. 24, Johann Georg Wilh. Frhr. v. Keller (1710–1785), Gouverneur von Stettin, als Nr. 50 und der bekannte Minister König Friedrich Wilhelms I. Wilhelm Heinrich v. Thulemeier (1683–1740) als Nr. 52 einer Ahnentafel, die sich auf die Brüder Günther, Karl und Albrecht v. Dewitz-Krebs bezieht (FA).

258 Vergleichende Untersuchungen fehlen. Am besten noch die Zusammenfassung für Norddeutschland von *J. v. Dissow* (= J. A. v. Rantzau), Adel im Übergang, 1961, S. 31–33, 40 ff.

räte in Küche, Speisekammer und geräumiger Vorratskammer, von denen sich die Ratten anlocken ließen. Im Winter wurde zwei- bis dreimal geschlachtet, meist ein bis zwei dickgefütterte Schweine, deren Schinken in der Räucherkammer des Gutshauses hingen. Als größeres Ereignis aber empfanden Alt und Jung die Gänseschlachterei bald nach dem Martini-Markt-Termin. Zwanzig bis vierundzwanzig Gänse lieferten alle Gutsarbeiterfamilien für die freie Weide der Gänseherden auf den Gutswiesen ab. Unter den geübten Händen alter Frauen und der Mädchen, die bei der »Herrschaft« in Stellung waren, entstanden Spickgänse und Gänseleberwürste, Gänsekeulen und Weißsauer (Aspik), dazu Pökelfleisch und »Wickelfüße« (Därme, um die Gänsepfoten geschlagen). Das Feinste (geräucherte Gänsebrust) wurde immer wieder einmal an Delikateßgeschäfte in Stettin verkauft. Das Federrupfen besorgten üblicherweise Frauen aus dem Dorf, die sich dabei wie eh und je von Liebe, Leid und Tod erzählten. Die Bettfedern sortierte die Hausfrau; sie konnten alsbald im Haus und bei den Leuten verwendet werden. Am Ende einer Schlachterei blieben von einigen Dutzend Gänsen nur die Schnäbel übrig, die auf den Dunghaufen landeten.

Nach dem Urteil der Leonie von Dewitz (1881–1978), die, angeleitet von ihrer als einzigartige Hausfrau gerühmten Schwiegermutter Lisbeth (von Loeper), 1910 in Wangerin B zu wirtschaften begonnen hatte, galt die Meesower Gastfreundschaft als »uferlos und die Küche berühmt«.[259] Noch in Otto von Bismarcks, mehr von Varzin als vom altmärkischen Schönhausen geprägtem Eß-Lebensstil spürt man etwas von diesen Seiten der hinterpommerschen Gutsherrenwelt. Als die Baronin Spitzemberg am 3. Dezember 1888 den Reichskanzler, ihren »väterlichen Freund«, wieder einmal in Friedrichsruh besuchte, notierte sie sich am Abend: »Erst um 1/2 2 wird gegabelt; der Fürst schmaust mit bestem Appetit und echt pommerschem Raffinement; Hummer, Gänsebrust und Gänsesulz, Sprotten und Hering, Rauchfleisch und Pute, ›eines nach dem andern sieht man in seinen Magen wandern‹. Die ganze Familie wundert sich des Todes über meine ›Vernunft‹, die mich sehr mäßig leben heißt..., heute, da die Sonne schien, stieg er [Bismarck] zu Rosse: auf einer schweren, kurzschwänzigen schwarzen Stute, vom Reitknecht begleitet, ritt er zu Walde, im langen Rock, grauer Jägermütze, die Brille auf der Nase, eine weiße Binde um, ›der lieben Sonne wegen, sonst trage ich eine gelbe‹. Sehr erquickt kam der Fürst zu Tische: ›solch ein flotter Galopp auf einer Schneise, dem herrlichen Sonnenuntergang entgegen, macht einen doch gleich um zehn Jahre jünger‹...« Am nächsten Tag war er dann freilich »sehr matt und leidend und dementsprechend pessimistisch aufgelegt«, eine von ihm geliebte Zeile

259 Essen und Trinken: *Leonie von Dewitz,* Erinnerungen. In: Mitt. der Familie v. Dewitz 1976, S. 14f.

Adalbert von Chamissos zitierend: »Ich bin der Zeiten ohnmächtiger Sohn«[260]. Zuweilen wohl auch des köstlichen Essens »ohnmächtiger Sohn«.

Doch zurück zum »wilhelminischen« Alltag im Kreis Regenwalde. Das Leben einer jungen Gutsfrau bestand aus unablässig hurtiger Arbeit in Haus, Hühnerhof, Garten sowie Kranken- und Altenpflege im Gutsbezirk bei den Familien der Gutsarbeiter. Auch auf dem weniger gut gestellten »Rittergut« war Personal vorhanden, in der Regel ein Haus-Fräulein (Hauswirtschafterin), ein »Mamsell« als Ober-Dienstmädchen, zwei bis drei »einfache« Hausmädchen und mitunter noch ein Hausknecht oder Diener, der zugleich Kutscher sein konnte. Anschaulich beschreibt die Wangeriner Gutsfrau ihre ersten glücklichen Jahre an der Seite Joachim Balthasar von Dewitz' (1876–1957): »Dieser erste Winter (1910/11) auf dem Lande wird mir unvergeßlich sein in seiner Stille und Einsamkeit, den weiten Schneeflächen, die man doch in der Stadt nicht kennt, die Fahrten in kleinen Holzschlitten, die Gänge im Wald und die gemütlichen Abende. Natürlich hatten wir beide viel zu lernen, Jochen studierte seine landwirtschaftlichen Bücher und ich eins für Krankenpflege und für Gartenbau, denn das waren die Gebiete einer pommerschen Gutsfrau, die sich vor allem auch um das Wohlergehen der Arbeiterfamilien zu kümmern und zu helfen hatte, wo Krankheit oder sonst Not am Mann war. Gemeindeschwestern gab es auf dem Lande nicht. So lernte ich die Familien bald kennen – in Krankheitsfällen, wo ich Fieber maß oder Umschläge machte und notfalls den Arzt verständigte, bei Geburten, Säuglingspflege, Hochzeiten, Beerdigungen usw. Sie kamen mit allen Anliegen zu uns. Nachdem es Jochen gelungen war, die Arbeitswohnungen zu verbessern, konnten wir daran denken, nach Erhalt der Erbschaft von meiner Großmutter, auch unser eigenes Haus, das sehr bedürftig war, auszubauen.« Eben dieses Haus in Wangerin ist dann noch kurz vor dem ersten Kriege modernisiert worden. Es erhielt vor allem – damals noch ungewöhnlich auf dem pommerschen Lande – eine Zentralheizung. Die Gutsfrau beschreibt die Räumlichkeiten: »Unten das große Eßzimmer über den Wirtschaftsräumen, eine große Speisekammer daneben, und die Kinderzimmer (für die fünf Kinder). Im nicht unterkellerten Teil die Eingangshalle mit der Vorfahrtterrasse unter den Kastanienbäumen, mein Zimmer, Jochens Zimmer und unser Schlafzimmer mit Erker, darüber die Mädchenstuben und große Vorratskammer – das war alles der niedrige, langgestreckte Teil des Hauses, der äußerlich und auch sonst ziemlich unverändert blieb, während über dem sehr vergrößerten Eßzimmer nun ein Stockwerk aufgesetzt war mit mehreren Gästen- und zwei kleinen Zimmern, sowie Bad, ein Badezimmer für die Kinder und uns war außerdem noch unten.« Die Mutter brachte die Kinder nicht in Wangerin, sondern im Braunschweiger Elternhaus zur Welt: »Alle waren sie hellblond, weißhäutig und rotwangig, gesunde, ent-

260 *R. Vierhaus* (Hrsg.), Das Tagebuch der Baronin Spitzemberg, 1963, S. 257f.

zückende Babies, das sage ich nicht nur als ›verliebte‹ Mutter, wie Jochen es nannte, sie waren tatsächlich auffallend reizend. Vier hatten blaue Augen wie ich, nur Oskar die großen braunen seines Vaters und seiner beiden Großväter, er hatte wie auch Erika dicke, goldblonde Locken und war immer überdurchschnittlich groß, was ja bei der Länge aller Meesower und meiner eigenen kein Wunder war. Erwachsen erreichten Oskar und Hubertus die Größe des Vaters, Siegfried war ein paar Zentimeter kleiner, und die Töchter (erreichten die Größe) der Mutter. Ich habe die Kinder alle fünf bis zu sechs und acht Monaten selbst genährt, ohne Flasche, was die »Aufzucht« sehr vereinfachte und mich sehr beglückte, da sie prächtig gediehen und zunahmen. Später kam natürlich Beikost von Obst, Gemüse und Brei dazu und sie hatten nie Magen- oder Darmstörungen, woran die Säuglinge im Dorf so viel im Sommer litten.«[261]

261 *Leonie von Dewitz,* Erinnerungen (FA).

Landschaftsdirektor Oskar von Dewitz auf Meesow inmitten seiner 1914 ins Feld gezogenen neun Söhne Oskar, Leopold, Albrecht, Lothar, Johann Georg, Wilhelm, Joachim Balthasar, Eberhard und Friedrich Wilhelm

Achtes Kapitel »In Europa gehen die Lichter aus«: Die Dewitze auf den Schlachtfeldern in Ost und West (1914–1918)

»Ich bin schwer verwundet. Wenn ich sterben muß, dann grüßen Sie meine Mutter.«

Bogislaw von Dewitz-Krebs, 1. November 1918

Endzeitstimmung

Der vermeidbare und dann unvermeidliche Kriegsausbruch im Frühherbst 1914 ließ »in Europa die Lichter ausgehen«. Das lange Befürchtete, von wenigen Ersehnte trat ein: mit modernen Waffen der Massenvernichtung sollten politische und soziale Konflikte entschieden werden, deren Ursprünge und Anlässe überwiegend außerhalb von Mitteleuropa lagen: im vorrevolutionären Rußland, im archaischen Serbien und in der dem Zerfall entgegentreibenden Donaumonarchie Österreich. Die Führungskräfte des Deutschen Reiches ließen sich in diese anfänglich noch lokalisierbaren Konflikte verwickeln. Ein unendliches, nicht quantifizierbares Verhängnis, weit über Europa hinausreichend, zeichnete sich dann ab.[262] Die europäischen Kabinette, die Dynastien, die aristokratisch durchsetzten Führungsschichten in der Diplomatie versagten im Krisenmanagement, mit nur wenigen Ausnahmen wie dem deutschen Botschafter in London, Fürst Karl Max von Lichnowsky (1860–1928), oder, in schwächerem Maße, dem Vorgänger Paul Graf Wolff-Metternichs (1853–1934), dem vital-intelligenten Adolf Freiherrn Marschall von Bieberstein (1842–1912) sowie dem badischen Diplomaten Carl von Eisendecher, der dem von nervösen Erregbarkeiten hin- und hergerissenen Kaiser letztlich vergeblich die Notwendigkeit einer weitgehenden Verständigung mit England unmittelbar zu erläutern versucht hat. Daß England in einem künftigen Kriege, einem Weltkriege immer, eine Schlüsselstellung einnehmen würde und müßte, sahen in Berlin zu wenige, vor allem erkannten es nicht die »entscheidenden« Persönlichkeiten: der Reichskanzler von Bethmann Hollweg, der Staatssekretär im Auswärtigen Amt von Jagow, der Chef des Großen Generalstabes von Moltke und Wilhelm II. An einem großen Kriege, der wirtschaftlich und finanzpolitisch nicht vorbereitet war und von den führenden Gestalten des Reiches nicht gewünscht wurde, war in Deutschland unter den konservativen

262 Guter Überblick: *O. Graf zu Stolberg-Wernigerode,* Die unentschiedene Generation. Deutschlands konservative Führungsschichten am Vorabend des Ersten Weltkrieges, 1968, S. 17 ff.

Führungsschichten im engeren Sinne so gut wie niemand interessiert. Die höchsten Ratgeber des Kaisers sahen sich vielmehr einer ihnen aussichtslos erscheinenden Konstellation gegenüber. Sie schwankten zwischen Unsicherheit, Pessimismus und Gewissensskrupeln und den zeitüblichen Überheblichkeiten nationaler Erfolgshoffnungen. Deutschland mit seinen nunmehr starken moralischen, geistigen, wirtschaftlichen und militärischen Kräften sollte nicht, so fürchtete man wohl, von seinem Platz unter den ersten Mächten der Welt verdrängt werden. Die von der Presse in den europäischen Großstädten immer wieder verbreiteten Neid- und Konkurrenzgefühle spielten dabei auch auf deutscher Seite eine erhebliche Rolle. Die internationale Wirtschafts-Diplomatie befand sich – unglücklicherweise – in den Anfängen, beschränkte sich auf Privatverbindungen der Bankiers, Reeder wie Ballin und einiger Großindustrieller, die nicht dem engen Nationalismus oder alldeutschen Gedankengängen erlegen waren. Des Ernstes der Situation war man sich seit 1909 bewußt geworden, zumal in den preußischen Mittel- und Ostprovinzen. Ein Krieg (»Ventil für die unleidliche Spannung unter den Völkern«) mit Rußland, einem Hexenkessel aggressiver Ideologien und Feindseligkeiten, schien nun in den Bereich des Naheliegenden gerückt. Er mußte infolge der geplanten defensiven Kriegführung im Osten Ost- und Westpreußen, Pommern oder Schlesien berühren, vielleicht sogar unmittelbar treffen. Die Sensitiven in den Salons, im Generalstab oder im Reichsmarineamt wußten: ein langes Friedenszeitalter würde alsbald zu Ende gehen. Als der Londoner Botschafter Marschall 1912 zur Unzeit starb, schrieb die Baronin Hildegard von Spitzemberg in ihr berühmt gewordenes Tagebuch: »An der allgemeinen Erschütterung über Marschalls Tod kann man ermessen, wie pessimistisch die Anschauungen überall sind. Sonst würde der Tod eines noch so bedeutenden Mannes nicht solchen Eindruck machen. Es wird eine Prophezeihung kolportiert: ›1911 Glut, 1912 Flut, 1913 Blut‹, und es sieht verzweifelt so aus, als ob für nächstes Jahr Blut fließen könnte!«[263] Und an anderer Stelle: »Wenn der richtige Wirbelwind einmal losbricht, wird man erst merken, in welchem Maße in dem sozialen Gebäude der Schwamm sich angesetzt hat.«[264] Annähernd zur gleichen Zeit gab Jordan von Kröcher(-Vinzelberg/Altmark)[265] in einem Brief an seine Cousine Editha von Wedel(-Pielsdorf) sein scharfes Urteil über die »Lage« bekannt: »Wir gehen dem großen Kladderadatsch mit Riesenschritten und in unglaublicher Verblendung der regierenden Kreise entgegen. Man kann wirklich kaum noch einen anderen Wunsch haben als den, wie ein anständiger Mensch zu Grunde zu gehen.« Kröcher, altmärkischer Ritterschaftsdirektor

263 *R. Vierhaus* (Hrsg.), Das Tagebuch der Baron Spitzemberg, 1963, S. 547 (26. 9.); »Ventil«: S. 501; Marineleute, die einen »frischen, fröhlichen Krieg« herbeisehnen: S. 560.
264 Ebenda, S. 506.
265 Zitiert nach: *W. Görlitz,* Die Junker, 1957, S. 317f.

und Präsident des Preußischen Abgeordnetenhauses, mußte es wissen. Auf seine Art gewiß. Dem Altpreußen galt der Wilhelminismus als Ausdruck einer »Epigonenzeit«. Sie würde böse enden wie jeder »Aufstand der Massen« noch in der Geschichte. Die Welt der Sozialdemokraten blieb ihm wie vielen seinesgleichen fremd. Der Endzeitstimmung vermochten sich nur wenige zu entziehen. Der Krieg, so wußte man in dieser Schicht der christlich-konservativen Preußen, würde nicht nur allen Glanz auslöschen, die Familien zerstören, die Güter verwüsten, er würde auch eine soziale Revolution für Europa bringen, während die Regimenter und Heere, die Seeflotten und Luftflotten der immer noch von Aristokratien mitgeprägten großen Monarchien und Republiken Europas unter den flatternden Fahnen eines besinnungslos gewordenen Nationalismus aufeinanderprallten und verbluteten.

Kriegsverluste

Auf die Mobilmachung Rußlands (30. August) folgte am 1. September unvermeidlich die allgemeine Mobilmachung Deutschlands.[266] Die Reservisten eilten zu den Fahnen, an die Fronten und Kampfstätten in Europa und Übersee (Deutsch-Südwestafrika). Siebenundvierzig Dewitze, überwiegend Offiziere, dienten 1914–1918 im preußischen Heer, in der kaiserlichen Marine und in der Luftwaffe. Dreizehn von ihnen fielen vor dem Feind oder starben kriegsbedingt.[267] Der preußische Adel der Ostprovinzen erlitt die höchsten Verluste: Es fielen im Ersten Weltkrieg von den »klassischen« Familien des ost- und mitteldeutschen Adels 33 Bülow, 26 Arnim, 24 Wedel, je 22 Wangenheim und Oertzen, 21 Puttkamer, 19 Schwerin, 18 Prittwitz, 16 Knobelsdorff, 14 Borkke, 13 Dewitz, 12 Osten, 12 Maltzan, 11 Winterfeldt, 10 Schulenburg, je 9 Below, Marwitz, Kameke und Zitzewitz, je 8 Massow, Alvensleben und Schlieffen und je 7 Bredow, Dohna und Stülpnagel. Die Aufstellung zeigt, wie stark der hinterpommersche Adel unverändert im preußischen Heer vertreten gewesen ist. Es war eine königsverläßliche Elite, die 1919 so ausgeblutet war wie nie zuvor.[268]

Von den Dewitz-Soldaten kehrte fast jeder dritte nicht in die Heimat zurück. Die Überlebenden stiegen wiederum zu hohen Rängen auf. Fünf von ihnen aus der älteren Generation dienten als Generalmajore und Generalleutnante während des Krieges.

266 Die Phasen der Mobilmachung und der Grenzschutzmaßnahmen im Osten (Thorn, Oberst Louis v. Dewitz) gut ablesbar in: Kriegsgeschichte des königlich preußischen Infanterie-Regiments von Borcke (4. Pomm.) Nr. 21, 1930, S. 35ff.

267 *G. v. Dewitz,* Geschichte der Familie v. Dewitz, Nachtrag, 1933, S. 5ff.

268 *W. Görlitz,* Die Junker, 1957, S. 319. Dort auch der Hinweis, daß der Anteil des »Ostadels« an der Generalität ca. 40 v. H. betragen habe.

Lutz von Dewitz (1857–1939), aus der Generals-Familie Wussow-Farbezin hervorgegangen, kämpfte sogleich unter Hindenburg als nunmehriger Kommandeur der 71. Infanterie-Brigade an der Befreiung Ostpreußens mit. Seit 1917 im Ruhestand, behielt er einen soldatenhaft-unverwüstlichen Optimismus; nie dürfe man sich in schweren Zeiten »unterkriegen lassen«. Weihnachten 1930 schrieb er, mit deutlichem Stolz, seiner jungen Tochter Margarethe: »Zage nie! Mein Vater erreichte mit 37 Dienstjahren nur den Obristleutnant; von uns drei Brüdern wurden drei Preußische [!] Generale, jeder nach über vierzigjähriger Dienstzeit, in zäher Pflichttreue und gewissenhafter Ausdauer! Zuverlässigkeit ist wertvoller als ›Glück‹, das scheinbar fördert, aber wie Strohfeuer nie andauert. Bleib' Dir selbst treu, dann wandle in Ruhe Deine Bahn.«[269] In Kürze erscheinen hier »preußische Tugenden« als Kern eines Offiziersethos, das auch der Umbruch des Ersten Weltkrieges und der Sturz der Monarchie nicht zu zerstören vermochte. Seine Brüder Roderich (1854–1935) und Curt (1850–1916) traten im Krieg trotz ihres hohen Ranges aus Altersgründen nicht hervor. Dagegen hat Max von Dewitz(-Maldewin) sich als Chef des Festungspionierwesens und als Militärschriftsteller einen Namen gemacht. Er starb ohne männliche Nachkommen 1920.

Der herausragende Dewitz dieser Zeit aber war Curt von Dewitz (aus der kinderreichen Linie Maldewin-Sophienhof, 1871–1929), in Enkeln und Urenkeln fortlebend.[270] Er erhielt in Frankreich im Frühjahr 1918 für seine ungewöhnlichen Leistungen als Artillerie-Major den Orden Pour le mérite. 1919 wurde er in die Reichswehr übernommen und hatte dort zuletzt das Artilleriewesen des Heeres unter sich (1928/Inspekteur). Er galt als hervorragender Soldat, dem eine harte Jugend und ein nach außen eher schroffer Charakter die Fähigkeit der Selbstbehauptung in gefahrvollen Lagen mitgegeben hatte. Bei Kriegsende 1918/19 gehörte er denn auch zu jenen, auf die der Staat noch zählen konnte, die nicht die Nerven verloren, vielmehr – nun im westpreußischen Vorfeld Pommerns – den Widerstand gegen vordringende Aufständische aus Polen im Umkreis von Bromberg organisierten. Das tat er in Zusammenarbeit mit deutschen Sozialdemokraten und national gesinnten Matrosen der Arbeiter- und Soldaten-Räte. Er vermochte, fernab von jedem unzeitgemäßen aristokratischen Ton, den einfachen Mann in dessen Sprache klar und kraftvoll anzusprechen. 1929, nachdem er im Januar wegen drohender Erblindung aus dem Dienst geschieden war, starb er verhältnismäßig früh (2. April). Er liegt auf dem Berliner Invalidenfriedhof, dessen Gräber noch heute trotz der Mauer-Grenze sichtbar sind. Ein großes Ehrenbegräbnis mit „Leichenparade" wurde ihm zuteil. Ein demonstrativer Akt der Reichswehr-

269 Archiv von Dewitz.

270 Nachruf im Militärwochenblatt. Pour le mérite 16. 4. 1918. Seine Tochter Ilse heiratete 1932 Hans Albrecht Graf v. Roon, einen Enkel des preußischen Kriegsministers.

führung, nachdem man seit den düsteren Jahren 1918/19 darauf verzichtet hatte, neben dem Scharnhorst-Grab die Generalität zu ehren.

Die Dewitze der jungen Generation zogen mit hunderttausenden, bald Millionen Soldaten in einen Krieg, den sie überwiegend für gerecht und aufgezwungen hielten und dessen letzte Ursachen und katastrophale Folgen nur wenige voraussahen. So kämpfte und fiel man nach Reglement und Tradition, dem Vorgang der Väter und Großväter folgend. Denn die Kriege von 1813/15 und 1870/71 waren noch gegenwärtig.

Leopold von Dewitz(-Meesow, 1891–1914) fiel bei Cambrai bereits am 28. August 1914 als Leutnant im Grenadier-Regiment König Friedrich Wilhelm IV. (1. Pommersches) Nr. 2 (dem »Dewitz-Regiment«) beim Sturm auf ein Dorf: »Wir arbeiteten uns sprungweise auf 500 Meter heran, die 1. Kompanie am rechten Flügel ist am weitesten vor, an ihrer Spitze Leutnant von Dewitz. Gerade und aufrecht gehend, wie auf dem Kasernenhofe, führt er seinen Zug durch eine kleine Wiese. Er will einen Koppeldraht übersteigen, da trifft ihn das feindliche Geschoß (ins Herz). Nicht einen Augenblick stutzt der Zug, erbittert dringt er an den Dorfrand vor und versperrt den Franzosen den Ausweg.« Der Kompaniechef schrieb kurz darauf den Eltern: »Er starb ohne Kampf, mit einem tiefen Seufzer, den schönsten Heldentod.« Und sein Bruder Wilhelm, der noch den Zweiten Weltkrieg erleben sollte († 1952), berichtete den Eltern: »Ich habe ihn einige Male im Häuserkampf erlebt. Mit rücksichtsloser Tapferkeit und Energie ging er seinen Leuten voran, setzte sein Leben ein, und war dadurch der Liebling der ganzen Kompanie. Er teilte alles mit seinen Leuten. Zwei Stunden vor seinem Tode sah ich ihn auf dem Marsch. Ich ritt noch längere Zeit neben ihm. Er überreichte mir zum Schluß noch eine große Weintraube.«[271]

Monat für Monat trafen nun die Todesnachrichten in den Häusern der Familie ein. Mit einer heute kaum verständlichen Selbstgewißheit gingen die Offiziere mit ihren Regimentern ins Feuer nunmehr hochmoderner Waffensysteme. 1914 wurde gleichwohl taktisch an vielen Orten noch so gekämpft, wie man es 1870 erlebt hatte. Reservisten-Regimenter wurden gegen englische Berufssoldaten eingesetzt, unzulänglich Ausgebildete zum Sturm auf betonierte Festungswerke befohlen. Der preußische Offizier sah sich an seinen Ehrenkodex gebunden. Wer sich dem Kampf entzog, verlor in der Regel »Elternhaus, Geld, Freunde und die Möglichkeit zu heiraten.«[272] Grundsätze dieser Art galten für die Militäraristokratien aller am Weltkrieg beteiligten Mächte. Auf preußischer Seite hatte der eigenwillige Prinz Friedrich Karl schon nach 1871 die besondere Stellung des Offiziers prägnant umrissen: »Die Ehre des

271 *G. v. Dewitz,* Geschichte der Familie v. Dewitz, Nachtrag, 1933, S. 7.

272 So auch *A. Sinclair* in seinem teilweise problematischen, jedoch anregenden Überblick: Aristokraten im 20. Jahrhundert, 1969, S. 621.

preußischen Offiziers ist die zur höchsten Potenz erhobene Ehre. Ihrer Macht und ihrem Diktat kann sich kein Prinz und kein König entziehen. Sie steht höher als sie, obwohl sich nicht alle dieser Tatsache bewußt sein mögen. Der Mann von Ehre führt Befehle bereitwillig aus und bedarf keiner sichtbaren Bestrafung. Die Ehre allein ist sein Aufseher. Das Gewissen sein Richter und sein Lohn. Er dient nicht um der Löhnung oder eines Ehrenzeichens willen. Ehrenzeichen oder Orden schmeicheln ihm, doch das Verdienst, das er sich in seinen und in den Augen seiner Kameraden erworben hat, bleibt davon unberührt. Der preußische Offizier von heute ist immer noch davon überzeugt, daß er nicht mehr tun kann als seine Pflicht.«[273] Die Frage war nur, wieweit diese dem Offizierskorps im Jahre 1914 noch geläufigen Grundgedanken zeitgemäß waren und ob sie von den Mannschaften im alle Unterschiede aufhebenden Stellungskrieg auf die Dauer hingenommen werden würden. Denn der Tod im Felde ließ keine Unterschiede zu.

In der Schlacht bei Tannenberg fiel Otto von Dewitz(-Wussow), der einzige Sohn des Generalmajors (28. 8. 1914). Er starb im Sturmangriff, als der Ring um die Russenarmee von Westen geschlossen wurde. In Dröbnitz (Kreis Osterode) wurde er mit mehreren Offizieren in einem Grabe beigesetzt.[274] Werner von Dewitz-Krebs (1877–1914), Sohn des in der Armee wegen seines Kriegsschicksals bekannten Oberstleutnants und Vater von vier Kindern,[275] zog als Hauptmann der Reserve beim 3. Garderegiment zu Fuß (Berlin) ins Feld. Er fiel, als die 1. Gardedivision ohne Artillerie-Unterstützung vor Reims von Festungsbatterien zusammengeschossen wurde. »Am 26. 9. 14 war Dewitz mit vorbildlichem Schneid im starken feindlichen Feuer seinen Leuten zu Fuß vorausgeeilt und erreichte als einer der ersten den Kanal. In dieser Stellung kam Leutnant von Gersdorff ganz in seiner Nähe zu liegen. Er sah, wie sich Dewitz zeitweise dem Feuer aussetzte, um sich einerseits über die Lage zu informieren, andererseits durch Unerschrockenheit auf die Mannschaft einen günstigen Einfluß auszuüben. Als Gersdorff bat, doch nicht aus der Deckung zu gehen, meinte Dewitz, ›so ängstlich ist es wohl nicht!‹ Bald darauf erhielt er einen Gewehrschuß, der vorn am Kopf hinein und hinten durch den Umhangkragen herausging und ihn sofort tötete.« Wenig später trifft im Hause Meesow die Nachricht ein, daß Friedrich Wilhelm von Dewitz (geb. 1893) als Fahnenjunker beim Frontalkampf um den Kemmelberg bei Ypern sein Leben verlor. Er gehörte zu den Sensitiven und spürte das Lebensende nahen, nachdem bereits sein Bruder in französischer Erde gebettet worden war.[276] Das Foto zeigt den Ausmarschbereiten mit einem Gesichtsausdruck, der den Ernst des Wissens verrät.

273 Ebenda, S. 54.
274 *G. v. Dewitz,* Geschichte der Familie v. Dewitz, Nachtrag, 1933, S. 8–10.
275 Ebenda, S. 11–15.
276 Ebenda, S. 16–19.

Es ist eine Legende, daß die Truppen im Kriegsjubel den Fronten entgegengefahren sind. In kleineren Orten war stilles Gefaßtsein die vorherrschende Stimmung.[277] Die Elite wußte, was sie in den »Stahlgewittern« erwartete, oder sie hat es bald erfahren müssen. Der Abschiedsbrief des Meesowers an die Eltern enthält den Satz: »Ich muß jetzt vom Persönlichen und Körperlichen absehen, ich muß mich innerlich heiligen für den bevorstehenden Kampf. Ich habe mich durchgerungen für das Opfer.« Und sein Bruder Wilhelm, als Älterer Bataillonsadjutant im gleichen pommerschen Grenadierregiment (Nr. 2), schrieb etwas später: »Als Fahnenjunker ... hat er in der Kompanie seines gefallenen Bruders schon nach kurzer Zeit die Liebe und Anerkennung seiner Vorgesetzten und Kameraden erworben. Mehrfach meldete er sich zum Patrouillengang und hat hier Gutes geleistet. Er hatte, wenn ich ihn besuchte, jedoch stets das Gefühl, daß er seinem gefallenen Bruder bald nachfolgen würde. Vier Tage vor seinem Tode reichte ich ihm zum letzten Mal die Hand. Er wurde zuerst verwundet und beim Zurückkriechen erhielt er die zweite, tödliche Kugel.«

Von den bitteren Verlusten blieb kaum eine Familie verschont. Helmuth von Dewitz(-Wussow), ein kühner Kavallerie-Leutnant, als verwegener Kämpfer bereits bewährt, fiel – aufrecht dem Feind entgegengehend – im Grenzschutz bei Ortelsburg.[278] Sein Bruder August starb wenig später bei Warschau an den Folgen eines militärischen Unglücksfalles. Ulrich von Dewitz-Krebs (1897–1915) wurde beim Sturm auf dichtbesetzte französische Gräben hingestreckt. Das Leben von Hans-Joachim von Dewitz-Krebs (1888–1915) erlosch bei Lemberg, nachdem ihn eine Schrapnellkugel durchbohrt hatte.

Nur wenige Dewitze haben im Laufe der Jahrhunderte ein engeres, durch Studium gefestigtes Verhältnis zur Theologie gefunden. Walter von Dewitz(-Weitenhagen-Niesky) hatte Theologie studiert. Er fiel am 15. Dezember 1916 bei Verdun im Nahkampf, als das Grenadierregiment Graf Kleist von Nollendorf innerhalb weniger Stunden überrannt und aufgerieben wurde. Er hatte die Zweite Theologische Prüfung abgelegt und versprach aus seinem ganzen Denken und Fühlen heraus ein tatkräftiger Theologe zu werden: »Ich bin ein Mensch, der von Natur mit beiden Füßen fest auf dieser Erde steht, dessen ganzes Denken, Fühlen und Wollen auf das Praktische und das wirkliche Leben gerichtet ist. Darum liegt mir auch Philosophie himmelweit entfernt;

277 *E. Heuß-Knapp,* Bürgerin zweier Welten. Ein Leben in Briefen und Aufzeichnungen, 1961, S. 146. – *F. Ernst,* Die Deutschen und ihre jüngste Geschichte, 2. Aufl., 1963, S. 32 ff.

278 *G. v. Dewitz,* Geschichte der Familie v. Dewitz, Nachtrag, 1933, S. 20–24. Das »Ungebeugt-dem-Feind-Entgegengehen« als Ausdruck der Furcht vor der Furcht ist zeittypisch und vielfach bezeugt.

Philosophie muß ich mir direkt anquälen, und ich bin froh, daß ich mich bisher nur wenig damit zu beschäftigen brauchte.«[279]

Zwei Dewitze starben schließlich noch kurz vor Kriegsende, beide hochbegabt und viele Hoffnungen erweckend. Ulrich von Dewitz-Krebs (1878–1918) hatte den Beruf des Generalstabsoffiziers gewählt, arbeitete während des Krieges wiederholt als Führungsgehilfe und rechte Hand des Generals Groener, wurde 1914 in Flandern schwer verwundet; im Sommer 1918 führte er in Kiew die mit soviel Erwartungen befrachteten Verhandlungen über die Beteiligung der Ukraine mit ihren Kornkammern am Kriege. Er erlag bei seinen rastlosen Reisen einer epidemischen Grippe, die damals auf der Krim und in der Südukraine umging und die bald darauf in Mittel- und Westeuropa Hunderttausende entkräfteter Menschen dahinraffen sollte. Ulrichs Charakter wurde mehr als üblich gerühmt. Die Beisetzung in Weitenhagen gestaltete sich trotz der nunmehr erkennbar verzweifelten Lage des Krieges zu einem großen Trauerakt, dem auch General Groener beiwohnte. Jener Groener, der wenige Wochen später zu einer der Schicksalsgestalten Deutschlands werden sollte, als er im Hauptquartier im belgischen Kurort Spa den Kaiser zu der nur als Flucht zu verstehenden Ausreise nach Holland nötigte. Nach dem Tode Ulrichs (22. September) schrieb einer seiner jüngeren Offiziere: »Ich habe unendlich viel an dem Verstorbenen verloren; dabei denke ich nicht in erster Linie an Dienst und Pflicht, an seine Art zu arbeiten, die ja die Art und den Stil eines der großen Führer und Leiter hatte, sondern denke an ihn als Menschen, den guten und reinen Menschen, von dem auf alle, die um ihn waren, ein edler, stärkender, bessernder Einfluß ausging. Zwei Tage vor seinem Tode sagte er mir: Es könnte geschehen, daß ich meine Mutter nicht wiedersehe. Sagen Sie ihr, daß alle meine Gedanken bei ihr sind. Sie soll stark sein – ich bin in guter Hut.«[280]

Werners und Ulrichs Vetter Bogislaw von Dewitz-Krebs (1893–1918) war der letzte aus der Gesamtfamilie, über den die Nachricht eintraf, daß er nicht heimkehren würde. Er, als Kadett von vornherein für den Offiziersberuf geprägt, hatte an fast allen Fronten mit einem geradezu eisernen Willen gekämpft. Im 21. Regiment von Borcke befehligte er eine der im Rückzugsgefecht entscheidend wichtigen Maschinengewehr-Abteilungen. Im September 1918 erhielt er, immer noch Leutnant, das Ritterkreuz des Kgl. Hausordens von Hohenzollern mit Schwertern, die Eingangsstufe zum Orden Pour le mérite. Eine Woche vor Kriegsende dann traf den als unverwundbar Geltenden eine Scharfschützenkugel, als er seine Leute an den Maschinenwaffen in vorderster Linie aufsuchte und den nachdrängenden Feind beobachtete. Plötzlich fiel er zurück mit den Worten: »Ich bin schwer verwundet. Wenn ich sterben

279 Ebenda, S. 36–39.
280 Ebenda, S. 40–42.

muß, dann grüßen Sie meine Mutter.« Die Kameraden drückten bei Sonnenaufgang dem bewußtlos Gewordenen die Augen zu, und am Tage darauf ist ihm in Chevennes ein Regimentsbegräbnis zuteil geworden. Die Regimentsgeschichte rühmt nicht ohne Grund neben der vornehmen Gesinnung das kameradschaftliche Empfinden, den Mangel an Überheblichkeit und den freundlichen und persönlichen Ton gegenüber Kameraden und Untergebenen.[281]

Fall der Könige – Sturz des Adels

Es folgte der Waffenstillstand, der trotz der Stellung der Truppen weit in Feindesland unvermeidlich geworden war. Immer noch kämpfend zogen sich auch die pommerschen Grenadiere des 21. Regiments zurück. Am 11. November, um 12 Uhr mittags, kündigten französische Clairons und deutsche Leuchtraketen das Ende des Krieges, aber auch den Zusammenbruch althergebrachter Sozialordnungen an. Die alte Ordnung war in voller Auflösung begriffen, nicht nur in Deutschland und Österreich-Ungarn, auch in den meisten der übrigen Länder Europas. Und nicht nur die Lebensverhältnisse der älteren und jüngeren Aristokraten mit ihren Ausgangspositionen als grundbesitzender Landadel und den Sekundärpositionen im Heer und in der Staatsverwaltung waren davon betroffen. Man konnte den Eindruck haben, daß trotz der »Revolution« in Preußen-Deutschland ein Teil dieser Positionen auch weiterhin für den »Adel« und ihm sozial gleichgestellte bürgerliche Schichten reserviert blieb. Schwerer wog etwas anderes. In viereinhalb Jahren hatte sich vor den Augen derer, die in der beginnenden Zeitenwende scharf zu blicken vermochten, die Welt verändert. Alle jene Dewitz, Prittwitz, Arnim oder Puttkamer, die am 11. November den Schützengräben in Frankreich entstiegen, wurden gewahr, daß nunmehr bis in die Tiefe hinein vieles, wenn nicht alles anders geworden war. Und die Frage erhob sich für manchen, ob das von Dynasten und Regierungen diesseits und jenseits der Gräben geforderte Opfer nicht vergebens gewesen war, ob die Kampfes- und Wirtschaftsenergie der Deutschen aller Stände nicht sinnlos verpufft war und ob sie nicht besser den höheren Zielen einer besonnen und stetig betriebenen Staats- und Sozialreform hätte zugewendet werden können. Aber für Gedanken dieser Richtung war im Grunde kaum jemand vorbereitet, weder 1913/14 noch 1918/19, wie die unsicherschwankende Politik der preußischen Konservativen zeigt.[282] Der Rückblick auf den Krieg und seine Ergebnisse konnte in den demobilisierten Offizieren

281 Ebenda, S. 43–48. – Kriegsgeschichte des königlich preußischen Infanterie-Regiments von Borcke (4. Pomm.) Nr. 21, 1930, S. 583; das Bild der Beerdigung nach S. 593.

282 *F. W. v. Oertzen,* Junker, 1939, S. 313 ff. – Politik der Konservativen: *W. Görlitz,* Die Junker, 1957, S. 317 ff., 323, 325.

nur fatale Empfindungen auslösen, wenn sie sich mit kaltem Realismus umsahen:

1. Der Krieg hatte die Behauptung als Legende entlarvt, es bestände eine internationale Solidarität der Adelsschichten der europäischen Staaten. Tatsächlich triumphierte fast überall das Nationale. Wer kämpfte, tat es unter den Fahnen des Heimatlandes. Eine »Friedensfronde der Aristokratie« hat es trotz vereinzelter Verbindungen nicht gegeben. Verständigungsversuche unter den Dynastien blieben wirkungslos.

2. Ein weiteres Ergebnis des Krieges bestand darin, daß in Deutschland und anderswo die Teilhabe der aristokratisch geprägten Schichten an den eigentlichen Zentren politischer Macht rapide verkürzt worden war. Der Sturz der Monarchien ist dafür ein wesentlicher, jedoch nicht der einzige auslösende Faktor gewesen. Parteipolitiker, Generäle verschiedenster Herkunft und politische Propagandisten sowie Wirtschaftsfachleute trugen fortan die Verantwortung.

3. Das Offizierskorps mit seinem bei Kriegsausbruch hohen Bestandteil an Adligen geriet mit dem verlorenen Krieg wie selbstverständlich in einen Anklagezustand, der nur langsam überwunden werden konnte. Der Zusammenbruch 1918 hat auch etwas damit zu tun, daß sich das Offizierskorps in Heer und Marine nicht rechtzeitig auf neue Verhaltensformen, wie sie dem demokratischen Zeitalter nun einmal angemessen sind, umstellen konnte. Es gibt genug Beispiele dafür, daß Angehörige des Offizierskorps Verhaltensformen der Aristokratie aus Friedenszeiten auch dann noch beibehalten haben, als sich Offiziere und Mannschaften im Schützengrabenkrieg in einer bitteren »Demokratie des Sterbens« zusammengefunden hatten. Das Buch »Im Westen nichts Neues« von Remarque beschreibt Erscheinungen, die auch sonst belegt sind – vom Kronprinzen bis zu parasitären Existenzen in der Etappe. So wie es nur gänzlich verspätet zur Aufhebung des Dreiklassenwahlrechtes in Preußen gekommen ist, so ist auch die scharfe Trennung von Offizieren und Mannschaften »am Strand und in der Kirche, beim Friseur und im Theater, auf Toiletten und in Bordellen« nicht rechtzeitig aufgehoben worden.[283] Die Feindseligkeit gegen das Offizierskorps war immerhin 1917 so verbreitet, daß die Oberste Heeresleitung den Offizieren eine Aufforderung zusenden mußte, sich eines demokratischeren Verhaltens zu befleißigen. Ludendorffs Warnungen, denen keine Exekutionen folgten, sind nicht hinreichend beachtet worden. Der Adelshaß, der 1918 bis 1921 in dem ausgehungerten und verarmten Deutschland weiter als je zuvor verbreitet war, hat auch etwas mit diesen Vorgängen während des Krieges zu tun. Da nutzte es im Einzelfall wenig, wenn die genauere Betrachtung Familie für Familie ein anderes Bild ergab, insbesondere beim einfachen Landadel, wenn deutlich wurde, wie sehr die klassischen

283 *A. Sinclair,* Aristokraten im 20. Jahrhundert, 1969, S. 70.

Soldatenfamilien Preußens Blut und Besitz, Gesundheit und Vermögen geopfert hatten.

4. Der soziale Aufruhr in Europa seit 1917 nahm um so krassere Züge an, je weiter man nach Osten blickte. Die russische Revolution begann sich trotz der verzweifelten Rußlandpolitik der Obersten Heeresleitung im östlichen Mitteleuropa auszubreiten, und in wenigen Monaten sind jahrhundertealte Besitzstände und Traditionen eingeebnet und blutig zerstört worden. Die baltischen Provinzen, denen die Meesower Linie seit 1907 (Daisy Baronin von Buxhoeveden) verbunden war, sahen sich als erste dem Bolschewismus ausgesetzt. Die preußischen Ostprovinzen waren nun unmittelbar gefährdet. Die Flüchtlinge aus Rußland und Teilen Polens und die von den Kämpfen im Baltikum zurückkehrenden Truppen berichteten in Ostpreußen und Pommern, was gegebenenfalls zu erwarten war. Und was – am Ende des Zweiten Weltkrieges – mit einer geringen Verzögerung dann auch eingetreten ist. Es ist Leo Trotzki gewesen, der bedeutende kriegsrevolutionäre Kopf neben Lenin, der den Standort der Adelsfrage im nunmehr mit aller Schärfe anhebenden revolutionären Klassenkampf bezeichnet hat: »Der Adel erblickt den Grund für sein Mißgeschick in der Tatsache, daß die Monarchie blind ist oder den Verstand verloren hat. Die privilegierte Kaste will nicht glauben, daß es ganz einfach keine Politik gibt, die die alte mit der neuen Gesellschaft aussöhnen könnte. Anders ausgedrückt: Der Adel kann sich mit seinem Untergang nicht abfinden und wandelt seine tödliche Ermattung zu Opposition gegen die heiligste Macht des Ancien régime, die Monarchie. Die Schärfe und Unverantwortlichkeit der aristokratischen Opposition erklärt sich aus der Tatsache, daß die Geschichte verhätschelte Kinder aus den Angehörigen des Hochadels gemacht hat, und aus ihrer Unfähigkeit, angesichts der Revolution ihre eigenen Ängste zu ertragen. Der plan- und zusammenhanglose Charakter des adligen Mißvergnügens ist in dem Umstand begründet, daß es die Opposition einer Klasse darstellt, die keine Zukunft mehr hat. Doch wie eine erlöschende Lampe noch einmal mit hellem wenngleich rauchigem Schein aufflackert, so leuchtet auch der Adel vor seinem Untergang mit oppositioneller Grelle auf und erweist damit seinem Todfeind einen wertvollen Dienst.«[284]

So klang das damals als Analyse eines Revolutionärs von Rang. Aber die Grundfragen waren angesprochen. Die Zeichen an der Wand leuchteten mehr als einmal auf.

5. Wo immer sich im Sommer 1919 drei pommersche Junker mit klarem Kopf trafen und die Lage erörterten, sie mußten zu dem Ergebnis kommen, daß nunmehr die letzten ins Nachmittelalter hinübergeretteten Positionen der grundbesitzenden Herrenschicht Mittel- und Osteuropas akut gefährdet, wenn nicht schon verloren waren. Ein Prozeß der Depossedierung und politischen

284 *L. Trotzki,* Geschichte der russischen Revolution.

Entmachtung war in sein Endstadium getreten, der – wie wir hörten – im Grunde bereits mit dem Aufstieg des frühmodernen Staates im späten 16. Jahrhundert begonnen hatte und der trotz retardierender Ereignisse nie ganz aufgehalten werden konnte. Seit 1789 war es klar, wohin die Fahrt gehen würde: ins republikanisch-demokratische Zeitalter. Erkennbar war auch, daß ungeachtet des Fortbestandes und der Regeneration von Adelsfamilien und einiger Dynastien die Ahnentafeln bei der Verteilung der Macht in Europa keine erhebliche Rolle mehr spielen würde. Im übrigen haben die hohen blutigen Verluste im Kriege es verhindert oder doch erheblich behindert, daß die älteren Eliten sich auf den legalen Wegen der Demokratie noch einmal en bloc etablieren konnten. Fällt die Dynastie, fällt der Adel mit. Aufs ganze gesehen ist es zutreffend, was ein englischer Autor formuliert hat: »Die Lehnsadligen, die als des Königs Kriegsmannen an die Macht gekommen waren, fielen als des Königs Kriegsmannen im letzten dynastischen Krieg.«[285]

Margarethe von Dewitz am Kaiserhof

Wilhelm II. verbrachte die Kriegsjahre in zunehmender Entrücktheit gegenüber Offizieren und Soldaten, die ihn als obersten Kriegsherrn immer seltener unmittelbar zu sehen bekamen. Die Befehlsgewalt gegenüber dem Heer entglitt ihm, sein Einfluß und Urteil in der Kriegführung blieben unzulänglich. Demzufolge verlor er auch von Monat zu Monat mehr das Zutrauen der Urteilsfähigen in den altbrandenburgischen, altpommerschen und altpreußischen Familien. Guten, wohlerwogenen politischen Ratschlägen widersetzte er sich insbesondere dann, wenn er sich in seiner höchst empfindlichen Persönlichkeit als Dynast verletzt oder in seinen Rechten geschmälert fühlte. Es fehlte weitgehend die Gelassenheit und der von historischen Dimensionen bestimmte Weitblick des Alters. Kritik in militärischen Fragen hatte er schon vor dem Kriege nur unwillig vernommen. Zwischen der Familie der Hohenzollern und den Dewitz hat es auch während des Krieges einige engere Berührungen gegeben, obschon die Welt des Hofes mit ihren vielfältigen, heute fast absurd wirkenden Sensibilitäten im Normalfall nichts Geeignetes war für einen freien Mann auf eigenem Grund und Boden oder die nun schon offener erzogenen

285 *A. Sinclair,* Aristokraten im 20. Jahrhundert, 1969, S. 73. – Schärfer noch *W. Görlitz,* Die Junker, 1957, S. 320: »Die ungeheuerlichen Blutopfer kosteten den ostelbischen Adel bei Licht besehen die zukunfttragende Generation. Das große Opfer blieb umsonst. Der Krieg wurde zur Revolution.« S. 322: »Das Heer ... wurde in der Esse des Stellungskrieges zum Volksheer ... der Kaiser wurde diesem Volksheer langsam unwirklich und gleichgültig. Das nach Millionen zählende mobilisierte Massenheer schwemmt jegliches Vorrecht des Adels hinweg, schon weil dieser der Kopfzahl nach viel zu schwach war, um noch den Großteil des Offizierskorps stellen zu können«.

Dewitz-Töchter eines Offiziershauses. So haben die Dewitze weder vor noch nach 1871 Palastdamen oder Hofmarschälle zu stellen vermocht. Hier erweisen sich die Erinnerungen der Margarethe (1888 bis 1981), Tochter des Generalleutnants Emmo von Dewitz, als eine interessante Quelle, durch die der beginnende Umbruch im gesellschaftlichen Denken einer Generation belegt wird.

Margarethe hat 1915 nach dem frühen Kriegstod ihres Mannes die Position der ersten Hofdame bei der leichtsinnigen und »lebenshungrigen« Prinzessin Joachim (a. d. H. Anhalt-Dessau) angenommen. Sie erhielt damit während der Kriegsjahre Gelegenheit, die kaiserliche Familie, das Leben im Potsdamer Stadtschloß, im Neuen Palais und vor allem die Kaiserin selbst in zunehmender Notlage genauer kennenzulernen. Ihr Urteil ist überwiegend günstig: »Oft kam die Kaiserin ins Stadtschloß zu ihrer (achtzehnjährigen) Schwiegertochter, und immer kam sie dann auch in meine Zimmer und plauderte mit mir. Sie erzählte viel aus den Jahren, wo ihre Kinder klein waren. Sie war eine wunderbare Landesmutter mit einem warmen Herzen für alle Nöte und von großem Pflichtgefühl, aber auch ganz stark als Mutter für die eigene Brut. Wehe, wenn irgendjemand Kritik an ihren Kindern übte! Dies war für die Umgebung manchmal eine schwere Aufgabe.« Die junge Frau von Baumbach bewegte sich in unhöfischer Unschuld im Kreis der steif-schweigsamen Potsdamer Hofdamen. Es ist bezeichnend für die geistige Stagnation im Hofadel, daß sie dort bald »als revolutionär denkend« galt, weil sie sich hin und wieder offenherzig über die tausend Äußerlichkeiten des Hoflebens zu äußern pflegte. Sie ließ sich von ihrer modern-bürgerlichen, sozialen Sicht und Handlungsweise nicht abbringen, da sie es gewöhnt war, »als Krankenschwester mit den Menschen aus jeder Volksschicht zu plaudern und an ihren Nöten und Freuden teilzuhaben: Selbst das Bedienenlassen durch die Jungfer, die mir das Frühstück ans Bett brachte, mich frisierte und die gewöhnt war, ihre Herrin von Kopf bis Fuß anzuziehen, mußte gelernt sein. Aber da man sich zig-mal am Tage umziehen mußte, meist in Eile, kam man ohne Jungfer nicht aus.« Hofdienst bedeute, so meint sie an anderer Stelle, »immer auf Glatteis gehen. Man sieht so manchen Fehler, den die Fürstlichkeiten ahnungslos in diesen schon kriselnden Kriegsjahren 1916 und 1917 begingen und der im Volk bös ausgelegt wurde.« Und: »Vielleicht war es falsch, daß man den Mund gehalten hatte.« Als Hofdame mußte sie 1916 dem Kaiser vorgestellt werden. Sie erinnerte sich der eigenartigen Kühle, die von ihm ausging und die auch von anderen, wie etwa von dem sensitiven und erinnerungsstarken Martin von Katte,[286] beobachtet worden ist: »Sein Blick hatte keine Wärme wie der der Kaiserin, und mich als junge

286 *Margarete Borner* (geb. v. Dewitz), Auszug aus den Erinnerungen an die Zeit bis zum Ende des 1. Weltkrieges. In: Mitt. d. Familie v. Dewitz 1978, S. 14–18. – *M. v. Katte,* Schwarz auf Weiß, 1987, S. 143. – *E. Jünger,* Siebzig verweht, Bd. 1, Stuttgart 1982, S. 399 (27. 2. 1968).

Frau sehr musternd, war dieser Blick mir unangenehm.« Der Winter 1916/17 und dann der »Steckrübenwinter« 1917/18 zeigten mit Deutlichkeit, wie prekär die Ernährungslage und die Energieversorgung Deutschlands bereits geworden waren, und dies auch und besonders in Berlin und Potsdam. Das Volk empfand neben aller radikalsozialistischen und dann spartakistischen Agitation die Klassengegensätze deutlicher, weil man es täglich bemerken konnte. Nur ein kleiner Teil der »herrschenden Kreise« erkannte die Gefahr und verhielt sich so, wie die Notlage Preußens und des Reiches es erforderte. An Hoftauffesten im Dom, wo die ganze Hofgesellschaft mit tiefem Hofknicks am Täufling vorbeidefilierte, an immer noch ausgelegten »roten Teppichen« auf Bahnhöfen für kaum der Minderjährigkeit entwachsene, reichlich oberflächliche kaiserliche Prinzessinnen, für Spazierfahrten der Potsdamer Hofschlitten mit »schönen Schabracken« hatte kaum jemand Verständnis, wo man bereits tagein, tagaus Steckrübengemüse und trockenes Brot aß und die Läden so gut wie leer waren. Die Masse der domestizierten Hofleute schwieg und verstrickte sich damit – wie überall an den Höfen – in Mitschuld am Sturz der Monarchie in Deutschland. Die junge Dewitz-Hofdame bemerkte freilich zwischen Schloß Lindstedt und dem Neuen See viele Fatalitäten: »Ich fand es aber schon falsch, daß der kronprinzliche Hof eine Meute großer Hunde besaß, die täglich enorme Rationen Fleisch verbrauchten; vielleicht nur Pferdefleisch, aber nach außen erregte es Unwillen in der Bevölkerung.« In Nowawes, dem Potsdamer Vorort mit starker Arbeiterbevölkerung, von Hofkutschen weisungsgemäß gemieden, wäre man damals allemal für die Produkte der Roßschlächter dankbar gewesen. Die Kaiserin suchte auf ihre Art dem Zeitenwandel zu entsprechen: »Die Kaiserin, die sicher davon (d. h. von dem Steckrübenwinter) unterrichtet war, bemühte sich, daran (an der Notzeit) teilzunehmen, und weigerte sich, morgens Butter auf das Brötchen zu nehmen. Ein Tropfen auf den heißen Stein, sprach aber für ihr warmes Mitempfinden, wo Sorge und Elend war. Sie liebte es auch nicht, wenn die Frauenwelt in ihrer Umgebung neue, elegante Toiletten zeigte.« – »Wenn wir im Neuen Palais bei der Kaiserin zur Tafel befohlen waren, spürte man auch dort die aufkommenden Sorgen. Wir wurden oft von der Kaiserin zu ihrer Vertretung in die Lazarette gesandt, um die Verwundeten zu besuchen.« – »Irgendeine ablehnende Haltung gegen die Fürstlichkeit habe ich 1917 nicht gespürt. ... Wäre man (aber) am Kaiserhof der Stimmung im Volke bewußter gewesen, hätte man in vielen Dingen klüger gehandelt. So muß für die Kaiserin 1918 die Haßwelle im Volk eine furchtbare Enttäuschung gewesen sein. Sie selbst hat mit warmem, gütigen Herzen im weitesten Bereich nur überall helfen wollen. Wären damals genügend Lebensmittel vorhanden gewesen, so hätte sich das Kriegsende in Potsdam wohl anders abgespielt.« Ja, wenn. Man bedenke, welche Energie Friedrich der Große, auf den sich Wilhelm II. zumindest kostümmäßig so gern berief, inmitten seiner Kriege auf Versorgungsfragen von Heer und Staatsbevölkerung verwandt hat, obschon er überdies sein eigener Feldherr, Finanzminister und Hofmarschall gewesen ist.

Es kam, wie es wohl kommen mußte. Die von den Fadenscheinigkeiten des Hoflebens enttäuschte »Hofdame« quittierte noch im Sommer 1918 ihren Dienst, nachdem sich die Eheprobleme des Prinzen Joachim als ebenso delikat wie unlösbar herausgestellt hatten.

Die Schwächen in der obersten Führungsschicht waren keine Einzelerscheinungen. Weite Teile der adligen und bürgerlichen Funktionsträger in Haupt- und Residenzstädten waren spätestens im Jahre 1918 von einer fast epidemischen Apathie und Hilflosigkeit erfaßt. Das ist von vielen Chronisten beobachtet worden.[287] Soweit es sich erkennen läßt, erwies sich eine Mehrzahl der Angehörigen des Hauses Dewitz in den kritischen Situationen der Jahre 1918/19 als ziemlich widerstandsfähig und als in einem positiven Sinne anpassungsfähig. Aber die gesamte Stimmung ging auch in Potsdam seit dem Frühjahr 1918 dahin, daß man fast überall das Ende des Krieges, so oder so, herbeizusehnen begann. Der Boden für einen scharfen politischen Umschwung war in Berlin-Potsdam auch von jenen vorbereitet worden, die ihn am meisten zu fürchten hatten. Insoweit wiederholen sich die Grundfiguren politischer Umbrüche unabhängig von obsolet gewordenen Ideologien und den tatsächlichen oder vorgeschützten sozialen Standorten.

287 *G. Heinrich,* Geschichte Preußens, 1981, S. 459–461.

Neuntes Kapitel Selbstbehauptung und Umbruch zwischen den Kriegen: Landadel, Offiziersadel und Beamtenadel in der bürgerlichen Gesellschaft der Weimarer Republik und des Hitler-Staates

Landleben auf Krumbeck

Seit 1905 war Krumbeck, am Rande der Feldberger Seenplatte und weithin umgeben von fast unendlichen Buchen- und Kiefernwäldern, der Mittelpunkt der alten Groß Miltzower Linie. Sie drohte jedoch auszusterben. Aus der Ehe des Bismarck-Freundes Ulrich Otto waren nur zwei Kinder zu ihren Jahren gekommen. Der Erbe Ulrich Otto (III.) von Dewitz-Groß Miltzow soll aus Liebe zu seiner acht Jahre jüngeren Schwester Ursula, die ihm von früh an in allen Lebens- und Wirtschaftsfragen zur Hand gegangen war, darauf verzichtet haben zu heiraten. Pferdezucht, die Jagd und Modernisierungen in der Landwirtschaft beherrschten sein Denken. Am Krieg nahm er nicht teil. Als er 1921 im fernen Meran gestorben war, stand für den Fideikommiß Krumbeck die Erbfrage auf der Tagesordnung. In Sichtweite des Herrenhauses auf der unverändert mit einzigartigen Bäumen nordamerikanischen Ursprungs bestandenen »Insel« ließ seine Schwester aus behauenen Graniten ein kleines Mausoleum errichten, mit Gruft, oberirdischer Gedenktafel und Sitzbank. In der Kammer wünschte sie selbst dann ebenfalls zu ruhen. Nachkommen waren ihr nicht beschieden.[288]

1921 also begann in Krumbeck die Zeit der alleinigen Wirtschaftsführung und – wenn man so will – des Regiments des »Fräulein von Dewitz«, wie sie noch heute von Alteingesessenen respektvoll genannt wird. Und der Ort erlebte eine Blütezeit seiner adligen Grund- und Gutsherrschaft. Straff, klug und weitblickend, aber auch vor Schärfen nicht zurückschreckend, führte sie den Betrieb. Nach dem Urteil des Grafen Karl Ludwig von Berg (1907–1985), der seit 1935 nicht selten die Aufgaben eines »Hofmarschalls« in Krumbeck erfüllte und 1946 von seiner Tante adoptiert worden ist, war die hochgewachsene und von Jugend auf durch Jagdreiten körperlich gut trainierte »Tante Ursula« (1864–1950) »von einer imponierenden Grandezza«. Sie konnte alles, wußte alles, war hochgebildet, sehr musikalisch, humorvoll, sehr interessiert in Kunst und Wissenschaft. Dabei ausgestattet mit einem unglaublich praktischen Sinn«. Die Zeugnisse anderer bestätigen dieses Urteil.[289] Ihren unverwechselbaren gesellschaftlichen Schliff hatte sie in der Jugend als Hofdame in

288 Das Folgende nach geretteten Unterlagen des Krumbecker Archivs (= FA) und eigenen Forschungen.
289 Brief des Grafen von Berg-Dewitz (Mai 1978).

Neustrelitz erhalten. Die für sie von den Eltern vorsichtshalber erworbene Anwartschaft auf eine Stelle als Konventualin im angesehenen Kloster Dobbertin dürfte sie nicht sonderlich entzückt haben. Mit dreißig Jahren galt sie ringsum als ein ziemlich »wildes« Mädchen, eigenständig, sportlich, gebildet, emanzipiert im Rahmen einer offener werdenden Gesellschaft, die solche Entwicklungen durchaus zuließ, wenn nur Kraft und Intellekt vorhanden waren. Was sie erreichen wollte, das setzte sie durch, obschon andere hinter ihrem Rücken zischelten und tuschelten, Verwandtschaft oder Nachbarschaft. So gelang es ihr auch, die neue Regierung in Neustrelitz, zumal den ihr befreundeten Minister von Reibnitz (SPD), 1921 dahin zu bewegen, daß in einem (ohnehin notwendig gewordenen) Gesetz über die Fideikommisse[290] die weibliche Erbfolge in einer auch für Krumbeck termingerechten Weise geregelt wurde (»Lex Ursula«). Sie konnte mithin in das ungeschmälerte Erbe ihres Bruders eintreten und darüber frei verfügen. Zeitweise dachte sie wohl, für die Zeit nach ihrem Tode, an eine Stiftung zu Gunsten oder unter Aufsicht des Freistaates Mecklenburg-Strelitz.

Bis 1945 war Krumbeck eine Stätte geordneter Gastlichkeit und qualifizierter Begegnungen, wo auch kulturell-politische Informationen ausgetauscht wurden. Das Gästebuch scheint vorerst verloren zu sein. Aber auch ohnedem ist bekannt, daß Angehörige des Hauses Hohenzollern, vor allem die Kronprinzessin Cecilie (1886–1954), häufiger einkehrten. Zum Freundeskreis der Gutsherrin gehörten vor allem die Politikerin und führende Persönlichkeit der bürgerlichen Frauenbewegung Katharina von Kardorff (1879–1962), deren Tochter, die ebenso geist- wie reizvolle Ärztin Maria Daelen, dazu Wilhelm Furtwängler, der sich später in zweiter Ehe (1943) mit Elisabeth Albert, einer Halbschwester Maria Daelens aus zweiter Ehe ihrer Mutter, verheiratet hat. Die engverbundene Freundschafts- und Verwandtschaftsgruppe Kardorff-Daelen-Furtwängler wurde erweitert durch einige Reichswehr- und Wehrmachtsoffiziere, die sich für nationalliberale Reformpositionen ebenso interessiert zeigten wie für Forstwirtschaft und Waidwerk.

Die Krumbecker Jagden zählten seit 1889, als die Geschwister Dewitz Krumbeck nach dem Tode der Mutter allein »regierten« und auch zeitweise dort wohnten, zu den bedeutenden waidmännischen Ereignissen im südlichen Stargarder Land und in der nördlichen Uckermark. Man ist versucht, Krumbeck als ein »Jagdgut« zu bezeichnen. Fast alles drehte sich um Forst und Wild, um die Voraussetzungen der Jagd und um Zubehör: von den Jagdbeteiligten über Waffen bis zu den auf den Höfen aufgezogenen Fasanen und Rebhühnern

290 Beschluß der Neustrelitzer Kommission zur Auflösung der Fideikommisse vom 7. Nov. 1921 (Abschr. FA). – Das Gesetz in: Mecklenburg-Strelitzer Anzeiger Nr. 136 (1920), S. 1079–1088. – Über v. Reibnitz (SPD) als Außenseiter: *J. v. Dissow,* Adel im Übergang, S. 109.

zur Aufbesserung der Niederwildjagd. Ulrich Otto und Ursula waren wie ihresgleichen von Kindheit an vom Vater in der Jägersprache unterwiesen worden. Jagdlich vollständig ausgebildet hatten sie es gelernt, Fährten zu unterscheiden, einen Bock auf die Stärke hin anzusprechen, kannten Standorte und Gewohnheiten des als besonders stark gerühmten Krumbecker Rotwildes, das infolge der Einkreuzung von Karpatenhirschen auch durch den »Aalstrich« auf der »Decke« auffallen konnte. Früh wurde der »Nachwuchs« auch zur Hühner- und Entenjagd an den Gewässern und Unlanden der Gutsherrschaft mitgenommen. Mit Waffen wuchs man auf. Im Mittelpunkt der Krumbecker Jagd standen (und stehen bis heute) Rotwild und Sauen. Der Bestand an erstklassigen Trophäen wurde bewundert. Wer in Krumbeck von den unzertrennlichen Geschwistern oder (nach 1921) von Ursula von Dewitz allein zu Besuch geladen war, mußte Interesse oder doch mindestens Verständnis für die Jagd mitbringen. Die Ereignisse »in der Forst« und auf der Feldmark gaben, wie in den meisten ländlichen Herrenhäusern, vielfach Gesprächsstoff ab. Sie lieferten auch die Themen während der Mahlzeiten. Selbst Furtwängler, seit 1922 weltberühmter Chefdirigent der Berliner Philharmoniker, konnte sich dem nicht ganz entziehen, wenn er sich zum wiederholten Male mit seiner ersten Frau in die Stille des Strelitzer Landes zurückgezogen hatte. Frau Furtwängler wohnte 1929 sogar, freilich im schicken Berliner Boulevard-Dress, der Treibjagd bei und hatte sich, wie andere Gäste, den Jagdbräuchen zu unterwerfen. Rüdiger von Heyden (der Chronist der Krumbecker Jagden) hatte sie auf seinem »Stande« als Schlachtenbummlerin: »Ich war etwas entsetzt, besonders als die sonst sehr nette Dame (Zitla, geb. Lund), die aber von Jagd keine Ahnung hatte, meinen angebotenen Jagdsitzstock ablehnte und hochaufgerichtet hinter dem nur hüfthohen Schirm stehen blieb. Bei ihrem schwarzen Pelzmantel und den bis über die Ellbogen reichenden weißen Wildlederhandschuhen mußte sie ja wie eine Wildscheuche wirken. Das breite, hellrote Halstuch hatte ihr meine Tante Ursula abgenommen und lachend gesagt, sonst würden uns die ›Wildschweine annehmen‹. Wie so oft, kam es auch hier anders. Kurz nach dem Antreiben riefen die Krumbecker Treiber schon: ›Achtung, Rotwild zurück!‹ Ich stand, wie bei dem Trieb eigentlich immer, auf dem Rückwechsel. Ein Rotalttier mit Schmaltier, Kalb und einem geringen Hirsch brachen hochflüchtig aus der Dickung. Das Kalb lag mit einem Lungenschuß noch in unserem Gesichtsfeld. Das Schmaltier bekam meine Kugel, wie sich später herausstellte, durch die Halsschlagader. Zunächst flüchtete es mit den beiden anderen im Wald den Berg hinunter und drüben auf dem Nachbarfeld wieder über einen Berg hinweg. Am nächten Tag wurde es nach dreihundertfünfzig Metern verendet gefunden. Gleich darauf kam ein zweijähriger Keiler aus der Dickung, verhoffte, äugte, anscheinend höchst erstaunt, das Farbenwunder neben mir an. Meine Kugel auf seinen Stich enthob ihn seiner Zweifel. Er bäumte sich hoch auf und fiel verendend hintenüber. Es war die reine Theatervorstellung.

Abends fragte mich übrigens Herr Furtwängler, ob ich musikalisch wäre. Als ich wahrheitsgemäß verneinte, sagte er: ›Sie Glücklicher!‹«[291]

Bei nicht waidgerechtem Verhalten konnte Ursula von Dewitz unnachsichtig sein. War Rotwild, das nicht zum Abschuß anstand, oberflächlich angesprochen und beschossen worden, gab es scharfe Blicke oder Ärgeres. Ein Jagdgast mit einem derartigen Defekt ist einmal in aller Öffentlichkeit zur alsbaldigen Abreise aufgefordert worden. An Trophäen bestand im Krumbecker Haus kein Mangel; noch 1944 schoß »Tante Ursula« an ihrem achtzigsten Geburtstag den »kapitalsten Hirsch« ihres Lebens. 1939 hatte sie die »Goldene Hegemedaille« erhalten.

Wo die Hochwildjagd gepflegt wird, ist auch die Küche in Schuß. Die Gutsherrin kannte die internationale Küche von ihren Reisen nach Griechenland, Italien, der Schweiz oder auch Schweden, wohin sie schon vor 1914 mit ihrem Bruder zur Birkhuhnjagd gefahren war. So zählte die Bestimmung der Speisenfolge für die frühabendliche Hauptmahlzeit zu ihren ersten Tagesaufgaben; noch aus der Schlafstätte heraus besprach sie mit der »Alten Mamsell« Tag für Tag den Küchenplan, dem sich ein Gespräch mit der Leiterin der Hauswirtschaft, Frau Plettner, über Gäste und notwendige Arbeiten anschloß. Dann nahm sie ein kurzes Frühstück mit ihrer Hausdame Freda von Krosigk ein. Während des Vormittags kümmerte sie sich bis ins Detail zusammen mit dem Inspektor Müller um Vieh- und Landwirtschaft, um Pferde und Maschinen, um Park und Gärten und um das Wohl und Wehe der Gutsarbeiter, die ihre starke Autorität bis zuletzt anerkannten oder doch hinnahmen, weil sie die Verantwortungskraft spürten und den Musterbetrieb täglich vor Augen hatten.

Beides lebte nebeneinander in Krumbeck: die aristokratisch geprägte »Welt von gestern« und die moderne, immer mehr technisierte Agrarwirtschaft der dreißiger und vierziger Jahre: »Tradition« und »Ökonomie«. Aber von einem reinen Erwerbsstand, wie Soziologen gemeint haben, war man auf diesen Gütern noch weit entfernt. Gewiß ist die Herrschaft in Krumbeck, nach den Erfahrungen vor dem Verkauf von Groß Miltzow, ein Beispiel dafür, wie auf der Grundlage von geschäftlicher Genauigkeit, persönlicher Wirtschaftsleitung und zeitweise eiserner Sparsamkeit ein größerer Betrieb auch in Agrarkrisen zu erhalten war. Verschwendung und feudale Leichtlebigkeiten, Kartenspiel-Folgen und »noble Passionen« sind – das zeigt auch diese Familiengeschichte – nicht die Regel, vielmehr die Ausnahme, die Folge auch von Ungeschick und unbeeinflußbarem Schicksal gewesen. Verhielte es sich anders, so wäre die

291 Abschrift im FA: Krumbecker Jagderinnerungen (ca. 1912–1938). – Über Katharina v. Kardorff und ihren Verwandtschaftskreis vgl. *G. Richter* in NDB 11 (1977), S. 149–151. – Furtwängler: »Er wies nach, daß er unmittelbar vor seiner Verhaftung durch die Gestapo gestanden hatte, die seine Person mit den Vorgängen vom 20. Juli 1944 in Zusammenhang brachte«, vgl. *H. Borgelt,* Das war der Frühling von Berlin, München 1980, S. 201–219.

Kontinuität des Besitzes in den Groß- und Kleinfamilien des Adels weit geringer, als sie es tatsächlich bis 1945 in Mittel- und Ostdeutschland gewesen ist. Gewiß hatten die Absatzkrisen seit dem späten 19. Jahrhundert das wirtschaftliche Denken befördert, doch längst nicht so sehr, daß sich der adlige oder bürgerliche Besitzer eines Rittergutes einseitig und ausschließlich als Landwirt begriff. Es brauchte lange Zeit auf den Gütern, bis ein Automobil nicht mehr als etwas Anrüchiges, aus der Welt des verpönten »Reichtums« stammendes und höchst überflüssiges Instrument begriffen wurde. Daß man in Krumbeck seit etwa 1934 zusätzlich einen schweren »Horch« fuhr und für Italienfahrten nutzte, erregte im Umkreis einiges Aufsehen. Die Arbeit in der Landwirtschaft diente bewußtseinsmäßig dem Bewahren des Besitzes, nicht dem unaufhörlichen Ansammeln von Reichtümern. Jedenfalls war das der Regelfall bei kleinen und mittleren Gütern. Man fühlte sich den in Jahrhunderten gewachsenen Lebens-, Wohn- und Wirtschaftsbedingungen inmitten einer agrarischen Kulturlandschaft und an den Rändern häufig nur zögernd erschlossener Naturlandschaft lebensnah verbunden. Und nicht wenige mußten bemerken, wie das Landleben als ein Teil alteuropäischer Kultur durch industriöse Modernitäten mehr und mehr gefährdet wurde, ja einer Destruktion und Umwälzung entgegenzugehen schien. So gesehen war auf den Gütern mit ihren alten Häusern und Gärten in doppeltem Sinne eine Substanzerhaltung zu leisten. Sie ist vielerorts ohne große Worte bis zuletzt geleistet worden, am Rande wirtschaftlicher und politischer Abgründe.

Stärker als zuvor empfand man es in den zwanziger und dreißiger Jahren, welche Werte in dem Landleben enthalten waren, wie sehr das »ruhige« und »gesunde« Land den Kontrapunkt zur Motorik und Lebenswildheit, zur Menschenvernutzung und zum Atheismus der übergroß gewordenen Städte darstellt. Die Berliner Zentrallandschaft stand gewiß an der Spitze. Sie war aber nur ein Beispiel für viele andere Orte mit betonierten und zersiedelten Werkstättenlandschaften an Isar, Rhein und Elbe. Auch »Krumbeck« begriffen Bewohner und Gäste als eine Chiffre im Sinne des »Immer-wieder-zu-sich-selbst-Finden«; es war wie ein Symbol einer unverändert als zeitgerecht empfundenen Normalität im Gegensatz zu den zivilisatorischen, ökonomischen und politischen Exzessen in den Zentren des übermächtig gewordenen Staates.

Man muß diesen Hintergund im Blick behalten, wenn man die Lebenswelt der Ursula von Dewitz und ihres Freundeskreises, ihrer Nachbarn und Gäste verstehen will. Und wenn der politische Standort in »Krumbeck« bestimmt werden soll, der sich einer vordergründigen, womöglich »junkerlichen« Einordnung verschließt, so sehr die Formen trotz der egalitären Tendenzen der Hitler-Zeit »herrschaftlich« geprägt blieben. Es wäre gewiß unzutreffend, wollte man Stil und Denken in Krumbeck als preußisch-konservativ bezeichnen. Eine Formel ist hier überhaupt fehl am Platze. Immerhin gehörte das brandenburgische Krumbeck seit 1811 zu Mecklenburg-Strelitz mit seinen altmodischen Grundzügen. Ob der Schweriner oder der Strelitzer Landesstaat als das konservativere Refugium gelten konnte, ist gewiß eine Frage für historische Feinschmecker. Der Hof, das Offizierskorps, das Beamtentum und die ständischen Korporationen in Gestalt der überwiegend adligen Besitzer der Rittergüter und dann der Bürgermeister der landtagsfähigen Städte, sie waren tonangebend. Diese »Mecklenburgische Stimmung« findet sich aber in Krumbeck schwächer ausgeprägt; die Nähe Preußens, der ständige Verkehr mit dem nordbrandenburgischen Adel und auch die rasche Erreichbarkeit einer »Berliner« D-Zug-Station machten sich durchaus bemerkbar. Denn die Reichsmetropole Berlin galt auch bei den Krumbeckern oder Cölpinern mit allen Modernitäten als die Hauptstadt, während Neustrelitz die liebenswerte klassizistische Residenz blieb, wo der Landadel die kleineren Einkäufe erledigte, Behörden aufsuchte und Vermarktungsgespräche zu führen hatte. Man war norddeutsch gesinnt, mit einem preußisch-hohenzieritzschen und einem nordbrandenburgischen Einschlag, dazu natürlich protestantisch-lutherisch. »Potsdam« lag nicht weit entfernt, und man sah sich mit vielen Standesgenossen in der Grundauffassung geeint, daß alles oder doch vieles über ein Maß und ein Ziel, eine Grenze und einen Grund verfügen müsse. Ein geordnetes Leben mit einigen Liberalitäten und unscheinbaren Libertinagen, wie sie vor allem in England anzutreffen waren. Denn das war gleichsam die Kehrseite auch der mecklenburgischen Medaille: der maritime Ausblick. Die Ostsee mit Badeorten und Inseln, Rügen und Südschweden und dann eben England, wie man es sich bildhaft vorstellte, wie man es liebte, das England der Gentry, der Querfeldeinjagden, das gelobte Land der Pferdezucht, stilbildend im 19. Jahrhundert und immer noch leise bewundert nach dem verheerenden Krieg, der dieses England und die Weitsicht seiner Staatsmänner denn doch in einem anderen Lichte erscheinen ließ. Alles wurde schwieriger seit 1914/18, aber an den Wänden in Krumbeck hingen die Erinnerungen an das, was einmal geliebt worden war.

Betreten wir postum das Herrenhaus und werfen einen Blick auf Bilder der Dewitz in Zimmern und Hallen, die manches über die Mentalität der Bewohner verraten. Am auffälligsten plaziert, in der Halle des Neuen Hauses, waren die alten, aus Groß Miltzow mitgenommenen Familienbilder, vor allem die von Zeller: Adolf Friedrich IV. von Mecklenburg-Strelitz (Vater der Königin Luise, Erbauer des Miltzower Schlosses) – Ulrich Otto von Dewitz (1747–1808; Präsident des Geheimen Rats in Neustrelitz) – Eleonore Barbara von Maltzahn (1764–1811, a. d. Hause Kummerow, Frau Ulrich Ottos).[292]

292 Neben den Bildern von Zeller zwei Zeichnungen von L'Allemand: Ulrich Otto von Dewitz (1814–1871) und Hedwig Freiin v. Maltzahn (1818–1888). Dazu drei Kreidezeichnungen von Franz Krüger: Otto v. Dewitz (1788–1858), Auguste v. Schöning-Schönrade

Sodann englische Könige und Landschaften, Jagd-, Pferde- und Hunde-Stiche meist englischer Provenienz, ältere und jüngere Marine-Bilder, Kaiser Nikolaus (I.) von Rußland in einem großen Stich, eine offenbar vom Bruder oder Vater stammende Abbildung des Garde-Kavallerie-Clubs, je ein »bunter Stammbaum« und »eine bunte Wappen-Stammtafel«, »22 Stück Portrait-Lithographin in Goldrahmen« sowie Shakespeare-Stiche. Aber nichts, wie es scheint, von Bismarck oder Wilhelm II., von jüngeren Potentaten zu schweigen.

»Wir haben«, schreibt Ursula einer Freundin (4. Februar 1946), »zwölf Jahre den Terror und die unheimliche Unsicherheit unter den Nazi's erduldet«. Und: »Die Nazi's haben die deutsche Jugend nicht erzogen, sondern verseucht, den anständigen, zuverlässigen, ehrlichen deutschen Menschen zum bestechlichen, unsittlichen Sadisten gemacht.« Keine Frage also, daß sie sich massiv weigerte, als 1940/41 der »Reichsleiter« Martin Bormann, der zu den skrupellosesten Funktionären des Hitlerstaates gehörte, Krumbeck für Göring, die Partei oder sich selbst kaufen wollte und mit Enteignung drohte; Ende 1941 wichen die Behörden zurück, nachdem die Eigentümerin resolut mit einem Skandal und Prozeß gedroht hatte. Man konnte sich gegen Übergriffe zur Wehr setzen, – wenn man Mut und Durchsetzungswillen besaß. Im Familienverband brachte sie 1939 ihre mecklenburgischen Vettern hinter sich, als es galt, den einigermaßen anachronistischen Antrag der »Nazis« zurückzuweisen, beim Reichsinnenministerium ein Verfahren zu beantragen mit dem Ziel, den Grafentitel wieder zu führen. Der Hitlergruß wurde in Krumbeck grundsätzlich vermieden.

Nach dem Attentat vom 20. Juli 1944 begann eine Zeit unmittelbarer Lebensgefahr. Ursula von Dewitz und ihre recht schwierige Hausdame Freda von Krosigk standen mit dem Berliner Chirurgen Professor Sauerbruch, vor allem aber mit Generalmajor Hans Oster von der »Abwehr« in Verbindung, der vor seiner Verhaftung 1944 auffälligerweise zweimal in Krumbeck gewesen ist, einmal begleitet von einem »Fräulein Salm«, die offenbar ebenfalls zum Widerstand gehört hat. Die konspirativen Gespräche im Herrenhaus waren der Gestapo so verdächtig, daß die Absicht bestand, die Gutsherrin zu verhaften. Im Frühjahr 1946 blickt sie mit Schmerz und verhaltener Wut zurück auf die Opfer des Widerstandes und vor allem auf Hans Oster, »diesen famosen Mann«, der nicht hingerichtet, sondern »von diesen Hunden der SS ermordet« worden sei.[293] Hierzu gehört auch, daß Carl Ludwig Graf von Berg, der in Krumbeck ein und aus ging und nach dem Kriege von Ursula adoptiert wurde, im Sommer 1944 Ordonnanzoffizier des Feldmarschalls von Kluge wurde und

(1791–1840, Frau Adolf v. Dewitz', † 1816) und deren Tochter Augusta (v. Blücher; 1813–1899). Vgl. das Inventar im Anhang.

293 Brief vom 23. Mai 1946 an Maria Daelen (Kopie, FA).

der mit Generalmajor Henning von Tresckow, Adam von Trott zu Solz und anderen Männern des Widerstandes befreundet oder gut bekannt war. Er traf sich noch am 21. Juli 1944 mit Ulrich von Hassel, Peter Graf von Yorck, Karl Graf von Hardenberg und seinem Vetter Albrecht von Hagen im Berliner Hotel Adlon; er flüchtete dann nach Frankreich und wurde von Kluge in den Kessel von Falaise kommandiert, wo er sich bald darauf in amerikanische Gefangenschaft begab[294] und auf diese Weise seinen Kopf rettete. Alle diese bisher wenig beachteten personalen Beziehungen erklären es, warum Krumbeck und seine Bewohner 1944/45 von der Gestapo observiert worden sind: Es war eine Stätte des Widerstandes gegen das Regime.

Die Gutswirtschaft[295]

Der Besitz umfaßte 1099,66 ha Gesamtfläche (= rd. 4400 Morgen). Davon entfielen 2641 Morgen auf Acker, 30 Morgen Wiesen und Weiden, 59 Morgen auf Nutzgärten, 1235 Morgen auf Wald, 32 Morgen auf Gewässer und 135 Morgen auf sonstiges. Das entspricht etwa dem Umfang von 35 Zwei-Hufen-Bauernhöfen der Siedlungszeit.

1932/33 wurden lt. Bestellungsplan 2772,84 Morgen mit allen Feldfrüchten mit Ausnahme von Buchweizen bebaut. Damals hatte Krumbeck folgenden Viehbestand (in Klammern: 1. 7. 1944): Pferde 64 (72); Rindvieh 120 (154); Schweine 110 (221); Schafe 447 (623). Verkauft wurden im letzten Kriegsjahr 4 Pferde, 365 Schafe, 60 Stück Rindvieh und 48 Schweine. Aus der Viehhaltung wurden rd. 68000,– RM, aus dem Ackerbau nebst Brennerei 353000,– RM erlöst.

Auf dem unter der ständigen Anleitung der Gutsherrin und ihres »Beamten« erstklassig bewirtschafteten Acker sind 1943/44 geerntet worden: 17199 Ztr. Halmfrüchte, 1530 Ztr. Hülsen- und Ölfrüchte und 77434 Ztr. Hackfrüchte.

Hochrentabel war die Brennerei. Noch im April 1945 wurden an die Reichsmonopolverwaltung 17000 Ltr. abgeliefert. In den Mieten lagerten 7000 Ztr. Kartoffeln, dazu große Mengen Korn und Saatgut. Aus dem Spritverkauf wurden im letzten Wirtschaftsjahr netto rd. 48000,– RM erwirtschaftet. Aus der Forstwirtschaft konnten rd. 7000,– RM, aus der Jagd und Fischerei nur rd. 1000,– RM erarbeitet werden. Der Gesamtgeldüberschuß von Krumbeck belief sich 1943/44 auf 71354,– RM (nach Steuern). Die »Betriebsinhaberin« verfügte pro Monat über rd. 1750,– RM, eine auch für dama-

294 Vgl. *G. Holmsten,* Deutschland Juli 1944. Soldaten, Zivilisten, Widerstandskämpfer, 1982, S. 143–145.

295 Nach den Wirtschaftsakten (FA).

lige Geldwertverhältnisse nicht übermäßige Summe. Dagegen beliefen sich die persönlichen Steuern und sonstigen Zwangsabgaben auf rd. 38 000,– RM. Für die Modernisierung des Betriebes in den dreißiger Jahren (moderne Traktoren) waren erhebliche Hypotheken aufgenommen worden, die am 30. 6. 1944 noch 455 607,– RM betrugen. Das alles sind Zahlen, die im vollen Gegensatz zu jenen Zahlen und Behauptungen stehen, wie sie wenig später von den Kommunisten und sonstigen Propagandisten der Bodenreform verbreitet worden sind, ohne daß die Argumente der Wirtschaftsfachleute noch in der Öffentlichkeit hätten vertreten werden können.

20. Jahrhundert: Lage der Güter
(Meßtischblatt 1:25 000)

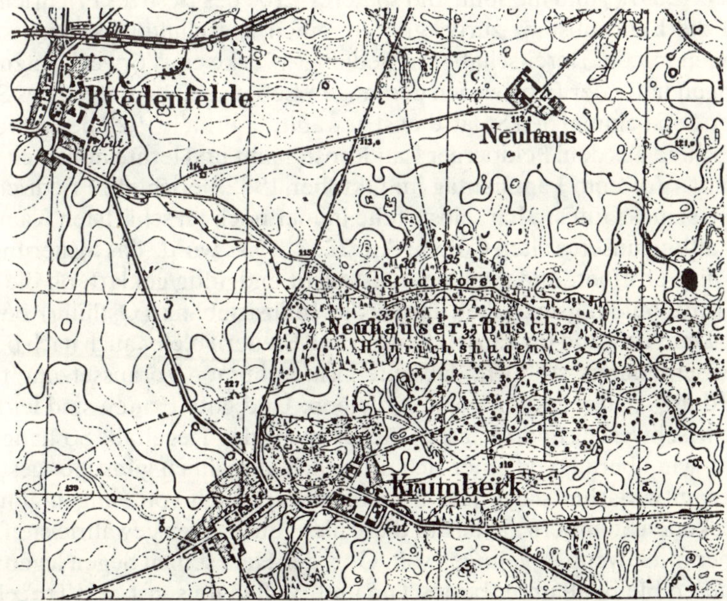

Allodiales Rittergut Krumbeck (Amt Strelitz)

Cölpin: Agrarkrise und Jagdparadies

Cölpin wurde 1928[296] noch als »Lehngut« geführt und umfaßte 1332 Hektar (um 1300: ca. 104 Hektar), davon rund 900 Hektar Ackerfläche und 253 Hektar (1944: 251,07 Hektar) Holzung, die zweitweise durch Pachtung von zwei angrenzenden Revieren noch erweitert worden war. Der Viehbesatz auf diesem zur Gruppe der ältesten Familiengüter gehörenden Betriebe ist als außerordentlich hoch anzusprechen: Neben 130 Pferden (Pferdezucht) standen 269 Stück Rindvieh, 1535 Schafe und 318 Schweine in den Ställen. Auf den relativ guten Böden bauten die Dewitz seit Generationen, wie Friedrich v. Dewitz (1883–1967) berichtet, Weizen, Roggen, Hafer, Gemenge, Hülsenfrüchte, Kartoffeln, Zuckerrüben, Ölfrüchte, Klee und Luzerne.

Mit zahlreichen anderen ostdeutschen Gütern geriet auch Cölpin seit 1929 mehr oder weniger unverschuldet in die Krise. Die Eigentümerin Ida von Dewitz (geb. Zülow) und ihr Sohn und späterer Erbe des Besitzes Friedrich mußten auf die Landsubstanz zurückgreifen, einen Entschuldungsantrag stellen, verbunden mit der Bereitschaft, für Siedlungszwecke ein Vorwerk aufzulösen. Im übrigen hatte der Erbe wegen des langen Lebens seines Vaters, des Staatsministers, erst einmal den Staatsdienst gewählt; er erhielt 1920 den erwünschten Abschied aus dem Feldberger Landdrostenamt und lernte nun noch Landwirtschaft. Vor dem Familientag im Oktober 1932 berichtete Friedrich über die Lage seines Gutes: »Ich selbst stehe immer noch im schärfsten Kampf um die Erhaltung unseres alten Cölpin. Am 22. 2. 1932 wurde das Sicherungsverfahren hier eröffnet, und noch heute ist nicht endgültig geklärt, ob die beantragte Entschuldungshypothek durch die Industriebank (Osthilfe) bewilligt wird ... Der Aufwand für Zinsen, Lasten und Steuern bleibt auch nach bewirkter »Entschuldung« so hoch, daß gute Ernten immer Voraussetzung für die Vermeidung späterer Katastrophen bleiben. Und gute Ernten sind leider bei dem sehr schweren, undrainierten Acker nicht der Regelfall. So hängt alles Weitere, wie überall, von einer sich öffentlich allmählich günstiger gestaltenden Gesamtwirtschaftslage, hier aber besonders auch von einigen günstigen und trockenen Sommern ab, da nur diese hier gute Ernten gewährleisten. Über alles aber muß, wenn es gelingen soll, Gott der Herr seinen Segen legen; denn ohne diesen bleibt all unser bestes Tun und Wollen umsonst.«[297] Trotz besserer Ernten ist dann 1935 das 1842 durch Zukäufe begründete Vorwerk »Hochcamp« (insgesamt 229,90 Hektar) an die Deutsche Ansiedlungsgesellschaft verkauft und seit 1936 mit neuen Siedlerstellen ausgebaut worden. Damit war Cölpin saniert.[298]

296 *Niekammer,* Mecklenburg, 1928, S. 257.

297 Mitt. d. Familie v. Dewitz (= Familiennachrichten und Berichte über den 58. Familientag) Dez. 1932, S. 5.

298 *P. Steinmann,* Bauer und Ritter, 1960, S. 174f.

Das beste am Cölpiner Besitz war aber die Jagd in einem Forstgebiet, dessen Gesamtfläche mit Staats- und Privatbesitz 14000 Hektar mit ca. 800 Stück Rot-Kahlwild und Hirschen und fast allen anderen Wildarten umfaßte. In seinen glänzend geschriebenen Lebenserinnerungen als Waidmann (»Überm Wald im stillen Schein«) hat der Gutsherr sein Jagdparadies mit allen Facetten zeitlos bewahrt: zugleich überlieferte er das unverstellte Porträt eines Dewitz vor der tiefen Zeitenwende in der Mitte des 20. Jahrhunderts: »Was waidmännisch und was unwaidmännisch war, lehrte mich mein Vater, einer der besten und waidgerechtesten Mecklenburger Jäger von altem Schrot und Korn. Er gab mir, bevor er mit das Jagen erlaubte, und mich zu diesem Zweck der Ausbildung und Obhut seines alten hervorragenden Jägers und Försters Hermann Diesing anvertraute, Richtlinien, die für mich die Grundlage meines ganzen Jagdlebens geworden sind.« Dewitz wurde und blieb der Typ des gleichsam idealen Jägers, dem Natur und Bestand im Revier weit wichtiger sind als schwere Trophäen und aufsehenerregende »Strecken«: »Im Unterbewußtsein empfand ich schon in meiner Jugend, daß mir das Erleben der Natur mit allen ihren Geheimnissen, das ganze Drum und Dran der Jagd, das Beobachten und Erlauschen sehr viel mehr Freude machte als die Strecke. Das ist mir im Laufe der Jahre immer klarer zum Bewußtsein gekommen. Was ich beobachtete und erlauschte, ist auch viel mehr in meinem Innern haften geblieben als das, was ich mit Flinte oder Büchse erlegte. So ist es mir später auch gar nicht schwer geworden, daß ich aus wirtschaftlichen Gründen zwanzig Jahre lang den Hirschabschuß verpachten mußte und persönlich nicht mehr meine Büchse auf einen edlen Rothirsch sprechen lassen konnte. Meine Vereinbarungen mit den einzelnen Herren, die bei mir jagten, waren jedoch so getroffen, daß ich sie jagdlich führte und damit an allem teilnehmen konnte. ... Die sternhelle Nacht mit der Mondsichel am Himmel, das Schrecken naher und ferner Rehe, das Blasen einer alten Bache, das Vorbeigeistern eines Waldkauzes und sein Ruf aus nächster Nähe, das Abreiten eines Fasanhahns am Waldrand, das Bellen eines Fuchses, Geruschel im Korn, Nebel in den Gründen, das Flüchtigwerden eines Rudels, die ersten dunklen Punkte im Getreide, die sich später als Wild oder Hirsche entpuppten, als es zu dämmern anfing, allerlei Töne, die beim Näherkommen das Abrupfen der Ähren verrieten, das Rauschen im Getreide, wenn die Wildkälber sich jagten und tollten, irgendwo ein Husten oder Schnaufen, das Mahnen der Tiere, das erst »Bö«, als ein Stück in den Wind kam und abpolterte, das Beobachten, wie alles Wild, das noch weit draußen im Felde stand, auf solche Laute reagierte, das vorsichtige Abwinden der Waldkante vor dem Einwechseln, das würdige und bedächtige Heranwechseln der Hirsche, einer hinter dem anderen, und noch vieles, vieles mehr, Laute, die man noch nicht kannte, und die mich begeisterten – das alles beeindruckte mich weit mehr als nachher der alles zerstörende Schuß.«

Als Dewitz dann einmal Ende der dreißiger Jahre einem kapitalen Bock in

Zeitnot nachstellte, erfuhr er verständnisvolle Unterstützung durch die ansonsten gewiß nicht immer von der Jagdlust und Jagdabwesenheit erbaute Hausfrau: »Als ich am frühen Abend aufbrach, drückte mir meine Frau (Marie Agnes von Wedel) einen schönen Waidmannsheil-Kuß ins Gesicht und sagte: ›Nun wird es wohl klappen. *Der* hat bloß an den letzten Tagen gefehlt. Und daß Du mir jetzt nicht ohne *ihn* zurückkommst! Weißt Du was, wir nehmen dann das Gehörn... im Koffer mit auf unsere Reise!‹ ›Na,‹ sagte ich, ›liebes Herz, das hättest Du wirklich nicht sagen dürfen. Nun bekomme ich den Bock bestimmt nicht! Es fehlte nun bloß noch, daß Du sagtest: Die Leber wollen wir morgen auch noch essen!« Kriechend näherte er sich dem Bock, der im Nebel stand: »Jetzt hatte ich ihn im Fernglas, ganz dunkel, ganz undeutlich, aber er war es! Ich mußte das Abkommen erzwingen und durfte mich auch nicht länger aufhalten. Es mußte, mußte, wie es auch ausgehen mochte. Rums, versackte der Schuß im Nebel und Wiesengrund! Aber auch mein Bock versackte. Ich stürzte in die Gegend und stand ... vor dem mit Blattkugel gestreckten Bock meines Lebens! Das Gehörn, das kapitale, übertraf noch alle meine Erwartungen.« Der glückliche Jäger brach das Tier auf, verstaute es in einem mächtigen Rucksack und trug es schnaufend und stönend dem Cölpiner Hause entgegen. Die Hausfrau suchte ihn schon, rief ihm das Waidmannsheil zu und befestigte einen Bruch am Hute des Unermüdlichen.

Den Bericht über den Abschied von den wildreichen mecklenburgischen Wäldern umhüllt die unaufhebbare Trauer des Vertriebenen: »Herbst 1944. Wieder Hirschbrunst. Man wußte es noch nicht und wollte es auch nicht ahnen, daß es die letzte war in einer Jahrhunderte umfassenden langen Kette, der Schlußstrich unter die gesamte deutsche waidgerechte Jagd in Mecklenburger Wäldern, der Abschied für immer von dem schönsten aller Konzerte. Zwar dröhnten Nacht für Nacht die feindlichen Fluggeschwader unheildrohend auf dem Wege nach Berlin über dem Cölpiner Wald, leuchteten die Scheinwerfer am Himmel, blitzten die Bombenabwürfe und gellten die Salven der Flakgeschütze, aber doch war der letzte Zusammenbruch in seiner ganzen furchtbaren Gestalt noch unvorstellbar. Das Konzert der Hirsche in der Nacht war anders als sonst, es beherrschte nicht allein wie sonst das Ohr des Jägers. Zu mächtig war das Brummen und Surren oben am Himmel. War das auch der Grund, daß sich die Hirsche nicht wie sonst mit allen Sinnen auf ihr hohes Fest zu konzentrieren schienen? Nicht, wie gewohnt, ihre ganze Kraft hineinorgelten in ihre Schreie? Daß die Liebe nicht so irrsinnig toll zu sein schien? Die Wut nicht so aufpeitschend, heiß und wild? Ahnte die Tierwelt draußen in der Natur vielleicht mehr als der Mensch, der die Augen zukniff, daß ihr der Untergang drohte?«[299]

299 *Fr. v. Dewitz-Cölpin,* Überm Wald im stillen Schein. Ein Leben dem Waidwerk, 1955, S. 13–15, 177–180, 257. – Adel und Jagd: Carl Gregor Herzog zu Mecklenburg, Erlebnis

Afrika und Amerika

Für überzählige, jedoch in der Landwirtschaft erfahrene Gutsbesitzerssöhne aus den deutschen Ostgebieten bot sich seit den neunziger Jahren die Möglichkeit, in den deutschen Kolonien in Afrika eine eigene großräumig angelegte Existenz zu schaffen. Aber auch die anderen deutschen Kolonien im Pazifik oder die holländischen und englischen Kolonialgebiete, dazu Brasilien und Kolumbien lockten manchen, dem Europa zu eng, zu gefährlich oder zu riskant war.[300] Die bis in die Gegenwart blühende Dewitz-Linie in Deutsch Südwest wurde von Max von Dewitz (1876–1918) begründet. Er begann 1896 schlicht als Vorarbeiter beim Bau der Eisenbahn von Windhoek nach Swakopmund. Anschließend lernte er als Transportführer das Land kennen und kaufte sich bereits 1899 die Farm Otjundu und errichtete sich Haus und Hof aus dem Nichts heraus. Nach der Heirat 1902 und der Geburt des ersten Kindes Jochen (Nr. 797) kämpfte er 1904 anfänglich gegen die aufständischen Hereros, mußte jedoch, 1906 zurückgekehrt, wieder von vorn beginnen. Er baute mit den Eingeborenen Dämme und Brunnen, dazu eine »eisgekühlte« Molkerei, von der aus Milch zur Küste gebracht werden konnte. Während des Krieges hielt sich die Familie in Swakopmund auf und hatte nach dem Tode des Vaters schwere Zeiten durchzustehen. Die Mutter übernahm 1923 die von Pächtern heruntergewirtschaftete Farm und brachte sie in Ordnung, so daß einige gute Jahre mit regelmäßigen Ochsen-Verkäufen folgten. Die Weltwirtschaftskrise drückte die gut zusammenarbeitenden deutschen und englischen Farmer wiederum an den Rand des Existenzminimums: »Unser Leben dort«, schreibt 1932 der jüngere Max (Nr. 799), »ist immer Arbeit und wieder Arbeit. Kino und Theater, das nennen wir in den Kuh-Kraal gehen, sonst muß man schon nach Windhoek fahren, und das ist 120 Kilometer weit, der Zug fährt sechs Stunden. Als Bier gibt es Wasser oder Milch, sonst 60 Kilometer weiter in Okahandja. Der nächste Nachbar ist 7 Kilometer weit, also Kaffeeklatsch und Stammtisch gibt es nicht. ... Unter Raubtieren haben wir wenig zu leiden. Höchstens daß die Leoparden Kälber reißen, aber das tun sie nur in der schlechten Zeit, wenn das Wild mager ist. Die Schlangen werden uns durch die Schweine fern gehalten, die fressen jede Schlange auf. Mit den Eingeborenen kommen wir ganz gut aus. Wir beschäftigen meist Hereros. Wir sprechen auch alle die Sprache der Eingeborenen; ich spreche drei Eingeborenensprachen: Herero, Namaqua und Owambo«. Die Lage blieb auch in den frühen dreißiger Jahren wegen extremer Dürre außerordentlich prekär. Geld war kaum vor-

der Landschaft und adliges Landleben, 1979, S. 78f., 189–206 (= Bibliographie, enthält nur Schriftzeugnisse »adliger Autoren«).

300 Farm-Siedlung in Afrika, Afrika-Reisen: Mitt. d. Fam. v. Dewitz 1977, S. 16–21; 1987, S. 13–17 (Reisebericht Bine v. D.). – Südamerika: 1978, S. 18–22.

handen, zeitweise mußte Vieh als Bezahlung genommen werden. Selbst an Milch fehlte es, weil sich das Weidevieh nicht aufstallen ließ.

Der Afrika-Zweig behauptete sich gleichwohl. Hertha, die Frau des Gründers, erlebte noch die Geburt von zehn Enkelkindern (von insgesamt elf), die ihrerseits wiederum zahlreiche Nachkommen haben. In Ostafrika versuchte Jobst Roderich (1890–1965) während der dreißiger Jahre seßhaft zu werden. Seine Frau Annerose aus dem Hause Maldewin-Sophienhof (Nr. 686) hat ihn bei allen seinen zum Teil recht waghalsigen Unternehmungen getreulich begleitet. Die Eheleute haben sich in Tanganjika eine Kaffee-Farm geschaffen, die jedoch 1939 verloren ging, als sich erst der Vater und dann auch die übrige Familie nach Deutschland zurückziehen mußte.[301]

Die Sehnsucht nach den überseeischen Ländern, der Überdruß an dem angeblich zu dicht besiedelten Europa hat auch einige Familienangehörige ergriffen, die nicht in die neu geschaffenen deutschen Kolonien gehen wollten. »Amerika, du hast es besser«: Wer nicht mit einem abgeschichteten Rittergut oder Vorwerk als Nachgeborener ausgestattet werden konnte, wer nicht den harten Offiziersberuf wählen wollte, wem der Staatsdienst verschlossen war, der fuhr von Hamburg mit einem der Auswandererschiffe nach Süd-, Mittel- oder Nordamerika. Von der Maldewiner Linie war es Paul von Dewitz (1866–1932), Sohn eines Oberstleutnants und von beiden Eltern her Dewitz-Abkömmling, der in den USA Fuß faßte. Seine Nachkommen leben noch heute in Neu Mexiko.

Nachfahren des Generalleutnants Curt von Dewitz(-Maldewin; Nr. 678), des Pour le mérite-Trägers, leben in Kolumbien und Mexiko. Achim (Nr. 792), der einzige Sohn des Generals, versagte sich dem Offiziersberuf und ging 1923 als Vertreter einer Hamburger Kaffeefirma nach Barranquilla, später nach Bogota. Bis 1949 leitete er eine eigene Exportfirma. Dann wurden die Deutschen infolge des Krieges mit verschiedenen Methoden des größten Teiles ihres Vermögens beraubt. Die Erinnerung an die Herkunft und Heimat ist in dieser Linie nicht verlorengegangen. Schon 1934 besuchte Achim mit seiner Frau Ruth Osswald die Verwandten in Pommern. In seinem Bericht (1978) beschreibt er anschaulich, was »Heimat« sei, nämlich das Land, wo unsere Vorfahren herkommen und wo wir unsere Kindheit verlebten: »Es wurde vor einem Krug gehalten um zu tanken. Onkel Wilhelm (Nr. 684) stieg aus, unterhielt sich mit dem Besitzer des Kruges. Der fragte, wen er da im Wagen habe, und Onkel Wilhelm sagte, wer ich sei. Worauf der Mann des Kruges sofort wußte, wohin ich gehöre. Das ist Heimat.« Achims Familie ist trotz aller Schwierigkeiten noch längere Zeit in Kolumbien geblieben. Drei der vier Kinder (Nr. 893, 908, 927, 936) haben Deutsche geheiratet. Neun Enkelkinder sind zwischen 1963 und 1977 in Bogota und in Mexiko-Stadt geboren worden.

301 »Tante Annerose« ... erzählt, hrsg. v. W. v. Dewitz, o. O. u. J., S. 34ff.

Der Schwerpunkt der Familie verlagerte sich in den letzten beiden Jahrzehnten wegen zunehmender politischer und wirtschaftlicher Unsicherheiten nach Mexiko. Nur Achim blieb fast bis zuletzt auf einer kleinen Kaffeepflanzung, ein schweres, aber erfülltes Arbeitsleben überblickend: »Schließlich kommt die Frage auf: war's nun richtig, sich hier angesiedelt zu haben oder nicht. Ich glaube, die Antwort darauf hat zu lauten: ›Schicksal‹. Mit ihm sollte man nicht hadern.«

Landleben auf Biesendahlshof (Kreis Greifenhagen)

Zu dem Gut Biesendahlshof bei Caselow an der Berlin-Stettiner Bahnstrecke gehörten das Vorwerk Albertinenhof und Anteile an der Caselower Feldmark. 1928 wird der Besitz mit 564 Hektar berechnet, überwiegend Acker- und Gartenland. Der Viehbesatz belief sich auf 48 Pferde, 100 Stück Rindvieh, 30 Schweine und 500 Schafe.[302] Im Zuge der sogenannten »Erzeugungsschlacht« nach 1933 ist der Schweinebestand dann enorm gesteigert worden (192), während die zunehmende Motorisierung mit Schleppern und Ackerraupen die Zahl der Gespanne verringerte. Besitzer waren Rittmeister a. D. Werner von Dewitz (1878–1935) und seine Frau Elma, geb. Dreher. Die Ställe und Scheunen des Gutes zogen sich auf beiden Seiten der Zufahrt zum Herrenhaus hin, dessen Rückfront einem großen parkartigen Garten zugewendet war. Hier sind die acht Kinder geboren worden und aufgewachsen. Von den fünf Söhnen hat nur einer (Berndt) die Nachkriegszeit erlebt. Das große Elternhaus aus der Zeit der Jahrhundertwende mit seinen mehr als dreißig Zimmern und die Gutslandschaft um den ausgedehnten Vorwerksbesitz wurden von den Kindern als ein Paradies empfunden. Rena von Dewitz erinnert sich ihrer Brüder: »Der eine stand am liebsten um drei oder vier Uhr morgens auf, um zu sehen, welcher Bock raustritt ... wie er rumlief, war ihm ganz egal. War der Schnürsenkel kaputt, tat es ein Stück Bindfaden auch. Er konnte nicht nur gut schießen, sondern auch exakt das Wildbret zerlegen.« Ein anderer Bruder hätte unablässig gelesen und diskutiert, mit dem problematischen Ergebnis, daß er alsbald bei einer Jagd den Hund seines Bruders zur Strecke gebracht hätte.

Um 1930 vollzog sich die Hauswirtschaft noch durchaus in traditionellen Bahnen: Es wurde selbst gebuttert und geschlachtet; an jedem Sonnabend gab es Kartoffelsuppe mit Blutwurst aus dem Weckglas. Früchte und Edelgemüse wurden sämtlich aus eigener Produktion »eingemacht«. Zum gelegentlichen Luxus gehörte, daß bei größeren Festivitäten ein Koch aus Stettin mit diversen Delikatessen angereist kam. Alljährlich zu Heiligabend wurde in der großen Halle des Hauses ein Tisch für 50–60 Arbeiterkinder aufgestellt, die dort ihre

302 *Niekammer*, Bd. 1, Pommern, 1928, S. 56.

Weihnachtsteller mit Äpfeln, Honigkuchen, Pfeffernüssen und Blechdosen voller Bonbons empfingen. Die Gutsfrau spielte zu den Weihnachtsliedern auf dem Harmonium und dem Gutsherrn sagten die Kinder Gedichte auf.

Trotz der Agrarkonjunktur seit 1935 war Biesendahlshof nicht zu halten und mußte 1938 an die Friedrich Krupp AG verkauft werden.

Landwirtschaft in Maldewin (Kreis Regenwalde)

Das Rittergut Maldewin umfaßte 1928 569 Hektar und hatte damit eine ähnliche Größe wie Biesendahlshof. Die Ackerfläche (386 Hektar) reichte nur eben hin, eine größere Familie zu ernähren. Deshalb geriet das Gut um 1931 in eine schwere Krise und wurde aus dem Nachlaß Richard von Dewitz' (1879–1931) von dessen Vetter Wilhelm (1885–1962) übernommen und bis 1945 erfolgreich wieder aufgebaut.[303]

Das Herrenhaus war voll unterkellert und verfügte über eine ungemein wertvolle Ausstattung, vor allem an Barockschränken, die das Pommersche Landesmuseum vergeblich zu erwerben suchte. In jeder Etage des Hauses befanden sich 18 Räume. (Heute rankt sich etwas wilder Wein an den Mauerresten, nachdem das beim Einmarsch 1945 verschonte Haus um 1960 als Steinbruch verwendet worden war.)

Aus den Erinnerungen der Gutssekretärin Gerda Kamphausen, die seit 1937 in Maldewin tätig war, lassen sich die Grundzüge des Wirtschaftslebens rekonstruieren. Vieles unterschied sich nicht von den üblichen Erwerbsbereichen mittel- und ostdeutscher Güter dieser Jahre: der von einem »Schweizer« mit zwei Gehilfen besorgte Stall mit 80 Milchkühen, die expansive Schweinemast und der Bestand an fünf Gespannen (dreispännig) nebst Reitpferd für die Tochter des Hauses (Gabriele, 1921–1966). Auch der Maschinenbesatz entsprach wohl dem Üblichen: mehrere Trecker, Aussaatmaschine, Heuwender, Kartoffelrodemaschinen, Schälpflüge, Eggen u.a.m., dazu einen BMW, den vor allem die Gutsfrau fuhr. Ungewöhnlich hingegen waren neben Karpfenteichen im Gutspark die intensiven Saathochzucht-Anbaugebiete für Getreide und Kartoffeln, die Wilhelm von Dewitz für die Pommersche Saatzucht GmbH in Naugard betrieb. Bei dem Saatroggen (»Petkus-Kurzstroh«) wurde 1940 ein Durchschnittsertrag von ca. zwölf Doppelzentnern Saatgut pro Morgen erreicht. Ähnliche, für die damalige Zeit günstige Ergebnisse brachte die Braugerste. Bei Saatkartoffeln kam man auf 80-90 Doppelzentner je Morgen. Die Abfallkartoffeln verarbeitete eine nahegelegene Brennereigenossenschaft, an der das Gut Maldewin beteiligt war, zu Sprit, der von der Monopolverwaltung

303 *Niekammer,* Bd. 1, Pommern, 1928, S. 68. – *G. Kamphausen,* Erinnerungen an Maldewin (1976, Manuskript mit Plan, FA).

in Stettin übernommen wurde. Für die Landarbeiter waren seit 1918 vier Zweifamilienhäuser mit Garten und Stallung und vier Vierfamilienhäuser errichtet worden.

Rittergut Roman (Kreis Kolberg-Körlin)

Das Rittergut Roman mit dem Vorwerk Birkenfelde hatten Lothar von Dewitz (-Meesow) und seine mit baltischem Erbe ausgestattete Frau Daisy (geb. Baronin von Buxhoeveden, 1885-1962) 1911 erworben. Später wurde der Besitz um die Vorwerke Buchwald, Waldhaus und Starsberg erweitert. Von den insgesamt 1500 Hektar wurde eine Hälfte landwirtschaftlich und die andere Hälfte forstwirtschaftlich bearbeitet.[304] 150 Hektar mußten 1935 im Zusammenhang mit einer Umschuldung veräußert werden. Auch hier zeigten sich die Wirkungen der großen Agrarkrise um 1930 erst mit einiger Verzögerung. Der Boden erreichte nur mittlere Werte, das Grünland lag verstreut auf dem Niederungsmoor. Fritz Jürgen von Dewitz, letzter Besitzer, bezeichnet die Bewirtschaftung als »äußerst schwierig«. Erst mit dem forcierten Saatkartoffelanbau seit 1931/32 besserte sich die Lage etwas; auch betrieb Lothar von Dewitz bereits tatkräftig Rindvieh- und Pferdezucht. Das Landgestüt Labes unterhielt auf dem Hof eine Deckstation mit zwei Beschälern, so daß pro Jahr bis zu zehn Stuten gedeckt werden konnten. Die Fohlen ließen sich zum Teil an den Militärfiskus (Remonten) verkaufen. Schwere Verluste hatten sich ergeben, als 1926 200 Hektar des Waldes von bis dahin unbekannten Schädlingen zerstört worden waren. In der abwechslungsreich geformten Landschaft der nordwestlichen Ausläufer des ural-baltischen Höhenrückens ließ sich die Jagd auch deshalb gut betreiben, weil Rot- und Schwarzwild nach jahrzehntelanger geduldiger Hege der Gutsherren als Standwild vorhanden war.

Das mit seinem ältesten Teil aus dem 16. Jahrhundert stammende Gutshaus war zwei Jahrhunderte später durch ein gebrochenes Dach im Barockstil vergrößert und um 1875 noch einmal erweitert worden. 1929 jedoch ist diese Veränderung beseitigt worden; ein Wintergarten wurde angebaut. In dieser Gestalt erblickt man das Haus noch heute, – den Wohnsitz des Direktors eines Staatsgutes, der an deutschen Gästen nicht interessiert ist. In dem Haus erlebten vier Söhne Kindheit und Jugend: der Jurist und international bekannte Bridgeturnier-Spieler *Egmont* (1907–1984), der angehende Forstwirt *Wolf Dietrich* (1911–1945), der Rittmeister a. D. und Domänenpächter *Fritz Jürgen* (geb. 1917) und der Übersetzer *Axel von Dewitz* (geb. 1919).

304 *Niekammer,* Bd. 1, Pommern, 1928, S. 115. – Wirtschaftsakten: Erinnerungen F. J. v. Dewitz (FA und mündlich).

Politische Strömungen nach 1918

Die politische Grundströmung auf den mecklenburgischen und pommerschen Gütern blieb nach 1918 überwiegend »konservativ«, so sehr einzelne Standesgenossen, die Teile der modernen Welt erlebt und verstanden hatten, für das Abwerfen des Ballasts bestimmter Traditionen, für eine Flucht nach vorn im Sinne zeitgemäßer Ausbildung und progressiver Sozialpolitik eintraten.[305] Eher außerhalb des klassischen konservativen Gedankengutes standen die ersten Anhänger der »Deutsch-völkischen Bewegung«, die auf ihre Weise eine Antwort suchten auf die Frage nach den Ursachen des Zusammenbruchs des Deutschen Reiches. Zu ihnen zählte seit 1920 Jobst von Dewitz, dessen Mutter Wussow bewirtschaftete und der später nach einem Jura-Studium den Betrieb übernahm. Der kaum Zwanzigjährige wird hier als Exponent einer Ideologie erwähnt, die unmerklich begann und sich später ins Unheilvolle wendete. Jobst suchte seine aus der »völkischen« Literatur stammenden Gedankengänge über »den Begriff des Adels«, seine »Reinheit« und demgemäß die erwünschten oder nicht erwünschten Heiraten in der weiteren Familie zu verbreiten. Doch fehlte es fast überall an Beifall. Seine jugendlich- emphatischen Berichte über die germanophilen Tätigkeiten[306] vor dem Münchener Aufstieg Hitlers blieben unkommentiert. Für den Kreis Regenwalde war es etwas Neues, daß auf dem Wussower »Thingplatz« vor »zweihundert Jungmannen und Jungmädeln« eine »Feuerrede« gehalten wurde (5.9.1920), die im »Hakenkreuzjahrweiser 1922« (Hellerau bei Dresden) nachgelesen werden konnte; auch wurden übergroße Findlinge in wochenlanger Arbeit von jungen Neogermanen zum Thingplatz gerollt. Da sich niemand in seine Partnerwahl hineinreden lassen wollte, schied Jobst-Wussow bald aus der Arbeit im Familienrat aus und blieb den Familienfesten fern.[307] An seine Stelle trat als Schriftführer der Hauptmann Günther von Dewitz, in dem sich zeitgeistabhängige politisch-historische Emotionalität mit sorgfältiger und unermüdlicher familiengeschichtlicher Sammlung und Forschung verbanden.

Landbund, Reichstag und »Osthilfe«: Johann Georg von Dewitz

Zu den interessantesten und umstrittensten politischen Persönlichkeiten der Gesamtfamilie in der Zeit des ersten Krieges und der Weimarer Republik ge-

305 *W. Görlitz,* Die Junker, 1956, S. 326ff. – *J. v. Dissow,* Adel im Übergang, 1961, S. 186ff. (= Hugenberg und die Rebellen oder: In Berlin und Potsdam).

306 Einladung zum 51. Familientage ... am 17. 8. 1920 ..., S. 4, 13f. Später ist Jobst v. D. jedoch aus der NSDAP ausgetreten und sei ihr Gegner geworden, so *E. O. v. Dewitz,* Beiträge z. Gesch. der Fam. d. Dewitz, 1976, S. 63.

307 Bericht über den 52. »Familientag« (26. 10. 1921), Nr. 30 (FA).

hört der in Meesow 1878 geborene Johann Georg (Jürgen), auch er ein Sohn des Landschaftsdirektors Oskar von Dewitz.[308] Nach dem Besuch des König-Wilhelm-Gymnasiums in Stettin wurde der Nachgeborene und deshalb nicht mit Grundbesitz Ausgestattete Offizier (1900). Als Gerichtsoffizier hat er seit 1906 zahlreiche Verteidigungen vor Militärgerichten geleitet, war mithin in juristischen Fragen nicht ohne Grundkenntnisse. Kurz vor Ausbruch des Krieges absolvierte er die Ausbildung für den »Großen Generalstab« und erlebte den Krieg in verschiedenen Kommandierungen an der Front und in Hindenburgs und Ludendorffs Großem Hauptquartier als Major und Adjutant des Generalintendanten des Feldheeres (März 1917 bis 6. November 1918). Die Aufstandssituation beobachtete er vom Kriegsministerium in Berlin aus. Die fatale Hilflosigkeit der Staatsregierung beeindruckte ihn stark und bestimmte sein weiteres Leben. Er nahm im Januar 1919 den Abschied und zog sich in die hinterpommersche Heimat zurück. Dies freilich nicht, um dort als Pensionär Erinnerungen zu pflegen, sondern um aktiv in die Agrar- und Sozialpolitik einzugreifen und um im Landesschutz mitzuarbeiten. Im Februar 1919 gründete er mit Gleichgesinnten den Pommerschen Landbund als erste Organisation dieser Art. Im Landbund waren Gutsbesitzer, Mittel- und Kleinbauern sowie Landarbeiter vereinigt, unter nationalen und preußischen Vorzeichen. Bereits Anfang Oktober 1920 zählte der Pommersche Landbund 120000 eingeschriebene Mitglieder. Den linksradikalen Landarbeitergewerkschaften war damit ein gefährlicher Konkurrent und Gegner erwachsen, der sich bis 1933 nicht mehr aus der Agrarpolitik verdrängen ließ. Es war verständlich, daß Dewitz dann auch im Deutschen und später im Reichslandbund eine starke Position einnahm. Die sozialpolitische Befriedungsarbeit mit allen »Haken und Ösen« zeigte nach und nach immer größeren Erfolg, auch wenn dies in der SPD und vor allem in der KPD nicht mit Beifall verfolgt wurde. Im Dezember 1921 schreibt sein Vater ihm in einem Weihnachtsbrief: »Die Erkenntnis, daß es eine gute Sache ist, für die Du arbeitest, gewinnt mehr und mehr an Umfang. Wir merken es hier im kleinen Kreise [Regenwalde] zu unserer Freude. Noch vor einem Jahr sah es unter unseren Leuten recht wenig erfreulich aus. Jetzt sind sie sämtlich im Landbund, und man merkt den Leuten bei vielen Gelegenheiten die Freude und Befriedigung darüber an, daß es zwischen ihnen und der Herrschaft nun wieder stimmt! So war z. B. bei unserer Jagd ihr Verhalten, die Ruhe und Ordnung mustergültig. Das freute mich nun natürlich auch sehr.«[309] Dies war aber in den ersten Jahren des Weimarer Staates nur eine Seite seiner Aktivitäten. Die Plattform des Pommerschen Landbundes nutzte Jürgen so-

308 Reichstagshandbuch, 3. Wahlperiode 1924, Berlin 1925, S. 224. – Zahlr. biogr. Artikel in einschl. Handbüchern.

309 Brief Oskar v. Dewitz' (FA). – *H. Schulze,* Otto Braun oder Preußens demokratische Sendung, 1977, S. 280, 291, 683ff., 919f., 922, 995.

gleich, um mit verschiedenen konservativen Gruppen Kontakt zu halten und um seit dem Frühjahr 1919 an der militärischen Sicherung des nunmehr von regulären Truppen fast entblößten Landes mitzuarbeiten. Während des Kapp-Putsches 1919 (an dessen Vorbereitung er aktiv mitgewirkt hat) und im Frühjahr 1920 wurde wesentlich unter seiner Leitung eine Selbstschutzorganisation gegründet, in der vor allem Reste der Freikorps (»Eiserne Division«) zusammengefaßt wurden, die an den östlichen Grenzen gegen Anarchie und Bolschewismus gekämpft hatten. Die Freikorpssoldaten wurden von dem Büro der »Nationalen Vereinigung« in jene brandenburgischen und pommerschen Güter vermittelt, wo Agitatoren der Landarbeiter-Gewerkschaften entlassen worden waren. Die Reichswehr, in der damals drei Vettern dienten, deckte diese Aktivitäten. Ihre Notwendigkeit wurde auch in solchen Bevölkerungskreisen eingesehen, die nicht für die Deutsch-Nationalen stimmten. In den dünn besiedelten hinterpommerschen Gebieten herrschten 1919/20 zeitweise anarchische Zustände mit Bandenbildungen und Bedrohung jeder Ordnung. Nach der Einkehr von relativer Ruhe setzten sich die Beziehungen zwischen dem Landbund und den Grenzschutz-Reserveverbänden (»Schwarze Reichswehr«) fort, geduldet, aber auch gefördert vom Reichswehrministerium. Auch an der Organisation des deutschen Widerstandes vor der Wahl in Oberschlesien (Kreis Kreuzburg) war Dewitz aktiv beteiligt. Erst die »Femeprozesse« 1924 beendeten wohl in Pommern die Zusammenarbeit zwischen Reichswehr und Dewitz-Landbund. Die Offiziere des Stettiner Oderkreiskommandos (II) setzten jetzt auf »vernünftige« und als gemäßigt geltende Politiker wie Ewald von Kleist-Schmenzin und Hans Schlange-Schöningen. In Schreiben an Kurt von Schleicher ist die Rede von der »Leibwache Dewitz«, die sich der neuen Politik einer »vaterländischen Einheitsfront« zugunsten der Reichswehr nicht recht einfügen wollte. Dewitz scheint sich dann der politischen Linie des Generals von Seeckt angepaßt zu haben. Sein Name erscheint nicht mehr in militärpolitischen Zusammenhängen.[310] Vielmehr nahm ihn seit Mai 1924 (bis 20. Mai 1928) die Tätigkeit als Mitglied des Reichstags (Deutschnationale Volkspartei; Reichswahlvorschlag) in Anspruch. Er bezeichnet als seine Politik das Eintreten für eine »Entgiftung der politischen Atmosphäre«, für eine »Politik der nationalen Verständigung und gegen Parteienwesen«. Neben seiner fortwährenden Tätigkeit als Direktor des Landbundes arbeitete er in den wirtschaftspolitischen Enqueteausschüssen maßgeblich mit und schlug 1925 ein Kartell zur Regelung des landwirtschaftlichen Getreideabsatzes vor, wobei er sich auf Schutzzollpolitiker der preußischen Konservativen (Antrag Graf Kanitz-Podangen, 1895) berufen konnte. In der Zeit der Weltwirtschaftskrise befaßte er sich weiterhin mit agrarpolitischen Fragen, vor allem der Problematik der Entschuldung der ostdeutschen Land-

310 *Th. Vogelsang,* Reichswehr, Staat und NSDAP, Stuttgart 1962, S. 26, 44ff.

wirtschaft. Seit dem 14. August 1930 bekleidete er ohne größere Verwaltungserfahrung das Amt eines »Reichskommissars für die Osthilfe« und war Leiter der Landstelle Köslin. Hier geriet er schnell in schwere Konflikte mit der preußischen Regierung, zumal mit seinem alten Gegner von 1919/20, dem Ministerpräsidenten Otto Braun. Dewitz trat wegen der prekären Kassenlage Preußens und aus politischen Gründen für eine neue Organisationsform der »Osthilfe« ein und gewann dafür im Zusammenspiel mit anderen prominenten Mitgliedern des Reichslandbundes den Reichspräsidenten und zeitweilig auch den Reichskanzler Brüning. Dewitz verfügte alsbald über das Privileg, über die Oststelle in der Reichskanzlei und über die beiden Osthilfekommissare Treviranus und Hirtsiefer hinweg unmittelbar an den Reichspräsidenten zu berichten. Hindenburg und seine Berater machten sich seine Klagen fast vollständig zu eigen: Das Entschuldungsverfahren würde nicht mit der gebotenen Großzügigkeit und Beschleunigung durchgeführt, und der Dualismus Preußen-Reich behindere vielerorts die Umschuldungsverfahren. Persönliche Interessen spielten kaum vermeidbar eine Rolle: Dewitz hatte u. a. »ohne Einschaltung der Berliner Osthilfestelle ein Umschuldungsverfahren für das Gut eines Verwandten eröffnet und fürchtete jetzt die Aufdeckung durch die Kommissare der Preußenkasse, die in der Tat wenig später erfolgte«. Damit war seine Position in einem entscheidenden Punkte geschwächt. In der Reichskanzlei verlangte man seine sofortige Abberufung, aber vorerst »sperrte sich Hindenburg dagegen – möglicherweise auch deshalb, weil er auf ein durch v. Dewitz durchgeführtes Umschuldungsverfahren ›aktiven Einfluß‹ genommen hatte und damit in eine unbehagliche Abhängigkeit geraten war«. Nach einigem Hin und Her wurde Dewitz am 2. Juli 1931 auf Brauns unmittelbare Forderung hin »beurlaubt«. Ein Disziplinarverfahren wurde ohne Ergebnis eingestellt. Erst im Februar 1932 stellte ihm Hindenburg persönlich die Entlassungsurkunde aus.[311] Schon vorher, im Herbst 1931, war die Osthilfepolitik der preußischen Staatsregierung mit ihrer Tendenz zu schärferer Fiskal-Kontrolle und häufigerer Aufsiedlung zusammengebrochen. Das Reich übernahm per Notverordnung die Osthilfe: »Das war die schwerste Niederlage, die Braun bisher in seinem politischen Leben hatte einstecken müssen« (Hagen Schulze). Der Reichslandbund mit Dewitz hatte sich durchgesetzt, aber die Probleme verringerten sich nicht. Die aufgerissenen politischen Gegensätze in der »Osthilfe« erwiesen sich nur zu bald als Triebkräfte im Prozeß der Auflösung der Weimarer Republik. Daß relativ kluge Männer wie Otto Braun und Jürgen von Dewitz keinen Zugang zueinander fanden, vielmehr alte Feindbilder konserviert zu haben scheinen, kann nur als schwerer politischer Fehler und als Verhängnis bezeichnet werden. Jeder glaubte sich im Recht, und so vollzog sich auf hoher

311 *H. Schulze,* Otto Braun, 1977, S. 683–686. – Die Entlassungsurkunde im FA.

Ebene ein »Klassenkampf«-Duell, während die Verderber des Staates schon auf ihre Chance lauerten.

Dewitz hat in diesen Jahren eine rege publizistische Tätigkeit entfalten können. Er schrieb gewandt und präzise. Seine Umwelt erheiterte er mit ironischen oder leicht frivolen Gedichten. Die Landesuniversität Greifswald unterstützte er mit Hilfe der Berliner Verbindungen, hierin ein Nachfahre des großen Jobst der Reformationszeit. Die Universität verlieh ihm denn auch um 1930 die Würde eines Ehrensenators.

Der konservative Politiker geriet jedoch nicht in die Versuchung, mit den Hitler-Leuten Politik zu machen. Dewitz dürfte 1932/33 zu jenen wenigen gehört haben, die – wie Ewald von Kleist-Schmenzin – von der stärker werdenden »Braunen Bewegung« nichts Gutes erwarteten. Seiner Skepsis blieb er während der Hitlerzeit treu. Das Ende von 1945 hat seine teils ironisch-poetisch, teils bitter-ernst geäußerten Befürchtungen bestätigt. Auch dürfte ihn das Schicksal des Bruders gewarnt haben, sich leichtfertig in Widerstandsaktionen zu begeben, solange nicht eine starke Opposition mit breiterer Basis im Heer entstanden war. Diese Hoffnung erfüllte sich nicht. Das Heer und die anderen Wehrmachtsteile waren bald mit hitlergläubigen Aufsteigern aller Chargen durchsetzt, und Mord ist von vielen Offizieren nicht als Mord (1934) erkannt worden. Mit Sarkasmus, mit dem Spott der Verzweiflung beobachtete Dewitz, der genuine Preuße, den Polizeistaat, das Reich, in dessen Spitzenpositionen sich eine gemeingefährliche Gesellschaft etabliert hatte. Um 1939 verschickte er an einen kleinen Kreis von Freunden das Poem »Lebensfreude«, in dem er im bitteren Bummelton deutlich genug schrieb:

Du wirst ohn' Zutun Deinerseits geboren.
Man nährt Dich, wickelt und man seift Dich ein.
Die Eltern, die Du Dir nicht mal erkoren,
Behindern Deinen einzgen Trieb – zu schrein.
Die Polizei eröffnet Dir die erste Akte,
Dort häuft sich mählich Schein auf Schein,
Denn wie man lebte, wohnte, reiste, schnackte,
Muß den Quaestoren doch nachweisbar sein.

Du wirst mit falschen Lehren aufgezogen,
Man zwingt Dich zur Geschichteklitterei,
Kultur und Jura werden selbst verbogen,
Damit Dein Wissen systematisch sei.
Du darfst nicht denken, darfst nicht kritisieren,
Tust Du es doch, sperrt man Dich ein.
Du darfst nur gläubig aufwärts stieren,
Was Gott Dir sonst verlieh, pack's in den Mottenschrein.

Liebst Du ein Weib, fragt man nach ihren Ahnen,
Man prüft sie, ob ihr Leib auch fruchtbar sei.
Man wird zu häuf'gem Akt Euch mahnen,
Ob ehelich, ist dabei einerlei.
Und wenn nach schwer durchquältem Leben
Du müd' die letzte harte Straße ziehst,
Sei froh, den Geist freiwillig aufzugeben,
Statt daß man Dich erschießt.

Sein schriftlicher Nachlaß, soweit er in Berlin verblieb, ist um 1960 in Berlin-Charlottenburg ohne Wissen der Familie und unabsichtlich vernichtet worden.

Zehntes Kapitel Widerstand, Anpassung und Pflichtopfer: Unter Hitlers Fahnen in den Zweiten Weltkrieg (1933–1945)

Es macht den Deutschen nicht viele Ehre, daß einen anführen (leiten) soviel heißt wie einen betrügen.

J. Chr. Lichtenberg

Mit der »Machtergreifung« durch die Nationalsozialisten mit Hilfe der Papen-Hindenburg-Gruppe (30. 1. 1933) ergab sich auch in Pommern eine Lage, die durch verschiedene Formen der Rechtsunsicherheit, der Verfolgung politisch Andersdenkender und vom bald beginnenden Kirchenkampf bestimmt war. Wie in den meisten Großfamilien gab es auch unter den Dewitz drei oder vier Anhänger der Hitlerpartei und andererseits einige wenige, die in den Formen der Zeit passiv oder sogar aktiv Widerstand zu leisten versuchten. Die Masse der Erwachsenen verhielt sich eher abwartend-skeptisch und paßte sich allenfalls mit Mitgliedschaften in Nebenorganisationen der NSDAP dem Stil der Zeit an. Ein Teil der Männer war ohnehin durch den Wehrdienst oder durch freiwillig vollzogene Reaktivierungen unmittelbaren Forderungen der NS-Funktionäre entzogen.[312]

Widerstand

Zu den Gegnern Hitlers gehörte Oskar von Dewitz (1885–1969), der bis 1918 als Leutnant gedient hatte. Nach dem Krieg war er in der Landwirtschaft tätig. Durch seine Heirat mit einer baltischen Baronin, Kitty von Buxhoeveden, verfügte er über Beziehungen nach Estland. Er war befreundet, vom ersten Kriege her, mit General Kurt von Schleicher, dem Reichswehrminister und Vorgänger Hitlers als Reichskanzler. Die Ermordung des Ehepaars Schleicher am 30. Juni 1934 in dessen Babelsberger Wohnung durch ein SS-Kommando und ebenso der Mord an General von Bredow hat ihn auf die Seite des aktiven Widerstandes geführt. Er sorgte dafür, daß im Ausland viele Einzelheiten der Mordaktionen Hitlers bekannt wurden. Vor allem fand er in Prag einen Gesprächspartner in Otto Strasser, dessen Bruder Gregor ebenfalls im Auftrage Hitlers umgebracht worden war. Er unterstützte die in Prag erscheinende antinationalsozialistische Zeitschrift Strassers mit Nachrichten, die Strasser dann in die journalistische Form gebracht hat. Wir kennen aus der Urteilsbegrün-

312 Zahlreiche Hinweise in den Berichten über die Familientage 1933–1939.

dung des Ersten Senates des Volksgerichtshofes (Verhandlungen vom 13. und 19. August 1936) die Tatbestände bzw. die Wertung durch das Gericht.[313] Danach mußte Oskar von Dewitz zugeben, über die Mordaktionen Ende Juni 1934 in Berlin und in den Provinzen des Reiches »in der Form eines Gefechtsberichtes« berichtet zu haben: »Er habe sich ... dahin geäußert, daß für preußische Generäle die ihr ganzes Leben im Dienst des Vaterlandes verbracht hätten, insbesondere für den General von Schleicher, Landesverrat überhaupt nicht in Frage kommt. ... Er bestreitet insbesondere, daß die besonders gehässigen Ausfälle gegen den Führer, wie z.B. ›heraus mit der Sprache, oberster Gerichtsherr! Wir wollen wissen, wie Sie Ihren Mordbefehl begründen‹ oder gegen den Ministerpräsidenten Generaloberst Göring (Morphiumgenuß) in seinem Bericht enthalten gewesen seien. Diese Einlassung ist jedoch nicht glaubhaft.« An anderen Stellen des Urteils ist die Rede von Informationen über das Zusenden der Aschenurnen an die Hinterbliebenen der Ermordeten und von einem Besuch, den Dewitz in Prag bei Otto Strasser gemacht habe. Auch hätte er versucht, Generalfeldmarschall von Mackensen, General von Brauchitsch in Königsberg, den ehemaligen Reichstagsabgeordneten und Hindenburg-Freund Elard von Oldenburg-Januschau und General von Bock in Stettin für eine Aktion zu Gunsten der ermordeten Generäle zu gewinnen. Die Herren hätten sich jedoch in der Angelegenheit als nicht ansprechbar erwiesen. Das Gericht nahm ihm und den geschickten Berliner Anwälten Fritz Ludwig und Josef H. Dufhues nicht ab, dies alles eher von einem unpolitischen Standpunkt aus betrieben und geschrieben zu haben. Die Richter des Volksgerichtshofes hielten ihm vor, er sei jahrelang im Landbund tätig gewesen, habe daran mitgewirkt, die Harzburger Front wieder herzustellen, und hätte deswegen [noch 1932] mit Hugenberg und Oskar von Hindenburg Verhandlungen geführt. Sein Ziel sei in der Papen-Zeit eine autoritäre Staatsführung ohne Nationalsozialisten gewesen. Man hielt ihm die Schlagzeilen der Zeitung der Schwarzen Front vor (u.a. »Hitler muß sterben, auf daß Deutschland lebe!«) und verurteilte ihn wegen Vorbereitung eines hochverräterischen Unternehmens zu sechs Jahren Zuchthaus mit anschließender Polizeiaufsicht. Lediglich das gerichtsmedizinische Gutachten von Prof. Dr. Müller-Hess, der auch sonst zahlreichen Verfolgten geholfen hat, bewahrte ihn vor einer höheren Strafe bzw. dem Todesurteil. Vielleicht haben auch die damals stattfindenden Olympischen Spiele etwas mäßigend gewirkt. Dewitz mußte bis etwa 1939 einen Teil der Strafe verbüßen, ist dann jedoch durch eine Intervention des Reichsministers von Neurath bei Göring oder dem Reichsjustizminister Gürtner frei-

313 Kopie des Urteils des »Volksgerichtshofes« vom 19. 8. 1936 (FA). Mündliche Mitteilungen. – Über Konservative Opposition und Stahlhelm in Pommern und die allgemeinen Zustände seit 1933 ist heranzuziehen: *R. Thévoz, H. Branig* u. *C. Lowenthal-Hensel,* Pommern 1934/35 im Spiegel von Gestapo-Lageberichten und Sachakten, 1974, S. 70ff.

gekommen, freilich mit der Auflage, sich fortan in Mecklenburg auf dem Gut eines Verwandten aufzuhalten. Das sonst übliche KZ-Lager blieb ihm erspart. Die Zustimmung des Ministerpräsidenten und Reichsjägermeisters Göring zu der Strafreduzierung war nicht zuletzt deshalb erreichbar, weil dieser sich bereits als selbst angemeldeter Jagdgast für das Meesower Rotwild interessiert gezeigt hatte. Oskar von Dewitz hat auf seine Art wohl am offensten Widerstand zu leisten versucht. In den Formen der Konspiration, der Widerstandsstrategien oder gar der Anklage im Ausland ist von den Angehörigen der preußischen Führungsschichten niemand unterwiesen worden, weil trotz der Ereignisse in Rußland die Katastrophe einer Parteidiktatur, eines kriminellen Staatsoberhauptes als etwas Undenkbares in Deutschland erschien.

»Adel und Drittes Reich«

Es versteht sich, daß in den Nachrichten der Gesamtfamilie ein Ereignis wie die Haft Oskars von Dewitz verschwiegen wurde. Aber Andeutungen über Spannungen zwischen den wenigen lebhaften Fürsprechern des »Dritten Reiches« und den vielen anderen skeptisch Abwartenden finden sich doch vereinzelt zwischen 1933 und dem letzten, bereits mit Kriegsnachrichten gefüllten Blatt von 1940. Die Anhänger Hitlers innerhalb und außerhalb der Adelsverbände begannen Ende 1932 das Visier zu lüften. Joachim Balthasar von Dewitz (auf Wangerin B) sah sich auf dem 58. Familientag genötigt, auf die Stimmungsmache einiger adliger Nationalsozialisten hinzuweisen, die sinnigerweise für die Ablegung des Adelstitels eintraten. Nicht grundlos erinnerte der Vorsitzende Lothar von Dewitz die Anwesenden daran, daß »auch unter veränderten Zeitverhältnissen die Jugend in den altbewährten Traditionen der Familie und Ehrbegriffe des Standes zu erziehen sei.«[314] Wenig später begann, mit den Worten Günthers von Dewitz (gestorben 1959), »das große Frühjahr 1933 und Deutschlands Erwachen«. Ende September 1933 hatte der Adelsmarschall Fürst zu Bentheim-Tecklenburg sein Pamphlet »An den reinblütigen Deutschen Adel« im Adelsblatt und in der Kreuzzeitung und in zahlreichen Mitteilungsblättern der Familie veröffentlicht.[315] Die Leitworte waren damit genannt, und es oblag den Vorständen der Familien, das Blut- und-Boden-Geschwätz zu verbreiten. Der Vortrag eines Majors von Goertzke scheint wenig Beifall gefunden zu haben, trotz der Drohung, es könnten diejenigen »als Außenseiter in den Geruch des ausgeschlossenen verjudeten Adels geraten«, die sich weigerten der nationalsozialistischen »Adelsgenossenschaft« beizutreten und die Eintragung ihrer Familie in die sogenannte »Edda« vor-

314 Mitt. d. Fam. v. Dewitz 1932 (58. Familientag), S. 3.
315 Mitt. d. Fam. v. Dewitz 1933, S. 6.

nehmen zu lassen.[316] Bezeichnenderweise fand eine Aussprache nach dieser Pflichtübung nicht statt. Vielmehr brachte der Vorsitzende letztmalig ein Hoch auf den Kaiser im Exil aus, dem man ebenso wie dem greisen Reichspräsidenten wiederum ein Huldigungstelegramm geschickt hatte.[317]

Der Familientag 1934 ist nach diesen problematischen Vorgängen und nach dem Röhm-Massaker vorsichtshalber gestrichen worden. 1935 dann traf der neue Vorsitzende Oberstleutnant Günther von Dewitz gen. Krebs (1885–1940) ziemlich präzise den erwünschten Ton der Zeit und versicherte den Anwesenden, die 700jährige Geschichte der Dewitze hätte alle Zeit im Zeichen von Pflug und Schwert gestanden, »während Händlertum ihm wenig gelegen habe.« Nach diesem Euphemismus wurde den Vettern und Basen mit aller Deutlichkeit Adolf Hitler als der große Anführer der Deutschen vorgestellt. Die älteren Verwandten hätten zwar der neuen Zeit nicht »begeistert zugejubelt«, aber nun gehörte es dazu, »daß wir dem Neuen, das wir als stark, gut und richtig erkannt haben, freudig zustimmen und ohne weiter zu zaudern (sic!) unsere ganze Kraft für die Aufgaben und Ziele der nationalsozialistischen Bewegung einsetzen. Und tatsächlich zeigt die große Anzahl der aktiv in der Bewegung und in der Wehrmacht stehenden Angehörigen, daß wir unsere Pflicht erkannt haben. Der alte Adel sei als politischer Stand vorbei, aber wenn einer von Blut und Boden, arischem Prinzip, staatstreuer Pflichterfüllung und Opfermut bis in den Tod rede, so brauchen wir uns als Geschlecht wahrlich nicht zu verstecken...«[318] Man müsse bestrebt sein, »durch Mehrleistung Führerstellen zu erwerben«. Demzufolge betont dann die sachkundig vorgenommene Satzungsänderung »das Führerprinzip, den stärker betonten ideellen Zweck des Verbandes, besonders die rassischen Vorschriften, und die Kürze des Wortlauts«.[319] Nach einem »einfachen Mahl« wurde vom Familienführer erstmalig das »Sieg Heil« auf den Führer ausgebracht, daneben aber in abgeschwächter Treue der alten Herrscherhäuser noch einmal gedacht. Das traditionelle Telegramm an den Kaiser in Haus Doorn konnte nunmehr fortfallen. Und 1936 ist dann mit erneuter Satzungsänderung der »Führer des Deutschen Reiches« ermächtigt worden, nach einem »Erlöschen des Dewitz'schen Geschlechtes« über die Stiftungsmittel zu einem gemeinnützigen oder mildtätigen Zwecke zu verfügen. Zumindest die Familie in ihrer Gesamtheit ist nicht erloschen, obwohl der »Führer« sich bald als in höchster Potenz gemeingefährlich herausgestellt hat. So klang das damals. Es war die Jubelzeit vor den Olympischen Spielen, als viele glaubten, der ewige germanische Frühling sei angebrochen. Der Hamburger Importkaufmann Hermann von Dewitz († 1947) hat

316 Ebenda, S. 6.
317 Ebenda, S. 6.
318 Mitt. d. Fam. v. Dewitz 1935, S. 5.
319 Ebenda, S. 5.

seine Meinung über Adel und Drittes Reich in den Nachrichten veröffentlichen dürfen. Es waren politische Monokausalitäten und Phantastereien eines »alten Kämpfers«, der schon lange mit der Welt des 20. Jahrhunderts in hoffnungslosem Konflikt lag.[320] Die Familie schwieg, teils, wie man weiß, insgeheim entrüstet und schockiert, teils desinteressiert. Es blieb einem Überlebenden der mittleren Generation, dem 1944 schwerverwundeten Schriftführer Oberst a. D. Günther von Dewitz vorbehalten, im Frühjahr 1948 den Vettern und Basen nach dem Inferno in Kürze zu sagen, daß er und nicht wenige seinesgleichen unter dem Gefühl »irregeführter Begeisterung und verratener Pflichttreue« zu leiden hätten.[321]

Sozialer Wandel in der Gesamtfamilie

Seit den zwanziger Jahren nahm die Zahl der Geburten in der Gesamtfamilie zu. 1936 zählte man 94 männliche und 102 weibliche geborene von Dewitz, so daß es fast 200 Dewitze im In- und Ausland gab. Dazu kamen die eingeheirateten Frauen von Dewitz mit rd. 60 Personen. Die durchschnittliche Kinderzahl liegt in der Zeit zwischen 1918 und 1945 noch bei drei bis fünf Kindern pro Familie, von dem Sonderfall der 14-Kinder-Familie des Verwaltungsjuristen Albrecht von Dewitz (Allenstein) abgesehen. Ein überraschendes Ergebnis zeigt sich, wenn man für den gleichen Zeitraum die »adligen« und die »bürgerlichen« Eheschließungen auszählt: 35 Heiraten mit Personen mit Adelsprädikat stehen 46 Ehen mit bürgerlichen Partnern gegenüber. Daß sich dieses Zahlenverhältnis nach den allgemeinen Vermögensverlusten von 1945 noch erheblich zugunsten von Heiraten mit Partnern aus bürgerlichen Familien verschoben hat, ist aus den Stammtafeln auch vieler anderer vergleichbarer Familienverbände ablesbar.

In den schriftlichen Quellen finden sich nur selten Hinweise auf Bedenken zu dem Prozeß der offenbar unaufhörlichen »Verbürgerlichung« in den Zweigen der Dewitz-Familie oder in allgemeinerer Form. Gleichwohl ist dieser

320 Ebenda, S. 9f.

321 Mitt. d. Fam. v. Dewitz, Frühjahr 1948, S. 1. – Günther v. Dewitz hat sich im Zusammenhang mit dem Justizmord an Karl v. Dewitz-Krebs auf der Grundlage seiner Erfahrung als Berufsoffizier mit der Frage der Befehlsverweigerung ausführlicher beschäftigt. An seine Vettern Albrecht und Oskar, die sich mit den Möglichkeiten eines Wiederaufnahmeprozesses befaßten, schreibt er u. a.: »Das Recht, das wir in der Brust tragen – siehe Karl! – entspricht vielfach nicht dem offiziell geltenden Recht … ich gehe soweit, aus eigener bitterer Erfahrung zu erklären: In jener Kriegszeit hat es wohl keinen dienstlich Beteiligten gegeben, der einerseits damals geltende Befehle nicht befolgte, und der andererseits die Ausführung damaliger Befehle, die wir heute verurteilen, nicht hat verhindern können. In solchem Sinne sind wir alle schuldig zu sprechen, die wir dabei waren … Das damalige ›Recht‹ war im früheren und heutigen Sinne verbrecherisch« (12. 11. 54, FA).

Fragenkreis, in den auch die Problematik der Instabilität von Ehen zwischen sozial und regional andersartigen Partnern eingeschlossen ist, immer wieder erörtert worden. Je länger desto mehr erwies sich jedoch vor aller Augen der soziologische Nivellierungsprozeß des 20. Jahrhunderts als stärker, so daß die meist auf irgendeine Form des Dirigismus hinauslaufenden Ratschläge sich als undurchführbar erwiesen haben. Um nicht mißverstanden zu werden: Die Aufnahme von Erbgut aus gänzlich anderen Heiratskreisen, gleichviel welchen Standes, dürfte sich auch bei den Dewitz in einigen Fällen als vorteilhaft und ausgleichend erwiesen haben, insbesondere dort, wo im Umkreis der mecklenburgischen und pommerschen Güter enge Heiratskreise mit entsprechendem Ahnenschwund zeitweise bestanden haben. Generalleutnant Lutz von Dewitz[322] hat sich in seiner Rostocker Ruhestandszeit aus guter Kenntnis der Dewitz-Geschichte heraus mit dem soziologischen Wandel in der Familie und den Ursachen befaßt. Die Tochter überliefert in zeitbedingter Sprache, daß auch ihr Vater besorgt gewesen sei wegen der wachsenden »Entwurzelung« durch Güterverluste, wegen des berufsbedingten Wanderlebens der zahlreicher werdenden Offiziere und Beamten und wegen der sich daraus ergebenden bewußtseinsmäßigen Aufgabe des eigentlichen »Charakters« der Familie; es würden nunmehr Berufe gewählt, »zu denen ein Dewitz alter Art nicht berufen sein konnte«. Auch würde sich »durch ungünstige Heiraten« eine Veränderung der Erbanlagen und damit der Leistungsfähigkeit auf bestimmten Gebieten ergeben. Von den Menschen der Gegenwart mit ihrem zeitgeistreichen Individualismus, dem vordergründigen Glücksstreben und der Aussicht auf eine »multikulturelle« europäische Bevölkerungsgesellschaft mögen diese fürsorglichen Gedanken als ein kompletter Anachronismus empfunden werden, wurden von einigen vielleicht bereits 1938 so empfunden, aber sie sprechen doch eine unbestreitbare Tatsache an, deren Auswirkungen inzwischen – auch als allgemeines Phänomen – erkennbar geworden sind.

Wehrdienst und Kriegsopfer

Weit stärker als während des Ersten Weltkrieges wurde die Gesamtfamilie Dewitz vom Zweiten Weltkrieg in allen ihren Zweigen getroffen. Die in spätwilhelminischer Zeit erhöhte Kinderzahl brachte es mit sich, daß in den dreißi-

322 Mitt. der Fam. v. Dewitz 1939, S. 4. – Auf dem Familientag 1939 muß es recht lebhaft zugegangen sein. Ausgangspunkt war wohl der Versuch des Vorsitzenden Günther v. Dewitz (Nr. 725), die Zustimmung der Familienverbandsmitglieder für den Plan zu erlangen, den Grafentitel mit behördlicher Genehmigung wieder aufleben zu lassen. Dazu Ursula v. Dewitz (Krumbeck): »Ich danke Gott, daß der Antrag auf dem letzten Dewitz'schen Familientag in Berlin im Jahre 39 nicht durchging [durch Widerstand der Mecklenburger Dewitze], den Grafentitel wieder zu führen, aus Opposition gegen die Nazis« (Brief vom 23. 5. 1946, FA).

ger Jahren relativ viele Nachgewachsene in das Wehrdienstalter kamen. Die Möglichkeiten, im Rahmen der Wiederaufrüstung den Soldatenberuf zu ergreifen, sind von nicht wenigen Nachgeborenen genutzt worden. Auch Reaktivierungen kamen vor. Die Rangliste von 1939 verzeichnet bereits neun Dewitz-Offiziere. Bei Kriegsausbruch befanden sich dann schon mehr als zwanzig Dewitze in den Kasernen des »Dritten Reiches«. Sie erfüllten fast ausnahmslos ohne größeren Widerspruch den Dienst für »Führer, Volk und Vaterland«. Der Fahneneid wurde auch dann nicht in Frage gestellt, als erkennbar wurde, daß längst ein Eidbrüchiger, umgeben von Eidbrüchigen und von verblendeten Mittätern, das »Reich«, ein Reich ohne Menschenrechte, dem Untergang entgegenführte.

Im Verhalten und in den Äußerungen 1939 bis 1944 deutet sich ein wesentlicher Unterschied zum Krieg 1914 bis 1918 an. Damals ist trotz aller Not im Einzelfalle der nationale Haß in der Aristokratie wenig verbreitet gewesen. Der Krieg stand in einer bestimmten Tradition und wurde eher funktionalistisch und technisch begriffen und gewertet. Im zweiten Kriege ist dieser »sportliche«, spätritterliche, noch immer auf Fairneß bedachte Grundzug wegen der Vermischung der Armee mit regimekonformen Existenzen erheblich verringert, jedoch nicht beseitigt worden. Die Einstellung zum Krieg und Gegner blieb abhängig von der Erziehung im Elternhaus, den Traditionen der Waffengattung und dem Beispiel der Kommandeure. Wer dann im Sinne des altadligen Kriegsverständnisses die Ereignisse »nicht so tragisch« zu nehmen vermochte und die abgehobene Position der »Ritterlichkeit« beibehielt (und das waren immer noch beträchtliche Teile des Offizierskorps der drei Wehrmachtsteile), der bemerkte zuletzt überrascht, mit welcher Härte die Offiziere der Gegenseite, zumal die Briten, ihr Handwerk betrieben, Haß und Kälte kultivierten und demzufolge zumindest in Teilen wenig Neigung für Shakehands nach der Katastrophe zeigten. Aber hier erweitert sich das Problemfeld über die Mentalitäten der »Junker« und der »Militärkaste« hinaus zu den Eigentümlichkeiten des vielschichtigen Nationalcharakters der Deutschen. Ihnen fehlen, im Vergleich mit England und auch Frankreich, materialistischer Wirklichkeitssinn, das Eintreten für die grundlegenden bürgerlichen Werte je in der Gegenwart und ein originärer Konsens in Fragen der Staatsraison, zu schweigen von einem relativ einheitlichen politischen Bewußtsein bei den Rechten und in der Mitte. Die Ursachen liegen tief in der Geschichte, beruhen aber auch auf der Anarchie der Ideologien, deren absurde Formeln den Menschen des 20. Jahrhunderts den Blick auf die Realitäten verstellt haben. Auch der Adel konnte sich dem, als die monarchische Tradition abgebrochen war, nicht entziehen. »Nur wenige erwiesen sich«, so urteilt Johann Albrecht von Rantzau, »als überzeugte und unerschütterliche Anhänger des parlamentarischen Systems. Fast niemand hatte einen festen Standpunkt, und so ist fast niemand von den Einflüssen der nationalsozialistischen Bewegung unberührt geblieben. Dies sind jedenfalls die Wahrnehmungen, die ich vor und nach 1933 in einem nicht kleinen Bekanntenkreis, in meiner Verwandtschaft, in meiner Familie und auch bei mir selbst gemacht habe«.

Die Gläubigkeit gegenüber der Führung war grenzenlos. Im Herbst 1938 hatte man die Lehren des ersten Krieges offensichtlich weitgehend vergessen: »In diesem Jahr ist diese gewaltigste Verteidigungsanlage aller Zeiten (der »Westwall«) fertiggestellt worden, gewiß, sie war im Herbst 1938 noch keineswegs in dem Zustand von heute, aber die Geschichte hat dem Führer recht gegeben, sie hat auch schon damals ihre Aufgabe voll erfüllt: Weil der Führer dem deutschen Heer und Volk vertraute, und weil das Heer und das Volk an seinen Führer glaubte.« So berichtet ein Dreiundvierzigjähriger, der das Jahr 1918 als Soldat miterlebt und nun die Welt als Major zu betrachten hatte. Ein anderer notiert als junger Oberleutnant zum Einmarsch »in die Tschechei« in Richtung Brünn: »In den Dörfern bestaunten die tschechischen Bewohner schweigend die deutschen Truppen.« In den Familien-Mitteilungen folgen dann die »Berichte aus dem Kriege«, erst in Dur, dann in Moll. Oberst Karl von Dewitz-Krebs ist, wie er 1940 anschaulich berichtet, »von Freude und Genugtuung erfüllt«, daß er das Elsaß, »das schöne Land wieder erobern kann.« Die Nachdenklichen unter 42 Uniformträgern aber schweigen, senden keine Kriegsberichte ein und werden deshalb gerügt.

Die militärischen Leistungen dieser Kriegsteilnehmer standen nicht hinter denen ihrer Väter und Großväter zurück, die bei Tannenberg und Verdun im Feuer gelegen hatten und deren Vorbild stark nachwirkte. Wiederum und noch einmal waren die Dewitz ein Glied in der Kette der berühmten ostdeutschen Familien, die der zur Wehrmacht erweiterten Reichswehr das qualifizierte Personal in Gestalt »geborener« Offiziere und Soldaten stellte. Die Mehrzahl von ihnen ging wohl ins Feld im Glauben an ein besseres Deutschland, dem gegen die »Mächte von Versailles« der Weg zu ebnen, dessen Zukunft zu sichern sei, ohne Rücksicht auf das eigene Leben.[323] Oder sie gaben sich auch einfach der weitverbreiteten Empfindung hin, daß Krieg zu den

323 Oberst *Günther von Dewitz* (1895–1959) a. d. H. Weitenhagen-Golz, Sohn des Generalleutnants Lutz v. D. († 1939), schrieb noch am 26. 10. 1941 seiner Schwester Margarethe Beuther: »Wir aber sind die Sieger, gut ernährt und geistig durch Briefe und Zeitungen gesichert.« Er hebt hervor, daß er ein leidenschaftlicher, jedoch unpolitischer Soldat sei. Anfang 1942 veränderte sich der Ton der Briefe aus Rußland; die Verluste stimmten ihn nachdenklich: »Aber einmal müssen wir ja alle ran und der Krieg ist nun mal die anständigste Gelegenheit« (11. 1. 1942). Günther v. D. ist dann noch mit Glück, wenngleich schwer verwundet, aus englischer Gefangenschaft heimgekehrt. Er hat sich nach dem Krieg erneut mit genealogisch-historischen Fragen befaßt, den Familienverband mit anderen wiederbegründet, die Familiennachrichten bis zu seinem Tode redigiert und für seinen Familienzweig eine große handgeschriebene Chronik (mit handgez. Wappenbildern, kopierten Quellen und Abb.) zusammengestellt: Ahnenbilder. Dewitz, Marck, Werner, Kienitz, Wedel, Huyssen (1950), die in mehreren Kopien verbreitet ist (FA). Vgl. auch Anm. 321.

gleichsam normalen Ereignissen in der Geschichte der Menschheit gehörte. Die Grundlagen und Absichten der Führung des Reiches in diesem Kriege sind den meisten ebenso wenig bewußt gewesen oder geworden wie der Masse des deutschen Volkes überhaupt. Propagandageprägter Zeitgeist behielt zumindest in den Monaten starker militärischer Erfolge weithin die Oberhand,[324] so daß das sich anbahnende Verhängnis auch von Schärferblickenden nicht in seinem ganzen Umfange erkannt werden konnte. Im Sommer 1940, nach der Kapitulation Frankreichs, hielten selbst geschworene Gegner Hitlers und seiner Partei den Atem an und fragten sich überrascht oder verzweifelt, ob diesem Manne denn schlechterdings alles gelänge.[325] Doch einige aus dieser Soldatengeneration, zumal Ältere mit Weltkriegserfahrungen, blieben erkennbar skeptisch, folgten dem Vorbild des Elternhauses und dachten und verhielten sich

324 *Hans-Achim von Dewitz* (1904–1976), Sohn des Meesower Reichstagsabgeordneten Jürgen v. D., schrieb als Kriegsberichterstatter in dem Propaganda-Werk »Über Schlachtfelder vorwärts« (Berlin 1940) im Stil der Zeit schwungvolle Beiträge. Darin heißt es u. a.: »Uns Soldaten aber, die wir das Denkmal Maginots, den Douaumont, die Maginot-Linie und den deutschen Soldaten mitten darin in der entscheidendsten Stunde erlebten, ist er (sc. Maginot) nur ein Name, geeignet, den Namen Adolf Hitlers und den Ruhm des deutschen Soldaten noch heller erstrahlen zu lassen« (S. 282, vgl. S. 287 f.). Gleichwohl war er, wie sein Vater, nach allen Nachrichten kein »überzeugter« Nationalsozialist.

325 Der Pegelstand des Zeitgeistes läßt sich auch an den Briefen einiger Historiker gut verfolgen. Friedrich Meinecke schreibt am 8. August 1940 an Heinrich Ritter von Srbik: »Daß ich mit tiefer Bewegung, Stolz und Freude die letzten Wochen miterlebt habe, brauche ich kaum zu sagen. Aber denen, die bisher in der Opposition standen, ist heute eine viel schwerere Aufgabe gestellt, als einst den Liberalen von 1866. Wir möchten wohl, aber wir können es noch nicht. Und so fühlt man sich in einem ganz unorganischen Zustande, wo Licht und Schatten derart noch auseinander klaffen, daß der Schatten (sc. Hitler) noch nicht als schlechthin notwendig zum Lichte gehörig erscheint. Ein Wort Theodor Fontanes von 1893 ging mir wohl durch den Sinn: Es scheine fast, daß die Triebkraft zu großen und notwendigen Revolutionen mehr aus den schlechten als aus den guten Seiten der menschlichen Natur stamme. Damit wäre man dann wieder bei dem dämonischen Charakter des geschichtlichen Lebens, dem man niemals ganz auf den Grund sehen kann, so daß nichts anderes übrig bleibt, als sehr bescheiden zu werden mit seinen geschichtlichen Deutungen.« *F. Meinecke,* Ausgewählter Briefwechsel, hrsg. v. L. Dehio u. P. Classen, Stuttgart 1962, S. 193 f. Eine ähnliche Mischung von Umlernbereitschaft und verhaltener Skepsis in dem Brief an den Göttinger Historiker und Meinecke-Schüler Siegfried A. Kaehler (4. 7. 1940, ebenda, S. 363 f.), wo er den »Jubel« des ehemaligen Preußischen Kultusministers Schmidt-Ott (»Der Herr hat Großes an uns getan«) zwar nicht zu teilen vermag, dann aber fortfährt: »Ja, es schüttert eben Alles wieder von oben nach unten in uns herum, und es braucht Zeit, bis sich unsere Gedanken wieder einigermaßen geklärt haben. Freude, Bewunderung und Stolz auf dieses Heer müssen zunächst auch für mich dominieren. Und Straßburgs Wiedergewinnung! Wie sollte einem da das Herz nicht schlagen. Es war doch eine erstaunliche, und wohl die größte positive Leistung des 3. Reiches, in vier Jahren ein solches Millionenheer neu aufzubauen und zu solchen Leistungen zu befähigen. Und die Hoffnung regt sich leise, daß von diesem Heere aus nun auch im Inneren ein freierer Atemraum für unser einen sich bilden könne. Ich will, wie gesagt, in Vielem, aber nicht in Allem umlernen.« Ähnliches, wennschon von weit größerer Skepsis bestimmt, findet sich in den Briefen des Freiburger Historikers Gerhard Ritter.

immer noch preußisch konservativ oder preußisch liberal, jedenfalls nicht rabiat nationalistisch. Das gilt u. a. für Engelke (1917–1945), für Georg von Dewitz (1918–1944) oder für Karl von Dewitz-Krebs (1887–1945), von dem noch zu sprechen sein wird.

Als der Zweite Weltkrieg endete, hatte die Gesamtfamilie die schmerzlichste Bilanz ihrer bisherigen Geschichte aufzustellen: 26 weibliche und männliche Dewitze waren auf den Schlachtfeldern Europas verblutet oder an den Folgen von Verwundung oder völkerrechtswidriger Behandlung in der Gefangenschaft oder Besatzungszeit verstorben, davon vierzehn bei den Kämpfen in Rußland und sechs bei den Schlußkämpfen in Deutschland. Besonders traf es jene Familien, die bereits im ersten Kriege stammhaltende Söhne verloren hatten und die die nunmehr einzigen Söhne einbüßten. Als erster überhaupt wurde *Bernd von Dewitz-Maldewin* (geb. 1920) ein Opfer des von vornherein nicht gewinnbaren Krieges. Ihn traf eine Kugel bei Praga vor Warschau. (15.9.1939). Der neue Zweig Cölpin verlor mit *Friedrich von Dewitz* (geb. 1913), der als Sturm-Artillerist im Sommer 1944 in Rußland fiel, den Namensträger. *Malte* aus dem gleichen Hause (geb. 1921), Vetter zweiten Grades des eben Genannten, ging 1944 (26. August) beim Zusammenbruch der rumänischen Front als Oberleutnant zugrunde. Von ihm sind einige Briefe überliefert. 1944 schreibt er standestypisch seiner Mutter: »Gerade jetzt, nachdem eine Reihe von Tagen härtester Kämpfe für das Regiment hinter uns liegen und ich doch einmal Zeit habe, mich mit dem zu beschäftigen, was hinter diesem furchtbaren Krieg ist, komme ich immer wieder zu dem Schluß, daß Gott der Herr der Lenker der Schlachten ist. Er weiß auch um das ›Warum‹, nur daß wir es nicht verstehen. Ja, es ist gut, wenn man wissen darf, daß es kein blindes Schicksal ist, das die tödlichen Kugeln lenkt, auch das tödliche Geschoß kommt von Ihm. Trotzdem fragen wir: Warum mußte gerade er fallen? Wir sind zu klein, wir werden Seine Gedanken nie ermessen können! Und so bin ich ganz ruhig und lege mein kleines Leben in Seine Hand. Wenn ich fallen muß, dann weiß ich, daß es sein Wille war und daß ich mein Leben für unser schönes Deutschland gegeben habe; wie könnte es dann umsonst gewesen sein?« Drei Monate nach diesen Zeilen traf ihn, den schon mehrfach Verwundeten, das tödliche Geschoß.[326]

Ein ungewöhnliches Schicksal war dem Generalmajor *Stanislaus von Dewitz-Krebs* beschieden (1892–1948). »Stani«, wie ihn Freunde und Kameraden zu nennen pflegten, hatte beide Brüder im ersten Kriege verloren, war Berufsoffizier geblieben und stieg hochangesehen in der Reichswehr und Wehrmacht bis zum Regimentskommandeur auf. Im November 1941 wurde er in Rußland mit dem Deutschen Kreuz in Gold ausgezeichnet, nachdem er im Nahkampf durch Molotowcocktails schwere Verbrennungen erlitten hatte.

326 *G. v. Dewitz,* 1956, S. 14.

Wenig später brachte er den Mut auf, gegen die unverantwortliche Kriegführung und Versorgung der Truppe in Rußland zu protestieren. Er wurde abgelöst, jedoch nach Etappenkommandierungen im Sommer 1944 erneut in Südrußland eingesetzt. Verwundet geriet er in Kriegsgefangenschaft. Ehemalige Generäle im »Nationalkomitee Freies Deutschland« haben ihn für ihre Zwecke zu gewinnen versucht. Als sich der General endgültig diesen Gesprächen und Anwerbungsversuchen entzog, wurde er von einem sogenannten Kriegsgericht in Odessa zu 25 Jahren Gefängnis verurteilt (Dezember 1947). In schwerkrankem Zustande brachten ihn Bewacher im Frühjahr 1948 in das nordsibirische Strafgefangenenlager Workuta, das zum »Archipel GULAG« gehörte. In diese Eismeerlandschaft Kriegsgefangene zu deportieren, kann nur von der rachsüchtigen Absicht Stalins bestimmt gewesen sein, einen großen Teil von ihnen mit Hilfe von Krankheiten und Hungerödemen zu vernichten. Stanislaus von Dewitz ist dann auch bereits im September 1948 in einer Offiziersbaracke gestorben. Das Grab auf einem Hügel weit außerhalb des noch lange benutzten Zwangsarbeitslagers trug lediglich eine Nummer. Seine Kameradschaft und Hilfsbereitschaft, aber auch sein mutiges Soldatentum wurde gerühmt.[327]

Wieder wie schon im ersten Kriege ist es die Soldatenfamilie Dewitz-Krebs gewesen, die viele Opfer zu beklagen hatte. *Günther von Dewitz-Krebs* (1885–1940) war im ersten Kriege ausgezeichnet worden (Ritterkreuz des Hausordens von Hohenzollern). Er blieb Berufssoldat. Im November 1939 übernahm er in Königswinter ein neu aufgestelltes Infanterie-Regiment, mit dem er am 5. Juni 1940 den Oise-Kanal kämpfend überwand. Dabei fiel er im stärksten Feindfeuer im Floßsack auf dem Kanal und wurde postum zum Generalmajor befördert.[328]

Aus dem Haus Weitenhagen-Biesendahlshof starben drei Brüder im Osten: *Jobst Werner* (1909–1943) als Hauptmann in Stalingrad, *Hans Achim* (1911–1944) als Leutnant bei Mogilew und *Ekhard* (1915–1945) als Hauptmann, in Ostpreußen schwer verwundet, auf dem Transport im Lazarettschiff auf der Ostsee. Das Haus Wussow verlor sechs Männer im Kampf und durch Mord:[329] *Max Roderich* (1920–1942), aus Ostafrika zurückgekehrt, fiel in

327 Für das Folgende: *Günther v. Dewitz,* Geschichte der Familie von Dewitz. Den soldatischen Opfern im Kriege 1939–1945 zum Ehrengedächtnis. Privatdruck 1956, S. 7–9. Zur Problematik des Nationalkomitees »Freies Deutschland«: *W. Adam,* Der schwere Entschluß, 14. Aufl., 1973. – *K. H. Frieser,* Die deutschen Kriegsgefangenen in der Sowjetunion und das Nationalkomitee »Freies Deutschland«, 1981.

328 *G. v. Dewitz,* 1956, S. 10–12. Nach *Ernst-Otto v. Dewitz,* Beiträge zur Geschichte der Familie von Dewitz, Limburg/Lahn 1976, S. 66, soll er dem Nationalsozialismus zugeneigt gewesen sein. Über seinen Sohn Eckhard (1909–1976) ebenda, S. 63.

329 Über die Verluste bei Kriegsende siehe das folgende Kapitel. Eine Liste bei *G. v. Dewitz,* 1956, S. 59.

Rußland. *Eberhard* (1926–1945) ist bei den Kämpfen in Breslau als verschollen gemeldet worden. Die Zwillinge *Engelke* und *Tönnies* (geb. 1917) sind 1945 in der nördlichen Eifel bzw. 1942 in Nordrußland gefallen, beide im Range eines Oberleutnants. Das Haus Meesow verlor neun seiner Söhne. *Horst Oskar von Dewitz* (geb. 1908) starb in Frankreich 1940 nach einer schweren Verwundung. Gleiches gilt für *Wolf Dietrich* (1911–1945), der an den Folgen eines im weiteren Sinne dienstlichen Unfalls erst nach Kriegsende verstorben ist. Aus der von Joachim Balthasar (Nr. 780) abstammenden Familie fielen *Hubertus* (1918–1944) als Rittmeister und Ordonnanzoffizier in der 17. Panzerdivision, als diese zusammen mit der 16. Panzerdivision im Vorfeld von Lemberg von der russischen Offensive aufgerieben wurde. Sein Bruder *Siegfried* (geb. 1921), leidenschaftlicher Landwirt, war bereits 1942 bei Demjansk im Waldai-Gebirge gefallen. *Gustav von Dewitz* (1920–1940) erlag während des Frankreich-Feldzuges einer kriegsbedingten Lungenentzündung. *Leopold* (1915–1943) erreichte den Rang eines Majors bei der Panzernachrichtentruppe und fiel bei den Kämpfen bei Kiew im September 1943. Die Familie des Wilhelm von Dewitz (Nr. 786) hatte noch zwei weitere Verluste zu beklagen. *Georg Henning* (1918–1944), der sich dem Offiziersstand verweigerte, ging in den Kämpfen bei Libau in Kurland 1944 spurlos unter. Sein Bruder *Rüdiger* (1922–1941) fiel 1941 vor Smolensk. *Eckhardt,* der Sohn des U-Boot-Kommandanten Albrecht (Nr. 787), hat sich als einziger der Gesamtfamilie das Ritterkreuz im Kampfe verdient. An der Eismeerfront eroberte er als Leutnant mit Gebirgsjägern im Nahkampf mit russischer Marine-Infanterie eine entscheidende Position (4. Mai 1942). Er ist dann jedoch nach wenig mehr als einem Jahr in der verhängnisvollen Panzerschlacht bei Bjelgorod als Oberleutnant und Bataillonsführer im Füsilier-Regiment »Großdeutschland« gefallen (5. Juli 1943). Er war, nach hinterlassenen Aufzeichnungen, trotz aller Härte als Soldat sensibel und geisteswissenschaftlichen Fragen zugewandt. Mütterlicherseits stammte er von Johann Gottfried Herder ab. Ein Hochbegabter, wie Verse zeigen, die er seinem Tagebuch anvertraut hat.[330]

Traditionsgemäß gingen die meisten Dewitze ins Heer. Im zweiten Krieg wählte nur ein Dewitz die Marine; wohl aber dienten zwei Familienangehörige in der Luftwaffe: *Kurt von Dewitz* (Sophienhof) ist als Hauptmann in einer Fernaufklärerstaffel im Januar 1942 von einem Feindflug in Rußland nicht zu-

330 Ebenda, S. 47. Kurz vor Kriegsbeginn schrieb der achtzehnjährige Arbeitsdienstmann in sein Tagebuch: »Dringe, du alles belebende Sonne / ein in mein Herz / und wecke es auf zu bauenden Taten! / Allgewaltige Mutter Natur / die du in dir die göttlichen Gesetze am reinsten verkörperst / laß mich doch Kraft / aus deinen so hohen Gesetzen schöpfen! / Denn nur zum Edelsten zieht es mich hin / mit zu vollenden meinen Beginn. / Ich kenne nicht Grenzen, nicht Schranken, nur eines: / Der Menschheit zu dienen / nach Reinstem zu streben / wie groß das Opfer auch sei.« Seine Eltern widmeten ihm eine zeitgeistgeprägte Todesanzeige.

rückgekehrt. Sein Vetter *Hans Ulrich von Dewitz* (1921–1945), mehrfach ausgezeichneter Fallschirmjäger, wurde als Leutnant in den Kämpfen um den Brückenkopf bei Stettin-Finkenwalde durch Granatsplitter tödlich verwundet (15.3.1945).

Hans Max von Dewitz-Maldewin-Sophienhof (geb. 1881), Landwirt auf Lischwitz (Kr. Lauenburg/Pommern) und Major im Standortdienst, starb an den Überanstrengungen der Zusammenbruchszeit (25. 4. 1945 Husum). Zu den Kriegsopfern zählt schließlich auch *Bernd von Dewitz-Sophienhof* (1926–1947), der den Krieg selbst überlebte, aber auf Grund einer Denunziation in die englischen Internierungslager Munster und Westertimke gebracht wurde, und zwar ohne sofortige Untersuchung. An den Folgen (Lungentuberkulose) der unschuldig erlittenen Haft ist er dann in Wunstorf bei seiner Mutter gestorben (10.6.1947).

Das Unglück in den Familien, wenn wieder eine Todesnachricht eingetroffen war, ist für den Nachlebenden kaum mit Worten wiederzugeben. Als *Ottfried von Dewitz-Cölpin* (1892–1980), der als Verschleppter in Rußland festgehalten wurde, von seiner Frau brieflich erfuhr, daß sein Sohn Malte bereits 1944 gefallen war, suchte er seinen Schmerz mit Versen[331] zu bannen, die Typisches und Individuelles der Notzeit vereinen:

Oft bangte ich um meinen Jungen,
daß er vom Feind erschlagen.
Dann habe ich mit Gott gerungen
in ahnungsschweren Tagen.

Nun halt ich's schwarz auf weiß in Händen,
daß fremder Grund ihn bettet.
Herr Gott, Du konntest es doch wenden,
hast ihn so oft errettet.

Und ließest ihn von schweren Wunden
im Heimatland genesen.
Und in beglückten Vaterstunden
ist er mir Freund gewesen.

Dann war Verräterei im Spiele
und Staatskunst schwand im Wahne.
So starb er, wie so viele, viele,
umsonst für seine Fahne.

Nun suche ich mit wundem Herzen
nach Sinn in dem Geschehen.

331 *G. v. Dewitz,* 1956, S. 58.

Ist eine Saat in all den Schmerzen,
sind's Zeitenwende-Wehen?

Herr, lehr mein Herz doch sich bescheiden,
mich festen Schritts zu gehen.
Du gabst und nahmst. Und in dem beiden
laß mich nur Liebe sehen.

Hinrichtung 1945: Karl von Dewitz-Krebs

Karl von Dewitz-Krebs (1887–1945)[332] hat von allen Dewitz des zweiten Krieges das tragischste Schicksal erleiden müssen. Er war Berufssoldat geworden, hatte sich im ersten Krieg vielfach bei den Potsdamer Gardejägern ausgezeichnet. Außerdem verfügte er über die Kenntnisse eines dann abgebrochenen Jurastudiums in Heidelberg und zeigte sich überhaupt als Generalstabsoffizier (1920–1927: 9. Infanterie-Regiment Potsdam) vielseitig interessiert. 1936 erhielt er den Status eines Rechtsritters des Johanniter-Ordens. Das wirkte wie ein dezenter Akt der Distanzierung vom Regime. Den Frankreich-Feldzug machte er, wie viele Frankreich-Kämpfer des ersten Krieges, mit einer gewissen Begeisterung mit. 1943 übernahm er als Generalmajor einen deutschen Truppenübungsplatz in Kroatien. Dort geriet er in den Partisanenkrieg und in dessen unerbittliche Tücken. Als er im September 1944 Gefangener der Tito-Partisanen geworden war, nötigten ihn diese, einen Zettel zu schreiben, der dazu dienen sollte, einen Offizier, der vormals ihm unterstellt

332 Ein biographischer Abriß nach dem damaligen Wissensstand bei *G. v. Dewitz,* 1956, S. 13–15. – Briefwechsel zwischen Oskar v. Dewitz († 1969), Albrecht v. Dewitz-Krebs († 1959), Jochen v. Dewitz-Meesow († 1957), Erika v. Dewitz-Krebs († 1971) und Günther v. Dewitz-Wussow († 1959) (Oktober – Dezember 1954) im Familienarchiv. Dort auch das Original des Schreibens des Generals Hans-Karl v. Scheele (geb. 1892, seit Dezember 1943 Leiter des Wehrmachtstreifendienstes, seit November 1944 Präsident des Reichskriegsgerichtes) vom 10. 11. 1954. Ebenda der Bericht des Hauptfeldwebels Gustav Krüger über die Ereignisse im Reichskriegsgefängnis Torgau im April 1945 (30. 5. 1965, Kopie). – Die Originale der Abschiedsbriefe des Generals (12./14. 4.) im Besitz von Frau Ursula Beier, geb. v. Dewitz (Bielefeld), Kopien im Familienarchiv. – Die Akten des RKG sind, nach Angabe des Bundesarchivs (1968), 1945 »fast vollständig« vernichtet worden; Reste sollen sich in Prag befunden haben. – Sehr aufschlußreich über die Zustände in Torgau 1945: *Dietrich Güstrow* (Pseudonym), Tödlicher Alltag. Strafverteidiger im Dritten Reich, Berlin 1982 (= dtv Zeitgeschichte Nr. 10303). – Über die Praxis der Rechtsprechung des Reichskriegsgerichts nach Kriegsausbruch und die unterschiedlichen Akzentuierungen der Senate vgl. *O. P. Schmeling* u. *E. Schwinge,* Die deutsche Militärjustiz in der Zeit des Nationalsozialismus, Marburg 1978, S. 197 ff. Bezeichnenderweise äußern sich die sachkundigen Autoren über den General v. Scheele (der auch in einem anderen Fall ein Todesurteil »erwartet« habe) sehr zurückhaltend.

war, zu veranlassen, einen »festen Platz« dem Gegner zu übergeben. Die Motive des Generals bei der Abfassung des Zettels sind letztlich nicht nachvollziehbar. Wenig später meldete dieser Offizier, der befreit worden war, den Vorfall seinen Vorgesetzten. Im März 1945 ist der Generalmajor auf Veranlassung des Kommandierenden Generals gegen zwanzig gefangene Partisanen ausgetauscht und sogleich dem Reichskriegsgericht in Torgau überstellt worden. Er wurde zum Tode verurteilt (10.4.1945). Dabei dürfte mitgesprochen haben, daß Karl von Dewitz als Gegner Hitlers und seiner Kriegführung bekannt war. Er dachte und fühlte in den Wertvorstellungen des nachkaiserlichen Offizierskorps. Vor Gericht soll er es abgelehnt haben, sich mit justiziablen Argumenten in eine günstigere Rechtslage zu bringen. Er habe, heißt es, nicht geleugnet, den Zettel grundsätzlich »freiwillig« geschrieben zu haben. Dem widerspricht jedoch sein nunmehr im Familienarchiv vorliegendes Testament (Torgau, 12.4.1945), das mit der Erklärung beginnt: »Ein unbedachtes Schreiben, das ich seelisch, geistig und körperlich völlig niedergebrochen, unter starkem Druck der Partisanen und von ihnen bedroht, in den ersten Stunden meiner Gefangenschaft am 22. 9. 1944 an einen sich noch haltenden Stützpunkt in Bruja-Luka schrieb, ist mir zum Verhängnis geworden u. hatte meine Verurteilung zum Tode zur Folge.« Die Formulierungen scheinen auch auf eine Einflußnahme des Pflichtverteidigers zu verweisen, dürften jedoch der Wahrheit sehr nahe kommen. Doch gelang es dem Verteidiger nicht, seinen Mandanten zu einem unterwürfigen Treue-Bekenntnis zu Gunsten des »Führers« zu bewegen. Es blieb dem ebenso törichten wie bis zuletzt Hitlerhörigen OKW-Chef Keitel vorbehalten, das Urteil zu bestätigen und das angeblich fernmündlich vorgetragene Gnadenersuchen des Präsidenten des Reichskriegsgerichts schroff abzulehnen. Über die weltanschauliche Grundhaltung des verurteilten Potsdamer Kameraden war Keitel genau informiert. Als die Frau des Verurteilten (wohl am 14. April) in einem letzten verzweifelten Vorstoß in Berlin bis zum Führerbunker bei der Reichskanzlei vordrang, wo sich Keitel aufhielt, wies man sie zurück. Auf Eingängen und Treppen stand schon, wie sie später berichtete, das Gepäck der fluchtbereiten hohen SS- und Parteileute und der sonstigen mordbelasteten Domestiken des Diktators. Alles Bemühen blieb vergebens. Dewitz-Krebs gehörte zu jenen Militärhäftlingen in Torgau, die noch erschossen, genauer: ermordet werden sollten, als amerikanische Panzertruppen bereits von Dessau her im Anmarsch waren (19. April 1945). Der Hauptfeldwebel des Gefängnisses, ein ehemaliger Untergebener, bot dem Verurteilten noch eine Fluchtmöglichkeit an. Er lehnte dies ab unter Hinweis auf das Ehrenwort des preußischen Offiziers. Dem Hinrichtungskommando rief er am gleichen Tage mit kräftiger Stimme zu: »Jungens, schießt gut! Hoch lebe das Haus Hohenzollern!«

Aus der Sicht des letzten (nie zur Rechenschaft gezogenen) Präsidenten des Reichskriegsgerichts, des Generals der Infanterie von Scheele, der bis zum 20.

April in Torgau mit dem nunmehr völlig unangebrachten Gehorsam des blickverengt agierenden Justiz-Generals seines Amtes waltete, dann nach Süden flüchtete und als scheinbar unbescholtener Mann seine Tage als Militär-Pensionär in Bad Homburg beschloß, wurde lediglich »den Vorschriften entsprechend gehandelt«: »Das Urteil wurde befehlsgemäß nach Eingang der Bestätigung des Urteils am 19.4. vollstreckt. Die Vollstreckung erfolgte nach den gesetzlichen Bestimmungen im Beisein eines Generalrichters durch ein Vollstreckungskommando, bestehend aus einem Offizier und einigen Soldaten des Heeres.« Es hätten »weder bei der Untersuchung, noch bei der Urteilsfindung, noch bei der Ablehnung des Gnadengesuches und bei der Urteilsbestätigung politische Gründe irgend eine Rolle gespielt.« General von Scheele sei sich von vornherein bewußt gewesen, schreibt dieser in aller Ruhe 1954, daß von Dewitz »nicht zu retten sein würde«: »Der zuständige Senat des RKG führte das Verfahren durch und verurteilte ihn am 10.4. zum Tode. Dem Senat gehörten 1 Senatspräsident, 1 juristischer Beisitzer und 3 Offiziersrichter (3 Generäle) an. In der Verhandlung gab v.D. zu, daß er nicht unter Druck der Jugoslawen gehandelt habe. Der erwähnte Zettel lag dem Senat vor. Das Urteil wurde, wie jedes Urteil, von jedem einzelnen Mitglied des Senates unterschrieben.« General von Scheele legte das Urteil dann, ohne jede Verzögerung, Keitel vor. Wie es in Torgau Anfang 1945 bei den Militärstrafverfahren tatsächlich zuging, welche Möglichkeiten einsichtige und gewissenhafte Richter und Verteidiger hatten, ist u.a. durch die Lebenserinnerungen eines Berliner Strafverteidigers genauer bekannt geworden. Es gibt ein unmittelbares Zeugnis, das die Darstellung des Herrn von Scheele in Frage stellt. Im letzten Brief des Generals an seine Frau (14.4.1945, 14.45 Uhr) schreibt er im Angesicht des angekündigten Todes: »Was mag der Reichskriegsanwalt Lehmann [zu Frau von Dewitz-Krebs] gesagt haben? Die Verordnung im Radio am Donnerstag, den 12.4. über die Kommandanten fester Plätze hat mich sehr in Schrecken gesetzt. Aber gestern hat der ein(e) General einem von unsern Herrn erzählt, daß der ganze Senat für mich gewesen sei und für Milderung des Urteils. Hoffentlich hat dieser Milderungsvorschlag Erfolg. Der Feind steht nun vor Halle und Leipzig. Dem Vernehmen nach soll alles heute Nacht abmarschieren. Diesen Brief nehme ich mit, denn Post wird in Torgau nicht mehr befördert. Wer weiß, wann er mal in Deine Hände kommt?« Der Brief konnte in Potsdam zugestellt werden. Der exekutierte Dewitz aber wurde in einem »schwarzen Kasten« auf dem Gefängnis-Friedhof begraben, während die Herren des Reichskriegsgerichts damit befaßt waren, Akten zu sortieren und vorsorglich das meiste zu vernichten.

Insgesamt handelt es sich um eines der vielen Bluturteile, die unter der Aufsicht oder Mitwirkung bornierter Büro-Generale gefällt worden sind, obwohl es nicht an zahlreichen Gegenbeispielen einer ethisch fundierten Handlungsweise im Kriegsgerichtswesen der Wehrmacht fehlt. Am klarsten hat Oskar von Dewitz-Meesow, nach seinen Erfahrungen mit dem »Volksgerichtshof« und als Mann des Widerstandes, die Sachlage beschrieben, als er 1954 vergeblich in der Familie für ein Wiederaufnahmeverfahren eintrat, und nachdem die Staatsanwaltschaft Frankfurt schon 1950 mit den typischen formaljuristischen Argumenten der ersten Nachkriegszeit die Torgauer Rechtspflege von 1945 für nicht anfechtbar erklärt hatte: »Aber man kann den Reichskriegsrichtern etwas die Hölle heiß machen und eventuell den Beweis erbringen, daß sie ohne die unerläßliche erschöpfende Untersuchung des Falles – sprechen wir es offen aus – einen Mord unmittelbar vor dem Eindringen der Amerikaner veranlaßt haben oder geschehen ließen, daß sie also eine ganz schwere Pflichtversäumnis im Sinne des alten Militärstrafgesetzbuches *und* nach heutigen Rechtsbegriffen zu verantworten haben. Die Hitlerzeit und die damals begangenen Verbrechen, mindestens [die] rechtlichen Incorrektheiten zählen heute bekanntlich als das, was sie nach unseren alten Rechtsbegriffen gewesen sind [d. h. als Verbrechen]. Das wissen die Scheele und Hoffmann natürlich genau so gut und haben daher jedes Interesse, sich um ihre Verantwortlichkeit herumzulügen, – weil es ja letztendlich auch um ihre eigenen, recht hohen Pensionen geht. Ich habe begreiflich früher eine sehr hohe Ansicht über die Generale pp. gehabt. Daß diese durch alle Vorkommnisse unter Hitler in sehr vielen Fällen wesentlich geändert worden ist, wird mir angesichts der Lage, in die wir durch Hitler und Co. gebracht sind, keiner verübeln ... In der Lüneburger Landeszeitung hat der Oberst Müller m. E. ganz richtig das Verhalten von Karl mit dem (des Generalfeldmarschalls) von Mackensen am Ende des vorigen Krieges in Ungarn in Vergleich gestellt. Und das wurde damals als das Normale im Verhalten eines für seine Truppe verantwortlichen Feldmarschalls gewertet.«[333]

333 Schreiben Oskar v. Dewitz' an Albrecht v. D.-Krebs v. 3. 11. 1954 (FA).

Treckleitstelle Prenzlau Datum: 8. 3. 1945

Marschbefehl

Der Flüchtlingstreck aus dem Gau Pommern

Kreis Regenwalde wird von Prenzlau am 8. 3. 45

nach Westhavelland Kreis weitergeleitet.

Marschroute: [illegible]

[illegible]

Der Treck besteht aus 22 Personen

14 Pferden

4 Wagen

Sonstiges

Wurde verpflegt am:

Unterkunft:

F. d. R. [illegible]

Treckleitstelle Prenzlau

Arzberger

SS-Obersturmführer

C/1927 2000. 3. 45.

Elftes Kapitel Kein »normales« Kriegsende: Mord, Flucht und Elend (1945–1948)

Wir sind von einem edlen Stamm genommen,
der Schuld vermählt,
wir sind auf dunklen Wegen hergekommen
wund und gequält.
Wir hielten einst ein Vaterland umfangen –
Gott riß uns los –
Wir sind durch Feuer und durch Blut gegangen
verfolgt und bloß.
Uns winkt hier niemals Heimat mehr wie andern,
uns hält kein Band,
Gott riß uns los, wir müssen wandern, wandern –
Wüst liegt das Land …
Gertrud von Le Fort (»Die Heimatlosen«)

Kriegsereignisse in Pommern

Für Pommern wie für den gesamten deutschen Osten brachte die Kriegsendphase mit Not, Tod und Vertreibung ein Schicksal, das in der Geschichte zumindest Mitteleuropas keine Parallele findet. Die deutsche Front im südlichen Pommern brach seit dem 25. Februar (in Ostpommern) und seit dem 1. März (im westlichen Pommern) unter den Schlägen einer sowjetischen Offensive zusammen. Innerhalb von vier Tagen stieß die Rote Armee aus Bereitstellungsräumen vor der »Pommernstellung« entlang der neumärkischen Grenze nach Norden vor. Den Ausgangspunkt bildete die Linie zwischen Arnswalde und Märkisch Friedland. Über Nörenberg, Wangerin, Regenwalde, Greifenberg mit Roman stießen Panzer mit aufgesessener Infanterie bis zur Kolberger Ostseeküste vor. Bereits am Abend des 3. März hatten sie dieses Ziel erreicht, wenngleich nur mit Vorhutverbänden.[334] Ein Chaos, ein unbeschreibliches Durcheinander und Gegeneinanderziehen deutscher und russischer Militäreinheiten sowie flüchtender Bevölkerung war das Ergebnis. Aber keine Frage: Nunmehr war Pommern im Osten wie im Westen aufgespalten, und die rasche Besetzung des Landes durch den Sieger mit seinen polnischen Hilfstruppen war abzusehen. Die deutschen Verbände der schwach ausgerüsteten 3. Panzerarmee zwischen Arnswalde und Labes wurden großenteils in einem militärisch noch einigermaßen geordneten Rückzug nach Westen abgedrängt, so daß

334 *E. Murawski,* Die Eroberung Pommerns durch die Rote Armee, 1969, S. 215ff.

sich die Reste im Bereich des Madü-Sees und der Ina-Stellung, sodann im anfänglich noch ausgedehnten Brückenkopf im Vorfeld von Stettin wiederfanden. Die Truppen der 1. Weißrussischen Armee durchstießen nach dem Bericht des Generalleutnants Krappe »eine schwach besetzte, oft nicht durchgehende Linie, ohne Stellungsausbau, keine Hindernisse, kein Stacheldraht, vorhandene Panzersperren im Hinterland ohne Bewachung. Trecks und Bevölkerung versperrten die Straßen.«[335] Reserven im Hinterland gab es kaum noch; sie wurden in Verzögerungsgefechten verbraucht. Am 2. März setzten die Verfolgungskämpfe am Südrand des alten Dewitz-Kreises ein. Wangerin B wurde, noch eilends geräumt, am 2. März aufgegeben. Am folgenden Tage dann fiel das Gebiet von Daber über Regenwalde bis vor die Tore und Burgzinnen von Plathe in die Hände der nunmehr sehr flexibel geführten russischen Offensivtruppen, die mitten durch die Dewitz-Dörfer in Richtung Naugard, Greifenberg und Cammin vordrangen, um Hinterpommern abzuschneiden und in einen riesigen Kessel zu verwandeln, aus dem es kein Entkommen geben sollte. Der östlich anschließende Raum hingegen mit dem waldreichen Umfeld von Schivelbein und Dramburg blieb noch von deutschen Truppen besetzt, die sich jedoch einige Tage später, nach erbitterten Kämpfen eingekesselt, auflösen mußten.[336]

Flucht aus Wangerin B und Maldewin

Eine geordnete Fluchtbewegung mit Treckplänen war unter diesen Umständen trotz mancher Vorbereitungen ziviler und militärischer Dienststellen nicht mehr möglich. Vor allem versagten fast überall Funktionäre der NSDAP aus Ängstlichkeit, Dummheit oder Borniertheit, so daß die Weisungen für die Abfahrt der Landbevölkerung meist sehr spät oder zu spät gegeben wurden. Vorzeitige Flucht wurde teilweise mit der Todesstrafe geahndet. In Wangerin B, so berichtet Leonie von Dewitz,[337] glaubte schon im Februar niemand mehr daran, daß Pommern gehalten werden könne: »Ende Februar war es dann soweit, daß die Frontkämpfe nur noch 20 Kilometer entfernt waren und der Divisionsstab, der bei uns in Quartier lag, dringend zur Flucht riet, da sie die Stellung nicht mehr halten konnten. Den ganzen Tag [offenbar am 1. März] hörte man Kanonendonner. Der Ortsgruppenleiter erlaubte uns nicht zu fliehen, und Jochen [von Dewitz] wandte sich an den Landrat, er fühle sich für seine Leute verantwortlich und könne sie nicht den mit weiterem Verbleiben verbundenen

335 Ebenda, S. 208.

336 Ebenda, S. 222ff.

337 Wangerin: Erinnerungen (um 1967) der *Leonie v. Dewitz* (geb. Freiin v. Girsewald) auf Wangerin B (FA). Teilabdruck in Familien-Mitteilungen 1974.

Gefahren aussetzen. Der Landrat sagte schließlich: ›Tun Sie, was Sie für Ihre Pflicht halten‹. Darauf fingen wir noch dieselbe Nacht an, das Nötigste zu packen, was fast unmöglich war, da ununterbrochen flüchtende durchfrorene deutsche Soldaten ins Haus kamen, in allen Räumen auf den Fußböden schliefen und dann alles Greifbare an warmen Decken mitnahmen, was man den armen Jungs natürlich von Herzen gönnte. Als es Tag wurde [2. März], standen die Leiterwagen bereit für uns und das ganze Dorf und wurden beladen, während dauernd russische Tiefflieger über den Hof flogen und man immer wieder im Haus Deckung suchen mußte. Unsere junge Mamsell wurde durch Granatsplitter verwundet. Wir kamen noch alle rechtzeitig fort, natürlich auch die Familien von den beiden Vorwerken – zwei Stunden, nachdem wir (das Rittergut) Wangerin B verlassen hatten, wurde das Dorf von russischen Panzern besetzt. Ich glaube, wir waren im ganzen 30 Familien auf zwölf Wagen. Inspektor Leben und seine Frau saßen mit Jochen, Irmgard und mir in unserem Auto, das hinten an einen Leiterwagen angebunden war, da man ja schon lange keinen Treibstoff mehr hatte. Traurig war es, daß wir das ganze Vieh zurücklassen mußten, Kühe, Schweine, Schafe, Hühner, doch wurden sie alle frei gemacht, damit sie nicht im Stall verhungerten, sondern draußen etwas finden konnten. Es lag kein Schnee, war nur ein wahnsinniger Sturm. Natürlich konnte man nur Schritt fahren und nach etwa vier Stunden erreichten wir Meesow, wo Jochen zunächst bleiben wollte. Aber es wurde auch schon geschossen, so daß Jochen nur noch einige Wertsachen vergraben ließ und den Meesower Inspektor Küther mit dem Treck für die Meesower Leute betraute, mit dem dann auch Line und sein Bruder Wilhelm und Frau zogen. Die Meesower Bauern wollten allein trecken, sind dann aber größtenteils in Mecklenburg … hängen geblieben, während die Gutsleute alle sicher nach Holstein gekommen sind. Wir fuhren am nächsten Tag weiter über Naugard in Richtung Stettin. Alle Straßen waren überfüllt von Trecks und flüchtender Wehrmacht, die ganze (hinterpommersche) Autobahn stellenweise verstopft. Darüber kreisten die Tiefflieger und warfen ihre Bomben ab, wobei oft Menschen und Pferde getroffen wurden, die dann tot am Wege lagen. So waren wir vier Tage und Nächte unterwegs, bis wir am Abend des vierten Tages an der Oder fest saßen, weil die Brücken ständig bombardiert wurden. Dabei erlebten wir phantastische Anblicke, wenn die Bomben beim grellen Licht der »Weihnachtsbäume« in die Oder stürzten und das Wasser jedesmal wie eine riesige Feuersäule aufschoß. Erst im Morgengrauen [6. März] konnten wir die Oder überqueren und erreichten am Vormittag Lebehn, das Gut von Jochens Schwester Ursula Koenigs, die den ganzen Treck erstmal aufnahm in Scheunen und Stallungen.«[338]

Auch der aus fünf Wagen bestehende Treck aus *Maldewin*[339] ist viel zu spät

338 Der Treck erreichte Dänischenhagen (Kr. Neustadt/Holstein).
339 Vgl. oben S. 220f.

[3. März] abgefahren. Er wich nur mit viel Glück und mit Hilfe anhänglicher französischer Zivilarbeiter den sowjetischen Panzerspitzen aus. Über Naugard und die Autobahnbrücke südlich von Stettin konnte dann ebenfalls als rettender Ort das Gut Alt Colbitzow in Vorpommern erreicht werden, nach einer Tag- und Nachtfahrt von 120 Kilometern, bei der nur für das Füttern und Tränken der Pferde kurze Pausen eingelegt worden waren. Ähnlich wie in dem Bericht aus Wangerin verlief die Flucht bei allen jenen, die noch auf den Gütern und Höfen trotz der nahen Front und der katastrophalen Kriegslage ausgehalten hatten. Wer noch einmal in ein Gutshaus nach einigen Stunden zurückkehrte, um Vergessenes zu holen, der sah etwas vor wenigen Tagen noch Unvorstellbares: Plünderer und Marodeure, aber auch auf der Flucht befindliche Truppen hatten die Innenausstattung verwüstet: »Der Anblick, der sich mir [in Maldewin] bot, war schockierend. Schränke und Schubladen waren aufgerissen und geplündert wurde, was nicht niet- und nagelfest war. Meinen Mantel fand ich noch, da die Leute in den oberen Räumen noch nicht wie die Wandalen gehaust hatten. Nun erkannte ich zum ersten Mal den grauenvollen und unerbittlichen Krieg.«[340]

»Wehe den Besiegten«

Wo die eindringenden russischen Truppen Gutsherren und überhaupt wehrfähig aussehende Männer noch vorfanden, übten sie häufig genug brutale »Klassenjustiz«. Nur ganz Alte und Kinder wurden in der Regel verschont. Rettung konnte eintreten, wenn sich auf den Gütern angestellte Kriegsgefangene oder Fremdarbeiter günstig über das Verhalten der Gutsherrschaft und deren parteipolitische Abstinenz oder gar Widerstandsbereitschaft gegenüber Funktionären des Hitler-Staates äußerten. Aber häufig genug blieb für Fragen keine Zeit. Die Waffe saß locker, und die Rachelust war stärker als Mitgefühl gegenüber den Unterworfenen. In den langen Listen der ermordeten Pommern aus allen Ständen finden sich auch zwei Dewitze aus den ältesten Besitzungen.[341]

340 *Gerda Kamphausen,* Erinnerungen an Maldewin (1976; FA), S. 7.

341 Über Pommern schreibt *W. Görlitz,* Die Junker, 1956, S. 417: »In 66 Fällen wurden Besitzer, zum Teil mit ihren Familien oder deren nächste Angehörige ermordet. Darunter befanden sich von den am 20. Juli inhaftiert gewesenen (Grundbesitzern) Eberhard v. Braunschweig und Frau in Lübsow (Kr. Stolp), Georg v. Boehn und Frau in Culsow (Kr. Stolp) und Peter-Hermann v. Zitzewitz-Dumröse. In Prillwitz (Kr. Pyritz) wurde der Geh. Kommerzienrat Conrad v. Borsig erschossen, in Klein-Lüblow der frühere Landeshauptmann von Pommern, Ernst v. Zitzewitz, mit seiner Frau. Die Leichname mußten unbestattet vor dem Herrenhaus liegenbleiben. Herrn v. Livonius-Grumbkow wurden bei lebendigem Leibe Arme und Beine abgehackt, noch lebend wurde er den Schweinen zum Fraße vorgeworfen. Der frühere Polizeipräsident von Potsdam, Henry v. Zitzewitz, wurde mit seiner Frau von Russen in den Templiner See getrieben, bis sie ertranken. Herr Drews-Siedkow (Kr. Bel-

In Klein Benz wurde Gustav von Dewitz (-Wussow; geb. 1879) niedergeschossen. Das gleiche Schicksal widerfuhr dem durch seinen individuellen Charakter bekannten Dr. jur. Jobst von Dewitz (-Wussow; geb. 1891) auf dem Wussower Hof am gleichen Tage. In Farbezin hatten sich Heinrich von Dewitz (geb. 1875) und seine Frau Elisabeth von Brockhausen (geb. 1877) nicht entschließen können, sich den Fährnissen der Flucht auf Landstraßen und der See auszusetzen. Sie überlebten den Einmarsch der Rotarmisten. Die Farbeziner Gutsfrau besaß die Energie, in den Nottagen ein Tagebuch zu führen. Es stellt ein seltenes Zeitdokument dar (Anhang Nr. 2). Unter dem 7. Mai 1945 wird auch der Mordtaten auf den Nachbarhöfen gedacht: »Eine Frau, die uns im Dorf anredet, holt Thinka [Katharina von Diest]. Ich bin zu Tränen gerührt, als ich sie nach all diesem Furchtbaren wiedersehe. Aber sie ist ganz ruhig, sagt, Gustav hätte diese Zeit nicht überstehen können. Er hätte gesagt, den Revolver und die goldene Uhr möchte er den Russen nicht lassen, da hätte sie beides in seinem Beisein unter den Hühnermist getan. Dort ist er dann, als sie fort war, erschossen worden. Uhr und Revolver sind gestohlen. K. erzählte, Jobst habe drei Schüsse gehabt, sei gleich tot gewesen. Dagegen ist der Loepersdorfer (Ernst von Loeper, auf Stramehl und Loepersdorf) erschlagen worden.«[342] Das Farbeziner Ehepaar ist dann am 24. Juni 1945 ausgewiesen worden, seelisch ungebrochen. »Tante Elschen« besaß die Energie, zu dem wenigen Besitz, den man mitnehmen konnte (40 Pfund), die Bibel, die Dewitzsche Familienchronik und ein Andachtsbuch zu legen. Beide Farbeziner sind dann im Kloster Dobbertin (bei Goldberg/Mecklenburg) kurz nacheinander im Oktober 1945 an der Ruhr zugrunde gegangen.

Es waren dies nicht die einzigen Opfer, die die Gesamtfamilie in dieser Zeit zu beklagen hatte. Kurz vor Kriegsende schieden in Hohen-Brünzow (Kr. Demmin) Major a. D. Ulrich von Dewitz (-Labenz; geb. 1879) und seine Frau Erika (geb. 1889) aus dem Leben, obwohl sie vier Söhne und eine Tochter hatten, die durch die Kriegszeit gekommen waren. Im Cölpiner Dorfkrug unfern ihres Hauses starb am 29. Oktober 1945 Marie Agnes von Dewitz (geb. von Wedel) am weit verbreiteten Typhus. Das gleiche Schicksal erlitten im nicht weit entfernten Strasburg Margarethe von Dewitz (geb. Heinemann; † 23. Dezember 1947), weiterhin Ruth von Jordan, geb. von Dewitz (in einem Lager in

gard) wurde von den Russen gefoltert, bevor er erschlagen wurde. In Schwuchow (Kr. Stolp) wurde das Ehepaar Steifensand ermordet, in Kurow starb der Generallandschaftsdirektor Gerhard Fließbach, wohl durch Gift, als er zum Erschießen geführt wurde. In Gerbin wurde der alte Landstallmeister Frhr. v. Senden mit seiner Frau, in Dubberow Hermann Conrad v. Kleist, der Bruder Ewald v. Kleists, mit seiner Mutter ermordet. In Alt-Döberitz (Kr. Regenwalde) wurde Gf. Wilhelm-Ernst Finck v. Finckenstein erschossen, in Dalow (Kr. Dramburg) Sixtus v. Knebel-Doeberitz.« Unter den 29 Fällen des Freitodes Einzelner oder der Familienselbstmorde erscheint auch Gräfin Sibylle Bismarck-Varzin, die Schwiegertochter des Reichskanzlers.

342 Tagebuch der *Else v. Dewitz* (FA), 14 gez. Bll., hier S. 5.

der Tschechoslowakei, 1945), Elisabeth von Dewitz 1946 in Buchwald/Riesengebirge, wo sie im Frühjahr 1945 entkräftet allein zurückgelassen worden war. In Niesky/Oberlausitz ist Ende April die Johanniterordensschwester Elisabeth von Dewitz (geb. 1875) von russischen Soldaten kurz nach dem Einmarsch ermordet worden.[343]

Flucht aus Roman

Mitunter gelang die Flucht noch in letzter Minute, wenn alles sorgfältig vorbereitet war und gute Pferde bereitstanden. Das Rittergut Roman (30 Kilometer südlich von Kolberg) war das nördlichste unter den Dewitz-Gütern. Nur mit knapper Not konnte sich der Besitzer mit einem Teil der Leute in dem militärischen Chaos dieser ersten Märztage dem Schicksal entziehen, von den Russen drangsaliert, ermordet oder mindestens verschleppt zu werden. Fritz Jürgen von Dewitz (aus dem Hause Meesow) hatte als »Betriebsführer« den Treck und die Flucht insbesondere für die Frauen und Mädchen des Gutes rechtzeitig vorbereitet. Der Kreisleiter der NSDAP wagte es auch hier nicht, die Flucht vorzeitig freizugeben, obwohl bereits vielerorts Gefechtslärm zu hören war. Doch Dewitz wußte sich in dieser Notlage Rat. Er ließ durch seinen Förster das Gehöft des Ortsgruppenleiters regelmäßig beobachten; als dieser sich ohne Nachricht an die Gemeinde am frühen Morgen des 5. März aus dem Staube machte, hatte er das Signal für die Flucht der Gutsbelegschaft gegeben. Die russischen Kampftruppen der Zweiten Pommern-Offensive befanden sich nun nur noch zwei Kilometer entfernt. Panzerspitzen kämpften seit mehr als 24 Stunden in den Ausfallstraßen der »Festung Kolberg«. Die Romaner Frauen flüchteten sogleich mit einem bespannten Gummiwagen, während Fritz Jürgen den Wagen über Stock und Stein neben Straßen und Wegen auf einem Traber-Sulki begleitete, den er sich wegen einer schweren Fußverletzung beschafft und der schon tagelang neben der Haustür für den Notfall bereit gestanden hatte. Jede Minute war die kleine Gruppe auch auf Nebenwegen in Gefahr, von den nunmehr über Regenwalde und Naugard in Richtung Dievenow stärker nachdrängenden Rotarmisten überrannt und niedergemacht zu werden, wie es gerade in jenen Tagen flüchtenden Nachbarn widerfahren ist. Doch am Nachmittag des 5. März erreichte man die auf gleicher geographischer Breite liegende rettende Wolliner Brücke. Dort hatte sich aus Alarm-Einheiten der Kriegsmarine ein lockerer militärischer Verteidigungsring gebildet. Tausende von Fahrzeugen konnten auf die Insel durchgeschleust werden, – Rettung in letzter Stunde.[344] Um 15.30 Uhr standen die ersten

343 Vgl. Mitt. der Fam. v. Dewitz, 1949, S. 2.
344 Vgl. *E. Murawski,* Die Eroberung Pommerns, 1969, S. 296ff.

feindlichen Panzerspitzen acht Kilometer ostwärts Wollin vor Alt-Tessin. Andere Flüchtende gerieten wenig später in den Strudel der Kämpfe. Graf Hasso von Flemming-Benz ist mit seinem großen Treck vor Wollin von russischen Panzern überrollt worden und konnte nur acht Wagen über die Dievenow bringen, von denen noch fünf in Swinemünde zerbombt wurden.

Insgesamt kommt man zu dem Urteil, daß trotz aller Warnungen und Ereignisse seit 1917 die Vernichtungswut der marodierenden Soldateska und eines kleinen Teils der Offiziere in den deutschen Ostprovinzen bei allen Schichten unterschätzt worden ist. Die Liste der Toten ist unendlich lang, zumal das Ende der Kampfhandlungen nicht das Ende des rachedurstigen Tötens, des Schreckens der Gewaltausübung und des massenweisen Sterbens bedeutet hat, sondern den Anfang der Verhaftungen, der Verschleppungen und der Vertreibungen, in deren Zusammenhang drei Millionen Zivil-Deutsche vornehmlich im Osten ihr Leben verloren haben.[345] Wie sich der Stalinismus im einzelnen nach der Besetzung Pommerns ausgewirkt hat, wie Menschen durch Polen und Russen systematisch vernichtet wurden, ist vorrangig der »Dokumentation der Vertreibung« (1954/1984)[346] zu entnehmen. Dort findet sich auch der Abdruck des Tagebuchs der Käthe von Normann aus Barkow (Kr. Greifenberg),[347] das die Zustände unweit der Dewitz-Güter bis zur gewaltsamen Ausweisung im Frühjahr 1946 festhält. Gegen Ende des letzten Kriegsjahres lebten, mit einer Ausnahme, keine Dewitze mehr in Hinterpommern. Lediglich Irmgard von Pape († 1955) und Jutta von Dewitz waren noch nicht ausgewiesen worden.

Jutta (Nr. 862) stammt ebenso wie ihre Schwester Ursula (Nr. 853) aus der Linie Malwin. Sie wuchs im Internat Misdroy der Insel Wollin auf, der gleichen Internatsschule, die viele andere Dewitze seit dem Anfang des Jahrhunderts ebenfalls besucht hatten. In Misdroy war sie in einem kirchlichen Schüler- und Kinderheim tätig. Als Misdroy in die Kampfzone geriet (10. März 1945), fuhr sie mit einem Flüchtlingstransport mit ihren schutzbefohlenen Kindern nach Goldberg in Mecklenburg. Dort erlebte sie als »Vollschwester« in einem Krankenhaus das Kriegsende und die Russenbesetzung mit allen damit verbundenen Schrecken. Als sich die Verhältnisse im Goldberger Krankenhaus nach wenigen Wochen der Wiederaufbau-Versuche als unerträglich herausstellten, wagte sie es, mit einer befreundeten Schwester auf abenteuerlichen

345 *H. Navratil,* Die deutschen Nachkriegsverluste unter Vertriebenen, Gefangenen und Verschleppten, Ingolstadt 1986, S. 30ff. Danach betrugen die Verluste der Zivilbevölkerung in Ostpommern 20 % (= 364000).

346 *Th. Schieder* u. a., Die Vertreibung der deutschen Bevölkerung aus den Gebieten östlich der Oder-Neiße, Bd. 2, 1954 (Nachdr. 1984), S. 65ff., 735ff., 759ff., 856ff.

347 *K. v. Normann,* Tagebuch aus Pommern 1945/46. (Bonn) 1955. (= Dokumentation der Vertreibung der Deutschen aus Ost-Mitteleuropa, Beih. 1). – Taschenbuchausgabe unter gleichem Titel: dtv dokumente Nr. 2905, Stuttgart o. J.

Wegen zurückzukehren. Sie kam in ein Niemandsland, wo sich bereits allenthalben vagabundierende Existenzen ausgebreitet hatten. Die neuen Ortsgrößen noch deutscher Nationalität verdrängten sie von dort sogleich, aber es fügte sich, daß ihr vom Chefarzt des Krankenhauses Swinemünde die Aufgabe übertragen wurde, in Ostswine eine der drei Auffangstellen für schwerkranke Flüchtlinge einzurichten, um den Zustrom nach Swinemünde und vor allem die Ausbreitung von Seuchenkrankheiten zu beschränken. Dieser Tätigkeit haben sich die beiden Schwestern zusammen mit einem Arzt in der zweiten Jahreshälfte 1945 ohne Rücksicht auf sich selbst gewidmet, unter schwersten Entbehrungen und nur mit dem Nötigsten unterstützt durch die noch existenten deutschen und dann polnischen Behörden. Sie erlebte dann am 25. August den endgültigen Einzug der Polen bis zur Swine, räumte mit anderen ihr Seuchenkrankenhaus und arbeitete weiter im Krankenhaus von Swinemünde, wo sie bald an schwerem Typhus darniederlag. Die deutschen Behörden räumten im September teilweise fluchtartig Swinemünde, und am 6. Oktober übernahmen auch dort Polen die Verwaltung. Jutta und ihre Freundin harrten jedoch aus und dienten fortan unter teils polnischen, teils deutschen Ärzten bis zum Frühjahr 1947. Trotz einer gewissen Normalisierung im Verhältnis zwischen Polen und Deutschen blieb es für die letzten deutschen Schwestern ein äußerst gefährliches Leben. Man ertrug es in der Hoffnung auf positive politische Veränderungen, da sich niemand vorstellen konnte, daß die West-Alliierten auf die Dauer eine polnische Grenze über die Odermündung hinweg bestehen lassen würden. Jutta wurde nach einem Besuch in Ahlbeck verhaftet, kam wieder frei und floh schließlich mit ihrer Freundin am 21. Mai 1947. Die Freude der beiden Schwestern nach allem Erlebten war unbändig: »Über dem Meer«, so schreibt sie in einem Brief am frühen Morgen des ersten Tages in »Deutschland«, am Strand von Ahlbeck, »geht zu unserer Rechten die Sonne auf; ein Sonnenaufgang so schön, wie man ihn nur selten sieht. Eine riesige rote Kugel steigt aus dem Meer. Diesen Sonnenaufgang hat uns Gott als Gruß geschickt. O du geliebte Ostsee, du meine Heimat, für diesen letzten Abschied hast du dich besonders schön gemacht.« Jutta ist dann in ein Diakonissenhaus in Ludwigslust gegangen. Sie hat von dort aus bald ihren endgültigen Arbeitsplatz im Feldberger Land als Diakonieschwester gefunden, den sie über alle schweren Zeitläufe hinweg mit großer Energie, einer unerschöpflichen Nächstenliebe und tiefem Sozialverständnis ausgefüllt hat. Dort lebt sie noch heute im wohlverdienten, immer noch arbeitsreichen Ruhestand. Ihre Schwester Ursula entfaltete nach dem Kriege als Diakonieschwester in Berlin-Schlachtensee eine segensreiche Tätigkeit. Sie übernahm als Oberin die Leitung der Diakonissenhäuser in Berlin-Brandenburg, koordinierte die west-östliche Zusammenarbeit zum Wohle der Kranken und Hilflosen und unternahm als Generaloberin der Deutschen Diakonissen Dienstreisen, die sie nach Rom, nach Indien und in andere Weltteile geführt haben. Ihren Lebensabend verbringt sie nunmehr nach ihrer mit hoher Anerkennung bedachten karitativen Arbeit in einem Diakonissenmutterhaus in Celle.

Flucht und Vertreibung in Mecklenburg

Mecklenburg, die ältere Stammheimat, blieb auch nach 1945 das Refugium für nicht wenige von jenen, die sich ein geteiltes Deutschland auf die Dauer nicht vorstellen konnten. Die letzten beiden landwirtschaftlichen Betriebe gingen verloren. Ursula von Dewitz († 1950) hatte in Voraussicht des Kommenden, des politisch-revolutionären Umbruchs in der russischen Besatzungszone, Krumbeck mit Antiquitäten und Wertsachen auf zwei »Gummiwagen« verlassen müssen, – ein Abschied für immer. Kein Bild überliefert die Gutsherrin, einundachtzigjährig selbst den Lanz-Bulldog mit hochbeladenen Anhängern durch vertraute Wälder gen Westen steuernd. Ein Abschied auch von einer intensiven Form ökonomischer Landeskultur und und traditionsbewußter Landschaftspflege. Die Folgen sind heute für jedermann sichtbar.[348]

Der letzte Gutsherr von Cölpin, der landesweit bekannte Dr. jur. Friedrich von Dewitz (1883–1967), war mit den Seinen vor dem rasch herannahenden Kampfgeschehen geflohen, über Neubrandenburg nach Nordwesten. Später beschreibt er den 28. April 1945: »16 Stunden schon waren wir ununterbrochen auf dem Treck mit all den Schrecken des Zusammenbruchs, gepeitscht von den hinter uns herhetzenden Feindmassen, mitten zwischen aufgelösten und vorbeirasenden deutschen Truppen, umgeben von Rauch- und Feuersäulen, vorbei an sich türmenden Pferdekadavern, mitten im Gerassel der Motoren, im Geknalle der Maschinengewehre, im Dröhnen der Panzer, hineingepreßt in einen ununterbrochenen Flüchtlingsstrom, in dem man nicht weiterkam.«[349] Als der Treck von den russischen Truppen überholt war, entschloß sich auch Friedrich von Dewitz, in die von weiterer Vernichtung bedrohte Heimat zurückzugehen. Er glaubte, daß man ihm nichts vorwerfen könne. Er ist dem Tod dann nur knapp entgangen: »Friedrich war als ›Faschist‹ und ›Saboteur‹ acht Tage gefangen, mit schwerster Arbeit und Marter gequält und entging nur durch günstige Aussagen der Zeugen (aus dem Dorfe) dem Strang. Er erkrankte an Typhus und Diphtherie und wurde [nach dem Tode seiner Frau] am 24. 11. 1945 mit seiner Schwester Luise, seinen Töchtern und Enkeln

348 Krumbeck: Verschiedene Berichte im FA. Eigene Ermittlungen. Briefe der *Ursula v. Dewitz* an Frau Dr. med. Maria Strecker-Daelen (Wiesbaden). – *Gabriele v. Dewitz,* Erinnerung an Krumbeck. In: Mitt. 1982, S. 18f. Vgl. unten zu Anm. 363.

349 *Friedrich v. Dewitz,* Überm Wald im stillen Schein, 1952, S. 265. – *J. Thorwald,* Die große Flucht, 1979, S. 359ff. (Bericht eines amerikanischen Militärgeistlichen über die Kriegsverbrechen während der Eroberung und Niederbrennung von Neubrandenburg am 28. April 1945).

des Landes verwiesen[350] und nach Thüringen in ein Lager gebracht.« Von dort konnte die Cölpiner Familie nach Krankheiten und Gefährdungen nach Kaltenmoor (Kr. Lüneburg) reisen, einer älteren Einladung der Familie von Bülow folgend. In Cölpin wurde die »Bodenreform« durchgeführt. 1055 Hektar kamen zur Verteilung. 103 Neubauernstellen sind mit Brutto-Flächen zwischen 6,62 und 11,20 Hektar ausgestattet worden. Das war zum Leben zuwenig und zum Sterben zuviel.[351] In den fünfziger Jahren ist dann zwangsweise das meiste Land eingezogen und in einer »Landwirtschaftlichen Produktionsgenossenschaft« (LPG) zusammengefaßt worden, ähnlich wie in Groß Miltzow und Holzendorf. Die Argumente für die Großflächenwirtschaft (mit sozialistischem Vorzeichen) ließen sich nicht mehr unterdrücken, wenngleich die beabsichtigte soziale Deklassierung des Bauernstandes nicht überall gelungen ist.

Auf dem Areal des dritten Rittergutes Roggenhagen (»Allod«), im Stargarder Amt gelegen und um 1930 von einer Berliner Güterschlächter-Bank übernommen, wohnte auch nach 1945 Friederike von Dewitz-Krebs (1887–1970), geb. von Dewitz (-Cölpin). Sie betrieb im ehemaligen Gutsgarten eine kleine Nutzgärtnerei und ist dann 1970 im von den Russen niedergebrannten und relativ ansprechend wieder aufgebauten Neubrandenburg verstorben.[352]

Als im Frühjahr 1948 die ärgste Not zumindest für einen Teil der Deutschen aus dem Osten überwunden war und nur die zivilen und militärischen Gefangenen noch zurückerhofft wurden, waren die Dewitz gleich anderen Großfamilien auch dem Boden, der Landwirtschaft und den alten Stammlanden wie nie zuvor in ihrer Geschichte entfremdet. Die meisten von ihnen wohnten nun, als Opfer des Krieges notdürftig untergebracht, in den drei West-Zonen. Dessen ungeachtet wurde bereits in der »Reichsmarkzeit« für Nachwuchs gesorgt, als sollten die schmerzlichen Lücken so bald wie möglich geschlossen werden. Noch lebten 28 Dewitze in der »Russischen Zone«, auf Angehörige wartend, die verschleppt wurden. Andere waren karitativ tätig oder wohnten altersschwach in Heimen. Fünf Dewitze befanden sich noch in Lagern der Sowjetunion in völkerrechtswidriger Haft. Eine Angehörige wartete in Hinterpommern mit schwindender Zuversicht auf das Wunder der Rückkehr der Deutschen. Von zehn weiteren Angehörigen waren Wohnort und Schicksal unbekannt. Aber die »Zerstreuung« der Familie seit der wilhelminischen Zeit in den verschiedenen bürgerlichen Berufen und Tätigkeiten im Deutschen Reich

350 Vgl. Mitt. d. Fam. v. Dewitz, 1948, S. 2.

351 Die genauen Aufstellungen nach den Schweriner Bodenreformakten bei *P. Steinmann*, Bauer und Ritter in Mecklenburg, 1960, S. 176f., 306. – Steinmann verweist darauf, daß vom Gut »im Laufe der Zeit rd. 474 ha von der alten Dorf-Allmende usurpiert worden sind und in Ackerland, Wiesen und Koppeln verwandelt wurden, so daß sich die Eigenwirtschaft der v. Dewitz (ursprünglich rd. 104 ha) entsprechend erweitert hat.«

352 Vgl. Mitt. der Fam. v. Dewitz, 1948, S. 3 (Nr. 714).

und im Ausland brachte es mit sich, daß Krieg und Katastrophe von 1945 die genealogischen Hauptwurzeln der Gesamtfamilie nicht zerstört hatten. So gesehen ergab sich keine ungünstige Nachkriegsbilanz für die Gesamtfamilie, als sich die Väter und Mütter dem Wiederaufbau der Lebensgrundlagen in der Zeit des sogen. »Wirtschaftswunders« zu widmen hatten.

Standortbestimmung der Gestrandeten: Die Rohrdorfer Berichte 1946–1949

Unter den älteren Dewitz, die bereits vor 1933 politisch tätig gewesen sind, war Jürgen von Dewitz-Meesow wohl derjenige mit dem weitesten Horizont. Er war in der Lage, seine Gedanken in publizistisch wirkungsvoller Form einer weiteren Öffentlichkeit zu unterbreiten. Krieg und Hitlerzeit hatte er überlebt und wohnte nun fast siebzigjährig in der Nähe von Rohrdorf in Oberbayern. Die deutsche Katastrophe und die unklare Politik der Westalliierten in Mitteleuropa ließen ihm keine Ruhe. Mit einem resignierenden »vae victis« wollte er sich nicht begnügen. So verfaßte er seit der Jahreswende 1945/46 und bis zur Gründung der Bundesrepublik reichend eine Serie von 34 »Berichten«, die er mehr oder minder vertraulich an Standesgenossen, Politiker, aber auch Persönlichkeiten der amerikanischen Militärverwaltung richtete.[353] Liest man diese Berichte aus den Jahren der Zeitungszensur trotz ihrer teilweise großen Ausführlichkeit wieder, so fallen Klarheit des Urteils und Unbefangenheit in der historisch-politischen Analyse auf. Es überrascht, daß er sich viel weniger in seinen Prognosen politischer Trends geirrt hat als in wirtschaftspolitischer Hinsicht, wo er die Arbeit des Zweizonenwirtschaftsrates und die Bedeutung der Einführung der D-Mark unterschätzt. Die positiven Folgen einer Valuta-Währung auf westdeutscher Seite vermochte er in der allgemeinen Not des Jahres 1948 nicht zu erkennen. Seine Themen betrafen vor allem den deutschen Osten. Die Ignoranz und die absurden Behauptungen in der deutschen und ausländischen Presse im Hinblick auf die Geschichte der von den beiden Westmächten der Sowjetunion und sodann Polen zur »Verwaltung« überlassenen Gebiete veranlaßten ihn zu Klarstellungen, für die er sich auch insofern autorisiert fühlen durfte, als er in seiner Reichstagszeit mit wirtschaftspolitischen Fragen und mit der Lage der ostdeutschen Provinzen befaßt gewesen war. Einige der Themen mögen das erläutern: 14. Bericht. Polen und der Deutsche Osten. – 15. Bericht. Der Entscheidung entgegen … (Friedenspoli-

353 Die »Elmhof-Berichte« ab Nr. 14 (Sept. 1946) nebst Beilagen und Korrespondenten-Verzeichnis im FA. Ferner zwei Denkschriften an Graf Coudenhove (1. 3. 1947), an die Wirtschaftsabteilung der US-Militärregierung in München (29. 5. 1949) sowie an den US-Hauptankläger in München, General Taylor (6. 7. 47).

tik, Europapolitik). – 16. Bericht. Der slawische Drang nach Westen. – 17. Bericht. Moskau und die Grundlagen des Friedens. – 18. Bericht. Gedanken zur Friedenskonferenz (März 1947). – 19. Bericht. Enttäuschungen über Moskau (April 1947). – 20. Bericht. Ein offener Brief an die Amerikaner (Mai 1947). – 23. Bericht. Eine Entschleierung; Enttäuschung über London (Dezember 1947). – Ein wesentlicher Gesichtspunkt wird häufig wiederholt: »Der staatliche Fortbestand Deutschlands und seine Fähigkeit, im europäischen Sinne seine traditionellen Aufgaben autonom zu lösen.« Es ist schwer zu sagen, in welchem Umfange Dewitz damals zur politischen Aufklärung bei seinen Adressaten beigetragen hat und wie weit Deutschland-Spezialisten, Amerikaner oder Engländer seine Ausführungen zur Kenntnis genommen haben. Auf die politische Grundstimmung der Zeit hat er jedoch im Rahmen seiner Kräfte unverdrossen eingewirkt und Rechtsbrüche und Widersprüchlichkeiten der Besatzungsmächte auf den verschiedenen Ebenen scharf kritisiert. Überdies zeichnen sich die Berichte und Briefe durch ein großes und in dieser Zeit selten gewordenes Selbstbewußtsein aus. Er sprach ohne Furcht aus, was er dachte, sah und hörte, und er verfügte über den Vorteil, keinem politischen Amt nachzujagen oder Angriffen wegen einer Tätigkeit während der Hitlerzeit ausgesetzt zu sein. So pocht er immer wieder darauf, daß es nicht zweierlei Formen von Gesetz, Recht und Humanität geben darf. Er wußte sich in dieser Kritik als deutscher Patriot einig mit anderen prominenteren Kritikern der westallierten Besatzungspraxis, seien es der häufiger zitierte Kardinal Graf Galen oder unabhängige englische Politiker.

Zwölftes Kapitel Deutschland – das ist der »Westen«: Vom Ostflüchtling zum freien Staatsbürger (1949–1988)

Wer nichts wagt, hat nichts zu hoffen,
und er tastet wie erblindet
und erschrickt und steht betroffen
vor dem Glück, das er nicht findet.
…
Wer nichts meistert, ist verloren
für das Echte, einzig Wahre.
Wozu ist der Mensch geboren?
Daß er lebt und es erfahre!
Martin Kessel (»Wahrspruch«)

Die Wanderung nach Westen

Als nach dem Ende der Besatzungszeit im engeren Sinne im westlichen Deutschland der Übergangsstaat »Bundesrepublik Deutschland« gegründet worden war, ergab sich auch für die meisten Dewitze im berufsfähigen Alter die Chance des Neubeginns oder des Wiederbeginns. Renten und Pensionsansprüche wurden vom Staat bedient, und die ehemaligen Offiziere und Beamten waren nicht mehr darauf angewiesen, sich mit mehr oder minder notdürftigem Nebenerwerb das Existenzminimum zu sichern. Noch immer freilich lebten einige Mitglieder der Familie in der russischen Besatzungszone, bis auch sie den Weg in den Westen fanden. Lediglich Friederike von Dewitz in Roggenhagen und Jutta von Dewitz, die unermüdliche Diakonie-Schwester in Feldberg, lehnten es ab, die heimatliche Landschaft aufzugeben. Und noch immer warteten einige Familien auf Vermißte oder Gefangene, die in der Sowjetunion gegen alles Völkerrecht bis 1953, teilweise bis 1955 festgehalten wurden. Ottfried von Dewitz, den man in Jena auf offener Straße erst 1947 verhaftet hatte, überstand mit seiner unbezwingbaren Lebenskraft auch die Lagerzeit in Workuta und baute sich noch einmal in Hamburg eine Existenz auf.[354] Und so schafften es fast alle, im Westen Deutschlands bürgerliche Berufe in der Verwaltung, im Schulwesen, im Justizdienst oder in der Wirtschaft auszufüllen. Einige wenige gingen ins Ausland nach Afrika zu den dortigen Verwandten oder nach Südamerika. Aber fünfundneunzig Prozent der Dewitze blieben schließlich auf die Dauer im »Westen«, auch wenn sich ein Teil von ihnen bis ins hohe Alter hinein der ostdeutschen Heimat verpflichtet fühlte.

354 Vgl. *O. v. Dewitz,* Chronik 1945–1978, Privatdr. 1979.

Berufe und Ausbildung

Für die Wiedereingliederung der Familienväter war wesentlich, daß die meisten eine abgeschlossene Berufsausbildung besaßen oder studiert hatten. Unter den Ausbildungsarten überwiegen, das zeigte auch die Umfrage von 1976,[355] die Wirtschaft im weitesten Sinne und das Jura-Studium. Bei den Frauen verfügen im Durchschnitt zwei Drittel über eine abgeschlossene Berufsausbildung, während die restlichen in herkömmlicher Weise in der Hauswirtschaft ausgebildet wurden, was insbesondere in der Kombination mit aktiver Landwirtschaft einer abgeschlossenen Ausbildung entspricht. Auffällig bleibt, wie wenige Dewitze seit 1956 den Weg in die Bundeswehr gewählt haben. Das ist für eine klassische Offiziersfamilie ein nicht ohne weiteres erklärbares Phänomen, auch wenn es nahe liegt daran zu denken, daß die Kriegsverluste und die Zäsur des Jahres 1945 die Neigung erheblich gedämpft haben kann, erneut in der Landesverteidigung zu arbeiten.

Traditionen

Die große Anzahl der Dewitze männlichen und weiblichen Geschlechtes ist unverändert evangelischer Konfession, und zwar entweder preußisch-unierten Bekenntnisses wie in Pommern oder evangelisch-lutherischen Bekenntnisses, wie es in Mecklenburg-Strelitz bis heute verbreitet ist. Etwas weniger als zehn Prozent bezeichnen sich als konfessionslos, jedoch gottgläubig.

Der Mensch im vorgerückten Alter wird sich nach den Turbulenzen in unserem Jahrhundert immer wieder einmal die Frage vorlegen nach dem »Wer bin ich« und »Wo bin ich«. Unsere Heimat ist unzweifelhaft in erster Linie dort, wo wir unsere Kindheit verbracht haben. Aber mancher hat in Kriegs- und Notjahren eine räumlich zerrissene Kindheit erlebt, und manch anderer mag über die Fähigkeit verfügen, sich in neuer Umwelt heimisch und »zu Hause« zu fühlen.

Auf die Frage nach der Heimatverbundenheit haben die männlichen Dewitze aller Altersstufen sich etwa zu einem Drittel als Ostdeutsche, zu einem Drittel als Westdeutsche und zu einem weiteren Drittel allgemein als Deutsche bezeichnet. Drei Befragte zogen es vor, sich in erster Linie als »Europäer« zu begreifen; bei den Frauen war das Bild der Antworten ähnlich: fünf fühlten sich unverändert als Ostdeutsche, die auch in den Osten zurückkehren würden, vier fühlten sich als Westdeutsche mit nur einer Rückkehrwilligen und vier als Deutsche im gesamtdeutschen Sinne.

355 Die Fragebogen im FA.

Fast alle der Befragten äußerten sich dahingehend, daß sie sich der engeren wie der weiteren Familie verbunden fühlten. Die Traditions- und Geschichtspflege des Familienverbandes wird zustimmend zur Kenntnis genommen und mit Anregungen unterstützt. Dies zeigte sich auch darin, daß man ganz überwiegend der Frage positiv gegenübersteht, Namen der Vorfahren in die Vornamen der Kinder aufzunehmen oder ältere Namen der Familie als Leitnamen wieder aufleben zu lassen; auch ergäbe sich aus einer solchen Namenswahl eine gewisse ideelle Verpflichtung und ein pädagogischer Impuls. Freilich wird man dabei zu bedenken haben, daß die Fragebogen während des Familientages überwiegend an jene ausgegeben worden sind, die sich ohnhin dem Familienerbe verpflichtet fühlten. Immerhin gaben drei Familienangehörige unumwunden zu, daß sie sich der Großfamilie nicht verbunden fühlten. Die Wahl der Namen in den beiden jüngsten Generationen läßt vermuten, daß das Traditionsbewußtsein beider Elternteile nicht mehr so ausgeprägt war, daß man bereit gewesen wäre, sich über den Zeitgeschmack hinwegzusetzen und den Kindern relativ archaisch klingende Namen zu geben. Aber über den Zeitgeschmack hatten sich auch schon jene Eltern erhoben, die in der Zeit zwischen 1890 und 1920 dem allgemeinen Skandinavismus und der sonstigen Germanophilie im Zusammenhang mit Wagneropern erlegen waren oder die sich von den Leitnamen der Dynastien anregen ließen.

Schließlich war zu fragen nach dem Grad eines sozialen Standesbewußtseins, vor dem Hintergrund einer Verbürgerlichung, die 1853 begonnen und alsdann bis zur Jahrhundertwende mit acht Ehen mit bürgerlichen Partnern und damit bürgerlicher Verwandtschaft eingeleitet worden war.[356] Es ist keine Frage, daß die Zerstörung der alten mecklenburgischen und pommerschen halboffenen Heiratskreise Wandlungen im Phänotyp auch der Dewitze zur Folge haben mußte, wennschon nunmehr von Generation zu Generation anderes Erbgut eingebracht wurde und sich über diese hier nur berührten erbbiologischen Prozesse kaum verläßliche Aussagen ohne gründliche Untersuchungen machen zu lassen. Aber sicherlich hat der Wandel im Heiratsverhalten einer Linie auch das Denken beeinflußt. Während Angehörige der Hauptlinie Maldewin sich hier gleichsam progressiv verhielten, verharrte das Haus Cölpin länger in konservativen Anschauungen. Demzufolge ist auch das Denken über den eigenen Stand, sofern es sich artikuliert, kaum auf einen Nenner zu bringen. Elf Befragte meinen, sie seien als Namensträger Dewitz noch heute einem besonderen Stande angehörig; eine größere Gruppe (24) fühlt sich einer Familie mit besonderer Tradition als zugehörig. Dies scheint überhaupt die vorherrschende Meinung zu sein. Lediglich zwei Dewitze vermögen keinen Unterschied im Vergleich mit anderen höheren Mittelstandsfamilien zu erblicken. Es ist selbstverständlich, daß die heutige enorme soziale Spannweite innerhalb

356 Vgl. oben S. 124f., 233f.

der Gesamtfamilie auch sehr unterschiedliche Antworten zur Standesmentalität provozieren muß, ganz abgesehen davon, daß sich die Anschauungen hier auch von Altersstufe zu Altersstufe ändern.

Eine genaue Betrachtung verlangen die Berufe der »Nachkriegsgenerationen«, d. h. jener Dewitze, die 1945 vor dem Nichts standen und alles oder doch vieles neu zu schaffen hatten. Dabei handelt es sich um etwa hundert Personen beiderlei Geschlechts in verschiedenen Altersstufen, angefangen von den um 1902 Geborenen bis zu denen, die erst nach 1945 ihre Berufsbildung abgeschlossen haben oder einen neuen Beruf ergreifen mußten. Durchlaufende Generationen annähernd gleichen Alters gibt es ohnehin nicht in den Familienzweigen. Unter Ausschluß der zwangsläufig inaktiv Gewordenen (Alter, Krankheit etc.) ergibt sich folgende Reihenfolge: *Kaufmännische Berufe,* Wirtschaft 21. – *Sonstige Berufe* mit überwiegend wissenschaftlicher oder Fachschul-Vorbildung (darunter 4 Pädagogen) 20. – *Land- und Forstwirtschaft* (unter Einschluß der im Ausland Tätigen) 15. – *Ingenieure, technische Berufe* 13. – *Juristen* 10. – *Sekretärinnen* (unter Einschluß von ca. 5 mitarbeitenden Hausfrauen in vergleichbarer Funktion) 8. – *Karitative Berufe* 5. – *Berufsoffiziere* (aktiv und a. D.) 5. – *Mediziner* 3. – Demgemäß sind die realen Zahlen zugleich Prozent-Zahlen.

Von diesen hundert Personen haben zwanzig ein Hochschulstudium abgeschlossen. Das ist ein eher unter dem Durchschnitt liegender Satz, da die jüngeren Dewitze der »zweiten« Nachkriegsgeneration in die Analyse miteinbezogen wurden, soweit der Berufsweg offenliegt. Die Zahlen zeigen, daß sich in der Gesamtfamilie kein grundsätzlicher Wandel vollzogen hat. Die Dominanz der »praktischen«, d. h. an die Wirtschaftswelt gebundenen Berufe fällt auf (57 %). Die geringe Zahl an Offizieren erklärt sich eindeutig aus den enormen Verlusten des Krieges und der pauschalen Diffamierung der Berufssoldaten nach 1945. Unter den Berufsgruppen der beiden Nachkriegsgenerationen fehlen vollständig Theologen, musische und künstlerische Berufe, Verkehrswesen, Industrielle Produktion (Unternehmer), Politiker und Diplomaten sowie Hochschullehrer. Der Anteil der selbständigen Landwirte ist entsprechend der allgemeinen Entwicklung in Deutschland in starkem Rückgang begriffen. In der nachwachsenden Generation scheint der Anteil der Studierenden zurückzugehen, doch gibt es hier starke Unterschiede zwischen der Einzel-Familien.

Dreizehntes Kapitel Besuche nach dem Untergang: Schlösser, Höfe, Kirchen und »die Welt von gestern«

Fürstenberg[357]

Das Schliemann-Städtchen Fürstenberg an der Oberhavel gehört seit 1945/46 wieder zu Brandenburg (seit 1952: Landkreis Gransee). Der Besucher hat die Dewitz-Burg nicht auf dem Areal des zweiflügligen Barockschlosses der Großherzöge (1741) zu suchen, vielmehr südlich davon am Nordrand der Stadt, deren Straßen nach 1806 geradegelegt worden sind. Kein Wappen, kein Bild, kein Grab erinnert die anspruchslosen Alteingesessenen, die Wassersportler und die ziemlich fest etablierten Ausländer daran, daß hier die »Grafen« von Dewitz das politische Nadelöhr zwischen Brandenburg und Mecklenburg besaßen und hüteten und daß die Stadt und die urzeitliche Landschaft unter ihrer Leitung und Mitwirkung ausgebaut wurden. Dort zeigt sich die »alte Burg«, deren Baukörper auf den breiten Feldsteinfundamenten überwiegend aus dem 16. Jahrhundert zu stammen scheint, als ein offenes Geviert mit einem Ostflügel (Altes Haus), dem doppelgeschossigen Südflügel von 1572 (Großes Neues Haus) und der »Neuen Küche« im wohl jüngeren Westflügel. Man hat sich die Grafenburg des Spätmittelalters ebenfalls als einen Wehrbau im Quadrat vorzustellen, ähnlich den Burgen in Stargard oder Wesenberg. Grabungen, die in die Zeit der Herrschaftsbildung führen könnten, haben nicht stattgefunden. Heute ist die Oberschule in Teilen des »Alten Hauses« untergebracht.

Groß Miltzow (Kreis Stargard)

Von der Leistung der Dewitze ist in der 1905 verkauften umfangreichen Gutsherrschaft Groß Miltzow und Holzendorf[358] (Amt Stargard) noch vieles spürbar. Letzter Besitzer vor 1945 war Kraft Freiherr von Bodenhausen

357 Fürstenberg, Burg und Städtchen: *F. L. C. Brüssow,* Die Ritterburgen Mecklenburgs. In: Freimütiges Abendblatt 1 (1818), Nr. 45, 47, 49; 2 (1819), Nr. 52, 54, 57, 59, 61, 67, 72, 76, 80, 83, 88; 3 (1820), Nr. 100, 105, 115, 126, 142; 4 (1822), Nr. 160; 5 (1823), Nr. 117, 225, 232. – *F. Belitz,* Historisch-statistische Beschreibung der Stadt Fürstenberg, ebenda, Nr. 10 (1828), S. 993–997. – *C. A. Endler,* Fürstenberg. In: Deutsches Städtebuch, hrsg. von E. Keyser, Bd. 1 (1939), S. 286. – *G. Dehio,* Hdb. d. dt. Kunstdenkmäler. Bezirke Berlin/DDR und Potsdam, 1983, S. 199f.

358 Vgl. oben S. 131.

(1905–1945) aus dem Hause Burgkemnitz (bei Halle a. d. Saale), dessen Schwester Anna Luise 1932 Martin von Katte heiratete.[359] Der Besitz umfaßte zuletzt 1481 Hektar. Das renovierte, gelb-weiß getünchte Schloß ist sehr gut gepflegt; auch an dem Park wird gearbeitet. Im Schloß befindet sich die Verwaltung des Volkseigenen Gutes (VEG). Der Direktor ist bemüht, das Zentrum des Besitzes unter denkmalpflegerischen Gesichtspunkten zu verwalten. Pferdebilder und kleine Sammlungen schmücken wieder das Treppenhaus. Entfremdetes Mobiliar wurde zum Teil zurückerworben. Der auch äußerlich gut und straff geführte Betrieb (mit großflächiger Obstbauwirtschaft) zählt zu den erfolgreichsten Staatsgütern des Bezirkes Neubrandenburg. Von der Giebelfront grüßt den Besucher unverändert das Wappen der älteren Miltzow-Krumbecker Dewitze. Diese liegen bei der Holzendorfer Kirche begraben. Das Gebäude des Erbbegräbnisses am Chor geriet in den sechziger Jahren in Verfall und wurde um 1975, da keine Mittel für eine Instandsetzung vorhanden waren, pietätvoll eingeebnet. Die Särge liegen ungestört unter dem Erdreich. Flüchtlinge aus Ostpreußen und Dramburg im Gemeindekirchenrat haben verhindert, daß die Sarkophage vernichtet wurden. Die Kirche inmitten des tadellos gepflegten Friedhofes wird mit westlicher Hilfe für mehr als Hunderttausend Mark restauriert. Das stattliche Epitaph des Generalleutnants Ulrich Otto (II.) von Dewitz († 1723) zieht unverändert die Blicke der Kirchenbesucher auf sich. Die Landschaft im Umkreis der Miltzower Herrschaft, fünf Kilometer von der uckermärkischen Grenze entfernt, wirkt »brandenburgisch«, bis zu den Orts- und Besitzernamen hin. Denn hier saßen bis 1945 die Schwerin (-Wolfshagen) und Oertzen, die Rieben und Behr-Negendanck, die Bernstorff und Michael neben zahlreichen Domänen- und Bauerngutsbesitzern. Das »platte Land« ist wiederhergestellt: als Agrarlandschaft. Die Zeit um 1945 ist nirgendwo vergessen. Wer von dieser Zeit spricht, rührt an nur lose geschlossene Wunden. Die sowjetische 70. Armee stieß über Prenzlau, Woldegk und Strasburg durch das nur noch stellenweise verteidigte Land auf Neubrandenburg vor (27.4. – 1.5.) und ließ nach der Einnahme mehrere Stadtkerne in Flammen aufgehen.

Neustrelitz[360]

Der von den Dewitzen 1349 als Stadt begründete Ort Strelitz ist erst 1932 mit der kreisfreien neuen Residenz Neustrelitz zusammengelegt worden. Beide

359 Sein Vetter Arthur von Bodenhausen(-Ernsthof/Nm.) heiratete 1930 mit Ruth von Diepow eine Dewitz-Tochter (Gertrud, Nr. 739: Weitenhagen–Biesendahlshof). Vgl. auch *Niekammer,* Bd. 4, Mecklenburg, 1928, S. 258.

360 Eine moderne Geschichte von Neustrelitz fehlt. Zuletzt: *C. A. Endler,* Geschichte der Lan-

Orte haben durch Zerstörungen in der Kriegsendphase 1945 und danach als Mittelpunkte einer Okkupationslandschaft erheblich gelitten. Die alte Burg in (Alt-)Strelitz ist bereits 1794 abgerissen worden; auf ihre Fundamente wurde ein Zuchthaus gesetzt. In Neustrelitz (seit 1731) haben sechs Dewitze aus Cölpin, Groß Miltzow und Hoffelde den Großherzögen als Minister, hohe Staatsbeamte oder als Vizelandmarschall (Stände) gedient. Die Regierung befand sich im »Collegiengebäude« (1805–1821) in der Thiergartenstraße am Schloßplatz. Bis 1918 gingen die Cölpiner und Miltzower Dewitze bei Hofe ein und aus. Es ist nicht zuviel gesagt, wenn man sie den sieben bekanntesten Adelsgeschlechtern von Ost-Mecklenburg zurechnet, also den Plessen, Maltzan, Hahn, Bülow, Bassewitz und Oertzen. Das Schloß, Landesmuseum und Bibliothek, ist bei Kriegsende ausgebrannt und wurde später, obwohl aufbaufähig, abgerissen. Das bedauert man heute. Aber sonst blieb manches aus der alten Zeit erhalten: der seit 1790 im Landschaftsstil umgestaltete, angemessen gepflegte Schloßpark, die sehr gut restaurierte Orangerie (K. F. Schinkel, F. W. Büttel), der neue Marstall (Schule), der Luisentempel, Palaisgebäude im Schloßbezirk und in der Thiergartenstraße. Dort steht auch, äußerlich unverändert, das kleine Palais (Poliklinik) des Staatsrats Otto Balthasar von Dewitz († 1919), dessen vier Kinder Elisabeth († 1980), Luise († 1947 Neustrelitz), Ottfried († 1980) und Marie Thekla dort geboren sind. Und in der nahen Schloßkirche (1855–59) mit ihrer neogotisch-spätromantischen Fassade haben die Dewitze der Hofgesellschaft den stillen oder fröhlichen Familienereignissen und dem christlichen Jahreslauf beigewohnt. Insgesamt ist Neustrelitz unter maßgeblichem Anteil der Dewitz'schen Staatsminister, zumal des Otto von Dewitz (1780–1864), in der Zeit bis 1860 in aller Begrenztheit zu einer Art künstlerischer Dependance von Potsdam, Charlottenburg und Berlin ausgebaut worden. Daneben bestanden enge Beziehungen mit den Königen von England; die eine der beiden deutschen Großmütter der Queen Victoria, Charlotte († 1818), war die Vaterschwester der Königin Luise von Preußen. Aber seit 1918 lagen die Schatten eines dunklen Schicksals über der Strelitzer Residenzlandschaft. Das Haus der Großherzöge war ausgestorben, nachdem noch vor Kriegsende Adolf Friedrich VI. am Ufer des Mirower Sees sein Leben beendet hatte. 1928 »wirkt Strelitz tot« (Udo von Alvensleben), obschon man an den Bauten und im einstigen Schloßmuseum den Weg der Kunst von der Qualität und hellen Schlichtheit der Schinkelzeit zur schwerfälligeren Prunkkunst des europäischen Historismus beobachten konnte. Der Besucher

deshauptstadt Neustrelitz. 1733–1933, Neustrelitz 1933. – Unverändert wertvoll im Detail: *W. Raabe,* Mecklenburgische Vaterlandskunde, T. 1, Wismar u. Ludwigslust 1857, S. 884 ff. – *J. Adamiak,* Schlösser und Gärten in Mecklenburg, Leipzig 1975, Abb. 155–163, S. 273–276. – *G. Dehio,* Hdb. d. dt. Kunstdenkmäler. Bd. 5: Die Bezirke Neubrandenburg, Rostock, Schwerin, 1968, S. 250–253. – *C. A. Endler,* Neustrelitz. In: Deutsches Städtebuch, hrsg. von E. Keyser, Bd. 1 (1939), S. 313 f.

in der Gegenwart sieht, wie alle Kräfte auf Neubrandenburg konzentriert werden, bemerkt den Mangel an individuellen Ressourcen und spürt Unsicherheit im Umgang mit einem bedeutenden künstlerischen Erbe im Stargarder Land. Die einstige Residenz und zeitweilige Bezirkshauptstadt, zerstreut und eingeengt wirkend, wartet gleichsam auf eine bessere Zukunft, in der ihre gesamte Geschichte – einschließlich der Mitwirkungen der Dewitz'schen Minister – wiederentdeckt und geschrieben wird.

Burg Stargard[361]

Der wohl älteste Dienstburgsitz der Dewitze in den neuen Landen der Askanier (1236) am Westrand der kleinen Stadt (1259) ist immer noch erstaunlich gut erhalten und trotzt dem Abbruch der Zeiten, obschon die Obrigkeiten des rüden 19. und des noch rüderen 20. Jahrhunderts an den Häusern von Vorburg und Hauptburg zahlreiche Zerstörungen und ahistorische Veränderungen verschuldet haben. Der mächtige Bergfried stammt aus der Zeit nach 1250, und hier mag der erste Engelke in den sechziger Jahren des 13. Jahrhunderts nach Freund und Feind im Dienste der Markgrafen Ausschau gehalten haben, während der rote Adler im hellen Felde die Schilde seiner Mannen zierte. Unverändert dienen bewohnbare Gebäude der Randhausburg, die Residenz und Verwaltungszentrum bis 1919 war, als Jugendherberge, obschon hier die Stätte wäre für ein weiteres Landesmuseum.

Krumbecker Zustände

Wer 1988 das einstige Rittergutsdorf Krumbeck aufsucht, findet trotz zunehmender Verwahrlosung in der Einteilung von Dorf und Gut manches noch unverändert vor. Die Dörfer im Umkreis von Feldberg waren Ende April 1945 nicht ohne scharfe Kämpfe zwischen zurückweichenden SS-Verbänden und den Vorhuten einer russisch-polnischen Stoßarmee besetzt worden. Ursula von Dewitz hatte im Frühjahr 1945 den Treck des Gutes vorbereitet; sie verließ am 28. April eben noch rechtzeitig mit zwei Treckern und zwei mit Hausrat und Lebensmitteln und einigen Frauen vollgepackten Gummiwagen und sonstigem Fuhrwerk die Stätte ihres Lebens und ihrer Gräber. Sie verstand es, selbst kutschierend, Waterneverstorff in Holstein zu erreichen, wo sie von der Familie von Waldersee aufgenommen wurde. Im Schloß lebten damals mehr als vierzig Flüchtlinge aus dem Osten. Nicht alles von den Treckwagen konnte

361 Vgl. *J. Adamiak,* Schlösser und Gärten in Mecklenburg, 1975, S. 255–257. – *P. Steinmann,* Die Burg Stargard, 1938.

für den Wiederaufbau im Westen verwendet werden, da in Holstein die Wagen »überplündert« worden waren. Ursula von Dewitz hat dann zusammen mit ihrer Hausdame Freda von Krosigk und ihrem Adoptivsohn Karl Ludwig Graf von Berg-Dewitz in Gronau an der Leine nach dem Verkauf geretteter Wertsachen ein kleines Haus gebaut. Dort ist die letzte Angehörige des Hauses Groß Miltzow am 26. März 1950 gestorben.

Die Einrichtung des Herrenhauses[362] ging Anfang Mai 1945 durch Plünderung, Wandalismus und verschiedene Formen von »Sicherstellung« fast restlos verloren. Nach zehn Tagen und zehn Monaten war die Kulturarbeit von hundert Jahren in ihren wesentlichen Teilen zunichte gemacht. Der Park verwahrloste schon in den ersten Jahren, als Russen noch das Gutsgeländc besetzt hielten. Die Brennerei wurde alsbald wieder in Betrieb genommen. Um den lebensnotwendigen Sprit herzustellen, wurden im Umkreis von Krumbeck verstärkt Kartoffeln angebaut. Die Anlage ist modernisiert und erweitert worden. Spirituosen gehören zu den erfolgreichen Exportartikeln der mitteldeutschen Wirtschaft. Die Jagd in den Krumbecker Wäldern wird von einer Jagdgenossenschaft betrieben. Der angesehene Gutsschmied Karl Plettner soll 1968 einem Ost-Berliner Journalisten Erinnerungen[363] übermittelt haben. Das hört sich im damals beliebten klassenkämpferischen Stil so an: »Wenn nämlich der Winter kam, setzte die von Dewitz Wildschweinjagden an, und dann mußte jeder im Dorf, ob Knecht oder eigenständiger Kleinbauer, einen Treiber stellen. 5 Pfennig Entgelt am Tag gab es für stundenlanges Kriechen durch schneebepackte Dickungen, für unentwegtes Auf und Ab. War das Jagdergebnis für die Frau von Dewitz nicht zufriedenstellend, fiel selbst das bemessene Mittagessen für die Treiber aus. Die »Ecken«, in denen die Sauen zu stecken schienen, wurden oftmals mit Maschendraht eingezäunt. Dann trieben die Bauern die Schweine an die Zäune. Dort schossen die Herren auf das gefangene Wild. Eine widerliche Jagd. Frau von Dewitz schritt anschließend zur Kasse. Nach Alter, Gewicht und Trophäenstärke staffelte sich der Preis, 100 Mark beispielsweise kostete jedes Ende eines Hirschgeweihs. Die Krumbecker Hirsche waren stark und endenreich. Das Geschäft mit der Kreatur blühte. Und die von Dewitz war streng bedacht, daß ihr es niemand verdarb oder schmälerte... Selbst dem Förster war es nicht erlaubt, ein starkes Schwein oder gar einen starken Hirsch zu schießen. Wenn's hoch kam, durfte er einen minderwertigen ›Küchenbock‹ erlegen, um das wöchentliche Mittagseinerlei aufzufrischen. Um die Hirsche nicht zu stören, verbot die Gutsbesitzerin allen Dörflern sogar den Spaziergang im Wald. Und wehe dem, der es wagte, ohne Pilz-, Beeren- und Holzsammelschein die Früchte des Waldes zu ernten!« Unvoreingenom-

362 Vgl. unten S. 334ff. (Inventar 1943).
363 »Neues Deutschland« (4. 12. 1968; S. Dziadek). – Nachkriegsberichte über die jeweiligen Zustände (FA).

mene Augenzeugen berichten jedoch anders. Bis 1947 ist die Jagd in Krumbeck von Angehörigen der Besatzungsmacht mit Hilfe von Maschinenwaffen und mit den unkonventionellen Methoden Osteuropas und Mittelasiens ausgeübt worden, so daß um 1955 das Rotwild bis auf kleine Reste verschwunden war. Die Landarbeiter und Neusiedler wurden 1948 von der Partei auf das mittelalterliche Jagdgerüst der Saufeder und auf das Hetzen des Wildes mit Hunden verwiesen. Und tatsächlich sind so dann die Krumbecker Sauen bejagt und abgestochen worden. Erst seit 1953 (1. Jagdgesetz der DDR) sind an Mitglieder der SED Jagdwaffen ausgegeben worden. Karl Plettner aber, dessen Vorfahren seit 1752 in Krumbeck nachgewiesen sind und der überhaupt seit seiner Rückkehr 1946 durch seine verantwortungsvolle Arbeit für Park und Wald und Wild dem Verfall entgegenzuwirken suchte, starb 1982, nachdem ihm ein angeschossener Keiler noch das Knie zerschlagen hatte. Im »Alten Haus« mit den Wohnräumen der Ursula von Dewitz befindet sich eine Konsumgaststätte nebst Leutewohnung. Das »Neue Haus« war schon am 1. Mai 1947 in Flammen aufgegangen. Tempora mutantur.

Buchsbaumhecken und Rosenrabatten sind längst am Herrenhaus von Krumbeck vergangen. Die Leutehäuser von ehemals befinden sich zum Teil in einem schlechteren Zustand als je zuvor. In den Neubauten für die Siedler von 1947 wohnen Galizien-Deutsche. Das Dach des Kirchenschiffs steht vor dem Einsturz. Das Gotteshaus scheint dem endgültigen Verfall preisgegeben zu sein, obschon die Grabkapelle der Dewitze an der Ostseite hergerichtet wurde. Dort befindet sich die beschädigte Marmorbüste von Ursulas Mutter aus dem Hause Maltzan († 1888). Die winzige Gemeinde begnügt sich mit einem Bet-Raum unter dem Kirchturm, dessen Spitzdach gedeckt werden konnte. Ein Teil der neuen Dorfbewohner katholischer Konfession fährt ohnehin am Sonntag nach Feldberg, wo eine neue Kirche für die Katholiken errichtet worden ist. Alte Krumbecker vergleichen die Zustände. Die Bilanz sieht gemischt aus. Die Zeit scheint in diesen abgelegenen Siedlungen des Stargarder Landes stehengeblieben zu sein. Wer einen Stadtberuf hat, geht nach Neubrandenburg, nach Rostock oder Berlin. Rasch verfallen dann die kleinen Häuser, die Katen, weil die Alten sterben oder zu den Kindern gehen. Nur die Störche fallen wie eh und je um die Mitte des April in ihre Horste ein. Man sieht sie auf den Dächern der alten Dewitz-Kirchen, in Krumbeck ebenso wie in Cölpin. Das war wohl schon so, als die Dewitze im 13. Jahrhundert ins Land gezogen sind, um sich mit Landesausbau und Landesverwaltung eine wirtschaftliche Existenz und ritterliches Ansehen zu erwerben. Ein Ansehen, das auch nach fast sieben Jahrhunderten nicht überall vergangen ist. Und vielleicht erlebt Krumbeck nunmehr mit einem Dewitz der jüngeren Generation eine neue Blüte.

Dewitz (Kreis Stargard)

Bis 1945 bestand hier eine Domäne (833 Hektar) des Freistaates Mecklenburg-Strelitz. Der heutige Wirtschaftshof des Staatsgutes liegt wahrscheinlich auf dem Platz des einstigen Dewitz'schen Gutes. Die Kirche des Ortes, in dem um 1616 die letzten Dewitz'schen Gerechtigkeiten zu Gunsten der Landesherrschaft aufgegeben worden waren, enthält noch Dewitz-Gräber, fast unkenntlich. Nun ist der Granitquader-Bau der 2. Hälfte des 13. Jahrhunderts (1760 umgebaut) dem Verfall preisgegeben. Der Dachstuhl beginnt, wie in Krumbeck, einzustürzen. Die Gemeinde schweigt hilflos und wartet auf ein Wunder.

Land der Seeadler und Auerochsen: Priepert

Zwischen Fürstenberg und Wesenberg wohnten die Dewitze fast drei Jahrhunderte lang. Priepert (Landkreis Neustrelitz), wenig mehr als fünf Kilometer von der Nordspitze des Großen Stechlinsees entfernt, bildete bis zum späten 16. Jahrhundert den Mittelpunkt der Grund- und Gutsherrschaft. Ein verwunschenes Land, so scheint es, empfängt im Mai 1988 den Besucher, der sich auf zermahlten Sandwegen nach Norden wühlt. Die Grenze zwischen Brandenburg und Mecklenburg an Gewässern und bewachsenen Feldmarken bot immer Anlaß für Streit. Nur Forst- und Fuhrleute, Wilddiebe und Beamte wußten Bescheid. Durch die feuchten Buchen- und Kiefernwälder zwischen Neuglobsow und Priepert schlängelt sich die Heerstraße aus dem Ruppinschen nach Strelitz. Hier zogen auch die Dewitz als Mannen der Stargarder Fürsten oder in freier Fehde gegen die »Märkischen«. Heute schaukeln die Militärkolonnen durch das Gelände. Eroberer noch immer, die sich zahlreich in den südmecklenburgischen Wäldern und Städten entgegen dem Haager Landkriegsrecht eingenistet haben.

Priepert, in sicherer Lage zwischen zwei Seen, der Burg-Gutshof auf einer Halbinsel gelegen, war bis 1945 Domäne des Freistaates Mecklenburg-Strelitz (373 Hektar). Es hat sich wenig geändert: Die Leute arbeiten auf dem Gut, füttern ihr Vieh mit dem dort gewonnenen Futter und bedienen Feriengäste aus Großbetrieben, die hinter den »Sieben Wäldern« von Neuglobsow ihre Welt zu vergessen hoffen. Der Hof der Dewitz, auf dem eine siedlungszeitliche Burgstelle auszugraben sein dürfte, wird beherrscht von dem starken und fast quadratischen Wohnhaus, dessen Granitmauerwerk verputzt wurde; es ist, wie im 16. Jahrhundert, mit »Dachsteinen« gedeckt. Den festen Bau umgibt das Geviert der jüngeren ziegelroten und nunmehr zementgrauen Ställe und Schuppen. Die Kirche überstand das Jahr 1945. Das Schiff ist 1719 in Fachwerk neu aufgebaut worden. Wie eine kleine Burg ragt die leer wirkende Gottesstätte inmitten der Leutehäuser und stillen Armutshöfe auf.

Hier ruhen sie alle, ohne Bild und Epitaph, die streitbaren Nachfahren des Priepert'schen Engelke (IX., Nr. 115), denen zuletzt Glück und Söhne gefehlt haben. Die Glocke im Turm, von den Dewitz 1546 gestiftet, läutet noch immer zu Gebet und Begräbnis.

Ringsum schaut man auf eine klare Landschaft mit weichen Horizont-Linien: Land der Redarier, Land der Relikte, vormals und heute. Keine Angerdörfer mit deutschen Namen, nur Herrendörfer, deren Bewohner sich unmerklich dem Gott der Christen und der Wirtschaftsform der deutschen Grundherren und Bauern zuwandten. Keine Klöster. Hier verzichteten die klugen Äbte der Zisterzienser auf Tochtergründungen. Dem Flugsand-Boden war wenig abzugewinnen; das haben auch die Dewitze in den Nachbarorten ihrer Grundherrschaft erfahren müssen. Fuchs und Auerochs gaben im 12. Jahrhundert den Wald-Landschaften ihre Namen: »Lietze« und »Turne«. Den Jägern und Naturfreunden sind sie eine Augenweide: Am Ufer des Großen Priepert-Sees steht der Graureiher, und weitab, nach dem Arnsteiner-Ort Ahrensberg hin, kreist ein Seeadler hoch über dem Eichenhorst.

Prillwitz (Kreis Neustrelitz)

In Prillwitz in der Nähe des fürstlichen Landschlosses Hohenzieritz sind die Dewitz noch gegenwärtig, obwohl ihre Dorfherrschaft schon um 1449 zu Ende gegangen zu sein scheint.[364] Wer heute die in gutem Zustand befindliche Kirche unweit des »Alten Herrenhauses« (1680–1706) betritt, bemerkt sogleich ein Herrschaftsgestühl (datiert 1620/1664) mit reichem farbigem Wappenschmuck, darunter dem der Dewitz. Die Dorfherren (von Blankenburg) ließen die Wappen aller ihrer Vorfahren, soweit sie ermittelt werden konnten, anbringen. Pietät gegenüber dem historischen Kunstwerk erhielt ihnen ihren Platz.

Neverin (Kreis Stargard)

Der Rittergutsort ohne Bauern (1928: 928 Hektar) gehörte den Dewitz mit Unterbrechungen bis 1812.[365] Ulrich Otto II., dänischer Generalleutnant (1671–1723), hatte die Herrschaft 1720 erworben. Nur die im Kern mittelalterliche Dorfkirche (um 1705/10 verputzt) legt Zeugnis ab von dieser Zeit,

364 Prillwitz: *P. Gantzer,* Bd. 1, Nr. 525.
365 Neverin: *P. Gantzer,* Bd. 2, Nr. 2232; vgl. 2046 f.

denn das Gutshaus (um 1800), vor wenigen Jahren noch als Schule genutzt, räumte man 1987 ab, – ein Beispiel von Hunderten für die naive, kaum von der Denkmalpflege behinderte Zerstörung ländlicher Bauten und Ortsstrukturen im Mecklenburg, Vorpommern und Brandenburg der Gegenwart, um für Betonbauten oder Grünflächen Raum zu schaffen. Die Gräber der von Behr-Negendanck nahe der Kirche sind wegen fehlender Pflege versunken. In der Kirche, die eine Ostpreußin für die letzten sieben aktiven Christen der Gemeinde ordnet, erinnert ein Marmorstein im Boden an einen Grundherrn (v. Gloeden?) des 16. Jahrhunderts. Auch hier bewahrt die Kirche die letzte Spur von Geschichte inmitten eines ebenso diesseitigen wie einseitigen Lebens.

Roggenhagen und die Störche[366]

Das 1795 erworbene und bis 1888 zu Cölpin gehörende »Lehngut«, zuletzt allodiale Rittergut Roggenhagen (1928: 1622 Hektar; 1939: 438 Einwohner) war in der Notzeit 1931 in der Zwangsversteigerung von der Ansiedlungsbank erworben und aufgesiedelt worden. Haus und Garten blieben im Eigentum der Familie. Friederike von Dewitz (1887–1970), die seit 1914 den Betrieb allein geführt hatte, baute sich 1945 neben dem Gut im »bisherigen Gemüsegarten und einem Teil des Parkes« eine kleine Handelsgärtnerei auf, die sie bis ins hohe Alter mit zeitweise mehreren Angestellten betrieb. Seit 1950 lieferte man vor allem Erdbeeren und Blumen nach Neubrandenburg. Gewohnt wurde seit 1945 in einem ausgebauten Hühnerstall, von wo aus man auf das Gutsgelände schaute. Die Enkelin des Cölpiner Vizelandmarschalls war in Roggenhagen geboren und wollte nie Land und Leute verlassen, auch dann nicht, als am 1. Mai 1945 vor ihren Augen ihr Geburtshaus von Russen »in die Luft gesprengt« (Fr. v. Dewitz) worden war. Dort, auf letztem Dewitz-Grund im Lande Stargard, steht nun ein hoher Pfahl mit einem Horst für jene Stor-

366 Roggenhagen: Die Nachkriegsereignisse nach einem Bericht der *Friederike von Dewitz* aus dem Jahre 1949 (FA) sowie Mitt. aus der Familie (364). Dort heißt es u. a.: Sie sei auf Grund der Rechtslage »wohn- und heimatsberechtigt«, und »durch diesen Umstand konnten die Deutschen (!!) mich nicht 1945 über die Grenze setzen wie andere Großgrundbesitzer der Gegend. Ich hatte und habe noch manche Kämpfe auszustehen, aber raussetzen kann mich rechtlich keiner ... das ehem. Gutshaus wurde von den Russen 1945 am 1. Mai in die Luft gesprengt. Am 29. u. 30. Mai bis Mittag fanden Kämpfe auf der Feldmark und im Walde statt. Drei deutsche Soldaten fanden hierbei noch den Heldentod, 2 davon als Unbekannte. Ein schwerverwundeter Soldat lag noch bis zur Sprengung im Hause, wir brachten ihn in einem Siedlerhause unter, wo er von Schwester Eva Schmidt gesund gepflegt werden konnte. 28 Personen starben den Freitod und 6 Personen starben ebenfalls, ob durch Freitod oder Einwirkung der Russen, ist unbekannt geblieben. Das Innere der Kirche wurde gänzlich zerstört, das Gestühl verbrannt. Man hat inzwischen das Gestühl wiederhergerichtet, die Altarbekleidung erneuert, die Beleuchtung heilgemacht und an Stelle der total vernichteten Orgel ein schönes Harmonium gekauft.«

chenfamilie, die früher auf dem First des Hauses brütete. Die Gutsherrin blieb fest in ihren Auffassungen. Sie ließ mitunter die Kirchglocken läuten, wenn im Ort Jugendweihe begangen wurde. Für viele Leute im Ort verkörperte sie die Tradition der »Welt von gestern«; Schulklassen kamen zu ihr, um zu hören, wie es »früher« war. Alte Roggenhagener begegneten sich über den Bruch von 1945/46 hinweg mit Humor, Nachsicht und Verständnis. Eine Ostpreußin, die sie 1943 für die Hauswirtschaft angelernt hatte, war ihr Stütze und in allen Krankheiten ebenso Pflegerin wie Jutta von Dewitz aus Feldberg. Die schlichte Grabstätte der Roggenhagener Dewitze liegt unübersehbar im frischen Grün und blumengeschmückt vor der hochmittelalterlichen Granitquaderkirche, die der Baumeister des Stargarder Landes Friedrich Wilhelm Buttel 1846 restauriert hat.

Kloster Wanzka am See (Kreis Stargard)[367]

Die Ziegelsteinkirche (um 1290) als Restbestand des Zisterziensernonnenklosters Wanzka (Diözese Havelberg) ragt auf inmitten gleißend-gelber Rapsfelder im Übergangsbereich zur Feldberger Hügelseenlandschaft. Der Konvent bestand vor der Reformation aus jeweils fünfzig, meist adligen Fräulein. Dazu kamen zehn weltliche Kinder. Die Dewitz schickten nur zwei ihrer Frauen in das Kloster, dessen Tage mit der Reformation (um 1551) endeten, als Herzog und Adel nach den geistlichen Gütern griffen. In der turmlosen Backsteinkirche ließen sich immerhin drei Herzöge von Mecklenburg-Stargard im 15. Jahrhundert begraben, und dort auch unter kühlem Ziegelgrund mögen Propst Arnd von Dewitz (1386) und die Äbtissin Anna († um 1448) eine Ruhestätte gefunden haben.

Cölpin (Kreis Stargard)[368]

Das Cölpiner Schloß mit den leerstehenden alten Nebengebäuden dämmert heute in schlechtem Zustand dahin. Aber noch immer findet man die Wappen und Initialen der Dewitz im Giebelfeld und an der Seitenwand. Am Ortseingang bemerkt man mehrgeschossige Neubauten, die von LPG-Arbeitern und Armeeangehörigen bewohnt werden. Für den Gutsbetrieb werden zum Teil noch die alten Ziegelsteingebäude genutzt. Der Tag ist absehbar, wo alle diese Gebäude abgeräumt werden. Alte und neue »Gesellschaftsordnung« begegnen sich am ehesten im Umkreis der gut erhaltenen und gepflegten Kirche. Der

367 Vgl. *G. Wentz,* Das Bistum Havelberg, 1933, S. 299ff.
368 Nach Berichten der Alteingesessenen. Vgl. die Abbildungen im Anhang.

kirchliche Sinn, auf den die früheren Dewitz Wert gelegt haben, ist nicht erloschen. Den Besucher grüßen im Innern die drei Glasfenster aus dem späten 19. Jahrhundert mit den Wappen. Auf der anderen Seite lädt das unversehrte Herrschaftsgestühl zum Verweilen ein. Vor der alten Kirchentür liegt wie eh und je das Erbbegräbnis, im Frühjahr dicht bepflanzt mit Stiefmütterchen und Narzissen. Dort erinnert ein Stein an Friedrich von Dewitz, den 1944 im Osten gefallenen Erbsohn, der den Besitz im Stargarder Land nicht mehr übernehmen konnte.

Meesow (Kreis Regenwalde)

Das »Schloß« in Meesow (1939: 465 Einwohner), 1945 verwüstet, aber nicht niedergebrannt, wird von der Gutsverwaltung genutzt. Der Wirtschaftshof blieb erhalten, um einige Neubauten ergänzt. Die Kirche wurde, bis auf die Empore, mit einer »katholischen« Ausstattung versehen. Der Grabstein der Dewitz im Erbbegräbnis bei der Kirche wurde nicht entfernt. Doch lagen 1981/82 die Tafeln mit den Namen der Verstorbenen verstreut herum. Niemand sorgt für Ordnung.

Burgruine Daber

Wer heute die Straße von Freienwalde nach Daber befährt, erblickt wie eh und je auf der Höhe des Bahnhofs den Turm der mächtigen Ruine der Dewitz-Burg, an der Nordostseite des Burghügels liegend. Immer noch trotzt der Bau dem Zahn der Zeit: Vom älteren Haus sind Hinterwand und Reste der Vorderwand erhalten; am jüngeren gotischen Schloßhaus steht noch die gut erhaltene Hinterwand mit einer Reihe gotischer Bogenfenster, mit Kaminresten und den Stiegen des Treppengeländes. Das alte »Burgverließ« für Bösewichte hat längst ausgedient. Der Strafvollzug im 20. Jahrhundert arbeitet mit anderen Methoden.

Staatsgut Farbezin (»Wierzbiecin«)[369]

Das Gutsdorf (1928: Rittergut 800 Hektar, daneben 9 Bauern; 1939: 369 Einwohner; 1965: 341 Einwohner) war infolge der schnellen Besetzung des

369 Vgl. S. 80 – *Niekammer,* Bd. 1, 1928, S. 42. – Die Pommersche Zeitung, Jg. 15, Folge 12 (20. März 1965), S. 7. Siehe Abb. Nr. 19. In dem großen Haus waren bei den Manövern 1937 102 Offiziersübernachtungen gewährt worden.

Kreises Naugard durch die Rote Armee ohne Zerstörungen in die Hände der Polen gefallen. Gruft und Gräber an der inzwischen restaurierten Kirche wurden in den Nachkriegsjahren erst verwüstet, dann eingeebnet. Seit den sechziger Jahren begann ein langsamer Wiederaufbau mit Meliorationen, Straßenbeleuchtung und Schulhaus-Neubau. Das Gut (mit unverändert 2400 Morgen landwirtschaftlicher Nutzfläche) wird als »Staatsgut« geführt und wirkt an der Produktion von Export-Kartoffeln mit. 1964 wurden auf den hoch bonitierten Flächen je Hektar 295 Doppelzentner Zuckerrüben, 210 Doppelzentner Kartoffeln und 682 Doppelzentner Futterrüben erzielt. Der Viehbesatz hat seit Mitte der sechziger Jahre den Vorkriegsstand erreicht und teilweise übertroffen (Schafzucht). Im Keller des Dewitz'schen Herrenhauses (1876) befanden sich Badeeinrichtungen für die Belegschaft, im oberen Stockwerk Räume des »Kulturhauses« des Staatsgutes. Um 1980 war das Haus jedoch wieder verwahrlost wie in der ersten Nachkriegszeit.

Biesendahlshof: »das andere muß man sich denken«[370]

Herrenhaus und Gut sind erhalten, wennschon zunehmend im Verfall begriffen. Die alten Ställe und Scheunen werden von den ehemaligen Siedlern und LPG-Mitarbeitern genutzt. Das Vorwerk Albertinenhof, wo die Dewitz nach dem Verkauf von Biesendahlshof (1938) wohnten, ist verfallen und unbewohnt, eine moderne Wüstung. Den Park ließ man nach 1945 bis zur Unkenntlichkeit verkommen. Im großen Haus, wo acht Dewitze in den zwanziger und dreißiger Jahren heranwuchsen, sind Konsum, Büros und Landarbeiter untergebracht. Vor dem Eingang der unvermeidliche Briketthaufen, denn die Zentralheizung erwies sich als nicht mehr reparaturfähig. Die Gräber der älteren Dewitze dieses Weitenhagener Zweiges (Nr. 608, 738; 821) befinden sich in Stettin bzw. im Kirchspielort Woltersdorf. Eine ältere Frau erwies sich im Juni 1988 als durchaus vertraut mit Fragmenten der Dewitz-Geschichte. Auf die Frage, wie man heute auf dem LPG-Gut lebe, meinte sie: »Nu, es geht so, wo man lebt, da wohnt man. Zu essen satt hat man, und das andere muß man sich denken.«

»Ode an den Ostwind«

Am Ende aller Wanderungen und Rückblicke umkreisen die Gedanken derer, die Pommern und Mecklenburg, die die Heimat verlassen mußten, die Fragen nach dem Sinn der Zeiten. Unauslöschlich haften die Bilder der Vergangen-

370 Berichte von Besuchern und aus der Familie. Vgl. die Abbildungen im Anhang.

heit. Die Lyrikerin Ilse Molzahn[371] (geb. 1895) hat in der »Ode an den Ostwind« die Sehnsucht nach Wäldern und Menschen des heimatlichen Ostens beschworen:

Ostwind, du liebst mich nicht...
Weshalb bringst du mir Botschaft von dort,
Wohin ich nicht denken mag –
Von dort – wo die Wiege einst schwang,
In der ich geborgen lag?
Von dort – wo mein Vaterhaus stand,
Das der Erde längst gleichgemacht ist, –
Von dort – wo die Blume im Feld
Meine kindlichen Hände zerpflückten?
Von dort bringst du Botschaft –
Und weiter von dort –
Wo die endlosen Schlachten geschlagen wurden,
Die Heere, die kampfmüden, auseinanderbrachen
Und die Söhne fielen – wer weiß, wo sie liegen –
Du mußt es wissen, Wind!
Du hast sie mitbegraben.
Ihr Lied singst du heute noch,
Hoher, pfeifender Wind,
Und ihre Sprache sprichst du, Totenwächter der Helden.
Auf deinen schneidenden Flügeln trägst du sie wieder herbei
Und legst sie von neuem in unsere Arme,
Die sie nicht mehr tragen können!

371 *Inge Molzahn,* Ode an den Ostwind. In: *F. Fehse,* Deutsche Lyrik der Gegenwart, 3. Aufl., Stuttgart 1963, S. 170–172 (hier gekürzt).

IOST·VA·DEWIGE
DILIGE·VA·ARNIM
15
38

Epilog Führungsschichten und Familienverbände in der Gegenwart

»Sehr Vieles und Wesentliches ist für immer zugrunde gegangen. Aber wenn zur Zeit die Wiedervereinigung fast hoffnungslos aussieht, wenn zu beobachten ist, daß allein die verschiedenen Sozialstrukturen die Kluft immer mehr erweitern, so ist doch daran zu erinnern, daß die Geschichte mit langen Fristen rechnet und daß eines Tages der einmütige Wunsch, die Zerrissenheit zu beenden, sich als stärker erweisen kann, als alle noch so großen Hindernisse... Wie der einzelne Mensch trotz allem, was dagegen gesagt worden ist, nicht unter dem absoluten Zwang seiner Natur steht, sondern sich auch seiner Freiheit, seiner Vernunft bedienen kann, so ist es auch möglich, daß ein ganzes Volk den Verlauf seiner Geschichte soweit mitentscheidet, daß ihr Gang nicht in eine ausweglose Sackgasse führt.«

Otto Graf zu Stolberg-Wernigerode (1968)[372]

Die Geschichte der Herren von Dewitz mit ihrer hohen Konstanz und Kontinuität, die Geschichte überhaupt der bedeutenden Siedlungsgeschlechter im östlichen Mitteleuropa, deren Namen und Gestalten in diesem Umfeld immer wieder zu benennen waren, führt zuletzt zu allgemeineren Fragen der Geschichte, zu deren strukturellen Substraten die Familien und Familienverbände sowie die primären und sekundären Führungsschichten gehören. Vieles weiß man oder scheint es doch zu wissen über den der Geschichte ausgesetzten, in der Geschichte wirkenden Menschen, über »die Taten und Leiden dieses wilden heftigen gewaltsamen, guten edlen ruhigen, dieses befleckten und reinen Geschöpfes, das wir selber sind...« (Leopold von Ranke). Die Beispiele haben gezeigt, wie schwer es war, mit den Wunden und Verlusten zu leben und »fertig« zu werden, die dieses alles in allem und in mehrfachem Sinne des Wortes furchtbarste aller zivilisierten Jahrhunderte über Familien und Völker gebracht hat. Und wie sehr der einzelne Mensch sich aufbäumt und zu widerstehen vermag, wenn ihn ein übermächtig erscheinendes Schicksal an Abgründe gedrängt hat. Berge von Zweifeln und Fragen, von ungesicherten Antworten liegen an den Wegen der Jahre seit 1945. Die »bürgerliche« Lebenswelt mit ihren individualistischer werdenden Existenz-Formen, wie sie sich seit den fünfziger Jahren erst im westlichen und dann auch im östlichen Deutschland entwickelt hat, scheint größeren Familienzusammenschlüssen fremd gegenüberzustehen. Die Kommunikationsfähigkeit ist geringer geworden. Gesellschaftliche »Mittelpunkte« für den freien politischen oder wirtschaftspolitischen

372 *O. Graf zu Stolberg-Wernigerode,* Die unentschiedene Generation, 1968, S. 390.

Austausch sind selten geworden. Ein »großes« Haus zu führen ist vielfach zu auffällig und zu aufwendig geworden. Familienfeiern oder Treffen der Familienverbände werden in der Regel auf dem neutralen Boden von Hotels ausgerichtet. Es fehlt seit langem an verläßlichem »Personal«, und die Kultur, auch die Familienkultur, leidet darunter erheblich.

Der Staat, die Vorsitzenden oder Dirigenten der Parteien und Verbände überlassen die »Elitenförderung« einigen Stiftungen und privaten Einrichtungen. Eliteschulen, die früher in den preußischen Provinzen und sonst in Deutschland erfolgreich gearbeitet haben, werden heute in der Wissenschaftspolitik von Bund und Ländern weitgehend ignoriert oder als unzeitgemäß verworfen. Letztlich wartet man darauf, daß sich Talente nach oben arbeiten, in das Licht der Öffentlichkeit treten. Das sind Verhaltensformen in der Elitenfrage, die mit dem Blick auf künftige Zeiten auf die Dauer wohl nicht zu verantworten sind, wenn Deutschland seinen politischen Rang und seine wirtschaftliche Stellung in Mitteleuropa behaupten soll. Denn nichts ist abgeschlossen, alles kann wiederkehren im politischen Leben eines Volkes. Der Münchener Historiker Otto Graf zu Stolberg-Wernigerode hat dieses Empfinden zutreffend und, wie man sieht, prophetisch zusammengefaßt.

Die Auflösung der aristokratischen Strukturen in Preußen, von der dieser Band beispielhaft berichtet hat, ist nur im Kontext der bereits seit dem frühen 17. Jahrhundert beginnenden Zerstörung der alteuropäischen Adelswelt, vor allem in Mittel- und Westeuropa, zu begreifen. Gewiß ist es kein Zufall, daß Abstieg und Zerfall Preußens seit 1871 einhergegangen sind mit starken Positionsverlusten des Adels und der traditionellen administrativen und militärischen Führungsschichten. Und ebenso sicher ist es, daß die Blickverengungen und Ausbildungsdefizite in den tonangebenden Familien der alten Provinzen sich für den preußischen Staat in den rascher aufeinander folgenden Krisensituationen erst unmerklich, dann offensichtlich als verhängnisvoll erwiesen haben. Aber noch einmal: Dies alles ist, wie zu zeigen versucht wurde, eingebunden in die langzeitlichen sozialen Wandlungsprozesse mit der Ersetzung von Grundherrschaft und Hausherrschaft, von Landwirtschaft und Jagd durch die Industriewelt mit ihrem immer austauschbarer werdenden Menschenpotential. Die Ausläufer der älteren Hochkultur der Reiterkrieger und Pflugleute reichten durch die nachmittelalterlichen Jahrhunderte hindurch bis in die Zeit der Weltkriege des gegenwärtigen Säkulums. Und noch immer kann man Relikte und Reservate studieren, wo das aus der Vergangenheit Herrührende nicht mit Stumpf und Stiel zerstört und niedergemacht worden ist. Im 19. und frühen 20. Jahrhundert hat die im scheinbar unaufhaltsamen Aufstieg begriffene »bürgerliche Gesellschaft« ihr verwertbar erscheinende Teile der Formen und Inhalte aus der Adelswelt aufgegriffen und wie ein Siegeszeichen verwendet. Das Schloß als Zugabe zur Fabrik. Inzwischen ist diese ältere, klassenstolz aufgestiegene und alsbald anfällig gewordene klassische »bürgerliche« Welt im Gefolge zweier Weltkriege und mehrerer mitverschuldeter politischer Katastrophen in großen Teilen Europas der Vergangenheit anheimgefallen, ist vernichtet, vertrieben und in provozierten absurden »Klassen-Kämpfen« zur Ader gelassen worden, wie es gleichzeitig den stabil gebliebenen Resten der Aristokratien widerfuhr. Dies alles erscheint uns heute mit dem Blick auf die gesamtgesellschaftlichen Entwicklungen im Zeitalter der High-tech-Revolution mit seinen ebenso titanischen wie destruktiven Auspizien wie eine Zwischenstufe sozialer Transformationen. Jedenfalls sind die alten Führungsschichten des »Adels« und des »Bürgertums«, um hier nur diese Antipoden zu nennen, entweder untergegangen und abgesunken oder sie haben sich verwandelt, indem sie in einer postbürgerlich geprägten Mischgesellschaft der ersten und zweiten Nachkriegszeit in Deutschland Einlaß gefunden haben. In den Grundzügen unterschieden sich die spezifischen Entwicklungen in England, Frankreich oder Italien nicht von denen im westlichen Deutschland. Nirgendwo in Europa widerstanden die übriggebliebenen Säulen aristokratischer Lebensordnung dem Druck von Säkularisation, Gleichheitspostulaten, Wert-Relativismus und Ökonomismus. Noch bestehende Höfe und Klein-Residenzen als Traditionsinseln bestätigen diese Gesamtsicht.

Eine Jahrtausend-Klasse wie der grundbesitzende Adel Mitteleuropas vergeht nicht in wenigen Jahrzehnten, nachdem sich das Denken über Privileg und Leistung im Gefüge der Gesellschaft geändert hatte. Sie vergeht um so langsamer, je weniger es gelingt, umfassende neue Systeme für die Reproduktion der Führungsschichten zu schaffen. Von dort her und von den Modernisierungen in der Landwirtschaft ergaben sich retardierende Faktoren, die jedoch an der grundsätzlichen Auflösung der traditionellen Strukturen wenig änderten. Gewiß hat der Adel, seit er der vollen wirtschaftlichen Konkurrenz der übrigen Bevölkerung ausgesetzt war, also seit 1910, auch »bürgerliche« Kräfte, Fähigkeiten und Mentalitäten aufgenommen, zumal in der großen Teilgruppe der »Rittergutsbesitzer«. Aber es ist wohl eine von traditionellen Sichtweisen mitgeprägte These, daß der Adel (nach 1815) in Preußen »auf die Dauer als der wahre Gewinner aus den liberalen Reformen« hervorgegangen sei (R. Koselleck, S. 508). Der Rahmen für eine umfassende Gewinn-Verlust-Bilanz muß weiter gesteckt werden. Allein schon die Umschichtung der Güter nach 1817 spricht eine deutliche Sprache: In Pommern mußten zwischen 1817 und 1829 507 Großbetriebe, mehr als ein Drittel aller Rittergüter der Provinz, unter Zwangsverwaltung gestellt werden. Und um 1857 befanden sich in Peußen von 12399 Gütern nur noch 7023 im Eigentum des Adels. Damit war bereits ein großer Teil des Adels von seinen Wurzeln (»Herrschaft über Land und Leute«) abgeschnitten und blieb auf Hofstellungen, die Staatsverwaltung, das Militär oder sonstige Berufe angewiesen. Man konnte als Aristokrat auftreten, solange es die Ressourcen gestatteten. Der Stand als solcher zerfiel, aber Phasenverschiebungen und vielfache Formen von Camouflage ließen den Vorgang nicht deutlich hervortreten. Die Literatur von Goethe bis Thomas Mann begleitete das Ereignis: eine politische Agonie bei biologischer Fortexistenz.

In einer solchen immer rascher sich wandelnden Welt zunehmender sozialer Gleichheit und sich verschärfender »Klassen«-Konflikte konnte die einzelne Familie adligen Stammes in den letztlich engen wirtschaftlichen Grenzen Nordostdeutschlands entweder mit aller Kraft dem Erbe der Vergangenheit leben, das Rittergut der Vorväter durch alle Krisen hindurch bewahren, oder aber sie konnte oder mußte sich davon abwenden mit der Absicht, die Söhne Berufsoffiziere oder Staatsbeamte werden zu lassen oder in Übersee neu zu beginnen. Von alledem ließ sich in der Geschichte der Zweige der Gesamtfamilie berichten. Insofern zeigt die Geschichte dieser Familie bei vielfältiger Individualität viel Typisches.

Unaufhaltsam, so will es in der Überschau scheinen, ist die »neue Welt« seit dem späten 18. Jahrhundert vorangeschritten. Aber es bleibt doch aus dem demokratisch geprägten Zeitalter heraus die Frage zu stellen, ob es in dieser neuen begehrten und begehrlichen Welt der Freiheiten, scheinbaren Gleichheiten und Vereinzelungen gelungen ist, »dauernde Formen des menschlichen Zusammenlebens und ein ihr gemäßes Geistesleben zu gestalten« (so der Sozialhistoriker Otto Brunner). Die Auflösung der traditionellen Strukturen in einer nunmehr hochindustrialisierten Welt hat Bindungslosigkeiten zur Folge, die den Sozialorganismus schwer belasten. In starkem Maße wird im östlichen wie im westlichen Europa »Geschichte« verwendet, um die ziellos Gewordenen wieder zu verorten, um zu leben, zu denken, zu glauben, zu träumen aus einem geistig-kulturellen Erbe heraus in einer Umwelt des Göttersturzes und gefährlichster Bedrohtheit. Denn die Geschichte, in welcher Form auch immer, erhält die Seele der Menschen und behindert die immer wieder aufbrechenden inhumanen Kräfte.

So ist die Geschichte einer Familie ein Gleichnis für die bedrohte und immer wieder zu sichernde »Vergangenheit« überhaupt. Denn der Zugang zu den geschichtlichen Welten beginnt immer und überall mit dem Individuellen, dem scheinbar Alltäglichen und dem Archetypischen. Martin von Katte, der 1988 gestorbene letzte Gutsherr auf Zolchow im Lande Jerichow, hat in seinem schönen Gedicht »Der Stammbaum« (1965)[373] die Geschichts-Frage zeitlos angesprochen: »Diesen Baum durchwehen / viele hundert Jahr – / nehmt ihr dies noch wahr: / Krone, Kreuz und Lehen? / scheint er euch entlaubt, / Stamm der Leidenschaften / dunkel bleibt's, wir haften / alle mit dem Haupt.«

373 *Martin v. Katte,* Der Nebelstein, Stuttgart 1978, S. 26.

ZWEITER TEIL

ANHANG

I. Genealogische Tafeln und Tabellen

- **809,** v. Dewitz, **Ilsabe** Friederike Ida Sophie Amélie Marie Luise, * Ostorf b. Schwerin 23. 4. 1910;
- **810,** v. Dewitz, **Agnes Marie** Friederike Bernhardine Auguste Sophie Stephanie, * Cölpin 25. 10. 1911;
- **811,** v. Dewitz, **Friedrich** Busso Ulrich Joseph Heinrich Axel, * Rostock 9. 5. 1913;
- **839,** v. Dewitz, **Erika** Friederike Hertha Luise. * Rostock 7. 3. 1915;
- **854,** v. Dewitz, **Beate** Dorothea Blanka, * Neubrandenburg 14. 5. 1919

× Braunsforth 15. 7. 1909

702 von Dewitz, Friedrich Wilhelm Otto Ulrich August Heinrich Ludwig. * Neustrelitz 19. 1. 1883, Meckl. Landdrost a. D., Dr. jur.

× Doberan 18. 6. 1873

- **579 von Dewitz, Friedrich** Wilhelm Otto Ulrich Karl Helmuth Julius, * Cölpin 25.11.1843, † Cölpin 31. 3. 1928; auf Cölpin; Großhzl. Meckl.-Strel. Staatsminister von 1885 bis 1908.

  × Zettemin 21. 9. 1838

  - **501 v. Dewitz, Friedrich** Adolph Dietrich, * Cölpin 3. 7. 1813, † Malchin 14. 12. 1888; auf Cölpin, Roggenhagen u. Helpt, Vize-Landmarschall d. Stargarder Kr.; Reichstagsabg.

    × Gr. Miltzow 4. 9. 1812

    - **451 v. Dewitz, Friedrich** Georg Carl, * Neustrelitz 13. 1. 1779, † Cölpin 31. 3. 1837, auf Cölpin u. Roggenhagen.
    - **498 v. Dewitz,** Elisabeth **Auguste** Luise Julie, * Gr. Miltzow 8. 1. 1790, † Cölpin 24. 2. 1816.

  - **Freiin v. Maltzahn, Thekla** Amalie Caroline Albertine Johanne Sophie, * Kopenhagen 16. 12. 1819, † Cölpin 25. 8. 1902.

    × Merseburg 7. 8. 1818

    - **Freiherr v. Maltzahn, Helmuth** Otto Theodor Friedrich, * Wolfshagen 26. 5. 1792, † Berlin 28. 5. 1860, Kgl. Preuß. Kammerherr u. Legationsrat, auf Zettemin u. Wüstgrabow.
    - **Gräfin v. Hardenberg, Elise,** * Bayreuth 11. 5. 1797, † Berlin 25. 1. 1864.

- **von Zülow, Ida** Caroline Auguste Ottilie Amalie, * Schwerin 18. 5. 1854,

  × Schwerin 23. 1. 1846

  - **v. Zülow,** Felix Carl **Heinrich,** * Knorrendorf 15. 12. 1820, † Doberan 17. 6. 1889. Kgl. Preuß. Oberst z. D.

    ×

    - **v. Zülow, Karl** Ernst August, * Tarnow 29. 8. 1781, † Knorrendorf 21. 11. 1833, auf Knorrendorf, Kgl. Pr. Lt. a. D.
    - **v. Meyenn,** Helene Sophie Ernestine Auguste, * Bielist 23. 9. 1789, † Knorrendorf 7. 9. 1822.

  - **v. Lützow,** Helene Bernhardine Amelie Auguste **Sophie,** * Schwerin 23. 1. 1828, † Doberan 14. 8. 1911.

    × Gadebusch 27. 5. 1819

    - **v. Lützow, Ludwig** Friedrich Wilhelm, * Ludwigslust 25. 7. 1793, † Boddin 13. 5. 1872; Meckl.-Schw. Kammerh. u. Staatsminister, auf Boddin b. Gnoien.
    - **Freiin v. Brandenstein, Sophie** Dorothee Luise Margarethe, * 27. 5. 1796, † Boddin 14. 2. 1876.

von Wedel, Marie Agnes Adalberta Friederike Bernhardine Luise, * Braunsforth 24. 11. 1888

× Ihlenfeld 2. 6. 1887

- **von Wedel,** Eduard Hugo **Busso** Bivigenz, * Berlin 3. 2. 1859, † Braunsforth 31. 5. 1911; Kgl. Pr. Rittmeister a. D., Fideikommißherr auf Braunsforth.

  × Stargard i. P. 28. 2. 1853

  - **v. Wedel, Rudolph** Albert Bogislav; * Braunsforth 10. 7. 1822, † das. 27. 12. 1890; Kgl. Preuß. Rittmstr. u. Direktor d. Kgl. Preuß. Landgestüts Lindenau b. Neustadt a. D.

    × Landsberg a. Warthe 1817

    - **v. Wedel,** Adolph **Eduard** Ludwig, * Braunsforth 5. 4. 1792, † Stargard i. P. 7. 2. 1855, Landschafts-Direktor, Major, auf Braunsforth, Marienhagen, Albertinenhof.
    - **v. Zinnow,** Albertine **Eleonore** Alexandrine, * Landsberg a. W. 4. 8. 1797, † Braunsforth 16. 4. 1846.

  - **v. Bormann, Agnes** Juliane, * Billerbeck 30. 10. 1827, † Berlin 17. 7. 1868.

    × 1815

    - **v. Bormann,** Friedrich Ernst, * Billerbeck 12. 10. 1788, † Stargard i. P. 31. 10. 1859.
    - **Schmidt,** Caroline Henriette, * , † Tochter des Superintendenten Schmidt in Dramburg.

- **von Michael, Lilla** Amelie Wilhelmine Georgine Auguste, * Groß-Plasten 5. 7. 1862, † Braunsforth 26. 3. 1921.

  ×

  - **v. Michael,** Friedrich, * Ihlenfeld 6. 4. 1827, † das. 12. 11. 1913.

    ×

    - **v. Michaël,** Friedrich Alexander, * Broom 11. 10. 1794, † Ihlenfeld 26. 4. 1883.
    - **Oesten,** Emilie, * Neubrandenburg 16. 11. 1805, † Ihlenfeld 13. 9. 1846.

  - **v. Molière,** Marie * Rom 1. 8. 1834, † Kissingen 1. 6. 1913.

    × Neustrelitz 23. 10. 1832

    - **v. Molière,** August Ludwig **Bernhard,** * Berlin 23. 10. 1795, † Rom 29. 4. 1845; Oberstlt. u. Adj. d. Prinzen Heinrich von Preußen; Preuß. Adelstd. 13. 11. 1832.
    - **v. Plessen,** Amélie Friederike Auguste * Kl. Vielen 20. 5. 1794, † Neustrelitz 19. 2. 1888.

856, v. Dewitz, Otto Malte Friedrich Wilhelm, * Warnemünde 23. 10. 1919;

863, v. Dewitz, Malte Alfred Ulrich Lutz Winfried, * Warnemünde 15. 2. 1921;

873, v Dewitz, Marie Luise Martha Gertrud, * Neustrelitz 4. 1. 1923;

878, v. Dewitz, Armgard Agnes Sophie Erika, * Berlin 2. 7. 1924;

888, v. Dewitz, Margarete Ehrengard Lisa (Zwill.), * Berlin 20. 1. 1929;

889, v. Dewitz, Anita Ehrengard Friederike (Zwill.), * Berlin 20. 1. 1929

× Potsdam 25. 10. 1918

706 von Dewitz, Adolph Friedrich Otto **(Ottfried),** * Neustrelitz 7. 7. 1892 Kais. O. Ltn. z. See a. D., Marinefliegr., Kriegsteilnehmer 1914/18

Freiin von der Lancken-Wakenitz, Clotilde Luise Sidonie Herma, * Potsdam 30. 6. 1898

× Neustrelitz 2. 8. 1887

582 v. Dewitz, Otto Balthasar, * Cölpin 19. 7. 1853, † Neustrelitz 4. 11. 1919, verkauft Helpt 1911, Meckl. Staatsrat und Haus-Marschall

Gräfin v. Schwerin, Maria Irmgard, * Göhren 3. 3. 1862 † Berlin 9. 5. 1921

× Rathmannsdorf 12. 6. 1893

Freiherr v. d. Lancken-Wakenitz, Malte Fritz Leopold, * Boldevitz 23. 9 1864, † Stralsund 17. 11. 1911; auf Clevenow, Rittmeister a. D.

v. Krosigk, Friederike (Frieda) Luise, * Rathmannsdorf 28. 4. 1872

× Zettemin 21. 9. 1838

501 v. Dewitz, Friedrich Adolph Dietrich, * Cölpin 3. 7. 1813, † Malchin 14. 12. 1888; auf Cölpin, Roggenhagen u. Helpt. Vize-Landmarschall des Stargarder Kreises; Reichstagsabgeordneter.

× Gr. Miltzow 4. 9. 1812

451 v. Dewitz, Friedrich Georg Carl, * Neustrelitz 13. 1. 1779, † Cölpin 31. 3. 1837, auf Cölpin u. Roggenhagen.

498 v. Dewitz, Elisabeth **Auguste** Luise Julie, * Gr. Miltzow 8. 1. 1790, † Cölpin 24. 2. 1816.

Freiin v. Maltzahn, Thekla Amalie Caroline Albertine Johanne Sophie, * Kopenhagen 16. 12. 1819, † Cölpin 25. 8. 1902.

× Merseburg 7. 8. 1818

Freiherr v. Maltzahn, Helmuth Otto Theodor Friedrich, * Wolfshagen 26. 5. 1792, † Berlin 28. 5. 1860, Kgl. Preuß. Kammerherr u. Legationsrat, auf Zettemin u. Wüstgrabow.

Gräfin v. Hardenberg, Elise, * Bayreuth 11. 5. 1797, † Berlin 25. 1. 1864.

× Berlin 19. 11. 1850

Graf v. Schwerin, Wilhelm Stanislaus Hermann, * Wolfshagen 6. 3. 1827, † Berlin 8. 3. 1896, Kgl. Pr. Kammerherr, Meckl.-Strel. Hofmarschall, auf Göhren.

× Wolfshagen 4. 6. 1816

Graf v. Schwerin, Johann Christoph **Hermann,** * Wolfshagen 18. 6. 1776, † Wolfshagen 6. 8. 1858, Kgl. Preuß. Generalmajor, auf Wolfshagen.

Gräfin v. Dönhoff, Rosalie Ulrike, * Wolfshagen 3. 10. 1789, † Wolfshagen 4. 8. 1863; auf Tamsel, Warnick u. Gernheim.

Sartorius v. Schwanenfeld, Luise Auguste Caroline Hedwig, * Breslau 26. 9. 1830, † Neustrelitz 21. 9. 1910.

× Cassel 2. 1. 1816

Sartorius v. Schwanenfeld, Theodor **Franz,** * Marienburg 6. 11. 1783, † Sartowitz 6. 8. 1863, Fkm.-Stifter von Sartowitz, Kgl. Pr. Oberstleutnant a. D., Domherr zu Havelberg.

v. Hänlein, Karoline Sophie Charlotte **Luise,** * Ansbach 26. 3. 1793, † Breslau 10. 3. 1861.

× Halberstadt 1. 5. 1863

Freiherr v. d. Lancken-Wakenitz, Malte Friedrich, * Boldevitz 15. 11. 1830, † Boldevitz 5. 11. 1911, Kgl. Pr. Major a. D., Fkh. auf Clevenow u. Boldevitz.

× 3. 10. 1816

Freiherr v. d. Lancken-Wakenitz, Karl Friedrich Bernhard, * Lanckensburg 8. 9. 1778, † Boldevitz 11. 6. 1837, Kgl. Schwed. Oberst u. Generaladj. (Schwed. Frhr. 2. 4. 1816.)

v. Wakenitz, Emilie Christine, * 16. 3. 1801, † Clevenow 24. 5. 1888; auf Boldevitz, Lipsitz u. Neuendorf auf Rügen.

v. Usedom, Klotilde Auguste Emilie, * Bergen 14. 8. 1844, † Boldevitz 3. 8. 1887.

× Drigge 16. 6. 1837

v. Usedom, Christoph Friedrich, * 4. (24.?) 2. 1799 zu Glutzow, † daselbst 2. 4. 1844; auf Glutzow, Garpelow u. Bentzvitz.

v. Bagevitz, Wilhelmine Antoinette, * Drigge 1. 8. 1818, † Halberstadt 31. 3. 1861.

× Destedt 21. 4. 1857

v. Krosigk, Erich Adolph, * Rathmannsdorf 26. 9. 1829, † das. 20. 2. 1917; auf Rathmannsdorf, Anh. Kammerherr u. Schloßhauptmann.

× Rondeshagen 3. 7. 1821

v. Krosigk, Gebhard **Adolph** Friedrich, * Hohenerxleben 5. 2. (9.?) 1799, † Hohenerxleben 3. 3. 1856, Landrat, auf Hohenerxleben u. Rondeshagen.

v. Westphalen, Lisette (Elisabeth) Friederike Ottilie Karoline, * Rondeshagen 5. 10. 1800, † Hohenerxleben 1. 8. 1863.

v. Veltheim, Sidonie Charlotte, * Destedt 27. 7. 1838, † Rathmannsdorf 17. 5. 1873.

× Braunschweig 20. 4. 1833

v. Veltheim, Karl **Friedrich,** * Braunschweig 30. 9. 1795, † 5. 11. 1868, auf Destedt, Braunschw. Kammerrat, Propst vom Stifte Steterburg.

Freiin Vincke, Ernestine Eberhardine Philippine Charlotte Eleonore, * Penzlin 18. 7. 1810, † Braunschweig 20. 4. 1833.

Kinder	⚭	Eltern	⚭	Großeltern	⚭	Urgroßeltern	⚭	Ururgroßeltern
812, v. Dewitz gen. v. Krebs, **Thekla** Agnes Blanka, * Roggenhagen 31. 8. 1906, Diplom-Volkswirtin, Dr. rer. pol.; **813,** v. Dewitz gen. v Krebs, Otto **Balthasar** Stephan Werner, * Roggenhagen 5. 10. 1908, Referendar; **814,** v. Dewitz gen v. Krebs, **Jobst** Karl Friedrich Ferdinand, * Breitenfelde 1. 11. 1910, stud. med.; **815,** v Dewitz gen v. Krebs, **Sibylla** Margarete Friederike, * Breitenfelde 29 7. 1912	× Roggenhagen 3 10. 1905	**714 von Dewitz gen. v. Krebs, Werner** Otto Karl Ferdinand, * Berlin 22.7 1877 † (gefallen bei) St. Leonard bei Reims 26.9.1914 Kgl. Preuß. Hauptmann; auf Breitenfelde	× Berlin 10. 11. 1871	**588 von Dewitz gen. v. Krebs, Otto** Balthasar Jacob Karl, * Weitenhagen 23.4.1847 † Berlin 20.1.1918 Kgl. Pr Obstltn. a. D., a. Breitenfelde bis 1907; verlor n. d. Schl. b. Sedan d. link. Arm, daher d. Einscheerige gen	× Danzig 23. 3. 1840	**504 von Dewitz, Karl** Wilhelm Ludwig Franz, * Halberstadt 17. 7. 1806, † Weitenhagen 12. 10. 1867; 15. 3. 1853 Fdk.-Erbe von Veltheim unt. Ann. d. Nam. **v. Dewitz gen. v. Krebs** u. Vereinig. beid. Wappen.	× Halberstadt 30. 9. 1805	**452 v. Dewitz, Karl** Günther Theodor, * Sondershausen 14. 12. 1759, † Naugard 24. 12. 1817; Kgl. Pr. Major a. D., Landrat, auf Weitenhagen; Feldzüge 1792, 95, 1806.
								v. Krebs, Luise, * Veltheim am Fallstein 24. 10. 1770, † Naugard 10. 12. 1834.
						von Rüchel sonst von Kleist, Elisabeth Philippine Caroline, * Haseleu 7. 10. 1820, † Cramonsdorf 20. 9. 1899.	× 16. 1. 1808	**v. Kleist** (1810 **v. Rüchel sonst v. Kleist), Jacob** Friedrich, * Segenthin 25. 1. 1778, † Danzig 15. 3. 1848; Kgl. Preuß. Generalltn. u. Gouverneur v. Danzig; auf Bohlschen, Wpr.
								v. Rüchel, Albertine Caroline Friederike Sophie Adelheid, * Haseleu 30. 9. 1790, † Stettin 11. 2. 1831.
				von Hirschfeld, Agnes Friederike Johanna, * Stettin 6.7.1852 † Berlin 22.2 1926	× Pansin	**von Hirschfeld,** Carl Ferdinand, * .... 5. 1. 1792, † Pansin 25. 12. 1863; Kgl. Preuß. General d. Inf.	× Falkenhagen 27. 5. 1782	**v. Hirschfeld,** Carl Friedrich, * Militsch 18. 7. 1747, † Brandenburg 11. 10. 1818; Kgl. Preuß. General der Infanterie, Sieger von Hagelsberg 1813.
								v. Fagyas, Caroline Friederike Philippine, * Berlin 23. 12. 1761, † 29. 1. 1795.
						von Puttkamer, Ottilie Friederike Johanne, a. d. H. Pansin; * Pansin .... 1824, † Pansin .... 1861.	× Wangeritz(?) 24. 2. 1819	**v. Puttkamer,** Ernst, * Pansin 5. 11. 1787, † Pansin 31. 5. 1824; Kgl. Pr. Premier-Ltn. auf Pansin, Henkenhagen, Lenz, Görshagen pp.
								v. Lettow, Friederike, * Wangeritz 1796 ...., † Pansin 1880 ....
		von Dewitz, Friederike Klara Thekla Cäcilie Ottilie Ulrike, * Roggenhagen 7. 1. 1887 1916—1931 auf Roggenhagen i. Meckl.	× Schwerin 12. 5. 1885	**580 von Dewitz,** Stephan Werner. * Cölpin 4. 1. 1846 † Roggenhagen 13. 6. 1916, Großh. Mecklbg. Major a D, Kriegsteilnehmer 1870; auf Roggenhagen	× Zettemin 21. 9. 1838	**501 von Dewitz, Friedrich** Adolph Dietrich, * Cölpin 3. 7. 1813, † Malchin 14. 12. 1888, auf Cölpin, Roggenhagen u. Helpt, Vize-Landmarschall des Stargarder Kreises, Reichstagsabgeordneter.	× Gr. Miltzow 4. 9. 1812	**451 v. Dewitz, Friedrich** Georg Carl, * Neustrelitz 13. 1. 1779, † Cölpin 31. 3. 1837; auf Cölpin u. Roggenhagen.
								498 v. Dewitz, Elisabeth **Auguste** Luise Julie, * Gr. Miltzow 8. 1. 1790, † Cölpin 24. 2. 1816.
						Freiin von Maltzahn, Thekla Amalie Caroline Albertine Johanne Sophie, * Kopenhagen 16. 12. 1819, † Cölpin 25. 8. 1902.	× Merseburg 7. 8 1818	**Freiherr v. Maltzahn, Helmuth** Otto Theodor Friedrich, * Wolfshagen 26. 5. 1792, † Berlin 28. 5. 1860; Kgl. Pr. Kammerherr u. Legationsrat, auf Zettemin u. Wüstgrabow.
								Gräfin v. Hardenberg, Elise, * Bayreuth 11. 5. 1797, † Berlin 25. 1. 1864.
				von Oertzen, Blanka Wilhelmine Friederike Auguste, * Schwerin i. M. 26. 6. 1849 † Schwerin 5. 3. 1921 (a d. H Roggow)	× Neuhof 28. 1. 1842	**von Oertzen, Friedrich** Dietrich Burchard, * Dalwitz i. M. 1. 5. 1801, † Wiesbaden 6. 1. 1862; Großh. Meckl. Oberst.	× Ivenack 29. 1. 1796	**v. Oertzen,** Joachim Detlof **Friedrich,** * Roggow 19. 4. 1769, † Ludwigslust 2. 3. 1821.
								Freiin v. Maltzahn, Auguste Caroline, * Rottmannshagen 15. 10. 1775, † Ludwigslust 2. 6. 1853.
						von Langen, Clara Maria Franziska Friederike Karoline, * Passee i. M. 13. 3. 1824, † Schwerin 25. 7. 1905.	× Perlin 18. 6. 1814	**v. Langen,** Ludwig Philipp **Otto,** * Stralsund 18. 3. 1781, † Schwerin 30. 4. 1860; auf Neuhof pp., Kgl. Schwed. Oberjägermstr. i. Wismar, Großh. Meckl. Kammerh. u. Oberforstm.
								Freiin v. Rahde(n), Wilhelmine Luise Friederike, * Berlin 18. 6. 1814, † Schwerin 30. 5. 1870; a. d. H. Grabow.

866, v. Dewitz gen. v. Krebs, **Hans Joachim** Bogislaw Wolf Ernst, *Stranz 25.4.1921; **874,** v. Dewitz gen. v. Krebs, **Helga** Ursula Anna, * Sonnenheim bei Stranz, 12. 1. 1923	× Stranz b. Dtsch.-Krone 15. 6. 1920	**722 v. Dewitz, gen. v. Krebs, Stanislaus** Albrecht Johannes, * Gr. Jauth 21. 3. 1892, Major, Kriegsteilnehmer 1914—1918.	× Berlin 30. 4 1886	**590 v. Dewitz, gen. v. Krebs, Johannes** Michael Jacob Karl, * Weitenhagen 8. 4. 1850, † Naumburg a. S 29. 3. 1908; auf Groß-Jauth; Kgl. Preuß. Rittm. a. D. u. Kammerherr	× Danzig 23. 3. 1840	**504 v. Dewitz (gen. v. Krebs), Karl** Wilhelm Ludwig Franz, * Halberstadt 17. 7. 1806, † Weitenhagen 12. 10. 1867; auf Weitenhagen, Fideik.-Erbe v. Veltheim; Nam.- u. Wapp.-Ver. seit 15.3.1853.	× II Halberstadt 30. 9. 1805	**452 von Dewitz, Karl** Günther Theodor, * Sondershausen 14. 12. 1759, † Naugard 24. 12. 1817; Major, Kriegsteilnehmer 1792, 95, 1806; Landrat; auf Weitenhagen.
								von Krebs, Luise, * Veltheim 24. 10. 1770, † Naugard 10. 12. 1834.
						v. Rüchel sonst v. Kleist, Elisabeth Philippine Karoline, * Haseleu 7. 10. 1820, † Cramonsdorf 20. 9. 1899.	× Haseleu 1809	**(v. Rüchel sonst) v. Kleist, Jacob** Friedrich, * Segenthin 25. 1. 1778, † Danzig 15. 3. 1848; auf Bohlschen, Wpr.; Kgl. Pr. Gen.-Ltn. u. Gouv. v. Danzig; Nam.- u. Wapp.-Ver. 1810.
								v. Rüchel, Albertine Caroline Friederike Sophie Adelheid, * Haseleu 30. 9. 1790, † Stettin 11. 2. 1831.
				v. d. Osten, Helene Thusnelde, * Gr. Jannewitz 27. 4. 1850, † Naumburg a. S. 4. 3. 1926	× Stolp 24. 10. 1834	**v. d. Osten, Julius** Caesar Adrian, * Jannewitz 29. 1. 1808, † Ems 31. 5. 1878, auf Gr. u. Kl. Jannewitz, Puggerschow, Rosgars, Krampkewitz, Buskowin, Hasenberg, Leip u. Bednarken.	× II Jannewitz 4.10.1804	**v. d. Osten,** Georg **Wilhelm** Felix, * Geiglitz 10. 6. 1773, † Jannewitz 17. 11. 1811, Leutnant a. D., seit 1799 auf Jannewitz.
								v. Breitenbach, Johanna, * Chotzlow 10. 10. 1787, † Jannewitz 30. 9. 1855.
						v. Kleist, Thusnelde Therese Luise Wilhelmine, * Warbelin 2. 10. 1809, † Berlin 19. 3. 1889.	× Zipkow 20. 6. 1804	**v. Kleist,** Leopold **Friedrich,** * Frankfurt a. O. 7. 4. 1780, † Stolp 4. 6. 1837, Kgl. Pr. Major a. D., Kgl. Pr. Postmeister a. D.
								v. Blankensee, Wilhelmine Agnes Dorothee Friederike, * Zipkow b. Stolp 31. 3. 1788, † Stolp 1867.
		Schröder, Ursula Rose Margarethe * Stranz 19. 9. 1899	× Berlin 10. 11. 1881	**Schröder-Stranz, Ernst** Friedr. Otto, * Alvensleben 2. 7. 1848, † Stranz 7.6.1929, Rittergutsbesitzer auf Stranz	× Pansfelde 22. 9. 1835	**Schröder,** Friedrich, * Bremen 7. 3. 1806, † Alvensleben 29. 7. 1874, Kgl. Pr. Amtsrat in Alvensleben.	× I Bremen 1. 6. 1804	**Schröder** Friedrich, * Bremen 29. 3. 1775, † Bremen 3. 10. 1835, Kaufmann in Bremen.
								Lameyer Anna Christina Elisabeth, * Bremen 1. 2. 1786, † 22. 1. 1806 ebd.
						v. Doetinchem de Rande, Friederike Karoline Marianne Clementine, * Aderstedt 11. 2. 1816, † Alvensleben 1. 7. 1893.	× Braunschweig 21. 6. 1810	**v. Doetinchem de Rande, Clemens** August, * Rosenthal 18. 2. 1788, † Pansfelde 8. 4. 1860, Kgl. Pr. Pr.-Ltn. d. Ldw.-Kav., Herr d. holländ. Güter Memlinck, Elderick u. Althoff, Pächter von Pansfelde u. Molmerschwende i. Harz.
								Lastrop, Johanna Dorothea Friederike, * Braunschweig 29. 9. 1790, † Alvensleben 23. 3. 1865.
				Boldt, Anna, Johanna Friederike, * Neustadt bei Pinne 20 12.1858, † Stranz 18. 12. 1927		**Boldt,** August Friedrich, * Trampe 28. 10. 1807, † Berlin 28. 3. 1871; Rittergutsbesitzer.		**Boldt** Friedrich Benjamin, *Oetscher 28. 12. 1786, † Eberswalde 15. 11. 1852, Landwirt.
								Rieben, Johanna Maria, * Neu-Mark-Graspieske 15. 4. 1778, † Lebus 15. 12. 1820.
						Cunicke, Rose Henriette Charlotte, * Alaunwerke bei Freienwalde a. Oder 1. 6. 1819, † Berlin 2. 3. 1872.		**Cunicke,** Karl Franz, * Mainz 20. 10. 1791, † Alaunwerk bei Eberswalde 17. 9. 1833; Kgl. Hütteninspektor zu Kupferhammer bei Eberswalde.
								Meisel, Auguste Charlotte Louise, * Eberswalde 26. 10. 1801, † Berlin 18. 5. 1877.

816 Wentzel v. Dewitz gen. v. Krebs, **Eckhard** Kurt Ernst Günther, * Kiel 20. 8. 1909, adoptiert von Frau M. v. Dewitz-Krebs, geb. Wentzel auf Weitenhagen;

817 v. Dewitz gen. v. Krebs, **Else** Sabine Wanda Agnes, * Berlin 30. 10. 1911, × Rostock 8 10. 1932, Walrab v. Buttlar;

818 v. Dewitz gen. v. Krebs, **Ilse** Luise Gustava Agnes, * Berlin 30. 10. 1911

× Kiel 29. 9. 1908

---

725 v. Dewitz gen. v. Krebs, Günther Karl Anselm Ernst, * Berlin 6. 12. 1885; Kriegsteilnehmer 1914/18; Oberstltn.

× Potsdam 5. 10 1883

v. Prittwitz und Gaffron, Agnes Bertha Caroline * Kiel 2. 8. 1888

× I Kaiserswaldau i Schlesien 16. 7. 1887

---

591 v. Dewitz gen. v. Krebs, Ernst Josef Jacob Karl, 24. 4. 1851, † Gotha, 4. 12. 1900, Kgl. Pr. Major.

× Danzig 23 3. 1840

v. Puttkamer, Sabine Dorothea Anselma, * Dtsch.-Carstnitz 23. 4. 1864, † Gotha 7. 10. 1904.

× Gr. Jannewitz 25. 4. 1862

v. Prittwitz u. Gaffron, Bernhard Otto **Kurt,** * Sitzmannsdorf 16. 7. 1849, † Berl.-Wilmersdorf 16. 2. 1922, Kais. Deutscher Admiral.

× Poln. Marchwitz 10. 5. 1846

v. Schönberg Luise Frida Auguste * Bolmstad in Schweden 8. 10. 1855 † Kiel 10. 12. 1903.

× I Merzdorf 20. 7. 1854

---

504 v. Dewitz (gen. v. Krebs), Karl Wilhelm Ludwig Franz, * Halberstadt 17. 7. 1806, † Weitenhagen 12. 10. 1867; auf Weitenhagen, Fideik.-Erbe von Veltheim, Nam.- u. Wapp.-Ver. seit 15. 3. 1854.

× II Halberstadt 30. 9. 1805

von Rüchel sonst v. Kleist, Elisabeth Philippine Karoline, * Haseleu 7. 10. 1820, † Cramonsdorf 20. 9. 1899.

× Haseleu 16. 1. 1808

v. Puttkamer, Anselm, * Dt. Carstnitz 22. 9. 1833, † Dt. Carstnitz 18. 11. 1875, auf Dt. Carstnitz, Kgl. Pr. Lt. a. D.

× Berlin 28. 4. 1816

v. d. Osten, Margarethe Thusnelda, * Groß-Jannewitz 30. 6. 1838, † Potsdam 13. 10. 1897.

× Stolp 24 10. 1834

v. Prittwitz u. Gaffron, Constantin Bernhard Karl * Sitzmannsdorf 15. 9. 1815, † Sitzmannsdorf 2. 5. 1888, auf Sitzmannsdorf.

× II Stein 8 2. 1808

v. Zitzewitz, Olga Auguste Ottilie Karoline Amalie, * Muttrin 8. 12. 1827, † Jacobsdorf, Krs. Jauer, 24. 6. 1906.

× Weidenbach 10. 10. 1826

v. Schönberg, Hans Wolf, * Ob. Reinsberg 6. 5. 1830, † Dresden 29. 2. 1896, auf Bolmstad in Schweden.

× II Alt-Flemming b Naumburg 9. 10. 1814

Rittner, Maria Camilla, * Merzdorf 11. 3. 1835, † Hamburg 20. 2. 1879.

×

---

452 v. Dewitz, Karl Günther Theodor, * Sondershausen 14. 12. 1759; † Naugard 24. 12. 1817; Major, Kriegsteilnehmer 1792, 95, 1806; Landrat, auf Weitenhagen

v. Krebs, Luise * Veltheim 24. 10. 1770, † Naugard 10. 12. 1834.

(v. Rüchel sonst) v. Kleist, Jacob Friedrich, * Segenthin 25. 1. 1778, † Danzig 15. 3. 1848; auf Bohlschen, Wpr.; Kgl. Pr. Generalltn. u. Gouverneur von Danzig; Namens- u. Wapp.-Ver. . . 1810.

v. Rüchel, Albertine Caroline Friederike Sophie Adelheid, * Haseleu 30. 9. 1790, † Stettin 11. 2. 1831.

v. Puttkamer, Wilhelm Friedrich Eduard, * Brandenburg 26. 10. 1782, † Deutsch Carstnitz 13. 5. 1858, auf Carstnitz, Benzin, Gr. Küssow; Kgl. Pr. Oberstltn

v. Thulemeier, Friederike **Wilhelmine** Luise, * Berlin 29. 4. 1793, † Naumburg 12. 1. 1877.

v. d. Osten. Julius Caesar Adrian, * Jannewitz 29. 1. 1808 † Ems 31. 5. 1878, auf Gr. u. Kl. Jannewitz, Puggerschow pp.

v. Kleist, Thusnelda Therese Luise Wilhelmine, * Warbelin 2. 10. 1809, † Berlin 19. 3. 1889.

v. Prittwitz u. Gaffron, Bernhard Otto **Karl,** * 3. 9. 1770, † Lüben 6. 10. 1842, auf Sitzmannsdorf.

v. Stegmann u. Stein, Karoline Helene Constantine, * Stein 13. 9. 1783 † Sitzmannsdorf 2. 2. 1834.

v. Zitzewitz, Friedrich, * Muttrin 2. 1. 1800, † Muttrin 29. 1. 1830.

v. Busse, Bertha, * Weidenbach 5. 11. 1807, † Muttrin 6. 5. 1861.

v. Schönberg, Friedrich August **Wolf,** * Wehlsdorf 6. 4. 1780, † Ob. Reinsberg 4. 2. 1838; auf Ob. Reinsberg u. Herzogswalde; Kgl. Sächs. Kammerherr u. Oberforstmeister.

v. Bärenstein, Agnes, * Zweitzschen (Altenburg) 4. 3. 1791, † Ob. Reinsberg 7. 12. 1832.

Rittner, Carl August, auf Merzdorf * Dresden 17. 10. 1804, † Dresden 19. 5. 1883.

v. Egidy, Louise Johanne Wilhelmine, * Ottersitz 11. 7. 1812, † Dresden 14. 5. 1886; Tochter d. Chr. Hans v. E. auf Ottersitz.

887, v. Dewitz gen. v. Krebs, **Ursula** Marie Sabine Ruth Erika, * Bornstedt b. Potsdam 30. 9. 1928;

890, v. Dewitz gen. v. Krebs, **Karl Hubertus** Ernst Friedrich, * Berlin 13. 3. 1930

× Potsdam 3. 1. 1927

726 v. Dewitz gen. v. Krebs, Karl Wilhelm Dietrich Ernst, * Berlin 6. 8. 1887 Kriegsteilnehmer 1914/18, Oberstleutnant

× Potsdam 5. 10. 1883

591 v. Dewitz gen. v. Krebs, Ernst Joseph Jacob Karl, * Weitenhagen 24. 4. 1851 † Gotha 4. 12. 1900, Kgl. Preuß. Major

× Danzig 23. 3. 1840

504 v. Dewitz (gen. v. Krebs), Karl Wilhelm Ludwig Franz, * Halberstadt 17. 7. 1806, † Weitenhagen 12. 10. 1867; auf Weitenhagen, Fdk.-Erbe von Veltheim, Nam.- u. Wapp.-Ver. seit 15. 3. 1854.

× II Halberstadt 30. 9. 1805

452 v. Dewitz, Karl Günther Theodor, * Sondershausen 14. 12. 1759, † Naugard 24. 12. 1817; Major, Kriegsteilnehmer 1792, 95, 1806; Landrat; auf Weitenhagen.

v. Krebs, Luise, * Veltheim 24. 10. 1770, † Naugard 10. 12. 1834.

v. Rüchel sonst v. Kleist, Elisabeth Philippine Karoline, * Haseleu 7. 10. 1820, † Cramonsdorf 20. 9. 1899.

× Haseleu 16. 1. 1808

(v. Rüchel sonst) v. Kleist, Jacob Friedrich, * Segenthin 25. 1. 1778, † Danzig 15. 3. 1848; auf Bohlschen, Wpr.; Kgl. Pr. Gen.-Ltn. u. Gouverneur v. Danzig; Nam.- u. Wapp.-Ver. ... 1810.

v. Rüchel, Albertine Caroline Friederike Sophie Adelheid, * Haseleu 30. 9. 1790, † Stettin 11. 2. 1831.

v. Puttkamer, Sabine Dorothea Anselma, * Deutsch Carstnitz 23. 4. 1864 † Gotha 7. 10. 1904

× Gr. Jannewitz 25. 4. 1862

v. Puttkamer, Anselm, * Dt. Carstnitz 22. 9. 1833, † Dt. Carstnitz 18. 11. 1875; auf Dt. Carstnitz, Kgl. Pr. Lt. a. D.

× Berlin 28 4. 1816

v. Puttkamer, Wilhelm Friedrich Eduard, * Brandenburg 26. 10. 1782, † Deutsch-Carstnitz 13. 5. 1858; auf Carstnitz, Benzin, Gr. Küssow, Kgl. Pr. Oberstleutnant.

v. Thulemeier, Friederike **Wilhelmine** Luise, * Berlin 29. 4. 1793, † Naumburg 12. 1. 1877.

v. d. Osten, Margarethe Thusnelda, * Gr. Jannewitz 30. 6. 1838, † Potsdam 13. 10. 1897.

× Stolp 24. 10. 1834

v. d. Osten, Julius Caesar Adrian, * Jannewitz 29. 1. 1808, † Ems 31. 5. 1878, auf Gr. u. Kl. Jannewitz, Puggerschow pp.

v. Kleist, Thusnelda Therese Luise Wilhelmine, * Warbelin 2. 10. 1809, † Berlin 19. 3. 1889.

v. Bauer, Erika Wally Ruth Elisabeth Helene Emma, * Potsdam 13. 2 1902

× Potsdam 19. 5. 1900

v. Bauer, Friedrich Louis Eugen, * Hannover 29. 6. 1874 Kgl. Preuß. Oberstleutnant a. D.

× Kassel 12. 2. 1854

v. Bauer, Georg Christoph Emanuel, * Kassel 12. 8. 1823, † Kassel 1. 1. 1903; Kgl. Pr. Gen.-Major, Kr.-Teiln. . Pr. Adelstd. v. 19. 9. 1891 „wegen der im Kriege wie im Frieden geleist. guten Dienste".

× Kassel 8. 11. 1815

Bauer, Johann Philipp, * Kassel 26. 10. 1775, † Kassel 29. 6. 1851; Kurfstl. Hess. Kass. Generalltn. u. Divisions-Kmdr.

v. Lengerke, Henriette Sophie Christiane, * Rinteln 17. 7. 1790, † Münden 3. 9. 1876. (× I ... v. Voigt, gesch.)

Ruhl, Louise Elisabeth Eugenie Polyxene, * Kassel 9. 7. 1833, † Kassel 23. 12. 1908.

× Hanau 25. 10. 1830

Ruhl, Julius Eugen, * Kassel 13. 10. 1796, † Kassel 27. 11. 1871; Geh. Ober-Baudirektor.

Serrurier, Marie Gertrude, * Alste Cap de good Hoop 16. 9. 1807, † Kassel 15. 5. 1898.

Gräfin v. Schlieffen, Ruth Wally Erika Maria, * Liegnitz 20. 3. 1879

× II Ober-Steinkirch 6 6. 1878

Graf v. Schlieffen, Eduard Carl Wilhelm, * Potsdam 17. 6. 1829, † Moys (Görlitz) 27. 4. 1907, Kgl. Preuß. Generalmajor z. D.

× Potsdam 7. 6. 1820

Graf v. Schlieffen, Johann Leo **Carl,** * Zierwienz i. Pom. 10. 1. 1792, † Pau, Frkch., 4. 12. 1866; Majoratsherr auf Schwandt c. p. Kgl. Preuß. Generalleutnant z. D.

v. Wedel, Luise **Clementine,** * Silligsdorf 2. 9. 1801, † Magdeburg 12. 8. 1836.

v. Witzleben, Marie Anna Friederike Henriette, * Leipzig 3. 3. 1855. (× II 29. 9. 1915 General v. Stockhausen, gefallen i. Flandern als Brig.-Kdr. am 14. 12. 1915.)

× Leipzig 13. 6. 1854

v. Witzleben, Oscar Friedrich Karl Alfred, * Poln. Dorf bei Wohlau 13. 6. 1820, † Baden-Baden 24. 4. 1893, auf Ober-Steinkirch; Kgl. Preuß. Oberstltn. a. D.

Flinsch, Emma, * Leipzig 22. 11. 1825, † Ober-Steinkirch 1. 11. 1885.

882, v. Dewitz gen. v. Krebs, **Sabine** Hedwig Margot Mathilde, * Allenstein 4. 5. 1926;	**727 v. Dewitz gen. v. Krebs, Albrecht** Ulrich Ernst, * Berlin 31.5.1889, Kriegsteilnehmer 1914/18; Regierungsrat	**591 v. Dewitz gen. v. Krebs, Ernst** Joseph Jacob Karl, * Weitenhagen 24. 4. 1851, † Gotha 4. 12. 1900 Kgl. Preuß. Major	**504 v. Dewitz (gen. v. Krebs), Karl** Wilhelm Ludwig Franz, * Halberstadt 17. 7. 1806, † Weitenhagen 12. 10. 1867, auf Weitenhagen, Fdk.-Erbe von Veltheim; Nam.- u. Wapp.-Vereinig. seit 15. 3. 1854.	× II Halberstadt 30. 9. 1805	**452 v. Dewitz, Karl** Günther Theodor, * Sondershausen 14. 12. 1759, † Naugard 24. 12. 1817; Major, Kriegsteilnehmer 1792, 95, 1806; Landrat; auf Weitenhagen.
886, v. Dewitz gen. v. Krebs, **Ilsabe** Gertrud Paula Mathilde, * Allenstein 20. 9. 1928;					**v. Krebs,** Luise, * Veltheim 24. 10. 1770, † Naugard 10. 12. 1834.
891, v. Dewitz gen. v. Krebs, **Mechthild** Karla Margarethe Albertine, * Allenstein 16. 3. 1930;		× Danzig 23 3. 1840	**v. Rüchel sonst v. Kleist,** Elisabeth Philippine Karoline, * Haseleu 7. 10. 1820, † Cramonsdorf 20. 9. 1899.	× Haseleu 16. 1 1808	**(v. Rüchel sonst) v. Kleist, Jacob** Friedrich, * Segenthin 25. 1. 1778, † Danzig 15. 3. 1848; auf Bohlschen, Wpr.; Kgl. Pr. Gen.-Ltn. u. Gouverneur v. Danzig; Nam.- u. Wapp.-Ver. . . . 1810.
895, v. Dewitz gen. v. Krebs, **Ernst** Wilhelm Paul Albrecht, * Allenstein 11. 8. 1931;					**v. Rüchel, Albertine** Caroline Friederike Sophie Adelheid, * Haseleu 30. 9. 1790, † Stettin 11. 2. 1831.
898, v. Dewitz gen. v. Krebs, **Ulrike** Ilse Mathilde, * Allenstein 5. 12. 1932	× Potsdam 5. 10. 1883	**v. Puttkamer, Sabine** Dorothea Anselma, * Deutsch Carstnitz 23. 4. 1864 † Gotha 7. 10. 1904	**v. Puttkamer,** Anselm, * Deutsch-Carstnitz 22. 9. 1833, † Deutsch-Carstnitz 18. 11. 1875, Kgl. Pr. Ltn. a. D., auf Deutsch-Carstnitz.	× Berlin 28. 4. 1816	**v. Puttkamer, Wilhelm** Friedrich Eduard, * Brandenburg 26. 10. 1782, † Deutsch-Carstnitz 13. 5. 1858; auf Carstnitz, Benzin, Gr. Küssow; Kgl. Pr. Oberstleutnant.
					v. Thulemeier, Friederike **Wilhelmine** Luise, * Berlin 29. 4. 1793, † Naumburg 12. 1. 1877.
		× Gr. Jannewitz 25.4.1862	**v. d. Osten, Margarethe** Thusnelda, * Gr. Jannewitz 30. 6. 1838, † Potsdam 13. 10. 1897.	× Stolp 24. 10. 1834	**v. d. Osten, Julius** Caesar Adrian, * Jannewitz 29. 1. 1808, † Ems 31. 5. 1878; auf Gr. u. Kl. Jannewitz u. Puggerschow.
					v. Kleist, Thusnelda Therese Luise Wilhelmine, * Warbelin 2. 10. 1809, † Berlin 19. 3. 1889.
× Allenstein 1. 6 1925	**Ziemann, Mathilde** Emma, * Neuruppin 17. 4. 1902	**Ziemann, Paul** Karl Ferdinand, * Zerbst 7. 9. 1863, Dr. med., Kgl. Preuß. Generaloberarzt a. D.	**Ziemann,** Karl Heinrich Oswald, * 17. 10. 1825, † Bernburg 1. 1899, Kreisgeometer u. Kommissionsrat.		**Ziemann,** Ferdinand Dienegott, * 15. 5. 1792, † 1873, Bürgermeister zu Koswig i. Anh.
					Unger, Henriette * , †
			Kummer, Emma, * Zerbst 11. 1. 1837, † Lewin (Grfsch. Glatz) 23. 6. 1918.		**Kummer,** Gustav Adolph, * Leipzig 1787, † Zerbst 21. 4. 1843, Buchhändler.
					Vogel, Dorothea Eleonore **Wilhelmine,** * 1808, † Bernburg 14. 11. 1895.
	× Bernburg i. Anh. 21. 6. 1894	**Otto, Hedwig** Auguste Therese Adelheid, * Möckern b. Magdeburg 14. 2. 1870	**Otto,** Andreas **Wilhelm,** * Schwanebeck 15. 4. 1820, † Möckern b. Magdebg. 9. 11. 1893, Pastor zu Möckern.		**Otto,** Johann Christian, * , † 28. 1. 1854, Gutsbesitzer u. Schulze zu Schwanebeck bei Egeln.
					Heinrich, Katharina Dorothea, * , † 29. 12. 1868.
			Thilo, Cäcilie Mathilde, * Berlin 22. 7. 1829, † Möckern b. Magdbg. 15. 2. 1873.		**Thilo,** Karl Ernst Hermann, * 6. 12. 1801, † Schönebeck a. Elbe 26. 8. 1871, Kreisgerichtsrat zu Gommern b. Magdeburg.
					Flies, Luise Auguste Henriette Bertha, * , † Möckern b. Magdeburg 4. 1. 1838.

848, v. Dewitz, **Erdmuthe** Walpurg, * Kreuznach 7. 11. 1917	× Chemnitz 20. 11. 1915	**733 von Dewitz,** Karl **Otto,** * Niesky 11.2 1879 Dr. med., Facharzt für Orthopädie	× Neusalz, O 25. 10. 1869	**594 von Dewitz, August Karl Ludwig,** * Stargard, Pom., 3. 6. 1836, † Niesky 4.1.1887, Prediger der Brüdergemeine	× Naugard 31 3. 1834	**505 v. Dewitz, August** Karl Adolph Ferdinand, * Weitenhagen 8. 12. 1807, † Cöln a. Rh. 3. 10. 1865, Kgl. Pr. Generalmaj. u. Brigade-Kommandeur.	× II Halberstadt 30. 9 1805	**452 v. Dewitz, Karl** Günther Theodor, * Sondershausen 14. 12. 1759, † Naugard 24. 12. 1817, Major, Feldzüge 1792, 1795, 1806. Seit 1812 Landrat; auf Weitenhagen.
								v. Krebs, Luise, * Veltheim am Fallstein 24. 10. 1770, † Naugard 10. 12. 1834. (Erbin von Veltheim.)
						480 v. Dewitz, Miranda Karoline Leontine Luise, * Naugard 30. 7. 1810, † Niesky 22. 6. 1873.	× Arnswalde 22. 5. 1806	**435 v. Dewitz,** Karl Friedrich Ludwig, * 8. 8. 1787, † Naugard 10. 5. 1853, Rittmstr., Feldzüge 1813/14; auf Maldewin, Höckenberg, Daber, Daberkow, Gr. Benz, Bernhagen.
								v. Waldow, Friederike Luise, a. d. H. Dieckow, * Dieckow 29. 12. 1789, † Naugard 25. 3. 1850.
				Gruschwitz, Marie **Alma,** * Neusalz a. Oder 11. 5. 1847, † Niesky 2.6.1921	× Neudietendorf, Th., 9. 6. 1846	**Gruschwitz, Paul** Alexander, * Neusalz, Oder 1. 6. 1819, † daselbst 8. 7. 1888, Fabrikbesitzer in Neusalz, Kgl. Pr. Kommerzienrat, Mitglied des Landtages.	× 2. 1. 1816	**Gruschwitz,** Johann David, Fabrikbesitzer, * Unterheinsdorf b. Reichenbach, Vogtld. 23. 2. 1776, † Neusalz, Oder 7. 1. 1848.
								Gammert, Marie Sophie, * Neusalz, Oder 27. 5. 1780, † daselbst 28. 6. 1856.
						Lilliendahl, Mathilde, * Neudietendorf 2. 9. 1825, † Neusalz, Oder 18. 3. 1909.	× Niesky, O. L. 5./6. 5. 1823	**Lilliendahl,** Johann **Gustav Renatus,** * Neudietendorf, Th. 5. 10. 1801, † daselbst 15. 7. 1870, Fabrikbesitzer und Kommerzienrat.
								Place, Marie **Mathilde** (ihr Vater wanderte aus England ein), * Niesky, O.-L. 1. 3. 1804, † Neudietendorf 7. 9. 1874.
		Vogel, Walpurg Gertrud * Chemnitz 13. 5. 1895	× Chemnitz 6. 3. 1893	**Vogel,** Hans Hermann, * Chemnitz 29. 3. 1867, Kgl. Sächs. Kommerzienrat, Groß-Industriell., Inh. der Firma Wilhelm Vogel Chemnitz; Präsident d. Industrie- und Handelskammer	× Chemnitz 19. 6. 1866	**Vogel, Herrmann** Wilhelm, * 8. 2. 1841, † Chemnitz 23. 12. 1917, Geh. Kommerz.-Rat, Industrieller, Inh. d. Fa. Wilh. Vogel, Chemnitz; Präs. d. Handelskammer.	× Schleiz 1. 11. 1835	**Vogel,** Friedrich **Wilhelm** Adolf, * Apolda 20. 4. 1810, † Chemnitz 29. 12. 1870, Begründer d. Fa. Wilhelm Vogel in Chemnitz.
								Schneider, Thekla, * Schleiz 20. 11. 1816, † Chemnitz 30. 1. 1871.
						Matthes, Fanny Hedwig, * Chemnitz 27. 10. 1845, † Chemnitz 22. 10. 1871.		**Matthes, Wilhelm** August, * Chemnitz 28. 1. 1807, † Chemnitz 25. 11. 1894, Webwarenfabrikant zu Chemnitz.
								Engelhaupt, Henriette Friederike Wilhelmine, * Gotha 11. 1. 1810, † Chemnitz 25. 11. 1894.
				Clauß, Julie Gertrud, * Chemnitz 30. 12. 1870, † Chemnitz 28. 2. 1927	× Limbach 12. 9. 1866	**Clauß,** Ernst Otto, * Chemnitz 5. 3. 1843, † Chemnitz 25. 11. 1889; Inh. d. Fa. E. J. Clauß Nachf., Spinnerei, in Plaue b. Flöha; Stadtrat in Chemnitz, Reichstagsabgeordneter.	× Penig	**Clauß,** Ernst Iselin, * Leipzig 9. 1. 1793, † Chemnitz 26. 12. 1864, Fabrikant, Inh. d. Fa. E. J. Clauß, Spinnerei, Plaue b. Flöha.
								Roch, Erdmuthe Emilie, * Penig Sa. 6. 7. 1809, † Chemnitz 19. 4. 1876; Tochter von Friedr. Aug. Roch in Penig, Inh. einer Tibetfabrikation.
						Esche, Marie Magdalene, * Limbach, Sa. 31. 7. 1847, † Chemnitz . . 2. 1923.		**Esche**

819, v. Dewitz, **Ingeborg** Elma Martha,
* Biesendahlshof 18. 9. 1905,
× Biesendahlshof 19. 9. 1925,
Joach. **Rüd. Frhr. v. d. Goltz;**
820, v. Dewitz, **Bernd** Victor Richard Botho Werner,
* Biesendahlshof 19. 10. 1906,
Landwirt;
821, v. Dewitz, **Victor** Richard Heinz Werner,
* Biesendahlshof 12. 11. 1907,
cand. iur.;
822, v. Dewitz, **Jobst Werner** Theod. Constantin,
* Biesendahlshof 26.1.1909, Fähnr.;
823, v Dewitz, **Elma** Martha Victoria,
* Biesendahlshof 28 3. 1910,
× Biesendahlshof 20. 10. 1929,
Alfred **v. Sanden;**
824, v. Dewitz, **Hans Achim** Hubertus Richard Victor,
* Biesendahlshof 24. 7. 1911,
stud.jur.et.rer.pol.;
841, v. Dewitz, **Eckhart** Siegfried Gerhard,
* Biesendahlshof 27. 4. 1915;
847, v. Dewitz, **Martha** Irene Friederike,
* Biesendahlshof 27. 9. 1917

× Stettin, 20. 10. 1904

738 v. Dewitz, Werner Ludwig Constantin Victor,
* Stettin 30. 6. 1878,
a. Biesendahlshof, Kriegsteilnehmer 1914—18, Königl. Pr. Rittm. a D.

× Stettin 3. 10 1876

608 v. Dewitz, Victor Karl August Constantin,
* Gienow 16. 2 1851,
† Stettin 13. 10. 1923;
Kriegsteilnehmer 1870/71, Kgl. Pr. Hauptm., verw. Henningsholm u. Biesendahlshof

× Berlin 10 9. 1841

509 v. Dewitz, Constantin Gustav Albert,
* Naugard 30. 1. 1816,
† Stettin 19. 4. 1872,
Kgl. Pr. Major a. D., auf Gienow seit 1843.

× II Halberstadt 30. 9. 1805

452 v. Dewitz, Karl Günther Theodor, * Sondershausen 14. 12. 1759, † Naugard 24. 12. 1817; Kgl. Pr. Maj., Kr.-Teiln. 1792, 95, 1806; auf Weitenhagen, Landrat; × I 1788 D. v. Engel, † 1803.

v. Krebs, Louise,
* Veltheim 24. 10. 1770, † Naugard 10. 12. 1834.

v. Sommerfeldt, Marie **Cäcilie,**
* Gola b. Justin 10. 9. 1816,
† Dramburg 11. 2. 1900.

× Luboschin 4. 9. 1809

v. Sommerfeldt, August Friedrich Wilhelm Heinrich,
* Gostritzen 1. 12. 1787, † Berlin 10. 5. 1841;
auf Luboschin.

v. Unruh, Charlotte Friederike,
* Luboschin 1. 9. 1780, † Charlottenburg 14. 1. 1872.

Wegner, Martha Ernestine Ida,
* Stettin 28. 1. 1857,
† Stettin 21. 3. 1927

×

Wegner, Ludwig Carl August
* Ueckermünde 9. 8. 1822,
† Stettin 23. 4. 1864.

× Ueckermünde 13. 11. 1812

Wegner, Johann Friedrich,
* Ueckermünde 12. 7. 1789, † Ueckermünde 28. 9. 1862.

Riese, Anna Regina,
* Ueckermünde 31. 10. 1788, † Ueckermünde 10. 2. 1857.

Gentzensohn, Friederike Charlotte,
* Beverteich 19. 1. 1822,
† Stettin 22. 5. 1905.

×

Gentzensohn, Otto,
* Beverteich 1773, †

Sommer, Charlotte,
* , † Radewitz 10. 4. 1830.

Dreher, Elma Anna Hedwig,
* Insterburg 25. 8. 1883

× Steinberg, Kreis Rosenberg, 14. 4. 1879

Dreher, Richard Theodor Gustav,
* Haseleu 13. 9 1847,
† Ahlbeck 11. 3. 1900;
Kgl. Pr. Major, Kriegsteilnehmer 1870/71 i. Garde-Feldartillerie-Regiment

×

Dreher, Theodor August Eduard,
* Stettin 5. 2. 1816,
† Stettin 16. 5. 1895,
Rittergutsbesitzer auf Haseleu, Krs. Regenwalde, Pom.

×

(v.) Dreher, Johann Michael, * Kreglingen 3. 11. 1766, † Stettin 18. 9. 1847, Stadtrat i. Stettin, Kommerzienrat; pers. Adel als Ritter d. Ord. der Württembergischen Krone.

Magdeburg, Johanna Luise Dorothea,
* , † Stettin 3. 1. 1841;
Tochter d. Bürgermeisters M. in Magdeburg.

Busch, Ottilie,
* Berlin 25. 6. 1825,
† Stettin 11. 2. 1894.

×

Busch, Ludwig Friedrich,

v. Kolzenberg, Elma Antonie Johanna,
* Steinberg, Kreis Rosenberg, Wpr., 15. 4. 1859

×

v. Kolzenberg, Heinrich,
* 20. 4. 1810,
† Gr. Rodau 19. 11. 1890;
Rittergutsbesitzer auf Steinberg, Krs. Rosenberg, Westpr.

× geschieden Rostock 1836

v. Kolzenberg, Georg August (schwed. Adel), * 25. 3. 1769, † 31. 8. 1846, aus Doberan i. M., Pächter v. Falkenhagen, Rügeband; Hptm.; kaufte sich 1836 in Westpr. an.

Meier, Maria,
* , †
aus Schönberg, Meckl.-Strel.

Necker, Antonie,
* Schrammen 3. 1. 1825,
† Bogdanken, Wpr. 17. 6. 1902.

×

Necker, August Gottlieb Wilhelm,
* 23. 7. 1795, † Riesenburg 5. 5. 1862, Leutnt.; Oberamtmann; seit 1822 Pächter v. Schrammen u. Orkusch b. Riesenburg.

Schlemüller, Leopoldine,
* 4. 8. 1797, † 3. 12. 1867.

871, v. Dewitz, Alwine Martha Johanna Ursula **Victoria,** * Henningsholm 27. 4. 1922;

876, v. Dewitz, Holm Fritz Victor **Günther,** * Henningsholm 14. 6. 1923;

884, v. Dewitz, Martha Johanna Ursula **Brigitte,** * Henningsholm 3. 11. 1926

× Steinitz 26. 5. 1921

742 v. Dewitz Günther Otto Ewald **Viktor,** *Stettin 26.8.1892 Kgl Preuß. Oblt. a. D, Kriegsteilnehmer 1914/18; a. Henningsholm und Möllenhagen

× Stettin 3. 10. 1876

608 v. Dewitz, Viktor Karl August Constantin, * Gienow 16. 2. 1851, † Stettin 13 10. 1923; Kriegsteilnehmer 1870 71, Kgl. Pr. Hauptmann a. D.

× Berlin 10. 9 1841

509 v. Dewitz, Constantin Gustav Albert, * Naugard 30. 1. 1816, † Stettin 19. 4. 1872; auf Gienow u. Kratzig; Kgl. Pr. Major d. Ldw.

× II Halberstadt 30. 9. 1805

452 v. Dewitz, Karl Günther Theodor, * Sondershausen 14. 12. 1759, Naugard 24. 12. 1817; auf Weitenhagen; Kriegsteilnehmer 1792, 95, 1806, Kgl. Pr. Maj. a. D., Landrat.

v. Krebs, Luise, * Veltheim 24. 10. 1770, † Naugard 10. 12. 1834.

v. Sommerfeldt, Cäcilie Marie, * Gola b. Justin 10. 9. 1816, † Dramburg 11. 2. 1900.

× Luboschin 4. 9. 1809

v. Sommerfeldt, August Friedrich Wilhelm Heinrich, * Gostritzen 1. 12. 1787, † Berlin 10. 5. 1841; auf Luboschin.

v. Unruh, Charlotte Friederike, * Luboschin 1. 9. 1780, † Charlottenburg 14. 1. 1872.

Wegner, Martha Ernestine Ida * Stettin 28 1. 1857, † Stettin 21 3. 1927

Wegner, Ludwig Carl August, * Ueckermünde 4. 8. 1822, † Stettin 23. 4. 1864.

× Ueckermünde 13. 11. 1812

Wegner, Johann Friedrich, * Ueckermünde 12. 7. 1789, † Ueckermünde 28. 9. 1862.

Riese, Anna Regina, * Ueckermünde 31. 10. 1788, † Ueckermünde 10. 2. 1857.

Gentzensohn, Friederike Charlotte, * Beverteich 19. 1. 1822, † Stettin 22. 5. 1905.

×

Gentzensohn, Otto, * Beverteich 1773, †

Sommer, Charlotte, * , † Radewitz 10. 4. 1830.

v. Diepow Ursula Johanna Ida, * Görigk 9.3.1902

× Barmen 8. 6. 1900

v. Diepow, Fritz Wilhelm Holm, * Görigk 16. 6 1872, auf Görigk und Steinitz, Kgl Pr. Hptm d. Res. a. D.

× Torgau 17. 11. 1867

v. Diepow, Holm Ludwig Karl, * Görigk 2. 3. 1831, † Steinitz 5. 8. 1925, auf Görigk u. Steinitz.

× Bronkow, Krs Kalau, 24. 6. 1826

v. Diepow, Karl Gottlob Adolph, * Görigk 4. 12. 1792, † Görigk 25. 3. 1854; Kgl. Pr. Ltn. a. D.; auf Görigk u. Steinitz.

v. Britzke, Henriette **Marie** Auguste Friederike, * Bronkow 20. 3. 1808, † Berlin 22. 6. 1879.

v. Ploetz, Julie **Ida,** * Magdeburg? Charlottenburg? 31. 8. 1842, † Görigk 27. 10. 1881.

× Wriezen 10. 4. 1824

v. Ploetz, Otto Wilhelm, * Krakow 19. 8. 1792 (1782?), † Torgau 27. 7. 1867; Kgl. Pr. Major.

Dahlhoff, Julie Mathilde Henriette, * Stettin 1. 4. 1803, † Görigk 16. 10. 1884.

Dicke, Johanna Toni * Barmen 15 10. 1878

× Waltersdorf 8. 9 1868

Dicke, Johann Wilhelm, * Barmen 13. 11. 1841, † Barmen 14. 4. 1897.

× Barmen 23. 8. 1837

Dicke, Peter Karl, * Barmen 15. 12. 1801, † Barmen 3. 6. 1881.

Bredt, Johanne Auguste, * Barmen 6. 8. 1803, † Barmen 6. 3. 1888, (× I . . Brögelmann, †).

Engels, Alwine Luise, * Bückeburg 12. 11. 1848, † Barmen 9. 10. 1927.

× Barmen 1846

Engels, Julius, * Barmen 8. 10. 1818, † Waltersdorf 28. 2. 1883.

Kampermann, Alwine Ottilie, * Barmen 12. 1. 1826, † Waltersdorf b. Luckau 13. 7. 1922.

- **860, v. Dewitz, Max Roderich,** * Hannover 25. 5. 1920;
- **868, v. Dewitz, Hildegard** Asta Juliane, * Hannover 6. 9. 1921

× Lischnitz 12. 8. 1919

- **746, v. Dewitz, Jobst Roderich** Kurt Ludwig Karl Augustin, * Höxter 24. 7. 1890, Kais. Deutsch. Lt i. d. Schutztruppe f. Dt Süd-West-Afrika, Kriegsteilnehmer 1914, Hauptmann a. D., Farmer in Sumatra, seit 1933 in Ostafrika
  - × I Perow i. Meckl. 27. 9. 1882
  - **620 v. Dewitz,** Roderich Stephan Friedrich, * Schneidemühl 5. 9. 1854, Kgl. Preuß. Generalleutnant (× II. 1897 Sophie v. Borries)
    - × Stralsund 4 7 1847
    - **514 v. Dewitz, Adolph** Friedrich Bernhard, * Golz b. Dramburg 11. 11. 1804, † Weimar 14. 4. 1884; Kgl. Pr. Oberstleutnant.
      - × Silligsdorf 15. 9. 1799
      - **456 v. Dewitz, Friedrich** Ludwig Leopold, * Sondershausen 4. 3. 1765, † Golz 29. 9. 1831; auf Golz; Württ. Hof-Oberforstmeister.
      - **v. Wedel, Auguste** Libica, * Silligsdorf 19. 7. 1767, † Dramburg 22. 3. 1832.
    - **v. Kienitz, Antonie** Amalie Constanze, * Potsdam 13. 11. 1825, † Weimar 9. 4. 1894.
      - × Berlin 1823
      - **v. Kienitz,** Friedrich Wilhelm **Amadeus,** * Grösen, Kurld. 20. 8. 1794, † Zossen 8. 12. 1863; Kgl. Pr. Steuerrat.
      - **v. Beguelin, Constantia** Clara Eugenia, * Berlin 21. 6. 1800, † Charlottenburg 15. 8. 1883.
  - **v. Vogelsang, Ida** Eleonore Juliane Agnes, * Gutendorf 30. 11. 1859, † Höxter 4. 2. 1892
    - × Bielefeld 7. 10. 1857
    - **v. Vogelsang, August** Friedrich, Georg, * Anklam 25. 10. 1810, † Perow b. Teterow 3. 5. 1891, auf Gutendorf i. Meckl.
      - × 25. 4. 1803
      - **v. Vogelsang,** Karl Wilhelm, * Vorwerk 30. 7. 1760, † Liegnitz 24. 12. 1820; Kgl. Pr. Major.
      - **v. d. Lühe, Ida** Amalia Marie Sophie, * Zarnewanz 16. 5. 1784, † Gutendorf 24. 5. 1841.
    - **v. Ditfurth, Juliane** Wilhelmine Friederike, * Eckendorf 14. 5. 1839, † 1903.
      - × Bielefeld 7. 8. 1838
      - **v. Ditfurth,** Johann Karl Eduard Friedrich **Wilhelm,** * Lübbrassen 10. 1. 1810, † Bielefeld 5. 1. 1876; auf Lübbrassen, Geh. Regierungsrat, Landrat zu Bielefeld.
      - **v. Borries, Eleonore** Juliane Wilhelmine Friederike, * Bielefeld 8. 2. 1814, † Bielefeld 25. 9. 1886.
- **686, v. Dewitz,** Anna Therese **(Annerose)** Jenny Brenda, * Sophienhof 16. 2. 1890
  - × II Berlin 24 3. 1888
  - **553 v. Dewitz,** Max Theodor, * Maldewin 26. 5 1844, † Stettin 2. 1. 1893; auf Sophienhof; Kgl Pr. Lt. a. D, Kriegsteilnehmer 1866. (× I 1870 Elisabeth v. Metzradt † 1886)
    - × Massow 23. 7. 1821
    - **478 v. Dewitz, Curt** Karl Ludwig, * Maldewin 12. 4. 1807, † Maldewin 17. 1. 1885, auf Maldewin, Hermelsdorf u. Sophienhof, Kgl. Pr. Prem.-Lt. a. D.
      - × Arnswalde 22. 5. 1806
      - **435 v. Dewitz,** Karl Friedrich Ludwig, * 8. 8. 1787, † Naugard 10. 5. 1853; auf Maldewin, Höckenberg, Daber, Daberkow, Gr. Benz, Bernhagen; Kgl. Pr. Rittm., Feldzüge 1806, 13/14.
      - **v. Waldow,** Friederike Luise, * Dieckow 29. 12. 1789, † Naugard 25. 3. 1850.
    - **v. d. Groeben, Euphemie** Karoline Theodora, * Massow 12. 1. 1812, † Maldewin 8. 10. 1883.
      - ×
      - **v. d. Groeben,** Wilhelm Heinrich **Otto,** * Landsberg a. Warthe 8. 5. 1783, † an den bei Ligny erhalt. Wunden, zu Brüssel 26. 6. 1815, Feldzüge 1806, 13/15; Kgl. Pr. Leutnant.
      - **v. Kersten,** Juliane Henriette **Christiane,** * 28. 8. 1784, † Wangeritz 2. 3. 1837.
  - **v. Bethe,** Therese * Hammer 6. 8. 1847, † Sophienhof 3. 9. 1905
    - ×
    - **(v.) Bethe,** Albrecht Karl, * Stettin 19. 10. 1807, † Hammer 30. 7. 1870; auf Hammer b. Czarnikau, Posen; Pr. Adelstd. v. 18. 10. 1861.
      - × Berlin 11. 4. 1803
      - **Bethe,** Karl Gottlieb, * Dramburg 14. 6. 1778, † Reichenbach 1. 7. 1840; Kgl. Pr. Wirkl. Geh. Ob.-Reg.-Rat.
      - **Eben, Charlotte** Wilhelmine Maria, * Berlin 17. 11. 1781, † Reichenbach 13. 7. 1857, Tochter des Kgl. Pr. Kriegsrats Carl Ferdinand E. in Berlin.
    - **Geppert,** Henriette **Luise** Auguste, * Stettin 20. 2. 1808, † Samter i. Posen 22. 7. 1879.
      - **Geppert,** August Friedrich Heinrich, * Schwedt a. O. 21. 8. 1783, † 20. 7. 1839; Kgl. Justizkommissarius in Stettin.
      - **Schinkel** Johanne Auguste Henriette, * Stettin 1790, † Stettin 9. 1. 1861.

881, v. Dewitz, **Eberhard** Lutz Werner Joachim,
* Greifswald 26. 3. 1926;

892, v. Dewitz, **Günther** Lutz Hugo Detlof,
* Greifswald 30. 8. 1930

× Greifswald 8. 2. 1924

749 v. Dewitz, Günther Gustav Adolph,
* Kolberg 9. 8. 1895;
Kriegsteilnehmer 1914—18, Hauptmann; Schriftführer des Fam.-Verbandes

× Breslau 15. 11. 1892

v. Marck, Ursula Marie Gertrud,
* Greifswald 3. 5. 1891

× Behrenhoff 2 10. 1885

622 v. Dewitz, Louis **(Lutz)** Arthur Julius,
* Thorn 27. 11. 1857;
Kgl. Pr General-leutnant, Kriegsteilnehmer 1914—17

* Stralsund 4. 7. 1847

514 v. Dewitz, Adolph Friedrich Bernhard,
* Golz b. Dramburg 11. 11. 1804,
† Weimar 14. 4. 1884,
Kgl. Pr. Oberstleutnant a. D.

× Silligsdorf 15. 9. 1799

456 v. Dewitz, Friedrich Ludwig Leopold,
* Sondershausen 4. 3. 1765, † Golz 29. 9. 1831; auf Golz, Württ. Hof-Oberforstmeister.

v. Wedel, Auguste Libica,
* Silligsdorf 19. 7. 1767, † Dramburg 22. 3. 1832.

v. Kienitz, Antonie Amalie Constanze,
* Potsdam 13. 11. 1825,
† Weimar 9. 4. 1894.

× Berlin 1823

v. Kienitz, Friedrich Wilhelm **Amadeus,**
* Grösen i. Kurld. 20. 8. 1794, † Zossen 8. 12. 1863,
Kgl. Pr. Steuerrat.

v. Bequelin, Constantia Clara Eugenia,
* Berlin 21. 6. 1800, † Charlottenburg 15. 8. 1883.

v. Werner, Wally Emilie **Anna,**
* Ohlau 24. 3. 1865

* Jacobine, Schles., 19.10.1853

v. Werner, Carl Otto **Gustav,**
* Gr. Strehlitz, O.-S. 4. 10. 1827,
† Breslau 15. 11. 1899,
Kgl. Pr. Oberst a. D.,
Kriegsteilnehmer 1848, 66, 70/71.

× Dalkau 8. 3. 1824

v. Werner, Carl **Otto** Magnus Friedrich Heinrich,
* Altdamm 17. 10. 1791, † Oels 29. 6. 1870; Kgl. Pr. Oberstleutnant a. D., Kriegsteiln. 1806, 1810 (bei Schill), 1813/15.

v. Lieberman, Luise Mathilde,
* Dalkau 31. 8. 1802, † Breslau 20. 11. 1879.

v. Rosenberg-Lipinsky, Johanna Emilie Auguste,
* Jacobine 22. 6. 1833,
† Breslau 5. 2. 1911.

× Schreibersdorf 27. 6. 1822

v. Rosenberg-Lipinsky, Ernst August Wilhelm,
* Gutwohne 6. 4. 1795, † Ohlau 5. 11. 1866;
Kriegsteilnehmer 1813/15.

v. Frankenberg u. Proschlitz, Emilie Sophie Wilhelmine,
* 19. 9. 1799, † Ohlau 28. 11. 1860.

v. Marck, Hugo Eberhard Oskar,
* Liegnitz 7.1.1851,
† Greifswald 17. 2. 1924;
Geh. Justizrat, Professor, Dr., Staatsanwalt a. D., Syndicus, Major der Ref. a D, Kriegsteilnehmer 1870/71 u. 1914/19

× I Liegnitz 12. 11. 1845

v. Marck, Johann **Rudolph** Alexander.
* Czappeln b. Danzig 24. 6. 1819,
† Lüben i. Schles. 13. 7. 1886,
in Diensten der Niederschlesischen Eisenbahn-Gesellschaft.

× Kladau bei Danzig 6 1810

(v.) **Marck** Johann Christian Ludwig, ~~ Danzig 16. 1. 1789,
† Danzig, □ 15. 2. 1822; Kaufherr in Danzig, Mitbesitzer von Czapeln, Danziger Bürger.

Ratzke Eleonore Florentine,
~~ Danzig 16. 4. 1789, † Danzig 15. 4. 1832.

Zobel, Charlotte **Ernestine** Henriette,
* Liegnitz 22. 6. 1827,
† Liegnitz 2. 3. 1854.

× Liegnitz 8. 11. 1814

Zobel, Johann Friedrich Gottlob,
* Neustadt a. Orla 21. 2. 1794, † Liegnitz 30. 12. 1840,
Bürger von Liegnitz, Schuhmachermeister.

Niklas, Johanna Christiane Elisabeth,
* , † Liegnitz 12. 8. 1860.

v. Behr, Hedda Clementine Emma Jeanette,
* Behrenhoff 29. 6 1866,
† Greifswald 8. 4. 1924

× Divitz 21 6. 1864

(Graf) v. Behr, Carl Felix Woldemar, * Behrenhoff 23. 7. 1835,
† das. 10. 6. 1906; II. Maj.-Herr auf Behrenhoff, Ldrt. zu Greifswald, Mitgl. d. Herrenh.; Pr. Grafenstd. d. d. Berlin 24. 12. 1877.

× Cartlow 30. 5. 1829

v. Behr, Carl Felix Georg,
* 8. 3. 1804, † 18. 6. 1838,
I. Majoratsherr auf Behrenhoff.

v. Heyden, Charlotte Luise **Wilhelmine** Gustave,
* Cartlow 19. 7. 1811, † Greifswald 14. 8. 1885.

Freiin v. Krassow, Caroline Johanna Sophie Dorothea Pauline,
* Divitz 14. 1. 1846,
† Greifswald 11. 5. 1887.

× 31. 8. 1840

Graf v. Krassow, Carl Reinhold Adolph, * Stralsund 15. 4. 1812, † Pansevitz 13. 2. 1892, Fideikom.-Herr auf Divitz u. Pansevitz; Kgl. Pr. Reg.-Präsident in Stralsund.

v. Below, Wilhelmine Luise **Clementine,**
* Potsdam 11. 3. 1819, † Divitz 12. 9. 1888.

~~ = getauft.

Kinder		Eltern		Großeltern		Urgroßeltern		Ururgroßeltern
845, v. Dewitz, Engelke Heinrich Victor Ernst Werner Carl, * Plantikow 26. 9. 1917; **846, v. Dewitz, Tönnies** Heinrich Otto Paul Jobst, * Plantikow 26. 9. 1917; **857, v Dewitz, Henriette Luise** Carola Charlotte, * Kl. Benz 4. 12. 1919; **879, v. Dewitz, Charlotte Henriette,** * Kl Benz 23. 2. 1925	× Plantikow 22. 2. 1916	**754 v. Dewitz, Gustav** Ernst Otto Paul, * Cramonsdorf 19. 3. 1879 auf Kl. Benz, Kgl. Pr. Hptm. d. Ldw. a. D.	× Farbezin 17. 10. 1874	**625 v. Dewitz,** Otto Heinrich Stephan **Werner,** * Kl Benz 21. 1. 1851, † Kl. Benz 17. 7. 1908, auf Kl. Benz und Cramonsdorf; Kgl. Pr. Oberleutnant a. D.	× Kl. Benz 5 9. 1849	523 **v. Dewitz, Gustav** Wilhelm Werner, * Farbezin 21. 6. 1825, † Farbezin 2. 2. 1895, auf Farbezin; Landschaftsrat.	× Ehrenberg 12. 5. 1808	**461 v. Dewitz,** Stephan Werner, * Zirzow 9. 1. 1771, † Farbezin 14. 7. 1851; auf Farbezin; Hauptm. a. D.; Landschaftsrat.
								v. Bornstädt, Wilhelmine Sophie Tugendreich, * 6. 10. 1783, † Wussow 14. 2. 1863.
						v. Bormann, Clara Ottilie, * Greifenberg 11. 1. 1828, † Farbezin 4. 8. 1890.	× 10. 5. 1826	**v. Bormann,** Heinrich, * Billerbeck 12. 10. 1796, † Kl. Benz 11. 9. 1875, Lt. a. D., seit 1838 auf Kl. Benz.
								Freiin Gans Edle zu Putlitz, Charlotte Caroline Emilie, * Treptow a. Rega 1. 7. 1808, † Greifenberg 30. 11. 1831.
				Gräfin v. Rittberg Caroline Auguste, * Oppeln 22. 10. 1853	× Daber 26. 12. 1837	**Graf v. Rittberg, Ernst** Friedrich Anton, * Beselin i. M. 22. 7. 1807, † Proschlitz 22. 2. 1872, auf Proschlitz; Kgl. Pr. Oberstleutnant a. D.	× 30. 5. 1794	**Graf v. Rittberg,** Johann Wilhelm **Ferdinand,** * 18. 12. 1765, † 1840, Kgl. Schwed. Hauptmann.
								v. Güldener, Sophie Juliane Dorothea, * Warbelow i. M. 26. 12. 1774, † Besselin 19. 9. 1852.
						536 **v. Dewitz, Adelheid** Johanne Dorothee Caroline Henriette, * Stargard i. Pom. 26. 4. 1816, † Berlin 7. 9. 1886.	× Elbing 2. 1. 1800	**472 v. Dewitz, Leopold** Ludwig, * Quastenberg i. M. 10. 9. 1776, † Stettin 24. 9. 1846; auf Daber; Landschaftsdirektor.
								v. Struensee, Christine **Caroline,** * Elbing 3. 2. 1783, † Stettin 21. 10. 1862.
		v. Diest, Annekathrine Meta, * Plantikow 23. 10. 1896	× Daber 23. 11. 1893	**v. Diest Ernst** Otto Arnold, * Elberfeld 23. 5. 1855, † Plantikow 7. 4. 1929; auf Plantikow	× Starsin 25. 8. 1848	**v. Diest, Otto** Karl Ehrhardt Heinrich, * Posen 31. 7. 1821, † Daber 31. 8. 1901; Kgl. Pr. Landrat a. D.	× Flatow 15. 2. 1816	**v. Diest,** Heinrich, * Kleve 16. 3. 1785, † Berlin 8. 11. 1847; Kgl. Preuß. Generalleutnant u. Insp. d. Artillerie.
								v. Gerhardt, Adelheid, * Flatow 18. 10. 1794, † Posen 10. 1. 1832.
						v. Graß, Meta, * Danzig 11. 6. 1828, † Daber 25. 12. 1909.	× 20. 11. 1823	**v. Graß,** Friedrich **Gustav,** * Danzig 27. 12. 1802, † Starsin 6. 5. 1886; auf Starsin u. Klanin; Kreisdeputierter, Pr. Abelstd. v. 10. 9. 1840.
								v. Selchow, Emilie, * Danzig 20. 11. 1804, † Starsin 3. 1. 1892.
				Freiin v. Kaltenborn-Stachau, Luise Henriette, * Wilkau 13. 12. 1860	× " 18 10. 1858	**Freiherr v. Kaltenborn-Stachau, Rudolf,** * Angermünde 23. 6. 1819, † Halle a. S. 24. 9. 1893, Landwirt zu Wilkau bei Breslau. (× I Henriette Protze, † 1857.)	× Halle a.S. 11. 5. 1812	**Freiherr v. Kaltenborn-Stachau,** Johann Carl, * Eisleben 15. 12. 1776, † Halle a. S. 14. 2. 1857, Kgl. Pr. Hptm. a. D.
								Kitscher Marie Rosine, * 28. 1. 1787, † Halle a. S. 15. 10. 1867.
						Polst, Henriette Lonny **Alwine,** * Lobendau 1. 4. 1834, † Halle a. S. 27. 4. 1888.	×	**Polst,** Ernst, * Rosenig 10. 3. 1796, † Lobendan 21. 2. 1861, auf Rosenig u. Lobendau.
								Kuppisch, Henriette, * Kunzendorf 30. 12. 1800, † Charlottenbrunn 17. 8. 1848.

897, v. Dewitz, Wulf Dieter Hellmut, * Bad Berka, Thür. 3. 10. 1932

× Burg Lauenstein 12.2.1932

- **757 v. Dewitz,** Otto Gerhard **Jobst,** * Wussow 6. 9. 1891, Dr. jur., Referendar und Leutnant d. Ref. a. D.

  × Dresden 14. 5. 1889

  - **637 v. Dewitz, Gerhard** Stephan Werner Christoph, * Wussow 16. 7. 1851, † Wussow 4. 1. 1894, auf Wussow; Kgl. Preuß. Pr. Leutnant a. D.

    × II Farbezin 28. 3. 1848

    - **525 v. Dewitz, Otto** August Heinrich Werner, * Wussow 8. 11. 1805, † Wussow 7. 5. 1881, auf Wussow, Land- u. Stadtrichter in Wollin, Abg. d. II. Kamm., Begr. d. Fam.-Verb., dessen Vorf. × I 1835 Marie Büsching, † 1846.

      × Breesen 11. 6. 1802

      - **462 v. Dewitz,** Christian **Ludwig,** * Zirzow i. M. 24. 5. 1772, † Stargard i. Pom. 19. 4. 1857. auf Wussow, Schloissin, Kl. Benz; Hptm. a. D., Landrat a. D.
      - **v. Engel, Eleonore** Friederike Antonie, * Breesen 13. 2. 1773, † Stettin 9. 8. 1841.

    - **522 v. Dewitz, Ottilie** Adelheid Auguste Luise, * Farbezin 5. 2. 1818, † Stettin 24. 9. 1901.

      × Ehrenberg 1808

      - **461 v. Dewitz, Stephan Werner,** * Zirzow 9. 1. 1771, † Farbezin 14. 7. 1851, Landschaftsrat, auf Farbezin, Hptm. a. D.
      - **v. Bornstedt, Wilhelmine** Sophie Tugendreich * Gr. Ehrenberg 6. 10. 1783, † Wussow 14. 2. 1863.

  - **Dietze,** Anna **(Ännie)** Johanna Mathilde, * Pomßen 15. 2. 1863, auf Wussow

    ×

    - **Dietze,** Johann Gottfried, * Barby a. Elbe 28. 7. 1823, † Neuhaus b. München 24. 4. 1888, auf Pomßen bei Leipzig.

      ×

      - **Dietze,** Johann Gottfried, * Aussig, Kr. Torgau, 4. 6. 1764, † Barby 20. 12. 1830, Kammer-Kommissionsrat, auf Pomßen, Barby, Naundorf.
      - **Rothmann,** Johanne Dorothea Elisabeth, * Barby 10. 12. 1787, † Barby 20. 2. 1847.

    - **Busolt,** Anna Juliane, * Regitten 15. 7. 1841, † Dresden 14. 12. 1916.

      × 1839

      - **Busolt,** Eduard Julius, * Königsberg i. P. 26. 9. 1799, † Dresden 4. 1. 1886; auf Regitten bei Königsberg.
      - **Weiß,** Mathilde Pauline Julie Helene, * Königsberg 19. 1. 1813, † Dresden 19. 8. 1895.

- **Badstübner, Ilma** Marie Luise * Meseritz, 12. 2. 1903

  × Naumburg a S., 7. 4. 1900

  - **Badstübner, Otto** Wilhelm, * . . . 25. 10. 1863, † Ostseebad Bansin 9. 9. 1928, Dr. jur., Landgerichtsrat

    × Berlin 25. 11. 1862

    - **Badstübner,** Gustav Adolph, * Berlin 5. 4. 1826, † Berlin 20. 2. 1883, Dr. phil., Gymn.-Professor.

      × 12. 4. 1819

      - **Badstübner,** Karl August, * Auerbach i. Vogtld. 26. 4. 1786, † Berlin 26. 12. 1854, Webermeister, Fabrikant.
      - **Glathe,** Karoline, * 3. 10. 1796, † Berlin 16. 2. 1869.

    - **Franke,** Karoline **Marie,** * Berlin 24. 1. 1837, † Berlin 18. 6. 1918.

      × 9. 4. 1836

      - **Franke,** Christian Friedrich **Martin,** * Magdeburg 22. 6. 1810, † Berlin 6. 8. 1869, Stadtältester von Berlin.
      - **Hanstein,** Karoline, * Berlin 5. 8. 1813, † Berlin 28. 5. 1888.

  - **v. Brunn, Kathinka** Agnes Luise, * Greifswald 5. 5. 1879

    × I Breslau 2. 5. 1877

    - **v. Brunn,** Eduard Gustav Robert Wilhelm **Adalbert,** * Grätz 26. 1. 1842, † Berlin 5. 6. 1907, Kgl. Pr. Gen.-Maj. z. D., ERr. d. Joh.-Ord. × II 1895 Charlotte Pirner.

      × Berlin 20. 4. 1835

      - **v. Brunn,** Julius Sigismund Theodor **Wilhelm,** * Wittstock 10. 11. 1800, † Königsberg i. P. 28. 3. 1861, Kgl. Preuß. Tribunalrat.
      - **v. Kauffungen,** Kathinka, * . . . . 1816, † Grätz . . 11. 1844.

    - **Scherbening,** Elfriede Agnes **Luise,** * Neisse 16. 3. 1856, † Liegnitz 2. 3. 1893.

      × 1853

      - **Scherbening,** Johann Otto, * Jodzallen, Litthauen, 2. 2. 1792, † Breslau . . . . . Kgl. Preuß. Generalmajor.
      - **Wedlich,** Agnes Luise, × I Tietze, * 25. 8. 1817, † Breslau . . . . .

775, v. Dewitz, Karl August Bodo Ernst, * Stettin 22. 5. 1900;

776, v. Dewitz, Ruth Susanne Elisabeth, * Zachow 10. 6. 1901, ⚭ Eberswalde 23. 11. 1922; Carl **v. Jordan,** auf Jordanhof

⚭ Schieroslawitz 3. 6. 1899

663 v. Dewitz, Leopold Ernst Ludwig, * Zachow 9. 2. 1860, † Eberswalde 26. 2. 1931; Kgl. Preuß. Hauptmann a. D.

⚭ Wedderwill 11. 5. 1847

538 v. Dewitz, August Christian Leopold, * Stargard, Pom., 2. 3. 1819, † Zachow 6. 11. 1878; auf Zachow, Leutnant a. D.

⚭ Elbing 2. 1 1800

472 v. Dewitz, Leopold Ludwig, * Quastenberg i. M. 10. 9. 1776, † Stettin 24. 9. 1846; auf Daber; Landschaftsdirektor.

⚭ Weisdin b Neustrelitz 8. 9. 1769

422 v. Dewitz, Bodo Christoph Balthasar, * Cölpin 19. 11. 1734, † Hoffelde 24. 7. 1792; auf Hoffelde, Sallmow, Roggow, Sandschönau, Schönwald, Meesow; Meckl. Oberhofmarschall.

v. Brauchitsch, Auguste **Christiane** Elisabeth, * Berlin 1. 8. 1753, † Neustrelitz 15. 5. 1820.

v. Struensee, Christine **Caroline,** * Elbing 3. 2. 1783, † Stettin 21. 10. 1862.

(v.) Struensee, Gotthilf Christoph, * Halle a. S. 7. 5. 1752, † Neu-Schönwalde 3. 4. 1829, □ Dörbeck, auf Kadinen; Bankdirektor, Adels-Dipl. v. 26. 12. 1803.

Seyfert,

⚭

v. Loeper, Johanne Ulrike **Anna,** * Wedderwill 5. 2. 1827, † Zachow 9. 8. 1903

v. Loeper, Johann **Ludwig,** * Stramehl 8. 11. 1786, † Wedderwill 4. 1. 1850, auf Wedderwill, Stramehl u. Zachow, Reg.-Assess., General-Landschafts-Rat.

⚭ Plantikow 1. 11. 1776

(v.) Loeper, Johann George, * 24. 1. 1750, † Stramehl 6. 8. 1820; auf Stramehl, Zachow u. Wedderwill; Reg.-Assessor, General-Lbsch.-Rat; Preuß. Adelstb. v. 2. 9. 1786.

Loeper, Benigna **Ulricha,** * 4. 6. 1756, † 28. 12. 1834.

v. d. Osten, Johanne Caroline **Ernestine,** * Königsberg, Nm. 15. 12. 1789, † Stargard i. Pom. 27. 6. 1868.

⚭ I Hohenziethen 11. 9. 1788

v. d. Osten, Henning Friedrich, * Penkun 11. 11. 1756, † Königsberg, Nm. 31. 7. 1810; auf Rohrbeck u. Klozin; Kgl. Pr. Hptm. a. D.

v. Enckevort, Johanna Sophie, * Hohenziethen 12. 1. 1770, † Königsberg, Nm. 6. 9. 1803.

v. Jordan, Elisabeth Ruth Erdmuthe, * Schieroslawitz 15. 3. 1879

⚭ Proschlitz 14. 5. 1868

v. Jordan, Carl Ludwig Erdmann Peter, * Königsberg i Pr. 15. 1. 1840, † Jordanhof 24. 6. 1925; auf Schieroslawitz und Woislawitz; Landesältester

⚭ Breslau 22. 5. 1834

v. Jordan, Ludwig Alexander Christian David, * Schönwald 9. 6. 1806, † Potsdam 23. 12. 1889; Wirkl. Geh. Ob.-Finanzr., Mtgl. d. Staatsrats; ehem. Steuerdir. d. Prov. Sachs., Herz. Anh. Zolldir.

⚭ Bischdorf 31. 1. 1788

Juske (v. Jordan), Christoph Martin **Ludwig,** * Treptow a. Rega 31. 8. 1762, † Schönwald 8. 8. 1833, Präs. d. Gen.-Kom. f. Ob.-Schlesien; erhielt v. Kg. Fr. W. III. am 9. 7. 1800 den Namen u. d. Wappen v. Jordan (Adelstb.).

v. Jordan u. Alt-Patschkau, Anna Charlotte, * Wendrin 23. 5. 1771, † Schönwald 1. 5. 1853 (Letzte ihres Stammes).

v. Biegeleben, Jenny, * Arnsberg 12. 10. 1812, † Potsdam 27. 10. 1902.

v. Biegeleben, Peter, * †
Kgl. Pr. Geh. Finanzrat u. Steuerdirektor d. Prov. Schlesien.

Varnhagen, Elisabeth

Gräfin v. Rittberg, Susanne Auguste Sophie Caroline, * Stettin 6. 11 1847, † Jordanhof 5. 10. 1915

⚭ Daber 26. 12. 1837

Graf v. Rittberg, Ernst Friedrich Anton, * Beselin i. M. 22. 7. 1807, † Proschlitz 22. 2. 1872, Erbherr auf Ob.- u. Nd.-Proschlitz, Krs. Kreuzburg, Kgl. Pr. Oberstlt. a. D.

⚭ 30 5. 1794

Graf v. Rittberg, Johann Wilhelm **Ferdinand,** * 18. 12. 1765, † 1840, Kgl. Schwed. Hptm.

v. Güldener, Sophie Juliane Dorothea, * Warbelow 26. 12. 1774, † Beselin 19. 9. 1852, Erbfrau auf Beselin u. Fresendorf, Meckl.

536 v. Dewitz, Adelheid Johanne Dorothee Caroline Henriette, * Stargard i. Pom. 26. 4. 1816, † Berlin 7. 9. 1886.

⚭ Elbing 2. 1. 1800

472 v. Dewitz, Leopold Ludwig, * Quastenberg 10. 9. 1776, † Stettin 24. 9. 1846, auf Daber; Landschaftsdirektor; Major a. D.

v. Struensee, Christine **Caroline,** * Elbing 3. 2. 1783, † Stettin 21. 10. 1862.

- **827,** v. Dewitz, **Egmont** Oscar Alexander Lothar, * Berlin 18. 10. 1907, Referendar;
- **828,** v. Dewitz, **Wolf Dietrich** Alexander Wilhelm Henning Lothar, * Potsdam 31. 1. 1911;
- **844,** v. Dewitz. **Fritz Jürgen** Karl Oscar Lothar, * Berlin 14. 2. 1917;
- **855,** v. Dewitz, **Axel** Joachim Friedrich Karl Lothar, * Berlin 12. 8. 1919

× Dresden 15. 1 1907

---

779 v. Dewitz, Lothar Kurt Friedrich Sigismund, * Meesow 8. 5. 1875; Kgl. Pr. Hptm a. D, auf Roman, Vorsitzender des Fam.-Verbandes seit 1932

× Stramehl 19. 7. 1870

- **670 v. Dewitz, Oskar** Steph Aug, * Meesow 25. 8. 1845, † Meesow 25 1. 1932; auf Meesow; Landschaftsdirektor; Kriegsteiln. 1866 u. 1870/71; Vorf.d.Fam.-Verbandes seit 1920

  × Daber 3. 7. 1840

  - **548 v. Dewitz, Hermann** Friedrich Viktor, * Stargard i. P. 21. 4. 1813, † Halle a. S. 4. 6. 1849, auf Meesow.

    × Rattey 4. 7. 1809

    - **476 v. Dewitz, Karl** Albrecht Lucas Gottlieb Friedrich, * Neustrelitz 12. 6. 1785, † Meesow 29. 9. 1815; auf Meesow.
    - **v. Oertzen,** Juliane **Elisabeth** Henriette Adolfine Luise, * 15. 3. 1791, † Berlin 23. 4. 1839; (× II 1820 E. v. Brauchitsch).

  - **537 v. Dewitz, Caroline** Charlotte, * Stargard i. P. 17. 7. 1817, † Meesow 29. 5. 1904.

    × Elbing 2. 1. 1800

    - **472 v. Dewitz, Leopold** Ludwig, * Quastenberg i. M. 10. 9. 1776, † Stettin 24. 9. 1846; auf Daber, Landschaftsdirektor.
    - **v. Struensee,** Christine **Caroline,** * Elbing 3. 2. 1783, † Stettin 21. 10. 1862.

- **v. Loeper, Lisbeth** Johanne Charlotte, * Stramehl 1. 11. 1852

  - **v. Loeper,** Johann **Georg** Bernhard, * 22. 7. 1819, † Stettin 13. 6. 1900, auf Loepersdorf, Stramehl u. Wedderwill; Kgl. Pr. Landrat.

    - **v. Loeper,** Johann **Ludwig,** * Stramehl 8. 11. 1786, † Wedderwill 4. 1. 1850; auf Wedderwill, Stramehl u. Zachow, Reg.-Assessor, General-Landschaftsrat.
    - **v. d. Osten, Ernestine** Johanna Caroline, * Königsberg, Nm. 15. 12. 1789, † Stargard i. Pom. 27. 6. 1868.

  - **v. Eisenhart-Rothe,** Helene, * Lietzow 28. 6. 1826, † 6. 1. 1896.

    × Treptow a. R. 1808

    - **v. Eisenhart, Friedrich** Johann, * Berlin 23. 10. 1769, † Berlin 25. 8. 1839; Kgl. Preuß. Generalmajor. Kais. Hofpfalzgraf.
    - **v. Rothe, Helene** Beate Charlotte, * Neuenhagen 28. 5. 1788, † Lietzow 18. 8. 1846.

Baronesse v. Buxhoeveden, Daisy (Margarethe) Marie Anna Adelaide, * Petersburg 5. 5. 1885

× St. Petersburg 11. 4. 1884

- **Baron v. Buxhoeveden, Alexander** Peter Eduard, * 11. 4./4. 5. 1856 z. Arensburg, † (ermord. v. Bolsch.) Kuiwast a. Oes. 18 2 1919; a. Kuiwast, Magnusdahl u. Peddast; Hofjägermeister; Landmarschall

  × Arensburg 29. 7./10. 8. 1849

  - **Baron v. Buxhoeveden,** Arthur Adolph, * Kuiwast 4./16. 4. 1821, † Kielkond $\frac{29.\ 9.}{11.\ 10.}$ 1874, auf Kuiwast; cand. jur., Oeselscher Kon.-Präs.

    × Minden 4. 1807

    - **Baron v. Buxhoeveden, Peter** Wilhelm, * Magnusdahl 11. 3. 1787, † Kuiwast 27. 6. 1841; auf Kuiwast, Murratz, Ropaka u. Koik; cand. jur., Oeselscher Landrat, Landmarschall.
    - **v. Rummel, Juliane** Luise Amalie, * Ulmalen 12. 1. 1792, † 1847, Tochter d. Karl Georg v. R. auf Ulmahlen, Kurld., u. d. Anna Dor. v. Behr.

  - **Baronesse v. Hoiningen gen. Huene,** Anna Adelaide **(Ida),** * Kadvel $\frac{28.\ 8.}{9.\ 9.}$ 1827, † Arensburg $\frac{12.\ 11.}{26.\ 11.}$ 1907.

    × 23. 5. 1821

    - **Baron v. Hoiningen gen. Huene, Eduard** Friedrich Eberhard, * eimar 21. 3. 1779, † 25. 12. 1851; auf Kadvel u. Kusenom (Osel), Landrat u. Artl.-Oberst.
    - **v. Aderkas,** Annette Eleonore, * 14. 7. 1797, † 12. 11. 1834; Tochter d. General-Lt. Heinrich v. A. auf Peddert.

- **v. Siemens, Charlotte** Mathilde Sophie, * St. Petersburg 16. 6. 1859, † Zürich 2. 3. 1926

  - **v. Siemens, Karl** Heinrich, * †, auf Gostilitze bei Peterhof, Rußld., Zivil-Ingenieur in Petersburg.

  - **Freiin v. Kapherr, Marie** Sophie, * †

    × St. Petersburg

    - **(Freiherr) v. Kap-herr,** Hermann Christian, * Rostock 16. 9. 1801, † Dresden 30. 10. 1877, Bankier, Kgl. Span. Konsul zu St. Petersburg; Hess. Frhr. d. d. 27. 7. 1868.
    - **v. Kap-herr,** Charlotte Dorothea, * St. Petersburg 26. 4. 1806, † St. Petersburg 20. 10. 1866.

829, v. Dewitz, **Erika** Lisbeth Helene, * Braunschweig 16. 9. 1911, × 1. 7. 1932 Wolf v. Joeden;

830, v. Dewitz, **Oskar** Wilhelm Hubertus, * Braunschweig 26. 2. 1913;

843, v. Dewitz, **Irmgard** Gertrud Leonie Charlotte, * Braunschweig 18. 12. 1915;

852, v. Dewitz, **Hubertus** Lothar Karl Georg Oskar, * Bündheim b. Harzburg 14. 8. 1918;

867, v. Dewitz, **Siegfried** Leopold Albrecht Max Hubertus, * Braunschweig 15. 7. 1921

× Braunschweig 3. 12. 1910

780 v. Dewitz, Jochen (Joachim Balthasar) Gustav Emil, * Meesow 30. 9. 1876, Kgl. Pr. Hptm. a. D., auf Wangerin-B.

× Stramehl 19. 7. 1870

670 v. Dewitz, Oskar Stephan August, * Meesow 25. 8. 1845, † Meesow 25. 1. 1932, a. Meesow; Landschafts-Direktor; Kriegsteilnehmer 1866 und 1870/71

× Daber 3. 7. 1840

548 v. Dewitz, Hermann Friedrich Viktor, * Stargard i. P. 21. 4. 1813, † Halle a. S. 4. 6. 1849, auf Meesow.

× Ratten 4. 7. 1809

476 v. Dewitz, Karl Albrecht Lucas Gottlieb Friedrich, * Neustrelitz 12. 6. 1785, † Meesow 29. 9. 1815; auf Meesow.

v. Oertzen, Juliane **Elisabeth** Henriette Adolfine Luise, * 15. 3. 1791, † Berlin 23. 4. 1839; (× II 1820 E. v. Brauchitsch).

537 v. Dewitz, Caroline Charlotte, * Stargard i. P. 17. 7. 1817, † Meesow 29. 5. 1904.

× Elbing 2. 1. 1800

472 v. Dewitz, Leopold Ludwig, * Quastenberg i. M. 10. 9. 1776, † Stettin 24. 9. 1846; auf Daber, Landschaftsdirektor.

v. Struensee, Christine **Caroline,** * Elbing 3. 2. 1783, † Stettin 21. 10. 1862.

v. Loeper, Lisbeth Johanne Charlotte, * Stramehl 1. 11 1852

×

v. Loeper, Johann **Georg** Bernhard, * 22. 7. 1819, † Stettin 13. 6. 1900, auf Loepersdorf, Stramehl u. Wedderwill, Kl. Preuß. Landrat.

×

v. Loeper, Johann **Ludwig,** * Stramehl 8. 11. 1786, † Wedderwill 4. 1. 1850; auf Wedderwill, Stramehl u. Zachow, Reg.-Assessor, General-Landschaftsrat.

v. d. Osten, Ernestine Johanna Caroline, * Königsberg, Nm. 15. 12. 1789, † Stargard i. Pom. 27. 6. 1868.

v. Eisenhart-Rothe, Helene, * Lietzow 28. 6. 1826, † 6. 1. 1896.

× Treptow a. R. 1808

v. Eisenhart, Friedrich Johann, * Berlin 23. 10. 1769 † Berlin 25. 8. 1839; Kgl. Pr. Generalmajor, Kaiserl. Hofpfalzgraf.

v. Rothe, Helene Beate Charlotte, * Neuenhagen 28. 5. 1788, † Lietzow 18. 8. 1846.

× Braunschweig 3. 4. 1880

Freiin v. Girsewald, Leonie Anni Alexandra, * Braunschweig 7. 2. 1881

Freiherr v. Girsewald, Wilhelm, * Braunschweig 1. 2. 1851, † Harwich, Engld, 6. 12. 1924, Herzgl. Braunschwg. Oberstallmeister

× London 1. 6. 1847

Freiherr v. Girsewald, Konrad Ernst Wrixon, * Norwich 12. 6. 1815, † Zürich 6. 1. 1890; Hzgl. Brnschwg. Khr., Ob.-Stallmeister, Generalleutnant u. Flügeladjutant.

× Matton (Irland) 20. 10. 1810

(Freiherr) v. Girsewald, Gustav Conrad Alexander, * Braunschweig 6. 6. 1785, † Braunschweig 23. 1. 1864, Herzgl. Braunschwg. Oberstallmstr., Khr. Generalmajor u. Flügeladjutant. Braunschwg. Frhrn.-Std. 2. 4. 1827 für Kriegst.

de Raines, Catharina, * 7. 12. 1787, † Braunschweig 18. 9. 1841.

Munro, Annie, * Canterbury 1. 6. 1829, † Braunschweig 16. 3. 1913.

× London 28. 4. 1825

Munro, William, * , † 19. 4. 1841; Kgl. Groß-Brit. Generalmajor.

Lady Marley, Bridget Jane, * , † 16. 7. 1855.

Löbbecke, Helene, * Braunschweig 16. 6. 1860

× Braunschweig 28. 4. 1852

Löbbecke, Otto, * Braunschweig 26. 4. 1826, † Braunschweig 11. 11. 1897, Kommerzienrat, Bankherr.

× 9. 2. 1806

Löbbecke, Heinrich **Friedrich,** Bankherr, * Braunschweig 14. 8. 1778, † Braunschweig 9. 7. 1852.

Henneberg, Etta, * 2. 12. 1783, † 21. 11. 1864.

v. Meyer, Auguste, * Frankfurt a. M. 24. 12. 1827, † Braunschweig 15. 9. 1889.

×

v. Meyer, Gustav **Ferdinand,** * 27. 5. 1796, † 14. 11. 1878.

Denicke, Emilie, * 3. 7. 1800, † 2. 6. 1857.

831, v. Dewitz, **Hans Achim** Bictor Oskar Ernst Georg, * Stettin 1. 12. 1904; **832,** v. Dewitz, **Eva Elfa** Irmgard Marie Katharina Elisabeth, * Stettin 17. 5. 1907, × . 4. 1931, Peter v. Wichelhaus auf Norok, O. S., geschieden 1932; **833,** v. Dewitz, **Sigrid** Maria Irmgard Gertrud Charlotte, * Stettin 14. 1. 1913	× Stettin 14. 2. 1904; geschieden Januar 1928	**781 v. Dewitz,** Johann Georg **(Jürgen)** Karl Emil Ludwig, *Meesow 8 8. 1878, Kgl. Preuß. Hptm. a. D., Direktor des Pommersch. Landbundes; Mitglied des Reichstags	× Stramehl 19. 7 1870	**670 v. Dewitz, Oskar** Stephan August, * Meesow 25. 8. 1845, † Meesow 25. 1. 1932, a. Meesow; Landschaftsdirektor; Kriegsteilnehmer 1866 und 1870 71	× Daber 3. 7. 1840	**548 v. Dewitz, Hermann** Friedrich Viktor, * Stargard i. P. 21. 4. 1813, † Halle a. S. 4. 6. 1849, auf Meesow.	× Ratzeb 4. 7. 1809	**476 v. Dewitz, Carl** Albrecht Lucas Gottlieb Friedrich, * Neustrelitz 12. 6. 1785, † Meesow 29. 9. 1815, auf Meesow.
								v. Oertzen, Juliane **Elisabeth** Henriette Adolfine Luise, * 15. 3. 1791, † Berlin 23. 4. 1839; (× II E. v. Brauchitsch, 1820)
						537 v. Dewitz, Caroline Charlotte, * Stargard i. P. 17. 7. 1817, † Meesow 29. 5. 1904.	× Elbing 2. 1. 1800	**472 v. Dewitz, Leopold** Ludwig, * Quastenberg i. M. 10. 9. 1776, † Stettin 24. 9. 1846; auf Daber, Landschaftsdirektor.
								v. Struensee, Christine **Caroline,** * Elbing 3. 2. 1783, † Stettin 21. 10. 1862.
				v. Loeper, Lisbeth Johanne Charlotte, * Stramehl 1. 11 1852	×	**v. Loeper,** Johann **Georg** Bernhard, * 22. 7. 1819, † Stettin 13. 6. 1900, auf Loepersdorf, Stramehl u. Wedderwill, Kgl. Preuß. Landrat.		**v. Loeper,** Johann **Ludwig,** * Stramehl 8. 11. 1786, † Wedderwill 4. 1. 1850; auf Wedderwill, Stramehl u. Zachow; Reg.-Assessor, Generallandschaftsrat.
								v. d. Osten, Ernestine Johanna Caroline, * Königsberg Nm. 15. 12. 1789, † Stargard i. P. 27. 6. 1868.
						v. Eisenhart-Rothe, Helene, * Lietzow 28. 6. 1826, † 6. 1. 1896.	× Treptow a. R. 1808	**v. Eisenhart, Friedrich** Johann, * Berlin 23. 10. 1769, † Berlin 25. 8. 1839; Kgl. Pr. Generalmajor, Kaiserl. Hofpfalzgraf.
								v. Rothe, Helene Beate Charlotte, * Neuenhagen 28. 5. 1788, † Lietzow 18. 8. 1846.
		v. Thiele, Irmgard Ilse Marie Katharine, * Stolp 31. 1. 1880	× Köslin 1. 5. 1877	**(v.) Thiele, Heinrich** Rudolph Friedrich, * Eisleben 9. 2. 1829, † Stettin 18. 10 1917, Kgl. Preuß. Generalleutnant; (Preuß. Adelstd. 10. 3. 1861)		**Thiele, Heinrich** Eduard, * Breslau 7. 4. 1797, † Breslau 25. 7. 1872. auf Starsiedel, Zechelwitz, Wüste-Waltersdorf, Ober-Kunzendorf.		
						Gröschner, Wilhelmine, * Breslau 14. 4. 1804, † Breslau 25. 2. 1876.		
				v. Heydebreck, Katharina Ulrike Charlotte, * Parnow 18. 2 1855, † Kolberg 18. 4. 1919	× Berlin 21. 4 1854	**v. Heydebreck, Ernst** Georg Wilhelm, * Parnow 10. 4. 1825, † Köslin 24. 9. 1875, auf Parnow.	× Carzin 1. 6. 1824	**v. Heydebreck,** Karl **Friedrich August,** * Parnow 2. 4. 1803, † Schlennin 30. 5. 1873; auf Parnow.
								v. Hellermann, Ulrike, * Carzin 1. 5. 1806, † Dargen, Krs. Bublitz 17. 4. 1880.
						Lezius, Marie, * Frankenfelde b. Wriezen 9. 11. 1835, † Köslin 3. 8. 1910.	× Frankenfelde 22. 11 1830	**Lezius,** Friedrich August Emanuel, * Ballenstädt 5. 7. 1777, † Wriezen 11. 10. 1860, Kgl. Amtsrat.
								Müller, Charlotte Sophie, * Strausberg 17. 11. 1806, † Wriezen 27. 4. 1879.

859, v. Dewitz, Gustav Oskar Karl Otto Lothar, * Damm, Pom. 17. 4. 1920;

875, v. Dewitz, Detlef Joachim Ludwig Georg Wilhelm. * Damm, Pom. 23. 1. 1923

× Meesow 5. 8. 1919

---

785 v. Dewitz, Oscar Bernd Paul Martin, * Meesow 30. 3. 1885, Kgl. Pr. Leutnant a. D., Kriegsteilnehmer 1914/18

× Stramehl 19. 7. 1870

670 v. Dewitz, Oskar Stephan August, * Meesow 25. 8. 1845, † Meesow 25. 1. 1932, a. Meesow; Landschafts-Direktor; Kriegsteilnehmer 1866 und 1870/71

× Daber 3. 7. 1840

548 v. Dewitz, Hermann Friedrich Viktor, * Stargard i. P. 21. 4. 1813, † Halle a. S. 4. 6. 1849, auf Meesow.

× Rattey 4. 7. 1809

476 v. Dewitz, Carl Albrecht Lucas Gottlieb Friedrich, * Neustrelitz 12. 6. 1785, † Meesow 29. 9. 1815, auf Meesow.

v. Oertzen, Juliane **Elisabeth** Henriette Adolfine Luise, * 15. 3. 1791, † Berlin 23. 4. 1839; (× II 1820 E. v. Brauchitsch).

537 v. Dewitz, Caroline Charlotte, * Stargard i. P. 17. 7. 1817, † Meesow 29. 5. 1904.

× Elbing 2. 1. 1800

472 v. Dewitz, Leopold Ludwig, * Quastenberg i. M. 10. 9. 1776, † Stettin 24. 9. 1846; auf Daber, Landschaftsdirektor.

v. Struensee, Christine **Caroline,** * Elbing 3. 2. 1783, † Stettin 21. 10. 1862.

v. Loeper, Lisbeth Johanne Charlotte, * Stramehl 1. 11. 1852

v. Loeper, Johann **Georg** Bernhard, * 22. 7. 1819, † Stettin 13. 6. 1900, auf Loepersdorf, Stramehl u. Wedderwill, Kgl. Preuß. Landrat.

v. Loeper, Johann **Ludwig,** * Stramehl 8. 11. 1786, † Wedderwill 4. 1. 1850; auf Wedderwill, Stramehl u. Zachow; Reg.-Assessor, Generallandschaftsrat.

v. d. Osten, Ernestine Johanna Caroline, * Königsberg Nm. 15. 12. 1789, † Stargard i. P. 27. 6. 1868.

v. Eisenhart-Rothe, Helene, * Lietzow 28. 6. 1826, † 6. 1. 1896.

× Treptow a. R. 1808

v. Eisenhart, Friedrich Johann, * Berlin 23. 10. 1769, † Berlin 25. 8. 1839; Kgl. Pr. Generalmajor, Kaiserl. Hofpfalzgraf.

v. Rothe, Helene Beate Charlotte, * Neuenhagen 28. 5. 1788, † Lietzow 18. 8. 1846.

Baronesse v. Buxhoeveden, Katharina **(Kitty)** Maria Natalie, * St. Petersburg 10. 1. 1888, × I G. Baron v. d. Pahlen, † (gefallen als Kais. Russ. Garde-Leutnant bei Tannenberg 1914)

× St. Petersburg 11. 4. 1884

Baron v. Buxhoeveden, Alexander Peter Eduard, * Arensburg (11. 4. ?) 4. 5. 1856, † (ermordet v Bolschewist.) Kuiwast a. Ösel 18. 2. 1919; a. Kuiw., Magnusdahl, u. Peddast; Kais Russ. Hofjäg.-mstr. Landmarsch.

× Arensburg 29. 7. / 10. 8. 1849

Baron v. Buxhoeveden, Arthur Adolph, * Kuiwast 4./16. 4. 1821, † Kielkond 29. 9. / 11. 10. 1874, auf Kuiwast; cand. jur., Oeselscher Kon.-Präsident.

× Winden 3. 1807

Baron v. Buxhoeveden, Peter Wilhelm, * Magnusdahl 11. 3. 1787, † Kuiwast 14. 6. / 27. 6. 1841; auf Kuiwast, Murratz, Ropaka u. Koik; cand. jur., Oeselscher Landrat, Landmarschall.

v. Rummel, Juliane Luise Amalie, * Ulmalen 12. 1. 1792, † 1847, Tochter d. Karl Georg v. R. auf Ulmahlen, Kurld., u. d. Anna Dor. v. Behr.

Baronesse v. Hoiningen gen. Huene, Anna Adelaide **(Ida),** * Kadvel 9. 9. 1827, † Arensburg 26. 11. 1907.

× 23. 5. 1821

Baron v. Hoiningen gen. Huene, Eduard Friedrich Eberhard, * . . eimar 21. 3. 1779, † 25. 12. 1851, auf Kadvel u. Kusenom (Oesel), Landrat u. Artl.-Oberst.

v. Aderkas, Annette Eleonore, * 14. 7. 1797, † 12. 11. 1834; Tochter d. Gen.-Lt. Heinrich v. A., auf Peddert.

v. Siemens, Charlotte Mathilde Sophie * St. Petersburg 16. 6. 1858, (1859 ?) † Zürich 2 3. 1926

v. Siemens, Karl Heinrich, * † auf Gostilitze bei Peterhof, Rußland; Zivil-Ing. in Petersburg.

Freiin v. Kapherr, Marie Sophie, * †

× St. Petersburg

(Freiherr) v. Kap-herr, Hermann Christian, * Rostock 16. 9. 1801, † Dresden 30. 10. 1877, Bankier, Kgl. Span. Konsul zu St. Petersbg.; Hess. Frhr. d. d. 27. 7. 1868.

v. Kap-herr, Charlotte Dorothea, * St. Petersburg 26. 4. 1806, † St. Petersburg 20. 10. 1866.

834, v. Dewitz, **Wera** Elisabeth Eva Maria, * Stettin 24. 11. 1911; **835,** v. Dewitz, **Ingeborg** Charlotte Helene, * Stettin 1. 6. 1913; **840,** v. Dewitz, **Leopold** Friedrich Wilhelm, * Stettin 13. 3. 1915; **851,** v. Dewitz, **Georg Henning** Kurt Victor, * Stettin 4. 6. 1918; **870,** v. Dewitz, **Rüdeger** Kurt Emmo Karl, * Meesow 23. 3. 1922; **880,** v. Dewitz, **Edelgard** Wilhelma Margarethe Ernestine, * Meesow 11. 10. 1925; **894,** v. Dewitz, **Wilhelm** Heinrich Alexander Friedel Christoph, * Meesow 11. 5. 1931	× Berlin 25. 2. 1911	**786 v. Dewitz, Wilhelm** Bernhard Stephan, * Meesow 20. 10. 1887, Kgl. Pr. Hauptm. a. D., Kriegsteilnehmer 1914/18	× Stramehl 19. 7. 1870	**670 v. Dewitz, Oskar** Stephan August, * Meesow 25. 8. 1845, † Meesow 25. 1. 1932, auf Meesow, Landschafts-Direktor; Kriegsteilnehmer 1866 und 1870–71	× Daber 3. 7. 1840	**548 v. Dewitz, Hermann** Friedrich Viktor, * Stargard i. P. 21. 4. 1813, † Halle a. S. 4. 6. 1849, auf Meesow.	× Ratzey 4. 7. 1809	**476 v Dewitz, Carl** Albrecht Lucas Gottlieb Friedrich, * Neustrelitz 12. 6. 1785, † Meesow 29. 9. 1815, auf Meesow.
								v. Oertzen, Juliane **Elisabeth** Henriette Adolfine Luise, * 15. 3. 1791, † Berlin 23. 4. 1839; (× II 1820 C. v. Brauchitsch).
						537 v. Dewitz, Caroline Charlotte, * Stargard i. P. 17. 7. 1817, † Meesow 29. 5. 1904.	× Elbing 2. 1. 1800	**472 v. Dewitz, Leopold** Ludwig, * Quastenberg i. M. 10. 9. 1776, † Stettin 24. 9. 1846; auf Daber, Landschaftsdirektor.
								v. Struensee, Christine **Caroline,** * Elbing 3. 2. 1783, † Stettin 21. 10. 1862.
				v. Loeper, Lisbeth Johanne Charlotte, * Stramehl 1. 11. 1852	×	**v. Loeper,** Johann **Georg** Bernhard, * 22. 7. 1819, † Stettin 13. 6. 1900, auf Loepersdorf, Stramehl u. Webberwill, Kgl. Preuß. Landrat.		**v. Loeper,** Johann **Ludwig,** * Stramehl 8. 11. 1786, † Webberwill 4. 1. 1850; auf Webberwill, Stramehl u. Zachow; Reg.-Assessor, Generallandschaftsrat.
								v. d. Osten, Ernestine Johanna Caroline, * Königsberg Nm. 15. 12. 1789, † Stargard i. P. 27. 6. 1868.
						v. Eisenhart-Rothe, Helene, * Lietzow 28. 6. 1826, † 6. 1. 1896.	× Treptow a. R. 1808	**v. Eisenhart, Friedrich** Johann, * Berlin 23. 10. 1769, † Berlin 25. 8. 1839; Kgl. Pr. Generalmajor, Kaiserl. Hofpfalzgraf.
								v. Rothe, Helene Beate Charlotte, * Neuenhagen 28. 5. 1788, † Lietzow 18. 8. 1846.
		Foerster, Olga Marie Mathilde, * Freyburg a. d. Unstrut 29. 3. 1890	× Bonn a. Rh., 6. 6. 1889	**Foerster, Rudolph** Friedr. Karl, * Freyburg a. U. 13. 6. 1862, † , Kommerzienrat, Inhaber d. Firma Kloß u. Foerster, Sektkellerei in Freyburg	× Freyburg a. U. 5. 1861	**Foerster, Karl** Friedrich Wilhelm, * Freyburg a. U. 23. 4. 1832, † Freyburg a. U. 21. 12. 1888. Fabrikbesitzer in Freyburg.	× Freyburg a. U. 20. 11. 1830	**Foerster,** Karl **Friedrich,** * Freyburg a. U. 25. 9. 1803, † Freyburg a. U. 14. 2. 1853, Seilermeister.
								Schreiber, Johanne Dorothee, * Freyburg a. U. 8. 6. 1805, † Freyburg a. U. 18. 6. 1869.
						Korn, Henriette Wilhelmine **Mathilde,** * Halle a. S. 1. 9. 1837, † Freyburg a. U. 3. 8. 1903.		**Korn,** Andreas **Rudolph,**
								Kloß, Therese **Henriette,** * 27. 1. 1815, † Freyburg a. U. 30. 12. 1880.
				Minlos, Olga Wera Emma Amalie * Lübeck 4. 10. 1860 † Jena 14. 3. 1921	× St Petersburg 1853	**Minlos, Ludwig** Wilhelm, * Lübeck 23. 4. 1826, † Bonn a. Rh. 25. 7. 1894, Schiffsreeder.		**Minlos,** Wilhelm, * † Großkaufmann.
								Stötzer, Amalie, * †
						Lembke, Maria Sofie Karoline, * St. Petersburg 27. 1. 1834, † Bonn a. Rh. 20. 3. 1916.		**Lembke,** Nikolaus, * Wismar , † Lübeck
								Kanzler, * St. Petersburg , †

884, v. Dewitz, Eckhardt Oskar Walter Leopold, * Salzburg 15. 2. 1921;

877, v. Dewitz, Joachim-Albrecht Georg Alexander, * Aigen bei Salzburg 7. 12. 1923

× Meesow 14. 4. 1917; geschieden 1930

787 v. Dewitz, Friedrich Wilhelm Viktor **Albrecht,** * Meesow 7. 12. 1889, Korvettenkapitän a. D., Kriegsteilnehmer 1914/18 (U-Boot 22)

× Stramehl 19 7. 1870

670 v. Dewitz, Oskar Stephan August, * Meesow 25. 8. 1845, † Meesow 25. 1. 1932 auf Meesow; Landschafts-Direktor; Kriegsteilnehmer 1866 und 1870/71

× Daber 3. 7. 1840

548 v. Dewitz, Hermann Friedrich Viktor, * Stargard i. P. 21. 4. 1813, † Halle a. S. 4. 6. 1849, auf Meesow.

× Ratten 4. 7. 1809

476 v. Dewitz, Carl Albrecht Lucas Gottlieb Friedrich, * Neustrelitz 12. 6. 1785, † Meesow 29. 9. 1815, auf Meesow.

v. Oertzen, Juliane **Elisabeth** Henriette Adolfine Luise, * 15. 3. 1791, † Berlin 23. 4. 1839; (× II 1820 E. v. Brauchitsch).

537 v. Dewitz, Caroline Charlotte, * Stargard i. P. 17. 7. 1817, † Meesow 29. 5. 1904.

× Elbing 2. 1. 1800

472 v. Dewitz, Leopold Ludwig, * Quastenberg i. M. 10. 9. 1776, † Stettin 24. 9. 1846; auf Daber, Landschaftsdirektor.

v. Struensee, Christine **Caroline,** * Elbing 3. 2. 1783, † Stettin 21. 10. 1862.

v. Loeper, Lisbeth Johanne Charlotte, * Stramehl 1. 11. 1852

×

v. Loeper, Johann **Georg** Bernhard, * 22. 7. 1819, † Stettin 13. 6. 1900, auf Loepersdorf, Stramehl u. Wedderwill, Kgl. Preuß. Landrat.

v. Loeper, Johann **Ludwig,** * Stramehl 8. 11. 1786, † Wedderwill 4. 1. 1850; auf Wedderwill, Stramehl u. Zachow; Reg.-Assessor, Generallandschaftsrat.

v. d. Osten, Ernestine Johanna Caroline, * Königsberg Nm. 15. 12. 1789, † Stargard i. P. 27. 6. 1868.

v. Eisenhart-Rothe, Helene, * Lietzow 28. 6. 1826, † 6. 1. 1896.

× Treptow a. R 1808

v. Eisenhart, Friedrich Johann, * Berlin 23. 10. 1769, † Berlin 25. 8. 1839; Kgl. Pr. Generalmajor, Kaiserl. Hofpfalzgraf.

v. Rothe, Helene Beate Charlotte, * Neuenhagen 28. 5. 1788, † Lietzow 18. 8. 1846.

× Schloß Salenstein 24. 5. 1893

v. Below, Hanna Elisabeth Georgette **Christa,** * Saleske 24. 12. 1898

v. Below Carl Alexander **Walther,** * 27. 6. 1863, Fideikom.Herr auf Saleske Krs. Stolp i. Pom Kgl.-Pr. Rittm. der Garde-Ldw. Kav. a. D.

× I Hemmingen 20 9. 1862

v. Below, Andreas **Nikolaus** Georg, * Brest-Litowsk 29. 10 / 11. 11. 1837, † 2. Fdk.-Herr auf Saleske, Kgl. Pr. Maj. a. D., Mitgl. d. Herrenh.

v. Below, Karl Friedrich, * 3. 6. 1794, † 27. 7. 1867, Kais. Russ. Gen.-Maj. u. Vize-Gouverneur v. Esthland.

Baronesse v. Stackelberg, Wilhelmine, * 2. 7. 1809 (1800?), † Saleske i. Pom. 8. 2. 1882.

Freiin v. Varnbüler von u. zu Hemmingen, Sophie Ottolinde Friederike, * 6. 3. 1844 (1843?), † 30. 8. 1876.

×

Freiherr Varnbüler v. u. zu Hemmingen, Friedrich Gottlob Karl, * Hemmingen 13. 5. 1809, † Berlin 26. 2. 1889; Kgl. Württ. Khr., Min. d. Kgl. Hauses, d. Ausw. u. d. Verk.-Anst. pp., M. d. R.

Freiin v. Süßkind, Henriette Friederike, * 15. 10. 1815, †

v. Herder, Anna Henriette Louise Clemence Constanze Ella, * Lausanne 20. 8. 1865

× Schloß Königsbrück 25. 8 1856

v. Herder, Alexander, * St. Petersburg 18. 9. 1825, † Schloß Salenstein 15. 1. 1905; auf Salenstein.

v. Herder, Wilhelm Ludwig Ernst, * Weimar 12. 2. 1778, † Heidelberg 8. 6. 1842, Kaufm. in St. Petersburg. Sohn des bekannten Dichters.

Korn, Mary, * Hamburg , † Heidelberg 6. 9. 1858.

Gräfin Wilding v. Königsbrück, Anna Sylvia, * Hannover 8. 10. 1833, † San Remo 30. 3. 1871.

× Hannover 25. 4. 1826

Graf Wilding v. Königsbrück, Principe di Radali, Ernst Wilhelm, * Ülzen 14. 7. 1792, † Heidelberg 14. 6. 1874; Kgl. Hann. Maj. a. D., Herr a. Fayno, Tarcotto, Turco Grande, Milingana, Radali u. Falornara; Fdkh. auf Königsbrück; Kgl. sizilan. Khr.

Gruner, Mariane, * Hannover 13. 8. 1801, † Wiesbaden 3. 12. 1861; Tochter d. Kgl. Hann. Ober-Mediz.-Rats Dr. Gruner.

791, v. Dewitz, **Waldtraut** Theodore Margarethe Hedwig Elisabeth, * Stettin 10. 12. 1899, × Berlin 25 1. 1929; Karl August v. Wahlert;

792, v. Dewitz, **Achim** Theod. Curt Max Ernst Werner, * Belgard 21 9. 1902, Kaufmann, × 3. 1930, Ruth Osswald;

793, v. Dewitz, **Ilse** Theodore Margarethe Natalie Hilde, * Belgard 29. 9. 1909, × Berlin 12. 10. 1932, Hans Albrecht Graf v. Roon (Krobnitz, Oberlausitz)

× Falkenburg bei Cordeshagen 28. 9. 1896

678 v. Dewitz, Curt Karl Max, * Sophienhof 31. 7. 1871, † Berlin 2. 4 1929; Generalleutnant u. Inspekteur der Artillerie des Reichsheeres; Kriegsteilnehmer 1914-18 O. p. l. M.

Heinemann, Margarethe Theodore Natalie Marie, * Sprottau 17. 9. 1874

× Joachimstein 9. 7. 1870 (678 Curt v. Dewitz's parents: 553 Max v. Dewitz and Elisabeth v. Metzradt)

× Posen 25. 10. 1873 (Margarethe Heinemann's parents: Ernst Otto Heinemann and Hedwig Graebe)

553 v. Dewitz, Max Theodor, * Maldewin 26. 5. 1844, † Stettin 2. 1. 1893; auf Sophienhof; Kgl. Pr Leutnant a. D; Kriegsteilnehmer 1866

v. Metzradt, Elisabeth, * Dresden 11 5. 1851, † Sophienhof 6. 11. 1886

Heinemann, Ernst Otto, * Tilsit 31 8. 1849, † Dresden 18. 9. 1882; Kriegsteilnehmer 1870/71; Kgl.-Pr. Premier-Leutnant

Graebe, Hedwig Theodore Marie * Posen 25 10. 1852, † Stettin 10. 12. 1918

× Massow 23. 7. 1831 (parents of 553 Max v. Dewitz)

478 v. Dewitz, Curt Karl Ludwig, * Maldewin 12. 4. 1807, † Maldewin 17. 1. 1885; auf Maldewin, Hermelsdorf u. Sophienhof; Kgl. Pr. Prem.-Lt. a. D.

* Arnswalde 22. 5. 1806 (parents of 478 Curt v. Dewitz)

435 v. Dewitz, Carl Friedrich Ludwig, * 8. 8. 1787, † Naugard 10. 5. 1853; auf Maldewin, Höckenberg, Daber, Daberkow, Gr. Benz, Bernhagen; Kgl. Pr. Rittm., Feldzg. 1806, 1813/14.

v. Waldow, Friederike Louise, * Dieckow 29. 12. 1789, † Naugard 25. 3. 1850.

v. d. Groeben, Euphemie Karoline Theodora, * Massow 12. 1. 1812, † Maldewin 8. 10. 1883.

(parents of Euphemie v. d. Groeben)

v. d. Groeben, Wilhelm Heinrich Otto, * Landsberg a. Warthe 8. 5. 1783, † an d. Wunden n. d. Schl. b. Ligny zu Brüssel 26. 6. 1815; Kgl. Pr. Leutn.; Feldzüge 1806, 1813/15.

v. Kersten, Christiane Juliane Henriette, * 28. 8. 1784, † Wangeritz 2. 3. 1837.

× Wiehe 25. 6. 1850 (parents of Elisabeth v. Metzradt)

v. Metzradt, Ernst Caspar, * Drehsa (Sa.) 8. 8. 1815, † Leipzig .... 1865.

* Wuischke 1. 1. 1801 (parents of Ernst Caspar v. Metzradt)

v. Metzradt, Ernst Adolph, * Drehsa , † Offizier, Landwirt.

v. Rotha, Auguste Friederike Eleonore, * , † Drehsa 4. 1. 1826.

Freiin v. Werthern, Maximiliane, * Wiehe 9. 7. 1827, † Joachimstein 21. 12. 1885; Stiftshofmeisterin des freiweltl. adl. Fräulein-Stifts Joachimstein bei Radmeritz.

× II (parents of Maximiliane Freiin v. Werthern)

Freiherr v. Werthern, Hanns Karl Leopold, * Wiehe 6. 12. 1790, † Wiehe 31. 1. 1834; Großh. Sächs. Kammerherr.

Freiin v. Wangenheim, Bertha, * Sonneborn 17. 12. 1798, † Straußfurth 18. 5. 1866; Ehrendame d. Kgl. Bayr. St. Anna-Ordens (× II 1841 K. v. Münchhausen).

× 22. 2 1831 (parents of Ernst Otto Heinemann)

Heinemann, Moritz, * Tilsit 18. 5. 1803, † Tilsit 20. 2. 1871; Kreisgerichts-Direktor.

× 15. 10. 1800 (parents of Moritz Heinemann)

Heinemann, Johann Samuel, * Erfurth 15. 10. 1769, † Caymen (Ostpr.) 21. 5. 1848; Feldprediger d. Tilsiter Dragoner, Pfarrer, seit 1. 7. 28 in Caymen (Ostpr.).

Moeller, Caroline Sophie, Pfarrerstochter, * Schmobitten, Kr. Pr. Eylau 7. 5. 1782, † Caymen 29. 9. 1848.

Saro, Natalie, * Friedland a. Alle 9. 9. 1810, † Tilsit 4. 9. 1876.

× 1809 (parents of Natalie Saro)

Saro, Johann (sein Vater angebl. aus Schwed. stammend), * , † Justizrat, Landesrat u. Stadtrichter zu Friedland a. Alle.

Kirchner, Caroline Susanne, * , †

× Glaucha bei Halle 15. 3. 1842 (parents of Hedwig Graebe)

Graebe, Hans **Albert,** * Braunschweig 10. 10. 1814, † Dresden 12. 9. 1895; Jurist.

(parents of Hans Albert Graebe)

Graebe, Carl Philipp, * Rinteln 17. 7. 1776, † Braunschweig 23. 7. 1849; Offizier.

Müller, Maria Wilhelmina, * Trebnitz 7. 10. 1791, † Dieskau 12. 4. 1865.

Tiemann, Theodore **Marie,** * Halle a. S. 8. 12. 1819, † Dresden 28. 10. 1888.

× Halle 19. 6. 1811 (parents of Theodore Marie Tiemann)

Tiemann, Carl Ludwig Traugott, * Dannigkow b. Magdb. 7. 11. 1780, † Halle a. S. 22. 7. 1854; Pfarrer.

Weichsel, Annette Emilie, * Traublingen 29. 4. 1792, † Dresden 11. 5. 1856.

795, v. Dewitz, Irma Elisabeth Christine Olga, * Freiburg i. Br. 21. 9. 1910;

796, v. Dewitz, Kurt Hans Jobst, * Mainz 15. 11. 1912, Fahnenjunker im 8. (Pr) Reiter Rgt.

× Berlin 7. 3. 1903; geschieden 1. 11. 1921

679 v. Dewitz, Jobst Max * Sophienhof 1. 6. 1874, † Wunstorf (Hann.) 21. 11. 1932 Kgl. Pr. Major a. D., Regierungsrat, Kriegsteilnehmer 1914/18

× Joachimstein bei Radmeritz 9. 7. 1870

- **553, v. Dewitz, Max** Theodor, * Maldewin 26. 5. 1844, † Stettin 2. 1. 1893, auf Sophienhof, Kgl. Pr. Lt. a. D., Kriegsteilnehmer 1866
  - × Massow 23. 7. 1831
  - **478 v. Dewitz, Curt** Karl Ludwig, * Maldewin 12. 4. 1807, † Maldewin 17. 1. 1885; auf Maldewin, Hermelsdorf u. Sophienhof; Kgl. Pr. Prem.-Lt. a. D.
    - × Arnswalde 22. 5. 1806
    - **435 v. Dewitz,** Carl Friedrich Ludwig, * 8. 8. 1787, † Naugard 10. 5. 1853; auf Maldewin, Höckenberg, Daber, Daberkow, Gr. Benz, Bernhagen; Kgl. Pr. Rittm., Feldzg. 1806, 1813/14.
    - **v. Waldow,** Friederike Louise, * Dieckow 29. 12. 1789, † Naugard 25. 3. 1850.
  - **v. d. Groeben, Euphemie** Karoline Theodora, * Massow 12. 1. 1812, † Maldewin 8. 10. 1883.
    - **v. d. Groeben, Wilhelm** Heinrich Otto, * Landsberg a. Warthe 8. 5. 1783, † an d. Wunden n. d. Schl. b. Ligny zu Brüssel 26. 6. 1815; Kgl. Pr. Leutn.; Feldzüge 1806, 1813/15.
    - **v. Kersten, Christiane** Juliane Henriette, * 28. 8. 1784, † Wangeritz 2. 3. 1837.
- **v. Metzradt,** Elisabeth * Dresden 11. 5. 1851, † Sophienhof 6. 11. 1886
  - × Wiehe 25. 6. 1850
  - **v. Metzradt, Ernst** Caspar, * Drehsa (Sa.) 8. 8. 1815, † Leipzig .... 1865.
    - × Wuischke 1. 1. 1801
    - **v. Metzradt,** Ernst Adolph, * Drehsa , † Offizier, Landwirt.
    - **v. Rotha,** Auguste Friederike Eleonore, * , † Drehsa 4. 1. 1826.
  - **Freiin v. Werthern,** Maximiliane, * Wiehe 9. 7. 1827, † Joachimstein 21. 12. 1885; Stiftshofmeisterin des freiweltl. adl. Fräulein-Stifts Joachimstein bei Radmeritz.
    - **Freiherr v. Werthern,** Hanns Karl Leopold, * Wiehe 6. 12. 1790, † Wiehe 31. 1. 1834; Großh. Sächs. Kammerherr.
    - **Freiin v. Wangenheim,** Bertha, * Sonneborn 17. 12. 1798, † Straußfurth 18. 5. 1866; Ehrendame d. Kgl. Bayr. St. Anna-Ordens (× II 1841 K. v. Münchhausen).

Kunze, Ella Johanne Emilie * Berlin 6. 11. 1878

× Kiel 8. 1. 1878

- **Kunze, Friedrich** Wilhelm Traugott, * Cosel 27. 2 1842, † Berlin 8. 9. 1908, Wirkl. Geheimer Ober-Regierungs-Rat
  - × Cosel 1839
  - **Kunze,** Johann Friedrich Gotthold Peter, * Soldin (Posen) 27. 10. 1807, † Ratibor 21. 1. 1876, Stadtverordneter in Ratibor, vorher Garnisonlehrer in Cosel.
    - **Kunze,** Carl Wilhelm Ludwig Ernst, * † Domän.-Pächter, Soldin b. Wollstein i. Posen.
    - **de Frémont de la Ferrière,** Friederike Regina,
  - **Heintze,** Emilie Florentine, * Cosel 30. 11. 1817, † Ratibor 17. 1. 1884.
    - **Heintze,** Ignatz, * Hennersdorf 13. 6. 1789, † Cosel 6. 10. 1836, Stadtkämmerer, Grundbesitzer in Cosel.
    - **Schönfelder,** Johanna Dorothea, * Cosel 20. 1. 1795, † Cosel 25. 2. 1866.
- **Scharmer, Christine** Agathe, * Horstreihe (Holstein) 27. 10. 1853
  - × Horstreihe 1. 10. 1852
  - **Scharmer,** Joachim, * Horstmoor 17. 10. 1826, † Horstreihe 15. 4. 1896, Gutsbesitzer auf Horstreihe.
    - × 8. 10. 1819
    - **Scharmer,** Jacob, * 2. 9. 1792, † 13. 2. 1847; Gutsbesitzer auf Horstmoor bei Horst i. Holstein.
    - **Feldberg,** Margarethe, * Husum 22. 12. 1798, † Horstmoor 7. 5. 1870.
  - **Scharmer,** Christine, * Horstreihe 24. 2. 1832, † Horstreihe 12. 12. 1853.
    - × 13. 5. 1831
    - **Scharmer,** Claus; Neffe des Jacob Scharmer; * 27. 2. 1809, † 16. 1. 1842; Gutsbesitzer auf Horstreihe.
    - **Feldberg,** Johanna; Schwester der Margarethe F.; * Husum 22. 5. 1801, † Kiel 30. 1. 1882.

797, v. Dewitz, Max Joachim **(Jochen),** * Otjundu 16. 11. 1902;

799, v. Dewitz, **Max** Jobst Konrad, * Windhuk 18. 8. 1912;

837, v. Dewitz, **Gisela,** * Otjundu 10. 5. 1914;

849, v. Dewitz, **Siegfried,** * Otjundu 22. 3. 1918

× Sophienhof 22. 3. 1902

680 v. Dewitz, Max Joachim Louis Ferdinand, * Sophienhof 7. 1. 1876, † Swakopmund 10. 3. 1918, Farmer auf Otjundu b. Okasese, Dtsch.-Süd-West-Afrika

× Joachimstein 9. 7. 1870

553 v. Dewitz, Max Theodor, * Maldewin 26. 5. 1844, † Stettin 2.1.1893, auf Sophienhof; Kgl. Preuß. Leutn. a. D., Kriegsteilnehmer 1866; × II 1888 Therese v. Bethe, aus Hammer. Posen

× Massow 23. 7. 1831

478 v. Dewitz, Curt Karl Ludwig, * Maldewin 12. 4. 1807, † Maldewin 17. 1. 1885; auf Maldewin, Hermelsdorf u. Sophienhof; Kgl. Pr. Prem.-Lt. a. D.

× Arnswalde 22. 5. 1806

435 v. Dewitz, Carl Friedrich Ludwig, * 8. 8. 1787, † Naugard 10. 5. 1853; auf Maldewin, Höckenberg, Daber, Daberkow, Gr. Benz, Bernhagen; Kgl. Pr. Rittm., Feldzg. 1806, 1813/14.

v. Waldow, Friederike Louise, * Dieckow 29. 12. 1789, † Naugard 25. 3. 1850.

v. d. Groeben, Euphemie Karoline Theodora, * Massow 12. 1. 1812, † Maldewin 8. 10. 1883.

v. d. Groeben, Wilhelm Heinrich Otto, * Landsberg a. Warthe 8. 5. 1783, † an d. Wunden n. d. Schl. b. Ligny zu Brüssel 26. 6. 1815; Kgl. Pr. Leutn.; Feldzüge 1806, 1813/15.

v. Kersten, Christiane Juliane Henriette, * 28. 8. 1784, † Wangeritz 2. 3. 1837.

×

v. Metzradt, Elisabeth, * Dresden 11. 5. 1851, † Sophienhof 6. 11. 1886

25. 6. 1850

v. Metzradt, Ernst Caspar, * Drehsa (Sa.) 8. 8. 1815, † Leipzig . . . . 1865.

× Wuischke 1. 1. 1801

v. Metzradt, Ernst Adolph, * Drehsa , † Offizier, Landwirt.

v. Rotha, Auguste Friederike Eleonore, * , † Drehsa 4. 1. 1826.

Freiin v. Werthern, Maximiliane, * Wiehe 9. 7. 1827, † Joachimstein 21. 12. 1885; Stiftshofmeisterin des freiweltl. adl. Fräulein-Stifts Joachimstein bei Radmeritz.

× II

Freiherr v. Werthern, Hanns Karl Leopold, * Wiehe 6. 12. 1790, † Wiehe 31. 1. 1834; Großh. Sächs. Kammerherr.

Freiin v. Wangenheim, Bertha, * Sonneborn 17. 12. 1798, † Straußfurth 18. 5. 1866; Ehrendame d. Kgl. Bayr. St. Anna-Ordens (× II 1841 K. v. Münchhausen).

× Hammer, Posen 9. 9. 1862

v. Kunowski, Hertha Wilhelmine Auguste, * Diedenhofen 20. 9 1876, auf Otjundu

v. Kunowski, Friedrich Albert **August** Wilhelm, * Bechlin 12. 8. 1836, † Neustadt-Eberswalde 17. 8. 1883; Kgl. Preuß. Major a. D., Kriegsteilnehmer 1866

× II Potsdam 11. 7. 1822

(v.) Kunowski, Otto **Friedrich** Wilhelm, * Berlin 4. 7. 1791, † Bechlin 29. 11. 1864; auf Bechlin, Krs. Neu-Ruppin, Kgl. Pr. Lt. a. D., Kriegsteilnehmer 1813; Preuß. Adelstd. d. d. Aachen 18. 10. 1818.

× Berlin 22. 5. 1788

Kunowski, Georg **Friedrich,** * Beuthen (O.S.) 13. 9. 1759, † Berlin 13. 10. 1819; Kgl. Pr. Kriegsrat u. Exped. i. Kgl. Justiz-Ministerium.

Reinbeck, Anna Sophie Rosine Eleonore, * Berlin 11. 2. 1770, † Berlin 20. 4. 1852.

v. Langenn, Karoline Elise **Auguste,** * Hohenlübbichow b. Wriezen 17. 10. 1802, † Riesenburg b. Gollantsch 26. 7. 1878.

× Hohenlübbichow 1801

v. Langenn, Karl Erdmann Friedrich, * 24. 8. 1768, † Hohenlübbichow 11. 11. 1813, Kgl. Pr. Major a. D.

v. d. Marwitz, Henriette Konstanze Tugendreich, * Hohenlübbichow 10. 3. 1766, † Koblenz 27. 6. 1829, × I . . v. Zychlinski, †.

×

v. Bethe, Helene Anna * Hammer 5. 7. 1837, † Berlin 11. 12. 1887

(v.) Bethe, Albrecht Karl, * Stettin 19. 10. 1807, † Hammer 30. 7. 1870; auf Hammer b. Czarnikau (Posen); Preuß. Adelstd. v. 18. 10. 1861.

× Berlin 11. 4. 1803

Bethe, Karl Gottlieb, * Dramburg 14. 6. 1778, † Reichenbach 1. 7. 1840; Kgl. Preuß. Wirkl. Geh. Ober-Regierungsrat.

Eben, Charlotte Wilhelmine Maria, * Berlin 17. 11. 1781, † Reichenbach 13. 7. 1857; Tochter d. Kgl. Pr. Kriegsrats Karl Ferdinand E. in Berlin.

Geppert, Henriette **Luise** Auguste, * Stettin 20. 2. 1808, † Samter 22. 7. 1879.

Geppert, August Friedrich Heinrich, * Schwedt a. O. 21. 8. 1783, † . . . . 20. 7. 1839; Kgl. Justizkommissarius zu Stettin.

Schinkel, Johanne Auguste Henriette, * Stettin . . . . 1790, † Stettin 9. 1. 1861.

800, v. Dewitz, Jobst Bernd Heinrich, * Johannisthal 19. 10. 1905;

801, v. Dewitz, Elisabeth Klara Margarethe, * Johannisthal bei Kahlbude 25. 8. 1907, × Zoppot (Friedens-Kirche) 5. 10. 1932 **Kurt Baron von Brüggen** aus Goldingen, Kurland

× Gr. Saalau b Danzig 5. 10. 1904

681 v. Dewitz, Bernd Jobst Max Adolph Otto, * Sophienhof 27. 7. 1877, † Kl. Klinsch 12. 4. 1911 auf Johannisthal und Kl. Klinsch

Montû, Ilse Clara Fanny, * Hannover 11. 2. 1881 auf Kl. Klinsch b. Berent

× Joachimstein b. Radmeritz 9. 7. 1870

553 v. Dewitz, Max Theodor, * Maldewin 26. 5. 1844, † Stettin 2. 1. 1893 auf Sophienhof; Kgl. Pr. Leutnant a. D., Kriegsteilnehmer 1866

v. Metzradt, Elisabeth * Dresden 11. 5. 1851, † Sophienhof 6. 11. 1886

× Hamburg 30. 5. 1879

Montû, Hugo Wilhelm Albert, * Friedrichshof, Krs. Pyritz, Pom. 27. 1. 1847, † Danzig 13. 12. 1926, seit 1. 9 1884 auf Gr. Saalau, Krs. Danziger Höhe, Kgl. Pr Hauptm. a D.

v. Ohlendorff, Clara Elisabeth, * Hamburg 26 8. 1861

× Massow 23. 7. 1831

478 v. Dewitz, Curt Karl Ludwig, * Maldewin 12. 4. 1807, † Maldewin 17. 1. 1885; auf Maldewin, Hermelsdorf u. Sophienhof; Kgl. Pr. Prem.-Lt. a. D.

v. d. Groeben, Euphemie Karoline Theodora, * Massow 12. 1. 1812, † Maldewin 8. 10. 1883.

× Wiehe 25. 6. 1850

v. Metzradt, Ernst Caspar, * Drehsa (Sa.) 8. 8. 1815, † Leipzig . . . . 1865.

Freiin v. Werthern, Maximiliane, * Wiehe 9. 7. 1827, † Joachimstein 21. 12. 1885; Stiftshofmeisterin des freiweltl. adl. Fräulein-Stifts Joachimstein b. Radmeritz, Nd.-Lausitz.

Montû, Louis Gottlieb Johannes August, * Stettin 8. 11. 1816, † Gr. Saalau 21. 5. 1892; Gutsbesitzer auf Friedrichshof (Pom.), später auf Schwachenwalde i. d. Neumark.

Haberland, Fanny Emilie Therese, * Tarnow (M.-Schw.) 14. 11. 1822, † Pisa 20. 2. 1856, □ Livorno.

× Hamburg 4. 9. 1858

(Freiherr) (v.) Ohlendorff, Heinrich Jacob Bernhard, * Hamburg 17. 3. 1836, † Hamburg 3. 7. 1928; Gr.-Kfm. i. Hmbg., Bes. d. Nordd. Allg. Ztg., Freund d. Fürst. Bismarck, Pr. Adelstd. 20. 12. 1873; Pr. Frhr.-Std. 27. 1. 1889.

Martens, Elisabeth, * Hamburg 22. 11. 1838, † Hamburg 18. 4. 1928.

× Arnswalde 22. 5. 1806

435 v. Dewitz, Carl Friedrich Ludwig, * 8. 8. 1787, † Naugard 10. 5. 1853; auf Maldewin, Höckenberg, Daber, Daberkow, Gr. Benz, Bernhagen; Kgl. Pr. Rittm., Feldzg. 1806, 1813/14.

v. Waldow, Friederike Louise, * Dieckow 29. 12. 1789, † Naugard 25. 3. 1850.

v. d. Groeben, Wilhelm Heinrich Otto, * Landsberg a. Warthe 8. 5. 1783, † an d. Wunden n. d. Schl. b. Ligny zu Brüssel 26. 6. 1815; Kgl. Pr. Leutn.; Feldzüge 1806, 1813/15.

v. Kersten, Christiane Juliane Henriette, * 28. 8. 1784, † Wangeritz 2. 3. 1837.

× Wuischke 1. 1. 1801

v. Metzradt, Ernst Adolph, * Drehsa , † Offizier, Landwirt.

v. Rotha, Auguste Friederike Eleonore, * , † Drehsa 4. 1. 1826.

× II

Freiherr v. Werthern, Hanns Karl Leopold, * Wiehe 6. 12. 1790, † Wiehe 31. 1. 1834; Großh. Sächs. Kammerherr.

Freiin v. Wangenheim, Bertha, * Sonneborn 17. 12. 1798, † Straußfurth 18. 5. 1866; Ehrendame d. Kgl. Bayr. St. Anna-Ordens (× II 1841 K. v. Münchhausen).

× Stettin 1816

Montû, Johann Maria (auch **Monty** geschrieben), getauft in Chieri bei Turin, Ital., 8. 8. 1781, † Stettin . . . . 1856; Komponist, Kammer-Musiker in Stettin, Kirchen-Maler.

Koch, Maria Henriette **Auguste,** * †

1817

Haberland, Georg, * 1783, † Matzdorf 22. 6. 1839; Gutsbesitzer bis 1835 auf Tarnow in Meckl.-Schwerin, seit 1835 auf Matzdorf, Meckl.-Strelitz.

Neumann, Johanna Wilhelmine, * Friedland (Meckl.) 3. 10. 1797, † Alt-Valm (Pom.) 20. 6. 1882.

× Hamburg 30. 9. 1822

Ohlendorff, Johann Heinrich, * Evern b. Burgdorf, Han. 23. 6. 1788, † Hamburg 1. 5. 1857; Gartenkünstler; Direktor des Botan. Gartens in Hamburg.

Krause. Johanna **Wilhelmine** Theodora, * Hamburg 3. 7. 1803, † Hamburg 30. 5. 1886.

× 23. 5. 1835

Martens, Johann Friedrich, * Hamburg 14. 12. 1804, † Hamburg 10. 8. 1897; Groß-Kaufmann in Hamburg.

Möller, Susette **Elisabeth,** * Hamburg 25. 7. 1818, † Hamburg 23. 6. 1892.

806, von Dewitz, **Hans Jobst** Richard Kurt Julius, * Flensburg 29. 7. 1907;

807, von Dewitz, Hans **Max** Theodor, * Schwarzin 7. 9. 1909, × 1932 Helga Dohse;

808, von Dewitz, **Elisabeth Charlotte** Thoma, * Lischnitz 17. 7. 1912;

836, von Dewitz, Hans **Bernd**, * Lischnitz 30. 10. 1913, † 6. 8. 1914;

838, von Dewitz, Hans **Wilhelm** Siegfried, * Lischnitz 28. 12. 1914;

865, von Dewitz, Hans **Ulrich**, * Lischnitz 27. 2. 1921;

885, von Dewitz, **Margot** Luise, * Lischnitz 11. 3. 1928

× Flensburg 2. 6. 1906

683 von Dewitz, Hans Max, * Sophienhof 20. 12. 1881, bis 1929 auf Lischnitz und Dzechlin (Pomm.) Königl. Pr. Rittm. a. D.

× I Joachimstein 9. 7. 1870

553 von Dewitz, Max Theodor, * Maldewin 26. 5. 1844, † Stettin 2 1. 1893, Kgl. Preuß. Ltn. a. D. a Sophienhof

× Massow 23. 7 1831

478 v. Dewitz, Curt Karl Ludwig, * Maldewin 12. 4. 1807, † Maldewin 17. 1. 1885; auf Maldewin, Hermelsdorf u. Sophienhof; Kgl. Pr. Prem.-Lt. a. D.

× Arnswalde 22. 5. 1806

435 v. Dewitz, Carl Friedrich Ludwig, * 8. 8. 1787, † Naugard 10. 5. 1853; auf Maldewin, Höckenberg, Daber, Daberkow, Gr. Benz, Bernhagen; Kgl. Pr. Rittm., Feldzg. 1806, 1813/14.

v. Waldow, Friederike Louise, * Dieckow 29. 12. 1789, † Naugard 25. 3. 1850.

v. d. Groeben, Euphemie Karoline Theodora, * Massow 12. 1. 1812, † Maldewin 8. 10. 1883.

v. d. Groeben, Wilhelm Heinrich Otto, * Landsberg a. Warthe 8. 5. 1783, † an d. Wunden n. d. Schl. b. Ligny zu Brüssel 26. 6. 1815; Kgl. Pr. Leutn.; Feldzüge 1806, 1813/15.

v. Kersten, Christiane Juliane Henriette, * 28. 8. 1784, † Wangeritz 2. 3. 1837.

von Metzradt, Elisabeth, * Dresden 11. 5. 1851, † Sophienhof 6. 11. 1886

× Wiehe 25. 6. 1850

v. Metzradt, Ernst Caspar, * Drehsa (Sa.) 8. 8. 1815, † Leipzig . . . . 1865.

× Wuischke 1. 1. 1801

v. Metzradt, Ernst Adolph, * Drehsa , † Offizier, Landwirt.

v. Rotha, Auguste Friederike Eleonore, * , † Drehsa 4. 1. 1826.

Freiin v. Werthern, Maximiliane, * Wiehe 9. 7. 1827, † Joachimstein 21. 12. 1885; Stiftshofmeisterin des freiweltl. adl. Fräulein-Stifts Joachimstein bei Radmeritz.

Freiherr v. Werthern, Hanns Karl Leopold, * Wiehe 6. 12. 1790, † Wiehe 31. 1. 1834; Großh. Sächs. Kammerherr.

Freiin v. Wangenheim, Bertha, * Sonneborn 17. 12. 1798, † Straußfurth 18. 5. 1866; Ehrendame d. Kgl. Bayr. St. Anna-Ordens (× II 1841 K. v. Münchhausen).

Linggmann, Bertha Elise Luise **Thoma,** * Karolinenhof, Kreis Stormarn 8. 3. 1886

× Reinbeck, Holst., 22. 6. 1881

Linggmann, Heinrich Thomas, * Hamburg 3. 5. 1832, † Flensburg 14. 2. 190 , auf Hinschendorf, Karolinenhof und Kohlenbeck

× Hamburg 9. 10 18

Linggmann, Johann **Thomas,** * Pfaffenhofen b. Nürnberg 25. 6. 1800, † Hamburg 9. 6. 187 .

Linggmann, Johann Simon, * Pfaffenhof b. Nürnberg , † 1836.

Wütlingen, Margarethe Sophia,

Bruns, Anna Catharina **Sophia,** * Hamburg 3. 12. 1806, † Hamburg 27. 2. 1895.

Bruns, Johann Heinrich, * Schwarmstedt b. Fallingbostel . . . . 1775, † 5. 1. 1844; 11. 5. 1804 Hamburger Bürger.

Postel, Anna Christina, Kloster Zeven . . 9. 1775, † 27. 9. 1861.

Andresen, Henriette Elise **Julie,** * Ütersen 18. 9. 1852, † Lischnitz 14. 7. 1923

×

Andresen, Georg **Julius,** * Haselau b. Ütersen 3. 10. 1815, † Reinbeck 16. 4. 1882, Sanitätsrat, Begründer u. Besitzer d. Sophienbades in Reinbeck.

× 1804

Andresen, Jürgen, Pastor in Haselau und Hallig-Gröde.

Harbou, Margreth Elisabeth, Tochter d. Pastors H. zu Koptrup.

Bornhold, Metha **Sophie,** * Rantzau 5. 10. 1822, † Reinbeck 26. 4. 1869.

Bornhold, Jacob Friedrich, * Braak. Kchsp. Neumünster 4. 5. 1798, † Rantzau 20. 10. 1862; Erbgroßmöller zu Rantzau.

Lüdemann, Margarethe Wilhelmine, * Barmstedt 25. 10. 1795, † Barmstedt 15. 11. 1880.

687, v. Dewitz, Ernst-Otto Victor Adam, * Beuthen, O.-S., 20. 1. 1904, Gerichtsassessor;

688, v. Dewitz, Victor Kurt Louis Philipp Adam, * Beuthen, O.-S, 30. 5. 1905, Gerichtsreferendar

× Königsberg i. Pr. 8. 8. 1902

564 v. Dewitz, Otto Victor Eugen Karl Robert Adam, * Stolp 27. 11. 1859, † Cottbus 20. 2 1930; Dr. jur., Staatsanwalt a D., Ober-Regierungsrat

× II Aachen 5. 10. 1853

481 v. Dewitz, Otto Alexander August Friedrich, * Maldewin 28. 7. 1811, † Georgenthal i Thür. 24.6.1891, Kgl. Preuß Oberst a.D., Senior d Familie seit 1885; × I 1846 Cornelia Lueder, † 1852

× Arnswalde 22. 5 1806

435 v. Dewitz, Karl Friedrich Ludwig, * 8. 8. 1787, † Naugard 10. 5. 1853; auf Maldewin, Höckenberg, Daber, Daberkow, Gr. Benz, Bernhagen; Kgl. Preuß. Rittmeister; Kriegsteilnehmer 1806, 1813/14.

× Loffelde 30. 11. 1780

384 v. Dewitz, Karl Ludwig, * Schmelzdorf 19. 11. 1734, † Maldewin 4. 9. 1791; auf Maldewin, Höckenberg, Bernhagen Wolckow, Gr. Benz, Sallmow, Schönwalde; Kgl. Pr. Maj. a. D., Teiln. am siebenjähr. u. bayr. Erbfolgekrieg.

426 v. Dewitz, Charlotte Helene Karoline, * 26. 2. 1755, † Stargard i. P. 1. 11. 1815.

v. Waldow, Friederike Louise, * Dieckow 29. 12. 1789, † Naugard 25. 3. 1850.

v. Waldow, Bernhard Wilhelm, * 12. 6. 1736, † Dieckow 8. 9. 1802; auf Dieckow.

v. Dietherdt, Louise Hedwig, * Hohengrape 30. 8. 1757, † **Berlin** 17. 9. 1836.

Simonart, Josephine **Victoire,** * Bouillon 30 5. 1832, † Weimar 12. 12. 1902

Simonart, Joseph Chrétien, * †; Kgl. Belg. Kreis-Zoll-Inspekteur; Generalp. d. Belg. Zolleinnahmen.

Simonart,

van Joosten, Clara,

van Joosten,

Morgenbesser, Erna Elisabeth Marie Helene, * Lötzen, Ostpr, 13. 10. 1880

× Kalischken, Ostpr. 17. 10 1879

Morgenbesser, Ernst Heinrich, * Insterburg, Ostpr. 24. 4. 1850, † Kortau, Ostpr. 21. 1. 1896; Kgl. Pr. Amtsrichter

× Königsberg 16. 5. 1845

Morgenbesser, Reinhold, * Breslau 20. 11. 1817, † Insterburg (Ostpr.) 20. 5. 1872; Appellations-Chefpräsident.

× Königsberg 8.10.1812

Morgenbesser, Ernst Heinrich, * Königsberg i. P. 26. 9. 1783, † Königsberg i. Pr. 17. 10. 1856; Stadtgerichtsrat.

Bertram, Wilhelmine, * Königsberg i. Pr. 6. 2. 1789, † Königsberg i. Pr. 2. 9. 1871.

Schindelmeißer, Marie, * Königsberg (Ostpr.) 17. 6. 1823, † Insterburg 16. 5. 1876.

× Königsberg 6.8 1822

Schindelmeisser, Wilhelm Balthasar, * Berlin 10. 2. 1799, † Königsberg i. Pr. 20. 5. 1857, Inh. d. Weinhdlg. „Blutgericht" u. Stadtrat in Königsberg.

Zachlehner, Florentine Caroline Eleonore, * Königsberg i. Pr. 29. 3. 1805, † Königsberg i. Pr. 25. 11. 1862.

Forstreuter, Elisabeth Renate, * Darkehmen, Ostpr. 2. 6. 1855

× Königsberg 5. 9. 1853

Forstreuter, Emil, * Bretschkemen (Ostpr.) 7. 7. 1826, † Kalischken (Ostpr.) 23. 12. 1894; Rittergutsbes. auf Kalischken bei Bialla.

× 10 9. 1814

Forstreuter, Johann **Martin,** * 5. 6. 1788, † Bretschkehmen 1. 3. 1850; Gutsbesitzer auf Bretschkehmen u. Gailboden, Krs. Darkehmen.

Romeyke, Wilhelmine Antonie, * 15. 4. 1792, † Gut Marchewken, Ksr. Lyck 17. 5. 1864.

Zippel, Elise Julie Dorothea, * Königsberg i. Pr. 15. 8. 1826, † Kalischken (Ostpr.) 21. 8. 1888.

× 10. 3. 1806

Zippel, Samuel **Theodor,** * Niebudzen, Krs. Gumbinnen 15. 4. 1777, † Königsberg 19. 6. 1838; Domprediger i. Königsberg.

Reinicke, Johanna Benjamine, * 20. 6. 1786, † Königsberg 18. 5. 1849.

<table>
<tr>
<td rowspan="8">*v. Bismarck*, Fürst, Otto Eduard Leopold, Deutscher Reichskanzler

* Schönhausen 1.4.1815

† Friedrichsruh 30.7.1898</td>
<td rowspan="8">∞ 6.7.1806</td>
<td rowspan="4">*v. Bismarck,* Karl Wilhelm Ferdinand, kgl. preuß. Rittmeister, auf Schönhausen

* Schönhausen 13.11.1771

† Schönhausen 22.11.1845</td>
<td rowspan="4">∞ 5.3.1762</td>
<td rowspan="2">*v. Bismarck*, Karl Alexander, kgl. preuß. Rittmeister, auf 1/2 Schönhausen, Fischbeck und Uenglingen

* Gollnow 26.8.1727
† Schönhausen 19.9.1797</td>
<td rowspan="2">∞ 1724</td>
<td>*v. Bismarck*, August Friedrich, kgl. preuß. Oberst, auf Jarchlin
* Schönhausen 2.4.1695
† Kuttenberg 23.5.1742</td>
</tr>
<tr>
<td>*v. Dewitz*, Stephanie Charlotte
* Hoffelde 26.12.1706
† Gollnow 7.12.1735</td>
</tr>
<tr>
<td rowspan="2">*v. Schönfeld*, Christiane Charlotte Gottliebe

* Werben im Spreewald 25.12.1741
† Berlin 22.10.1772</td>
<td rowspan="2">∞ II. 25.9.1738</td>
<td>*v. Schönfeld*, Hans Ernst
* Werben 21.5.1712
† Werben 24.11.1748</td>
</tr>
<tr>
<td>*v. Dewitz*, Sophie Eleonore
* Hoffelde 1.4.1719
† Werben 24.11.1748</td>
</tr>
<tr>
<td rowspan="4">*Mencke* (Mencken), Wilhelmine Luise

* Potsdam 24.2.1789

† Berlin 2.1.1839</td>
<td rowspan="4">∞ 9.9.1785</td>
<td rowspan="2">*Mencke* (Mencken), Anastasius Ludwig, kgl. preuß. GKab.-Rat

* Helmstedt 2.8.1752
† Potsdam 5.8.1801</td>
<td rowspan="2">∞ II. 27.10.1751</td>
<td>*Mencke* (Mencken), Gottfried Ludwig, Dr. jur. utr., Prof.
* Leipzig 12.5.1712
† Helmstedt 24.10.1762</td>
</tr>
<tr>
<td>*Witten*, Luise Maria
* Gandersheim 14.11.1723 (7?)
† Helmstedt 2.4.1800</td>
</tr>
<tr>
<td rowspan="2">*Böckel*, Johanna Elisabeth (I. ∞ 30.4.1775 Pierre Schock, † Potsdam 12.1.1784)

* Stecklin 11.6.1755
† Potsdam 24.2.1818</td>
<td rowspan="2">∞ 22.12.1743</td>
<td>*Böckel*, Wilhelm Reinhard II., Forstmeister und Arrendator
* Stragna bei Prökuls um 1715
† um 1772</td>
</tr>
<tr>
<td>*Müller*, Charlotte Elisabeth, Domänenamtspächterin
* Sentzke 7.9.1725
† Selchow 4.10.1804</td>
</tr>
</table>

Tabelle 1: Personenbestand der Gesamtfamilie[1] nach Familienzweigen 1949 und 1988[2]

	Linien	männlich	weiblich	Einheirat	Gesamt
1949	Cölpin	3	16	2	21
1949	Weitenhagen	19	34	14	67
1949	Wussow	4	12	2	18
1949	Meesow	27	20	19	66
1949	Maldewin	31	31	15	77
1949	Gesamt	84	113	52	249
1988	Cölpin	–	8	1	9
1988	Weitenhagen	23	42	13	78
1988	Wussow	5	6	4	15
1988	Meesow	30	26	21	77
1988	Maldewin	47	35	22	104
1988	Gesamt	105	117	61	283
1988	Differenz 1949 zu 1988	+ 21	+ 4	+ 9	+ 34

1 Als Gesamtfamilie werden gezählt: Gebürtige Angehörige der Gesamtfamilie, Angehörige der Gesamtfamilie durch Einheirat (unter Ausschluß kinderlos Geschiedener).

2 Stand 1. 1. 1988.

Tabelle 2: Wohnorte der Gesamtfamilie[1] nach Regionen

Regionen	1949	1988
Deutsches Reich (i. d. Gr. v. 1937)		(232)
Norddeutschland		100
Süddeutschland		130
SBZ/DDR		2
Übriges Europa		9
Afrika		30
Südamerika		5
Mittelamerika		7
USA und Kanada		6
Sonstiges Ausland		–
Außer-Europa insgesamt:		(48)

1 Als Gesamtfamilie werden gezählt: Gebürtige Angehörige der Gesamtfamilie, Angehörige der Gesamtfamilie durch Einheirat (unter Ausschluß kinderlos Geschiedener).

II. Stammfolge von Dewitz

(Fortsetzung von Band 2 der Gesch. d. Fam. v. D. von Paul Gantzer, 1913)

836 *Bernd,* geb. Lischnitz 30. 10. 1913, gest. 6. 8. 1914; V.: 683.

837 *Gisela,* geb. Otjundu 10. 5. 1914, verh. Otjundu 14. 7. 1934 Ernst *Walther,* geb. Morasko, Posen, 13. 12. 1907, auf Farm Okatjiho; V.: 680.

838 Hans *Wilhelm* Siegfried, geb. Lischnitz 28. 12. 1914, Inh. einer Saatgetreide-Großhdlg., verh. Greifenberg, Pom., 29. 7. 1938 *Ruth* Anna Ursula Auguste Sauer, geb. Stettin 1. 5. 1916; V.: 683; K.: 940.

839 *Erika* Friederike Hertha Luise, geb. Rostock 7. 3. 1915; V.: 702.

840 *Leopold* Friedrich Wilhelm, geb. Stettin 13. 3. 1915, gef. bei Kiew 20. 9. 1943, Hauptm. u. Kdr. einer Pz. Nachr. Abt., verh. Oberlauterbach 4. 1. 1941 Alexandra Leopoldine *Gfn. Hoyos,* Freiin v. Stichsenstein, geb. Dresden 5. 5. 1917, (verh. II. H. Papendiek, gef. 1945), führt den Namen v. Dewitz; V.: 786; K.: 944.

841 *Ekhard* Siegfried Gerhard, geb. Stettin 27. 4. 1915, an den Wunden gest auf Schiff Regina bei Überfahrt auf der Ostsee 30. 3. 1945, Hauptm., verh. Berlin 28. 8. 1940 Adelheid *von Niessen,* geb. 3. 4. 1917, gesch. Berlin 1944; V.: 738.

842 Fritz *Jürgen* Ulrich, geb. Kl. Sabow 24. 9. 1915, Major a. D., Ing. V. D. I., verh. Hamburg 22. 9. 1947 *Ingrid v. Schultz,* geb. Schwerin, Meckl., 20. 12. 1919; V.: 682; K.: 970.

843 *Irmgard* Gertrud Leonie Charlotte, geb. Braunschweig 18. 12. 1915, verh. Dänischenhagen b. Kiel 4. 9. 1951 Dr. jur. *Constantin Frhr. v. Neurath,* geb. Berlin 10. 4. 1902; V.: 780.

844 *Fritz-Jürgen* Carl Oskar Lothar, geb. Berlin 14. 2. 1917, Landwirt, verh. Jäntschdorf b. Oels 1. 4. 1944 *Gabriele* Maria Martha *Pauly,* geb. Jäntschdorf 17. 10. 1922; V.: 779; K.: 950, 959, 976.

845 *Engelke* Heinrich Victor Ernst Werner Karl, geb. Plantikow 26. 9. 1917, verm. Nördl. Eifel seit 18. 2. 1945, Oblt. d. Res.; V.: 754.

846 *Tönnies* Heinrich Otto Paul Jobst, geb. Plantikow 26. 9. 1917, gef. Staraja Russa, Ilmensee, 21. 8. 1942, Oblt.; V.: 754.

847 Martha Irene *(Rena)* Friederike Elma, geb. Stettin 29. 9. 1917, verh. standesamtl. Pinnow 4., kirchl. Casekow 5. 11. 1938 Richard Alexander *Dreher,* Major a. D., Kfm., geb. St. Petersburg 25. 4. 1912; V.: 738.

848 Walpurg *Erdmuthe,* geb. Frankfurt/M. 7. 11. 1917, verh. München 3. 9. 1938 *Klaus Ostmann,* Major a. D., Papier-Ing., geb. Schöppenstedt 26. 9. 1912; V.: 733.

849 *Siegfried,* geb. Otjundu 22. 3. 1918, Techn. Betriebsleiter, verh. Johannesburg, S. Afr., 17. 11. 1946 *Margarete Cyrus,* geb. Hessel b. Hannover 4. 11. 1922; V.: 680; K.: 963, 971, 975, 983.

850 *Elisabeth,* geb. Burglesum 25. 5. 1918, verh. I. 1937 G. Rota. II. 1944 Gustavo Giralt; V.: 745.

851 *Georg Henning* Kurt Viktor, geb. Stettin 4. 6. 1918, verm. bei Libau seit 29. 9. 1944, Ob. Feldw. u. Nachr. Offz.; V.: 786.

852 *Hubertus* Lothar Karl Georg Oskar, geb. Harzburg 14. 8. 1918, gef. bei Lemberg 13. 7. 1944, Rittmstr.; V.: 780.

853 *Ursula* Clara Ella Olga, geb. Holzhagen 9. 12. 1918, Oberin i. Vorstd. d. Ev. Diakonie-Ver.; V.: 675.

854 *Beate* Dorothea Blanka, geb. Neubrandenburg 14. 5. 1919; V.: 702.

855 *Axel* Joachim Friedrich Karl Lothar, geb. Berlin 12. 8. 1919, Kfm.; V.: 779.

856 *Otto* Malte Friedrich Wilhelm, geb. Warnemünde 23. 10. 1919, Hptm. d. Luftw. a. D., Kfm., verh. Potsdam 18. 11. 1944 *Hadwig* Gerda Frida *Bierstedt,* geb. Berlin-Schlachtensee 26. 7. 1925; V.: 706; K.: 955, 964.

857 *Henriette Luise* Carola Charlotte, geb. Kl. Benz 4. 12. 1919, verh. Travemünde 23. 4. 1948 *Carl Heinrich v. Behr-Negendanck,* geb. Torgelow 20. 11. 1913, Landwirt; V.: 754.

858 *Bernd* Jobst Wilhelm Kurt, geb. Holzhagen 6. 1. 1920, gef. vor Warschau 15. 9. 1939, Leutnt.; V.: 675.

859 *Gustav* Oskar Karl Otto Lothar, geb. Damm, Pom., 17. 4. 1920, gest. im Feld-Laz. Avesnes, Frkr., 24. 5. 1940; V.: 785.

860 Max *Roderich,* geb. Hannover 25. 5. 1920, gef. bei Rshew, Rußld., 2. 9. 1942; V.: 746.

861 *Joachim Balthasar,* geb. Meesow 9. 10. 1920, gest. Juli 1921; V.: 786.

862 *Jutta* Maria Gisela Else, geb. Holzhagen 2. 1. 1921, Katechetin, Gemeindeschwester; V.: 675.

863 *Malte* Alfred Ulrich Lutz Winfried, geb. Warnemünde 15. 2. 1921, gef. b. Kischinew, Rum., 26. 8. 1944, Oblt.; V.: 706.

864 *Eckhardt* Oskar Walter Leopold, geb. Salzburg 15. 2. 1921, gef. b. Bjelgorod 5. 7. 1943, Oblt. u. Batlsführer, Ritterkreuz des E. K., verh. Heidelberg 9. 3. 1943 *Waltraud Schmidt* (verh. II. 1951 Friedrich Ogilvie); V.: 787.

865 Hans *Ulrich,* geb. Lischnitz 27. 2. 1921, gef. b. Gartz/Oder 15. 3. 1945, Leutnant; V.: 683.

866 Hans Joachim *(Jochen)* Bogislaw Wolf Ernst, gen. v. Krebs, geb. Stranz 25. 4. 1921, Hauptmann, verh. Hamburg 3. 3. 1945 *Lore Weiß,* geb. Schmiedeberg 28. 3. 1921; V.: 722; K.:956, 972, 979.

867 *Siegfried* Leopold Albrecht Max Hubertus, geb. Braunschweig 15. 7. 1921, gef. b. Demjansk, Rußld., 6. 7. 1942; V.: 780.

868 *Gabriele* Eugenie Elisabeth Jenny, geb. Amalienburg 22. 7. 1921, verh. Maldewin 29. 6. 1943 Friedrich Graf v. u. zu Westerholt u. Gysenberg, geb. Münster i. W. 29. 3. 1910; V.: 684.

869 Hildegard *Asta* Juliane, geb. Hannover 6. 9. 1921, verh. St. Thomas, Canada, 6. 10. 1952 William Autio, Ing., geb. Ontario 19. 6. 1917; V.: 746.

870 *Rüdeger* Kurt Emmo Karl, geb. Meesow 23. 3. 1922, gef. b. Smolensk 4. 7. 1941, Leutnant; V.: 786.

871 *Victoria* Alwine Martha Johanna Ursula, geb. Henningsholm 27. 4. 1922, verh. I. Königstein/Elbe 31. 5. 1940 *Carl Heinz Schroeder,* gef. 22. 4. 1945; II. Jeserigk b. Spremberg 31. 12. 1946 *Paul Sauvage,* gesch. 1951; III. Wuppertal-Elberfeld 7. 8. 1952 *Pierre Sauvage,* geb. Saarbrücken 31. 1. 1910, Kfm.; V.: 742.

872 *Eugenie* Daniela Dolorita, geb. Amalienburg 12. 12. 1922, gest. Maldewin 1. 7. 1940; V.: 684.

873 *Marie Luise* Martha Gertrud, geb. Neustrelitz 4. 1. 1923, Diakonissen-Schwester; V.: 706.

874 *Helga* Ursula Anna, gen. v. Krebs, geb. Stranz 12. 1. 1923, verh. Schleswig 7. 9. 1944 Lüder v. Lützau, Hptm., geb. Flensburg 19. 12. 1920; V.: 722.

875 *Detlef* Joachim Ludwig Georg Wilhelm, geb. Damm, Pom., 23. 1. 1923, Wirtsch.-Prüfer, verh. Seeshaupt 11. 3. 1949 *Carmen v. Kaufmann,* geb. Santiago de Chile 13. 7. 1924; V.: 785; K.: 977, 984.

876 Holm Fritz Victor *Günther,* geb. Henningsholm 14. 6. 1923, Kfm., V.: 742.

877 *Joachim Albrecht* Georg Alexander, geb. Salzburg 7. 12. 1923, Dr. med. vet., prakt. Tierarzt, Oblt. z. See a. D., verh. Saleske 29. 12. 1944 *Margret Buchfinck,* geb. Riga 20. 1. 1921; V.: 787; K.: 958, 967, 987.

878 *Armgard* Agnes Sophie Erika, geb. Berlin 2. 7. 1924; V.: 706.

879 *Charlotte* Henriette, geb. Kl. Benz 23. 2. 1925; V.: 754.

880 *Edelgard* Wilhelma Margarethe, geb. Meesow 11. 10. 1925, verh. Braunschweig 13. 5. 1949 Norman W. Swain, Ing., geb. Sheffield 1. 1. 1917; V.: 786.

881 *Eberhard* Lutz Werner Joachim, geb. Greifswald 26. 3. 1926, verm. b. Breslau seit Ende Jan. 1945; V.: 749.

882 *Sabine* Hedwig Margot Mathilde, gen. v. Krebs, geb. Allenstein 4. 5. 1926, verh. Victoria, Canada, 19. 1. 1957 Jesse R. Green; V.: 727.

883 Ernst Max *Bernd,* geb. Wunstorf 24. 8. 1926, gest. Wunstorf 10. 6. 1947; V.: 679.

884 Martha Johanna Ursula *Brigitte,* geb. Henningsholm 3. 11. 1926, verh. Fasanenhof b. Bückeburg 6. 12. 1952 Kurt Werner *Frhr. v. der Goltz,* geb. Königsberg, Pr., 26. 10. 1926, Leutnant; V.: 742.

885 *Margot* Luise, geb. Lischnitz 11. 3. 1928, verh. Münster i. W. 26. 8. 1955 Ernst Wilhelm *Busch,* geb. Berlin 25. 4. 1926; V.: 683.

886 *Ilsabe* Gertrud Paula Mathilde, gen. v. Krebs, geb. Allenstein 20. 9. 1928; V.: 727.

887 *Ursula* Marie Sabine Ruth Erika, gen. v. Krebs, geb. Potsdam 30. 9. 1928, verh. Herford 21. 12. 1956 Heinz Beyer; V.: 726.

888 *Margarete* Ehrengard Lisa, geb. Berlin-Lichterfelde 20. 1. 1929; V.: 706.

889 *Anita* Ehrengard Friederike, geb. Berlin-Lichterfelde 20. 1. 1929; verh. Hamburg 14. 9. 1957 Thilo Lebrecht v. Trotha-Hecklingen; V.: 706.

890 *Karl-Hubertus* Ernst Friedrich, gen. v. Krebs, geb. Berlin 13. 3. 1930; V.: 726; K.: 991, 999, 1008.

891 *Mechthild* Karla Margarethe Albertine, gen. v. Krebs, geb. Allenstein 16. 3. 1930; V.: 727.

892 *Günther* Lutz Hugo Detlof, geb. Greifswald 30. 8. 1930, staatl. gepr. Landwirt; V.: 749; K.: 994, 995, 1025.

893 Hans *Curt,* geb. Baranquilla, Kol., 29. 1. 1931, Landwirt; V.: 792; K.: 997, 1000.

894 *Wilhelm* Heinrich Alexander Friedel Christoph, geb. Meesow 11. 5. 1931; V.: 786; K.: 990, 998.

895 *Ernst* Wilhelm Paul Albrecht, gen. v. Krebs, geb. Allenstein 11. 8. 1931, Dipl.-Volkswirt; V.: 727; K.: 1059.

896 Gertrud Ruth *Ingrid,* geb. Honda, Col., 26. 2. 1932; gest. Bielefeld 14. 7. 1939; V.: 792.
897 *Wulf-Dieter* Hellmut, geb. Bad Berka 7. 8. 1932, V.: 757; K.: 1003, 1019, 1026.
898 *Manfred*, geb. Fallingbostel 1. 10. 1932, Techniker; V.: 809; K.: 1005, 1015.
899 *Ulrike* Ilse Mathilde, gen. v. Krebs, geb. Allenstein 5. 12. 1932; V.: 727.
900 *Gertraud* Dorothea Luise Mathilde, gen. v. Krebs, geb. Allenstein 18. 3. 1934; V.: 727.
901 *Holger,* geb. Liegnitz 19. 7. 1934, Landwirt; V.: 807; K.: 993, 1001.
902 Isabella Karoline Kitty *Maria Lisbeth,* geb. Berlin 28. 10. 1934; V.: 787.
903 *Adelheid* Elisabeth Walpurgis, geb. Eberswalde 19. 12. 1934; V.: 706.
904 *Bernd* Friedrich Leopold, geb. Buchwald, Riesengebirge, 27. 12. 1934, Kfm.; V.: 775; K.: 1061, 1071.
905 *Wedige* Hanns, geb. Berlin 19. 7. 1935; V.: 802; K.: 1010.
906 *Irmela* Ruth Eva Mathilde, gen. v. Krebs, geb. Allenstein 30. 8. 1935; V.: 727.
907 *Ulf* Karl Leopold, geb. Moschendorf b. Haynau 13. 4. 1936; V.: 775; K.: 996, 1051.
908 *Oswald* Achim Jobst, geb. Bogotà, Kol., 19. 5. 1936; V.: 792; K.:1042.
909 *Rosemarie* Wentzel v. D.-Krebs, geb. Schwerin, Meckl., 11. 7. 1936; V.: 816.
910 *Ingrid* Luise, geb. Potsdam 19. 7. 1936; V.: 687.
911 *Jost* Konrad Leopold, geb. Moschendorf b. Haynau 16. 2. 1937; V.: 775; K.: 988.
912 *Arnd* Rüdiger Paul Albrecht, gen. v. Krebs, geb. Allenstein 17. 2. 1937; V.: 727; K.: 1004, 1014.
913 *Bernd* Ferdinand Otto Albrecht, gen. v. Krebs, geb. Allenstein 17. 2. 1937; V.: 727; K.: 1002, 1007.
914 *Renate* Gisela, geb. Swakopmund 16. 3. 1938; V.: 797.
915 *Henning* Günther Paul Albrecht Adolf, gen. v. Krebs, geb. Allenstein 13. 6. 1938; V.: 727; K.: 1047.
916 *Henning* Karl Leopold, geb. Haynau 29. 8. 1938; V.: 775.
917 *Werner* Waldemar, geb. Potsdam 19. 12. 1938; V.: 687; K.: 1009, 1021.
918 *Roswitha* Hertha, geb. Swakopmund 29. 4. 1939; V.: 797.
919 *Karl* Albrecht Hermann, gen. v. Krebs, geb. Allenstein 6. 10. 1939, gest. Allenstein 1. 1. 1942; V.: 727.
920 *Ingo* Werner, gen. v. Krebs, geb. Neubrandenburg 19. 3. 1940, gest. im Harz 26. 6. 1957; V.: 814.
921 *Bodo* Bernd, geb. Eutin 3. 5. 1940; V.: 805.
922 *Sigrid* Wentzel v. D.-Krebs, geb. Schwerin, Meckl., 27. 5. 1940; V.: 816.
923 Elma *Christine,* geb. Stettin 13. 8. 1940; V.: 820.
924 *Irene,* geb. Kassel 24. 10. 1940; V.: 796.
925 *Dorita,* geb. Hannover 25. 12. 1940, gest. Hannover 7. 12. 1941; V.: 806.
926 *Bernd* Lothar Kurt Egmont, geb. Beuthen, O. S., 21. 2. 1941; V.: 827.
927 *Helga* Margarethe Gertrud, geb. Bogotà, Kol., 20. 5. 1941; V.: 792.
928 *Klaus* Max Jobst, geb. Swakopmund 20. 6. 1941; V.: 799; K.: 1022, 1030.
929 *Günther* Wilhelm Albrecht, gen. v. Krebs, geb. Allenstein 23. 9. 1941; V.: 727.
930 *Victor* Botho Jobst, geb. Gumbinnen 16. 1. 1942; V.: 820; K.: 1018.
931 *Gerd* Wentzel v. D.-Krebs, geb. Schwerin i. M. 4. 2. 1942; V.: 816.

932 *Jobst* Hans Max, geb. Hannover 22. 7. 1942; V.: 806; K.: 1029, 1034.
933 *Roswitha,* gen. v. Krebs, geb. Neubrandenburg 1. 9. 1942, gest. Neuruppin 27. 1. 1945; V.: 814.
934 *Jochen* Wilhelm, geb. Swakopmund 13. 9. 1942; V.: 797; K.: 1006, 1011, 1013, 1028, 1045.
935 *Reinhard* Ernst-Otto, geb. Postdam 29. 9. 1942, gest. ebd. 10. 12. 1945; V.: 687.
936 *Jobst* Achim Curt, geb. Bogotà, Kol., 9. 3. 1943; V.: 792; K.: 1036, 1043.
937 *Dagmar* Gisela Daisy Vera, geb. Beuthen, O. S., 14. 4. 1943; V.: 827.
938 *Karin* Gertrud Elisabeth, geb. Swakopmund 19. 4. 1943; V.: 799.
939 *Albrecht* Eckhard Hans, geb. Jägershagen, Ostpr., 25. 4. 1943; V.: 820; K.: 1016, 1031, 1044.
940 *Jutta* Ruth Thoma Klara Anna, geb. Posen 30. 4. 1943; V.: 838.
941 *Regine,* geb. Berlin 8. 7. 1943; V.: 804.
942 *Margret* Brigitte, geb. Fürstenwalde 10. 8. 1943; V.: 831.
943 *Goswin,* gen. v. Krebs, geb. Neubrandenburg 21. 9. 1943; V.: 814.
944 *Leopoldine,* geb. Alt-Röhrsdorf 25. 1. 1944; V.: 840.
945 *Luise* Marianne Mathilde, gen. v. Krebs, geb. Allenstein 12. 2. 1944; V.: 727.
946 *Detlef* Fritz Arthur, geb. Potsdam 17. 5. 1944; V.: 687; K.: 1060, 1066.
947 *Birger* Eckhardt Albrecht Andreas, geb. Beeskow 2. 7. 1944; V.: 787.
948 *Sabine,* geb. Hannover 12. 9. 1944; V.: 806.
949 *Elke,* gen v. Krebs, geb. Neubrandenburg 1. 12. 1944; V.: 814; K.: 1017.
950 *Lothar* Curt Bruno Tönnies Fritz-Jürgen, geb. Kolberg 27. 12. 1944; V.: 844; K.: 1012, 1020, 1033, 1039.
951 *Hasso* Bernd, geb. Prag 21. 3. 1945; V.: 805; K.: 1037, 1046, 1058.
952 *Elisabeth* Erna Victoria Marianne, geb. Freienhagen, Meckl., 24. 3. 1945; V.: 688.
953 *Hubertus* Franz Just, geb. Hohenroden, Württ., 17. 7. 1945; V.: 830; K.: 1027, 1038.
954 *Sylvia* Maria Elisabeth, geb. Kehrigk, Mark, 19. 9. 1945, gest. Leverkusen 7. 4. 1951; V.: 787.
955 *Hadwiga* Anita Gunhild Nora, geb. Jena 15. 10. 1945; V.: 856.
956 *Dörthe* Ursula Hanna, gen. v. Krebs, geb. Schleswig 24. 1. 1946; V.: 866.
957 *Kristiane,* geb. Schwabstedt b. Husum 7. 5. 1946; V.: 807.
958 *Britta* Änni Olga, geb. Flensburg 8. 7. 1946; V.: 877.
959 *Marc Aurel* Ernst Oskar Fritz-Jürgen, geb. Hann. Münden 10. 8. 1946; V.: 844; K.: 1023, 1035, 1050.
960 *Stephan* Friedrich Berndt, geb. Fallingbostel 27. 10. 1946; V.: 820; K.: 1024, 1032.
961 *Charlotte* Cäcilie Ursula Mathilde, gen. v. Krebs, geb. Göttingen 12. 11. 1946; V.: 727.
962 *Hubertus* Lothar Bogislaw Gerhard, geb. Berlin 27. 2. 1947; V.: 827; K.: 1053, 1063.
963 *Günther,* geb. Swakopmund 4. 7. 1947; V.: 849; K.: 1055, 1067.
964 *Anita* Marie Luise Thora Ulrike, geb. Hamburg 29. 9. 1947; V.: 856.
965 *Ina* Ursula, geb. Eutin 7. 11. 1947; V.: 805.
966 *Rosemarie,* geb. Windhoek 15. 11. 1947; V.: 797.

967 *Manfred* Karl Albrecht, geb. Flensburg 8. 12. 1947; V.: 877; K.: 1048, 1057.
968 *Maja,* geb. Husum 31. 5. 1948; V.: 807.
969 *Hasso* Kurt Eberhard, geb. Wuppertal-Elberfeld 8. 6. 1948; V.: 688.
970 *Carmen Viola* Elisabeth Alexandra, geb. Hamburg 15. 8. 1848; V.: 842.
971 *Ingrid,* geb. Swakopmund 20. 9. 1948; V.: 849.
972 *Ulrich* Peter Stanislaus, gen. v. Krebs, geb. Schleswig 6. 4. 1949; V. 866.
973 *Hubertus* Werner, eb. Celle 17. 6. 1949; V. 820; K.: 1041, 1054, 1065, 1069.
974 *Henning* Bernd, geb. Eutin 2. 9. 1949; V. 805; K.: 1040, 1052, 1062.
975 *Werner,* geb. Swakopmund 27. 1. 1950; V.: 849; K.: 1056, 1073.
976 *Bodo Balthasar* Charlie Wolf-Dietrich Fritz-Jürgen, geb. Göttingen 11. 4. 1950; V.: 844; K.: 1072.
977 *Michael* Alexander, geb. München 12. 4. 1950; V.: 875.
978 *Edda* Hertha Helene, geb. Swakopmund 22. 4. 1950; V.: 799.
979 *Sabine* Helga, gen. v. Krebs, geb. Schleswig 14. 8. 1950; V.: 866.
980 *Monika* Albertine, geb. Schwarmstedt b. Hannover 26. 1. 1951; V.: 820.
981 *Karin* Marthe Ilse Hildegard, gen. v. Krebs, geb. Bremen 5. 2. 1951; V.: 814.
982 Arne *Bertin* Alexander, geb. Leverkusen-Rheindorf 13. 9. 1952; V.: 787; K.: 1070.
983 *Helga,* geb. Swakopmund SWA 20. 5. 1954; V.: 849.
984 *Corinna,* geb. München 16. 7. 1954; V.: 875.
985 *Berndt* Johann, geb. Celle 20. 9. 1954; V.: 820.
986 *Fabian* Stephan Jürgen, geb. Leverkusen 24. 4. 1955; V.: 787.
987 Georg *Alexander,* geb. Vilsbiburg 3. 10. 1955; V.: 877; K.: 1064.
988 *Gisela,* geb. Ebern 28. 2. 1958; V.: 911.
989 *Stefan,* geb. Mühlhausen 29. 5. 1959; V.: 830; K.: 1068, 1074.
990 *Susanne,* geb. Essen 30. 6. 1961; V.: 894.
991 *Peter,* geb. Detmold 20. 8. 1961; V.: 890.
992 *Johann-Georg,* geb. Wyk a. Föhr 27. 8. 1961; V.: 830.
993 *Lars,* geb. Celle 18. 1. 1962; V.: 901.
994 *Britta,* geb. Swakopmund SWA 31. 3. 62; V.: 892.
995 *Lutz,* geb. Windhoek SWA 20. 4. 1963; V.: 892.
996 *Sybille,* geb. Ebern 10. 6. 1963; V.: 907.
997 *Jörg,* geb. Bogotà Kol. 30. 10. 1963; V.: 893.
998 *Henning,* geb. Brühl 19. 5. 1964; V.: 894.
999 *Ursula,* geb. Münster 25. 11. 1964; V.: 890.
1000 *Gernd,* geb. Bogotà Kol. 17. 3. 1965; V.: 893.
1001 *Carola,* geb. Celle 26. 3. 1965; V.: 901.
1002 *Marion,* geb. Düsseldorf 8. 5. 1965; V.: 913.
1003 *Ekhard,* geb. Frankfurt 10. 7. 1965; V.: 897.
1004 *Alexa,* geb. Wiesbaden 31. 12. 1965; V.: 912.
1005 *Birgit,* geb. Düsseldorf 3. 6. 1966; V.: 898.
1006 *Jochen,* geb. Windhoek SWA 24. 10. 1966; V.: 934.
1007 *Dirk,* geb. Düsseldorf 7. 2. 1967; V.: 913.
1008 *Angela,* geb. Münster 16. 9. 1967; V.: 890.
1009 *Katharina,* geb. Düsseldorf 8. 11. 1967; V.: 917.
1010 *Heiko,* geb. Hannover 18. 1. 1968; V.: 905.

1011 *Goswin,* geb. Bremen 3. 3. 1968; V.: 934.
1012 *Isabelle,* geb. Bielefeld 3. 3. 1968; V.: 950.
1013 *Robert,* geb. Windhoek SWA 27. 3. 1968; V.: 934.
1014 *Britta,* geb. Wiesbaden 7. 6. 1968; V.: 912.
1015 *Hartmut,* geb. Düsseldorf 24. 8. 1968; V.: 898.
1016 *Martina* Wilma Bine, geb. Wilhelmshaven 15. 10. 1968; V.: 939.
1017 *Kai,* geb. Bremen 9. 11. 1968; V.: 949.
1018 *Michael* Berndt Wilhelm, geb. Celle 24. 2. 1969; V.: 930.
1019 *Friederike,* geb. Bonn 28. 6. 1969; V.: 897.
1020 *Florence,* geb. Göttingen 6. 11. 1969; V.: 950.
1021 *Christian,* geb. Düsseldorf 24. 10. 1970; V.: 917.
1022 *Jörg,* geb. Windhoek SWA 15. 11. 1970; V.: 928.
1023 *Alexandra,* geb. Köln 16. 12. 1970; V.: 959.
1024 *Markus,* geb. Celle 6. 1. 1971; V.: 960.
1025 *Michaela* Agnes Margarethe, geb. Omaruru SWA 22. 3. 1971; V.: 892.
1026 *Henning,* geb. Bonn 10. 9. 1971; V.: 897.
1027 *Stefanie,* geb. Delmenhorst 27. 9. 1971; V.: 953.
1028 *Uwe,* geb. Windhoek SWA 30. 9. 1971; V.: 934.
1029 *Hajo,* geb. Johannesburg R. S. A. 16. 4. 1972; V.: 932.
1030 *Beate,* geb. Windhoek SWA 30. 6. 1972; V.: 928.
1031 *Antje* Christine, geb. Ebingen 18. 9. 1972; V.: 939.
1032 *Maja,* geb. Celle 1. 11. 1972; V.: 960.
1033 *Charlotte,* geb. Göttingen 8. 10. 1973; V.: 950.
1034 *Gunther,* geb. Johannesburg R. S. A. 4. 7. 1974; V.: 932.
1035 *Christian,* geb. Köln 15. 7. 1974; V.: 959.
1036 *Christiane,* geb. Mexico 9. 5. 1974; V.: 936.
1037 *Katharina.* geb. Ulm 23. 10. 1974; V.: 951.
1038 *Christian,* geb. Kehlen/Lux. 13. 6. 1975; V.: 953.
1039 *Katharina*-Sophie, geb. Göttingen 18. 9. 1975; V.: 950.
1040 *Alexander,* geb. Kiel 19. 8. 1975; V.: 974.
1041 *Karoline,* geb. Celle 25. 12. 1975; V.: 973.
1042 *Janette,* geb. Mexico 11. 7. 1976; V.: 908.
1043 *Sandra,* geb. Mexico 21. 7. 1976; V.: 936.
1044 *Kerstin* Susanne, geb. Tettnang 26. 10. 1976; V.: 939.
1045 *René,* geb. Swakopmund SWA 15. 2. 1977; V.: 934.
1046 *Moritz,* geb. Ulm 28. 7. 1977; V.: 951.
1047 *Katrin,* geb. Wiesbaden 3. 8. 1977; V.: 915.
1048 *Anna-Kathrin,* geb. 30. 10. 1977; V.: 967.
1049 *Julia* Margit, geb. Köln 3. 4. 1979;
1050 *Wolf-Dietrich.* geb. Neuß 22. 5. 1979; V.: 959.
1051 *Carolin* Anna Luise, geb. Nürnberg 31. 5. 1979; V.: 907.
1052 *Anna* Juliane, geb. Kiel 7. 7. 1979; V.: 974.
1053 *Ariane* Maria, geb. München 16. 8. 1979; V.: 962.
1054 *Ulrike,* geb. Tettnang 15. 10. 1979; V.: 973.
1055 *Gunnar* Siegfried, geb. Swakopmund SWA 21. 5. 1980; V.: 963.
1056 *Alexander* Jaques, geb. Buchholz 17. 6. 1980; V.: 975.

1057 *Liza,* geb. München 11. 11. 1979; V.: 967.
1058 *Felix,* geb. Ulm 25. 7. 1980; V.: 951.
1059 *Henrike-Marie,* geb. Köln 5. 7. 1981; V.: 895.
1060 *Constantin,* geb. Heidelberg 2. 9. 1981; V.: 946.
1061 *Benedikt* Georg Valentin, geb. Köln 29. 6. 1982; V.: 904.
1062 *Sonja* Christina, geb. Schleswig 29. 9. 1982; V.: 974.
1063 *Ferdinand* Wilhelm Bogislav, geb. München 3. 10. 1982; V.: 962.
1064 *Ysabel* Anastasia Christa, geb. Saskatoon, Canada, 3. 3. 1983; V.: 987.
1065 *Annette,* geb. Tettnang 24. 3. 1983; V.: 973.
1066 *Burkhard,* geb. Heidelberg 17. 7. 1983; V.: 946.
1067 *Maren,* geb. Swakopmund SWA 6. 9. 1983; V.: 963.
1068 *Katharina,* geb. Göttingen 17. 7. 1985; V.: 989.
1069 *Christoph,* geb. Tettnang 26. 8. 1985; V.: 973.
1070 *Christiana,* geb. Köln 27. 3. 1986; V.: 982.
1071 *Johannes* Jakob Balthasar, geb. Köln 25. 4. 1986; V.: 904.
1072 *Helena,* geb. Köln 24. 12. 1987; V.: 976.
1073 *Juliane* Rebecca Agnetha, geb. Harburg 19. 7. 1987; V.: 975.
1074 *Melanie,* geb. Göttingen 22. 8. 1987; V.: 989.

III. Ungedruckte Quellen

1. Verbesserung des Schulwesens in Krumbeck durch Ulrich Otto von Dewitz (1814–1871)

Familienarchiv v. Dewitz, Akte Krumbeck, drei unpaginierte Seiten.

Meine wohlwollende Absicht, allen Kindern im Orte gleich guten Schul Unterricht zu verschaffen, ohne daß dadurch die Ausgabe des einzelnen Hausvaters, der viele Kinder hat, zu groß werde, hat zur Zeit bei den Dorf-Bewohnern, nur bei einem kleinen Teile den gewünschten Anklang gefunden. – Da ich aber von der Zweckmäßigkeit überzeugt bin und deshalb die spätere Ausführung vorzubereiten beabsichtige, so bestimme ich hierdurch:

1. Alle Kinder im Orte werden in der Schule im Lesen, Schreiben und Rechnen unterrichtet.
2. Eine besondere Entrichtung des Schulgeldes an den Küster findet hinfort nicht statt, dieser bekommt vielmehr sein Gehalt aus der Gemeinde Casse an welche auch die Zahlungen geschehen.
3. Diese Gemeinde Casse wird unter meiner Aufsicht von zwei Gemeinde Mitgliedern verwaltet, die zugleich den Schul Vorstand bilden.
4. In diese Gemeinde Casse, der ich auch andere Einnahmen zuzuweisen mir vorbehalte, zahlt
   a) jeder Hausvater, der meinen Vorschlag wegen [dieser] Besoldung des Schulmeisters angenommen hat, oder noch annimmt, sofern er zu den Eigentümern, Handwerkern oder Honoratioren gehört, vierteljährig 9 gr. Kurant, jeder Tagelöhner und Einlieger vierteljährig 6 gr. Kurant.
   b) die Einwohner, welche meinen Vorschlag nicht angenommen haben und Kinder zur Schule schicken, zahlen den Betrag des bisher gebräuchlichen Schulgeldes wie auch 4 gr. Holzgeld für jedes Kind, zur Hälfte zu Neujahr, zur Hälfte zu Marien, den 25. März.

   Der Schulvorstand wird diese Gelder [einnehmen] und die Rechnung mir vorlegen. –
5. Jeder der in Zukunft in Krumbeck den Heiraths Consens erhält oder aus der Fremde mit herrschaftlicher Bewilligung hieher zieht, ist verpflichtet, je nach dem er zu der Claße der Tagelöhner oder nicht gehört, jährlich einen Thaler bis 1½ Tlr. in vierteljährigen Raten an die Gemeinde Casse zu zahlen, gleichviel ob er Kinder hat und bekommt oder nicht.
6. Das zur Bestreitung der nötigen Ausgaben aus der Gemeinde Casse Fehlende will ich vorläufig zuschießen.

Krumbeck, den 2. October 1845 v. Dewitz

2. Else von Dewitz (Farbezin)
Abschrift, Familienarchiv v. Dewitz

Tagebuch 1945

Am Freitag, dem 13. April, kam der Befehl, daß alle vom Plantikower Ende an die Chaussee ziehen müßten. Ins Herrenhaus, Gartenhaus, überallhin zog der russische Generalstab. In zwei Stunden müßte alles geräumt sein. Ich ging zur Witwe Pautz und bat sie um Unterkunft. Dann schleppte ich Heinz' Sachen dorthin und Fräulein Nitz ihre Betten. Dabei brach ich mehrmals zusammen. Dann wurde Fräulein Nitz zum Aufräumen des Inspektorhauses beordert, und ich machte alles allein. Keiner wollte mir helfen. Frau Ahlert (?) sagte, sie hätte allein überreichlich Arbeit, Habeck (?) tat keinen Handschlag. Heinz bemühte sich um ein Fuhrwerk, und schließlich kam der junge Brehmer mit einem Pferd. Dann hatte Heinz seine Medizin nicht eingesteckt, worum ich ihn mehrfach gebeten hatte, und ich wurde böse und weinte. Schließlich kam der alte Rathmann, der bei Lehrmann dient, und fuhr den Rest weg. Heinz und ich gingen unter Schwierigkeiten hinterher. Die Russen sind dann erst am nächsten Tag eingezogen. Hier schlafen wir beide in meinem Bett, das mit allen anderen zusammensteht, und essen wir auch gemeinsam, Heinz und ich, Fräulein Nitz, Schwester Gertrud, Frau Pautz, Frau Albrecht mit Töchtern Anne-Marie Ollwig (mit Claus und Jost) und Käthe, Frau Rusch mit Schwiegertochter Anna (mit Rosy und Karl-Heinz) und Tochter Martha Bresemann. Alle gehen täglich auf Arbeit, außer Frau Albrecht, Pautz und Rusch. Es ist hier sehr unruhig, es kommen immerfort Russen herein, die was wollen und was mitnehmen. Am Dienstag, als wir schon in den Betten lagen, waren zwei Russen im Zimmer, deren Auto kaputt hier am Haus schon den ganzen Tag stand. Die nahmen die Stutzen von Heinz' Stiefeln fort, und es sagte uns dies niemand, erst am anderen Morgen – Mittwoch –, als ich so sehr suchte. Nachher schrien diese Russen uns auf der Straße an, und der eine sagte zu mir »komm mit«, er griff nach meiner Marder-Boa. Das ist meins, sagte ich und sah ihn böse an. Da schrie er, ich sei eine SS-Frau und mein Sohn auch dabei und müßte erschossen werden. Er zog den Revolver, aber es war mir egal, als er anlegte. Nachher gab ich ihm die Boa, aber er schmiß sie hin. Heinz und die Frauen redeten die Russen dann zur Ruhe. Ich weinte. Mittags kam Frau Pautz mit Heidchen, sie hatte gehört, ihr Mann sei seit vier Wochen wieder hier, was ja nicht der Fall ist. Sie wohnt im Rieselhaus im Rademer Wald, dort wäre es sehr unruhig. Auf der Flucht schoß ihr ein Russe vom Panzer aus durch die Nase, es ist aber gut verheilt. Sie ißt hier Erbssuppe und geht zu allen Leuten, ehe sie zurückgeht. Nachmittags kommt Schwester Gertrud gelaufen. Nitz wäre erschossen. Ich falle um. Fünf Minuten später kommt Nitz gelaufen, und ich freue mich doch so sehr, so sehr und danke Gott dem Herrn. Die Russen hatten den Keller bei Albrecht entdeckt und räumten aus. Nitz, Schwester Gertrud und Anna Rusch arbeiteten im Gemüsegarten. Sie wurden geholt und beim Bauern in einem feierlichen Zimmer vernommen. Nitz war am verdächtigsten, weil sie so lange im »Schloß« gewohnt hätte. Ob sie wüßte, wo noch Sachen verborgen wären. Nitz verneinte, sie verneinte, wurde des Lügens beschuldigt, ihr der Tod des Erschießens angedroht. Nitz wurde in einer Scheune von Hornburg eingeschlossen, wo drin schon eine Grube gemacht wurde. Sie hörte Schüsse. Es wurde ihr gesagt, Schwester Gertrud und Anna Rusch wären erschossen. Dann wurde Nitz frei gelassen und kam ganz verkommen hier an. Es war solche Freude, besonders weil ich böse mit ihr war, denn sie behauptete, ich hätte die Russen provoziert, was ihr Schwester Gertrud eingeredet hatte.

Donnerstag, 19. April, werden wir aus dem Schafstall fortgeholt, wo alle Schafe abtransportiert sind. Drei Russen verlangen zwanzig Liter Schnaps von uns als Brennereibesitzer. Wir zeigten nur den zertrümmerten Brennereikeller, und sie gingen dann auf vier Liter zurück, abzugeben am 21. April oder Verschleppung nach Sibirien.

Freitag, 20. April. Am »Führers« Geburtstag ist ein großer Aufmarsch an Panzern in Naugard und unübersehbare Wagen, die über Naugard nach Massow ziehen. Es wird ein großes Lamm geschlachtet, das mit großer Not hergebracht wurde.

Sonnabend, 21. April. Nachts gegen drei Uhr erscheinen Russen nach starkem Radau, und wir werden genau besehen, aber es geht gnädig ab, und ich bin Gott dem Herrn so dankbar. Es ist Regenwetter und ein furchtbarer Tag. Nitz und die anderen müssen Bäume fällen an Knigges Feld, hier erscheinen Russen am laufenden Band. Eine Sorte reißt alle Behälter auf, schüttet die Säcke aus. Es sieht doll aus. Sie suchen Schnaps und Uhren. Sie zerbrachen einen Teller von mir und eine Kanne von Frau Plautz. Sie nahmen von mir mit: die Bienendecke, die Frau Rieks mir stickte. Sonst zwei Goldringe von Frau Bresemann und Lederhandschuhe, ein Stück Tolettenseife und einen braunen Eimer und die ganze Sahne. Abends erscheint noch die Schnapsstreife vom Donnerstag und will die vier Liter abholen. Sie gehen dann wieder fort, aber wer weiß, was sie vorhaben.

Sonntag, 22. April. Ganzen Tag verstecken vor sich roh zeigenden Russen, die Strohräuber suchen. Es wird der dritte Eimer gestohlen. Es werden zur Arbeit Gruppen gebildet zu zehn Menschen. Nitz führt eine. Es soll eine Panzerspitze in Berlin eingedrungen sein.

Montag, 23. April. Nachts ist bei Dezner und bei Backhaus großer Russenkrach. Steffen von der Kolonie schießen die Russen in beide Beine, ein Steckschuß und ein Durchschuß, und fragen dann, ob es auch weh getan hätte. Heinz hat Durchfall und sieht sehr elend aus. Die Füße sind wieder besser. Nachmittags sitzen zwei dekorierte Russen bei uns, wollen Unterhaltung machen.

Dienstag, 24. April. Ging zum Kartoffellegen, Schlag 4. Es wird die Stärke aus dem Brennereibrunnen herausgewunden.

Mittwoch, 25. April. Heute habe ich den Pullover von Fräulein Nitz mit den Hirschmotiven fertig gemacht. Auch die Hose fertig geflickt für Nitz.

Donnerstag, 26. April. Nachts finden die Russen angeblich eine deutsche Uniform und verlangen nun den Soldaten dazu. Schießen auf dem Hof und verprügeln den armen Habeck. Nachmittags langen Gang mit liebem Heinz zu Schlag 6 zum dummen Distelhacken und dann zur abgebrannten Jarchliner Feldscheune.

Freitag, 27. April. Schlechte Nacht. Bericht. Es soll sich England, Amerika, Deutschland gegen Rußland verbündet haben. Die weißen Strümpfe von Nitz fertig gestrickt. Gamaschen für lieben Heinz begonnen. Viele kleine Spaziergänge, zum Beispiel zu den Kartoffelmieten. Abends nur in Kolonne in Stube, wo doch Soldaten herumlungern.

Sonnabend, 28. April. Es werden die kleinen Lämmer, ziemlich 290 Stück, aus dem Walde gebracht. Die Mütter sind alle von den Russen fortgenommen. Sie sind zu früh abgesetzt. Auf dem Heimweg fällt eins tot um. Wir bestatten es, gehen dann zum Raps/Jarchliner Grenze.

Sonntag, 29. April. Der achte Sonntag im Unglück. Die Russen nehmen uns den Tisch und die Stühle fort. Es ist ein scheußliches Leben. Netzers Schwester Gertrud geht mit zur Arbeit. Heinz und ich haben Durchfall, machen Gang zur Feldscheune Daber zur kranken Kuh, dann zum Wussower Weg. Der Klee ist ganz prachtvoll.

Montag, 30. April. Lieber Heinz wäscht sich morgens warm die Füße. Wir machen rein und gehen beide gegen Mittag in den Deputanten-Stall. Als wir wieder raus kommen, wird Heinz sehr schwindelig. Wir stehen eine Weile abwartend in der Sonne, gelehnt an die Wand. Ich rufe nach Frau Vedder, aber es hört mich keiner. Endlich kommen wir ins Haus. Heinz wird gleich zu Bett gebracht, er fiebert dann, und es ist eine sehr große Angst um den geliebten Heinz. Ich sitze bei ihm und stricke am ersten Stutzen für ihn und weine.

Dienstag, 1. Mai. Es darf nicht gearbeitet werden, vielleicht drei Tage nicht. Nachts um zwölf Uhr Russenbesuch. Zwei Mann, ging gut ab. Zuletzt erfaßte der eine Frau Albrecht, die sehr schrie, meinte es aber nicht ernst. Am Tage zweimal Russenbesuch, nehmen aber nicht ernst, stinken aber nach Schnaps. Heinz muß den ganzen Tag zu Bett liegen, und es ist viel Not mit dem Eimer. Nachmittag Schürzkuchen. Ich bin Gott so dankbar, daß es besser geht.

Mittwoch, 2. Mai. Morgens steht lieber Heinz auf, aber während ich auf dem Klosett bin, hat er wieder einen Schwächeanfall, und ich bringe ihn gleich wieder zu Bett. Nachmittags verbreitet sich das Gerücht, die Russen wären fort aus dem Plantikower Ende, und alles rennt hin und guckt rum. Es beginnt ein ganz großes Stehlen im Schloß.

Donnerstag, 3. Mai. Lieber Heinz steht wieder auf, es wird geguckt. Nachmittags gehen wir wieder ins Gärtnerhaus. Kirchen-Backhaus fährt unsere Sachen, nachdem Kahl und Beermann, die es erst wollten, von den Russen die Pferde fortgenommen sind.

Freitag, 4. Mai. Ich gehe ins Herrenhaus, wo es wieder ganz doll aussieht. Alle Ölbilder und die anderen auch sind von den Wänden und übereinander aus den Fenstern geworfen, meist hin, besonders die Ölbilder aus dem Saal schmerzen mich. Es fehlt mir auch das Buch »Fleurs aimées«, nach dem ich malen wollte. Ich weine sehr viel.

Sonnabend, 5. Mai. Ich nähe Gardinen für diese Bude.

Sonntag, 6. Mai. Erwin Batzke läßt den Feuerlöschteich ab, zusammen mit Brahmers und dem Jungen aus dem Jugendgefängnis Helmut? Zeuge Frau Meyer und Frau Lemke, Benachrichtigung hier durch Gerhard Voss. Die Schwester Maria Hornburg stiehlt Schwester Gertrud drei Kleider aus dem Kleiderschrank und will sie nicht wieder herausgeben. Der sogenannte Bürgermeister Ebert kümmert sich um nichts, obwohl Kutscherfrau Bathke nebst Sohn bei ihm wohnen. Nachmittags kommt Lazt, der Bauer aus Schwarzow, den wir neulich auf der Chaussee bei der Kublitz ansprachen. Er war erst in Wussow und oft nun in Klein-Benz. Er brachte mir von Frau Klug, der Wussower Inspektorenfrau, einen halben Laib Brot, ein Weckglas mit Schweinefleisch und acht frische Eier, wobei ich fast weinte vor Freude. Wer hat mir jetzt mal was geschenkt? Dann kam Frau Pautz mit Tochter Heidchen. Sie will nach ihren Sachen sehen, die überall im Dorf herumstehen. Auch sie hat Lust, hierher zu ziehen, und Frau Albrecht hat auch Neigung, sie aufzunehmen. Wir sind nicht dafür, denn eine Tochter soll dann noch bei uns schlafen, und vier Personen sind schon zuviel für diese kleine Bude.

Montag, 7. Mai. Wir wollen heute nach Wussow und mit Herrn Klug reden, denn mit diesem Ebert geht es nicht. Er redet auch zu dämlich. Heinz wäre nun nur noch ein kleiner Mann, kriegte nur 80 Morgen Acker. Ich sage an Nitz, wir wollen sehen, daß Ebert abgesetzt würde. Frau Albrecht mag dies gehört haben, jedenfalls ist Nitz empört in dem Gedanken, macht einen großen Tratsch daraus. In Wussow wird lieber Heinz stürmisch von den alten Leuten begrüßt. Auf dem Rückweg stehen alle an, um ihm die Hand zu drücken. In Wussow sitzen wir bei Herrn Klug im Inspektorhaus. Seine alte Mutter und Frau Klug sind sehr nett, aber er hat ein zu großes, aufgeblasenes Maul. Frida Drihn, die uns im Dorf anredet, holt Thinka. Ich bin zu Tränen gerührt, als ich sie nach all diesem Furchtbaren wiedersehe. Aber sie ist ganz ruhig, sagt, Gustav hätte diese Zeit nicht überstehen können. Er hätte gesagt, den Revolver und die goldene Uhr möchte er den Russen nicht lassen, da hätte sie beides in seinem Beisein unter den Hühnermist getan. Dorthin ist er dann, als sie fort war, gegangen und hat sich erschossen. Uhr und Revolver sind gestohlen. Er war den letzten Tag geistig gestört, sagt der alte Albert Radloff. Klug erzählte, Jobst hätte drei Schüsse gehabt, einen hinters Ohr, er sei gleich tot gewesen. Dagegen ist der Loepersdorfer totgeschlagen worden, und es fehlt der Leiche die Hälfte der linken Hand. Seine Frau und Schwester (v. Rottberg) fahren den Kinderwagen zu Fuß mit allen Kindern zurück nach Loepersdorf. Ein furchtbares Schicksal. Thinka bis Sonnabend, wo Leute, die Heu holten, ihr Schreien hörten, eingeschlossen in einer Scheune verbracht. Sie aß die Eier, die die Hühner dort hinein legten. Nach ihrer Befreiung war sie drei Tage besinnungslos. Sie sah ganz wohl aus, arbeitet jetzt im Garten.

Dienstag, 8. Mai. Es soll seit gestern Waffenstillstand mit Rußland sein durch Vermittlung von Amerika. Bis 15. Mai soll Pommern von Russen geräumt sein. Stettin soll sich noch nicht ergeben haben, und vor Berlin sollen die Russen 40 km zurückgeschlagen sein. Klug sagte gestern, sie seien schon in Mecklenburg. Ich putze in der Scheune mit Frau Pautz Zuckerrüben. Nach dem Kaffee Gang mit liebem Heinz zu den Schafen und übers Willenfeld zurück. Es wird desertierter polnischer Soldat gesucht. Die Külzer Schäferei brennt. Am Horizont sieht man dicken Rauch aufsteigen.

Mittwoch, 9. Mai. Dienstag um zwei Uhr nachts ist Waffenstillstand geschlossen. Um halb drei Uhr nachmittags ziehen die russischen Truppen mit Musik und Gesang, von Schlassen kommend, nach Naugard. Die Gewehre verpackt. Strahlend. Es ginge nach Hause. Am Himmel ziehen russische Doppeldecker – nach Hause. Alles läuft an die Chaussee, aber ich putze weiter Zuckerrüben allein, denke an unsere Soldaten, die nun wiederum geschlagen nach Hause wanken – an unsere vielen Toten. Warum kann ich nicht tot sein?

Donnerstag, 10. Mai. Nach dem Abwaschen morgens putze ich bis sieben Uhr die Zuckerrüben fertig. Es erscheinen zwei Russen und fragen nach Naugard und dem Kommandanten. Sie sagen, wir kommen unter Amerikas Herrschaft – ganz Deutschland. Hitler hätte sich das Leben genommen, Goebbels sei erschossen. Es wird von dem Hornburg'schen Jungvieh ein Fresser für die Evakuierten geschlachtet, und Nitz und Schwester Gertrud bekommen auch schlechte Stücken. Gang zur Schäferei.

Freitag, 11. Mai. Ganze Nacht Gewitter. Sehr schwer. Mit Aufstehen. Ich habe schlimm Durchfall und Herzbeschwerden. Gang zu Habeck und Stiefelputzen. Irmgard Kahl zeigt uns verschiedene Möbel von uns, die bei ihnen stehen. Das Schänden der Frauen bleibt trotz Waffenstillstand bei. Heute holten die Russen drei Schweine von Hornburg und nahmen das Radio von Pautz. Es ist sehr heiß, und ich habe das weiße Leinenkleid an, ungerollt und ungeplättet. Ich habe nur drei Kleider.

Sonnabend, 12. Mai. Es kommt ein neuer polnischer Kommandant aus Mecklenburg, Landarbeiter, will tunlichst bald wieder weg nach Polen. Er hätte keine Macht über die Russen, die in Scharen kommen, plündern. Hilde Pautz versteckt sich auf dem Klosett. Vormittag Gang auf den Friedhof, wo so viele Kreuze abgehauen sind, besonders die neueren; unsere stehen. Dann kriechen wir auf der Polenbaracke herum. Heinz sagt zu Frau Brehmer, wie sie zu zwei Kühen käme, und sie wird so frech, wie es nicht Mode ist, sagt Herr Dewitz und äußert kommunistische Ansichten. Ich sage, sie sei eine Diebin und würde noch mit Schande vom Hof gejagt. Franz (?) … kommt zurück, war Soldat.

Sonntag Exaudi, 13. Mai. Nitz-Kater, Schwester Gertrud gehen mit Käthe Albrecht nach Daberkow zu deren Onkel, Frau Rusch und Schwiegertochter nach Daber wegen des Umzuges. Ich will nicht, daß Nitz fortgeht, aber sie tut es doch. Es ist sehr heiß, und ich weine viel, meine Nerven sind total hin. Es kommen der Crämer, der unterm Bauern dient, und der Ostpreuße Kaltenbauher. Frau war bei uns evakuiert, scheußliche Ziege, auf kurzen Urlaub. Es wimmelt von Russen, die das Letzte fortnehmen, gehen auch wieder ins Schloß, spielen Klavier.

Montag, 14. Mai. Das Räumungsgebot wird bis zum 20. Mai verlängert. Es sind viele Russen mit großen Autos im Dorf. Plündern besonders bei Wilhelm Backhaus. Mir geht es schlecht, das rechte Knie und der gebrochene Arm schmerzen. Großer Krach zwischen Heinz und Schwester Gertrud. Sein Hut ist weg, findet sich dann auf dem Ofen mit ausgetrenntem Schweißleder. Dort hat ihn Nitz hingelegt. Es will sich niemand zu dem ausgetrennten Leder bekennen. Die beiden Schwestern reden dämlich, worauf Heinz massiv wird. Sie wollen nun zu Herrn Backhaus ziehen. Aber es wird wohl nichts werden. Waffeln zum Kaffee, da Anna Rusch 35 Jahre alt wird. Wir gehen dann noch zur Plantikower Grenze. Vormittag bei Frau Hornburg, Butterteller zurückgebracht.

Dienstag, 15. Mai. Vormittags Russenbesuch, schütten die Säcke aus, sind so aber ruhig. Flemming ist sehr außer sich über die Wirtschafterei von Maurer Ebert und verlangt, daß Heinz die Aufsicht erhält. Wir besuchen ihn nachmittags, gehen dann den Plantikower Weg hinauf. Abends kommen alle Leute, die zur Zeit hier sind, her und bitten Heinz um Übernahme. Flemming, Blank, der alte Weber, Radloff, Manthe – Ebert war dabei.

Mittwoch, 16. Mai. Die Nacht viel Husten, erst Heinz, den der Rücken so schmerzt, dann ich, aber dann schlafe ich doch etwas; morgens dann gleich Russen hier, schon beim Waschen. Es ist Waschtag nach etwa sechs Wochen, und es wird mir alles fortgeholt ... jeder Eimer. Überhaupt ist es kaum mehr zu ertragen. Dann schert Käthe Albrecht Heinz' Haar und den Vollbart ab. Nun sieht man erst richtig, wie jammervoll er aussieht. Gegen Abend gehen wir beide nach Schl. V., wo für die Kartoffeln vorgeritzt wird, aber niemand ist zu sehen. Der seit Wochen vermißte Sohn Breitzke kommt die Chaussee entlang und ein Zug Rückwanderer nach Schneidemühl, die die Russen in Uckermünde erlebten. Aber sie haben noch ihre Pferde. Die beiden Schwestern, Käthe Albrecht und der kleine Claus gehen abends nach Wussow. Auf dem Rückweg werden sie von polnischen Soldaten angehalten, im Gasthof untersucht, sechs Pfund Butter und fünfzehn Eier werden ihnen abgenommen, nur die Sahne erweint Claus. Halb zehn Uhr sind sie erschöpft hier.

Donnerstag, 17. Mai. Nachts viel Polen ... Radau. Sie liegen bei den Bauern und in den Scheunen. Von hier werden Betten ins Schloß geholt. Alle bekommt man nicht wieder. Geschütze stehen herum ... morgens so um vier Uhr rückt alles ein. Schmerzen schlimm in der Nacht. Bekomme dann Pyramidon, was hilft. Heinz geht allein nach Schloß V., ich dann hinterdrein und finde ihn nicht gleich. Er hat so große Rückenschmerzen und sieht so elend aus. Wie muß man sich sorgen. Ich nähe unsere Hemden zusammen. Es sollen Kämpfe zwischen den Amerikanern und den Russen stattfinden, die nicht zu ... Der Waffenstillstand wurde am 4. Mai geschlossen, soll am 8. Mai ... Nach einer Nachricht ist Hitler im Kampf an der Front gefallen, nach einer anderen vom Volk erschlagen in der Reichskanzlei, nachdem er aus dem Fenster zweimal ins Volk schoß. Göring ist geflohen, Goebbels soll ... tot in den Trümmern der Reichskanzlei liegen.

Freitag, 18. Mai. Nitz hat nachts Bauchkrämpfe nach Blutwurst und ranzigem Öl. Mancher ißt Zwiebel, mir macht es nichts. Nachdem ich aufgeräumt und abgewaschen habe, gehen wir raus. Auf dem Hof ist unsere ganze Mannschaft und räumt auf. Die Kuh und das Schwein werden aus der Jauchegrube geholt, dazu werden noch vier Pferde benötigt. Ebert, der sich abgesetzt fühlt, hat sich hinter den polnischen Kommandanten gesteckt, damit Heinz' Anordnungen nicht befolgt werden. Zwanzig Frauen waschen Russenwäsche. Wir gehen dann aufs Feld, dort ruht alles. Mittags tobt Nitz auch, und wir gehen nach dem Essen zu Flemming, der auch sehr unglücklich ist. Er ist auch der Meinung, Ebert sei der treibende Kerl. Zum Nachmittag hat er ausgedacht, alle Kartoffelmieten…, damit sie richtig auswachsen.

Sonnabend, 19. Mai. Freia, der Jagdhund, soll erschossen … auf der … liegen. Der russische Stab hatte sie an sich gelockt, und es ist nun zu Ende. Die Evakuierten sollen ins Inspektorhaus ziehen, bestimmt der Kommandant. Ich gehe hin, um meine Sachen herauszuholen, sage zu Manthe, er soll die drei Bettstellen herüberbringen. Aber der will dazu die Erlaubnis vom Kommandanten! Es wird eine zweite Kommode in unserer Bude aufgebaut. Ich hole mir Nitz dazu aus dem Garten. Macht Schwester Gertrud einen Krach, sie dürfe nicht die Arbeit versäumen. Manchmal kann man es kaum ertragen. Abends, als wir auf dem Felde sind, kommen fünfhundert Rinder aus Steinhovel (?); angeblich sollen sie nach Berlin. Sie werden in die Koppeln gekehrt von Witwe Backhaus. Außerdem ist ein Auto mit vier betrunkenen Russen hier.

Pfingstsonntag, 20. Mai. Langes Schlafen. Bin noch immer so sehr wütend auf Schwester Gertrud, die heute früh wieder anfängt. Kleiner Gartengang und nachmittags zu Flemming. Sonst still zu Hause, denn es ist das ganze Dorf voller Russen. Die Köche gehen auf unsern …, die Treiben sind ausgerissen. Nachts war hier ein wüstes Leben. Tanz und Trunkenheit (bei Voss). Wir finden das sehr schade (?). Lieber Heinz und ich und …

Montag, 21. Mai. Die Kühe kommen auf unsere Koppeln. wir stehen beide früh auf. Dann die Schwestern Albrecht (?) … Dann gehe ich ganz herum um die Koppeln. Beim Dorfeingang (?) wird geliebter Heinz wieder sehr unruhig und kann einen Augenblick auch nichts sehen. Es geht schnell vorbei, und Flemming ist der Erste (?), mit dem er wieder redet. Nachmittags soll er dann schlafen, aber auf einmal schreien die Schwestern, die Fenster würden überall eingeschlagen …, was aber gar nicht wahr ist. Nach vielem Gerufe ziehen sie los bis sechs Uhr. Hier erscheint im Zimmer plötzlich ein Russe, ereifert sich über die Uhr und denkt, das Bild der Königin Luise stellt einen Soldaten vor. Dann jagt er erfolglos Käthe Albrecht. Gegen Abend kommt … flüchten her, der Russe von vorhin vergewaltigt sie hier in der Küche. Ich hole die Mutter zu Hilfe, aber es ist schon zu spät. Die sieben Kühe von Hornburg sind verschwunden von der Koppel. Man vermutet die Diebe in Bernhagen. Eine Kuh von Biermann war auch noch dabei. Ninnemann kam heute nach Hause und erzählt, Kutscher Carl Batzke, Mann der ..., sei bei der Einkesselung von Kolberg umgekommen und in der Maikuhle beerdigt.

Dienstag, 22. Mai. Die vielen Kühe sind noch immer hier. Sie sind am vergangenen Dienstag aus Braunsdorf und Umgebung fortgetrieben. Die Treiber sagen, sie können nirgends durchkommen und wollten das Ergebnis von Verhandlungen, die bis zum 25sten dauern, abwarten. Die Hornburg'schen Kühe sind von Russen aus der Koppel gestohlen und über Bernhagen, Plantikow und Cramonsdorf nach Daber gekehrt ... unwiederbringlich weg. Liebem Heinz geht es nicht gut. Wir sitzen bis auf den Gang zu Hornburg im Zimmer. Es regnet etwas. Das Halsgeschwür von Frau Ollwig geht nun nach zehn Tagen auf. Die Plantikower und Bernhagener Leute kommen langsam wieder, letztere waren an der holsteinischen Grenze. Ich stricke den zweiten Gamaschenstrumpf. Der Külzer Rindviehstall wird von den Russen angesteckt und brennt lichterloh. Das war ihr Abschied aus Külz.

Mittwoch, 23. Mai. Nachts wird bei den Baeckern (Backhaus) unter Anleitung von Gertrud Steinow geplündert. Es ist kalt! Die fünfhundert Kühe sind noch da. Drei blähen sich auf beim Klee ... tot. In der Koppel wird eine Stärke totgeschossen und dann eingeteilt. Es wird immerfort geschossen auf der Dorfstraße. Nachmittags räumen Heinz, Holbeck und ich in der kleinen Kammer bei Heinz und finden die alte Familiengeschichte.

Donnerstag, 24. Mai. Zwei Pferde aus Jarklin erhalten durch Vermittlung vom (polnischen) Kommandanten. Kornböden reingemacht. Gast – Stark erhielt kein Mehl mehr, viel zu viel geklaut.

Freitag, 25. Mai. Regentag. Immerfort Sorge, daß man zum Kühetreiben gefangen wird. Ging zu Flemming. Frau Bregner (?) und die Russen wracken die kleine Baracke ab.

Sonnabend, 26. Mai. Nitz wieder elend zu Bett, vorgestern auch schon. Ganzen Nachmittag auf Schlag 5 Kartoffelpflanzen. In der Daber'schen Feldscheune wohnt eine riesige fremde Schar Pferde. Der polnische Kommandant ordnet an, daß Frau Plautz von hier täglich einen Liter Vollmilch und einen Liter Magermilch erhält und wöchentlich ein Pfund Butter. Wir dürfen nur $1\frac{1}{2}$ Pfund bekommen.

Sonntag, 27. Mai. Nachts um vier Uhr kommen drei Russen und toben scheußlich an der Tür bei uns. Frau Albrecht schreit um Hilfe. Sie halten ein Gewehr durchs Fenster. Schließlich beruhigen sie sich. Wir husten beide sehr viel in der

Nacht. Es kommt Frau Rusch aus Daber, bringt den hiesigen Handwagen aber nicht wieder. Dann komme ich mit einem Viehtreiber, einem Gastwirt aus Falkenburg, ins Gespräch.

Montag. Vorpommern ist auch so verwüstet, dagegen Hoffelde, Schöneu wissen gar nicht, wie Krieg ist. Frau v. Lettow, Hoffelde, ist verschwunden, vom Treck fort. ... [Auslassung im Original] ... dem Plantikower Treck nach Hause kam. Sie erzählt, daß sie auf der Hinfahrt stark beschossen wurden und viele Tote hatten. Auch das Diest'sche Kinderfräulein. Bob ist dann nach Marburg zu seiner Schwiegermutter gefahren, die aber schon weg war. Er hat dann die beiden Klein-Benzer und Friedchen (?) getroffen und ist jetzt mit ihnen in Kissingen ... Unter dem Amerikaner soll es gut sein. Abends ... Lieber Heinz wieder einen Schwächeanfall. Er kann nicht ordentlich sehen und hat Kopfweh. Ich bin so in Sorge.

Nachtrag vom 19. 6. Abends will Frau Breitzke ihren Schrank aus dem Schloß haben und ist so sehr unverschämt dabei. Schwester Gertrud beschimpft mich, als ich eklig zu Br. werde, sie wäre ein Russenliebchen und würde mir diese auf den Hals hetzen. Ich kann mich nicht vor jeder Ziege fürchten! Neue Butter.

Donnerstag, 21. Juni. Mit Genehmigung des hiesigen Kommandanten wurden gestern fünfzehn Lämmer, darunter zwei Bocklämmer, nach Langkovel von Polen entführt in polnische Wirtschaft. Kommandant war dabei. Zwei größere Lämmer wurden am Dienstag von Russen von der Weide Schl. 5 geraubt, diese aus dem Stall. Gang zum Stellmacher und Schäfer. Nachts wurde Frau Rakow und ... vergewaltigt. Fortwährend kommen Russen und mausen die Erdbeeren. Wir blieben nachmittags zu Hause, nur im Garten, wo Bienen schwärmen am Hallenfenster. Vielleicht bekommt man sie, damit man dann wieder anfangen kann. Die Bienen waren nun endlich gut im Zug. Ein Drittel Pfund Butter von Frau Albrecht bekommen. Es kommen deutsche Gefangene (Volkssturm) hier durch, erschöpft und durstig, kommen nach Stargard, alte ... und Banger ...

Freitag, 22. Juni. Nichts.

Sonnabend, 23. Juni. Sehr heiß. Nitz Zahnweh und Sonnenbrand, sehr schlimm. In Jarchlin hat eine Frau einem betrunkenen Russen, der sie vergewaltigte, die Kehle durchgeschnitten. Jarchlin wird geräumt. Hier bei uns zweimal Haussuchung nach Waffen, alles ausgepackt. Sehr scheußlich. Neue Butter.

Sonntag, 24. Juni. Nachts werden bei Hornburg fünf Schafe geraubt. Die Russen, die bei uns waren und schließlich nichts nahmen, haben dort alles, sogar

Schürzen genommen ... und nahmen die letzten Pferde, ließen dafür drei [Pferde] zurück. Homburg ist mit ihnen losgefahren, aber nicht zurückgekommen. Viele sagen, wir müßten auch räumen. Die Schweine sollen alle erschossen werden. Nach fünf Uhr kam dann der Räumungsbefehl, binnen zwanzig Minuten und nur vierzig Pfund. Ich packe die Betten, die nachher zurückgeschmissen werden. Ich packe die Bibel, die Dewitz'sche Familienchronik, »Fleurs aimées« und das Andachtsbuch, Geschirr ein. Erst sollen wir von der Chaussee aus zusammen los. Dann, als wir losgehen, winkt der Russe, wir sollen ans Plantikower Ende. Vom Gutshof ab geht alles nach dort, nur Albrechts gehen zur Chausee per muss. Dann geht es los nach Bernhagen. Die Schwestern schieben eine Karre mit Gepäck. Kurz vor Bernhagen kommen Heinz und ich auf Befehl eines Russen auf den Wagen von Hornburg ..., können wir auf zwei Scheunentennen schlafen im Stroh. Am Montag nachmittag weiter los, am Dienstag werden wir gründlich durchsucht und ausgeplündert. Abends kommen die Lasbecker dazu, und Mittwoch geht es weiter. Fahren beide, aber sitzen miserabel. Bis nach Pflugrade gekommen und ein Zimmer mit Hornburgs zusammen. Dort bleiben wir, da ein Unwetter ausbricht, einen Tag und zogen am Freitag nach Gollnow. Dort lagen wir auf der nassen Ihna-Wiese auf wenig Stroh in großem Dreck. Als ich mich abends auf eine Promenadenbank setzte, kehrte mich ein Soldat weg mit dem Bemerken, dies sei nur für Polen und Russen. Gegen Morgen regnet es wieder etwas. Die Cramonsdorfer lagern auch dort. Wolf bringt uns Kreude, auch Semrow kommt zu uns. Morgens, Sonnabends geht es weiter nach Lübzin. Dort wohnen wir wieder mit Hornburgs zusammen in einem kleinen Haus auf Bettgestellen. Sonntag früh geht es dann auf die Wagen, man sitzt auf stinkenden Kartoffeln. Die Schwestern bitten, die ... mitnehmen zu dürfen, dafür müssen sie den Abort dreimal scheuern und kriegen sie doch nicht. Bei Pölitz sitzen wir unter einem Baum. Heinz sind die Gamaschen und die Unterhose geraubt. Von der Landungsstelle [an der Oder] aus kann man nur durch einen Kilometer Wasser zur Stadt kommen. Es fährt uns dann abends ein junger Mensch ... aus Dankbarkeit herüber. Die Schwestern waten durchs Wasser. Wir kommen zu einer furchtbaren Nazi-Ziege ins Quartier.

3. Die Abschiedsbriefe des Generalmajors von Dewitz-Krebs aus der Militärstrafanstalt Torgau/Elbe

Kopien, Familienarchiv v. Dewitz

1. Torgau 12.4.45.

Mein geliebter kleiner Buja!

So schön hast Du mir geschrieben und so fehlerlos, daß ich ganz erstaunt war. Hab' herzlichsten Dank, mein lieber Bujamann.

Nun hast Du Dich schon zur Wehrmacht gemeldet! Aber ich glaube kaum, daß es noch dazu kommen wird.

Was Du auch im Leben werden solltest, – am schönsten wäre ja Forstmann – bleibe brav und halte treu zur lieben Mutti, zum Vaterlande, und fest im Glauben an unseren Gott und Heiland. Behalte ein liebevolles Andenken Dein ganzes Leben lang

Deinem

Vati,

der Dich sehr, sehr lieb gehabt hat und Dich innig küßt.

2. Torgau. 14.4.45. 14.^{45}

Mein geliebtes Eluschel!

Vergeblich habe ich gestern und heute auf Dein Wiederkommen gewartet. Versucht hast Du es sicher; aber man hat Dich wohl wegen der Feindnähe nicht mehr fahren lassen? Es wäre ja auch riskant gewesen, die Kinder in dieser Lage allein zu lassen. –

So muß ich Dir denn schriftlich danken für Dein aufopferndes Bemühen und Deine Fürsprache bei Richtern und Rechtsanwalt. Ich habe sehr, sehr große Hochachtung vor Dir und bin aufs tiefste gerührt über Deine Liebe, die ich Dir bis in den Tod danke.

Was mag der Reichskriegsanwalt Lehmann gesagt haben? Die Verordnung im Radio am Donnerstag, den 12. 4. über die Kommandanten fester Plätze hat mich sehr in Schrecken gesetzt. Aber gestern hat wieder ein General einem von unseren Herren erzählt, daß der ganze Senat für mich gewesen sei und für Milderung des Urteils. Hoffentlich hat dieser Milderungsvorschlag Erfolg.

Der Feind steht nun vor Halle und Leipzig.

Dem Vernehmen nach soll alles heute Nacht abmarschieren.

Diesen Brief nehme ich mit, denn Post wird in Torgau nicht mehr befördert. Wer weiß, wann er mal in Deine Hände kommt?

Die Lebensmittel habe ich schon sehr genossen. Der Kuchen, den Buja mitgebacken hat, war vorzüglich, die Löperschen Sachen natürlich desgleichen.

Eben höre ich, daß der Amerikaner bei Magdeburg (die) Elbe überschritten hat; so wird er also wohl vor den Russen in die Potsdamer Gegend kommen?

Heute abend marschieren wir südwärts. Wie weit werden wir kommen? –

Ich denke Eurer und Eures Ergehens mit den heißesten Wünschen und in treuster Liebe.

Dein Dich innig liebender

Karl

4. Inventar des Herrenhauses zu Krumbeck (Kreis Stargard). Aufgenommen am 14. April 1943 von Ursula von Dewitz

Oktav-Diarium, eigenhändig: Familienarchiv v. Dewitz

Parterre. Neues Haus

1. Toilette:
Ein kleiner Tisch. – Vier Bilder. – Beleuchtungskörper. – Eine Matte.

2. Bad:
Eingemauerte Wanne. – Brauner Marmorwaschtisch. – Spiegel. – Etagère. – Tisch. – Empirestuhl. – Bank. – Gummimatte. – Zwei andere Matten. – Personenwaage. – Doppelrahmiger Beleuchtungskörper.

3. Durchgang:
Kleiderschrank.

4. Schlafzimmer:
Teppich (4 x 5 m). – Bronzener Kronleuchter, achtarmig. – Eine Lampe. – Drei silberne Leuchter, elektrisch. – Großer Danziger Schrank. – Barockkommode eingelegt. – Sekretär barock eingelegt. – Mahagoni-Eckschrank mit antikem Spiegel. – Bettisch Birke mit schwarz. – Großes Messingbett. – Standspiegel Birke mit schwarz. – Antiker großer Toilettentisch Birke mit schwarz. Goldbronzen. – Kleine persische Brücke (von Krosigk[1]). – Großer Bettvorleger. – Zwei runde Birkentische. – Ein großer Birkentisch mit Goldbronzen. – Sofa antik Birke mit schwarz. – Korbstuhl mit Kissen (drei Stück). – Ein Armstuhl. – Vier Mahagonistühle antik massiv. – Ein Frisierpuff. – Meißener Ofen antik. – Ein chinesischer Porzellan-Schirmständer. – Ein Radioapparat mit Lautsprecher. – Vier große Fenster mit je zwei Vorhängen, buntes englisches Leinen. – Mahagoni-Krankentisch mit Bronzen. – Eine Radierung von L. E. – Zwei bunte Radierungen von Olschewsky. – Eine Radierung von Bartolozzi im antiken Rahmen (wertvoll). – Zwei alte Kupferstiche »Katz und Maus«. – Ein Kupferstich von Landseer. – Zehn bunte Reproduktionen nach Albrecht Dürer. – Ein silberner Armleuchter, zweiarmig. – Zwei silberne hohe Leuchter. – Eine 400-Tage-Uhr. – Silberne Toiletten-Garnitur (zehn Stück). – Drei größere silberne Kästen.

5. Salon:
Eine Boule-Uhr mit Konsole. – Ein Gobelin Svenaek »Satteltrunk«. – Smirna Teppich (5½ x 4). – Bronzener Kronleuchter, zwölf Arme. – Zwei elektrische Lampen, Meißen und Bronze, Marie-Antoinette-Lederschirm. – Danziger Schrank. – Kunst-Sekretär antik barock, Nußbaum mit Elfenbein-Einlagen. – Rosenholz-Kommode mit Gold antik. – Eckschränkchen eingelegt antik. – Zwei Spieltische massiv Mahagoni, eingelegt, Sheraton altenglisch. – Pariser

Kunsttisch Mahagoni mit Einrichtung und reicher Bronze Louis XVI. – Vier große Polsterstühle massiv Mahagoni, geschnitzt, Löwenköpfe, Adam (altenglisch). – Ein Sofa Hapelwhite massiv Mahagoni geschnitzt. – Fünf Stühle. – Ein antiker Spiegel, geschnitzt und vergoldet, Aufsatz. – Fünf Stühle dazu. – Schreibtisch Mahagoni massiv, eingelegt, Bronzen englisch neu. – Ein großer runder massiver Mahagonitisch, altenglisch. – Ein Mahagoni-Tisch Empire lang mit Schubladen. – Kleiner Nähtisch Mahagoni eingelegt mit Bronzen, antik. – Großer chinesischer Lackkasten. – Ein mit Perlmutter eingelegter chinesischer Kasten. – Ein roter Lackkasten mit Gold gemalt. – Zwei Perser Brükken (2 x 1). – Zwei Perser Brücken (1/2 ...). – Ein gepolstertes Sofa. – Ein Divan mit echten orientalischen Decken und Kissen. – Ein massiv antik Mahagoni Blumenständer. – Ein Papierkorb. – Vier Fenster mit je zwei rotseidenen Vorhängen, acht kleine Fenstertüll-Vorhänge. – Ein Spinnrad. – Ein massiv Mahagoni Kaminschirm mit antiker Stickerei.
Bilder usw.: Sechs Ölbilder von Fiebinger ... Miltzow, wertvoll. – Ein Aquarell U. O. v. D.-M. – Drei Aquarelle Familienbilder. – Ein Ölbild Viererzug Kilp wertvoll. – Ein Ölbild Hund Steffeck wertvoll. – Ein Ölbild Fürstensee (Prf. Raoul Frank). – Ein Aquarell Unterseeboote (derselbe). – Ein Aquarell Cornwall (derselbe). – Ein Ölbild Svenaek. – Eine Kreidezeichnung Hund. – Neun Aquarelle Hunde. – Ein Aquarell Familienbild. – Vier wertvolle große altchinesische Vasen. – Zwei große Wollplaids. – Sechs Daunenkissen. – Ein kleiner Mahagoni-Doppeltisch (Freda).

6. Halle, unten:
Ein seidener Perser Teppich (3 x 4 m). – Zwei Perser Brücken (2 x 1 m). – Ein Kronleuchter. – Vier Elchschaufeln. – Ein sehr wertvoller Danziger Schrank, Ebenholz, Nußbaum auf Eiche, reich geschnitzt mit Putten usw. (Friedenswert etwa 6000). – Ein roter Lacktisch mit Marmorplatte. – Eine alte Bronzeglokke. – Eine eichene geschnitzte Truhe. – Eine Standlampe mit gemaltem Schirm. – Eine Marmorsäule mit bronzener Büste (von Krosigk). – Ein geschnitzter Tisch. – Ein großer geschnitzter Barock-Eichentisch mit roter Marmorplatte. – Dreiteiliger Wandschirm mit Vögeln von Scheuer in Öl gemalt, wertvoll. – Drei gepolsterte Lehnsessel. – Ein Sofa mit Kelim. – Drei holzgeschnitzte Sessel mit Polster. – Neunzehn Öl-Familienbilder, davon drei Stück von Zeller Ende 18. Jahrhundert, wertvoll. – Drei Aquarelle. – Zwei Pferde in Bronze (von Krosigk). – Eine Altpariser Bronze mit Marmor, 18. Jahrhundert, wertvoll. – Verschiedene Kupferkessel mit kleinen Schalen. – Sieben Daunenkissen. – Zwei Seidenvorhänge gelb. – Eine Marmorsäule mit Bronzebüste (v. Kr.).

7. Treppe und Flur, unten:
Große Pariser Standuhr. – 23 echte Riedinger Jagdstiche. – Friesvorhang. – Beleuchtungskörper. – Hirschgeweihe. – Schaufler. – Rehgehörne.

8. Jungferstube:
Eine Bettstelle mit vollständigem Inhalt. – Eine Stehlampe. – Eine Deckenlampe. – Ein Teppich (2 x 3 m). – Ein Sofa gepolstert. – Zwei Stühle gepolstert. – Ein Birken-Sekretär mit Klappe. – Eine Birken-Kommode. – Ein Kleiderschrank. – Ein kleiner Schrank. – Ein Tisch Birke, rund. – Zwei Stühle. – Ein Spiegel. – Ein eingebauter Waschtisch. – Bilder.

Altes Haus unten

1. Bibliothek:
Ein echter Teppich (3 x 2½ m) (v. Krosigk). – Zwei große Mahagoni-Eckschränke mit Büchern. Glastüren. Linke Seite des Zimmers. – Ein Mahagoni-Schreibtisch. – Mahagoni-Lehnsessel davor. – Eine Mahagoni-Kommode mit großem Spiegel darüber. Feuervergoldete Beschläge. – Ein Mahagoni-Vertico mit drei Schubladen für Akten, 1,80 m hoch. – Ein Sofa Mahagoni mit Beschlägen. – Ein Mahagoni-Glasschrank mit wertvollem Prozellan. – Ein großer runder Mahagoni-Tisch mit Decke. – Drei Mahagoni-Polsterlehnstühle. – Zwei Bronzeuhren. – Lampe mit gemaltem Schirm. – Lampe Alt-Berlin, gemalter Schirm. – Ein großer silberner Aufsatz, Ständegeschenk. – Ein Empire-Holzstuhl mit blauem Polster. – Ein Mahagoni-Blumenständer. – Drei Alt-Berliner Vasen. – Ein Mahagoni-Kasten. – Ein Pastell-Gemälde von Kappny. – Zwei Stiche Georg III. von England, Queen Charlotte von England. – Ein Shakespeare-Stich (Sammlung v. Kr.).

2. Musikzimmer:
Ein Schmiedeberger Teppich (6 x 4½ m). – Ein großer zweitüriger chinesischer Schrank rot lack mit gold-silbernen erhabenen Ornamenten. Innen 15 Schubladen und kleiner Spiegelschrein. Kunstschrank, sehr alt und wertvoll, Anfang 18. Jahrhundert (30000 geboten etwa 1877). – Ein Mahagoni-Polstersofa. – Ein Mahagoni-Tisch, groß, dreifüßig, Zierstreifen eingelegt, Bronzefüße. – Vier geschnitzte Lehnsessel Kirschbaum. – Fünf kleine Mahagoni-Tische. – Zwei antike Barock-Kommoden Kirschbaum mit grauroten Marmorplatten, je zwei Schubladen, geschnitzte Füße. – Mahagoni-Blumenständer mit Bronzeleisten. – Ein Ecktisch mit hohem Spiegel antik, holzgeschnitzt vergoldet, wertvoll. – Ein Bechstein-Konzertflügel mit golddurchwirkter großer Damastdecke. – Ein Mahagoni-Sessel davor (v. Kr.). – Ein großer Mahagoni-Notentisch. – Ein Kirschbaum-Ofenschirm mit antiker Seidenstickerei (v. Krosigk). – Marmorsäule mit Bronzebüste (v. Kr.) – Zwei vergoldete Pariser Bronzestanduhren. – Eine Bronzetischlampe mit gemaltem Schirm. – Eine Standlampe aus Alabaster mit gemaltem Schirm. – Drei große Altberliner Porzellanaufsatzvasen. – Verschiedenes chinesisches und Meißener Porzellan. – Eine chinesische Vase, groß. – Zwei kleine Bronzeplastiken. – 36 Stück alte

bunte englische Pferdekupferstiche, darunter ein sehr großer. – Messingtablett mit Messingkocher. – Ein geschnitzter Zierschrein.

3. Herrenzimmer:
Drei Fenster mit zwei T. Vorhängen. – Drei Bankkissen. – Ein persischer Teppich (5 x $3^1/_2$ m). – Ein Smirna-Teppich (2,80 x 2,25 m (Freda). – Ein Kronleuchter acht Arme, Bronze flämisch. – Täfelung 1,38 m hoch um den ganzen Raum (10 x 5,50 m). – Zwei eingebaute Wandschränke 3,30 m hoch. – Ein großes gepolstertes Ecksofa, 4 Kissen. – Ein Radioapparat mit Lautsprecher und Plattenabnehmer. – Ein geschnitzter Eichentisch. – Zwei geschnitzte Eichensessel. – Ein großer Eichen-Schreibtisch mit Aufsatz und echtem Teppich Unterlage. – Eine antike Eichentruhe geschnitzt (Freda). – Ein geschnitzter Eichentisch (Freda). – Ein kleiner runder Eichentisch mit Bronzeplatte. – Ein großes Polstersofa, fünf Kissen. – Ein kleiner Eichenkoffer mit Beschlag (Holz). – Ein antiker Renaissance-Eichenstuhl. – 13 Hirschgeweihe. – Ein Keilerkopf. – Vier Keiler… Silber. – Ein langer Eichentisch für Zeitungen. – Vier große Polsterstühle (zwei Fredr.). – Ein viereckiger Tisch mit Glasplatte. – Ein kleiner Polstersessel mit Rohrgeflecht. – Ein kleiner gepolsterter Schemel. – Ein geschnitzter Papierkorb mit Beschlag. – Ein Stuhlansatz gepolstert. – Ein kleiner Eichentisch (Vögel). – Ein Schemel, Schmiedeeisen mit antiken Kacheln. – Ein bronzener getriebener Blumeneinsatz groß. – Ein desgleichen kleiner. – Eine antike Standuhr. – Zehn Daunenkissen. – Vier antike Krüge aus Steingut. – Zwei bronzene Standlampen (flämisch. Ledersch.). – Eine große Tischlampe, Bronze, flämisch. – Drei Stiche Landseer. – Zwei bunte Stiche von Mooreland, sehr wertvoll. – Ein bunter Stich Brin d'amour. – Zwei Kreidezeichnungen meiner Eltern von L'Allemand, wertvoll. – Bild von Parforcejagd. – Ein Barometer.

4. Grünes Zimmer:
Eine große Perserbrücke. – Ein Bronze-Kronleuchter, vier Lichter mit Schirmen. – Ein großer Diwan mit echten persischen Kelims und sieben Kissen, drei Decken (v. Krosigk). – Ein kleiner Schrank Mahagoni massiv. – Eine Kommode mit Marmorplatte, Mahagoni. – Eine große Personen-Präzisionswaage. – Ein Mahagoni-Schreibtisch mit Schränken und Schubladen. – Ein Eckschrank mit Spiegeltür. – Zwei Polsterlehnstühle. – Zwei Mahagoni-Polsterstühle. – Ein Ofenschirm Mahagoni mit Glaseins. – Ein kleiner Tisch mit Kacheln. – 17 englische Stiche aus Sammlung von Krosigk. – Ein Regulator. – Ein Barometer. – Portiere und Vorhänge für zwei Fenster. – Ein kleiner runder Mahagoni-Tisch massiv (v. K.). – Zwei Kissen für Fensterbänke.
Kammer:
Zigarrenschrank. – Schrank mit drei Porzellan-Servicen. – Zwei Altberliner Dessertservice mit Aufsätzen usw.

5. Bad:
Ein weißer Schrank mit Aufsatz. – Ein roter Marmorwaschtisch mit Aufsatz. – Ein Rohrsessel.

6. Atelier usw.:
Geldschrank. – Akten usw. – Fünf Stück Jagdstöcke. – Lederne Futterale für Flinten und Büchsen. – Zwei Paar hohe Stiefel.
Atelier:
Ein Gewehrschrank mit Waffen (Oem.). – VierFerngläser. – Hirschfänger usw. – Ein niedriger Schrank mit zwei Türen, Mahagoni. – Eine Kommode Mahagoni, groß. – Ein Kleiderschrank mit Pelzen und Mänteln. – Schreibtisch Mahagoni mit hohem Spiegel (v. Kr.). – Drei moderne Tische (von Krosigk). – Eine Arbeitsbank (v. Kr.). – Ein Shakespeare-Stich, sieben gerahmte Fotografien (v. Kr.). – Eine hohe Kommode mit sieben Schubladen.

7. Eßzimmer:
Perser Teppich (3 x 4). – Zwei große Mahagoni-Glasschränke. – Eine lange Mahagoni-Anrichte. – Ein Mahagoni-Büfett. – Ein Teetisch mit Rohr- und Glasplatte. – Eine antike Mahagoni-Wiege für Blumen. – Zwölf Mahagoni-Stühle mit Polster. – Ein großer Bronze-Kronleuchter, neun Lichter. – Neun Arme. – Vier antike Blaker, Messing. – Vier englische antike bunte Jagdstiche groß. – Zwei bunte antike englische Hundebilder. – Ein bunter Stich 18. J. von Eclipse, sehr wertvoll. – Zwei bunte antik-englische Hengststiche. – Ein Mahagoni-Eßtisch mit zwei Mahagoni-Einlegeplatten. – Drei alte englische Hirschjagdstiche bunt. – Alte große Mahagoni-Wiege mit Blumeneinsätzen.
Anrichte und Kammer:
Ein weißer Schrank. – Ein großer weißer Tisch. – Ein Eichenschrank mit kleinen Schubladen. – Ein großer Porzellanschrank.

Flur:
Eine beschlagene Eichen-Truhe. – Ein Kühlschrank. – Ein großer Kleiderschrank. Diverse Tischplatten. – Vier Pferde-Ölbilder. – Ein Patronenschrank.

8. Dienerstube und zwei Flure, Anrichte:
hinten:
Großer Kleiderschrank. – Kleiner Patronenschrank. – Antik beschlagene Eichentruhe. – Kühlschrank. – Drei Ölbilder von Krb. Hengsten. – Ein Ölbild von Krb. Stute. – Tischplatten.
vorn:
Eckschrank aus Eichenholz. – Vier Lehnsessel, Rohrsitze. – Ein Mahagoni-Ständer mit Säbeln und Bronzestatuette. – Zwei Kleiderständer. – Antike Eichentruhe mit Beschlag.

Anrichte:
Großer Tisch. – Großer Vorratsschrank.
Dienerstube:
Ein vollständiges Bett mit Meterkasten mit Vorhand. – Eine Kommode. – Ein Abwaschtisch. – Ein großer Tisch. – Ein Lehnstuhl, gepolstert. – Zwei andere Stühle mit Rohrgeflecht. – Ein *großer* Kleiderschrank mit Schubladen. – Ein Waschbecken. – Ein Ausguß. – Ein Schränkchen für Tücher. – Vier Vorhänge.

1. Stock altes Haus

1. Großer Flur und Treppe:
Ampel. — Eine antike Wappentruhe, Eiche. – Ein Barockschrank mit Aufsatz (v. Krosigk). – Eine Renaissance-Bank geschnitzt, Nußbaum, mit Kissen (von Krosigk). – Zwei Aquarelle Fregatte. – Ein Tisch. – Eine Bank. – Ein Teppich, Schmiedeberg (4 x 5). – Zwei antike geschnitzte Renaissance-Stühle gepolstert, Nußbaum (v. Krosigk).

2. Kleines Giebelzimmer:
Ein kleiner Teppich. – Ein Bett Birke. – Ein Nachttisch Birke. – Ein viereckiger Mahagoni-Tisch. – Eine Birken-Kommode. – Lederstuhl. – Ein Kleiderschrank. – Zwei Vorhänge.
Silberkammer s. Verzeichnis.

3. Großes Giebelzimmer:
Eine Ampel, Alabaster. – Ein grüner Teppich (3 x 4). – Ein großer Mahagoni-Schreibtisch. – Eine große Mahagoni-Bettstelle komplett. – Nachttisch. – Ein runder Mahagoni-Tisch. – Eine Chaiselongue. – Ein gepolsterter Mahagoni-Lehnstuhl. – Eine massiv Mahagoni-Kommode mit hohem bronzebeschlagenen Spiegel. – Zwei Stühle Mahagoni, gepolstert. – Ein Kleiderständer. – Vier große alte englische Jagdstiche. – Sechs kleine Bilder (Stiche).

4. Vogelstube:
Kristall-Kronleuchter mit Bronze. – Englisches Himmelbett. – Teppich (3 x 4). – Mahagoni-Sekretär mit Bronzebeschlägen. – Kommode ebenso mit hohem Spiegel dazu. – Mahagoni-Nachttisch. – Waschtisch Mahagoni mit Marmorplatte. – Länglicher großer Mahagoni-Tisch. – Zwei Mahagoni-Lehnstühle, Polster. – Ein Mahagoni-Polstersofa. – Zwei Shakespeare-Stiche (v. Krosigk).

5. Durchgang:
Ein Kleiderschrank. – Ein Mahagoni-Spieltisch. – Zwei Wappenstühle (v. Krosigk). – Ein Mahagoni-Klapptisch. – Fünf große Bilder Kröner. – Geweihe. – Ampel. – Alte Waffen.

6. Kleiner Flur:
Eine Ampel. – Eine echte Perser Brücke ($2^1/_2$ x $1^1/_2$). – Ein großer Danziger

Eichen-Schrank. – Eine runde Birkenkommode (v. K.). – Truhe Nußbaum eingelegt (v. K.). – Eine massiv Mahagoni-Kommode Empire. – Ein antikes Kästchen, Intarsien. – Fünf gerahmte Stiche. – 14 Schaufler.

7. Verh. Stube:
Ein Kronleuchter. – Eine Deckenbeleuchtung. – Ein Teppich (3 x 4), rot, Axminster. – Zwei Mahagoni-Betten geschweift mit Bronze. – Ein Kleiderschrank. – Zwei Waschtische mit Marmorplatte. – Ein Polstersofa. – Drei Polstersessel. – Ein großer vergoldeter Spiegel und Tisch. – Ein großer Mahagoni-Rollsekretär. – Eine Mahagoni-Etagère. – Eine Chaiselongue. – Zwei Polsterstühle. – Diverse Familienbilder v. K. vier Stück. – Großer Stich Kaiser Nicolaus von Rußland Troika.

8. Großer Flur:
Ampel. – Schmiedeberger Teppich (4 x 5). – Barock-Schrank mit Messing-Beschlägen, drei Schubladen (von Krosigk). – Geschnitzte italienische Renaissance-Truhe Nußbaum mit Kissen (von Krosigk). – Ein Bücherschrank italienisch Nußbaum geschnitzt. – Ein hoher geschnitzter Renaissance-Stuhl (v. Krosigk). – Ein geschnitzter Renaissance-Armstuhl (von Krosigk). – Kommode antik Barock mit Bronzebeschlägen (von Krosigk). – Eine antike Truhe mit Wappen. – Kleinerer Tisch hol. – Bank hol. – Mehrere Stühle wie Eßzimmer. – Ölbild Porträt Gard. Kav. Club. – Drei Gouach-Bilder (v. Krosigk). – Eine bunte Wappenstammtafel. – Ein bunter Stammbaum. – Alter Jägerbrief. – Zwei Schiffsaquarelle auf der Treppe. – Hirschgeweihe. – Keilerkopf. – Ausgestopfte Vögel.

9. Kaminstube:
Kronleuchter. – Teppich, grünlich. – Ein weißes Lackbett. – Ein weißer Lackkleiderschrank. – Ein eichengeschnitzter Schreibtisch. – Ein Polstersofa. – Zwei Polsterstühle. – Ein weißer Lacknachttisch. – Ein Marmorwaschtisch rot. – Ein kleiner Marmortisch mit dreiteiligem Spiegel. – Vier große altenglische bunte Jagdstiche. – Zwölf kleine altenglische bunte Jagdstiche.

10. Gang:
Zwei Klapptische. – Stiche. – Geweihe.

11. Plättstube:
Eine Rolle. – Zwei Tische. – Ein Schrank mit Wäsche. – Eine Standuhr.

12. Bad und Toilette:
Ein Marmorwaschtisch rot. – Handtuchh. – Badewanne. – Stuhl. – Kleiner Marmortisch. – Spiegel.

13. Vorflur und Treppe:
Zwei große Schränke mit Wäsche. – Eine Wäschetruhe.

14. Boden:
Eine Kiste mit drei englischen Sätteln. – Zaumzeug. – Verschiedene Möbel und Schränke.

15. Keller.

Neues Haus

1. Hallengalerie, oben, 1. Stock:
Zwei antike Holzstühle Barock, geschnitzt, Polster. – 22 Stück Porträt-Lithographien in Goldrahmen. – Ein großer Kronleuchter. – Vier Elchschaufeln.

2. Gang:
Zwei Renaissance-Schränke mit Intarsien. – Eine Mahagoni-Kommode. – Eine Mahagoni-Empire-Kommode. – Ein Mahagoni-Spieltisch. – Ein anderer Tisch. – Ein großer geschnitzter Kleiderschrank. – Geweihe. – Riedinger Stiche.
Garderobe:
Fünf große Schränke. – Sieben Koffer und Handtaschen. – Drei Paar hohe Stiefel. – Ein Paar ungarische Filzstiefel. – 18 Paar andere Stiefel. – Fünf Paar Leinenstiefel. – Ein Paar hohe Gummistiefel. – Kleiderständer.

3. Freda's Zimmer:
Ein türkischer Teppich (5½ x 4). – Eine Bronze-Krone. – Ein Bücherschrank. – Eine Mahagoni-Kommode mit Bronze-Beschlägen. – Ein englisches Himmelbett. – Ein hoher Standspiegel mit zwei Tischen. – Standschrank, acht Schubladen, Mahagoni. – Ein Mahagoni-Eckschrank. – Ein chinesischer Nähtisch. – Ein Schreibtisch mit Büchergestell. – Ein Magagoni-Tischchen. – Ein ovaler Tisch Mahagoni. – Ein Polstersofa. – Drei Polsterstühle. – Shakespeare-Stiche. – Ein blauer Fayence-Waschtisch.

4. Rosa Zimmer:
Teppich (2½ x 3) rot. – Antike Glasampel mit Bronze. – Ein kleines halbrundes Sofa Barock, holzgeschnitzt, Cretonne. – Ein runder Mahagoni-Tisch massiv. – Ein Schreibtisch Mahagoni massiv. – Ein geschnitzter weißer antiker Lackeckschrank. – Ein Toilettentisch. – Eine Chaiselongue Cretonne. – Ein weißer Lack-Kleiderschrank. – Ein weißer Lack-Nachttisch. – Ein weißes Lack-Bett, vollständig mit rotseidener Steppdecke. – Ein grüner Marmorwaschtisch. – 18 kleine Stiche, schwarze Rahmen. – Zwei Shakespeare-Stiche (v. Krosigk).

5. Vorraum. Toiletten:
Ein Eckschrank mit Besen usw.

6. Boden:
Eine große Kiste mit Deckel, verschlossen. – Betten und Decken. – Ein Schrank. – Vier Koffer. – Drei Bettstellen mit vollständigem Inhalt.

7. Heizkeller, Kokskeller:
Strel-Zentralofen. – Ein Wassermotor elektrisch mit Pumpe. – Warmwasserversorgungsofen. – Ein Lange-Motor mit Wassersauger.

8. Weinkeller:
Weißweine usw. 400 Flaschen; 24 Flaschen extra. – Rotweine usw. 246 Flaschen, 20 Flaschen extra. – 20 Blumentöpfe, 20 Untersätze. – 60 Riegel Seife. – 200 Rollen Toilettpapier. – Bohnerwachs. Auf dem Boden 30 Stück geringe Rot- und Damgeweihe.

14. April 43.

IV. Quellen- und Literaturverzeichnis

Spruth, H.: Landes- und familiengeschichtliche Bibliographie für Pommern. Drucke und Handschriften. Neustadt a. d. Aisch 1962–1965. (= Genealogie und Landesgeschichte, Bd. 2).

[Pommern:] Die ältere Literatur bei: Jilek, H. u. a., Bücherkunde Ostdeutschlands und des Deutschtums in Ostmitteleuropa, Köln u. Graz 1963, Nr. 2054–2076.

Alvensleben, U. v.: Besuche vor dem Untergang. Adelssitze zwischen Altmark und Masuren. Berlin 1968.

Arnim-Criewen, G. v.: Beiträge zur Geschichte des von Arnim'schen Geschlechts. T. 1 [mehr nicht ersch.]. Berlin 1883. – Nachdruck 1958.

Arnim, W.-W. Gf. v.: Siedlungswanderung im Mittelalter. Betrachtungen und Sammlung zum Beispiel Arnheim-Arnim. Bd. 1–3. Bonn-Bad Godesberg 1969, 1979, 1983.

Arnswaldt, W. K. v. u. E. Devrient: Das Geschlecht v. Arnim. Bd. 1–4. Leipzig 1914–1928.

Historischer Atlas der Provinz Brandenburg. Hrsg. v. der Historischen Kommission für die Provinz Brandenburg und die Reichshauptstadt Berlin. Berlin 1929–1939. NF Berlin 1962.

Bär, M.: Die Politik Pommerns während des Dreißigjährigen Krieges. Leipzig 1896.

Bald, D.: Sozialgeschichte der Rekrutierung der deutschen Offiziere von der Reichsgründung bis zur Gegenwart. Minden 1977.

–, Der deutsche Offizier. Sozial- und Bildungsgeschichte des deutschen Offizierkorps im 20. Jahrhundert. München 1982.

Banniza v. Bazan, H. u. R. Müller: Deutsche Geschichte in Ahnentafeln. Bd. 1. 3. Aufl., Berlin 1943, Taf. 82: Podewils.

Barthold, F. W.: Geschichte von Pommern und Rügen. T. 1–4 (bis 1637). Hamburg 1839–1845.

Bellée, H.: Bericht über die Verzeichnung der kleineren nichtstaatlichen Archive des Kreises Naugard in Pommern. Stettin 1931. (= Veröff. d. Histor. Komm. f. Pommern, Bd. 2, H. 4).

Benl, R.: Untersuchungen zur Personen- und Besitzgeschichte des hoch- und spätmittelalterlichen Pommern. In: Balt. Studien NF 71 (1985), S. 7–45 (betr. Daber).

Bernstorff, W. Graf v.: Drohendes Durcheinander beim Ehenamen. In: Archiv f. Sippenforschung Jg. 37 (1971), S. 171–175.

Bethe, H.: Die Schlösser in Stargordt und Plathe. In: Pomm. Monatsbll. 52 (1938), S. 136–140.

Biereye, W.: Über die Herkunft der Herren von Loitz. In: Pomm. Monatsbll. 50 (1936), S. 61–68 (betr. Wanderung von Halberstadt nach Pommern).

Biewer, L.: Quellen zur Geschichte Pommerns im Geheimen Staatsarchiv Preußischer Kulturbesitz. In: Balt. Studien 72 (1986) S. 110–119.

Bismarck-Osten, F. Graf v.: Die Sammlungen zu Schloß Plathe und ihr Begründer Friedrich Wilhelm von der Osten (1721–1786). In: Balt. Studien 62 (1976), S. 63–72.

Bohlen, J. v.: Geschichte des adeligen Geschlechts v. Krassow. Bd. 1. 2. Berlin 1853.

Bohlen-Bohlendorff, J. Frhr. v.: Hausbuch des Herrn Joachim v. Wedel auf Kremzow ... Tübingen 1882. (= Bibl. d. Literarischen Vereins in Suttgart 161).

Boll, F.: Geschichte des Landes Stargard bis zum Jahre 1471. Bd. 1. 2. Mit Urkunden u. Regesten. Neustrelitz 1846.

Borcke-Stargordt, H. Graf v.: Die Agrarverfassung Hinterpommerns im 18. und 19. Jahrhundert. In: Balt. Studien 44 (1957), S. 112–118.

Borst, A. (Hrsg.): Das Rittertum im Mittelalter. Darmstadt 1976. (= Wege der Forschung, Bd. 302).

Bradt, J.: Altmecklenburgische Schlösser und Herrensitze. Berlin 1925.

Branig, H. u. a. (Hrsg.): Pommern 1934–1945 im Spiegel von Gestapo-Lageberichten und Sachakten. Köln u. Berlin 1974. (= Veröff. a. d. Archiven Preußischer Kulturbesitz, Bd. 11/12).

Branig, H.: Die polnische Archivverwaltung in Pommern. In: Balt. Studien NF 70 (1984), S. 143–147.

–, Geschichte Pommerns. Vom Werden des neuzeitlichen Staates bis zum Verlust der staatlichen Selbständigkeit. 1300–1648. [Köln u. Wien i. Dr.] (= Forschungen zur Pommerschen Geschichte).

Brosse, W.: Die Politik der Kammer als Domanialbehörde im Lande Stargard (1755–1806). In: Mecklenburg-Strelitzer Geschichtsbll. 6 (1930), S. III–112.

Brüggemann, L. W.: Ausführliche Beschreibung von Vor- und Hinterpommern. T. 1. 2. Stettin 1779/1784.

–, Beiträge zu der ausführlichen Beschreibung von Vor- und Hinterpommern. Bd. 1. 2. Stettin 1800/1806.

Bülow, v.: Joachim Balthasar v. Dewitz. In: Allgemeine Deutsche Biographie 5 (1877), S. 105–106.

–, Jobst v. Dewitz. In: Allgemeine Deutsche Biographie 5 (1877), S. 106.

–, Ludwig Graf von Eberstein (1538–1590). In: Allgemeine Deutsche Biographie 5 (1877), S. 528 f.

Büsch, O.: Militärsystem und Sozialleben im Alten Preußen 1713–1807. Die Anfänge der sozialen Militarisierung der preußisch-deutschen Gesellschaft. Berlin 1962. (= Veröff. d. Histor. Komm. zu Berlin, Bd. 7). – Durchges. u. erw. Taschenbuchaufl. Frankfurt/M. usw. 1981. (= Ullstein Materialien. UB Nr. 35082).

Codex diplomaticus Brandenburgensis. Sammlung der Urkunden, Chroniken und sonstigen Quellenschriften für die Geschichte der Mark Brandenburg und ihrer Regenten. Hrsg. v. A. F. Riedel. Bd. 1–41. Berlin 1838–1869.

Codex diplomaticus Pomeraniae. Bd. 1. Hrsg. v. F. W. Hasselbach u. J. G. L. Kosegarten. Greifswald 1862.

Conze, W.: Artikel »Adel«. In: O. Brunner u. a. (Hrsg.), Geschichtliche Grundbegriffe. Historisches Lexikon zur politisch-sozialen Sprache in Deutschland, Bd. 1 (1972), S. 1–48.

Copius, J.: Zur Rolle pommerscher Junker und Großgrundbesitzer bei der Vorbereitung der faschistischen Diktatur und der imperialistischen Aggressionspolitik. In: Wiss. Zs. der Universität Greifswald, Jg. 20 (1971), ges.- und sprachwiss. Reihe A 3, S 113–116.

Cramer, D.: Pommerische Kirchen Chronica. In 4 Büchern. Alten Stettin 1628.

Cramer, H.: Die Herren von Wedel im Lande über der Oder. Besitz- und Herrschaftsbildung bis 1402. In: JGMOD 18 (1969). S. 63–129.

Curschmann, F.: Die Landeseinteilung Pommerns im Mittelalter und die Verwaltungseinteilung der Neuzeit. Greifswald 1911.

[Daber-Naugard-Kreis:] Zur Geschichte des Daber-Naugard'schen Kreises in den Jahren 1806–1808. In: Pomm. Monatsbll. 31 (1917), S. 6–8.

Demeter, K.: Das deutsche Offizierskorps in Gesellschaft und Staat 1650–1945. 4. Aufl., Frankfurt/M. 1965.

Deppermann, K.: Der preußische Absolutismus und der Adel. Eine Auseinandersetzung mit der marxistischen Absolutismustheorie. In: Geschichte u. Gesellschaft, Jg. 7 (1981), S. 538–553.

Deus, W.-H.: Die Straßen des Landes Stargard. In: Mecklenburg-Strelitzer Geschichtsbll. 9 (1933), S. 161–222.

(Dewitz, Joachim Balthasar v.:) Leichenpredigt. Stargard i. P. 1699.

Dewitz, Otto v. (Wussow): Erster Nachtrag zur Familiengeschichte der von Dewitz. Bd. 1. Greifenberg i. P. 1878.

Dewitz, Friedrich v.: Dank des Jubelpaares für die ihm laut anliegender Urkunde von Seiten der Familie von Dewitz dargebrachte Ehrengabe. (Privatdruck) Cölpin 22. Sept. 1888. (FA).

Dewitz, Louis v.: (III.) Nachtrag zur Familiengeschichte der von Dewitz. Kolberg 1898.

Dewitz, Louis (1914ff.: Lutz): Öffnung der Gruft zu Daber am 9. Juni 1899. In: Protokoll des 36. Familientages (4. 10. 1899). (Privatdruck) Stettin 1899. (FA).

Dewitz, Werner v.: Stadt und Land Daber. Breitenfelde i. P. 1905.

Dewitz, L. W. v.: Vom Ursprung und Wappen der Familie von Dewitz. Rostock 1911.

Dewitz, J. G. v.: Festdichtung zur Feier des 700jährigen Jubiläums der Familie von Dewitz. (Privatdruck) Berlin 1912.

Dewitz gen. v. Krebs, Otto v. [Nr. 588]: Stiftungs- und Familienunterlagen. (Vervielfältigtes Masch.-Ms.) 1916. (FA).

Dewitz, Louis (1914ff.: Lutz): Stammtafelfortsetzung (zur Gantzer'schen Familiengeschichte). (Privatdruck) o. O. 1. 8. 1917.

Dewitz, Max v.: Die polnischen Dewitz. (Privatdruck) Zeitung der 10. Armee 1917. 12 S.

(Dewitz:) Bernd von Dewitz' Bestrafung wegen Widersätzlichkeit gegen die landesfürstliche Autorität. In: Pomm. Monatsbll. 31 (1917), S. 30f.

Dewitz, August Albrecht v. [Nr. 359]: Hausbuch, 1918 im Archiv Gut Daber. Ungedruckt.

Dewitz, Hermann v.: Von Bismarck bis Bethmann. Innenpolitische Rückblicke eines Konservativen. Berlin 1918.

Dewitz, Jürgen [Georg] v.: Die Entgiftung der politischen Atomsphäre. Ein Mahnruf. Berlin o. J. (ca. 1927). (= Brennende Fragen der Zeit 1).

Dewitz-Krebs, Günther v.: Nachrichtenblatt 1930/31. 39 S.

–, Familiennachrichten und Bericht über den 58. Familientag 1932. Rostock 1931/32. 8 S.

–, Geschichte der Familie von Dewitz. Nachtrag. Die Opfer der Familie im Kriege 1914–1918. 27 Ahnentafeln. (Privatdruck) Rostock 1933.

–, Aus der Geschichtsmappe der Herren von Dewitz. In: Heimatkal. Kr. Regenwalde 1934, S. 51–54.

–, Stammtafeln der Familie v. Dewitz. 1950. Ergänzt durch Ernst-Otto v. Dewitz. (Fototechnisch vervielfältigt).

–, Geschichte der Familie von Dewitz. Den soldatischen Opfern im Kriege 1939–1945 zum Ehrengedächtnis. (Privatdruck) Münster 1956.

Dewitz (Dewitz gen. v. Krebs): Gothaisches Genealogisches Taschenbuch der Uradligen Häuser, Jahrgänge 1900, 1909, 1939. Genealogisches Handbuch des Adels (Limburg/L.): Genealogisches Handbuch der Adeligen Häuser A, Bd. 9 (1969); 17 (1983).

Dewitz, Ernst-Otto: Beiträge zur Geschichte der Familie von Dewitz. Limburg/L. 1976.

Dewitz, Max v.: Die Dewitze in Südwestafrika. In: Verband der Familie v. Dewitz, Mitt. 1977 (1978), S. 18–20.

Dewitz, Achim v.: Die Dewitze in Südamerika. In: Verband der Familie v. Dewitz e. V., Mitt. 1978 (1979), S. 18–22.

Dewitz, Ottfried v.: Chronik 1945–1978. Privatdruck (Hamburg) 1979.

Dewitz, Wilhelm v.: »Tante Annerose« v. Dewitz a. d. Hause Goltz, geb. v. Dewitz a. d. Hause Maldewin, erzählt Maldewiner und Sophienhofer Geschichten und ihr Leben. (Vervielfältigtes Masch.-Ms.) o. O., o. J. (1981).

Dewitz-Cölpin, Fritz v.: Mecklenburgische Anekdoten. Hamburg.

–, Überm Wald im stillen Schein. Ein Leben dem Waidwerk, Hamburg u. Berlin 1952 (2. Aufl. 1955).

Diest, Heinrich v.: Zur Geschichte und Urzeit des Landes Daber. Stettin 1904.

Diestelkamp, A.: Das Staatsarchiv Stettin seit dem Weltkriege. In: Pomm. Monatsbll. 52 (1938), S. 70–82.

Dissow, J. v. (d. i. J. A. v. Rantzau): Adel im Übergang. Ein kritischer Standesgenosse berichtet aus Residenzen und Gutshäusern. Stuttgart 1961.

Duncker, A. (Hrsg.): Die ländlichen Wohnsitze, Schlösser und Residenzen der ritterschaftlichen Grundbesitzer in der preußischen Monarchie ... nebst den königlichen Familien-Haus-Fideikommiß-Schatull-Gütern... Bd. 1–16. Berlin 1857–1881.

Dungern, O. Frhr. v.: Mutterstämme. Neue Wege für Vererbungs- und Familienforschung. Graz 1924.

–, Adelsherrschaft im Mittelalter. München 1927.

Eberstein, L. F. v.: Urkundliche Nachträge zur Familiengeschichte der Herren von Eberstein. Dresden 1878–1887.

Eckardt, W.: Arbeitsverfassung auf Rittergütern in den östlichen Kreisen Pommerns zur Zeit des friderizianischen Bauernschutzes (1764–1807). Diss. Berlin 1937.

Eggert, O.: Stände und Staat in Pommern im Anfange des 19. Jahrhunderts. Köln u. Graz 1964. (= Veröff. d. Histor. Komm. f. Pommern, R. 5, H. 8).

Eickstedt, C. E. Frhr. v.: Familienbuch des dynastischen Geschlecht d. v. Eickstedt in Thüringen, Pommern, den Marken und Schlesien. Ratibor 1860. Fortsetzung bearb. v. V. I. V. B. v. Eickstedt. Mit 4 großen Stammtafeln. Stettin 1887.

Eickstedt, K. v.: Der pommersche Landbund und sein Begründer (Jürgen v. Dewitz). In: Pommernbrief 5 (1953), S. 9.

Endler, C. A.: Beiträge zur Älteren Geschichte des Rats von Neubrandenburg. In: Festschr. f. H. Reincke-Bloch, Breslau 1927, S. 159–168.

Engel, E. u. B. Zientara: Feudalstruktur, Lehnbürgertum und Fernhandel im spätmittelalterlichen Brandenburg. Weimar 1967. (= Abh. z. Handels- u. Sozialgesch., Bd. 7).

Engel, F.: Genealogische Sammlungen im Staatsarchiv Stettin. In: Pomm. Monatsbll. 52 (1938), S. 102–107.

Engel, F. u. W. v. Schulmann: Historischer Atlas von Pommern. NF Karten 1, 2 u. 8 (Besitzstandskarten von 1628; 1780; 1530). Köln u. Graz 1959/1984. (= Veröff. d. Histor. Komm. f. Pommern).

Eppenstein, L.: Beiträge zur Geschichte des auswärtigen Kriegsdienstes der Deutschen in der 2. H. d. 16. Jahrhunderts. In: FBPG 32 (1920), S. 283–376; bes. S. 328 ff.: Adel.

Erbe, H.-W.: Zinzendorf und der fromme hohe Adel seiner Zeit. Phil. Diss. Leipzig 1928.

Faber, K.-G.: Mitteleuropäischer Adel im Wandel der Neuzeit. In: Geschichte u. Gesellschaft, Jg. 7 (1981), S. 276–296.

[Farbezin:] Kreis Naugard: Farbeziner Gruft wurde geschändet. In: Die Pommersche Zeitung, Jg. 15 (20. 3. 1965), S. 7.

Fey, H.-J.: Reise und Herrschaft der Markgrafen von Brandenburg (1134–1319). Köln u. Graz 1981. (= Mitteldeutsche Forschungen, Bd. 84).

[v. Flemming:] Sieben Jahrhunderte Flemmingscher Chronik. Bd. 1. 2. Buckow 1909/1911.

Frantz, A.: Generalregister der Herrschaften, Ritter- und anderer Güter der Preußischen Monarchie. Berlin 1863.

Friederichs, H. F.: Grundformen der Verwandtschaft. In: Genealogisches Jb. 4 (1964), S. 5–13.

Frieser, K.-H.: Krieg hinter Stacheldraht. Die deutschen Kriegsgefangenen in der Sowjetunion und das Nationalkomitee Freies Deutschland. Mainz 1981.

Fritsch, Th. Frhr. v.: Familienverbände. In: Verband der Familie v. Dewitz e. V., Mitt. 1985 (1986), S. 23–26.

Gaedke, D.: Der militärische Zusammenbruch 1945. Die Kämpfe in Brandenburg. Karte 1:500000. Nebst Text. Berlin 1972. (= Histor. Handatlas von Brandenburg und Berlin, Abt. 8).

Gantzer, P.: (Über den Briefwechsel des Kanzlers Jobst von Dewitz mit Bugenhagen). In: Pomm. Monatsbll. 22 (1908), S. 6–8.

–, Jobst v. Dewitz und die Einführung der Reformation in Pommern. In: Evangelische Rundschau f. Pommern, Jg. 1 (1909), S. 357ff.

–, Geschichte der Familie v. Dewitz. Bd. 1–3. Halle 1912–1918.

Gieraths, G.: Die Kampfhandlungen der Brandenburgisch-Preußischen Armee 1626–1807. Ein Quellenhandbuch. Berlin 1964. (= Veröff. d. Histor. Komm. zu Berlin, Bd. 8).

Görlitz, W.: Die Junker. Adel und Bauer im deutschen Osten. Geschichtliche Bilanz von sieben Jahrhunderten. 2. Aufl., Glücksburg 1957.

–, Widerstand gegen den Nationalsozialismus in Pommern. In: Balt. Studien NF 48 (1961), S. 63–74.

Goetz, H.-W.: »Nobilis«. Der Adel im Selbstverständnis der Karolingerzeit. In: VSWG 70 (1983), S. 153–191.

Gossmann, R. Ritter v.: Schlußwort [zu: Der Adel im Weltkrieg]. In: Das Tagebuch, Jg. 10 (1929), S. 1785–1787.

Grotefend, O.: Geschichte des Geschlechts v. d. Osten. Urkundenbuch 1 u. 2, 1. (1200–1500). Stettin 1914/1923.

Haas, A.: Das pommersche Hexenwesen im 16. und 17. Jahrhundert. In: Balt. Studien 34 (1932), S. 158–202.

–, Noch ein Hexenprozeß aus Daber. (Anna Gutzke, 1590f.). In: Volkstum u. Heimat (Naugard), 12. 6. 1936.

Hahn, P.-M.: Struktur und Funktion des brandenburgischen Adels im 16. Jahrhundert. Berlin 1979. (= Histor. u. Päd. Studien, hrsg. v. O. Büsch u. G. Heinrich, Bd. 9).

–, Curdt von Rohr. Ein brandenburgischer Ständepolitiker zwischen Fürstendienst und Familieninteresse. In: Der Herold, Jg. 25 (1982), S. 143–150.

Hamann, M.: Das staatliche Werden Mecklenburgs. Köln u. Graz 1962.

–, Mecklenburgische Geschichte. Köln u. Graz 1968. (= Mitteldeutsche Forschungen, Bd. 51).

Hartnack, W.: Pommern. Grundlagen einer Landeskunde. 2. Aufl., Würzburg 1959. (= Der Göttinger Arbeitskreis, Schriftenr., H. 31).

Heidenreich, K.: Der Deutsche Orden in der Neumark (1402–55). Berlin 1932.

Heiler, Günther: (Leichenpredigt auf Joachim Balthasar von Dewitz). Stargard i. P. 1699.

Heinrich, G.: Der Adel in Brandenburg-Preußen (1540–1806). In: Deutscher Adel 1555–1740, hrsg. v. H. Rößler, Bd. 2, Darmstadt 1965, S. 97–105, 259–314.

–, Die Mark Brandenburg 1319–1575. Territoriale Entwicklung. Karte 1 : 650000. Nebst Text. Berlin 1971. (= Histor. Handatlas von Brandenburg und Berlin, Lfg. 36).

–, Amtsträgerschaft und Geistlichkeit. Zur Problematik der sekundären Führungsschichten in Brandenburg-Preußen 1450–1786. In: Beamtentum und Pfarrerstand 1400–1800, hrsg. v. G. Franz, Limburg/L. 1972, S. 179–238.

–, Die Mark Brandenburg 1257–1319. Landesteilung und territorialer Besitzstand im Herrschaftsbereich der Markgrafen von Brandenburg aus askanischem Hause. Karte 1 : 650000. Nebst Text. Berlin 1977. (= Histor. Handatlas von Brandenburg und Berlin, Lfg. 54).

–, Familienverbände. In: Verband der Familie v. Dewitz e. V., Mitt. 1976 (1977), S. 19–23.

–, Adel und Freiheit. Beobachtungen zum sozial- und wirtschaftsgeschichtlichen Status nordostdeutscher Herrschaftsträger, dargestellt am Beispiel einer brandenburgisch-pommerschen Familie (v. Dewitz). (Vervielfältigtes Masch.-Ms.) 1979.

–, Ständische Korporationen und absolutistische Landesherrschaft in Preußisch-Hinterpommern und Schwedisch-Vorpommern (1637–1816). In: P. Baumgart (Hrsg.), Ständetum und Staatsbildung in Brandenburg-Preußen, Berlin u. New York 1983, S. 155–169. (= Veröff. d. Histor. Komm. zu Berlin, Bd. 55).

–, Geschichte Preußens. Staat und Dynastie. Frankfurt/M. usw. 1984. (= Ullstein Sachbuch Nr. 34216).

–, Nordostdeutscher Adel im Übergang vom Spätmittelalter zur Neuzeit. Bemerkungen zur Sozialverfassung regionaler Führungsschichten. In: E. Henning u. W. Vogel (Hrsg.), Festschrift der Landesgeschichtlichen Vereinigung für die Mark Brandenburg zu ihrem hundertjährigen Bestehen 1884–1984, Berlin 1984, S. 104–125.

–, Berlin und Brandenburg. (= Handbuch der historischen Stätten Deutschlands, Bd. 10). Stuttgart 1973. – 2. verb. Aufl. Stuttgart 1985.

Henne am Rhyn, O.: Geschichte des Rittertums. Leipzig o. J.

Herz, H.: Zur ökonomisch-sozialen Entwicklung von Adel und Junkertum in Preußen nach der Revolution von 1848/49 bis 1870/71, In: Zs. f. Geschichtswiss. 31 (1983), S. 523–537.

Heyden, H.: Zur Geschichte der Reformation in Pommern, insonderheit politischer Motive bei ihrer Einführung in den Jahren 1534/35. In: Neue Aufsätze zur Kirchengeschichte Pommerns, Köln u. Graz 1965, S. 1–34.

Hintze, O.: Zur Agrarpolitik Friedrichs des Großen. In: FBPG 10 (1897), S. 275–309.

Hoffmann, E. A.: Pommern heute. Ein Reisebericht. München 1968.

Hofmann, H. H. u. G. Franz (Hrsg.): Deutsche Führungsschichten in der Neuzeit. Eine Zwischenbilanz. Büdinger Vorträge 1978. Boppard a. Rh. 1980. (= Deutsche Führungsschichten in der Neuzeit, Bd. 12).

Hofmeister, A.: Zur Genealogie und Geschichte der Grafen von Everstein in Pommern. In: Pomm. Monatsbll. 51 (1937), S. 17–28.

–, Eine frühe Stammutter der Putbus aus dänischem Königsblut. In: Pomm. Monatsbll. 51 (1937), S. 121–128.

[Hofordnungen:] Deutsche Hofordnungen des 16. und 17. Jahrhunderts. Hrsg. von A. Kern. Bd. 1: Brandenburg, Preußen, Pommern, Mecklenburg. Berlin (1905). (= Denkmäler d. dt. Kulturgeschichte, hrsg. v. S. Steinhausen, Abh. 2).

Hohendahl, Ph. u. P. M. Lützeler (Hrsg.): Legitimationskrisen des deutschen Adels 1200–1900. Stuttgart 1979.

Holtzendorff, W. v.: Die Holtzendorffs in der Mark Brandenburg und in Chursachsen. Berlin 1876.

Hoogeweg, H.: Geschichte des Geschlechts von Heydebreck. Urkundenbuch, Bd. 1 (1245–1500). Stettin 1924.

Isenburg, W. K. Prinz v. u. F. Baron Freytag v. Loringhoven: Stammtafeln zur Geschichte der europäischen Staaten. Bd. 1–4. Marburg 1958–1961.

Jany, C.: Die Anfänge der alten Armee. T. 1. Berlin 1901. (= Urkundl. Beiträge u. Forschungen z. Geschichte d. preuß. Heeres, hrsg. vom Großen Generalstabe, Abt. f. Kriegsgeschichte, H. 1).

–, Die alte Armee von 1655–1740. Berlin 1905. (= Urkundl. Beiträge u. Forschungen z. Geschichte d. preuß. Heeres, hrsg. vom Großen Generalstabe, Abt. 1, Kriegsgeschichte, H. 7).

–, Geschichte der Kgl. Preußischen Armee bis zum Jahre 1807. Bd. 1: Von den Anfängen bis 1740; Bd. 2: Die Armee Friedrichs des Großen 1740–1763. Berlin 1928.

–, Derfflingers militärische Jugendjahre. In: FBPG 43 (1930), S. 334–339.

Joachim, E. u. P. van Nießen: Repertorium der im Staatsarchiv zu Königsberg i. Pr. befindlichen Urkunden zur Geschichte der Neumark. Landsberg a. W. 1895.

Kalben, R. v.: Ursprung und Bedeutung des altmärkischen Adels. In: 31. Jahresber. d. Altmärk. Vereins f. vaterländ. Geschichte u. Industrie zu Salzwedel (1904), S. 17–55.

Kameke, K. F. v.: Die Kamekes. Fundstellen zur Geschichte einer alten Familie. (Privatdruck) Frankfurt/M.

Kantzow, Th.: Chronik von Pommern in hochdeutscher Mundart. 1. Bearbeitung (in hochdt. Mundart) Stettin 1898 u. (in niederdt. Mundart) Stettin 1929; 2. Bearbeitung (hrsg.) v. G. Gaebel, Stettin 1897 (= Bd. 1).

Katte, M. v.: Schwarz auf Weiß. Erinnerungen eines Neunzigjährigen. Berlin 1987.

Kausche, D.: Geschichte des Hauses Putbus und seines Besitzes im Mittelalter. Greifswald 1937. (= Greifswalder Abh. z. Geschichte d. Mittelalters 9).

–, Putbuser Regesten. Regesten und Urkunden zur Geschichte der Herren von Putbus und ihres Besitzes im Mittelalter. Stettin 1940.

–, Mecklenburgische Archivalien in Göttingen. In: H. bei der Wieden (Hrsg.), Aus tausend Jahren mecklenburgischer Geschichte. Festschrift f. Georg Tessin, Köln u. Wien 1979, S. 197–205. (= Schriften z. mecklenburg. Geschichte, Kultur u. Landeskunde, H. 4).

Kekulé: siehe Stradonitz.

Kellenbenz, H.: Die unternehmerische Betätigung der verschiedenen Stände während des Übergangs zur Neuzeit. In: VSWG 44 (1957), S. 1–25.

Klempin, R.: Diplomatische Beiträge zur Geschichte Pommerns aus der Zeit Bogislafs X., Berlin 1859.

–, u. G. Kratz: Matrikel und Verzeichnisse der pommerschen Ritterschaft vom 14. bis in das 19. Jahrhundert. Berlin 1863.

(Klempzen, N. v.:) Pomerania. Eine pommersche Chronik aus dem 16. Jahrhundert. Bd. 1. 2. Hrsg. v. G. Gaebel. Stettin 1908.

Kluxen, K. u. a.: Der Adel vor der Revolution. Zur sozialen und politischen Funktion des Adels im vorrevolutionären Europa. Göttingen 1971. (Darin: G. Birtsch: Zur sozialen und politischen Rolle des deutschen, vornehmlich preußischen Adels am Ende des 18. Jahrhunderts, S. 77–95).

Köhler, A.: Otto von Wedel und Clementine von der Goltz. Briefe eines preußischen Offiziers an seine Braut aus den Jahren 1799 und 1800. Leipzig 1911.

Konow, K.-O.: Der Maltzansche Rechtsfall. Zur Rechtspraxis Bogislaws X. In: Balt. Studien NF 62 (1976), S. 36–52.

–, Herzog Bogislaw X. von Pommern und Landgraf Wilhelm I. von Hessen. In: Balt. Studien NF 73 (1987), S. 55–64.

Koppmann, K.: Die Erwerbung des Landes Stargard. In: Mecklenburg. Jbb. 55 (1890), S. 203 ff.

Koselleck, R.: Preußen zwischen Reform und Revolution. Allgemeines Landesrecht, Verwaltung und soziale Bewegung von 1791–1848. 2. Aufl. Stuttgart 1975 (= Industrielle Welt, Bd. 7).

Krabbo, H.: Die Städtegründungen der Markgrafen Johann I. und Otto III. von Brandenburg (1220/67). In: Archiv f. Urkundenforschung 4 (1912), S. 255–290.

–, Der Übergang des Landes Stargard von Brandenburg auf Mecklenburg. In: Mecklenburg. Jbb. 91 (1927), S. 1 ff.

–, u. G. Winter: Regesten der Markgrafen von Brandenburg aus askanischem Hause. Lfg. 1–12. Leipzig usw. 1910–1955.

Kratz, G.: Die pommerschen Schloßgesessenen. Berlin 1865.

Kriesche, U.: Bauerntum und Großgrundbesitz in West- und Mittelpommern. Eine geographische Untersuchung der Grundbesitzverteilung im Regierungsbezirk Stettin. Greifswald u. Bamberg 1939/40.

Krüger, G.: Kunst- und Geschichts-Denkmäler des Freistaates Mecklenburg-Strelitz. Bd. 1. 2. Neubrandenburg 1925/29/1934.

Küster, R.: Verwaltungsorganisation von Mecklenburg im 13. und 14. Jahrhundert. Diss. 1909.

Kuhn, W.: Die Siedlerzahlen der deutschen Ostsiedlung. In: Studium sociale. Festschrift f. K. V. Müller, Köln 1963, S. 131–154.

–, Bauernhofgrößen in der mittelalterlichen Nordostsiedlung. In: Hamburger mittel- u. ostdt. Forschungen 4 (1963), S. 210–267.

–, Deutschrechtliche Städte des 13. Jahrhunderts im westlichen Pommern. In: Zeitschr. f. Ostforschung 23 (1974), S. 1–58. (Nebst Karte).

Kunst, H.: Bismarck aus Pommern. In: Baltische Studien NF 41 (1939), S. 172–188.

Ledebur, L. v.: Die Landschaften des Havelbergischen Sprengels. In: Märk. Forschungen 1 (1841), S. 200–226; 2 (1843), S. 361–373.

–, Der Adel der Mark Brandenburg nach Wappenbildern gruppiert und auf Stammes-Gemeinschaft zurückgeführt. In: Märk. Forschungen 3 (1847), S. 96–120 u. S. 304–344; 4 (1850), S. 174–192.

–, L. Frhr. v.: Der Junker-Titel im Mittelalter. In: Märk. Forschungen 14 (1878), S. 63–69.

Lehmann, R.: Die Herrschaften in der Niederlausitz. Untersuchungen zur Entstehung und Geschichte. Köln u. Graz 1966. (= Mitteldeutsche Forschungen, Bd. 40).

–, Urkundeninventar zur Geschichte der Niederlausitz bis 1400. Köln u. Graz 1968. (= Mitteldeutsche Forschungen, Bd. 55).

Leichenpredigten: siehe Heiler, Movius, Roth, Schöppius.

Lemcke, H.: Die Bau- und Kunstdenkmäler des Regierungsbezirks Stettin. T. 2, H. 9: Der Kreis Naugard. Stettin 1910.

Lemmel, H. F.: Sozialer Strukturwandel bei Führungsschichten im Blickfeld genealogischer Forschung. Limburg/L. 1959.

–, Die genetische Kontinuität des mittelalterlichen Adels. Dargestellt am Beispiel des mainfränkischen Uradelgeschlechts der Lampert von Gerolzhofen. Neustadt/Aisch 1980. (= Genealogie u. Landesgeschichte, Bd. 35).

Lenthe, G. v.: Zur Deutung des Dewitz'schen Wappens. (Privatdruck) Celle 30. 5. 1974. (1 S.).

Lippe, Graf E. zur: Derfflinger. Berlin 1880.

Lippert, W.: Geschichte der 110 Bauerndörfer in der nördlichen Uckermark. Hrsg. v. G. Heinrich. Köln u. Wien 1968. (= Mitteldeutsche Forschungen, Bd. 57).

Lisch, G. C. F.: Urkundensammlung zur Geschichte des Geschlechts von Maltzahn. Bd. 1–5. Schwerin 1842–1853.

–, Urkunden und Forschungen zur Geschichte des Geschlechtes Behr T. 1–3. Bd. 1–6. Schwerin 1861–1864.

Loschert, A.: Zur Geschichte der Familie v. Wedell-Neuwedell. In: Die Neumark 13 (1936), S. 83–109.

M., A. G.: Standrede bey dem Sarge der Hochwolgeborenen Frauen Maria Helena Tugendreich von Dewitz, gebohrne von Bardeleben, gehalten über Esaiä 55,8. Neubrandenburg 1767.

Mackensen, L.: Pommersche Volkskunde. Kitzingen/M. 1957. (= Der Göttinger Arbeitskreis, Schriftenr., H. 27).

Maltzan, B. v.: Zur Erinnerung an den Vizelandmarschall von Dewitz auf Cölpin (um 1888).

Markgraf, B. O.: Zur Geschichte der ländlichen Rechtspflege im ausgehenden Mittelalter. In: Neues Archiv f. Sächs. Geschichte 31 (1910), S. 127–132.

Martin, G.: Gruppenschicksal und Herkunftsschicksal. Zur Sozialgeschichte der preußischen Generalität 1812–1918. Phil. Diss. Saarbrücken 1970; Reinheim/Odw. 1970.

Martiny, F.: Die Adelsfrage in Preußen vor 1806 als politisches und soziales Problem. Stuttgart u. Berlin 1938.

Massow, P. H. A. v.: Nachrichten über das Geschlecht derer von Massow. Berlin 1878.

Massow, W. v.: Die Massows. Geschichte einer pommerschen Adelsfamilie. Halle a. d. S. 1931.

Mecklenburg, C. G. Herzog zu: Erlebnis der Landschaft und adliges Landleben. Einführungen und Bibliographien zum Verständnis der Landschaft und eines deutschen Standes von 1870 bis zur Gegenwart. Frankfurt/M. usw. 1979.

Mecklenburgisches Urkundenbuch. Hrsg. vom Verein für Mecklenburgische Geschichte und Altertumskunde. Bd. 1–25 A. Schwerin 1863–1936.

Meyer, A. O.: Bismarck. Der Mensch und der Staatsmann. 2. Aufl., Stuttgart 1949.

Mitgau, H.: Neuere Untersuchungen zur Frage bürgerlicher »Geschlossener Heiratskreise sozialer Inzucht« im Raume Niedersachsen. Ein Sammelbericht. In: Bll. f. dt. Landesgeschichte 101 (1965), S. 369–373.

Morré, F.: Die Swenzonen in Ostpommern. Aufstieg und Herrschaft 1269–1357. In: Balt. Studien 41 (1939), S. 35–98.

–, Der Adel in der deutschen Nordostsiedlung des Mittelalters. In: Dt. Ostforschung 1 (1942), S. 463 ff.

Movius, S.: (Leichenpredigt auf Georg von Dewitz). Stettin 1665.

Mülverstedt, A. v.: Sammlung von Ehestiftungen und Leibgedingsbriefen ritterschaftlicher Geschlechter der Provinzen Sachsen, Brandenburg, Pommern und Preußen. Magdeburg 1863.

–, Allgemeines über den altmärkischen Adel zu den ältesten Zeiten. In: 26. Jahresber. d. Altmärk. Vereins ... (1899), S. 3–62.

Murawski, E.: Die Eroberung Pommerns durch die Rote Armee. Boppard a. Rh. 1969.

Niekammer's Landwirtschaftliche Güter-Adreßbücher. Bd. 1: Pommern, Leipzig 1939; Bd. 4: Mecklenburg-Schwerin und Mecklenburg-Strelitz, 4. Aufl., Leipzig 1928.

Nießen, P. van: Die Herkunft der Familie von der Goltz. In: Schr. d. Vereins f. d. Geschichte d. Neumark, H. 4 (1896), S. 117–118.

–, Der »Markgrafenweg«, die alte Heerstraße nach Preußen. In: FBPG 14 (1901), S. 259–263.

–, Zur Entstehung des Großgrundbesitzes und der Gutsherrschaft in der Neumark. Progr. d. Schiller-Realgymnasiums zu Stettin, Ostern 1903.

–, Der Ausgang der staatsrechtlichen Kämpfe zwischen Pommern und Brandenburg und die wirtschaftlichen Konflikte 1560–1576. In: Balt. Studien NF (1908), S. 103–206.

Normann, K. v.: Tagebuch aus Pommern 1945/46, Bonn 1955. – 2. Aufl. München 1962 (= dtv dokumente Nr. 2905).

Oertzen, F.-W. v.: Junker. Preußischer Adel im Jahrhundert des Liberalismus. Oldenburg i. O. u. Berlin 1939.

Ohle, W.: Ehemalige Guts- und Herrenhäuser in Mecklenburg. In: Denkmalpflege in Mecklenburg 1951, S. 90–113.

Ost, H.-G.: Die zweite deutsche Ostsiedlung im Drage- und Küddowgebiet. Leipzig 1939. (= Deutschland und der Osten 14).

Osten, A. u. G. v. d.: Die Herkunft des uradligen, schloß- und burggesessenen, pommerschen Geschlechts von der Osten. 1912.

Papritz, J.: Die Beziehungen des Bank- und Handelshauses der Loitz zum brandenburgischen Kurhause. Ein Beitrag zur Geschichte des Frühkapitalismus. In: Korrespondenzbl. des Gesamtvereins dt. Geschichts- u. Altertumsvereine 79 (1931), Sp. 84–124, 158–217.

–, Das Stettiner Handelshaus der Loitz im Boisalzhandel des Odergebietes unter besonderer Berücksichtigung seiner Beziehungen zum brandenburgischen Kurhause. Diss. Berlin 1932.

–, Das Handelshaus der Loitz zu Stettin, Danzig und Lüneburg. In: Balt. Studien NF 4 (1957), S. 73–94.

Passow, S.: Ein märkischer Rittersitz. [Betr. Hohenfinow u. Tornow]. Bd. (1.) 2. Eberswalde 1907.

Petsch, R.: Verfassung und Verwaltung Hinterpommerns im 17. Jahrhundert bis zur Einverleibung in den brandenburgischen Staat. Leipzig 1907. (= Staats- u. sozialwiss. Forschungen, hrsg. v. G. Schmoller u. M. Sering, H. 126).

Pistor, G.: Auf den Spuren von Holk und Ebba. »... die Geschichte nach Schleswig-Holstein und Kopenhagen hin transponiert ...« In: Fontane-Bll. 5 (1982), S. 54–58. [Betr. Auguste v. Bernstorff, geb. v. Dewitz].

Pommern, Archivalien: siehe Branig, Biewer, Diestelkamp, Engel.

Pommersches Urkundenbuch. Hrsg. vom Staatsarchiv Stettin, später von der Histor. Komm. f. Pommern. Bearb. v. K. Conrad u. a. Bd. 1–10. Stettin usw. 1868–1984. (= Veröff. d. Histor. Komm. f. Pommern, R. 2).

Preradovich, N. v.: Die Führungsschichten in Österreich und Preußen 1804–1918. Wiesbaden 1955.

Preußische Zentralgenossenschaftskasse: Lage und Entwicklung der landwirtschaftlichen Großbetriebe in den östlichen Landesteilen. Berlin 1930.

Priesdorff, K. v.: Soldatisches Führertum. Bd. 1–12. Hamburg 1937 ff.

Pritzbuer-Gamm: Mecklenburgische Adelsgeschlechter. 2. Aufl., Neustrelitz 1894.

Pusch, O.: Von Below, ein deutsches Geschlecht aus dem Ostseeraum. Dortmund 1974. (= Veröff. d. Forschungsstelle Ostmitteleuropa im Lande Nordrhein-Westfalen, R. A, Nr. 27).

Puttkamer, E. v.: Der Landbesitz der Puttkamers. Als Ms. gedr. 1973. 48 S., 12 Bildtaf. mit 24 Abb. von Gutshäusern. Beil.: Graphisches Schema des Puttkamer'schen Landbesitzes.

–, Geschichte des Geschlechts von Puttkamer. 2. Aufl. Neustadt/Aisch 1984. (= Dt. Familienarchiv, Bd. 83/84).

Rachel, H., J. Papritz (nur Bd. 1) u. P. Wallich: Berliner Großkaufleute und Kapitalisten. Bd. 1–3 (bis 1856). Berlin 1934–1939. Neu hrsg. u. ergänzt u. bibliographisch erweitert v. J. Schultze, H. C. Wallich u. G. Heinrich. Berlin 1966.

Rauer, K. F.: Hand-Matrikel der in sämtlichen Kreisen des preußischen Staats auf Land- und Kreistagen vertretenen Rittergüter. Bd. 1. Berlin 1857.

Regimentsgeschichten: Kriegsgeschichte des Königl. Preuß. Infanterie-Regiments von Borcke (4. Pomm.) Nr. 21. Zeulenroda 1930.

Reif, H.: Westfälischer Adel 1730–1860. Göttingen 1979.

Reinhard, W.: Freunde und Kreaturen. München 1979.

Riedel, A. F.: Von dem Unterschiede zwischen den beschlossenen und unbeschlossenen Geschlechtern der Brandenburgischen Ritterschaft. In: Märk. Forschungen 1 (1841), S. 266–290.

Rösch, S.: Caroli Magni Progenies. Pars I. Die Filialgenerationen I–VII. Neustadt a. d. Aisch 1977.

Rösener, W.: Zur Problematik des spätmittelalterlichen Raubrittertums. In: Festschrift f. B. Schwineköper, Sigmaringen 1982, S. 469–488.

Rohr, H. O. v.: Qui transtulit. Eine Stammreihe der von Rohr. Hannover 1963.

Rosenberg, H.: Die Pseudodemokratisierung der Rittergutsbesitzerklasse. (Zul.) In: H.-U. Wehler, Moderne deutsche Sozialgeschichte, Köln u. Berlin 1966, S. 287–308, 519–523.

Roth, F.: Restlose Auswertung von Leichenpredigten und Personalschriften. Bd. 1–10. Boppard/Rh. 1959–1980.

Rudolphson, G.: Geschichte Naugards, seiner Umgebung und der Grafen von Eberstein. Berlin 1911.

Sachsse, H.: Die landständische Verfassung Mecklenburgs. Rostock 1907.

Sauer, E.: Aus der Geschichte des Kreises Regenwalde. In: Pomm. Monatsbll. 52 (1938), S. 129–136.

–, Der Adel während der Besiedlung Ost-Pommerns (Kolberg, Belgard, Schlawe, Stolp). 1250–1350. Stettin 1939.

Scheil, U.: Zur Genealogie der einheimischen Fürsten von Rügen. Köln u. Graz 1962. (= Veröff. d. Histor. Komm. f. Pommern, R. 5, H. 1).

Schieckel, H.: Zur Herkunft und Verbreitung des Niederlausitzer Adels im Mittelalter. In: Heimatkunde und Landesgeschichte. Festschrift f. R. Lehmann, Weimar 1958, S. 91–105.

–, Regesten der Urkunden des Sächsischen Landeshauptarchivs Dresden. Berlin 1960.

Schieder, Th. (Hrsg.): Dokumentation der Vertreibung. Bd. 1. 2. 1959. Neudruck München 1984.

Schlippenbach, A. Graf v.: Die Entstehung und Entwicklung des deutschen Adels mit besonderer Berücksichtigung der in der Uckermark angesessenen Geschlechter. Prenzlau 1900.

Schmidt, E.: Die Mark Brandenburg unter den Askaniern (1134–1320). Köln u. Wien 1973. (= Mitteldeutsche Forschungen, Bd. 71).

Schmidt, Georg: Die Familie von dem Borne mit den namensverwandten Geschlechtern. Bd. 1. 2. Merseburg 1887/1889.

–, Schönhausen und die Familie von Bismarck. Bearb. im Auftr. d. Familie. Berlin 1897.

Schmidt, Gustav: Das Geschlecht v. d. Schulenburg. T. 1–3. Beetzendorf u. Berlin 1897–1908.
Schmidt, R.: Die Torgauer Hochzeit 1536. Die Besieglung des Bundes zwischen Pommern und Sachsen in der Zeit der Reformation. Mit [3] unveröffentlichten Briefen des Pommerschen Rats Jobst von Dewitz. In: Solange es »heute« heißt. Festgabe f. R. Hermann, Berlin (Ost) 1957, S. 234–250.
–, Dewitz (Jobst v.). In: NDB 3 (1957), S. 629f.
–, Zur Familiengeschichte des pommerschen Rats Jobst v. Dewitz (1491–1542). In: Familie u. Volk, Jg. 7 (1958), S. 218–220.
–, Johannes Bugenhagen als Mittler in den politischen Eheverhandlungen zwischen Pommern und Sachsen 1535/36. In: Zs. f. Kirchengeschichte 69 (1958), S. 79–97.
–, Der Croy-Teppich der Universität Greifswald, ein Denkmal der Reformation in Pommern. In: Johann Bugenhagen. Beiträge zu seinem 400. Todestag, hrsg. v. W. Rautenberg, Berlin 1958, S. 79–97. [Darin: Jobst v. Dewitz und die Universität Greifswald].
Schmoller, G. u. a.: Die Behördenorganisation und die allgemeine Staatsverwaltung Preußens im 18. Jahrhundert. Bd. 1–17. Berlin 1894–1936. (= Acta Borussica).
Schneider, H.: Über den Dewitz-Kreis und seine Grenzen von der Neuzeit bis ins Mittalalter. Ms. (FA.) Berlin Okt. 1950.
Schöppius, S.: (Leichenpredigt auf Eva Sophia von der Marwitz, geb. von Dewitz). Berlin 1691.
Schroetter, R. Frhr. v.: Der deutsche, insbesondere der preußische Adel im 19. Jahrhundert und die Deutsche Adelsgenossenschaft. Neudamm 1908.
–, Die ›Pomerania‹ als Typ territorialer Geschichtsdarstellung und Landesbeschreibung des 16. und beginnenden 17. Jahrhunderts (Bugenhagen – Kantzow – Lubinus). In: H.-B. Harder: Landesbeschreibungen Mitteleuropas vom 15. bis 17. Jahrhundert. Köln, Wien 1983. (= Schriften des Komitees der Bundesrepublik Deutschland zur Förderung der Slawischen Studien 5).
–, Das preußische Offizierkorps unter dem ersten König von Preußen. In: FBPG 26 (1913), S. 429–495; 27 (1914), S. 97–167.
Schulmann, W. v.: siehe F. Engel.
Schultze, Johanna: Die Auseinandersetzung zwischen Adel und Bürgertum in den deutschen Zeitschriften der letzten drei Jahrzehnte des 18. Jahrhunderts. Diss. Berlin 1923.
Schultze, Johannes (Hrsg.): Das Landbuch der Mark Brandenburg von 1375. Berlin 1940. (= Veröff. d. Histor. Komm. f. d. Prov. Brandenburg … 8, 2; Brand. Landbücher, Bd. 2).
–, Die Mark Brandenburg. Bd. 1–5. Berlin 1961–1969.
–, Proprietas und hereditas östlich Elbe und Oder. In: Bll. f. dt. Landesgeschichte 104 (1968), S. 32–41.
Schulze, B.: Brandenburgische Landesteilungen 1258–1317. Berlin 1928. (= Einzelschr. d. Histor. Komm. f. d. Prov. Brandenburg … 1).
Schulze, H. K.: Adelsherrschaft und Landesherrschaft. Studien zur Verfassungs- und Besitzgeschichte der Altmark, des ostsächsischen Raumes und des hannoverschen Wendlandes im hohen Mittelalter. Köln u. Graz 1961. (= Mitteldeutsche Forschungen, Bd. 29).
Schwenke, E.: Friedrich der Große und der Adel. Berlin 1911.
Sello, G.: Geschichts-Quellen des burg- und schloßgesessenen Geschlechts der Borcke. Bd. 1. 2. in 5 Teilen. Berlin 1901–1903.
Siebarth, W.: Der uckermärkische Adel zur Zeit Joachims II. Ein Beitrag zur Geschichte der Ukkermark im 16. Jahrhundert. Berlin (1930). (= Arb. d. Uckermark. Museums- u. Geschichtsvereins zu Prenzlau 11).
Siebmacher: Die Wappen des preußischen Adels. T. 1. Hrsg. v. O. Titan v. Hefner, A. Grenser, G. A. v. Mülverstedt. Neuausgabe Neustadt/Aisch 1973. (= Siebmachersches Wappenwerk, Bd. 14).
Sinclair, A.: Aristokraten im 20. Jahrhundert. Wien u. Berlin 1969.
Spilcker, B. Chr. v.: Geschichte der Grafen von Everstein. Arolsen 1833.
(Steck, J. C. W. v.:) Von dem Geschlechtsadel und der Erneuerung des Adels. 1778.

Steckhan, G.: Daber, Kr. Naugard. In: Deutsches Städtebuch, Bd. 1, Stuttgart 1939, S. 151f.

Stegemann, W.: Die Grafschaft Fürstenberg. Ms. 12 S. (FA.).

Steinmann, P.: Bauer und Ritter in Mecklenburg. Wandlungen der gutsherrlich-bäuerlichen Verhältnisse im Westen und Osten Mecklenburgs vom 12./13. Jahrhundert bis zur Bodenreform 1945. Schwerin 1960.

Stolberg-Wernigerode, O. Graf zu: Die unentschiedene Generation. Deutschlands konservative Führungsschichten am Vorabend des Ersten Weltkrieges. München u. Wien 1968.

Stradonitz, St. Kekulé v.: Über Derfflinger und seinen Landsitz Gusow. In: Mitt. d. Vereins f. d. Geschichte Berlins, Jg. 41 (1924), S. 23–25.

Studnitz, H.-G. v.: Renaissance der Familiengeschichte. In: Dt. Adelsblatt 23 (1983), S. 51f.

Szcepanski, G. v.: Elisabeth von Dewitz-Krebs, geb. von Rüchel-Kleist. In: Protokoll des 36. Familientages von Dewitz (1899), S. 11f.

Ulmenstein, Chr. Frhr. v.: Über Ursprung und Entstehung des Wappenwesens. Weimar 1941. (= Forschungen zum dt. Recht, Bd. 1, 2).

Vierhaus, R. (Hrsg.): Das Tagebuch der Baronin Spitzemberg geb. Freiin v. Varnbüler. Aufzeichnungen aus der Hofgesellschaft des Hohenzollernreiches. Göttingen 1960. (= Deutsche Geschichtsquellen des 19. u. 20. Jhs., Bd. 43).

Vogel, H.: Pommern. Berlin u. München 1952. (= Karl Friedrich Schinkel, Lebenswerk, hrsg. v. P. O. Rave, Bd. 5).

Wätgen, H.: Von der Osten. Ein pommersches Geschlecht im Wandel der Jahrhunderte. Bd. 1. 2. Braunschweig/Bremen 1960/1977.

–, u. a.: Die Maltza(h)n 1194–1945. Der Lebensweg einer ostdeutschen Adelsfamilie. Köln 1976.

Wedel, H. v.: Geschichte des schloßgesessenen Geschlechts der Grafen und Herren von Wedel 1212–1402. Nebst einem Register über die urkundlich nachweisbare Begüterung. Leipzig 1894.

–, Über die Herkunft, die politische Bedeutung und die Standesstellung des Geschlechtes v. Wedel von der Mitte des 12. bis zum Augang des 14. Jahrhunderts, Berlin 1915.

Wegner, L.: Jobst von Dewitz. Ein Beitrag zur Geschichte der Kirchenverbesserung in Pommern und Sittengemälde damaliger Zeit. (Wussow) 1864.

–, Familiengeschichte der von Dewitz. Naugard 1868.

Wehler, H.-U. (Hrsg.): Historische Familienforschung und Demographie. In: Geschichte u. Gesellschaft 2/3 (1975).

Wehrmann, M.: Eine Schulordnung von Daber 1598. In: Pomm. Monatsbll. 18 (1904), S. 135–139.

–, Geschichte von Pommern. Bd. 1, 2. 2. Aufl., Gotha 1919/1921.

Wentz, G.: Das Bistum Havelberg. Berlin 1933 (= Germania Sacra. 1. Abt.: Die Bistümer der Kirchenprovinz Magdeburg, Bd. 2).

Werner, K. F.: Adel. In: Lexikon des Mittelalters, Bd. 1, München u. Zürich 1980, Sp. 117–128.

Willoweit, D.: Preußische Vergangenheit und deutsche Gegenwart. Überlegungen zum Ursprung und zur Aktualität der preußischen Aristokratie. In: JGMOD 27 (1978), S. 186–205.

Winterfeld, L. G. v.: Geschichte des Geschlechts von Winterfeld. Bd. 1–4, Damerow 1858–1874; Bd. 5, bearb. v. E. Wentscher, Görlitz 1937.

Wohlbrück, S. W.: Geschichte der Altmark. Berlin 1855.

Wolber, K.: Geschichte der Grafen von Everstein in Pommern 1267–1331. Phil. Diss. Berlin 1937.

Zickermann, F.: Das Lehnsverhältnis zwischen Brandenburg und Pommern im dreizehnten und vierzehnten Jahrhundert. In: FBPG 4 (1891), S. 1–120.

V. Register

Das Register ist ein Namen- und Sachregister. Beiläufig genannte Namen oder Begriffe sowie häufig wiederkehrende allgemeine Stichwörter wurden nicht aufgenommen. Erscheint der Hinweis u.[nd] ö.[fter], so wurden nur einige beispielhafte Stellen notiert. Namen aus den Tafeln und Tabellen des Anhangs wurden mit wenigen Ausnahmen nicht aufgenommen. Ebenso wurde bei Autorennamen verfahren. Die Namen der Familie von Dewitz erscheinen im 2. Teil des Registers. Die angegebene Kreis- bzw. Landzugehörigkeit der Orte usw. bezieht sich in der Regel auf die Verwaltungsgrenzen der Zeit bis 1945.

1. Allgemeines Register (Orte, Personen, Sachbegriffe)

Abkürzungen: Bf. = Bischof, Bln. = Berlin, Bm. = Bistum, Brdbg. = Brandenburg, brdbg. = brandenburgisch, dt. = deutsch, Ebf. = Erzbischof, Fam. = Familie, Frfr. = Freifrau, Frhr. = Freiherr, Geh. = Geheimer, Gem. = Gemahlin, Gen. = General, Gen.lt. = Generalleutnant, Gf. = Graf, GFM = Generalfeldmarschall, Hz. = Herzog, Hzn. = Herzogin, Kf. = Kurfürst, kfl. = kurfürstlich, Kg. = König, Kgn. = Königin, Kr. = Kreis, Ks. = Kaiser, Ksn. = Kaiserin, luth. = lutherisch, märk. = märkisch, Mgf. = Markgraf, Min. = Minister, Pfr. = Pfarrer, pomm. = pommersch, Pr. = Preußen, Präs. = Präsident, Pz. = Prinz, Pzn. = Prinzessin, ref. = reformiert, Rfrhr. = Reichsfreiherr, Rkanzler = Reichskanzler, Rpräs. = Reichspräsident.

2. Vornamen-Register der gebürtigen von Dewitz

Eingeheiratete sind unter dem Geburtsnamen im Allgemeinen Register zu suchen.
* = v. Dewitz gen. v. Krebs.
Die Nummern hinter den Vornamen entsprechen der Stammfolge.

Anna II. 92 († um 1448), 272
Anna 629 (1836–1920), 175
Annerose 686 (1890–1980), 218
Arnd (Arnold II.) 58 (1386), 272
Arnold 7 (um 1298), 37
August 538 (1819–1878), 148
August 594 (1836–1887), 175
August Albrecht 359 (1721–1767), 122
August Victor 759 (1893–1915), 195
Auguste 542 (1812–1886), 152
Axel 855 (geb. 1919), 221

Bernd I. 144 (um 1532–1584), 60f., 66, 70, 89
Bernd II. 185 (1595–1648), 87, 90
Bernd 858 (1920–1939), 238
Bernd 883 (1926–1947), 241
Bernhard 479 (1808–1851), 148
Betemann 6 (1287), 38
Bodo Christoph Balthasar 422 (1734–1792), 109, 122, 125, 130, 138, 141
Bogislaw* 723 (1893–1918), 189, 196

Christian Heinrich I. 241 (1629–1708), 88, 111, 116
Christian Heinrich II. 312 (1671–1738), 125
Christian Heinrich III. 324 (1698–1774), 123
Christian Ludwig 462 (1772–1857), 138
Christoph II. 151 († 1561), 63
Claus s. Nikolaus
Curt s. Kurt

Dietrich s. Tideke
Dorothea* 721 (1890–1965), 184

Eberhard 881 (1926–1945), 240
Eckard – (geb. um 1322), 27
Eckhard II. 17 (1319/31), 31
Eckard III. Gf. 30 (1362/63), 30
Eckard IV. Gf. 35 († 1366/67), 33
Eckhardt 864 (1921–1943), 240
Eduard 535 (1815–1879), 148
Eggerdus – (1480), 38
Egmont 827 (1907–1984), 221
Ekhard 841 (1915–1945), 239
Elisabeth II. (Ilse) 161 (geb. 1565), 69
Elisabeth 732 (1875–1945), 252
Elisabeth 704 (1888–1980), 265
Engelke I. 3 (um 1200 – um 1267), 10, 23ff.
Engelke (IX.) 115 (1464/98), 43, 270
Engelke XII. 137 († 1574), 43
Engelke 845 (1917–1945), 238, 240
Ernst 591 (1851–1900), 184

Franz 142 (1535–1605), 61f., 66, 70, 79, 88
Franz Joachim I. 342 (1666–1719), 97, 120ff.
Friederike* 703 (1887–1970), 174, 256, 259, 271
Friedrich 451 (1779–1837), 138
Friedrich 456 (1765–1831), 132, 138, 142
Friedrich 468 (1770–1818), 139, 144, 146
Friedrich 579 (1843–1928), 141, 170, 172
Friedrich 702 (1883–1967), 214ff., 255
Friedrich 811 (1913–1944), 238, 273
Friedrich Wilhelm II. 270 (1668–1736), 111, 117ff.
Friedrich Wilhelm 789 (1893–1914), 194
Fritz Jürgen 844 (geb. 1917), 221, 252

Gabriele 868 (1921–1966), 220
Georg I. 112 (um 1460–1534), 43, 45ff.
Georg III. 148 (1560/73), 63
Georg IV. 187 (1597–1664), 85, 88, 90, 99
Georg V. 202 (1591–1650), 85, 89, 100
Georg 544 (1817–1893), 151
Georg Henning 851 (1918–1944), 238, 240
Gerhard I. (Gerold) Gf. 37 († um 1371), 30
Gerhard (Gerd) II. 50 (1384/1437), 30
Gerhard 637 (1851–1894), 171, 175
Günther* 725 (1885–1915), 195
Günther* 749 (1895–1959), 222, 231, 233, 236
Gustav 754 (1879–1945), 251
Gustav 859 (1920–1940), 240
Gustav Georg I. 242 (1633–1701), 116

Hans I. 65 (1392/1421), 30
Hans II. 98 († nach 1490), 43, 46f.
Hans 683 (1881–1945), 241
Hans Achim 824 (1911–1944), 239
Hans Achim 831 (1904–1976), 237
Hans Joachim* 720 (1888–1915), 183, 195
Hans Joachim 866 (geb. 1921), 184
Hans Ulrich 865 (1921–1945), 241
Hartmann 62 (1360/75), 37
Heinrich IV. 186 (1596–1658), 90, 100
Heinrich (Heinz) 752 (1875–1945), 172, 251, 322ff.
Helmuth 758 (1892–1914), 195
Henning XII. 123 (um 1490–1563), 43, 58, 60ff.
Henning XIII. 173 (1557–1625), 77

Henning XV. 263 (1626–1698), 125
Henning 340 (1665–1730), 121
Henning Otto II. 407 (1707–1772), 122
Hermann 530 (1813–1866), 148
Hermann 548 (1813–1849), 148
Hermann 639 (1854–1939), 172, 181
Hermann 745 (1890–1947), 232
Hinrich (Bastard) – (um 1720), 113
Hippolita I. 145 († 1592), 60
Horst Oskar 825 (geb. 1908), 240
Hubertus 852 (1918–1944), 187, 240

Ilse s. Elisabeth II.
Isabella (Pella) 143a, 60

Jakob II. Gf. 36 (1347/77), 29 f., 33
Joachim IV. 111 († ca. 1519), 43, 47
Joachim (Achim VII.) 147 (1503/1571), 63
Joachim Balthasar 218 (1636–1699), 98 ff., 105, 107, 113 ff., 125
Joachim Balthasar 780 (1876–1957), 182, 186 f., 231, 248 f.
Joachim Dietrich 343 (1669–1723), 121
Jobst I. 129 († 1542), 45 ff., 49 ff., 67
Jobst II. 156 (1554–1628), 67, 69, 72, 79, 83, 86
Jobst 757 (1891–1945), 222, 251
Jobst Ludwig 215 (1631–1696), 99, 125
Jobst Roderich 746 (1890–1965), 218
Jobst Werner 822 (1909–1943), 239
Johann Georg (Jürgen) 781 (1878–1958), 173, 178, 182, 222 ff., 257
Jürgen s. Johann Georg
Jutta 862 (geb. 1921), 253, 259, 272

Karl 452 (1759–1817), 138 f., 145, 174
Karl 476 (1785–1815), 138
Karl 504 (1806–1867), 138, 147 f., 174
Karl* 589 (1849–1870), 168
Karl 624 (1850–1871), 169
Karl* 726 (1887–1945), 233, 236, 238, 242, 332 f.
Karl Friedrich Ludwig 435 (1787–1853), 125, 138 f., 142
Karl Heinrich Friedrich 420 (1731–1802), 109, 125, 130, 141
Karl Josef 371 (1718–1753), 123
Karl Ludwig 384 (1734–1815), 122
Karoline 537 (1817–1904), 182
Claus s. Nikolaus
Konrad (= Kurt III.) 235 (1619–1651), 101
Kunigunde 246 (1627–1671), 70, 87
Kuno I. 164 († vor 16. 10. 1658), 63, 69
Kurt I. 158 (1558–1603), 67, 69, 83
Kurt III. s. Konrad
Kurt 644 (1847–1925), 7, 170 ff., 175 f.
Curt 678 (1871–1929), 192, 218

Leopold 472 (1776–1846), 139
Leopold 788 (1891–1943), 240
Leopold 840 (1915–1943), 193
Lothar 779 (1875–1935), 182, 221, 231
Lottelene 790 (1895–1950), 183
Luise 705 (1889–1947), 265
Lutz (Louis) 622 (1857–1939), 191 f., 234

Malte 863 (1921–1944), 238
Margaretha Dorothea I. 298 († 1692), 115
Margarethe 765 (1889–1981), 200 ff.
Margarethe 751 (geb. 1903), 236
Marie Thekla 707 (geb. 1894), 265
Martha-Irene (Rena) 847 (geb. 1917), 219
Max 680 (1876–1918), 173, 217
Max 799 (geb. 1912), 217
Max Roderich 860 (1920–1942), 239

Nikolaus I. (Claus) 63 (1375/90), 37
Nikolaus II. 89 (1417), 37

Oskar 670 (1845–1932), 170, 172, 182 f., 223
Oskar 785 (1885–1969), 229 ff., 244 f.
Oskar 830 (geb. 1913), 187
Ottfried 706 (1892–1980), 241, 265
Ottilie I. 95a († 1576), 70
Ottilie 522 (1818–1901), 175
Otto I. Gf. 16 († 1362), 27 ff., 172
Otto V. 253 (1619–1679), 117
Otto 475 (1780–1864), 143, 148 ff., 152, 265
Otto 497 (1788–1858), 154
Otto 525 (1805–1881), 154, 171, 175
Otto* 588 (1847–1918), 169, 174
Otto 660 (1850–1926), 177 f.
Otto 733 (1879–1944), 175
Otto Balthasar 351 (1688–1749), 125
Otto Balthasar II. 582 (1853–1919), 141, 182, 265
Otto Heinrich 763 (1886–1914), 194
Otto Ludwig Christoph 419 (1730–1757), 122

Paul 571 (1866–1932), 218

Rena s. Martha-Irene
Richard 552 (1837–1870), 169
Richard 675 (1879–1931), 220
Roderich s. Max Roderich
Rudolf 549 (1815–1863), 148
Rüdiger 870 (1922–1941), 240
Ruth 776 (1901–1945), 251 f.

Siegfried 867 (1921–1942), 187, 240
Sophie Eleonore 372 (1719–1748), 160 f.
Stanislaus* 722 (1892–1948), 238 f.
Stephan III. 183 (1607–1668), 69 f., 81 f., 89, 92, 98
Stephan IV. 265 (1658–1723), 98, 117
Stephan Bernd 280 (1672–1728), 106 f., 113, 160 f.
Stephan Gottlieb 361 (1723–1787), 109, 119, 130
Stephan Werner I. 417 (1726–1800), 97, 101, 108, 127 ff., 137 f., 143, 149
Stephan Werner III. 580 (1846–1916), 141
Stephanie Charlotte 364 (1706–1735), 160 f.

Tideke IV. (Dietrich) 119 († vor 1506), 43
Tönnies 846 (1917–1942), 240

Ulrich I. Gf. 18 (1323/48), 28 ff., 33
Ulrich 682 (1879–1945), 181, 251
Ulrich* 710 (1897–1915), 195
Ulrich* 715 (1878–1918), 196
Ulrich Otto II. 345 (1671–1723), 116, 121, 264, 270
Ulrich Otto III. 447 (1747–1808), 97, 138, 140 f., 143 f., 205 ff., 210
Ulrich Otto IV. 574 (1814–1871), 148, 155, 161 ff., 321
Ulrich Otto VI. 695 (1856–1921), 181, 207, 321
Ursula IV. 146 (1542–1624), 60, 63
Ursula 696 (1864–1950), 207 ff., 211, 234, 255, 266 f., 334
Ursula 784 (1883–1949), 249
Ursula 853 (geb. 1918), 253
Ursula 887 (geb. 1928), 242

Vicke IV. 140 (1498/1543), 43
Vicke V. 175 (um 1617), 69
Viktor 627 (1853–1921), 172, 180

Walter 734 (1881–1916), 195
Werner* 714 (1877–1914), 7, 172, 174, 184, 194
Werner 738 (1878–1935), 219
Wilhelm 635 (1845–1866), 167 f.
Wilhelm 684 (1885–1962), 181, 218, 220
Wilhelm 786 (1887–1952), 183, 195
Wolf Dietrich 828 (1911–1945), 221, 240

Züls 96 († 1476), 43

VI. Abbildungen und Karten

1. Wohnstätten. – 2. Personen- und Familienbilder.

1. Burg Stargard (Zustand 1988)

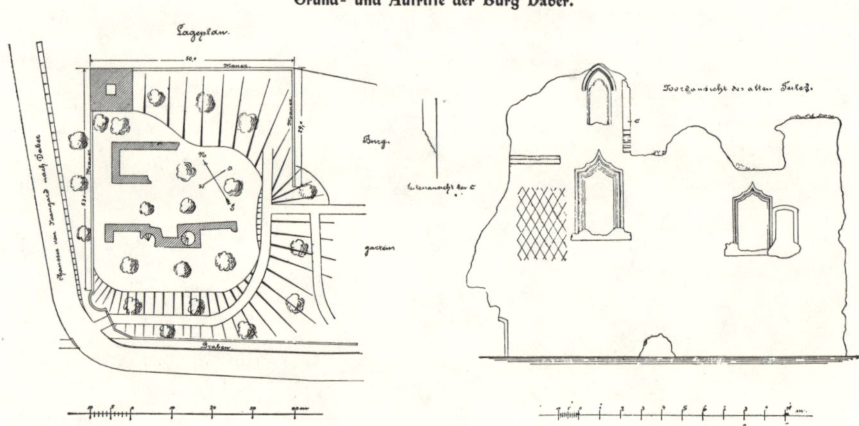

2. Grund- und Aufrisse der Burg Daber

3. Burgruine Daber

4. Herrenhaus Groß Miltzow (1987)

5. Krumbeck (Winter 1937/38)

6. Krumbeck (Sommer 1930)

7. Cölpin (erbaut 1780; um 1914)

8. Cölpin, Kirche (1988)

10. Prillwitz, Kreis Stargard: Dewitz-Wappen im Patronatsgestühl (von Blankenburg) der Dorfkirche

9. Priepert (altes Gutshaus auf dem LPG-Gelände, 1988)

11. Meesow, Gutshof (1624)

12. Meesow (um 1944)

13. Lischnitz (um 1910)

14. Maldewin (erbaut 1815; um 1910)

15. Wussow (erbaut um 1790; um 1910)

16. Wussow (um 1980)

17. Roman (um 1930)

18. Altes Haus Farbezin (erbaut 1820)

19. Neues Haus Farbezin (erbaut 1876)

20. Farbezin (Zustand um 1970)

21. Sophienhof (um 1910)

22. Weitenhagen (erbaut 1803)

23. Henningsholm (um 1900)

24. Biesendahlshof (um 1910)

25. Klein Benz (Zustand um 1980)

26. Naumburg a. d. Saale (Villa des Oberpräsidenten Kurt von Dewitz um 1910)

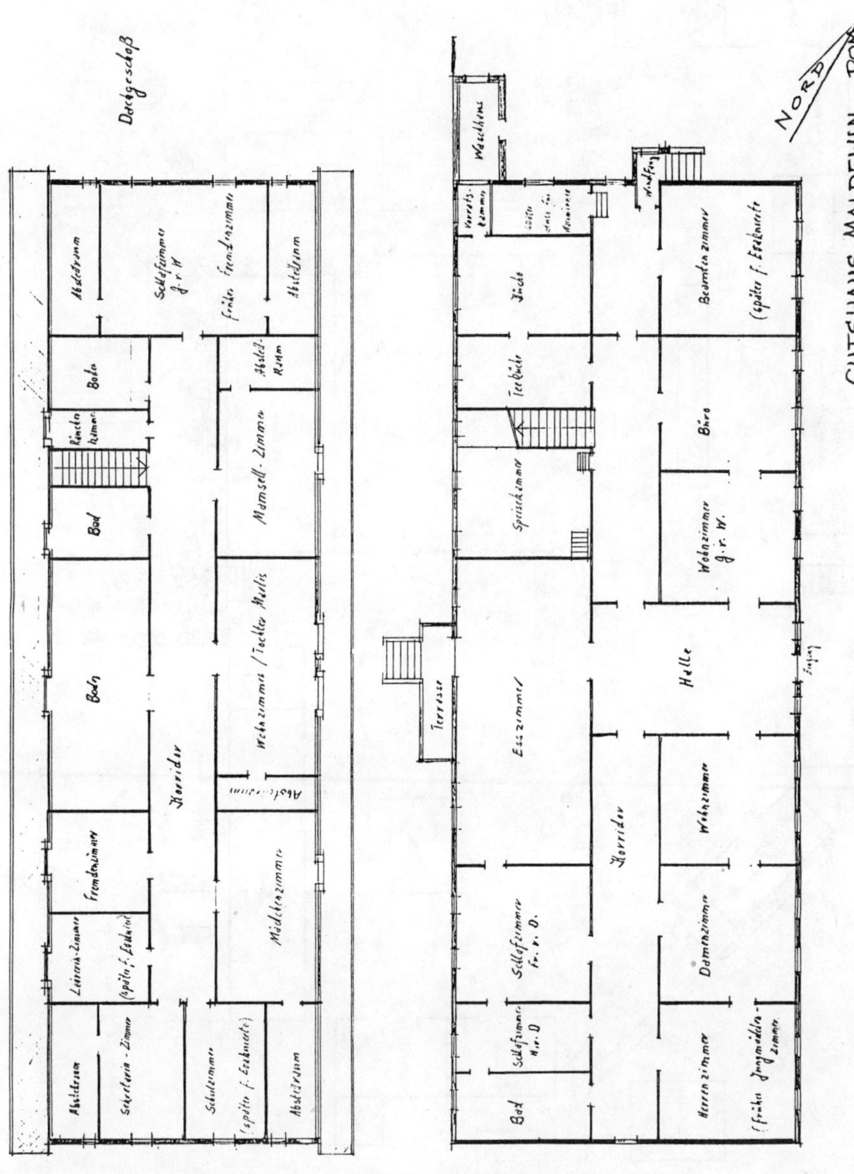

27. Gutshaus Maldewin: Grundriß

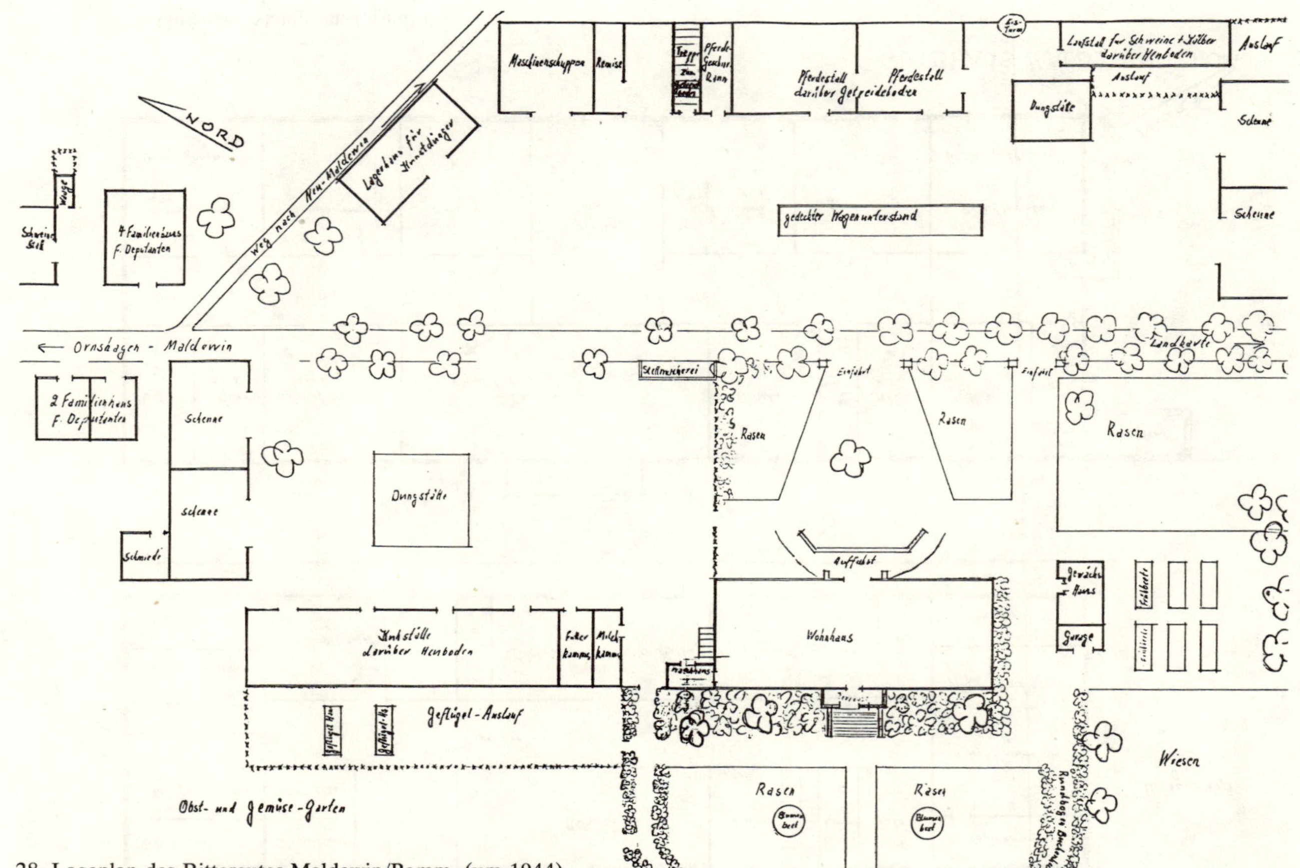

28. Lageplan des Rittergutes Maldewin/Pomm. (um 1944)

1. Jobst von Dewitz († 1542)

2. Georg von Dewitz (1591–1650)

3. Joachim Balthasar von Dewitz (1636–1699)

4. Jobst Ludwig von Dewitz (1631–1696)

5. Friedrich Wilhelm von Dewitz (1668–1736)

6. Sophie Eleonore von Dewitz, geb. von Schönfeldt (1719–1748), Urgroßmutter Otto von Bismarcks

7. Carl Heinrich Friedrich von Dewitz mit seiner Familie in Zirzow (1785)

8. Ottilie von Dewitz, geb. von Dewitz (1818–1901)

9. Otto von Dewitz (1805–1881)

10. Auguste von Bernstorff, geb. von Dewitz (1812—1886)

11. Emma von Dewitz, geb. von Arnim (1824–1898)

12. Max von Dewitz (1876–1918) und Hertha, geb. von Kunowski (1876–1953)

13. Otto von Dewitz (1850–1926), Landrat und Landtagsabgeordneter

14. Kurt von Dewitz (1847–1925), Oberpräsident

15. Curt von Dewitz (1871–1929), Generalleutnant

16. Oskar von Dewitz (1885–1969)

17. Jürgen von Dewitz (1878–1958), MdR, Major

18. Lothar von Dewitz (1875–1935), Hauptmann

19. Joachim Balthasar von Dewitz (1876 bis 1957) auf Wangerin mit seiner Familie (um 1922)

20. Das Haus Dewitz-Meesow 1925

21. Stanislaus von Dewitz gen. von Krebs (1892–1948), Generalmajor

22. Karl von Dewitz gen. von Krebs (1887–1945), Generalmajor

23. Ekhard von Dewitz (1915–1945), Hauptmann

24. Eckhardt von Dewitz (1921–1943), Oberleutnant

25. Ursula von Dewitz auf Krumbeck (1864–1950) und Kronprinzessin Cecilie von Preußen (1886–1954), Sommer 1944

26. Jutta von Dewitz (* 1921), Katechetin

27. Jobst von Dewitz (* 1910), Obermedizinalrat

28. Egmont von Dewitz (1907–1984)

29. Günther von Dewitz (1895–1959), Oberst und Genealoge

30. Fritz-Jürgen von Dewitz (* 1917)

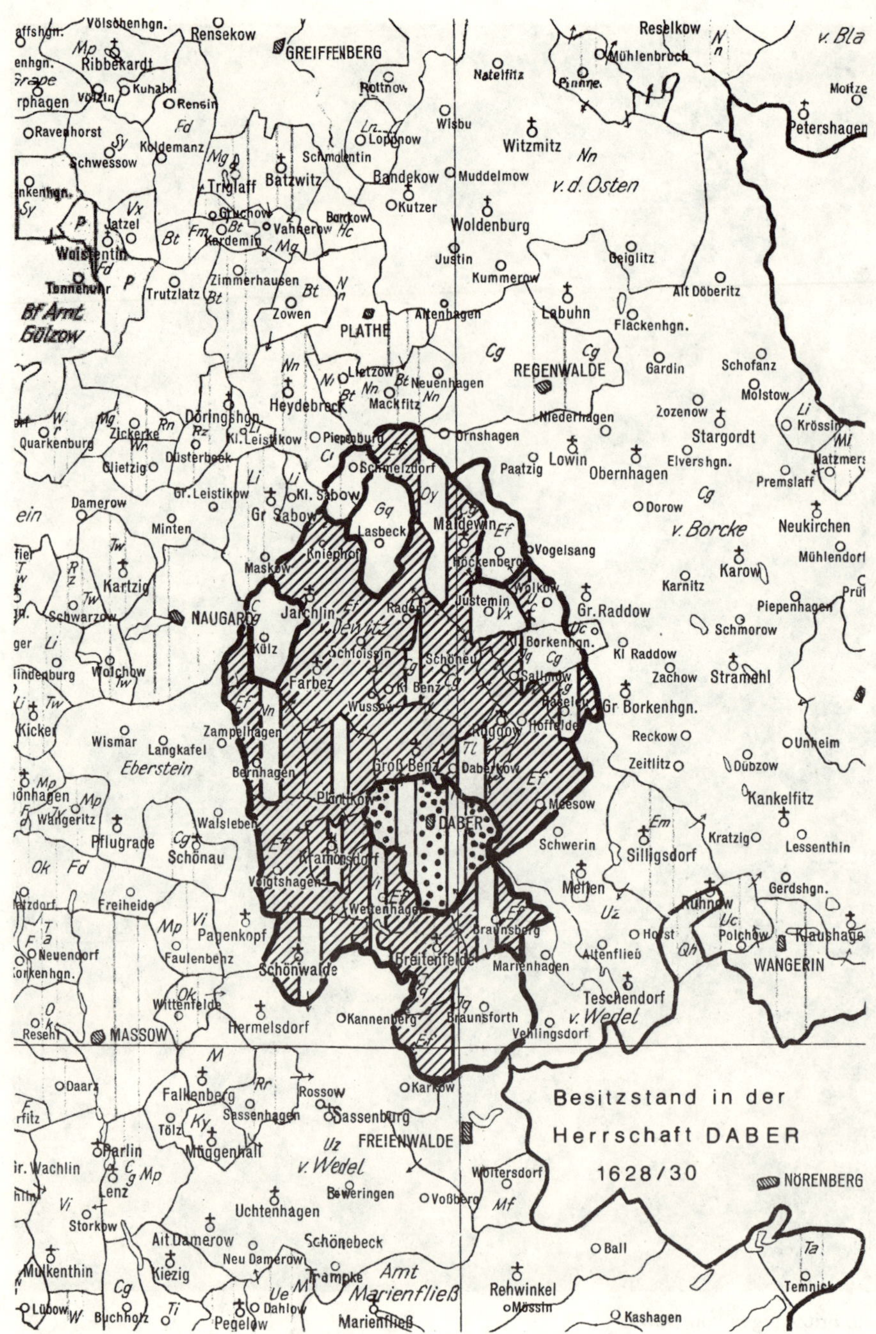
Besitzstand in der
Herrschaft DABER
1628/30
GREIFFENBERG
Rensekow
Reselkow
Mühlenbruch
Natelfitz
Ribbekardt
Rottnow
Wisbu
Witzmitz
Petershagen
Moitze
Batzwitz
Triglaff
Bandekow
Muddelmow
v. d. Osten
Kutzer
Woldenburg
Justin
Kummerow
Geiglitz
Alt Döberitz
Labuhn
Flackenhgn.
Trutzlatz
Zimmerhausen
Zowen
PLATHE
Altenhagen
REGENWALDE
Gardin
Schofanz
Molstow
Heydebreck
Mackfitz
Neuenhagen
Niederhagen
Zozenow
Stargordt
Döringshgn.
Quarkenburg
Düsterbeck
Gr. Leistikow
Kl. Leistikow
Piepenburg
Ornshagen
Lowin
Obernhagen
Paatzig
Elvershgn.
Premslaff
Schmelzdorf
Kl. Sabow
Gr Sabow
Damerow
Minten
Lasbeck
Maldewin
Dorow
v. Borcke
Neukirchen
Kniephof
Maskow
Vogelsang
Karow
Mühlendorf
Kartzig
Jarchlin
Wolkow
Karnitz
Piepenhagen
NAUGARD
Schwarzow
Gr. Raddow
Schmorow
Külz
Kl Raddow
Zachow
Stramehl
Farbez
Wussow
Gr Borkenhgn.
Wismar
Langkafel
Zampelhagen
Reckow
Eberstein
Bernhagen
Groß Benz
Daberkow
Zeitlitz
Dübzow
Unheim
Kankelfitz
Pflugrade
Schönau
Walsleben
DABER
Meesow
Schwerin
Sillisgsdorf
Kratzig
Lessenthin
Freiheide
Voigtshagen
Gerdshgn.
Pagenkopf
Faulenbenz
Braunsberg
Horst
Polchow
Klaushagen
Neuendorf
Schönwalde
Breitenfelde
Marienhagen
Altenfließ
WANGERIN
Wittenfelde
Hermelsdorf
Kannenberg
Braunsforth
Teschendorf
v. Wedel
MASSOW
Karkow
Falkenberg
Rossow
Sassenhagen
Sassenburg
FREIENWALDE
Tölz
Müggenhall
Parlin
Lenz
v. Wedel
Woltersdorf
NÖRENBERG
Storkow
Beweringen
Voßberg
Uchtenhagen
Schönebeck
Alt Damerow
Neu Damerow
Ball
Mulkenthin
Kiezig
Trampke
Amt
Marienfließ
Rehwinkel
Temnick
Dahlow
Pegelow
Marienfließ
Mössin
Kashagen
Buchholz

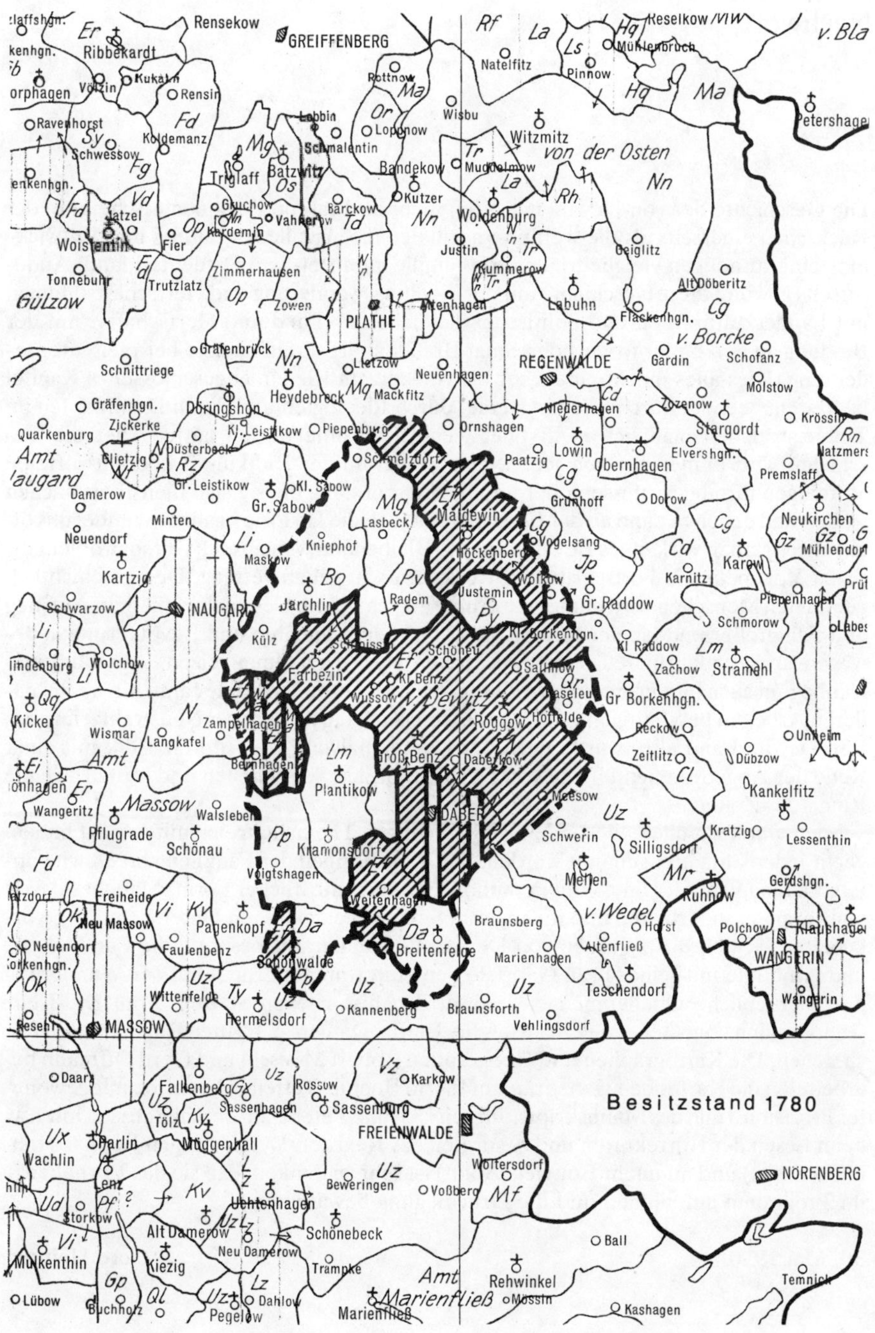
Besitzstand 1780
Rensekow
GREIFFENBERG
Ribbekardt
Natelfitz
Pinnow
Mühlenbruch
Reselkow
v. Bla
Petershagen
Völzin
Kukahn
Rensin
Rottnow
Wisbu
Ravenhorst
Koldemanz
Lebbin
Loppnow
Witzmitz
von der Osten
Schwessow
Schmalentin
Bandekow
Muddelmow
Triglaff
Batzwitz
Kutzer
Barckow
Woldenburg
Gruchow
Vahnerow
Kardemin
Justin
Geiglitz
Woistentin
Fier
Zimmerhausen
Kummerow
Tonnebuhr
Trutzlatz
Alt Döberitz
Gülzow
Zowen
PLATHE
Altenhagen
Labuhn
Flackenhgn.
v. Borcke
Gräfenbrück
REGENWALDE
Gardin
Schofanz
Schnittriege
Lietzow
Neuenhagen
Molstow
Heydebreck
Mackfitz
Gräfenhgn.
Döringshgn.
Niederhagen
Zozenow
Zickerke
Leistikow
Piepenburg
Ornshagen
Stargordt
Krössin
Quarkenburg
Düsterbeck
Elvershgn.
Natzmers
Amt
Naugard
Gr. Leistikow
Kl. Sabow
Schmelzdorf
Paatzig
Lowin
Obernhagen
Premslaff
Damerow
Gr. Sabow
Grünhoff
Dorow
Minten
Lasbeck
Maldewin
Neukirchen
Neuendorf
Kniephof
Vogelsang
Mühlendorf
Kartzig
Maskow
Hockenberg
Karow
Karnitz
Wolkow
Jarchlin
Justemin
Piepenhagen
Schwarzow
NAUGARD
Radem
Gr. Raddow
Schmorow
Kl. Borkenhgn.
Labes
Külz
Schönwalde
Schöneu
Kl. Raddow
Lindenburg
Wolchow
Farbezin
Kl. Benz
Saffnow
Zachow
Stramehl
v. Dewitz
Wussow
Gr. Borkenhgn.
Kicker
Zampelhagen
Roggow
Hoffelde
Reckow
Wismar
Langkafel
Unheim
Groß Benz
Daberkow
Zeitlitz
Dübzow
Bernhagen
Plantikow
Kankelfitz
Wangeritz
Massow
DABER
Meesow
Pflugrade
Walsleben
Kratzig
Lessenthin
Schönau
Kramonsdorf
Schwerin
Silligsdorf
Voigtshagen
Gerdshgn.
Freiheide
Weitenhagen
Meilen
Ruhnow
Neu Massow
Pagenkopf
v. Wedel
Braunsberg
Horst
Polchow
Klaushagen
Neuendorf
Faulenbenz
Breitenfelde
Altenfließ
WANGERIN
Marienhagen
Schönwalde
Teschendorf
Wittenfelde
Hermelsdorf
Kannenberg
Braunsforth
Vehlingsdorf
Wangerin
MASSOW
Daarz
Falkenberg
Rossow
Karkow
Sassenhagen
Sassenburg
FREIENWALDE
Tölz
Parlin
Wachlin
Müggenhall
Woltersdorf
NÖRENBERG
Lenz
Beweringen
Voßberg
Storkow
Uchtenhagen
Alt Damerow
Schönebeck
Neu Damerow
Ball
Mulkenthin
Kiezig
Trampke
Rehwinkel
Amt Marienfließ
Temnick
Lübow
Buchholz
Pegelow
Dahlow
Marienfließ
Mössin
Kashagen

Nachwort

Die Geschichte der von Dewitz mit ihren mehr als tausend Personen erscheint in der Rückschau einerseits als die weithin »normale« lebensvolle Entfaltung und Entwicklung einer uradligen vielgliedrigen Großfamilie in Mittel- und Ostdeutschland. Andererseits gewinnt diese Geschichte mit der Siedlungswanderung und Herrschaftsbildung, mit Landeskulturarbeit und politischer Teilhabe an »Land und Herrschaft«, mit der Bindung an den Opfer fordernden Staat Brandenburg-Preußen eine beispielhafte Bedeutung. Dies alles mochte mancher bis vor kurzem wie ein abgeschlossenes Kapitel begreifen, beendet durch Grenzsysteme, durch Ideologien und durch Dominanten im Zeitgeist, denen man sich mehr oder weniger zu unterwerfen hätte. Aber die Geschichte wird immer nur von jenen, nun wiederum der Ridikülität überantworteten Voreiligen für abgeschlossen oder abschließbar erklärt, die sie sich dienstbar machen wollen und denen es dann an der Einsicht fehlt, daß die Historie in allem Wandel uns oft ein unzeitgemäß wirkendes Bewußtsein des Bleibenden weit abseits von so problematischen Vokabeln wie Fortschritt und Rückschritt zu geben vermag. Den geschichtlich gebildeten Menschen wird immer die grundsätzlich offene Geschichte mit dem Aufstieg und Fall großer und kleiner Reiche, ihrer Führungsschichten und Bevölkerungen bewegen und zur lehrhaften oder zweckfreien Nach-Erzählung reizen. Abschluß und Neubeginn auch hier in einer Darstellung, die den Autor über viele Jahre hin neben anderen Arbeiten beschäftigt hat: Der erste freie Kreistag des Kreises Neustrelitz, im ältesten Dewitz-Land also, wurde nach der Kommunalwahl vom 6. Mai 1990 mit einer Rede der Abgeordneten Ursula von Dewitz eröffnet. So schließen und öffnen sich die Ringe der Zeiten.

Mein Dank gilt allen, die an dem vielschichtigen Thema hilfreich mitgewirkt haben. Nicht jeder kann hier genannt werden. Die Angehörigen der Familien von Dewitz unterstützten mich mit Hinweisen in mündlicher und schriftlicher Form. Manches davon mußte späteren Arbeiten und im engeren Sinne genealogischen Untersuchungen vorbehalten bleiben. Fritz-Jürgen von Dewitz als Inaugurator besorgte die Fundamente und ermutigte mit seiner Frau Gabriele den Autor immer erneut bei der Wanderung durch erhebliche Quellenmengen und zu den historischen Stätten. Frau Dr. Iselin Gundermann vom Geheimen Staatsarchiv Berlin-Dahlem gab guten Rat bei vielen Recherchen. Die Kartographen und Geographen Robert Moeschl und Gerd Ottmann bearbeiteten die Kartenbeilagen. Fräulein Ingrid Boehm-Tettelbach schrieb mit gewohnter Präzision Teile des Manuskripts. Jürgen Luh und Peter Bahl beteiligten sich intensiv beim Lesen der Korrekturen und besorgten das Register. Den Verlagen Reimar Hobbing (Essen) und nunmehr Bouvier (Bonn) ist sehr zu danken, daß sie das Vorhaben in ihr Programm aufnahmen und die Drucklegung bewältigten.

30. Mai 1990 — Gerd Heinrich

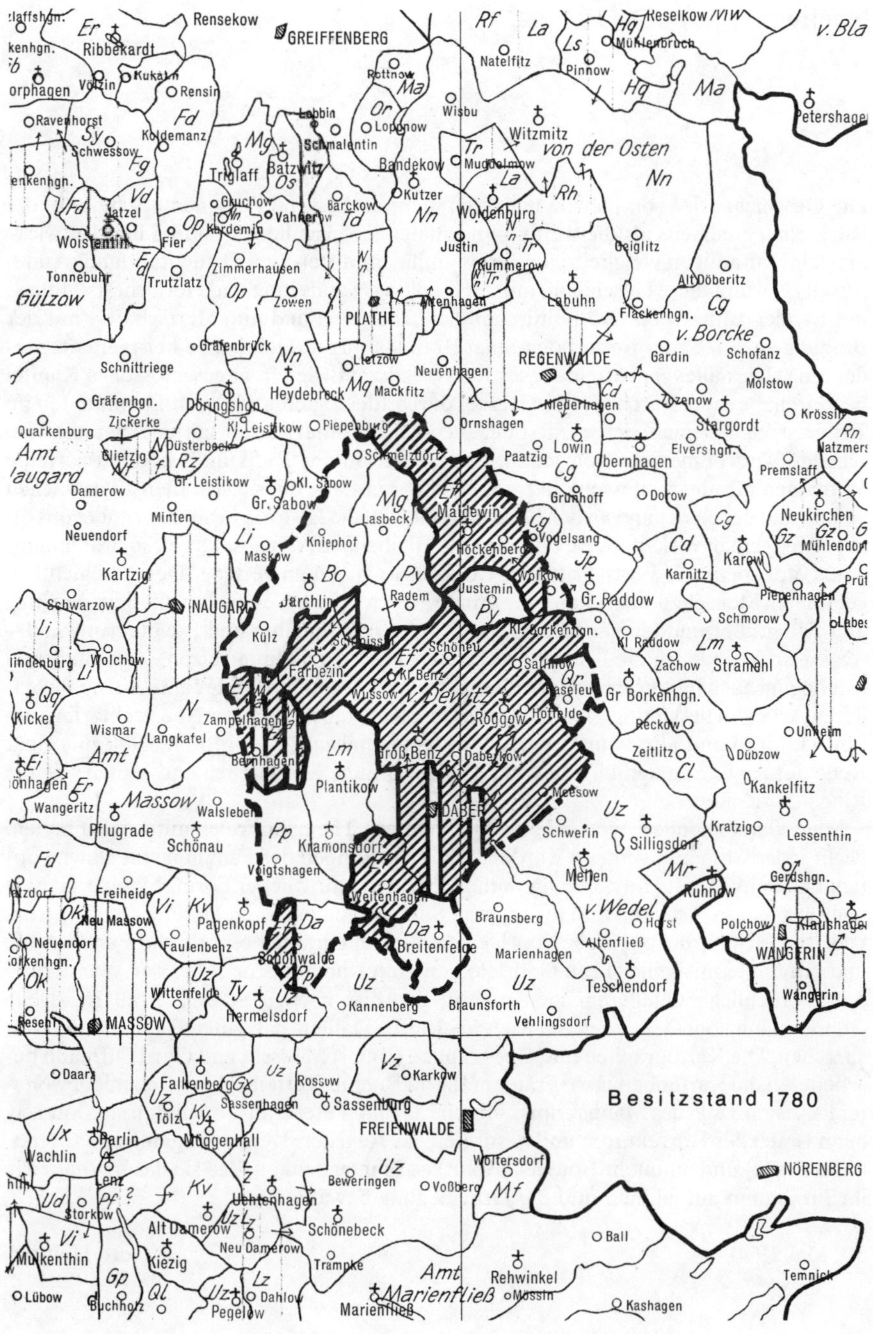
Besitzstand 1780
GREIFFENBERG
PLATHE
REGENWALDE
NAUGARD
DABER
MASSOW
FREIENWALDE
WANGERIN
NÖRENBERG
v. Dewitz
von der Osten
v. Borcke
v. Wedel
Amt Massow
Amt Marienfließ

Nachwort

Die Geschichte der von Dewitz mit ihren mehr als tausend Personen erscheint in der Rückschau einerseits als die weithin »normale« lebensvolle Entfaltung und Entwicklung einer uradligen vielgliedrigen Großfamilie in Mittel- und Ostdeutschland. Andererseits gewinnt diese Geschichte mit der Siedlungswanderung und Herrschaftsbildung, mit Landeskulturarbeit und politischer Teilhabe an »Land und Herrschaft«, mit der Bindung an den Opfer fordernden Staat Brandenburg-Preußen eine beispielhafte Bedeutung. Dies alles mochte mancher bis vor kurzem wie ein abgeschlossenes Kapitel begreifen, beendet durch Grenzsysteme, durch Ideologien und durch Dominanten im Zeitgeist, denen man sich mehr oder weniger zu unterwerfen hätte. Aber die Geschichte wird immer nur von jenen, nun wiederum der Ridikülität überantworteten Voreiligen für abgeschlossen oder abschließbar erklärt, die sie sich dienstbar machen wollen und denen es dann an der Einsicht fehlt, daß die Historie in allem Wandel uns oft ein unzeitgemäß wirkendes Bewußtsein des Bleibenden weit abseits von so problematischen Vokabeln wie Fortschritt und Rückschritt zu geben vermag. Den geschichtlich gebildeten Menschen wird immer die grundsätzlich offene Geschichte mit dem Aufstieg und Fall großer und kleiner Reiche, ihrer Führungsschichten und Bevölkerungen bewegen und zur lehrhaften oder zweckfreien Nach-Erzählung reizen. Abschluß und Neubeginn auch hier in einer Darstellung, die den Autor über viele Jahre hin neben anderen Arbeiten beschäftigt hat: Der erste freie Kreistag des Kreises Neustrelitz, im ältesten Dewitz-Land also, wurde nach der Kommunalwahl vom 6. Mai 1990 mit einer Rede der Abgeordneten Ursula von Dewitz eröffnet. So schließen und öffnen sich die Ringe der Zeiten.

Mein Dank gilt allen, die an dem vielschichtigen Thema hilfreich mitgewirkt haben. Nicht jeder kann hier genannt werden. Die Angehörigen der Familien von Dewitz unterstützten mich mit Hinweisen in mündlicher und schriftlicher Form. Manches davon mußte späteren Arbeiten und im engeren Sinne genealogischen Untersuchungen vorbehalten bleiben. Fritz-Jürgen von Dewitz als Inaugurator besorgte die Fundamente und ermutigte mit seiner Frau Gabriele den Autor immer erneut bei der Wanderung durch erhebliche Quellenmengen und zu den historischen Stätten. Frau Dr. Iselin Gundermann vom Geheimen Staatsarchiv Berlin-Dahlem gab guten Rat bei vielen Recherchen. Die Kartographen und Geographen Robert Moeschl und Gerd Ottmann bearbeiteten die Kartenbeilagen. Fräulein Ingrid Boehm-Tettelbach schrieb mit gewohnter Präzision Teile des Manuskripts. Jürgen Luh und Peter Bahl beteiligten sich intensiv beim Lesen der Korrekturen und besorgten das Register. Den Verlagen Reimar Hobbing (Essen) und nunmehr Bouvier (Bonn) ist sehr zu danken, daß sie das Vorhaben in ihr Programm aufnahmen und die Drucklegung bewältigten.

30. Mai 1990 — Gerd Heinrich